Wolfgang Ludwig Schneider

Grundlagen der soziologischen Theorie 2

Wolfgang Ludwig Schneider

Grundlagen der soziologischen Theorie

Band 2: Garfinkel – RC – Habermas – Luhmann

3. Auflage

VS VERLAG FÜR SOZIALWISSENSCHAFTEN

Bibliografische Information der Deutschen Nationalbibliothek
Die Deutsche Nationalbibliothek verzeichnet diese Publikation in der
Deutschen Nationalbibliografie; detaillierte bibliografische Daten sind im Internet über
<http://dnb.d-nb.de> abrufbar.

1. Auflage 2002
2. Auflage 2005
3. Auflage 2009

Lektorat: Frank Engelhardt

VS Verlag für Sozialwissenschaften ist Teil der Fachverlagsgruppe Springer Science+Business Media.
www.vs-verlag.de

Umschlaggestaltung: KünkelLopka Medienentwicklung, Heidelberg
Druck und buchbinderische Verarbeitung: Krips b.v., Meppel
Gedruckt auf säurefreiem und chlorfrei gebleichtem Papier
Printed in the Netherlands

ISBN 978-3-531-16547-9

Inhalt

Verzeichnis der Übersichtstafeln

KAPITEL 6: GARFINKEL UND KONVERSATIONSANALYSE

KAPITEL 7: RATIONAL CHOICE

KAPITEL 8: HABERMAS

KAPITEL 9: LUHMANN

KAPITEL 10: SCHLUß

6. Das Intersubjektivitätsproblem als Bezugsproblem empirischer Analyse: Garfinkels Ethnomethodologie und die ethnomethodologische Konversationsanalyse

Jede Handlungstheorie sieht sich mit dem Problem der Intersubjektivität konfrontiert und muß in der einen oder anderen Weise darauf antworten, wie dieses Problem gelöst oder zumindest durch die Alltagshandelnden praktisch bewältigt werden kann. Die Antworten darauf können freilich sehr verschieden ausfallen, wie ein vergleichender Rückblick auf Parsons und Schütz zeigt.

Bei Parsons erscheint das Problem der Intersubjektivität durch die Annahme einer *gemeinsamen geteilten Kultur* gelöst. Die Verfügung über bedeutungsgleiche Symbole, einen gemeinsamen Wissensvorrat sowie gemeinsam anerkannte Werte und Normen wird so als Bedingung der Möglichkeit jeder Interaktion vorausgesetzt und als empirisch gegeben unterstellt. Weil die Theorie annimmt, daß dieses Problem in der Interaktion zwischen sozialisierten Akteuren im Prinzip immer schon gelöst ist, erscheint seine Analyse von peripherer Bedeutung.

Für Schütz hingegen ist dieses Problem streng genommen unlösbar. Der von Ego mit seinem Handeln verbundene und der von Alter verstandene Sinn können niemals völlig identisch sein. Intersubjektiver Sinn kann deshalb nur durch die *Konstruktionsleistungen der Akteure* erzeugt werden, die diese Differenzen überbrücken, ohne sie je definitiv zu eliminieren. Anders als bei Parsons funktioniert die Konstruktion von Intersubjektivität dabei nicht nach dem Modell einer Ein-für-allemal-Lösung: Während die Parsonssche Konzeption einer gemeinsam geteilten Kultur die Übereinstimmung zwischen intendiertem und verstandenem Handlungssinn zuverlässig zu gewährleisten scheint, muß die annähernde Übereinstimmung der wechselseitigen Sinnzuweisungen für Schütz durch die Teilnehmer einer Interaktion *von Ereignis zu Ereignis erneut hergestellt* werden.

Nimmt man diesen Wechsel der theoretischen Perspektive ernst, dann erscheint intersubjektives Verstehen nicht mehr als etwas Selbstverständliches, sondern als Produkt eines kontinuierlichen Erzeugungsprozesses, dessen Zustandekommen durch die Beeinträchtigung dieses Prozesses gefährdet werden kann. Was aber geschieht, wenn hier Störungen auftauchen? Welche Auswirkungen sind dann zu erwarten? Lassen sich solche Störungen vielleicht künstlich erzeugen, um dann zu beobachten, was passiert? Können die meist unsichtbar bleibenden, weil routinisiert und ohne reflexives Begleitbewußtsein eingesetzten Verfahren der Intersubjektivitätsproduktion auf diese Weise *empirisch sichtbar* gemacht werden? - Obwohl aus seinem Forschungsprogramm leicht abzuleiten, hat Schütz solche Fragen nicht gestellt. Er beschränkte sich auf die Analyse der Verfahren der Intersubjektivitätsproduktion mit den Mitteln phänomenologischer Introspektion. Als Grundlage einer empirischen Forschungsstrategie formuliert und in die Durchführung entsprechender Experimente umgesetzt wurden diese Fragen erst in der "Ethnometho-

dologie" Harold Garfinkels (vgl. Kap.6.1). Die an Garfinkels Forschungen anschließende ethnomethodologische Konversationsanalyse hat diesen Ansatz dann in
seinem empirischen Anspruch radikalisiert und auf die systematische Analyse alltäglicher Kommunikationsabläufe übertragen (vgl. Kap.6.2).

6.1   Garfinkels Ethnomethodologie

Garfinkels Ethnomethodologie läßt sich als Versuch verstehen, die zentralen Fragestellungen der theoretischen Ansätze von Parsons und Schütz miteinander zu verbinden. Im Mittelpunkt der Parsonsschen Handlungstheorie stand das Problem sozialer Ordnung und dessen Lösung durch gemeinsam geteilte moralische Standards.
Schütz rückte demgegenüber das Problem in den Vordergrund, wie subjektiver Sinn
zu intersubjektivem Sinn werden und Wissen gemeinsam geteilt werden kann.
Auch gemeinsamer Sinn und gemeinsames Wissen oder allgemeiner, eine gemeinsam geteilte Deutung der Welt, etabliert eine *Ordnungsstruktur*. Diese Ordnungsstruktur ist zwar nicht normativer, sondern kognitiver Art. Zwischen gemeinsamen
Deutungen und gemeinsamen Normen, zwischen der Lösung des *Intersubjektivitätsproblems* und des *normativen Ordnungsproblems*, besteht jedoch ein enger Zusammenhang. Die Präsentation der Untersuchungen von Harold Garfinkel wird zeigen,
daß das Intersubjektivitätsproblem als *kognitives Ordnungsproblem* verstanden und
zusammen mit dem *normativen Ordnungsproblem* als Unterfall eines *generalisierten
Ordnungsproblems* aufgefaßt werden kann.[1]

Mit Parsons betrachtet Garfinkel die Welt des alltäglichen Handelns als moralisch geordnetes Universum. Mit Schütz analysiert er die Voraussetzungen für die
Erzeugung übereinstimmender Deutungen der Alltagswelt. Und beide Perspektiven
erscheinen ihm weitgehend deckungsgleich:

> "Aus dem Blickwinkel der soziologischen Theorie besteht die moralische Ordnung aus den regelge-
> leiteten Aktivitäten des Alltagslebens. Die Mitglieder einer Gesellschaft begegnen der moralischen
> Ordnung und erleben sie als normal empfundene Handlungsverläufe - vertraute Szenen des Alltags-
> handelns, die Welt des täglichen Lebens, erlebt gemeinsam mit anderen und mit anderen als selbst-
> verständlich betrachtet. Sie beziehen sich auf diese Welt als die 'natürlichen Tatsachen des Lebens',
> die, für die Mitglieder, durch und durch moralische Tatsachen des Lebens sind" (Garfinkel 1967,
> 35).[2]

Garfinkel behauptet hier, daß die moralische Ordnung der Gesellschaft aus der Perspektive der Gesellschaftsmitglieder in der Form normaler Handlungsverläufe er-
scheine, die als selbstverständliche Tatsachen des Alltagslebens wahrgenommen und

---

1   Vgl. entsprechend die äußerst empfehlenswerte Darstellung von John Heritage (1984, 75ff.), an die
     ich mit dieser These anschließe.
2   Hier und bei allen folgenden Zitaten, die unmittelbar aus englischsprachigen Originalausgaben ent-
     nommen sind, stammt die Übersetzung von mir; eventuelle Hervorhebungen in den Zitaten, sofern
     nicht anders gekennzeichnet, sind durchgängig aus den Originaltexten übernommen.

akzeptiert werden. *Das Erkennen des Sinnes von Handlungen und ihre Bewertung unter normativen Gesichtspunkten erscheinen aufs engste miteinander verschränkt.*

Evidenzen für diese These liefern eine Reihe berühmt gewordener Experimente. Mit ihrer Hilfe versucht Garfinkel zu zeigen, daß Handlungen, die bestimmte normative Regeln verletzen, dadurch zugleich unverständlich werden. Ziel dieser Experimente ist es, durch regelwidriges Verhalten Störungen in der Interaktion zu erzeugen, an denen abgelesen werden kann, welche Bedeutung diesen Regeln für die Sicherung eines ungestörten Verlaufs der Interaktion zukommt. Oder in den Worten Garfinkels, die er als programmatische Erläuterung der Darstellung dieser Experimente vorangestellt hat:

"Um dem Beharrungsvermögen und der Kontinuität der Merkmale gemeinsamer Handlungen Rechnung zu tragen, wählen Soziologen gewöhnlich eine Gruppe stabiler Merkmale eines Handlungszusammenhanges (organization of activities) und fragen nach den Variablen, die zu ihrer Stabilität beitragen. Eine alternative Vorgehensweise könnte sich als ökonomischer erweisen: mit einem System mit stabilen Merkmalen zu beginnen und zu fragen, was getan werden kann, um Schwierigkeiten zu verursachen. Die Operationen, die man ausführen muß, um anomische Erscheinungen in der wahrgenommenen Umwelt sowie desorganisierte Interaktion zu erzeugen und zu erhalten, sollten uns etwas darüber mitteilen, wie soziale Strukturen gewöhnlich und routinisiert aufrechterhalten werden" (Garfinkel 1963, 187).

Die kontrollierte Erzeugung von Störungen wird hier als Mittel vorgeschlagen, um die im Normalfall latent bleibenden Erwartungen und Mechanismen, die als strukturelle Voraussetzungen alltäglicher Interaktion fungieren, in ihrer Arbeitsweise sichtbar zu machen. Als "soziale Strukturen" gelten dabei *Erwartungsstrukturen.* Deren Störung durch die Produktion von Abweichungserlebnissen soll Aufschluß über ihre Funktionsweise geben.

In einer Reihe dazu ausgeführter Experimente wird ein ausgewähltes 'Opfer' mit Handlungen eines Interaktionspartners konfrontiert, die fundamentalen Erwartungen zuwider laufen. Gelingt es, derartige Erwartungen wirksam zu durchbrechen, dann - so Garfinkels Prognose - ist anzunehmen, daß die betroffenen Akteure Schwierigkeiten haben werden, den entsprechenden Handlungen ihres Gegenübers einen plausiblen Sinn zuzuschreiben. Sie werden deshalb vermutlich befremdet, verwirrt, angstvoll oder auch entrüstet reagieren, mit der Folge, daß im Interaktionsverlauf Anzeichen akuter Desorganisation zu beobachten sind.

6.1.1   Die Durchbrechung konstitutiver Erwartungen im Kontext von Spielen: Das Ticktacktoe-Experiment

Eines der frühesten und einfachsten Experimente wendet dieses Verfahren in einem Kontext an, der in besonders deutlicher Weise durch Regeln strukturiert ist und in dem es deshalb besonders leicht fällt, eindeutige Fälle abweichenden Handelns zu erzeugen, nämlich im Rahmen eines Spiels. Das Spiel, um das es geht, ist unter dem Namen "Ticktacktoe" bekannt. Die Regeln sind äußerst einfach: Zwei Parteien spielen gegeneinander. Der Spielplan hat neun Felder. Abwechselnd markiert jede der Parteien eines der Felder mit ihrem Zeichen. Es gewinnt die Partei, der es zuerst gelingt, drei der eigenen Markierungen in einer Reihe zu plazieren.

Garfinkels Experiment bestand nun einfach darin, daß die Testperson mit einem Zug konfrontiert wurde, der eindeutig gegen die Spielregeln verstieß. Die Rolle des 'Experimentierenden' übernahmen 67 von Garfinkels Studenten. Jeder erhielt den Auftrag, eine andere Person zu bitten, mit ihm eine Partie Ticktacktoe zu spielen. Der Experimentierende sollte die Testperson beginnen lassen, nach ihrem Zug die dabei in den Spielplan eingetragene Markierung ausradieren, in ein anderes Feld eintragen und danach seinen eigenen Zug ausführen. Dies sollte so geschehen, als ob es Teil eines völlig normal ablaufenden Spiels sei. Insgesamt wurden auf diese Weise 253 Versuchsspiele durchgeführt und ausgewertet.

Das Arrangement läßt bereits erkennen, in welche Schwierigkeiten die Testpersonen geraten mußten. Sie wurden konfrontiert mit einem Zug, der durch die Regeln ausgeschlossen war. Die Ausführung des Zuges bedeutete deshalb nicht nur die *Verletzung einer Norm*, sondern erzeugte darüber hinaus eine Handlung, die innerhalb des Spieles *nicht verständlich* war. Die Basisregeln, die das Spiel definieren, fungieren als Prämissen für das Erkennen des Sinnes jeder einzelnen Handlung. Ihr Status ist damit *zugleich normativer und kognitiver Art*. Eine Handlung, die diesen Prämissen offensichtlich zuwiderlief, mußte deshalb im Rahmen des Spiels *als sinnlos erscheinen* und die Testpersonen verwirren bzw. zur Aufgabe der Annahme veranlassen, daß diese Handlung als Zug innerhalb einer Partie Ticktacktoe intendiert sei. Welchen Sinn hatte der andere aber dann mit diesem Zug verknüpft? Wollte er einen Scherz machen, oder spielte er vielleicht ein anderes Spiel?

Die Ergebnisse des Experiments bestätigen diese Deutung (vgl. Garfinkel 1963, 205f.): Rund 95 Prozent der Versuchspersonen zeigten irgendeine Reaktion auf den regelwidrigen Zug; 75 Prozent erhoben Einwände oder verlangten nach einer Erklärung. Ausgeprägte Reaktionen der Irritation ließen vor allem diejenigen Versuchspersonen erkennen, die an den Regeln von Ticktacktoe als Interpretationsgrundlage für die Deutung und Bewertung des abweichenden Zuges festhielten. Am wenigsten irritiert waren hingegen diejenigen Teilnehmer, *die diesen Interpretationsrahmen aufgaben* und unterstellten, der Experimentierende spiele ein anderes Spiel.

Dieses Resultat stützte zwei Schlußfolgerungen (vgl. Garfinkel 1963, 206):
(1) Ein Verhalten, das von der konstitutiven Ordnung des Spiels abwich, motivierte unmittelbar zu Reaktionen, in denen versucht wurde, *diese Diskrepanz zu normalisieren*, d.h. das beobachtete Verhalten als Beispiel für ein "rechtmäßig mögliches Ereignis" (legally possible event) zu behandeln.
(2) Die Verletzung der Bedingungen eines rechtmäßigen Spiels erzeugte vor allem dann die Erfahrung von *Sinnlosigkeit*, wenn die Spieler das abweichende Ereignis unter unveränderter Beibehaltung der Spielregeln zu normalisieren versuchten.

Garfinkels Schlußfolgerungen lassen sich durch eine weitere Überlegung ergänzen. Der offensichtliche Regelverstoß des Mitspielers produziert für die Versuchsperson eine Situation, *in der die kognitive und die normative Funktion der Spielregeln zueinander in Widerspruch geraten*. Sie kann darauf reagieren, indem sie die *normative* Funktion in den Vordergrund schiebt, d.h. den Spielzug als abweichend deklariert und auf Regelkonformität insistiert. Eine sinnvolle Erklärung des abwei-

chenden Verhaltens kann sie auf der Grundlage dieser Regeln jedoch kaum erreichen. Andererseits kann sie die *kognitive* (=interpretative) Funktion der Spielregeln
in den Vordergrund stellen, d.h. sich auf die Suche nach einer sinnvollen Erklärung
für das eigenartige Verhalten ihres Mitspielers begeben. Dann muß sie dazu die normative Verbindlichkeit der Regeln ausblenden und nach einer alternativen Deutungsgrundlage für dieses Verhalten suchen. Die unterschiedlichen Reaktionsmuster
von Garfinkels Versuchspersonen entsprechen diesen Möglichkeiten. Sie spiegeln
demnach *die aktuell vorrangige Betonung entweder der kognitiv-interpretativen oder
der normativen Dimension der Spielregeln.*[3]

Das Ticktacktoe-Experiment wirft freilich die Frage auf, inwiefern seine Ergebnisse auf die alltägliche Interaktion übertragbar sind. Spiele sind Sonderveranstaltun-
gen, für die besondere Bedingungen gelten. Garfinkel weist ausdrücklich auf diesen
Umstand hin. In einer ausführlichen Erörterung der Differenzen zwischen Spielen
und Alltagshandeln hebt er vor allem die folgenden Merkmale von Spielen hervor
(vgl. Garfinkel 1963, 207f.): Spiele haben eine eigene zeitliche Struktur. Sie sind klar
abgegrenzte Episoden, an deren Ende eine Entscheidung über das Ergebnis steht.
Das Ergebnis eines Spieles steht nach seinem Ende definitiv fest, d.h. sein Sinn
kann sich nicht durch nachträgliche Reinterpretation verändern. Grund dafür ist
die Tatsache, daß Spiele durch feststehende Regeln strukturiert sind.[4] Sie gründen
auf öffentlich bekannten und anerkannten Basisregeln, die einen übereinstimmend
verstandenen Bereich objektiv möglicher Ereignisse umreißen. Die Basisregeln des
Spieles definieren, was im Rahmen des Spieles als eine verständliche und rationale
Spielhandlung zählt. Sie können durch den Verlauf des Spieles nicht verändert werden und sind klar unterschieden von den Strategien, die die Spieler innerhalb des
Spieles verwenden. Wohl nirgends sonst findet sich eine so hohe Übereinstimmung
zwischen den normativen Festlegungen des Verhaltens, wie sie durch Basisregeln
formuliert werden, und dem faktischen Verhalten der Akteure.

Garfinkel geht es offensichtlich nicht um die komplette Analogisierung von
Spielhandlungen und alltäglichen Handlungen. Ihn interessiert vielmehr eine bestimmte Parallele, deren Triftigkeit er dann in weiteren Experimenten prüft: Die
Basisregeln von Spielen führen zur Bildung *konstitutiver Erwartungen* bei den Spielern, die einen Bereich möglicher und problemlos verständlicher Ereignisse spezifizieren. Lassen sich vielleicht *auch innerhalb des Alltagshandelns konstitutive Erwar-*

---

3 Die Betonung einer dieser beiden Dimensionen auf Kosten der anderen ist zwar nicht logisch notwendig. Man kann an der Geltung von Normen festhalten und sich dennoch fragen, welchen anderen Regeln ein als normwidrig registriertes Verhalten folgt. Eine solche Reaktion ist jedoch komplexer gebaut. Sie verlangt die Kombination gegenläufiger Leistungen, setzt zugleich die *Bindung* an
   Normen und die Fähigkeit voraus, sich kognitiv von ihnen zu *distanzieren.* Sie ist deshalb besonders
   anspruchsvoll und unter Bedingungen des akuten Zwanges, selbst durch eigenes Anschlußhandeln
   zu reagieren, eher unwahrscheinlich. Empirisch dürfte sie deshalb mit vergleichsweise geringerer
   Häufigkeit zu beobachten sein.
4 Die Möglichkeit der nachträglichen Korrektur bzw. Anullierung eines Spielergebnisses, wie sie vor
   allem im Bereich des professionellen Sports vorkommen kann, widerspricht dem nicht, werden solche nachträglichen Revisionen doch allgemein als seltene und problematische Ausnahmefälle wahrgenommen.

tungen nachweisen? - Als mögliche Quelle derartiger Erwartungen diskutiert Garfinkel die *Schützschen Idealisierungen*, die wir oben bereits als Prämissen für die Konstitution einer intersubjektiven Welt kennengelernt haben (vgl. Garfinkel 1963, 210ff.). Wenn es gelingen würde, so Garfinkels Hypothese, aus diesen Idealisierungen unmittelbar folgende Erwartungen durch abweichende Handlungen zu durchbrechen und zugleich die Möglichkeit einer normalisierenden Interpretation zu blockieren, dann wäre eine analoge Situation hergestellt, wie bei den Versuchspersonen des Ticktacktoe-Experiments, die an den Spielregeln als Interpretationsrahmen für die Deutung des regelwidrigen Zuges festhielten. Es müßten sich dann ähnliche Anzeichen von Verwirrung nachweisen lassen, wie bei jenen Personen. Sofern dieser Effekt erreicht würde, könnte er als *experimenteller Beleg für den konstitutiven Status der verletzten Erwartungen* gelten.

6.1.2   Die Durchbrechung konstitutiver Erwartungen in der alltäglichen Interaktion: Garfinkels Krisenexperimente

Garfinkel setzte diese Überlegungen um in das folgende experimentelle Arrangement: Er gab seinen Studenten die Instruktion, Bekannte oder Freunde in normalen Gesprächen ganz selbstverständlich und ohne erkennen zu lassen, daß sie damit etwas Ungewöhnliches verlangten, darum zu bitten, die Bedeutung einfacher alltäglicher Äußerungen zu erläutern. Die Mitteilungsabsicht der unfreiwilligen Versuchsperson (V) wurde so vom Experimentierenden (E) als unklar behandelt. Gewöhnt an eine problemlos gelingende Verständigung mit den Experimentierenden, mußte eine derartige Störung die Versuchspersonen völlig überraschen, sollten sie doch die Bedeutung von Äußerungen erläutern, an deren Verständlichkeit für den anderen sie nicht zweifeln konnten. Hier einige der berichteten Versuchsverläufe (vgl. Garfinkel 1963, 221f.; wieder abgedruckt in 1967, 42f.):[5]

FALL 1

Die Versuchsperson erzählt dem Experimentierenden ..., daß sie einen platten Reifen hatte, als sie am vorangegangenen Tag zur Arbeit fuhr.

1 (V)   Ich hatte einen platten Reifen.
2 (E)   Was meinst du mit, 'du hattest einen platten Reifen'?

Sie (die Versuchsperson; W.L.S.) erschien zunächst verblüfft. Dann antwortete sie feindselig (3 V): "Was meinst du mit 'Was meinst du?' Ein platter Reifen ist ein platter Reifen. Das ist es, was ich meine. Nichts Besonderes. Was für eine verrückte Frage!"

---

5   Eine deutsche Übersetzung eines Auszuges aus Garfinkel 1967, der auch die hier zitierten Experimente enthält, findet sich in der von Heinz Steinert herausgegebenen Textsammlung "Symbolische Interaktion"; vgl. Steinert 1973, 280-293.

FALL 2

1 (V)	Hallo, Ray. Wie geht es deiner Freundin?
2 (E)	Was meinst du mit, 'Wie geht es ihr'? Meinst du körperlich oder geistig?
3 (V)	Ich meine, wie es ihr geht? Was ist los mit dir?
	(Er sah verärgert aus.)
4 (E)	Nichts. Erkläre mir nur etwas deutlicher, was du meinst.
5 (V)	Vergiß es. Wie geht es mit deinen Bewerbungen für die Medical School?
6 (E)	Was meinst du mit, 'Wie es damit geht'?
7 (V)	Du weißt, was ich meine.
8 (E)	Ich weiß es wirklich nicht.
9 (V)	Was ist los mit dir? Bist du krank?

FALL 6

Das Opfer winkte freundlich.

1 (V)	Wie geht's dir?
2 (E)	Wie geht es mir in Bezug worauf? Meine Gesundheit, meine Finanzen, meine Schularbeiten, meinen Seelenfrieden, meine ...
3 (V)	(Rot im Gesicht und plötzlich außer Kontrolle.) Schau! Ich versuchte gerade höflich zu sein. Ehrlich gesagt, ist es mir verdammt egal, wie es dir geht.

In allen Fallbeispielen gibt der Experimentierende vor, geläufige Redewendungen nicht zu verstehen. Die *Generalthese reziproker Perspektiven* wird damit durchbrochen. Oder genauer: Verletzt wird die Idealisierung der *Kongruenz der Relevanzsysteme* (vgl. Garfinkel 1963, 220). Wie oben dargestellt (vgl. Kap.4.6), besteht diese Idealisierung in der Unterstellung, daß der unterschiedliche biographische Hintergrund, der das Erleben einer Situation für jeden der Beteiligten auf eine individualspezifische Weise einfärbt, irrelevant ist im Hinblick auf die Ziele, welche die Akteure in der aktuellen Interaktionssituation verfolgen. Die Beteiligten unterstellen deshalb wechselseitig, daß die Gegenstände und Themen, die sie auswählen, vom anderen auf eine (für die praktischen Zwecke der laufenden Interaktion) hinreichend übereinstimmende Weise interpretiert werden. Daraus folgt die Erwartung, daß der subjektiv gemeinte Sinn einfacher Mitteilungen, die sich auf Sachverhalte beziehen, über die ein gemeinsames Vorwissen unterstellt werden kann, vom Adressaten ohne Schwierigkeiten verstanden wird.

Es ist leicht einzusehen, daß diese Erwartung von grundlegender Bedeutung ist. Wird sie verletzt, dann sind damit die elementaren Voraussetzungen intersubjektiver Verständigung in Frage gestellt. Eine generelle Revision dieser Erwartung ist nicht möglich, ohne die Grundlagen kooperativen Handelns zu zerstören. Auch ein Skeptiker, der fest davon überzeugt ist, daß kein Mensch einen anderen 'wirklich verstehen' kann, kommt nicht umhin, sich im Alltag darauf zu verlassen, daß die Bedienung im Bäckerladen die Äußerung seines Wunsches, zwei Brötchen zu erhalten, versteht. Abweichende Ereignisse *müssen* deshalb so gedeutet werden, daß die grundsätzliche Geltung dieser Erwartung dadurch nicht in Zweifel gezogen wird.

Welche Deutungen kamen dafür in den oben zitierten Fällen in Betracht? - Die Versuchspersonen konnten das Verhalten der Experimentierenden als Scherz, als Versuch, ein Spiel zu initiieren, als Provokationsversuch, oder weniger spezifisch, als Ausdruck undurchschaubarer Hintergedanken bzw. als Anzeichen für die aktuelle Beeinträchtigung der Zurechnungsfähigkeit des Interaktionspartners interpretieren. Andere Deutungen (mit Ausnahme der radikalsten Variante: dem Zweifel an der *eigenen* Zurechnungsfähigkeit) sind durch das experimentelle Arrangement praktisch ausgeschlossen. Der gemeinsame Nenner dieser Interpretationen ist die Annahme, daß die Frage des anderen, in ihrer wörtlichen Bedeutung genommen, *keinen vernünftigen Sinn ergibt*. Er kann nicht meinen, was er sagt. Sich an das Gesagte zu halten, führt deshalb nicht weiter. Die einfachste Möglichkeit, unter solchen Voraussetzungen und trotz eventueller Verwirrung die Interaktion fortzusetzen, besteht in einer ablehnenden Reaktion, die mehr oder weniger heftig ausfallen kann.

Die sozial typisierte Bedeutung, die die Versuchsperson mit ihrer Äußerung verbindet, bildet dabei jeweils den als gültig unterstellten Maßstab, nach dem sie das Verhalten des Gegenübers beurteilt. Die Beobachtung einer abweichenden Bedeutungszuschreibung provoziert keinen Zweifel an der Geltung dieser Typisierung oder Bedeutungsregel. Daß der andere das Wissen um sie teilt, wird unterstellt. Seine abweichende Reaktion muß deshalb als zurechenbare Handlung verstanden werden. Sie stimuliert die Annahme, daß irgend etwas mit ihm nicht stimmt oder er besondere Gründe hat bzw. zweifelhafte Absichten verfolgt. "Was ist los mit dir?"; "Was ist über dich gekommen"; "Bist du krank?"; "Warum stellst du mir solche albernen Fragen?"; - dies sind die typischen Reaktionen, über die Garfinkel berichtet. Ihnen allen ist gemeinsam, daß darin das Verhalten des Gesprächspartners als Regelverletzung markiert wird, für die kein vernünftiger Grund ersichtlich ist und die deshalb nur auf *Normalitätsabweichungen in der Person des anderen* zurückgeführt werden kann.

Dies bedeutet aber nicht, daß tatsächlich schon an dessen Zurechnungsfähigkeit gezweifelt wird, denn dann wäre es sinnlos, von ihm eine klare Auskunft über die (Hinter)Gründe für sein Verhalten zu verlangen. Diese Reaktionen haben vielmehr den Status einer *Aufforderung zur Rechtfertigung*.[6] Sie implizieren die Zuschreibung der Regelabweichung *als zu verantwortendes Delikt*. Die Geltung der *Idealisierung reziproker Perspektiven* wird dabei als *unkorrigierbare Voraussetzung* für die Deutung der Situation zugrunde gelegt.[7] Sie bleibt als Beobachtungsinstruktion ohne Alternative in Kraft, weil sie die Feststellung von Abweichungen auslöst, die Suche nach Erklärungen anleitet und als Prämisse in diese Erklärungen eingeht. Weil jede Abweichung von dieser Erwartung nur durch ihre Anwendung zur Beobachtung von Verhalten erfaßt werden kann, bestätigt sie sich in ihrem Gebrauch selbst. Grenzen ihres Geltungsbereichs können so nicht festgestellt werden.

---

6   Auch der (oft mit dem Gestus der Empörung verbundene) Ausruf "Du bist ja verrückt" hat in der Regel die pragmatische Funktion eines Vorwurfes, der sich darauf bezieht, daß alle vernünftigen Gründe gegen eine bestimmte Handlungsweise sprechen. Dementsprechend reagiert der so Angesprochene häufig mit Begründungen und Rechtfertigungen.

7   Siehe dazu Pollner 1976, der den Gebrauch unkorrigierbarer Prämissen als generelles Charakteristikum des alltagsweltlichen Denkens begreift.

Die Experimente Garfinkels machen deutlich, daß grundlegende Idealisierungen, wie die Idealisierung der Reziprozität der Perspektiven, deren Status zunächst *kognitiver* Art zu sein scheint, gleichsam *normativ imprägniert* sind. Diese Idealisierungen haben den Status *konstitutiver Erwartungen*, sind also tatsächlich den Erwartungen vergleichbar, die auf den Basisregeln von Spielen gründen. Spiele müssen wir freilich nicht spielen. Ihre Regeln und die daraus folgenden Erwartungen können ohne gravierende Probleme außer Kraft gesetzt werden. Die Schützschen Idealisierungen müssen wir demgegenüber als *Bedingung der Möglichkeit intersubjektiven Verstehens und Wissens* in jeder Interaktion als gültig unterstellen. Indem das *Wissen* um die Bedeutung bestimmter Ausdrücke *als gemeinsam geteilt vorausgesetzt* und jede Enttäuschung dieser Erwartung *als vorwerfbare Abweichung definiert* wird, erhält es *normativen* Charakter und erscheint *als Teil der gemeinsamen moralischen Ordnung*.

Die Krisenexperimente sind für Garfinkel ein Weg, um zu untersuchen, auf welche Weise das Problem der Intersubjektivität im Alltag gelöst wird. Dieser Zugang ist jedoch äußerst beschränkt. Um die Lösung dieses Problems in uneingeschränkter Breite zu untersuchen, müssen die *Grundstrukturen sprachlicher Kommunikation* analysiert werden. Garfinkel unternimmt dazu einen ersten Schritt, dem wir uns nun zuwenden wollen. Den Ausbau dieses Schrittes zu einem empirischen Forschungsprogramm unternimmt dann später die ethnomethodologische Konversationsanalyse.

6.1.3   Kommunikative Sinnkonstitution

Wie ist es möglich, daß Akteure in der Kommunikation Übereinstimmung über die Bedeutung ihrer Äußerungen erreichen? - Die Frage mag einfach anmuten, die Antwort darauf ist es aber keineswegs. Kein Akteur kann in den Kopf des anderen sehen, um festzustellen, was der ihm mit einer Äußerung mitzuteilen beabsichtigt. Bewußtseine sind füreinander undurchsichtig. Durch den Gebrauch von Sprache können wir die daraus entstehenden Schwierigkeiten wechselseitigen Verstehens allem Anschein nach gleichwohl in ausreichendem Maße lösen. Aber wie ist das möglich? Wie funktioniert sprachliche Verständigung?

Eine geläufige Vorstellung erklärt unsere Fähigkeit, Sprache so zu benutzen, daß wir mit analogen Lautäußerungen intersubjektiv übereinstimmende Bedeutungen verbinden, mit der Existenz von *Regeln*. Diese Regeln bestimmen die Bedeutung von Worten, die Bedeutung der Worte bestimmt die Bedeutung von Sätzen, diese wiederum bestimmen den Sinn der Redebeiträge und des sich daraus bildenden Gesprächs. Um sich erfolgreich miteinander verständigen zu können, muß man nur die Regeln kennen, welche die Bedeutung elementarer Ausdrücke und deren Kombinationsmöglichkeiten festlegen. Ein Akteur, der Gedanken und Absichten mitteilen möchte, muß eine Reihe von Wörtern und Sätzen auswählen, die nach den Regeln der Sprache dazu paßt. Der Empfänger der Mitteilung kann dann durch die Anwendung derselben Regeln vom Wortlaut auf die Bedeutung zurückschließen, die der Sprecher mit seiner Mitteilung verknüpfte. Der Sinn, der vorher nur im Bewußtsein des Sprechers vorhanden war, wird auf diese Weise zum Hörer *'übertragen'*; übereinstimmendes Verstehen wird damit erreicht.

Das eben grob skizzierte Modell sprachlicher Verständigung findet eine genaue Anwendung im Bereich der technischen bzw. geheimdienstlichen Nachrichtenübermittlung und ist dort äußerst plausibel: Um eine Nachricht zu übermitteln, muß sie zunächst in einen sendefähigen Code (wie z.B. das Morsealphabet oder einen Geheimcode) übertragen, d.h. "encodiert" werden. Der Empfänger muß dann denselben Code anwenden, um die gesendeten Signale zu "decodieren", d.h. um sie zurückzuverwandeln in die ursprüngliche Nachricht. Der Code besteht dabei aus einer *Menge von Zuordungsregeln*, die jedem der Elemente, aus denen eine Nachricht zusammengesetzt werden kann (also z.B. jedem möglichen Buchstaben) ein technisches Signal zuordnet (im Falle des Morsealphabets etwa eine Sequenz von langen und kurzen Tönen, elektrischen Impulsen oder Lichtsignalen). Verwenden Sender und Empfänger denselben Code und funktioniert die Übermittlung der Signale störungsfrei, dann ist die erfolgreiche Übertragung der Nachricht gesichert. Einen entsprechend präzisen Code vorausgesetzt, kann der Prozeß der Encodierung und Decodierung dabei auch maschinell durchgeführt werden.

Fraglich ist, inwiefern dieses Modell geeignet ist, um die Mitteilung von Bedeutungsintentionen im Kontext sprachlicher Kommunikation angemessen zu beschreiben. Kann man tatsächlich annehmen, daß Kommunikation *generell* nach dem Muster der Encodierung und Decodierung auf der Basis eines Systems feststehender Regeln abläuft, die jedem sprachlichen Ausdruck eine bestimmte Bedeutung zuordnen? Garfinkel versucht, diese Frage nicht durch bloße theoretische Spekulation zu beantworten. Er transformiert auch dieses Problem in eine einfache experimentelle Anordnung, die *sichtbar machen* soll, wie der Prozeß der Bedeutungszuweisung in der alltäglichen Kommunikation funktioniert.

Garfinkel forderte einige seiner Studenten auf, über den Ablauf gewöhnlicher Gespräche, an denen sie beteiligt waren, zu berichten. Dazu sollten sie auf der linken Seite eines Blattes notieren, was jeder Teilnehmer *sagte* und auf der rechten Blatthälfte niederschreiben, wie sie und ihr Gesprächspartner das Gesagte *verstanden* hatten. Einer der Studenten berichtete daraufhin das nebenstehend abgedruckte Gespräch zwischen ihm und seiner Frau (siehe Garfinkel 1967, 38f.).

Garfinkel stellt die folgenden Auffälligkeiten an diesem Gesprächsauszug fest (vgl. Garfinkel 1967, 39f. sowie Heritage 1984, 94f.): Die Äußerungen werden nicht ihrem Wortlaut nach, sondern unter Bezug auf unausgesprochene und als gemeinsam unterstellte Voraussetzungen gedeutet. Vieles wird verstanden, indem bestimmte sprachliche Ereignisse jeweils als "Dokument für" oder als "Hinweis auf" etwas gelesen werden,[8] das wechselseitig als Gesprächsgegenstand unterstellt wird, über

---

8   Die Vorstellungen über den Inhalt des Gesprächs werden aber nicht nur aus bestimmten "dokumentarischen Evidenzen" abgeleitet, sondern es werden auch umgekehrt die "dokumentarischen Evidenzen" im Lichte dessen interpretiert, was als zugrundeliegender Gesprächsinhalt bereits bekannt ist

(Fortsetzung...)

1 Mann:	Dana hat es heute geschafft, einen Penny in die Parkuhr zu stecken, ohne hochgehoben zu werden.	Heute Nachmittag, als ich Dana, unseren vier-jährigen Sohn, vom Kindergarten nach Hause brachte, schaffte er es, hoch genug zu reichen, um einen Penny in die Parkuhr zu stecken, als wir in einer Parkuhrenzone parkten, wohinge-gen er früher immer hochgehoben werden mußte, um so hoch zu reichen.
2 Frau:	Hast du ihn ins Schallplattenge-schäft mitgenommen?	Wenn er einen Penny in die Uhr gesteckt hat, dann bedeutet das, daß du angehalten hast, wäh-rend du mit ihm zusammen warst. Ich weiß, daß du entweder auf dem Weg, um ihn zu holen oder auf dem Rückweg an dem Schall-plattengeschäft angehalten hast. War es auf dem Rückweg, so daß er bei dir war, oder hieltest du dort auf dem Weg, um ihn zu holen und irgendwo anders auf dem Rückweg?
3 Mann:	Nein, in den Schuhreparaturladen.	Nein, ich hielt an dem Plattenladen auf dem Weg, um ihn zu holen und am Schuhreparatur-geschäft auf dem Heimweg, als er bei mir war.
4 Frau:	Wofür?	Ich kenne einen Grund, warum du am Schuhre-paraturgeschäft angehalten haben könntest. Warum hieltest du tatsächlich?
5 Mann:	Ich kaufte neue Schnürsenkel für meine Schuhe.	Wie du dich erinnern wirst, ist mir neulich ein Schnürsenkel an einem meiner braunen Oxford-Schuhe gerissen, weshalb ich anhielt, um neue Schnürsenkel zu kaufen.
6 Frau:	Deine Freizeitschuhe brauchen unbedingt neue Absätze.	Ich dachte an etwas anderes, das du hättest erledigen können. Du hättest deine schwarzen Freizeitschuhe hinbringen können, die unbe-dingt neue Absätze brauchen. Du kümmerst dich besser möglichst bald darum.

den die Äußerungen des anderen etwas mitteilen. Jede Äußerung wird dabei als Ele-ment einer Interaktionssequenz interpretiert, in die sie eingebettet ist und mit der sie sowohl durch retrospektive wie auch prospektive Sinnbezüge verknüpft ist. Viele Ausdrücke erhalten nur dadurch einen bestimmten Sinn, daß der Hörer Wissensbestände bzw. Vermutungen über die Vergangenheit, über die Ziele des Sprechers und den vorangegangenen Verlauf des Gesprächs als Deutungsgrundlage verwendet. Die Bedeutung dieser Ausdrücke wird so von den näheren Umständen ihrer Verwendung abhängig. Der Sinn der Äußerungen wie auch das Gesprächs-thema erscheint dadurch "in spezifischer Weise vage", d.h. offen für spätere Ergän-zung und Reinterpretation "im Hinblick auf interne Beziehungen, Beziehungen zu

---

8 (...Fortsetzung)
    bzw. antizipiert werden kann. Garfinkel spricht in diesem Zusammenhang auch (damit einen Begriff
    von Karl Mannheim übernehmend) von der "dokumentarischen Methode" der Interpretation, von
    der die Teilnehmer Gebrauch machen (vgl. 1967, 40 sowie 76ff.).

anderen Ereignissen und Beziehungen zu retrospektiven und prospektiven Möglichkeiten" (Garfinkel 1967, 41).

Versuchen wir nun das, was damit nur abstrakt und allgemein formuliert ist, an der zitierten Sequenz nachzuvollziehen: Vergleichen wir die erste Äußerung mit der Deutung, die ihr zugeordnet wird, dann sehen wir, daß diese Deutung Komponenten enthält, die nicht unmittelbar aus den Bestandteilen dieser Äußerung folgen. Die Äußerung wird gedeutet vor dem Hintergrund eines als bekannt unterstellten Handlungszusammenhangs - das Abholen von Dana aus dem Kindergarten - , der in der Äußerung nicht mitgeteilt, aber durch sie als Verstehenskontext aufgerufen wird. Und wichtiger noch, die Pointe der Mitteilung liegt für die Gesprächsteilnehmer in der Differenz des Berichteten im Vergleich zu früheren Erfahrungen und den darauf gegründeten Erwartungen: *Bisher mußte Dana immer hoch gehoben werden*, um die Münze in die Parkuhr zu werfen, heute - anscheinend zum ersten Mal - nicht mehr. Nimmt man allein den Wortlaut der Äußerung, dann könnte es ebensogut sein, daß Dana vorher noch nie versucht hat, eine Münze in die Parkuhr zu stecken und die Eltern überrascht sind, daß er es auf Anhieb kann (obwohl z.B. seine um ein Jahr ältere Schwester es schon häufig versuchte und immer wieder daran scheiterte). Auch sagt die Äußerung nichts darüber aus, worin denn eigentlich die Schwierigkeit besteht, zu deren Überwindung er nicht (mehr) hochgehoben werden muß. Zu geringe Körpergröße, um den Einwurfschlitz erreichen zu können, ist nur eine Möglichkeit. Ebensogut könnte es sein, daß die Prozedur des Einwerfens bisher Schwierigkeiten bereitete (z.B. sehr enger Einwurfschlitz, den es präzise zu treffen gilt, ein Hebel, der dabei bedient werden muß o.ä.), die von Dana bisher nur gelöst werden konnten, wenn er den Einwurfschlitz unmittelbar vor Augen hatte, wozu man ihn hochheben mußte. In diesem Falle wäre das Ereignis nicht deshalb mitteilenswert, weil Dana es erstmals schaffte, *hoch genug zu reichen* (mithin also als Indiz für *Größenwachstum*), sondern als Anzeichen eines *Zuwachses an Geschicklichkeit*.

Unsere Analyse der ersten Äußerung zeigt: Der protokollierte Bedeutungsgehalt, den die Gesprächsteilnehmer mit dieser Äußerung verbunden haben, folgt nicht allein aus der sprachlichen Bedeutung der darin verwendeten Ausdrücke. Er knüpft an vergangene Interaktionen und gemeinsame Erfahrungen an, und er setzt diese Vergangenheit als *gemeinsam geteiltes Wissen sowie daraus folgende Erwartungen* voraus, die *als unausgesprochene Deutungsgrundlage hinzugezogen* werden müssen, um die Äußerung so verstehen zu können, wie sie verstanden worden ist. Durch diesen konstitutiven Bezug auf eine gemeinsame Vergangenheit weist sich bereits die erste Äußerung als *Episode innerhalb einer gemeinsamen Interaktionsgeschichte* aus, die sie selbst fortsetzt und für deren Weiterführung sie neue Anknüpfungsmöglichkeiten eröffnet. Sie präsentiert sich damit als *Element einer Sequenz*, dessen Bedeutung wesentlich durch seine sequentielle Einbettung, d.h. durch die Vorgeschichte und die Folgegeschichte seines Erscheinens bestimmt ist.

Noch deutlicher wird dies bei der zweiten Äußerung: Dem bloßen Wortlaut nach ist kaum ein Zusammenhang zur ersten Äußerung festzustellen. Einziges Verbindungsglied ist der Bezug auf Dana, von dem zuvor schon die Rede war. Die intersubjektive (Be)Deutung, die der Äußerung im Protokoll zugewiesen wird, stellt jedoch einen solchen Zusammenhang her. Unter Hinzuziehung weiterer Hintergrundwissens wird die erste Äußerung durch die zweite vor allem als Hinweis auf den Ort weiterverarbeitet, den der Vater, nachdem er angehalten hatte, mit Dana aufsuchte. Die daraus abgeleitete Vermutung, daß beide zusammen im Schallplattengeschäft waren, wird darin als Frage formuliert (und dann durch die dritte Äußerung negativ beantwortet).

Ähnlich an späterer Stelle der Episode: Nachdem der Mann in der dritten Äußerung mitgeteilt hat, daß er im Schuhreparaturgeschäft war, geht es im weiteren darum, was er dort getan hat und was er darüber hinaus dort noch hätte erledigen können bzw. sollen. Dabei ergibt sich der Zusammenhang zwischen den Äußerungen 4 und 5 einerseits sowie der Äußerung 6 andererseits wiederum nur dadurch, daß *thematische Kontinuität unterstellt* und die Äußerung 6 vor dem Hintergrund dieser Voraussetzung gedeutet wird. Der Wortlaut der Äußerung 6 wird dabei zugleich als *"Hinweis" oder "Dokument"* verstanden, der bzw. das die Unterstellung thematischer Kontinuität bestätigt und aus dem zu entnehmen ist, in welcher Weise das unterstellte thematische Muster weiterentwickelt wird.

Um zu solchen Bedeutungszuweisungen zu kommen, muß der Hörer einen Zusammenhang zwischen den Äußerungen *zunächst unterstellen* und dann *nach Deutungsmöglichkeiten suchen*, die es erlauben, die einzelnen Äußerungen als Elemente des unterstellten Zusammenhanges zu verstehen. Welche Bedeutung einer Äußerung zugeschrieben wird, wird so unmittelbar abhängig von ihrer Einbettung in eine Sequenz. Dabei kann man annehmen, daß Komponenten der Bedeutung einer Äußerung für den Hörer häufig erst durch den Verlauf des weiteren Gesprächs sichtbar werden (vgl. Garfinkel 1967, 41). So ist z.B. zu vermuten, daß der Mann die im Protokoll vermerkte Bedeutung der an ihn gerichteten Frage (4) "Wofür?" erst nach Äußerung 6 vollständig realisiert hat.

Die *Nachträglichkeit von Bedeutungszuschreibungen* ist aber nicht auf die Perspektive des Hörers beschränkt, der erst durch spätere Äußerungen eines Sprechers bemerkt, was dieser mit früheren Äußerungen vermutlich 'meinte'. Sie gilt auch für den Sprecher selbst. Dies deshalb, weil die Bedeutung einer Äußerung *nicht von vornherein präzise bestimmt*, sondern offen ist für nachträgliche Bedeutungszuschreibungen durch daran anschließende Äußerungen. So erhält die Startäußerung des Vaters die Bedeutung eines Hinweises auf den Ort, an dem er mit Dana angehalten hat, dem Wortlaut des Protokolles nach erst nachträglich durch die daran anschließende Frage der Mutter, ohne bereits zuvor als Bedeutungsintention auf Seiten des Sprechers vorzuliegen. Glaubt man dem Protokoll, dessen rechte Spalte ja den gemeinsam verstandenen Sinn wiedergeben soll,[9] dann bestätigt der Vater die Schluß-

---

9 Zum Status dieses Protokolls ist folgendes festzuhalten: Garfinkel teilt nicht mit, ob die zitierten Aufzeichnungen des Gesprächs aus dem Gedächtnis oder durch Tonbandmitschnitt und Transkription angefertigt wurden. Auch dann, wenn der Gesprächsverlauf durch Tonaufzeichnung zuverlässig dokumentiert worden sein sollte, kann die Darstellung der verstandenen Bedeutungen, die den einzelnen Äußerungen in der rechten Spalte des Protokolls zugeordnet sind, nur nachträglich verfaßt

(Fortsetzung...)

folgerung, welche die Mutter zu ihrer Frage veranlaßte, als Implikation seiner vorangehenden Äußerung und akzeptiert sie damit im nachhinein als Teil der Bedeutung dieser Äußerung. Generalisiert man diese Beobachtung, dann heißt dies, *daß die Bedeutung von Äußerungen nicht durch ihren Wortlaut und die Intentionen ihres Urhebers definitiv feststeht, sondern jede Äußerung offen ist für die nachträgliche Reinterpretation durch anschließende Äußerungen.*[10]

Die vorstehende Analyse läßt erkennen, daß die Bedeutung, die eine Äußerung *in der Kommunikation* für die Akteure erhält, nicht vorweg durch die Intention des Sprechers und durch sprachliche Regeln bereits vollständig fixiert ist, sondern erst durch den Ablauf der Kommunikation bestimmt wird. Die Vorstellung davon, was die Bedeutung einer Äußerung ausmacht, ändert sich damit auf eine dramatische Weise. Die Intention des Sprechers verliert den Status einer souveränen Instanz, in deren Macht es steht, die Bedeutung von Mitteilungen (in den Grenzen der Regeln der Sprache) autonom und unabänderlich festzulegen. *Der Schwerpunkt der Bedeutungskonstitution verlagert sich vielmehr von den jeweiligen subjektiven Intentionen der Interaktionsteilnehmer in den sequentiellen Aufbau der Kommunikation.* Dieser sequentielle Aufbau ist für jeden einzelnen Teilnehmer nur begrenzt vorhersehbar. Er kann an den Reaktionen anderer oft ablesen, welche Bedeutungszuweisungen seinen Äußerungen darin widerfahren, und er kann sie akzeptieren oder auch, wenn er sich mißverstanden glaubt, dagegen protestieren und Reparaturversuche unternehmen. Vollständig antizipieren und kontrollieren kann er diese Bedeutungszuweisungen jedoch nicht.

---

9 (...Fortsetzung)

worden sein. Was darin notiert ist, ist also keine unmittelbare Wiedergabe der gesprächsbegleitenden Bedeutungszuweisungen. Es ist vielmehr das Ergebnis der Rückerinnerung, Reflexion und retrospektiven Interpretation des Protokollautors und des dazu eventuell noch von ihm befragten Interaktionspartners, veranlaßt durch den Auftrag Garfinkels, möglichst genau und vollständig zu notieren, welche Bedeutung die Kommunikationsteilnehmer mit den einzelnen Äußerungen verknüpften. Selbst unter der Voraussetzung der maximal möglichen Sorgfalt bei der Lösung dieser Aufgabe kann zwischen korrekt erinnerten Bedeutungszuweisungen und rückblickenden Interpretationen, die Bedeutungen anhand des dokumentierten Wortlautes konstruieren und explizieren (nach dem Muster: "Die Äußerung X kann ich nur so gemeint bzw. verstanden haben, daß ...") nicht trennscharf unterschieden werden. Der Index der Nachträglichkeit ist der Mitteilung des im Gespräch erreichten Verstehens untilgbar eingeschrieben. Vgl. ergänzend dazu die nachfolgende Anmerkung.

10   Auch mit dem Abschluß der Interaktionssequenz ist die Bedeutung der darin verwendeten Äußerungen nicht vollständig und endgültig fixiert. Jede neuerliche Reflexion auf den Verlauf der Interaktion kann neue Bedeutungselemente zu Tage fördern. Diese Erfahrung mußten auch Garfinkels Studenten machen. Garfinkel konnte sie immer davon überzeugen, daß die Bedeutungsexplikationen in der rechten Spalte des Interaktionsprotokolls ungenau bzw. unvollständig waren und dies auch noch nach mehreren Durchgängen der Überarbeitung, in denen der Umfang der Bedeutungsexplikationen immer mehr zunahm. Die Beschwerden, die sie darüber äußerten, schienen darauf hinauszulaufen, "daß das Schreiben selbst das Gespräch als eine sich verzweigende Textur relevanter Inhalte (fort)entwickelte" (Garfinkel 1967, 26). - Entsprechendes zeigen auch die Erfahrungen mit der ausführlichen hermeneutischen Interpretation von Interaktionsprotokollen im Kontext der von Oevermann entwickelten Methodologie der "objektiven Hermeneutik" (Oevermann u.a. 1979). Unter dem Titel der "Wirkungsgeschichte" wird das analoge Phänomen der Erweiterung des Bedeutungsgehaltes von Texten in der historischen Abfolge ihrer Interpretationen in der philosophischen Hermeneutik Gadamers behandelt (vgl. dazu Gadamer 1965, 283ff. und 448).

Wenn Kommunikation nicht als einfache Übertragung von Bedeutungsintentionen begriffen werden kann und Sprache nicht nach dem Muster eines Übertragungscodes funktioniert, bei dem allgemeingültige Zuordnungsregeln eine invariante Verbindung zwischen Zeichen und subjektiv intendierten Bedeutungen herstellen, dann wird die Erzeugung gemeinsam geteilter Bedeutungen prekär. Um intersubjektives Verstehen zu ermöglichen, muß jeder der Beteiligten immer wieder das notwendige Hintergrundwissen einsetzen, um das explizit Gesagte durch nicht Gesagtes zu ergänzen, und er muß sich darauf verlassen können, daß auch der andere dies tut. Die *Kooperation des Adressaten*, seine Fähigkeit und Bereitschaft, *das Gesagte durch eigene Interpretationstätigkeit zu vervollständigen*, bleibt unerläßlich und wird von den Teilnehmern untereinander *normativ erwartet*. Wer diese Kooperation verweigert, torpediert eine notwendige Voraussetzung kommunikativer Verständigung. Genau das aber taten die Experimentierenden in den Krisenexperimenten Garfinkels, wenn sie vorgaben, einfache Ausdrücke des alltäglichen Sprachgebrauchs nicht zu verstehen und um deren Erläuterung baten.

6.1.4 Garfinkels Kritik an einem zu einfachen Modell regelgeleiteten Handelns

Die verschiedenen Experimente und Analysen Garfinkels laufen auf eine gemeinsame Pointe hinaus: Kommunikation und Kooperation *funktioniert nicht* auf der Grundlage vorgegebener Regeln, die eindeutig definieren, was eine Äußerung bedeutet oder welches Verhalten in einer gegebenen Handlungssituation erforderlich ist. Regeln allein bilden keine hinreichend genau bestimmte Grundlage intersubjektiver Handlungskoordination. Die Interpretationsleistungen der Akteure und deren Abstimmung aufeinander können deshalb *nicht durch Regeln ersetzt* werden. Die *intersubjektiv koordinierte Interpretationstätigkeit* der Akteure bildet die konstitutive Voraussetzung jeder Interaktion.

Soziale Ordnung kann daher auch nicht allein durch regelkonformes Verhalten erzeugt werden, zu dem die Akteure durch die Internalisierung normativer Regeln sowie durch die Sanktionierung abweichenden Verhaltens motiviert werden. Die Parsonssche Lösung des Problems sozialer Ordnung greift zu kurz, weil sie auf übermäßig vereinfachenden Voraussetzungen gründet. Sie behandelt die Interpretationstätigkeit der Akteure als Randphänomen und vernachlässigt den Umstand, daß jeder Akteur unaufhörlich dazu gezwungen ist, aus der Beobachtung des (sprachlichen und nicht-sprachlichen) Verhaltens der Interaktionspartner dessen Bedeutung zu erschließen und die so erreichten Deutungen mit den Deutungen der Interaktionspartner zu koordinieren.

Daß es Regeln gibt, wird von Garfinkel nicht bestritten. Ihr Stellenwert wird jedoch erheblich relativiert. Wie die kurze Analyse der oben zitierten Gesprächssequenz verdeutlichte, sind andere Faktoren, wie die Vorgeschichte einer Äußerung bzw. Handlung, ihre sequentielle Einbettung und der koordinierte Gebrauch gemeinsamen Hintergrundwissens mindestens ebenso wichtig, um übereinstimmende Bedeutungszuweisungen und die wechselseitige Abstimmung des Handelns zu erreichen. Die Vorstellung, daß die Interpretation und Anwendung der Regeln in konkreten Situationen als *Randphänomen* behandelt und aus der soziologischen Analyse ausgeblendet werden könnte, wird deshalb verworfen.

Der Vorwurf, Prozesse der Regelanwendung durch die Akteure als vernachlässigbares Randphänomen zu behandeln, richtet sich allgemein gegen jede Vorstellung von Regeln, die annimmt, Regeln könnten ein Verhalten auf ähnliche Weise festlegen, wie ein Programm die Operationen eines Computers. Und er richtet sich insbesondere *gegen Parsons*.[11] Die theoretische und empirische Vernachlässigung der Regelanwendung wäre nur dann berechtigt, wenn die Regeln die Art ihrer Befolgung selbst festlegen könnten. Das aber, so Garfinkels Einwand, trifft nicht zu. Regeln abstrahieren zwangsläufig von den Besonderheiten der Einzelsituationen, für die sie relevant sind. Ihre Anwendung verlangt vom Akteur ein Urteil darüber, ob die aktuelle Situation zu der Klasse von Situationen gehört, für die die Regel Geltung beanspruchen kann. Zwar kann eine Regel allgemeine Aussagen über die Umstände enthalten, unter denen sie gelten soll. Die Feststellung, ob diese Umstände in einer gegebenen Situation erfüllt sind, ist aber durch die Regel selbst nicht determiniert, sondern verlangt die Interpretation und das Urteil des Akteurs. Eine vollständige Deckungsgleichheit zwischen verschiedenen Anwendungssituationen einer Regel kann es dabei niemals geben. Immer muß also darüber entschieden werden, inwiefern real existierende Differenzen als irrelevant behandelt und ausgeblendet werden können. Weil jede neuerliche Befolgung einer Regel auf veränderte Bedingungen trifft, wird sie, wie Garfinkel pointiert formuliert, immer "ein weiteres erstes Mal" angewandt (vgl. Garfinkel 1967, 9).

Im Alltag hat man es freilich weniger mit der Anwendung allgemein formulierter Regeln auf konkrete Sachverhalte zu tun. Regeln und Normen sind uns hier oft nur durch die Erfahrung vorausgegangener Anwendungssituationen bekannt, oder genauer: *auf unausgesprochene Weise vertraut.* Dieser Modus der Regelbefolgung ist vergleichbar mit dem des angelsächsischen Fallrechts, bei dem vergangene richterliche Einzelentscheidungen als Präjudizien verwendet, d.h. neue Fallentscheidungen auf vergleichbare frühere Rechtsfälle gestützt und die dabei relevanten normativen Gesichtspunkte vor allem durch *fallvergleichende Interpretation* ermittelt werden. Im Alltag sind es die vergangenen Interaktionserfahrungen, die als Präzedenzfälle für die Beurteilung neuer Handlungssituationen herangezogen werden und nach denen beurteilt wird, inwiefern das Verhalten anderer Akteure als normenkonform oder als abweichend einzustufen ist.

Garfinkel demonstriert diese Art der Anwendung von Regeln an einem kleinen Versuch, bei dem der Experimentierende während eines Gesprächs ein Tonaufzeichnungsgerät in der Jacke trug, das dem Blick des Gesprächspartners verborgen

---

11 Dieser Vorwurf zeichnet die Differenzen beider Positionen freilich schärfer, als sie - von Parsons her gesehen - erscheinen, lassen sich doch bei Parsons eine Reihe von Aussagen finden, welche die Notwendigkeit ständiger wechselseitiger Abstimmung der Norminterpretationen in der Interaktion hervorheben (vgl. z.B. Parsons 1951, 269ff. und 303f.). Im Gesamtkontext der Parsonsschen Theorie haben diese Aussagen allerdings eine nachgeordnete und eher marginale Bedeutung. - Ich komme darauf weiter unten ausführlicher zurück.

war. Im Verlauf des Gesprächs öffnete der Experimentierende seine Jacke, so daß das Gerät für die Versuchsperson sichtbar wurde und sagte, "Schau, was ich habe". Die Versuchspersonen reagierten darauf typisch mit einer Frage wie "Was hast du damit vor?" und hielten dem Experimentierenden die Verletzung der Erwartung vor, daß die vorangegangene Unterhaltung ein Gespräch "unter uns" gewesen sei (vgl. Garfinkel 1967, 75). Die überraschende Tatsache, daß das Gespräch aufgezeichnet worden war, eröffnete plötzlich die Möglichkeit, daß davon zukünftig auf unbekannte und potentiell problematische Weise Gebrauch gemacht werden könnte. Dieser Umstand veranlaßte die Testpersonen dazu, die Situation nachträglich "unter die Jurisdiktion einer Vereinbarung zu bringen, die sie niemals speziell erwähnt hatten und die tatsächlich zuvor nicht existierte" (Garfinkel 1967, 75).

Der Ausschluß nicht anwesender Dritter als Ohrenzeugen eines Gesprächs, der in früher erlebten Gesprächssituationen *faktisch* gegeben war, nun aber nicht mehr gewährleistet ist, wird hier als *normative Erwartung* eingeklagt. Eine typisch erfüllte Randbedingung alltäglicher Gespräche, deren Nicht-Erfüllung die Versuchspersonen als überraschend und problematisch erleben, wird damit in den Rang einer Norm erhoben, und es wird unterstellt, daß diese Norm gemeinsam anerkannt ist und bereits in der Vergangenheit unausgesprochen gültig war.

Das Beispiel führt vor, wie auf dem Wege der Interpretation typische Erfahrungen in normative Erwartungen transformiert werden können. Dabei setzen die Versuchspersonen bei den Experimentierenden den gleichen Erfahrungshintergrund als selbstverständlich voraus und erwarten von ihnen den *kooperativen Mitvollzug dieser Interpretationsleistung*. Die Aufrechterhaltung sozialer Ordnung funktioniert wesentlich auf diese Weise, d.h. nicht auf der Grundlage expliziter feststehender Regeln, die immer wieder angewendet werden, sondern auf dem Wege kooperativer 'Rechtsfortbildung' durch Auslegung der problematisch erlebten Elemente aktueller Situationen vor dem Hintergrund vergangener Erfahrungen.

Garfinkel behauptet, daß dieser Modus der Reproduktion sozialer Ordnung grundsätzlich nicht durch die Orientierung an expliziten Regeln ersetzt werden kann. Auch dort, wo explizite Regeln existieren, ist es immer möglich, daß Ereignisse auftreten, die zwar keine dieser Regeln verletzen, die aber gleichwohl als abweichend, irritierend und störend erlebt werden. Garfinkel illustriert diese These an einem weiteren Experiment (vgl. Garfinkel 1963, 199): Während einer Schachpartie tauschte er immer dann, wenn er an der Reihe war und bevor er seinen Zug ausführte, die Plätze zwischen zwei seiner eigenen Figuren gleichen Typs (also z.B. die Plätze seiner beiden Türme). Die Spielstellung der Figuren änderte sich dadurch nicht. Das Manöver entsprach keiner Regel des Schachspiels. Es war kein regulärer Zug, aber auch kein offensichtlicher Regelverstoß. Im Kontext des Spiels erschien es überflüssig und sinnlos. Seine Spielpartner reagierten darauf irritiert, unwillig, versuchten ihn zum Teil daran zu hindern, verlangten eine Erklärung für sein eigenartiges Verhalten und forderten ihn auf, damit aufzuhören. Sie empfanden dieses Verhalten als regelwidrig, konnten aber keine Regel nennen, gegen die er damit verstoßen hätte und begründeten ihren Widerstand schließlich damit, daß dieses Verhalten das Spiel verderbe.

Garfinkel nimmt an, daß es bei jedem Spiel, oder allgemeiner, bei jeder sozialen Praxis, die durch explizite Regeln strukturiert ist, möglich sei, derartige Formen abweichenden Verhaltens zu erfinden, die gegen keine explizite Regel verstoßen. Wie präzise diese Regeln auch immer formuliert sein mögen und wie engmaschig ein Netz solcher Regeln auch immer geknüpft ist, immer gibt es darüber hinaus eine Vielzahl unexplizierter Voraussetzungen, in die die Praxis der Regelanwendung eingebettet ist und die von den Akteuren ebenfalls als gemeinsam geteilt und verbindlich geltend unterstellt werden. Diese Voraussetzungen sind gegeben in Gestalt der vergangenen Erfahrungen, die den Hintergrund jeder neuerlichen Ausübung eines bestimmten Aktivitätstyps darstellen. Diese Erfahrungen werden als Prämissen weiteren Handelns beansprucht, als *gültiges Wissen*, von dem man unterstellt, daß es sich auch zukünftig bewähren wird. Wie die Unterstellung der Reziprozität der Perspektiven, so hat auch diese Annahme den Status einer Idealisierung. Garfinkel, darin an Schütz und Husserl anknüpfend, bezeichnet diese Idealisierung als "et cetera-Klausel" (vgl. Garfinkel 1963, 199 sowie 1967, 73).[12] Jede Vereinbarung, jede gemeinsame Anerkennung von Regeln impliziert die Anerkennung einer solchen unausgesprochenen "et cetera-Klausel". Oder in Anknüpfung an die oben verwendete Analogie zur Rechtsprechung formuliert: Das 'Gesetzesrecht' der expliziten Regeln ist allein keine hinreichende Grundlage für koordiniertes Handeln. Es bedarf der Ergänzung durch das 'Fallrecht', das aus den vergangenen Erfahrungen durch *vergleichende Interpretation* geschöpft wird und das tragende Fundament der alltäglichen Interaktion bildet.

6.1.5   Regeln als Deutungsprämissen für die Interpretation abweichenden Verhaltens

Bereits im Ticktacktoe-Experiment haben wir gesehen, wie Regeln, die ein bestimmtes Verhalten vorschreiben, zugleich als Grundlage für die Interpretation fremden Verhaltens dienen. In den folgenden beiden Abschnitten soll die enge Verknüpfung zwischen der *normativen* und der *kognitiven* Dimension des Handelns ebenso wie die Bedeutung von Handlungsgewohnheiten, Handlungszielen und Interessen für die *Interpretation von normativen Regeln* anhand verschiedener Beispiele diskutiert werden. Die Ergebnisse von Garfinkels Untersuchungen werden auf diesem Wege verallgemeinert und auf ihre Konsequenzen für die Lösungsbedingungen des *Problems sozialer Ordnung* hin entfaltet.

Zunächst soll dazu gezeigt werden, auf welche Weise normative Regeln in der alltäglichen Interaktion als Bezugspunkt für die Identifikation und Interpretation regelabweichender Verhaltensweisen oder Personenmerkmale wirksam werden und wie dabei versucht wird, intersubjektive Übereinstimmung in der Interpretation dieser Verhaltensweisen bzw. Merkmale zu erreichen. Danach will ich an einem

---

12 Schütz (Schütz 1972, Bd.2, 269) spricht hier von der Idealisierung des "und so weiter".

ausführlichen Beispiel zum Verhalten im Straßenverkehr verdeutlichen, wie Unterschiede in den Handlungsgewohnheiten und Handlungszielen zwischen verschiedenen Akteuren zu gravierenden Differenzen bei der *Anwendung* von Regeln zur Interpretation und Bewertung eines Verhaltens führen können.

Im anschließenden Abschnitt wird es dann darum gehen, wie Differenzen im Bereich der *Wissensgrundlagen,* die den *kognitiven Hintergrund* für die Anwendung von normativen Regeln bilden, sowie Unterschiede der *Interessen* zwischen den Akteuren zu gegensätzlichen Schlußfolgerungen darüber führen, welche Verhaltensanforderungen aus diesen Regeln für bestimmte Situationen abzuleiten sind.

Die *Generalthese* dieser beiden Abschnitte lautet: Das Hobbes-Parsonssche Problem sozialer Ordnung ist nur lösbar, wenn zwischen den Akteuren *eine hinreichende Übereinstimmung im Bereich der Gewohnheiten, der Ziele, Interessen und Wissensgrundlagen besteht,* die Eingang finden in die Interpretation sozialer Normen und Werte.

Regeln und Erfahrungen bilden den Hintergrund unserer Wahrnehmung von Ereignissen und Handlungen des Alltagslebens. Sie ermöglichen es uns, unsere Umwelt als geordnet zu erleben. Die Ordnung des Alltags ist dabei *zugleich kognitiver und moralischer Art.* Soweit es uns gelingt, wahrgenommenes Verhalten in Übereinstimmung zu bringen mit unserem Erfahrungswissen und den als gültig unterstellten Regeln, erscheint es uns als geordnet, verständlich, situationsangemessen und rational. Abweichungen hingegen werden generell als Störungen dieser Ordnung registriert, die nach einer Erklärung verlangen. Adressat für das Verlangen nach einer Erklärung ist zunächst der Akteur, dessen Verhalten aus dem Rahmen des Üblichen fällt. Und jeder Akteur, der bemerkt, daß sein Verhalten oder sein äußeres Erscheinungsbild abweichende Merkmale aufweist, kann erwarten, daß eine Erklärung von ihm erwartet wird, welche die anerkannte Ordnung wieder herstellt. Der Alltag ist voll von *'Ordnungswidrigkeiten'* im Bagatellformat, die durch rasche Erklärungen, Entschuldigungen bzw. Rechtfertigungen verständlich gemacht und als mögliche Quelle von Irritationen und Konflikten entschärft werden (vgl. ausführlich Scott/Lyman 1976).

Ein paar Beispiele dazu: Jemand tritt einem anderen auf den Fuß, bemerkt dies mit einem überraschten "Oh" und entschuldigt sich rasch für seine Unaufmerksamkeit. Jemand kommt zu spät zu einem vereinbarten Termin und weist bedauernd auf den Verkehrsstau hin, der ihn daran hinderte, pünktlich zu sein. Ein Bankangestellter, der mit ölverschmierten Händen an seinem Arbeitsplatz eintrifft, signalisiert bereits durch die vom Körper abgespreizten und jede Berührung sorgfältig vermeidende Haltung, daß auch er diesen Zustand als ungewöhnlich betrachtet und pariert die erstaunten Gesichter der Kollegen mit einer kurz hingeworfenen Erläuterung, "Fahrradkette 'runtergefallen". Jemand läuft durchs Büro, macht plötzlich auf dem Absatz kehrt und läuft denselben Weg zurück, nicht ohne sich, für alle gut sichtbar, mit der flachen Hand an die Stirn zu schlagen und damit zu signalisieren, "Ich habe etwas vergessen".

In diesen Beispielen werden Abweichungen als Folge besonderer Umstände erläutert und verständlich gemacht bzw. als unbeabsichtigte Verfehlung deklariert und entschuldigt. Damit wird zugleich angezeigt, daß die verletzten Erwartungen von den dafür verantwortlichen Akteuren geteilt und weiterhin anerkannt werden. Durch *kontinuierliche Reparaturleistungen*, bei denen die Urheber der Störung und ihre Interaktionspartner meist miteinander kooperieren, *wird die Ordnung des Alltags so gegen ständig anfallende Bagatellstörungen gesichert.* Gelingt es den 'Tätern' nicht, befriedigende Erklärungen zu präsentieren, oder versuchen sie dies nicht einmal, dann sind die Beobachter in dem Bemühen um die Wiederherstellung der verletzten Ordnung auf sich selbst gestellt und auf selbstproduzierte Erklärungen angewiesen. Für den Urheber der Störung ist dies freilich riskant, verliert er dadurch doch jeden Einfluß darauf, welche Schlußfolgerungen andere aus seinem Verhalten ziehen.

Abweichungen verlangen *normalisierende Erklärungen.* Die Regeln, die als Prämisse für die Registrierung von Störungen dienen, werden dabei produktiv. Sie fungieren als Erzeugungsgrundlage für *Motivunterstellungen*, die den Normalisierungsbedarf befriedigen sowie für daraus abgeleitete Folgeerwartungen und Anschlußhandlungen: Der Tritt auf den Fuß bleibt ohne Entschuldigung. War es ein unbemerktes Versehen oder Absicht? Vielleicht ein Provokationsversuch oder eine Demonstration von Überlegenheit? - Die umstehenden Freunde blicken erwartungsvoll. Der 'Täter' schaut unbefangen und freundlich, oder ist es eher ein überhebliches Grinsen? Schon um das eigene Gesicht zu wahren, darf die 'Tat' des anderen nicht 'ungesühnt' bleiben, sondern muß durch kräftiges Anrempeln in Verbindung mit einem provozierenden Blick 'gekontert' werden. Der andere, der gar nicht bemerkt hatte, daß er auf einen fremden Fuß getreten war, ist überrascht, fühlt sich angegriffen und muß nun seinerseits sehen, wie er die Situation deutet und wie er reagiert.

Die Registrierung von Abweichungen löst die Zuschreibung von erklärungsrelevanten Intentionen und Motiven aus und veranlaßt die Abstimmung anschließender Reaktionen auf diese Zuschreibungen. Regeln funktionieren so zugleich als *Prämissen der Sinnkonstitution* und als Basis der *Identifizierung und Sanktionierung* normwidrigen Verhaltens.

Die Lösung des Problems der Intersubjektivität kann dabei nur gelingen, wenn die Akteure dieselben Regeln zugrunde legen und diese Regeln in der jeweiligen Handlungssituation vor dem Hintergrund gemeinsamen Erfahrungswissens auf übereinstimmende Weise interpretieren. Bereits geringe Differenzen können hier gravierende Konsequenzen für die Deutung eines Verhaltens zur Folge haben. Dasselbe Verhalten wird dann u.U. auf völlig verschiedene Weise verstanden, so daß nicht erst dessen Normenkonformität, sondern bereits seine Bedeutung kontrovers wird. - Diese These möchte ich an einem weiteren Beispiel belegen. Nehmen wir dazu die beiden folgenden allgemeinen Regeln für das Verhalten im Straßenverkehr:

(1) "Jeder Verkehrsteilnehmer sollte sich rücksichtsvoll gegenüber anderen Verkehrsteilnehmern verhalten."

(2) "Jeder Verkehrsteilnehmer sollte sein Verhalten so einrichten, daß der Verkehrsfluß dadurch nicht behindert wird."

Wir können annehmen, daß wohl jeder diesen beiden Regeln zustimmen wird. Viele werden wohl aber zugleich beklagen, daß sie häufig mißachtet werden. Offensichtlich sind diese Regeln nicht trennscharf, denn wer andere wissentlich behindert (z.B. indem er in einer engen Straße parkt, obwohl er damit für andere die Durchfahrt unmöglich macht), kann zugleich als rücksichtslos bezeichnet werden. Sie lassen sich aber dennoch klar unterscheiden, gibt es doch außer der wissentlichen Behinderung anderer noch weitere Möglichkeiten rücksichtslosen Verhaltens im Straßenverkehr.

Daß diese Regeln tatsächlich in Gebrauch sind, kann man an typischen Beschwerden über das Fahrverhalten anderer leicht feststellen. Da wird dann z.B. das Fahren auf der Überholspur einer Autobahn mit Tempo 100 oft als "Blockierung" bzw. "Behinderung" anderer definiert und gerügt oder das Verhalten von Schnellfahrern, die sich durch intensiven Einsatz der Lichthupe freie Bahn zu sichern suchen als "rücksichtslos" charakterisiert. Geraten ein Langsamfahrer, der auf der Überholspur fährt und ein Schnellfahrer, der sich durch ihn beeinträchtigt fühlt und deshalb zur Lichthupe greift, aneinander, dann mag der langsamere Fahrer sich über die Rücksichtslosigkeit des schnelleren entrüsten, während der schnellere über die unverschämte Behinderung durch den langsameren verärgert ist. Beide wenden dann eine dieser Regeln an, um das Verhalten des anderen als abweichend zu definieren und ihre aggressive Reaktion darauf zu rechtfertigen. Und beide fühlen sich dabei meist im Recht. Obwohl sie vermutlich in der Anerkennung beider Regeln übereinstimmen, unterscheiden sie sich dann offensichtlich in ihrer *Anwendung auf die umstrittene Situation*.

Vielleicht unterscheiden sie sich darüber hinaus auch in der *Gewichtung* dieser Regeln in Abhängigkeit von ihrem *Fahrstil*: So mag aus der Perspektive des passionierten Schnellfahrers die Vermeidung von Behinderungen vorrangig sein (und die Verletzung dieser Regel zugleich als gravierendste Form der Rücksichtslosigkeit erscheinen), während ein Langsamfahrer in der Behinderung anderer ein 'Kavaliersdelikt' sieht, rücksichtsloses Drängeln hingegen als schweres Vergehen betrachtet. Bedingt durch unterschiedliche *Gewohnheiten und Interessen* würde dann der einen oder anderen Regel die höhere *Relevanz* zugewiesen. Differenzen über die Deutung und Bewertung eines bestimmten Verkehrsverhaltens könnten so als *Relevanzkonflikt* erklärt werden.[13]

Fahrstile sind nicht nur individualspezifische Erscheinungen. Sie kommen auch als *kollektiv geteilte* Weisen des Fahrens vor. Aus der 'automobilistischen Folklore' etwa ist bekannt, daß Italienern eine Fahrweise zugeschrieben wird, die Verkehrszeichen nicht als sklavisch genau zu beachtende Vorschriften behandelt und größeren Wert auf rasches Fortkommen unter flexibler Nutzung der Chancen der jeweiligen Verkehrssituation legt. Weisen des Fahrens, so eine daraus abzuleitende Hypothese, können sich zu einer kollektiv geteilten "Fahrkultur" formieren, die sich u.U. weniger durch besondere Regeln, sondern vor allem durch die spezifische Ge-

---

13 Wie zu erinnern, stammt der Begriff der "Relevanz" von Schütz. Dazu, sowie zum Konzept des "Relevanzkonflikts", vgl. oben, Kap. 4.7.

wichtung der Relevanz dieser Regeln in ihrem Verhältnis zueinander und durch deren situative Anwendung von anderen "Fahrkulturen" unterscheidet. Zu erwarten wäre deshalb, daß die Mitglieder solcher "Fahrkulturen" zugleich *Interpretationsgemeinschaften* bilden, die intern einen raschen Konsens über die Deutung und Bewertung eines bestimmten Verkehrsverhaltens erzielen können. Zugleich aber wäre anzunehmen, daß diese Deutungen und Bewertungen in wesentlicher Hinsicht gegenüber den Interpretationen von Nicht-Mitgliedern bzw. von Angehörigen anderer "Fahrkulturen" abweichen, so daß es über die Grenzen solcher Gemeinschaften hinweg zu Problemen der Verständigung und der Verhaltenskoordination kommt.

Der folgende Textauszug veranschaulicht diese Hypothese. Seine Auswertung unterstreicht die zentrale Rolle, die Garfinkel der Interpretation von Regeln für die Lösung des Problems intersubjektiven Verstehens zuweist. Der Textauszug stammt aus einem Beitrag zum Ost-West-Diskurs, wie er sich in Deutschland nach der Wiedervereinigung etabliert hat. Darin beschreibt ein Westdeutscher, wie er den ostdeutschen Straßenverkehr erlebt:

> "Seit über zwei Jahren lebe ich im Osten, in Schwerin, und allein die Nerverei auf den Straßen hat mich sicher ein Jahr meines Lebens gekostet. Ein Volk von Führerscheinneulingen! Da gibt es eine Minderheit, die sich im neuen Auto hoffnungslos überschätzt, gefährlich überholt und mit Tempo 100 innerorts die Ausfallstraße entlangrast. Und eine Mehrheit, die vor sich hindrömelt und gefährlich rücksichtsvoll agiert: Unzählige Male wäre ich fast aufgefahren, weil ein Ossi vor mir stark abbremste, nur um einen Linksabbieger vorbeizulassen, obwohl hinter mir alles frei war".[14]

Interessant sind hier zunächst die Prädikate, mit denen das Fahrverhalten der Mehrheit der ostdeutschen Autofahrer charakterisiert wird. Dem Westdeutschen erscheint es als "vor sich hindrömeln" und "gefährlich rücksichtsvoll". Diese Charakterisierungen beziehen sich auf implizite *normative* Erwartungen, vor deren Hintergrund das erwähnte Verhalten als auffällig registriert und als abweichend typisiert wird. Versuchen wir, die *impliziten Deutungsprämissen* dieser normativen Erwartungen gedankenexperimentell auszubuchstabieren.

Erwartet und gefordert wird allem Anschein nach eine *zügige* Fahrweise, die allen Verkehrsteilnehmern ein schnelles und möglichst reibungsloses Fortkommen ermöglicht. *Rücksicht auf einzelne* ist diesem Gesichtspunkt unterzuordnen. Denn: Wer durch rücksichtsvolles Verhalten gegenüber einzelnen Verkehrsteilnehmern (wie etwa gegenüber entgegenkommenden Linksabbiegern, die er vorbeiläßt) den Verkehrsfluß hemmt, behindert dadurch andere und wird für sie zur Gefahrenquelle, weil sein Abbremsen für sie unerwartet kommt und sie deshalb aufzufahren drohen. Er handelt deshalb aus der Perspektive des zitierten Autors irrational. Zum einen, weil er einer Geste der Rücksichtnahme höhere Priorität einräumt, als seiner eigenen Sicherheit und der Sicherheit anderer Verkehrsteilnehmer. Zum anderen,

---

14 So der "Wessi" Jochen Spengler (1993, S. 23), Korrespondent des RIAS in Schwerin, in seinem Bericht "Zuneigung, Ratlosigkeit, Zorn. Ein Wessi bei den Ossis". - Kennzeichnend für den Duktus der Darstellung ist der ironisch-distanzierte, gleichwohl aber alternativlose Gebrauch von Ost-West-Klischees. Die folgende Analyse des Textauszuges entnehme ich aus Schneider 1997a.

weil die Rücksichtnahme gegenüber einem einzelnen eine u.U. wesentlich gravierende Behinderung anderer zur Folge hat.

Das scheinbar rücksichtsvolle Verhalten erweist sich so in seinen Konsequenzen gleich in zweifacher Hinsicht als rücksichtslos. Es erscheint deshalb *intern inkonsistent*, insofern nicht auf vernünftige Weise nachvollziehbar und nur durch mangelnden Überblick erklärbar. Dieses Verhalten entspricht dem Verhalten von "Führerscheinneulingen", ein Prädikat, das der Autor den Ostdeutschen deshalb kollektiv zuweist und das es nahelegt, dieses Verhalten auf mangelnde Vertrautheit mit modernen Verkehrsverhältnissen zurückzuführen.

Das Beispiel zeigt, wie eine bestimmte normative Erwartung die Wahrnehmung und Interpretation eines Verhaltens auf eine Weise anleiten kann, *die dieses Verhalten nicht nur als normwidrig, sondern darüber hinaus als nicht auf rationale Weise verständlich* erscheinen läßt. Möglich ist dies nur, wenn eine Norm *nicht nur Verhalten reguliert*, sondern darüber hinaus eine *konstitutive Rolle für das deutende Verstehen* dieses Verhaltens hat. - Unser Beispiel ist dafür freilich nur dann wirklich beweiskräftig, wenn wir zeigen können, daß eine *Änderung der normativen Prämissen* auch zu einer *anderen Deutung* des inkriminierten Verhaltens im Verkehr führt. Tatsächlich ist dies möglich.

"*Gefährlich* rücksichtsvoll" ist das Vorbeilassen von Linksabbiegern nur dann, wenn die Hinterherfahrenden diese Möglichkeit - wie anscheinend der zitierte Autor trotz umfangreicher diesbezüglicher Erfahrung - nicht antizipieren und zu wenig Abstand halten, um gefahrlos bremsen zu können. Als nutzlos erscheint es nur, wenn *höfliche Rücksichtnahme* im Verkehr dem Ziel *schnellen Fortkommens* wie selbstverständlich *untergeordnet* wird. Besteht zwischen der Mehrheit der Verkehrsteilnehmer Konsens darüber, daß diese Prioritätenhierarchie nicht gilt, sondern die demonstrative Rücksichtnahme gegenüber anderen normativ geboten ist und die Geschwindigkeit des Fortkommens demgegenüber nachrangig erscheint, dann kann auch *erwartet werden,* daß Autofahrer bremsen, um Linksabbieger passieren zu lassen. Dadurch und durch die Wahl eines hinreichenden Sicherheitsabstandes erledigt sich die behauptete "Gefährlichkeit" der Rücksichtnahme von selbst. Ist schnelles Fortkommen im Verkehr nicht von zentraler Bedeutung, dann kann eine eventuell eintretende Verzögerung des Verkehrsflusses auch nicht als Behinderung und mangelnde Rücksicht gegenüber den übrigen Verkehrsteilnehmern gedeutet werden. Die behauptete Inkonsistenz des angeblich typischen ostdeutschen Verkehrsverhaltens verschwindet damit vollständig. Es erscheint vollkommen rational und verständlich.

Aus dieser Perspektive beobachtet erscheint dann freilich das Verhalten des immer wieder dicht auffahrenden und auf möglichst schnelles Fortkommen bedachten westdeutschen Autofahrers vermutlich als 'rücksichtslose und riskante Drängelei', die dann eventuell gedeutet wird als Ausdruck von 'Egoismus und Ellenbogenmentalität', durch die die Westdeutschen sich und andere gefährden, ohne dadurch etwas Wesentliches zu gewinnen. Mit dem Wechsel der normativen Prämissen ist es nun der Fahrstil des Westdeutschen, der rational nicht mehr nachvollziehbar zu sein scheint und der deshalb durch abweichende Persönlichkeitsdispositionen er-

klärt wird. In diesem Fall freilich nicht durch Unbedarftheit (ein "Volk von Führerscheinneulingen"), sondern durch schlechten Charakter.

Unterschiedliche Handlungsgewohnheiten, die ihnen zugrundeliegenden *Ziele* und
die damit verknüpften *normativen Erwartungen*, dies veranschaulicht unser Beispiel,
produzieren so nicht nur ein Koordinationsproblem, sie liefern darüber hinaus
divergierende Deutungsprämissen für die Registrierung von Abweichungen und die
Formulierung von Abweichungserklärungen. Akteure, welche dieselben Handlungs-
und Erwartungsmuster habitualisiert haben, verfügen über gemeinsame Beobach-
tungsvoraussetzungen. Gemeinschaften, in denen diese Voraussetzungen kollektiv
geteilt sind, können deshalb intern einen schnellen Konsens über die Handlungs-
interpretationen, Bewertungen und Zuschreibungen erreichen. Dabei genügen schon
Differenzen in der *Gewichtung* und *situationsgebundenen Auslegung* von ansonsten
gleichartigen normativen Orientierungen, um gravierende Unterschiede in der Deutung und Bewertung von Handlungen und Ereignissen zu erzeugen. Solche Differenzen können ausreichen, um divergierende "(Sub)Kulturen" zu konstituieren.

Dieser Sachverhalt hat auch methodologische Folgen: Die zuverlässige Ermittlung von Differenzen der skizzierten Art ist nur möglich, wenn der Prozeß der
situationsgebundenen Interpretation und Anwendung von Normen untersucht wird.
Empirische Untersuchungen, die nur die Zustimmung zu *allgemein* formulierten
Normen und Wertvorstellungen erheben, sind deshalb ein unzureichendes Instrument, um die real fungierenden Orientierungsmuster von Akteuren und Gemeinschaften zu rekonstruieren.

Normative Regeln fungieren als Prämissen für die Interpretation von Handlungen. Umgekehrt ist die Interpretation normativer Regeln auch abhängig von kognitiven Prämissen, welche die Anwendung dieser Regeln auf Situationen anleiten. In
diesen kognitiven Prämissen oder Deutungsmustern finden darüber hinaus routinisierte Handlungsmuster und die darin objektivierten generalisierten Zielsetzungen
ihren Niederschlag.[15] Die so fundierten gemeinsamen kognitiven Deutungsgrund-
lagen und die gemeinsam anerkannten Normen, dies zeigen die Garfinkelschen Krisenexperimente und das zuletzt analysierte Beispiel, *lassen sich nicht scharf voneinander abheben*. Kognitive Deutungsprämissen können 'normativ imprägniert'
und so gegen Abweichungserfahrungen immunisiert, Normen können als 'kognitive' Grundlage für die Deutung von Situationen und Verhaltensweisen verwendet
werden. Die geläufige Abgrenzung zwischen Normen und Wissen entlang der
Differenz von 'Sollen' und 'Sein' ist deshalb nicht hinfällig. Sie erscheint jedoch vor
diesem Hintergrund nicht mehr als selbstverständlich, sondern ist vermutlich gebunden an spezifische Kontexte, in denen diese Differenz benötigt und deshalb markiert wird. Kontexte dieser Art sind insbesondere Recht und explizite Moral einerseits, Wissenschaft andererseits. Im alltäglichen Handeln hingegen verschwimmt
diese Differenz häufig.

---

15 Dieser Befund ergänzt die bisher vorgestellten Untersuchungen Garfinkels um einen wesentlichen
    Aspekt. Er unterstreicht die Bedeutung der "motivationalen Relevanzen" (Schütz) für die Prägung
    von Handlungsroutinen und -interpretationen.

6.1.6   Die 'Kognitivierung' des Problems sozialer Ordnung

Wenn normative Regeln nicht in der Lage sind, Verhalten auf eine eindeutig deter-
minierte Weise zu steuern, sondern angewiesen sind auf die situationsbezogene
Interpretation durch die Akteure, dann genügt die Internalisierung und soziale
Sanktionierung dieser Regeln nicht, um das Ordnungsproblem zuverlässig zu lösen.
Was darüber hinaus gesichert sein muß, ist die hinreichende intersubjektive Übereinstimmung der *Regelinterpretation* unter den Bedingungen der jeweiligen Handlungssituation.

Diese Feststellung mag auf den ersten Blick selbstverständlich und harmlos erscheinen. Ihre Konsequenzen sind es jedoch nicht. Wie unser Verkehrsbeispiel
illustrierte, genügen bereits leichte Differenzen in der Gewichtung und Auslegung
von Normen, um die Akteure zu gegensätzlichen Resultaten kommen zu lassen.
Können solche Differenzen nicht vermieden werden, dann wechselt der Hobbessche 'Kampf aller gegen alle' nur die Form. An die Stelle des ungeregelten Inter-
essenkonflikts tritt der *'Kampf der Interpretationen'*. Die Intensität eines solchen
Kampfes mag unterschiedlich ausfallen. Er kann sich als friedlich ausgetragener
Konflikt unvereinbarer Deutungen und gegenseitiger Abweichungszuschreibungen,
aber auch als gewaltsame Auseinandersetzung manifestieren. Die europäischen
Konfessionskriege zwischen Katholiken und Protestanten, die sich doch beide auf
die Glaubenslehren und Gebote derselben Heiligen Schrift beriefen, geben ein
historisches und makrosoziologisches Beispiel dafür, daß der Ausdruck 'Kampf' hier
keineswegs als bloße rhetorische Überspitzung zu verstehen ist.

Ohne hinreichende Übereinstimmung der Norminterpretation ist das Ordnungsproblem also nicht lösbar. Wie aber ist diese Übereinstimmung zu erreichen? - Für
Parsons, der dieses Problem durchaus sieht, liegt die Lösung darin, daß nicht nur
Normen, sondern auch Überzeugungen als Elemente von "common belief systems"
sozial institutionalisiert und individuell internalisiert werden (vgl. Parsons 1951,
328). Durch die Angleichung der zentralen *kognitiven Prämissen* der Norminterpretation wird die Wahrscheinlichkeit divergierender Auslegungen erheblich reduziert.
Aber auch für Überzeugungen gilt, daß jeweils entschieden werden muß, inwiefern
sie in einer gegebenen Situation relevant sind. Auch sie müssen auf jeweils unterschiedliche Anwendungssituationen bezogen und d.h. *interpretiert* werden. Das
Problem der Interpretation ist damit also nicht völlig verschwunden, sondern kehrt,
wenngleich in kleinerem Maßstab, wieder. Es erscheint so als ein *Dauerproblem*, das
permanent bedeutsam ist und nicht durch eine Ein-für-alle-mal-Lösung abgefunden
werden kann. Letztlich kann deshalb das Problem sozialer Ordnung nur durch die
kontinuierliche Abstimmung der Interpretation von Normen *immer wieder* gelöst
werden. Damit ist zugleich die Möglichkeit gegeben, daß *unterschiedliche Interpretationsgemeinschaften* nebeneinander entstehen und bestehen können,[16] zwischen

---

16 So auch Parsons 1951, 355.

denen in wichtigen Anwendungsfällen keine Übereinstimmung über die Einschlägigkeit und Auslegung einer gemeinsam anerkannten Norm erzielt werden kann.[17]

Um die enge Bindung der Auslegung von Normen an die dabei beanspruchten *Wissensgrundlagen* zu veranschaulichen, wiederum ein Beispiel: Jemand kann es als Norm akzeptieren, daß niemand sich am Eigentum eines anderen vergreifen darf und dennoch für die Enteignung des Privateigentums an Produktionsmitteln eintreten. Was zunächst als Widerspruch anmuten mag, erscheint folgerichtig, wenn man die Marxsche Mehrwerttheorie als wahr betrachtet. Diese Theorie besagt, daß nur die lebendige Arbeit, die im Produktionsprozeß verausgabt wird, den Wert von Gütern vermehrt, d.h. einen "Mehrwert" erzeugt. Erwirtschaftete Gewinne gehen auf diesen Mehrwert zurück. Der Wert des eingesetzten Sachkapitals geht zwar auch in das Produkt ein und erhöht seinen Wert, aber nur um die Kosten, die dafür verausgabt worden sind. Die Besitzer von Produktionsmitteln können nur dadurch Gewinne erzielen, daß sie den Produktionsarbeitern weniger als den von diesen erzeugten Mehrwert zahlen und sie auf diese Weise "ausbeuten". Das Privateigentum an Produktionsmitteln gründet so letztlich auf der kontinuierlichen, sich Tag für Tag erneut vollziehenden Enteignung der Arbeiter, die von den Produktionsmittelbesitzern um die Eigentumsrechte an dem von ihnen erwirtschafteten Mehrwert geprellt werden. Das Privateigentum an Produktionsmitteln impliziert demnach die ständige Verletzung der Eigentumsnorm, oder mit einer (sich auf diesen Typ von Eigentum beziehenden) paradoxen Zuspitzung von Proudhon, "Eigentum ist Diebstahl". Gerade um der Eigentumsnorm Geltung zu verschaffen, muß deshalb das Privateigentum an Produktionsmitteln aufgehoben werden.

Das Beispiel macht auf schlagende Weise deutlich, wie eine Forderung, die zunächst als Verletzung der Eigentumsnorm erscheint, gerade unter Berufung auf diese Norm gerechtfertigt werden kann, sofern man nur bestimmte Annahmen als wahr unterstellt und die Anwendung der Norm auf diese kognitiven Prämissen gründet. Ein überzeugter Marxist und ein engagierter Vertreter der freien Marktwirtschaft können so beide die Eigentumsnorm internalisiert haben und dennoch im Hinblick auf einen äußerst wichtigen Anwendungsfall dieser Norm zu diametral entgegengesetzten Ergebnissen kommen. 'Konversionen' von der einen Überzeugung zur anderen sind dabei möglich, ohne daß die *Bindung an die Norm* dazu aufgegeben werden müßte.

Die Art und Weise, wie ein Akteur Normen deutet, kann durch den *Wechsel zwischen unterschiedlichen Interpretationsgemeinschaften auf weitreichende Weise verändert* werden. Als Folge der Zugehörigkeit zu einer neuen Gruppe kann der Bestand der verinnerlichten Normen einer Rekonstruktion unter veränderten *kognitiven* Prämissen der Interpretation unterzogen werden. Gemeinsam geteilte Überzeugungen, oder auf größerer Stufenleiter, *Glaubenssysteme und Ideologien,*

---

17 Die uneingeschränkte Lösung des Ordnungsproblems setzt deshalb die Auflösung der Grenzen zwischen verschiedenen Interpretationsgemeinschaften voraus. Sie wäre nur innerhalb einer *universalen Interpretationsgemeinschaft* möglich, die solche Differenzen aufhebt. Dies war, wie hier zu erinnern, die Idee und der utopische Gehalt der Meadschen Theorie.

fungieren als kognitiver Rahmen, der über die situationsspezifische Deutung und Anwendung von Normen entscheidet. Die Lösung des Ordnungsproblems verlagert sich damit immer mehr in die kognitive Sphäre hinein, wird die intersubjektiv übereinstimmende Deutung und Anwendung von Normen doch wesentlich von *gemeinsam geteilten Wissensgrundlagen* abhängig. Die Frage nach der sozialen Stabilisierbarkeit eines gemeinsamen Normenkonsenses ist deshalb nicht mehr zu beantworten, ohne zugleich eine Antwort auf die Frage nach den *Stabilisierungsbedingungen gemeinsam geteilten Wissens* zu geben.

Garfinkel sieht die Stabilität gemeinsamen Wissens begründet in der *Routinisierung* seines Gebrauchs.[18] Durch die kontinuierliche Bestätigung in der Interaktion mit anderen erhält dieses Wissen den Charakter des Selbstverständlichen, an dem zu zweifeln keinem 'vernünftigen' Akteur in den Sinn kommt. Seine Reproduktion geschieht vor allem, um mit Weber zu sprechen, in der Form *traditionalen Handelns*. Parsons kommt zu einem ähnlichen Ergebnis im Zusammenhang mit der Diskussion der Frage, wie gemeinsame ideologische Orientierungen (alias gemeinsam geteilte Überzeugungen)[19] stabilisiert werden können. Er nennt "Traditionalisierung und autoritäre Erzwingung eines 'offiziellen Glaubensbekenntnisses'" (man denke dabei z.B. an die Verfolgung von Häretikern, wie sie sowohl in religiösen als auch politischen Gesinnungsgemeinschaften oft praktiziert wird) als die beiden nicht-rationalen Mechanismen für die Lösung dieses Problems (vgl. Parsons 1951, 358).

Die intime Verknüpfung zwischen Wissen und Normen hat einen weiteren Effekt, der die Sicherung individueller Normenkonformität durch Internalisierung hintertreibt: Wer sich in einer Situation befindet, in der normwidriges Handeln besonders attraktiv erscheint, kann nach Annahmen und Deutungsmöglichkeiten suchen, durch die er sich selbst davon überzeugt, daß der Unrechtsgehalt eines solchen Tuns gering ist. Versicherungsbetrug oder Steuerhinterziehung können etwa ohne sonderlich schlechtes Gewissen praktiziert werden, wenn man zu der Überzeugung kommt, daß Versicherungsprämien und Steuern ohnehin überhöht sind, daß man sich also nur einen Teil dessen zurückholt, was einem auf illegitime Weise genommen worden ist, daß andere ähnlich handeln und außerdem niemand persönlich geschädigt wird. Die *Bildung solcher Überzeugungen* wird offensichtlich *durch Interessen* angeleitet. In dem Maße, in dem diese Überzeugungen *von anderen bestätigt* werden, die sich in einer analogen Situation befinden, erscheinen sie dem einzelnen jedoch als *objektiv wahr* und damit als tragfähige Basis für die Begründung entsprechenden Handelns sich selbst und anderen gegenüber.

---

18 Das zweite Kapitel von Garfinkels "Studies in Ethnomethodology" (1967), dem die meisten der oben berichteten Experimente entnommen sind, trägt deshalb den Titel "Studies of the routine grounds of everyday activities". Vgl. in diesem Zusammenhang auch die an Schütz, Gehlen und Mead anschließende *Wissenssoziologie* von Berger und Luckmann (1980, 56ff.), die in der Routinisierung und Habitualisierung von Handlungsmustern und Überzeugungen die Basis für die Bildung sozialer Institutionen sieht.

19 Der Begriff "Ideologie" bezieht sich bei Parsons "auf ein System von Überzeugungen, das von den Mitgliedern einer Gemeinschaft (collectivity) gemeinsam geteilt wird" (Parsons 1951, 349).

Die Verbindung von Interessen, Überzeugungen und Norminterpretationen unterminiert die Bedeutung der Internalisierungsthese auf besonders gravierende Weise, soll Internalisierung doch gerade als Sicherung gegen ausschließlich interessenorientiertes Handeln wirksam werden. Durch die 'Hintertür' der *Interpretationsabhängigkeit von Normen* erscheint es nun jedoch möglich, *daß internalisierte Normen den Interessen, die sie doch domestizieren sollten, gefügig gemacht werden*.[20]

Parsons hat derartige Möglichkeiten der Aushebelung internalisierter Normen durch die interessengeleitete Erzeugung von Rechtfertigungen durchaus gesehen. Er erklärt sie vor allem als Folge abweichender Handlungsimpulse, die entstehen, wenn Akteure häufig mit Handlungssituationen konfrontiert werden, in denen Handlungsmöglichkeiten fehlen, die zugleich die Befriedigung relevanter Bedürfnisdispositionen und die Erfüllung internalisierter Normen erlauben. Der dadurch erzeugte Anpassungsdruck auf die Persönlichkeitssysteme der Akteure bzw. einer Gruppe von Akteuren, die sich in einer analogen Lage befinden, produziert die Neigung zu abweichendem Verhalten zusammen mit dem Versuch, dieses Verhalten sich selbst und anderen gegenüber als normenkonform zu legitimieren. Bevorzugter Anknüpfungspunkt für solche Formen der "Rationalisierung"[21] abweichenden (bzw. in der 'Grauzone' zwischen Konformität und Abweichung angesiedelten) Verhaltens sind vor allem allgemeinste Wertorientierungen, die durch ihre Unbestimmtheit offen sind für unterschiedliche Interpretationen (vgl. Parsons 1951, 251ff. und 270ff.). Die interessengeleitete Auslegung von Normen und Werten erscheint so kompatibel mit der These, daß Norminternalisierung einen wesentlichen Beitrag zur Sicherung sozialer Ordnung leistet. Dies gilt freilich nur unter der Voraussetzung, *daß die Spielräume der Interpretation im Regelfall hinreichend gering sind*, um eine solche Instrumentalisierung auszuschließen bzw. entsprechende Versuche als offensichtliche Fehldeutungen sichtbar werden zu lassen.

Ist diese Voraussetzung jedoch nicht erfüllt, ist also die Interpretationsoffenheit normativer Standards höher zu veranschlagen, so daß divergierende Auslegungen ohne den Einfluß psychischer Mechanismen der Verzerrung und Verdrängung möglich sind, dann verliert die Internalisierung von Normen einen wesentlichen Teil

---

20 In den Begriffen der Parsonsschen Handlungstheorie formuliert, geht es hier um die Interdependenz zwischen dem *kathektischen*, dem *kognitiven* und dem *evaluativen* Modus der motivationalen Orientierung (vgl. oben Kap.2.8 sowie Tafel 2.6). Parsons bestreitet eine derartige Interdependenz grundsätzlich nicht. Wie im Text gleich näher ausgeführt, nimmt er jedoch an, daß die Spielräume zur kathexisinduzierten (=interessegeleiteten) Beeinflussung der Kognition *im Normalfall* hinreichend eng sind, um zwischen 'Verzerrungen' der Kognition zur Legitimation normwidriger Handlungen einerseits und adäquaten Handlungserklärungen bzw. -rechtfertigungen andererseits klar unterscheiden zu können.

21 "Rationalisierung ist eine Begleiterscheinung und ein Instrument der Verdrängung, indem sie die Existenz eines Konfliktes auf der kognitiven Ebene verleugnet und ein konsistentes Bild in Übereinstimmung mit anerkannten normative Standards der angemessenen motivationalen Orientierung zu zeichnen versucht. Es gibt viele mögliche 'Kunstgriffe', zu denen die Rationalisierung Zuflucht nimmt, um das Verhalten des Akteurs plausibel und akzeptabel erscheinen zu lassen ..., aber ihnen ist allen ein Element der kognitiven Verzerrung dessen gemeinsam, was in den Begriffen der als dominant institutionalisierten kognitiven Kultur als angemessene und hinreichende Erklärung und Rechtfertigung des Handelns gilt" (Parsons 1951, 266f.).

der ihr zugeschriebenen Fähigkeit zur Sicherung sozialer Ordnung. Als analytisch geeigneter könnte sich dann ein Zugang erweisen, der die Dynamik der Entwicklung und die Stabilisierung von Überzeugungen und Deutungsmustern in Großgruppen ohne tiefenpsychologische Anleihen vor dem Hintergrund von Interessen untersucht, die sich aus der spezifischen Lagerung der Angehörigen derartiger Gruppen in der Sozialstruktur einer Gesellschaft ergeben. Ein solcher Zugang, der auch an die Wissenssoziologie von Karl Mannheim anknüpfen kann, wird durch die Analysen von Garfinkel (und Schütz) und die damit verknüpfte Betonung der grundsätzlichen Interpretationsbedürftigkeit von Normen unterstützt. Entkoppelt von den psychologischen Hintergrundannahmen, mit denen sie bei Parsons noch verbunden ist, gewinnt die empirische Analyse der Struktur und Genese *sozialer Deutungsmuster* hier einen zentralen Stellenwert für die Erklärung konfligierender Muster des sozialen Handelns innerhalb einer Gesellschaft.[22]

Für Parsons ist die Internalisierung von Normen nötig, weil die bloße Antizipation der sozialen Sanktionen, die im Falle der Entdeckung abweichenden Verhaltens zu erwarten sind, zu ihrer Sicherung nicht ausreichen. Aber bereits die Antizipation von Sanktionen setzt voraus, daß die soziale Geltung einer Norm, d.h. die Existenz bestimmter Konformitätserwartungen auf Seiten anderer, zuverlässig unterstellt werden kann. Kommt dem Problem der Intersubjektivität die hohe Bedeutung zu, die ihm von Schütz und Garfinkel zugeschrieben wird, dann ist auch dies keineswegs selbstverständlich. Erinnern wir uns daran, daß wir die Mehrzahl der Erwartungen, an denen wir uns im Alltag orientieren, nicht in der Form explizit tradierten Regelwissens erlernt haben, sondern als implizite Bestandteile unseres Erfahrungswissens kennen. Im Rahmen unserer Erfahrungen haben sie die Form von typisch erfüllten Bedingungen, aus denen wir extrapolieren, daß sie in analogen Situationen ebenfalls erfüllt sein müßten. Jeder Akteur verfügt über eine Vielzahl von Normalitätserwartungen, die er auf diese Weise entwickelt hat. Unter welchen Voraussetzungen können wir jedoch davon ausgehen, daß die Verletzung einer Normalitätserwartung nicht nur als ungewöhnliches Verhalten, sondern als Durchbrechung einer sozialen Norm wahrgenommen wird? Müssen wir hier nicht mit *Irrtümern* rechnen, die daraus entstehen, *daß manche Akteure ein Verhalten als tolerabel betrachten, das anderen bereits als Normverstoß erscheint?* Und wie könnte, *wenn kein präziser Konsens* über die tatsächlich geltenden Normen besteht, die Erfüllung von Erwartungen dann gesichert sein?

---

22 Zum Konzept des sozialen Deutungsmusters vgl. Oevermann 1973. Statt von Deutungsmustern wird in der neueren soziologischen Theoriediskussion auch häufig von Interpretations*codes* gesprochen. Vgl. dazu besonders Giesen 1991a.

6.1.7   Die Bedeutung der Internalisierung sozialer Normen aus der Perspektive Garfinkels

Zu dieser Frage findet sich bei Garfinkel eine interessante Hypothese. Die Existenz "sozial standardisierter" Verhaltenserwartungen im Sinne Parsons' müßte demnach nicht unbedingt durch *tatsächlich* gemeinsam geteilte Normen erklärt werden. Sie könnte in vielen Fällen statt dessen zurückgeführt werden auf eine von den Akteuren *nur unterstellte*, oder - wie Garfinkel formuliert - eine nur

> "...*zugeschriebene* Standardisierung, die durch den Umstand gestützt wird, daß Personen diejenigen Situationen vermeiden, in denen sie etwas über diese Erwartungen (d.h. darüber, ob sie tatsächlich als allgemein geteilte Standarderwartungen in Gebrauch sind; W.L.S.) lernen könnten" (Garfinkel 1967, 70).

Vor allem bei solchen Erwartungen, die wir als besonders selbstverständlich betrachten und bei denen wir kaum über Erfahrungen darüber verfügen, was im Abweichungsfalle geschieht, ist diese Annahme plausibel, weil der unterstellte Konsens über ihre verbindliche soziale Geltung kaum durch Abweichungen auf die Probe gestellt wird.[23]

Auch die zuletzt formulierte These, nach der die Stabilität von Erwartungen häufig auf *ungeprüfter Konsensüberschätzung* beruht, plausibilisiert Garfinkel mit Hilfe eines Experimentes: Studenten erhielten den Auftrag, beim Einkauf den Preis von Waren herunterzuhandeln. Verletzt wird damit die Erwartung, daß der Preis, mit dem die Ware gekennzeichnet ist, für alle Kunden verbindlich gilt.[24] Die Studenten hatten den Auftrag, sowohl bei teuren Waren als auch bei Billigwaren mit Preisen von maximal zwei Dollar um die Höhe des Preises zu handeln. Diejenigen, die den Versuch durchführten, berichteten von Ängsten, die insbesondere vor dem ersten Versuch (vor allem bei dessen gedanklicher Vorwegnahme sowie während der Annäherung an das Verkaufspersonal) auftraten. Von wenigen Fällen abge-

---

23 Vgl. dazu auch Luhmann 1987, 71 mit der analogen These, daß institutionalisierte Erwartungen "nicht auf der faktischen Übereinstimmung abzählbarer Meinungsäußerungen, sondern auf deren erfolgreicher Überschätzung (beruhen). Ihr Fortbestand ist gewährleistet, solange fast alle unterstellen, daß fast alle zustimmen; ja möglicherweise sogar dann, wenn fast alle unterstellen, daß fast alle unterstellen, daß fast alle zustimmen."

24 Der normativ relevante Tatbestand ist hier wohl in der sonst unvermeidlichen Ungleichbehandlung der verschiedenen Käufer und der relativen Übervorteilung derjenigen Käufer zu sehen, die nicht um den Preis zu feilschen versuchen. Von "Übervorteilung" kann dabei dann die Rede sein, wenn man von der bereits normativ aufgeladenen Vorstellung eines 'fairen Preises' ausgeht, zu dem ein ehrlicher Geschäftsmann seine Waren gegenüber allen Kunden gleichermaßen anzubieten habe. Garfinkel weist darauf hin, daß nach Parsons diese Regel (d.h. die Regel: 'Derselbe Preis für alle Kunden') als institutionalisierte Erwartung zu betrachten sei, so daß deren Internalisierung angenommen werden müsse und interpretiert dann den Versuchsverlauf als Widerlegung der Internalisierungsannahme. Dieses Argument betrifft jedoch nur die Frage, inwiefern von einer Internalisierung *dieser spezifischen Regel* ausgegangen werden kann oder nicht und ist deshalb für die Beantwortung der *allgemeinen* Frage, inwieweit die Sicherung sozialer Ordnung auf der Internalisierung von Regeln gründet, unzureichend.

sehen, reagierte das Verkaufspersonal jedoch weder sonderlich verunsichert, noch verärgert. Die Ängste der Studenten reduzierten sich mit der Zahl der durchgeführten Versuche. Nach den vorgesehenen sechs Versuchen berichteten viele, daß sie zu ihrer eigenen Überraschung gelernt hätten, daß man auch bei Waren mit standardisierten Preisen mit Aussicht auf Erfolg versuchen könnte, zu handeln und daß sie dies, vor allem bei teuren Waren, auch in Zukunft versuchen wollten (Garfinkel 1967, 69). Garfinkel nimmt diesen Verlauf als Indiz dafür, daß die Erwartung der verbindlichen Geltung der Preisauszeichnung von den Studenten zunächst ungeprüft unterstellt, diese Unterstellung durch die Reaktion der Verkäufer meist aber nicht bestätigt wurde, mit dem Ergebnis, daß die Studierenden ihre Einschätzung korrigierten und ihre Angst davor, den Preis herunterzuhandeln, verschwand.

Mit den bisher vorgetragenen Argumenten wird die Internalisierung von Normen als empirischer Sachverhalt zwar nicht bestritten, aber sie verliert immer mehr die Eigenschaft einer zureichenden Lösung des Ordnungsproblems, die Parsons ihr zuschreibt. Die wichtigste Veränderung, die wir bisher festgestellt haben, betrifft die Erweiterung des Ordnungsproblems um die *kognitive Dimension*. Soziale Ordnung im Sinne von Hobbes und Parsons setzt die übereinstimmende Deutung des Verhaltens und der darauf anzuwendenden Normen voraus. Die Lösung des *Problems der Intersubjektivität* wird zur Prämisse für die Lösung des *normativen Ordnungsproblems*. Die Lösung des Intersubjektivitätsproblems findet keine hinreichende Erklärung durch die Annahme der Internalisierung gemeinsamer Überzeugungen, sondern verlangt die *kontinuierliche Abstimmung* der Interpretation und Anwendung von Normen unter den Bedingungen der jeweiligen Handlungssituation. Dies impliziert die wechselseitige *normative Erwartung*, daß jeder Akteur die dazu notwendigen *Kooperations- und Interpretationsleistungen* erbringt. Verletzungen dieser Erwartung, dies zeigten die Reaktionen der Versuchspersonen in den Krisenexperimenten, werden nicht als Verständigungsproblem behandelt, sondern als Normverstoß definiert. Die Lösungsbedingungen des Intersubjektivitätsproblems und des Hobbesschen Ordnungsproblems, wie es Parsons zum Zentrum seiner Handlungstheorie gemacht hat, lassen sich so nicht mehr scharf voneinander unterscheiden. Sie erscheinen eher als *Komponenten eines übergreifenden Problems sozialer Ordnung*.

Garfinkels Kritik an Parsons reicht jedoch weiter. Er konfrontiert seine Ergebnisse direkt mit zentralen Aussagen von Parsons zum normativen Ordnungsproblem, wie die folgenden Bemerkungen zeigen (Garfinkel 1963, 198):

"Wenn diese (d.h. die bei Spielen beobachteten; W.L.S.) konstitutiven Eigenschaften sich bis zu alltäglichen Ereignissen erstrecken, dann ist das kritische Phänomen im Hinblick auf die normative Regulierung des Handelns und die Stabilität koordinierten Handelns nicht die 'Intensität des Affektes', mit dem die Regel 'besetzt' ist, oder der geachtete oder heilige oder moralische Status der Regel, sondern die wahrgenommene Normalität der Umweltereignisse, insofern diese Normalität eine Funktion der Voraussetzungen ist, die diese möglichen Ereignisse definieren." Und etwas später (a.a.O.): Es könne vermutet werden, daß "*alle* Handlungen als wahrgenommene Ereignisse eine konstitutive Struktur haben könnten und daß vielleicht die Bedrohung der normativen Ordnung der Dinge als solche die kritische Variable ist, welche Entrüstung weckt und nicht der Bruch der 'Heiligkeit' der Regeln."

Mit diesen Vermutungen attackiert Garfinkel nicht mehr und nicht weniger als die Parsonssche These, daß die Lösung des Hobbesschen Ordnungsproblems notwendig gebunden sei an die *Internalisierung* von Normen. Internalisierung, so hatten wir oben gehört, führt dazu, daß Normen zu Elementen der motivationalen Struktur des Akteurs werden. Dieser identifiziert sich mit der Norm, besetzt sie mit positiven Affekten. Normen werden als Achtung gebietende Verhaltensanforderungen erlebt, und ihre Befolgung wird zugleich zum Bedürfnis. - Garfinkel setzt dem die Behauptung entgegen, daß die negativen Reaktionen gegenüber Normbrüchen möglicherweise darauf zurückzuführen sein könnten, daß solche Handlungen aus dem Bereich der erwartbaren Ereignisse ausscheren. Der Unwille, den normwidrige Handlungen provozieren, hätte demnach seine Ursache darin, daß solche Handlungen sinnlos, unverständlich, irrational etc. erscheinen. Die psychische Verankerung normativer Regeln würde damit von der *affektiven* in die *kognitive* Sphäre verlagert.

Diese Vermutung wird dadurch unterstützt, daß diejenigen Personen, die den erwartungswidrigen Handlungen im Rahmen von Garfinkels Krisenexperimenten einen Sinn zuweisen konnten, am wenigsten irritiert und entrüstet reagierten. Die *affektive* Verankerung der verletzten Erwartungen vorausgesetzt, hätte die Empörung über das abweichende Verhalten auch unter diesen Bedingungen mit gleicher Intensität auftreten müssen wie bei Personen, die keinen Sinn in diesem Verhalten entdecken konnten.

Dieser Befund spricht freilich nur gegen die Internalisierung der wenigen Regeln, auf die sich die Experimente bezogen. Er muß insofern nicht als Widerspruch gegen Parsons gedeutet werden, hat doch Parsons niemals behauptet, daß *alle* sozial geltenden normativen Regeln internalisiert sind. Eine Schlußfolgerung der Art, daß Regeln *generell* bzw. in der Mehrzahl der Fälle nicht internalisiert werden, kann aus Garfinkels Experimenten nicht abgeleitet werden.

Garfinkels Versuch, eine Gegenthese zum Parsonsschen Internalisierungstheorem zu formulieren, bleibt eng verknüpft mit seinen verschiedenen Experimenten. Das hat den Vorteil, daß er seine Überlegungen jeweils mit nachvollziehbaren empirischen Belegen begründen kann. Zugleich aber weckt diese Art der Beweisführung Zweifel an der Generalisierbarkeit der vorgetragenen Argumente, legen sie doch die Vermutung nahe, daß ihre Reichweite *auf bestimmte Typen von Regeln beschränkt* sein könnten und sie deshalb kaum geeignet sind, das Internalisierungstheorem zu widerlegen. Ich möchte diese Vermutung im folgenden prüfen und werde dazu noch einmal die dafür relevanten Experimente in Erinnerung rufen.

Im Zentrum von Garfinkels Krisenexperimenten standen die Versuche zur Verletzung der Schützschen Idealisierung reziproker Perspektiven. Diese Idealisierung *muß* unterstellt und das eigene Verhalten an ihr orientiert werden, wenn Verständigung und Kooperation möglich sein soll. Das gilt auch dann, wenn ein erreichtes Verstehen benutzt werden soll, um den anderen zu täuschen. Selbst in einem so ungewöhnlichen Kontext wie den Garfinkelschen Krisenexperimenten durchbrach der Experimentierende diese Idealisierung nur partiell. Nur deshalb konnte die Kommunikation überhaupt weitergeführt werden.

Die Orientierung an diesen Idealisierungen ist demnach gesichert durch ihre *Alternativlosigkeit* innerhalb jeder Kommunikation sowie dadurch, daß unter normalen Bedingungen *bei keinem der Teilnehmer ein Interesse am Zusammenbruch der Kommunikation* anzunehmen ist. Die zentrale Prämisse für das Entstehen des Hobbesschen Ordnungsproblems, die darin besteht, daß alternative Handlungs- möglichkeiten zu dem normativ geforderten Verhalten vorliegen müssen, durch deren Verwirklichung ein Akteur seinen individuellen Nutzen erhöhen kann, ist damit nicht erfüllt. Wenn aber das Ordnungsproblem sich für diese Regeln gar nicht erst stellt, dann ist auch die Internalisierung dieser Regeln als Problemlösung nicht nötig. Der Umstand, daß die experimentierenden Studenten keine psychi- schen Widerstände gegen die Durchführung der Experimente erkennen ließen, kann als Beleg dafür gelten, daß diese Regeln tatsächlich nicht internalisiert sind.

Das gleiche Argument gilt auch für Basisregeln weniger allgemeiner Art, wie Garfinkel am Ticktacktoe-Experiment vorführt. Hier allerdings in 'verkleinertem Maßstab'. Wer sich an einem bestimmten Aktivitätstyp wie z.B. einem Spiel betei- ligt und dann *offensichtlich* von den Regeln abweicht, zerstört die Bedingungen der Möglichkeit wechselseitigen Verstehens und gemeinsamer Kooperation *im Binnen- kontext dieses Aktivitätstyps*. Ähnliche Effekte der Destruktion von Sinn und da- durch ausgelöste Irritationen lassen sich vermutlich erzeugen, wenn man jemand ein *Versprechen* gibt und im nächsten Satz mitteilt, daß man nicht die Absicht habe, es zu halten. Ebenso, wenn man etwas *behauptet* und dann feststellt, man glaube nicht, daß der behauptete Sachverhalt wahr sei (z.B. 'Die Katze liegt auf der Matte, aber ich glaube es nicht'). Ebenso auch, wenn jemand einen anderen bittet, ihm etwas Geld zu leihen und sogleich anfügt, er werde es ihm aber niemals zurückgeben.

Wie beim Ticktacktoe-Experiment, so wird auch in diesen drei Beispielen ein kooperativer Aktivitätstypus zunächst eröffnet und dann durch ein Verhalten torpediert, das den Anforderungen dieses Aktivitätstyps zuwider läuft und dadurch die Möglichkeit seiner kooperativen Realisierung zerstört. Wer sich so verhält, zieht sich gleichsam selbst den Boden unter den Füßen weg. Im Binnenkontext eines spezifischen Aktivitätstyps, der durch bestimmte Basisregeln definiert ist, erscheint damit die Orientierung an diesen Regeln ebenso ohne eine sinnvoll denkbare Alternative, wie die Orientierung an der Idealisierung reziproker Perspektiven für gemeinsame Kooperation überhaupt. Auch hier stellt sich das Hobbessche Ord- nungsproblem deshalb nicht.

Anders bei Normen der Art, wie sie Parsons in seiner Diskussion des Ordnungspro- blems vor Augen hat. Wer die Basisregeln eines Spieles bzw. Aktivitätstyps vorgeb- lich anerkennt, kann trotzdem versuchen, durch *Täuschung und Betrug* auf dem Wege der unbeobachteten Verletzung dieser Regeln Vorteile für sich zu erreichen. Derartige Normenverletzungen sind möglich, ohne daß daraus im Falle ihrer Ent- deckung besondere Deutungsprobleme für die Interaktionspartner entstehen. Am Beispiel des Ticktacktoe-Experiments: Hätte der Experimentierende die Markierung des Mitspielers nicht völlig offensichtlich vor dessen Augen ausradiert und an einer anderen Stelle wieder eingesetzt, sondern in einem Moment, in dem die Aufmerk- samkeit des Mitspielers abgelenkt schien, hätte der letztere diese Aktion im Falle der Entdeckung leicht als Betrugsversuch interpretieren können, mit dem der 'Täter' versuchte, seine Gewinnchancen zu verbessern. Die Stabilität von Normen, die Täuschung und Betrug verbieten, ist also nicht durch alternativlose Geltung gesichert. Die Verletzung dieser Normen bleibt möglich und *dient den Interessen eines Akteurs oft besser* als konformes Verhalten. Ihre Beachtung muß daher auf andere Weise erreicht werden.

Das Experiment, bei dem Studenten um den Preis von Waren handeln sollten, zielte auf die Verletzung einer unterstellten Regel (nämlich der Unterstellung, daß derselbe Preis für alle Kunden verbindlich gilt), deren Mißachtung *ebenfalls im Interesse des regelwidrig handelnden Akteurs* lag. In der Diskussion dieses Experiments formulierte Garfinkel die Annahme, daß Normen oft nicht durch Internalisierung stabilisiert würden, sondern allein durch die Unterstellung, daß alle bzw. die meisten anderen diese Normen als gültig betrachten und das Verhalten ihrer Interaktionspartner daran messen. Die Studenten, die dieses Experiment durchführten, schienen tatsächlich vor allem die Reaktion der Verkäufer zu fürchten. Nur so ist es zu erklären, daß ihre Angst vor der Durchführung des Versuchs nach nur wenigen Durchgängen völlig verschwand. Dies spricht dafür, daß die in den Versuchen verletzte Unterstellung nicht durch Internalisierung, sondern nur durch die Furcht vor Sanktionen (z.B. vor verärgerten Reaktionen und Achtungsentzug) psychisch verankert war.

Der Parsonssche Generaleinwand, daß die Furcht vor den Sanktionen der anderen allein nicht ausreicht, um die Existenz sozialer Ordnung zu erklären, trifft auf die Beispielsituation nicht zu, setzt dieser Einwand doch Situationen voraus, in denen ein Akteur erwarten kann, durch regelwidriges Verhalten Gewinne zu Lasten anderer zu erzielen, die höher sind als das Sanktionsrisiko. Die Offensichtlichkeit der Abweichung sowie der Umstand, daß die Kooperationsbereitschaft des Verkäufers bei der Verletzung der entsprechenden Regel eine notwendige Voraussetzung für die Realisierung eines Gewinnes war, mußten den erwartbaren Gewinn praktisch auf Null reduzieren, sofern die Experimentierenden annahmen, mit ihrem Wunsch nach Preisnachlaß eine Norm zu verletzen, die durch Sanktionen geschützt war. Sie mußten dann mit Reaktionen des Unverständnisses, der Verärgerung etc. rechnen, ohne dafür durch Gewinnaussichten entschädigt zu werden. Unter solchen Voraussetzungen aber reicht die Absicherung einer Norm durch (erwartete) Sanktionen aus.

Als hinreichendes Motiv für Konformität wird die Furcht vor Sanktionen typisch dann wirksam, wenn abweichendes Verhalten für andere direkt sichtbar ist, wie innerhalb der face-to-face Interaktionen, oder wenn damit zu rechnen ist, daß sie nachträglich davon Kenntnis erhalten und man sich ihren Reaktionen darauf nicht entziehen kann. Auch mittelbare Effekte, die etwa aus der Verbreitung von Berichten über abweichendes Verhalten durch Klatsch folgen können (vgl. dazu Bergmann 1987), sind also mitzuberücksichtigen.

In dem Maße freilich, in dem damit gerechnet werden kann, daß abweichendes Verhalten unentdeckt bleibt, verliert dieses Motiv an handlungsorientierender Kraft. Versuche *der Täuschung und des Betrugs* aber gründen gerade auf dieser Vorausset-

zung. Diejenigen Formen abweichenden Verhaltens, deren erfolgreiche Kontrolle
für die Lösung des Hobbes-Parsonsschen Problems sozialer Ordnung ausschlaggebend ist, können daher durch die Furcht vor Sanktionen allein nicht hinreichend
kontrolliert werden. Die Internalisierung der sich dagegen richtenden Normen
erscheint insofern weiterhin als ein wesentlicher Faktor für ihre Stabilität. Die
Parsonssche Antwort auf das Ordnungsproblem wird demnach durch die Ergebnisse Garfinkels nicht völlig hinfällig. Die Internalisierungsthese ist durch sie nicht
'widerlegt'.

Insgesamt bleibt jedoch festzuhalten, daß die weitreichenden theoretischen Ansprüche, die Parsons mit dem Internalisierungsargument verbunden hat, durch die
Analysen Garfinkels erheblich eingeschränkt worden sind, konnte Garfinkel doch
zeigen, daß die Internalisierung von Normen (a) aufgrund ihrer Interpretationsabhängigkeit zur Lösung des Ordnungsproblems nicht hinreicht, und daß sie darüber
hinaus (b) für die Sicherung der Befolgung vieler Regeln (insbesondere für die
Schützschen Idealisierungen und die Basisregeln von Aktivitätstypen in der Interaktion unter Anwesenden) nicht einmal notwendig ist.

6.1.8 Regeldetermination versus Kontingenz der Interpretation oder: Wie scharf lassen sich die Positionen von Garfinkel und Parsons unterscheiden?

Die normative Fassung des Ordnungsproblems, wie Parsons sie formuliert hat - so
der zentrale Einwand aus der Perspektive Garfinkels - trägt der kognitiv-*interpretativen* Dimension nicht hinreichend Rechnung. Parsons behandelt das Wissen,
das als Hintergrund für die Deutung von Normen in Anspruch genommen werden
muß, als ein gemeinsames System von Überzeugungen ("common belief system"),
das ebenfalls internalisiert wird.[25] Die Verschränkung der kognitiven und der
normativen Dimension wird so zwar erfaßt, aber zugleich in ihren dynamisieren-
den Implikationen für das Problem sozialer Ordnung tendenziell stillgestellt. Wenn
das vorauszusetzende Wissen für die Interpretation von Normen ebenfalls als ein
internalisierbarer Bestand betrachtet werden kann, dann - so scheint es - ist die
übereinstimmende Auslegung und Anwendung von Normen nach der erfolgreichen
Sozialisation der Akteure im Prinzip gesichert. Dies freilich nur unter der Voraussetzung, daß die internalisierten Überzeugungen in der Lage sind, die zukünftige

---

25 "Überzeugungen, wie andere Elemente der Kultur, sind als Teil der Persönlichkeit des Akteurs, der
sie hat, internalisiert. Daß ein gemeinsames System von Überzeugungen existiert, welches von Ego
und Alter geteilt wird, ist in einer bestimmten Hinsicht ebenso wichtig wie die Angemessenheit
dieser Überzeugungen gegenüber der Realität außerhalb des einzelnen Interaktionssystems"(Parsons
1951, 328). Kurz darauf (a.a.O.) spricht Parsons von der "integrativen Funktion gemeinsamer Systeme von Überzeugungen innerhalb von Interaktionssystemen". An anderer Stelle notiert Parsons
(1951, 350): "Werte existieren nicht unabhängig von Überzeugungen, die ihnen ihre kognitive Bedeutung geben." - Für jedes empirische System von Überzeugungen, das von den Mitgliedern einer
Gemeinschaft geteilt wird, verwendet Parsons den Begriff "Ideologie" (vgl. Parsons 1951, 354).

Anwendung normativer Regeln bereits im vorhinein festzulegen. Genau diese Voraussetzung aber bestreitet Garfinkel energisch.

Die Marginalisierung der Interpretationsleistungen der Akteure durch die Annahme, daß internalisierte Normen und Überzeugungen das Verhalten der Akteure zuverlässig dirigieren und miteinander synchronisieren, läßt die *Strukturen der Alltagsrationalität* verschwinden, welche die Voraussetzung für die Reproduktion sozialer Ordnung sind. Der reale Prozeß der Ordnungsproduktion bleibt dadurch im Dunkeln. An seine Stelle tritt eine simplifizierende Vorstellung, die zustande kommt, indem vom beobachteten Resultat des Prozesses der Ordnungsproduktion zurückgeschlossen wird auf eine strukturgleiche psychische Erzeugungsgrundlage. Beobachtete *Regularitäten* erscheinen so als Produkt der nahezu mechanischen Befolgung *allgemeiner, klar definierter, kulturell standardisierter und individuell internalisierter Regeln*. Akteure erscheinen gleichsam als *kulturell programmierte Automaten*, oder - mit einem Begriff Garfinkels (1967, 67f.) - als *"kulturelle Deppen"* (cultural dopes).[26]

Ob der Vorwurf, er mache die Handelnden zu "kulturellen Deppen", Parsons zu Recht trifft, ist umstritten. Im 'Lager' der Vertreter von Garfinkels Ethnomethodologie, unter Konversationsanalytikern (vgl. dazu Heritage 1984, 110ff.), aber auch unter den Vertretern des an Mead anschließenden "Symbolischen Interaktionismus" wird dieser Vorwurf weitestgehend geteilt. Dem widersprechen neuere Vertreter der Parsonianischen Theorietradition, wie etwa Jeffrey Alexander (vgl. Alexander 1987, 274ff.): Alexander gesteht zwar zu, daß Parsons dem Prozeß der Interpretation von Normen nur geringe Aufmerksamkeit geschenkt habe. Er deutet dies jedoch als kontingente Folge seines anders gelagerten Forschungsinteresses und nicht als Anzeichen für einen systematischen Fehler in der Parsonsschen Theorie (Alexander 1987, 276). Alexander kommt deshalb zu dem Schluß, daß Garfinkels Analysen keineswegs im Gegensatz zur Parsonsschen Theorie stehen, sondern als wesentliche Ergänzung dazu zu betrachten sind.[27] In den Angriffen, die Garfinkel und andere gegen die Parsonssche Theorie gerichtet haben, werde vielmehr ein Strohmann aufgebaut, der mit den tatsächlichen Aussagen von Parsons kaum etwas gemein habe.

Um diesen Dissens zu klären und um abschließend zu prüfen, ob wir nicht selbst in unserer Darstellung dem behaupteten Strohmann aufgesessen sind, möchte ich eines der zentralen Werke des "mittleren" Parsons konsultieren, nämlich das (oben schon mehrfach zitierte) Buch "The Social System" (1951), welches den theoretischen Hintergrund in starkem Maße geprägt hat, vor dem Garfinkel seine frühen Experimente und Analysen durchführte. Dort thematisiert Parsons aus-

---

26 Weil die Anwendung von Regeln nach dieser Konzeption gleichsam mechanisch zu funktionieren, d.h. keine Interpretation und keine eigenständige Beurteilung der Situation durch den Akteur zu verlangen scheint, spricht Garfinkel (1967, 68ff.) häufig auch von der Darstellung des Akteurs als *"Urteilsdepp"* (judgemental dope).

27 Dies gilt freilich nur für den 'frühen' Garfinkel (der sowohl Schüler von Parsons wie auch von Schütz war). Vgl. dazu Alexander 1987, 258ff.

drücklich das Problem der Interpretation von Normen. Dabei weist er zunächst darauf hin, "daß alle normativen Muster im Verhältnis zu den Situationen, auf die sie angewendet werden, in einem wesentlichen Grade verallgemeinert (generalized) sind", stellt aber zugleich fest, daß es bei verschiedenen normativen Mustern enorme Unterschiede des Verallgemeinerungsgrades gebe (Parsons 1951, 269). Parsons (a.a.O.) fährt dann fort:

> "In dem Maße, in dem das Muster zunehmend verallgemeinert und deshalb 'abstrakt' wird, erhält das Problem der Interpretation eine gewichtigere Bedeutung. Mit anderen Worten, der Akteur wird nicht nur mit dem Problem konfrontiert, den Erwartungen seiner Rolle gerecht zu werden unter der Voraussetzung, daß er genau weiß, worin diese Erwartungen bestehen, sondern sein Problem besteht darin, wie er genau wissen kann, was von ihm erwartet wird. In einer Gesellschaft wie der unsrigen, finden wir eine starke Vermehrung hoch generalisierter Regeln und eine dementsprechende Vermehrung der Schwierigkeiten ihrer Interpretation."

Die Interpretationsbedürftigkeit von Normen erscheint hier einerseits als eine Eigenschaft, die ihnen notwendig anhaftet, weil sie nur durch Generalisierung, d.h. durch Ablösung von den Bedingungen einer Einzelsituation gewonnen werden können, mit der Folge, daß bei jeder weiteren Anwendung ein Urteil darüber gefällt werden muß, inwiefern die allgemeine Regel zu den spezifischen Bedingungen der aktuellen Situation paßt. Andererseits aber wird die grundsätzliche Interpretationsbedürftigkeit von Normen nur unter der *Sonderbedingung eines sehr hohen Verallgemeinerungsgrades* zu einem *relevanten Problem*, das sich für viele (aber eben nicht: für alle) Rollenerwartungen in modernen Gesellschaften stellt. Diese Situation wird unter dem Gesichtspunkt daraus entstehender Stabilitätsrisiken diskutiert und mit anderen stabilitätsgünstigeren normativen Mustern kontrastiert, "welche die detaillierte Spezifizierung von Rollenerwartungen (maximieren)" (Parsons 1951, 274).

Durch diese Einschränkung wird die *universelle Notwendigkeit* der Interpretation von Normen, auf der Garfinkel insistiert, faktisch *entproblematisiert*. Sie ist zwar gegeben, erscheint aber bei hinreichend hoher Spezifikation normativer Erwartungen als vernachlässigbar und verschwindet damit aus dem Aufmerksamkeitsbereich der soziologischen Analyse. *Dem Problem der Interpretation bleibt so der Rang eines Grundlagenproblems der Theoriebildung und empirischen Analyse versagt.* Dort, wo es schließlich auftaucht, erscheint es vor allem als Einfallstor für die Legitimation abweichenden Verhaltens[28] bzw. von Positionen, die nur deshalb nicht ohne weiteres als abweichend deklariert werden können, weil sie sich den Interpretationsspielraum hoch generalisierter kultureller Werte zu Nutze machen.[29]

---

28 Die Unbestimmtheit von Erwartungen "bietet auch Lücken für diejenigen, deren Motivationsmuster zur Non-Konformität neigt, insofern die Unbestimmtheit der Erwartungen es unmöglich macht, eine scharfe Grenze zwischen Konformität und Abweichung zu ziehen, weil dies eine Frage der 'Interpretation' ist" (Parsons 1951, 270).

29 Vgl. dazu die folgende Feststellung, die vor allem auf linke politische Bewegungen gemünzt ist (Parsons 1951, 293): "Die meisten der 'ideologischen Streitfragen', welche die Differenz von Wertsystemen bestimmen, betreffen hoch abstrakte und allgemeine Formeln, die in hohem Maße offen sind für 'Interpretation'. Darüber hinaus werden viele der abstrakten Formeln, wie die Wünsch-

(Fortsetzung...)

Eine scheinbar weiterreichende Annäherung an die Perspektive Garfinkels könnte aus der folgenden Beschreibung des Prozesses der sozialen Kontrolle in der Interaktion herausgelesen werden:

"Akteure sagen und tun ständig Dinge, die mehr oder weniger 'die Grenzen überschreiten', z.B. durch Anspielungen, welche die Motive eines anderen angreifen oder indem sie sich zuviel herausnehmen. Die genaue Beobachtung wird zeigen, daß andere in dieser Situation, oft ohne sich dessen bewußt zu sein, dazu neigen, auf diese geringfügigen Abweichungen auf eine Weise zu reagieren, die den Abweichenden 'in die Grenzen' zurückweisen soll, indem sie auf taktvolle Weise anzeigen, daß sie nicht mit ihm übereinstimmen, indem sie durch Schweigen die Tatsache hervorheben, daß das, was er gesagt hat, inakzeptabel war oder sehr häufig durch Humor als Mittel der Spannungslösung mit der Folge, daß er dazu kommt, sich selbst in stärkerem Maße so zu sehen, wie andere ihn sehen. Diese geringfügigen Kontrollmechanismen, so könnte behauptet werden, sind der Weg, auf dem die institutionalisierten Werte in das Verhalten implementiert sind. Sie sind, auf einer bestimmten Ebene, die fundamentalsten Mechanismen von allen, und nur, wenn sie zusammenbrechen, wird es erforderlich, daß weiter entwickelte und spezialisiertere Mechanismen ins Spiel kommen" (vgl. Parsons 1951, 303).

Spätestens der Schlußsatz des Zitates macht jedoch deutlich, daß diese Beschreibung zeigen soll, auf welche Weise *die institutionalisierten Orientierungen das Verhalten steuern*, um leichtere Abweichungen in der Interaktion zu eliminieren. Trotz aller Hinweise auf die Interpretationsbedürftigkeit von Normen wird hier letzten Endes doch angenommen, daß normative Regeln die Reaktionen der Akteure auf weitestgehend übereinstimmende Weise *instruieren*, mit der Folge, daß abweichendes Verhalten meist als solches gekennzeichnet und - wie geringfügig auch immer - sanktioniert wird. Daß Akteure gemeinsam abweichendes Verhalten praktizieren, sich zu abweichenden Gemeinschaften zusammenfinden, eigene abweichende Überzeugungen und Normvorstellungen entwickeln, ist dadurch natürlich in keiner Weise ausgeschlossen und wird von Parsons ausdrücklich betont. Entwicklungen dieser Art lassen sich aber klar als Abweichung gegenüber den dominierenden Kulturmustern identifizieren und durch Spannungssituationen, abweichende Sozialisation etc. erklären. Dort hingegen, wo unterschiedliche Interpretationen als Folge des hohen Allgemeinheitsgrades normativer Erwartungen tatsächlich möglich erscheinen, ist die Effektivität sozialer Kontrolle, und damit die soziale Integration, tendenziell gefährdet.

Garfinkels frühe Experimente können nun teilweise durchaus auch so gedeutet werden, daß sie die Wirkung von Mechanismen der sozialen Kontrolle à la Parsons auf anschauliche Weise illustrieren. Bei allen Verdiensten, die er Garfinkel zubilligt, wählt Jeffrey Alexander letztlich diesen Weg (vgl. 1987, 267ff.). Garfinkels Untersuchungen werden so zu einer willkommenen Ergänzung des Parsonsschen Theorieprogramms, für die schon Parsons selbst die 'Andockstelle' markiert hat. Garfinkels

---

29 (...Fortsetzung)
barkeit von 'sozialer Gerechtigkeit', von 'Demokratie' oder von 'Frieden', allgemein geteilt. Wer kann sagen, ob eine Interpretation legitimer ist als die andere? Bewegungen und deren Ideologien, welche die Allgemeinheiten und Mehrdeutigkeiten des dominierenden Wertesystems ausbeuten, sind daher besonders schwer anhand von Mitteln zu kontrollieren, die den Verlust ihres Legitimitätsanspruchs zur Folge haben."

Selbstverständnis, darauf weist auch Alexander hin, entspricht diese Deutung freilich nicht. Die Hervorhebung der grundsätzlichen Interpretationsbedürftigkeit von Regeln ist das zentrale Vehikel, durch das er zu Parsons Distanz gewinnt. Behandelt man dieses Problem nicht als Randphänomen, das entweder vernachlässigt oder auf bestimmte Bereiche beschränkt werden kann, dann verlieren normative Regeln die Fähigkeit, das Verhalten der Akteure zu determinieren. In den Vordergrund tritt statt dessen die *Kontingenz der Regelinterpretation*. Von Parsons auf hoch generalisierte Normen beschränkt, erscheint sie nun als allgemeines Merkmal *jeder* Regelanwendung. Die Folge ist, daß die Erzeugung koordinierten Verhaltens durch kulturelle Normen nicht mehr hinreichend erklärt werden kann, ja daß es nicht einmal mehr möglich ist, die Bedeutung kultureller Normen unabhängig von der je spezifischen und *an die lokale Anwendungssituation gebundenen Interpretation* dieser Normen zu identifizieren. Die Existenz kultureller Vorgaben muß deshalb nicht bestritten werden. Solche Vorgaben verlieren jedoch dramatisch an Relevanz, *liegt der Schwerpunkt der Bedeutungskonstitution doch nun in der je aktuellen Interaktion.*

Die Verschiebung der Gewichte innerhalb eines Kontinuums, das sich zwischen den konstruierbaren Extremwerten von Regeldetermination und beliebig möglicher Interpretation ausspannt, führt zu diesem Resultat. Wohlgemerkt: Niemand vertritt diese Extrempositionen, die nur die äußeren Grenzpunkte des Kontinuums bilden. Worum es geht, ist die Frage, welchem der beiden Gesichtspunkte: der unmittelbaren Orientierungswirksamkeit der Regeln oder der nicht zu eliminierenden Interpretationsbedürftigkeit, das größere Gewicht zukommt.[30]

Garfinkel unterstreicht die *Eigenständigkeit der Interpretation* mit dem Nachweis, daß sich deren Bedeutung nicht auf die Auslegung gegebener Regeln beschränkt. Wie oben gezeigt, können vergangene Erfahrungen bei unerwarteten Kooperationsproblemen als Präzendenzfälle definiert und dann unter dem Gesichtspunkt interpretiert werden, *welche Erwartungen sich daraus ableiten* lassen. Die Interpretation überschreitet damit ihre 'dienende' Funktion, die sie im Rahmen der Anwendung explizit vorgegebener Regeln erfüllt. Sie *generiert selbst neue Erwartungen und Regeln* auf dem Wege der *deutenden Verallgemeinerung von Erfahrungen* und kann auf diese Weise zur Lösung von Interaktionsproblemen beitragen, ohne dazu auf bereits existierende einschlägige normative Regeln zurückgreifen zu müssen.

Gewichtet man diese Möglichkeit hinreichend stark und betrachtet dann die Beziehung zwischen normativen Regeln und Interpretationen erneut, kommt es gleichsam zu einem 'Gestaltsprung': Wenn jedes Regelwerk, wie Garfinkel behauptet, grundsätzlich lückenhaft und schon deshalb nicht in der Lage ist, die alltägliche

---

30 Behält man dies im Gedächtnis, dann kann man durchaus feststellen: Die Parsonssche Position siedelt näher an dem Pol der *Regeldetermination,* die Garfinkelsche Position hingegen näher am Pol *beliebig möglicher Interpretation.* Man muß sich freilich hüten, die beiden Positionen mit diesen Extremwerten zu identifizieren. Genau dies aber geschieht, sei es aus Gründen der Polemik oder aus dem didaktisch motivierten Bedürfnis nach klaren Unterschieden, nur allzu leicht.

Interaktion durchgehend zu strukturieren, dann verschiebt sich der Schwerpunkt der Regulierung der Interaktion zur Seite der *koordinierten interpretativen Auswertung akkumulierten Erfahrungswissens*. Die von Parsons unterstellte Dominanz des *'Gesetzesrechtes' der normativen Regeln* wird von Garfinkel ersetzt durch die Annahme, daß im Alltag die selbstverständliche Orientierung an den *gewohnten Erfahrungen* bzw. - für die Lösung auftauchender Probleme - die *'fallrechtliche' Auswertung von Erfahrungen nach dem Muster von Präjudizien* als primäre Strukturierungsgrundlage der Interaktion fungiert. Die normative Vorzeichnung sozial anerkannter Handlungsverläufe wird damit ersetzt durch die einschränkenden und die Akteure bindenden Effekte erlebter Geschichte. Diese Effekte wirken freilich nicht auf dem Wege gleichsam mechanischer Determination, sondern nur über die intersubjektiv koordinierte Interpretation aus der Perspektive der jeweils aktuellen Handlungssituation.

Soziale Ordnung, so die Schlußfolgerung aus diesen Überlegungen, wird nicht oder zumindest nicht primär erzeugt durch die laufende Orientierung des Handelns an kulturell vorgegebenen und individuell internalisierten normativen Mustern. Sie ist vielmehr das Ergebnis der *in situ* vor dem Hintergrund vergangener Erfahrungen immer neu herzustellenden Koordination des Verhaltens und der Urteilstätigkeit der Akteure. - Diese Schlußfolgerung steht in der Tat in offensichtlichem Gegensatz zu Parsons, und auch Jeffrey Alexander (1987, 271f.) sieht hier die Grenzlinie erreicht, an der Garfinkels Position in Widerstreit zu den Grundprämissen des Parsonsschen Theorieprogrammes gerät.

Der Fehler der Parsonsschen Soziologie, der sie zu anderen Ergebnissen führt, besteht für Garfinkel wesentlich darin, daß sie die Regularitäten, die *als Resultat* erfolgreicher Verhaltenskoordination zu beobachten sind, als hinreichenden Beleg für die Befolgung entsprechender *vorgegebener* normativer Regeln mißversteht. Wer dies tut, verwechselt leicht *soziale Ordnung als Produkt* mit den *Umständen ihrer Produktion*. Der Gebrauch von beobachteten Regularitäten als empirischer Grundlage für die Rekonstruktion zugrundeliegender normativer Regeln ist zwar nicht generell zu verwerfen. Er läuft jedoch immer Gefahr, einer solchen Verwechselung von bereits vorweg existierenden, prozeß*dirigierenden* Regeln und erst im Prozeß *produzierten* Ordnungsmustern zu erliegen und damit einer *Regelillusion* aufzusitzen, d.h. die Orientierung an klar definierten Regeln zu unterstellen, wo solche Regeln als Eingangsvoraussetzung der Interaktion nicht existierten. Diese Gefahr kann nur dann vermieden werden, wenn der *Prozeß der Ordnungserzeugung* zum Gegenstand der empirischen Analyse gemacht wird.

Garfinkel hat diesen Schritt vollzogen. Er untersucht, wie es den Akteuren im Rahmen alltäglicher Interaktion gelingt, ihr wechselseitiges Verhalten mit praktisch hinreichender Übereinstimmung zu deuten und zu koordinieren. Dabei zeigte sich eine interessante Eigenschaft von Regeln, die bei Parsons kaum berücksichtigt wird und deren Auslotung in der Folge zu einem der zentralen Anliegen des ethnomethodologischen Forschungsprogramms geworden ist: Regeln ermöglichen die Bestimmung des Sinnes eines Verhaltens nicht nur dadurch, daß sie *vordefinierten* Verhaltensweisen eine *feststehende* Bedeutung zuordnen; häufig fungieren sie vielmehr als Instrument der *interpretativen* Sinnkonstitution, indem sie den Prozeß der Sinnzuweisung anleiten, ohne dessen Resultat, die schließlich erreichte Deutung eines Verhaltens, zu präjudizieren.

Die ethnomethodologische Konversationsanalyse, der wir uns nun zuwenden wollen, führt die Untersuchung des Prozesses der interpretativen Sinnkonstitution in der Interaktion - und damit auch die Untersuchung der Rolle von Regeln innerhalb dieses Prozesses - auf breiter empirischer Grundlage fort.

6.2   Die ethnomethodologische Konversationsanalyse

Garfinkels Ethnomethodologie stimulierte eine Reihe von Anschlußforschungen. Zu den bedeutendsten Unternehmungen, die an Garfinkels Untersuchungen anknüpften, zählt die von Gail Jefferson, Harvey Sacks und Emanuel Schegloff begründete *Konversationsanalyse*. Dieses Unternehmen hat in den letzten dreißig Jahren eine große Zahl empirischer Untersuchungen, durchgeführt von einer Vielzahl von Forschern, hervorgebracht, die durch eine gemeinsame Methodik, miteinander verbundene Fragestellungen und intensive wechselseitige Bezugnahmen gekennzeichnet sind.

Ihnen allen gemeinsam ist ein *radikalisierter empirischer Anspruch*, der nur *natürliche Daten* als Grundlage der Analyse gelten läßt. Als Datenbasis zugelassen sind nur technische Originalaufzeichnungen (Tonband- bzw. Videomitschnitte) von Kommunikationsabläufen, die so detailgetreu wie möglich verschriftet werden. Die protokollierten Handlungssequenzen gelten bis in die kleinsten Einzelheiten als *wohlgeordnetes Erzeugnis der alltäglichen Praktiken*, die von den Akteuren verwendet werden und die in diesen Sequenzen objektiviert sind. Ziel der Untersuchung ist die Aufdeckung dieser Praktiken.

Jedes Detail, sei es Intonation, Lautstärke, Aussprache, Antwortverzögerungen, Redeabbrüche und -neuanfänge, Korrekturen, Überschneidungen zwischen gleichzeitig redenden Sprechern etc., alles kann diesbezüglich bedeutsam sein. Kein registriertes Merkmal darf deshalb von vornherein als zufällig behandelt und ignoriert werden. Jedes Element einer Aufzeichnung kann sich *als Teil der von den Interaktionsteilnehmern methodisch produzierten Ordnung erweisen, um deren Aufdeckung es geht*.[31] Datengewinnungsverfahren, die hier bereits vorweg eine Auswahl treffen, scheiden deshalb als ungeeignet aus. Von diesem Verdikt gleichermaßen betroffen sind Beobachtungsverfahren und Befragungen der Akteure, in denen diese über ihr Handeln Auskunft geben und zwar unabhängig davon, ob sie in standardisierter oder nicht-standardisierter Form durchgeführt werden. In beiden

---

31 Die hohe Bedeutung, welche die Konversationsanalyse natürlichen Daten zuweist, teilt sie mit anderen rekonstruktiven Analyseverfahren, wie z.B. der objektiven Hermeneutik (vgl. u.a. Oevermann 1979 und 1986). Zur Diskussion der Bedeutung von Aufzeichnungen als Daten der interpretativen Soziologie vgl. Bergmann 1985.

Fällen transformieren hoch selektive und bereits ihrerseits interpretationsvermittelte Auswahlmechanismen das ursprüngliche Handeln auf eine für den Forscher unkontrollierbare Weise.[32]

Generalthema der Konversationsanalyse ist die Rekonstruktion der Praktiken, durch die die Teilnehmer an einer Interaktion ihr Handeln *strukturieren und erfolgreich koordinieren*. Das Problem der Intersubjektivität ist demnach, wie schon bei Schütz und Garfinkel, das allgemeine Leitthema, das sich hier freilich in ungleich größerem Maße in eine Vielzahl bereichsspezifischer Fragestellungen verzweigt. Standen anfänglich Untersuchungen zu allgemeinen Problemen der Koordination kommunikativer Aktivitäten im Vordergrund (z.B. die Organisation der Rederechtsverteilung, die koordinierte Eröffnung und Beschließung einer Interaktionsepisode, die Verfertigung von Handlungen und die Reparatur von Störungen), richtet sich die Aufmerksamkeit in jüngeren Veröffentlichungen verstärkt auf *institutionelle Kontexte*.[33] Aber auch hier bleibt die Fokussierung auf das Problem der Intersubjektivität stets deutlich sichtbar: Ob Therapiegespräch oder Radiointerview, ob gerichtliche Vernehmung oder Schulunterricht, immer geht es darum, wie die Teilnehmer durch die Art ihrer Beteiligung *einander sichtbar machen*, in welches dieser kommunikativen Genres, in welchen "Aktivitätstyp" sie gemeinsam involviert sind und wie ihre Rollen darin verteilt sind. Erkundet wird so, durch welche Praktiken es den Teilnehmern gelingt, ihr Kommunikationsverhalten kontinuierlich im Blick auf den jeweiligen Aktivitätstyp abzustimmen, der als Kontext der fortlaufenden Beiträge *gemeinsam vorausgesetzt und mit jedem neuen Beitrag reproduziert* wird.

Im folgenden kann es nicht um einen repräsentativen Überblick über die verschiedenen Teilgebiete konversationsanalytischer Forschung gehen. Dem Thema dieser Einführung gemäß wollen wir statt dessen untersuchen, in welcher Weise die theoretischen Fragen, die wir von Schütz und Garfinkel bereits kennen, aufgegriffen, verändert und beantwortet werden. Als Ausgangspunkt dafür wählen wir die Frage nach den Praktiken, die es ermöglichen, intersubjektiv geteilte Bedeutungen in der Kommunikation zu erzeugen.

Die Intersubjektivität der Bedeutung, die verschiedene Kommunikationsteilnehmer mit einer Äußerung verbinden, ist nicht schon dadurch hinreichend gesichert, daß sie die gleiche Sprache gebrauchen. Wie unsere Alltagserfahrung lehrt, kommt es auch zwischen Sprechern der gleichen Sprache immer wieder zu Mißverständnis-

---

32 Um einen naheliegenden und immer wieder erhobenen Einwand nicht zu unterschlagen: Auch technische Aufzeichnungsverfahren *duplizieren nicht* das ursprüngliche Geschehen. Auch sie sind selektiv, haben also den Status eines *Protokolls*, das nicht alle Merkmale des Originalgeschehens enthalten kann. Aber, so die Replik darauf aus konversationsanalytischer Perspektive: Die Selektivität technischer Aufzeichnungen ist weit geringer, als die jedes anderen Verfahrens, und sie gründet nicht auf einer impliziten Vorinterpretation der Daten.

33 Einen guten Überblick über die thematische Breite der Konversationsanalyse geben die Sammelbände von Atkinson und Heritage (1984), Button und Lee (1987) sowie Drew und Heritage (1992). Als einführende Darstellung der methodologischen Prämissen und der Forschungsstrategie der Konversationsanalyse vgl. Bergmann 1981 und 2000b; zu den Verbindungslinien zwischen Ethnomethodologie und Konversationsanalyse vgl. Bergmann 1988 und 2000a.

sen. Wie aber sind solche Mißverständnisse zu *entdecken*, und wie können sie *behoben* werden? Wenden wir uns zunächst der ersten dieser beiden Fragen zu.

6.2.1 Strikte Koppelung von Äußerungsbeiträgen als Voraussetzung für das Sichtbarwerden des Verstehens in der Kommunikation

Ein Mißverständnis liegt vor, wenn eine Differenz besteht zwischen der Bedeutung, die der Autor mit einer Äußerung verbindet und der Bedeutung, die ein Hörer versteht. Um es zu bemerken, muß der Autor beobachten können, wie er vom Hörer verstanden worden ist. Die Möglichkeit dazu bietet ihm die Reaktion des Hörers. Daraus, mit welchen Äußerungen und Handlungen der Interaktionspartner an die vorausgegangene Äußerung anschließt, kann der Autor der vorausgegangenen Äußerung häufig erschließen, wie er verstanden worden ist. Auch wenn diese Feststellung einfach und selbstverständlich erscheint, ist sie doch an bestimmte Voraussetzungen gebunden. Die Konversationsanalyse hat diese Voraussetzungen eingehend untersucht.

Eine zentrale Prämisse der Konversationsanalyse besteht in der Annahme, daß jede Äußerung eine "lokale Hier-und-Jetzt-Definition der Situation" impliziert, an der sich die unmittelbar anschließenden Kommunikationsbeiträge orientieren (vgl. dazu sowie zum folgenden Heritage 1984, 245). Dabei können die Einschränkungen, die eine Äußerung für die Erzeugung passender Anschlußbeiträge etabliert, im einen Fall gering, im anderen sehr ausgeprägt sein. Die stärkste Form der Einschränkung liegt dann vor, wenn eine Äußerung eine zweite Äußerung bestimmten Typs als Folgebeitrag projiziert. Frage und Antwort oder Einladung und Annahme bzw. Ablehnung sind Beispiele für Äußerungstypen, die auf diese Weise miteinander verknüpft sind. Die Konversationsanalyse spricht hier von sogenannten "Nachbarschaftspaaren" (adjacency pairs). - Schegloff und Sacks (1973, 295f.) charakterisieren diese Einheiten der Rede wie folgt:

Nachbarschaftspaare sind Sequenzen von zwei Äußerungen, die
(i)   aneinander angrenzen;
(ii)   von verschiedenen Sprechern produziert wurden;
(iii) als *erstes* und *zweites Paarglied* geordnet sind;
(vi)   zu einem *Paartyp* miteinander verbunden sind, so daß ein bestimmtes erstes Paarglied ein bestimmtes zweites Paarglied (bzw. eines aus einer Reihe alternativ möglicher zweiter Paarglieder) erfordert.

Die Ausführung von Nachbarschaftspaaren ist dabei durch die folgende Regel geleitet:

"Wenn ein erstes Paarglied erkennbar erzeugt worden ist, dann sollte sein Sprecher am nächsten möglichen Punkt der Beendigung seinen Beitrag abschließen, und ein nächster Sprecher sollte beginnen und das zweite Paarglied des Paartyps erzeugen, dem das erste Paarglied erkennbar angehört" (Schegloff und Sacks 1973, 296).

Wird diese Regel durch das Verhalten beider Sprecher erfüllt, dann kann der erste Sprecher daraus schließen, daß er vom nachfolgenden Sprecher richtig verstanden worden ist. Dies ist im folgenden (erfundenen) Beispiel der Fall:

Beispiel A

1 A:　Warum kommst du so spät?
2 B:　Ich habe plötzlich heftige Zahnschmerzen bekommen und mußte deshalb zum Zahnarzt.

Die Äußerung 1 A kann von A als *Frage* und/oder als *Vorwurf* sowie als *Aufforderung zu einer Erklärung* intendiert sein. B's Reaktion kann als passendes zweites Paarglied zu jedem dieser drei Nachbarschaftspaare gelesen werden: Sie beantwortet die Frage und gibt eine Erklärung für die Verspätung, die zugleich als Rechtfertigung gelten kann. Sofern A mit seiner Äußerung tatsächlich die Initiierung eines dieser (oder auch aller drei) Nachbarschaftspaare beabsichtigt hat, kann er deshalb die Anschlußäußerung B's als hinreichenden Indikator dafür betrachten, daß B ihn *richtig verstanden* hat. Allgemeiner formuliert: Die Anschlußäußerung erhält den Status einer Interpretation der vorausgegangenen Äußerung. Die Nachbarschaftspaar-Relation wird dabei in umgekehrter Folge wirksam. Indem sich die zweite Äußerung als zweites Paarglied eines bestimmten Nachbarschaftspaares präsentiert, deutet sie die erste Äußerung als Ausführung des ersten Paargliedes, das zu diesem Nachbarschaftspaar gehört. Stimmt das von A intendierte mit dem von B komplettierten Nachbarschaftspaar überein, dann kann A daraus schließen, daß B ihn richtig verstanden hat.

Die *strikte Koppelung* zwischen Äußerungsereignissen, die durch Nachbarschaftspaare erzeugt wird, ist hier die Voraussetzung dafür, daß der erste Sprecher an der Reaktion des zweiten ablesen kann, inwiefern seine Bedeutungsintention richtig verstanden worden ist oder nicht. Wie unser Beispiel verdeutlicht, sind dabei freilich Mehrdeutigkeiten möglich, aus denen die beiden Sprecher unterschiedliche Deutungsmöglichkeiten auswählen und so einander mißverstehen können, ohne es zu bemerken.

Der Status der Regel für die Erzeugung von Nachbarschaftspaaren ist *normativer Art.* Abweichungen sind also möglich, werden aber von den Teilnehmern eines Gesprächs registriert und geben dann Anlaß zu entsprechenden Reaktionen bzw. Schlußfolgerungen. Das Ausbleiben des erwarteten zweiten Paargliedes nach Produktion eines ersten reicht dabei jedoch noch nicht aus, um das Verhalten des Gesprächsteilnehmers, von dem die Erzeugung dieses Paargliedes erwartet wird, als abweichend zu definieren. Die Erwartung, daß an der nächsten Sequenzposition das passende zweite Paarglied auftauchen müßte, fungiert als Prämisse für die Interpretation jedes Ereignisses, das an dieser Sequenzstelle registriert wird. Jedes Äußerungsformat, das an dieser Stelle erscheint, wird zunächst - sofern dies möglich ist - als Stellvertreter für das ausgebliebene zweite Paarglied interpretiert:

Beispiel B[34]

1 A: Es geht ihr gut?
2 B: Nun, sie ist noch nicht zurück.

A erkundigt sich bei B nach dem Befinden eines Kindes (wie einer Erläuterung von
Heritage, a.a.O., zu entnehmen ist). B beantwortet die Frage nicht. Statt dessen teilt
B mit, daß das Kind noch nicht zurück sei. Wir hören diese Mitteilung ohne
Schwierigkeiten als Angabe eines Grundes dafür, warum B sich nicht in der Lage
sieht, die gewünschte Antwort auf A's Frage zu geben. Selbstverständlich ist dies
freilich nicht. Die intuitive Plausibilität dieser Interpretation ergibt sich allein
daraus, daß wir die Regel für die Erzeugung von Nachbarschaftspaaren als von A
und B gemeinsam geteilte Erwartungsgrundlage voraussetzen und B's Verhalten
soweit als irgend möglich unter der Prämisse deuten, daß es diese Erwartung zu
erfüllen sucht. Daß wir auf diese Weise in der Lage sind, auch sehr vermittelte
Bedeutungszusammenhänge herzustellen und dem Sprecher als intendierten Sinn
seiner Mitteilung zuzuschreiben, zeigt das folgende Beispiel:

Beispiel C[35]

1 A: Was in aller Welt ist mit dem Braten geschehen?
2 B: Der Hund schaut sehr glücklich aus.

Daß ein Zusammenhang zwischen A's Frage und B's Folgeäußerung besteht, liegt
nicht von vornherein auf der Hand. *Erwartet* man jedoch, daß die Reaktion 2 B in
irgendeiner Weise für die Beantwortung der vorausgegangenen Frage *relevant sein
müsse* und sucht unter dieser Voraussetzung nach dem Zusammenhang zwischen
Braten und Hundeglück, dann kommt man rasch dazu, B's Äußerung den *indirekten* Mitteilungssinn zu unterschieben, der Hund habe den Braten wohl verspeist.
Das geschlossene Format der Nachbarschaftspaare ist also nicht nur ein Instrument,
durch dessen Gebrauch der erste Sprecher einen zweiten dazu verpflichten kann,
auf seine Fragen, Aufforderungen, Angebote etc. mit einer passenden Anschlußäußerung zu reagieren. Es erweist sich darüber hinaus als eine äußerst leistungs-
fähige und kreative *Sinnfindungseinrichtung*, die auch unter schwierigen Bedingungen noch in der Lage ist, dem Verstehen den Weg zu weisen und ihm das Aufspü-
ren kontextspezifischer Bedeutungen zu ermöglichen.

Die Leistungsfähigkeit von Nachbarschaftspaaren reicht aber noch weiter.
Obwohl sie nur zwei Redezüge umfassen, sind sie dennoch geeignet, weit längere
Sequenzen zu strukturieren. Nehmen wir an, ein Kunde geht in einen Laden, um
ein Fernsehgerät zu kaufen und bittet den Verkäufer, ihm einige Modelle vorzuführen. Der Verkäufer wird diese Bitte möglicherweise nicht sofort erfüllen,
sondern mit einer Reihe von Gegenfragen reagieren (z.B.: Welche Bildschirmgröße

---

34 Entnommen aus Heritage 1984, 250.
35 Vgl. Levinson 1990, 129.

wünscht der Kunde? Welche akustische Qualität? Soll das Gerät auch für digitalen Empfang ausgerüstet sein? Wieviel Geld möchte der Kunde ausgeben?). Die Erfüllung der Bitte nach der Vorführung von Fernsehgeräten bleibt dabei relevant.

Solche *"Einschubsequenzen"* (Schegloff 1972) verschieben die Komplettierung des ersten Paargliedes durch das passende zweite auf den nächstmöglichen späteren Zeitpunkt. Die Komplettierung wird durch die Fragen des Verkäufers also nur so lange aufgeschoben, bis er die nötigen Informationen gewonnen hat, um eine Auswahl aus den im Geschäft vorhandenen Geräten zu treffen. Auch die Fragen des Verkäufers finden u.U. keine sofortige Antwort. Der Kunde versteht zunächst vielleicht nicht, was der Verkäufer mit "digitalem Fernsehen", "16:9" oder "Dolby-Surround" meint und bittet um entsprechende Erläuterung. Die zwischen Bitte und Erfüllung eingeschobenen Frage/Antwort-Sequenzen, die der Verkäufer eröffnet, werden dann ihrerseits unterbrochen durch die Frage/Antwort-Sequenzen, die der Kunde initiiert.

Durch Einschubsequenzen, die sich zwischen die Eröffnung und den Abschluß von Nachbarschaftspaaren schieben, die ihrerseits bereits als Einschubsequenzen erzeugt worden sind, kommt es so zur Herausbildung einer hierarchisch gestaffelten Ordnung von primärem Nachbarschaftspaar, Einschubsequenz erster Ordnung, Einschubsequenz zweiter Ordnung etc. Weiß der Kunde schließlich, wovon der Verkäufer spricht, kann er dessen Fragen beantworten. Sind die Fragen des Verkäufers beantwortet, kann dieser schließlich die am Anfang der Interaktion stehende Bitte des Kunden erfüllen, ihm einige Modelle vorzuführen.

Solche komplexen Ordnungsmuster können von den beteiligten Akteuren nur deshalb auf koordinierte Weise erzeugt werden, weil jeder das Verhalten des anderen vor dem Hintergrund der Erwartung interpretiert, daß der andere die Regel für die Ausführung von Nachbarschaftspaaren zu erfüllen sucht und jede Äußerung, die an Stelle des abschließenden Paargliedes zu beobachten ist, der Vorbereitung für den Vollzug dieses Paargliedes dient.

Die durch die Regel für die Ausführung von Nachbarschaftspaaren gespeiste Erwartung, daß an der nachfolgenden bzw. der nächstmöglichen Sequenzposition eine passende Anschlußäußerung erzeugt wird, ist jedoch nicht völlig enttäuschungsimmun. Wie die Enttäuschung dieser Erwartung verarbeitet werden kann, zeigt das nächste Beispiel:

Beispiel D[36]

1 A:	Ist da etwas, das dich beunruhigt?
	(1.0)
2 A:	Ja oder Nein?
	(1,5)
3 A:	Hm?
4 B:	Nein.

---

36 Vgl. Atkinson and Drew 1979, 52.

A stellt eine Frage. Damit etabliert er eine lokale Definition der Kommunikationssituation, die am nächstmöglichen Punkt die Erzeugung einer Antwort durch den
Adressaten der Frage verlangt. B antwortet jedoch nicht sofort. Es entsteht eine
kurze Pause von 1.0 Sekunden Dauer, die A veranlaßt, die ausgebliebene (oder präziser: *schuldiggebliebene*) Antwort anzumahnen. Die Pause erscheint so nicht als
einfache Unterbrechung, sondern wird durch A's Reaktion als Folge einer *schuld-
haften Unterlassung* von B deklariert, d.h. *dem Schweigen B's zugeschrieben*, dessen
Verpflichtung es wäre, mit einer Antwort unmittelbar an A's Frage anzuschließen.
Die knappe Form, in der A reagiert, unterstellt dabei, daß B die Frage verstanden
hat und er deshalb wissen muß, daß eine Antwort von ihm erwartet wird. Der
gleiche Vorgang wiederholt sich nach einer weiteren Pause von 1.5 Sekunden und
endet mit der schließlich erreichten Antwort 4 B.

Die Ausführung des ersten Paargliedes eines Nachbarschaftspaares erzeugt hier
eine Anschlußerwartung, deren Enttäuschung eine implizite Abweichungszurech-
nung an B generiert. Diese Abweichungszuschreibung artikuliert sich - für B erkennbar - in A's wiederholtem Insistieren auf einer Antwort. Andere Reaktionen
von A wären denkbar. A hätte z.B. eine Erklärung verlangen ("Warum antwortest
du nicht?") oder eine mögliche Erklärung formulieren können ("Du hörst wohl
wieder 'mal nicht zu."; "Bist du eingeschnappt?"). Daran wird sichtbar, wie die Verletzung von Anschlußerwartungen, die durch die Ausführung des ersten Paargliedes
eines Nachbarschaftspaares in der Kommunikation etabliert werden, Rückschlüsse
auf besondere psychische Zustände und Motive der Person auslösen kann, deren
Verhalten als abweichend registriert wird.

Abweichungen führen also nicht zur Änderung der enttäuschten Erwartungen.
Letztere werden nicht an die Situation angepaßt, sondern weiterhin als gültig behandelt und als Grundlage für die Deutung und Bewertung des Verhaltens verwendet, das diesen Erwartungen zuwiderläuft. Sie fungieren so zugleich als *Norm*,
an der das Verhalten anderer Kommunikationsteilnehmer gemessen wird und als
kognitive Prämisse für die Verfertigung von Verhaltensinterpretationen, an denen sich
dann das eigene Folgeverhalten orientiert.

Wir treffen hier auf die gleiche Doppelstruktur, die wir schon aus den Krisenexperimenten Garfinkels kennen. Dort war es die Annahme der Verständlichkeit
elementarer sprachlicher Ausdrücke, die zugleich als normative Erwartung und als
Interpretationsgrundlage für die Zuschreibung individualspezifischer Ausnahmezu-
stände diente (z.B. "Du weißt, was ich meine. ... Was ist los mit dir? Bist du
krank?"), sobald diese Erwartung enttäuscht wurde. Die konversationsanalytische
Untersuchung alltäglicher Kommunikation macht darauf aufmerksam, daß es keiner
artifiziellen Arrangements wie in Garfinkels Experimenten bedarf, um solche
Erwartungen sichtbar zu machen. Derartige Erwartungen sind Elemente routinisierten kommunikativen Verhaltens, die jeder Realisation eines Nachbarschaftspaares
zugrunde liegen und beobachtet werden können, sobald dabei Abweichungen vom
regulären Verlauf eintreten. Jede Abweichung vom üblichen Verlauf kann *als
natürliches Krisenexperiment en miniature* betrachtet werden, dessen Analyse Aufschluß gibt über die Normalitätserwartungen, die in der Alltagskommunikation

ständig unausgesprochen vorausgesetzt und als Orientierungsgrundlage in Anspruch genommen werden. Die detaillierte Untersuchung sorgfältig protokollierter natürlicher Kommunikationsabläufe und der dabei beobachtbaren Abweichungen tritt deshalb in der ethnomethodologischen Konversationsanalyse an die Stelle, die bei Garfinkel die Krisenexperimente einnahmen.

Abweichungen von geltenden Erwartungen, so hatten wir festgestellt, stimulieren Schlußfolgerungen über individualspezifische Merkmale, Motive und Befindlichkeiten des Akteurs, der als Urheber dieser Abweichung gilt. Sie sind, um einen konversationsanalytischen Terminus zu verwenden, der diesen Sachverhalt treffend kennzeichnet, "inferentially rich".[37] Wer eine Erwartung verletzt, z.B. einen Gruß nicht erwidert oder Fragen unbeantwortet läßt, riskiert entsprechende Rückschlüsse anderer auf seine Person, seine Handlungssituation, seine Absichten oder seine Rolleninterpretation, die er teilweise antizipieren, aber keineswegs kontrollieren kann, sofern er anderen nicht eine akzeptable Erklärung für dieses Verhalten anbietet, die es in ihren Augen normalisiert (vgl. Heritage 1984, 253). Im Gegensatz dazu bietet erwartungskonformes Verhalten keine Anhaltspunkte für derartige Zuschreibungen. Es charakterisiert seinen Träger nur als jemand, der die Regeln kennt und beachtet, der sich insofern nach den geltenden Maßstäben 'vernünftig' verhält, berechenbar ist, der 'weiß, was sich gehört', in seinen Besonderheiten aber gerade dadurch unsichtbar bleibt. Erwartungskonformes Verhalten ermöglicht es so zugleich, Interaktionen konfliktfrei zu halten, Sanktionen zu vermeiden sowie einen Ruf zu erwerben und zu erhalten, der günstige Voraussetzungen für zukünftige Kontakte mit anderen schafft.

Bisher haben wir uns auf die kommunikationsstrukturellen Voraussetzungen konzentriert, die es dem Adressaten einer Äußerung ermöglichen, sie auf bestimmte Weise zu verstehen und die es für den Autor dieser Äußerung erkennbar machen, wie er verstanden worden ist. Der Adressat mag nun etwas verstehen, und der Autor der Äußerung mag aufgrund der Reaktion des Adressaten verstehen, wie er von diesem verstanden worden ist, und dennoch kann es sein, daß der Autor sich mißverstanden fühlt, weil er eine Diskrepanz zwischen seiner Bedeutungsintention und dem Verstehen des Adressaten bemerkt. Die Intersubjektivität der Bedeutungen ist damit also noch nicht hinreichend gesichert. Dazu bedarf es einer weiteren Einrichtung, die wir jetzt untersuchen wollen. Den Anknüpfungspunkt dazu finden wir zunächst in der Modellierung von Intersubjektivität in der Kommunikation bei Schütz.

---

37 "Inferentially rich" heißt: "durch Schlußfolgerung ergiebig (gehaltvoll, reichhaltig)".

6.2.2   Die kommunikative Produktion intersubjektiver Bedeutungen[38]

Wie wir oben sahen, modelliert Schütz Kommunikation als intersubjektive Verkettung von Motiven: A macht B eine Mitteilung, mit der er ein bestimmtes Um-
zu-Motiv verknüpft; indem B die Äußerung versteht, erkennt er A's Um-zu-Motiv
und das Erkennen dieses Motivs wird für ihn zum Weil-Motiv für eine Antwort-
äußerung, der ihrerseits wiederum ein bestimmtes Um-zu-Motiv zugrunde liegt. So
etwa, wenn A fragt, "Hast du eine Uhr dabei?", B daraus schließt, daß A diese
Frage stellt, um zu erfahren, wie spät es ist, B sich dadurch motivieren läßt, die
Uhr aus der Tasche zu ziehen und zu antworten, "5 Uhr", um damit A die gewünschte Auskunft zu geben. Der Sachverhalt erscheint denkbar einfach und von
geringem Interesse. Wo könnte hier ein Problem stecken?

Das Problem, das sich hier verbirgt, besteht darin, wie das, was so selbstverständlich erscheint, eigentlich funktionieren kann. A's Äußerung ist zwar nicht
ungewöhnlich. Daß B diese Äußerung als Frage nach der Uhrzeit deutet, ist aber
keineswegs zwingend. A kann B diese Frage stellen, weil er ihm vorführen will, wie
lange er die Luft anhalten kann. Vielleicht will er auch das Tagesdatum wissen, eine
Anzeigefunktion, mit der heute bekanntlich sehr viele Uhren ausgestattet sind.
Ebensogut könnte A, ein älterer, kräftiger Junge, dem jüngeren B diese Frage
stellen, um von ihm im Falle einer positiven Antwort die Herausgabe der Uhr zu
verlangen. Sofern A und B zu einem bestimmten Zeitpunkt verabredet waren und
B sich wesentlich verspätet hat, ohne sich dafür zu entschuldigen, könnte A beabsichtigen, auf diese Weise B auf seine Verspätung aufmerksam zu machen, sie ihm
auf indirekte Weise vorzuhalten und/oder ihn zu einer Entschuldigung bzw. Rechtfertigung zu veranlassen. Weitere Bedeutungsmöglichkeiten sind sicher nicht schwer
zu finden. Ihnen allen ist gemeinsam, daß sie einen bestimmten Kontext voraussetzen, den A und B kennen müssen. Darüber hinaus müssen A und B das Wissen
um diesen Kontext einander wechselseitig unterstellen, und sie müssen auch unterstellen, daß sie sich dieses Wissen wechselseitig unterstellen. Denn nur, wenn A all
dies im Hinblick auf B voraussetzen kann, kann er erwarten, daß B diese Äußerung
auf die von A beabsichtigte Weise interpretiert. Und nur, wenn B all dies im Hinblick auf A voraussetzen kann, kann er annehmen, daß A ihm durch diese Äußerung eine entsprechende Mitteilungsabsicht kundgeben wollte.[39]

---

38 Die folgende Darstellung stützt sich auf Schneider 1994b, 210ff.
39 Daß die Verhältnisse tatsächlich so kompliziert liegen, macht die folgende Überlegung leicht plau-
    sibel: Kennt B bestimmte Merkmale des Kontextes, von denen er auch weiß, daß sie A bekannt sind,
    von denen er aber zugleich glaubt, daß A nicht weiß, daß diese Merkmale B bekannt sind, dann
    muß B annehmen, daß A ihm gegenüber keine Äußerung gebrauchen wird, die dieses Wissen vor-
    aussetzt, weil A davon ausgehen muß, daß B diese Äußerung nicht verstehen wird. (Dieses Argu-
    ment gilt freilich nur unter der Prämisse rationaler Akteure, deren Bewußtsein frei von aktuellen
    Beeinträchtigungen ist und unter der Voraussetzung, daß der Adressat der Äußerung die zugrunde-
    liegende Mitteilungsabsicht tatsächlich erkennen soll.)

Das Beispiel macht deutlich, welch hohes Maß an Übereinstimmung zwischen A und B gegeben sein muß, damit die Verständigung zwischen ihnen tatsächlich funktioniert. Die gemeinsame Kenntnis der sprachlichen Ausdrücke, aus denen die Mitteilung gebildet wurde, genügt dabei offenbar nicht. Der Hinweis auf ein gemeinsames Regelwissen greift deshalb zu kurz. Es bedarf zusätzlich eines umfangreichen gemeinsamen Wissens über die Welt und über den anderen. Daran wird sichtbar, wie voraussetzungsvoll und damit unwahrscheinlich gelingende Verständigung ist. Und trotzdem funktioniert sie im Alltag im wesentlichen zufriedenstellend. Müssen wir dabei aber nicht mit häufigen 'Pannen' rechnen, für die es *routinisierte Reparatureinrichtungen* geben muß, Einrichtungen, die so beiläufig und schnell funktionieren, daß wir die durch sie beseitigten Störungen oft kaum registrieren?

Vermutungen dieser Art drängen sich auf, sobald man jeden Gedanken an eine Ein-für-allemal-Lösung des Intersubjektivitätsproblems verabschiedet hat. Wenn man mit Schütz und Garfinkel annimmt, daß dieses Problem mit jedem neuen Äußerungsereignis erneut gelöst werden muß, dann ist mit jedem Folgeereignis zugleich die Möglichkeit des Scheiterns gegeben und damit auch die Notwendigkeit von Reparaturmechanismen, die in diesem Fall rasch aktiviert werden können.

Die Konversationsanalyse hat nun auf strikt empirischem Wege anhand von natürlichen Daten untersucht, wie die Übereinstimmung zwischen der Bedeutungsintention des Sprechers und der Interpretation des Adressaten in der Kommunikation von Mitteilung zu Mitteilung kontinuierlich erzeugt wird. Wie schon bei Garfinkel, so erweist sich hier vor allem die Untersuchung von Störfällen als instruktiv. Dazu das folgende Beispiel:[40]

Beispiel E

1 Mutter:	Weißt du, wer zu dem Treffen gehen wird?
2 Russ:	Wer.
3 Mutter:	Ich weiß es nicht.
4 Russ:	Ach so::. Wahrscheinlich Frau McOwen und wahrscheinlich Frau Cadry und einige der Lehrer.

Die erste Äußerung kann auf unterschiedliche Weise gedeutet werden. Sie kann etwa (a) als *Frage, die sich nach dem Wissensstand des Hörers* erkundigt, (b) als *Bitte um Information* mit Blick auf die eingebettete Frage ("...wer zu dem Treffen gehen wird?") oder (c) als *Vorankündigung einer anschließenden Mitteilung* (etwa im Sinne von: "Stell dir vor, wer zu dem Treffen kommt") verstanden werden. Weitere Inter-

---

40 Das folgende, leicht gekürzte und von mir aus dem Englischen übersetzte Beispiel ist entnommen aus Schegloff 1988, 57. Die im Original enthaltenen Eigentümlichkeiten der Aussprache, Lautverkürzungen u.ä. lassen sich nicht ins Deutsche übertragen. Insofern haben wir es, streng genommen, bereits mit Daten zu tun, die auf unzulässige Weise 'bereinigt' sind. Für unsere Zwecke ist dies freilich unproblematisch, geht es doch hier nicht um die Erforschung unbekannter Phänomene, die dadurch zerstört werden könnten, sondern nur um die empirische Illustration bereits gewonnener Ergebnisse. Aus diesem Grunde ist es ebenfalls vertretbar, in begrenztem Maße erfundene Beispiele zu Demonstrationszwecken zu verwenden, sofern sie diejenigen Strukturmerkmale aufweisen, die die Konversationsanalyse an natürlichen Daten aufdecken konnte.

pretationen sind sicherlich denkbar. Die Reaktion von Russ weist der Eingangsäußerung die Bedeutung (c) zu, *versteht sie also als Vorankündigung einer Mitteilung*.[41] Mit der an dritter Sequenzposition folgenden Bemerkung ("Ich weiß es
nicht"), macht die Mutter deutlich, daß die notwendigen Voraussetzungen für die
Vorankündigung einer Mitteilung nicht erfüllt sind. Zugleich macht diese Bemerkung sichtbar, daß die Bedingungen für eine alternative Deutung der Startäußerung
gegeben sind, nämlich die Einleitungsbedingungen[42] für eine Informationsfrage (b).
Die Mutter zeigt damit an, daß Russ sie falsch verstanden hat und gibt die benötigten Hinweise für eine gezielte Revision seiner Deutung. An vierter Sequenzposition
reagiert Russ mit einem Ausdruck der Überraschung, oder präziser: Mit der Produktion eines Äußerungselementes ("Ach so::"; im englischen Original freilich:
"Oh::"), das eine Veränderung des Wissensstandes beim Sprecher anzeigt (siehe dazu
Heritage 1984, 286). Das einleitende "Ach so" (bzw."Oh::") signalisiert, daß Russ
vorher nicht wußte, daß seine Mutter nicht wußte, wer zu dem Treffen kommen
würde, daß er dies aber jetzt weiß und damit über die Voraussetzungen verfügt, um
die Äußerung der Mutter als Informationsfrage zu identifizieren. Er revidiert damit
seine ursprüngliche Interpretation in Übereinstimmung mit der vorausgegangenen
Korrektur der Mutter an dritter Sequenzposition und beantwortet deren Eingangsäußerung in der Weiterführung seines Beitrages als Informationsfrage.

Das Beispiel zeigt auf einfache Weise, mit welchen Mitteln das Problem der
gemeinsamen Produktion intersubjektiv geteilter Bedeutungen in der Kommunikation gelöst werden kann. In Abhängigkeit von ihrer jeweiligen Sequenzposition
erfüllen die einzelnen Äußerungen dabei unterschiedliche Funktionen:
(1) Die erste Äußerung führt das deutungsbedürftige Ereignis ein, das auf unterschiedliche Weise interpretiert werden kann. Von der Interpretation hängt es ab,
welche Reaktion darauf *passend* erscheint.
(2) Der Umstand, daß zwischen Initial- und Anschlußäußerung ein derartiger Zusammenhang besteht, erlaubt es, von der faktisch gewählten Reaktion auf die zugrundeliegende Interpretation der Startäußerung zurückzuschließen. Sowohl für den
wissenschaftlichen Interpreten wie auch für den Autor der Eingangsäußerung wird
damit an *zweiter Sequenzposition sichtbar*, welche Interpretation der Adressat ausgewählt hat.
(3) An der dritten Sequenzposition hat der Autor der Startäußerung deshalb die
Möglichkeit, das zuvor sichtbar gewordene Verstehen des Adressaten *als 'falsches
Verstehen' zu deklarieren und zu korrigieren oder es als 'richtiges Verstehen' zu bestäti-*

---

41 "Wer." - der Punkt, der am Ende dieser knappen Reaktion steht, ist das Transkriptionszeichen für
eine abfallende Intonationskontur. Obwohl 'wer' ein Interrogativpronomen ist, ist der damit formulierte Einwortsatz mangels Frageintonation nicht als Frage, sondern als Aufforderung an die
Mutter zu deuten, die angekündigte Mitteilung folgen zu lassen. Diese Deutung stimmt mit der
Interpretation dieser Äußerung durch die Mutter überein, die in ihrer Reaktion darauf ("Ich weiß
es nicht") sichtbar wird. Sie wird darüber hinaus durch die Folgeäußerung von Russ an vierter
Sequenzposition bestätigt.
42 Einleitungsbedingungen bzw. -regeln im Sinne Searles (vgl. 1971, 88ff, hier: 102; siehe dazu unten, Kap.8.1).

gen. Ersteres muß explizit geschehen. Letzteres geschieht typisch implizit, nämlich dadurch, daß die dritte Sequenzposition ohne 'Zwischenfall' passiert wird. Sofern kein Reparaturbedarf angemeldet wird, gilt die vorausgegangene Interpretation als bestätigt.[43]

Unsere Beispielsequenz zeigt dabei auch, wie minimalistisch und unspektakulär Reparaturen häufig verlaufen und wie Bedeutungskonsens durch kontinuierliche Abweichungskontrolle in der alltäglichen Kommunikation reproduziert werden kann. Auf sparsamste Weise, ohne explizite Thematisierung des 'Fehlers' und langwierige metakommunikative Klärungen, wird hier eine Äußerung als abweichend registriert, die Abweichung auf übereinstimmende Weise lokalisiert und korrigiert.

Treten keine Abstimmungsprobleme auf, dann kommen wir zu einer Sequenz von dreizügigem Elementarformat:[44]

Beispiel F

1 Mutter: Weißt du, wer zu dem Treffen gehen wird?
2 Russ: Wahrscheinlich Frau McOwen und wahrscheinlich Frau Cadry und einige der Lehrer.
3 Mutter: Dann werde ich auch hingehen.

Die Äußerung der Mutter und deren Bedeutungsmöglichkeiten sind identisch mit Beispiel E. Russ' Reaktion jedoch versteht die Äußerung der Mutter jetzt von vornherein als Informationsfrage, indem sie eine dazu passende Antwort realisiert. Die anschließende Mitteilung der Mutter, daß sie ebenfalls zu dem Treffen gehen werde, weist sich (durch das einleitende "Dann...") explizit als Folgerung aus der gegebenen Antwort aus, die sie so zugleich als eine Reaktion beschreibt, die auf dem richtigen Verstehen der Startäußerung gründet. Diese Äußerung der Mutter bestätigt damit, (a) daß die für eine Informationsfrage vorauszusetzende Unwissenheit bei ihr bestand; (b) daß diese Unwissenheit durch die Reaktion von Russ beseitigt wurde und (c) dadurch die Ausgangssituation auf eine Weise verändert worden ist, die der Beantwortung einer Informationsfrage entspricht. Die Bedeutungszuschreibungen, die mit den Äußerungen 2 und 3 verbunden und auf die Äußerung 1 gerichtet sind, erscheinen so als deckungsgleich. Beide schließen an die Eingangsäußerung als Informationsfrage an und *identifizieren sie dadurch auf übereinstimmende Weise.* Diese Übereinstimmung der Bedeutungszuschreibungen wird in der dritten Äußerung sichtbar *registriert* und kann so von beiden Beteiligten als Prämisse der weiteren Kommunikation zugrunde gelegt werden.

Die Lösung des Intersubjektivitätsproblems, die in der sequentiellen Ablaufstruktur von Kommunikation implementiert ist, läßt sich zusammenfassend wie folgt charakterisieren: An jeder dritten Sequenzposition wird - sofern zuvor *ein*

---

43   Oder in den Worten des Konversationsanalytikers John Heritage (1984, 258): "Jede 'dritte' Handlung, die einen 'normalen' Entwicklungsgang oder Verlauf einer Sequenz erfüllt, bestätigt stillschweigend das in der Sequenz bis dahin sichtbar gemachte Verstehen."

44   Ich bediene mich hier einer erfundenen Variation des vorangehenden Beispiels.

bestimmtes Verstehen eines vorausgegangenen Beitrags erreicht und artikuliert wurde - die Unterscheidung *richtig/falsch Verstehen* in der Kommunikation aufgerufen und eine ihrer Seiten bezeichnet. Unter Bedingungen der face-to-face Kommunikation kann so in äußerst kurzer Taktung eine Prüfvorrichtung aktiviert werden, welche die Kongruenz zwischen Sprecher*intention* und Hörer*interpretation* anzeigt bzw. Abweichungen registriert und Reparaturprozeduren aktiviert. Läuft die Kommunikation ohne Anzeichen von Verstehensproblemen über die dritte Sequenzposition hinweg, dann attestiert sie damit bis auf weiteres, daß sie von hinreichend übereinstimmendem Verstehen getragen ist. Auf diese Weise wird die Intersubjektivität der Sinnzuweisungen *in der Kommunikation sequentiell erzeugt* und kann dann für ihre Fortsetzung vorausgesetzt werden. Sie wird erreicht, indem die Anschlußäußerungen des Adressaten und des Autors auf die Startäußerung Bezug nehmen und ihr *eine übereinstimmende Bedeutung kommunikativ zuschreiben.*

Die genaue Nachzeichnung der Mechanismen kommunikativer Intersubjektivitätsproduktion, wie sie die Konversationsanalyse ermöglicht, macht zugleich die Grenzen kommunikativ herstellbarer Intersubjektivität deutlich. Dies gilt vor allem für Formen der Kommunikation, bei der die Beteiligten nicht gemeinsam anwesend und die Mitteilungen nicht an bestimmte Personen adressiert sind, d.h. bei Formen anonymisierter Kommunikation auf der Basis technischer Verbreitungsmedien wie Schrift und Buchdruck, Funk, Fernsehen oder Internet.

Die Konversationsanalyse konzentriert sich bisher vor allem auf die Analyse der Interaktion unter Anwesenden oder zwischen persönlich adressierbaren Teilnehmern, die durch technische Medien wie z.B. Telephon (oder neuerdings per Internet) miteinander verbunden sind. Die Untersuchung der Bedingungen der Intersubjektivitätsproduktion im Kontext *massenmedialer* Kommunikation liegt deshalb außerhalb ihres primären Anwendungsbereichs. Dennoch lassen sich, wie ich im folgenden zeigen möchte, einige Überlegungen dazu unmittelbar aus den konversationsanalytischen Befunden zur Erzeugung von Intersubjektivität in der face-to-face Interaktion ableiten.

6.2.3   *Grenzen der kommunikativen Produktion von Intersubjektivität*[45]

Die Möglichkeiten der kommunikativen Erzeugung intersubjektiv übereinstimmenden Verstehens unterliegen engen Beschränkungen. Bereits bei *längeren Äußerungen* kann ein Beitrag nur *en bloc* als Anknüpfungspunkt eines nächsten angesteuert werden, oder es müssen *Teilelemente* des Beitrages als anschlußrelevant markiert werden. Kommunikatives Verstehen kann sich dann entweder nur *äußerst selektiv* oder mit *sehr geringem Auflösungsvermögen* artikulieren, oder es muß selbst die Form eines *längeren interpretierenden Beitrages* annehmen, durch den dasselbe Problem an die nächste Sequenzposition verschoben wird.

---

45 Vgl. zum folgenden auch Schneider 1998, 180ff. sowie Schneider 2001.

Die Differenzierung zwischen *Themen und Beiträgen* ermöglicht es, das Prinzip der *strikten Koppelung* aufeinanderfolgender Mitteilungen (d.h. die allgemeine Regel, daß jede Äußerung an die unmittelbare Vorläuferäußerung anschließt und so ein bestimmtes Verstehen dieser Äußerung zum Ausdruck bringt)[46] aufzugeben zugunsten der Relationierung der Einzelbeiträge zum Thema. In direkter Interaktion kann dieses Prinzip auch fallweise für einzelne Beiträge außer Kraft gesetzt werden mit Hilfe von Einleitungsklauseln wie 'Apropos...' oder 'Ach, da fällt mir ein...' oder 'Du hast vorhin erwähnt, daß...'. Läuft die Kommunikation *von vornherein unter einem expliziten Thema* (z.B. im Rahmen einer Diskussionsveranstaltung), dann können Beiträge in verstärktem Maße die Möglichkeit nutzen, ohne Bezug auf direkte Vorläuferäußerungen auf das Thema zu referieren. Damit erhöht sich die Wahrscheinlichkeit, daß *Beiträge ohne Anschluß* bleiben, also nicht kommunikativ, sondern nur durch die beteiligten Psychen verstanden werden.

Diese Möglichkeit wird zum *typischen* Schicksal von Beiträgen in Kommunikationssystemen, in denen eine hohe Anzahl von Mitteilungen erzeugt wird und der Zwang zur strikten Sequentialisierung entfällt, insbesondere also dann, wenn die Kommunikation *Verbreitungsmedien* wie Schrift und Buchdruck oder elektronische Medien nutzt. Hier können beliebig viele Mitteilungen gleichzeitig und unabhängig voneinander emittiert werden. Gemessen an der Gesamtzahl kommunikativer Ereignisse können Mitteilungen daher nur in Relation zu einer verschwindend geringen Menge vorausgegangener Äußerungen dazu benutzt werden, um kommunikatives Verstehen zum Ausdruck zu bringen. Wie Berichte, Nachrichten und Kommentare, die durch Funk und Fernsehen ausgestrahlt oder in der Presse gedruckt werden, vom Publikum verstanden werden, darüber gibt es kaum Rückmeldungen. Zuschriften an die Redaktionen, die sich auf derartige Veröffentlichungen beziehen, sind nur ein dürftiger Ersatz für die dichten und regelmäßigen Rückmeldungen, die in der Kommunikation zwischen Anwesenden möglich sind und dem Urheber einer Mitteilung deutlich machen, wie er verstanden worden ist. Nur zu einem geringen Teil veröffentlicht (und eingehegt in Sonderrubriken wie "Leserbriefe" oder speziellen Sendungen mit Anrufmöglichkeit), haben solche Reaktionen eine eher marginale Bedeutung für den Ablauf massenmedialer Kommunikation. Darüber hinaus fehlt typisch der 'dritte Zug', der signalisieren könnte, inwiefern Übereinstimmung zwischen der Deutung einer Mitteilung durch ihren Autor (oder durch die verantwortliche Redaktion) und den Bedeutungen besteht, die dieser Mitteilung durch die Reaktionen des Publikums zugeschrieben werden.

Anders im Falle *öffentlich ausgetragener Kontroversen*: Die veröffentlichten Äußerungen eines Politikers können Medienkommentare und öffentliche Kommentierungen durch andere Politiker auslösen, dieser Umstand kann zum berichtenswer-

---

46 "...der Inhalt eines Redebeitrags wird als bezogen auf den Inhalt eines vorangegangenen Redebeitrages gehört, sofern nicht besondere Techniken angewendet werden, um einen anderen Gesprächsgegenstand zu lokalisieren, auf den er sich bezieht" (Sacks, Schegloff, Jefferson 1974, 728, hier zitiert nach Heritage 1984, 261). Die Funktion, die der engen Koppelung benachbarter Äußerungen in der Konversationsanalyse zugeschrieben wird, besteht in der Sicherung der Möglichkeit zweckgerichteten Handelns unter den Bedingungen doppelter Kontingenz; siehe Heritage 1984, 263f.

ten Ereignis für die Medien werden, der davon betroffene Politiker kann dann wiederum mit Erläuterungen, Verteidigungsversuchen und Gegenangriffen reagieren. Es kommt so zu *episodischen Verdichtungen* massenmedialer Kommunikation mit relativem Ausnahmestatus und oft hohem öffentlichen Aufmerksamkeitswert, bei denen das *dreizügige Sequenzformat* von Initialäußerung, Reaktion und Bestätigung bzw. Korrektur *befristet installiert* wird. Gerade daran wird sichtbar, daß die Unterscheidung zwischen richtigem und falschem Verstehen mit dem Übergang zu massenmedial vermittelter Kommunikation ihre strukturelle Verankerung in der sequentiellen Organisation der Kommunikation verliert. Auf die *routinemäßig begleitende* Erzeugung von Intersubjektivität muß hier *verzichtet* werden. Nur im Episodenformat und durch besondere Veranstaltungen (z.B. durch Diskussionssendungen oder publizistisch ausgetragene Debatten) ist es hier möglich, Intersubjektivität ausnahmsweise und gleichsam artifiziell zu generieren.

Dabei nimmt das dreizügige Format von Initiativäußerung, Reaktion und Bestätigung/Korrektur eine abstraktere Gestalt an: Die Ausführung der interpretierenden Reaktion fällt nicht mehr zwangsläufig dem Adressaten zu. Ebenso kann die Funktion der Bestätigung bzw. Korrektur vom Autor der Initialäußerung abgelöst und von anderen erfüllt werden. Die *Rollenbesetzung* des kommunikativen Verstehens an zweiter Sequenzposition und der Bestätigung/Korrektur an der dritten Sequenzstelle wird damit *variabel*.[47]

Das folgende Beispiel veranschaulicht dies. Der Sprecher der damaligen, von CDU/CSU und FDP gebildeten Bundesregierung äußerte sich im Juni 1998 nach einer Landtagswahl in einem ostdeutschen Bundesland, in der die rechtsgerichtete DVU, vor allem aber die PDS hohe Stimmenanteile erreichten, mit den Worten:

"Die Westdeutschen unterstützen den Osten weiterhin... Die Menschen in Ostdeutschland sollten aber wissen, daß die Hilfsbereitschaft mit der Wahl von Extremisten nicht überstrapaziert werden darf".[48]

Die Äußerung wurde von Vertretern der verschiedenen Parteien und den Kommentatoren der Medien unterschiedlich interpretiert. Oppositionspolitiker sahen darin eine verwerfliche *Drohung* an die Adresse der ostdeutschen Wähler. Der Sprecher der CDU verstand sie vor allem als Ausdruck einer (wenngleich mißverständlich

---

47 Ansatzpunkte für eine solche Abstraktion des triadischen Sequenzformats finden sich bereits in der Kommunikation unter einer Mehrzahl von Anwesenden. So etwa, wenn jemand auf eine Mitteilung reagiert und *ein anderer* als der Autor der ersten Äußerung daran mit einer Äußerung anschließt, die erkennen läßt, daß er die Mitteilung an erster Sequenzposition auf dieselbe Weise oder abweichend versteht, wie in der Reaktion des zweiten Sprechers angezeigt. Anstelle des ersten Sprechers produziert hier ein dritter Sprecher ein konfirmierendes (=bestätigendes) bzw. diskonfirmierendes Mitteilungsereignis.

48 So der kurz zuvor neu ernannte Regierungssprecher Hauser, wenige Wochen nach der Wahl von 1998 in Sachsen-Anhalt, hier zitiert nach der Frankfurter Allgemeinen Zeitung vom 4. Juni 1998, S.1. Der Bericht trug die Überschrift "Empörung über Hausers Äußerung zum Aufbau Ost" und berichtete über das Echo, das diese Äußerung bei Vertretern anderer Parteien ausgelöst hatte. Auf derselben Seite stand ein (gleich noch zu zitierender) Kommentar zu der öffentlichen Auseinandersetzung um diese Äußerung.

formulierten) *Befürchtung*. Ein Kommentar in der Frankfurter Allgemeinen Zeitung (a.a.O.) kritisierte den dadurch erweckten *"Anschein einer politischen Vormundschaft des Westens"* und die *"Attitüde des Volkspädagogen mit der Zuchtrute"* und sah darin eine Äußerung, die zur Schürung der Ressentiments zwischen Ost und West beitragen könnte. Hauser wollte seine Äußerung, in einer nachträglichen Selbstinterpretation mit der Funktion einer Korrektur der zitierten Bedeutungszuweisungen, nur als *Ausdruck einer Sorge* verstanden wissen und wies die Interpretation, er habe jemanden in seinem Wahlverhalten beeinflussen wollen, ausdrücklich zurück.[49] Der Reparaturversuch mißlang freilich. Die Selbstinterpretation wurde von den Kritikern nicht akzeptiert. Dabei ging es nicht in erster Linie um die Frage, welche Mitteilungsabsichten der Regierungssprecher mit der inkriminierten Äußerung tatsächlich verband, sondern darum, daß diese Äußerung ohne Schwierigkeiten *so verstanden werden konnte*, wie sie von den Kritikern verstanden worden war und ihr Autor deshalb für diese zugeschriebenen Bedeutungen verantwortlich gemacht werden konnte.[50]

Im konkreten Fall kann man dies sicher auch dadurch erklären, daß in der *politischen Konkurrenz* zwischen Regierung und Opposition letztere keine Gelegenheit auslassen wird, Deutungsmöglichkeiten, durch die die Regierung bei den Wählern in Mißkredit gebracht werden kann, sofort aufzugreifen und öffentlichkeitswirksam zu attackieren. Eine ähnliche Verselbständigung der Fremdinterpretation von Äußerungen gegenüber den Selbstinterpretationen des Autors läßt sich auch in anderen Bereichen massenmedial vermittelter Kommunikation feststellen. So z.B. in der Rezeption wissenschaftlicher Publikationen. In dem Maße, in dem *verschiedene Fachkollegen* in ihren Veröffentlichungen das Werk eines Autors auf übereinstimmende Weise interpretieren, kann *zwischen diesen* ein intersubjektiver Konsens über den Bedeutungsgehalt des Werkes erzeugt werden, der nicht mehr gebunden ist an die kommunikative Bestätigung durch dessen Autor.[51] Der Autor mag sich vielleicht mißverstanden fühlen und Einspruch erheben und muß dann u.U. erleben, daß diese Einspruchsbekundungen (oft mit Hinweis auf den Wortlaut seines Textes und die daraus angeblich ableitbaren Schlußfolgerungen) zurück-

---

49 So berichtet in der Frankfurter Allgemeinen vom 8. Juni 1998, S.2, unter der Überschrift "Regierungssprecher Hauser verteidigt seine Äußerungen zum Aufbau Ost", mit dem Untertitel "'Sorge ansprechen'/ Dank für Schäubles Ratschläge".

50 Kompliziert wird die Zurechnungssituation dadurch, daß es sich hier nicht um die Äußerung einer Privatperson, sondern des *autorisierten Regierungssprechers* handelt, (der darüber hinaus noch Abgeordneter im Bundestag und Sprecher der baden-württembergischen Landesgruppe sowie Vorsitzender der Landesgruppensprecher in der Unionsfraktion war), die deshalb als Verlautbarung der Regierungskoalition gelten kann, solange sich keine der Koalitionsparteien offiziell von dieser Äußerung distanziert. Dieser Umstand ist von zentraler Bedeutung für die Stellungnahmen aller Beteiligten. Es wäre eine eigene Forschungsaufgabe nachzuzeichnen, auf welche Weise sich die jeweiligen Rollen und Ämter der einzelnen Akteure innerhalb der Debatte um die Äußerung des Regierungssprechers niederschlagen. Diesem Gesichtspunkt kann hier freilich nicht weiter nachgegangen werden.

51 Wie oben schon festgestellt, kann eine derartige Übereinstimmung immer nur *sehr selektiv* erzeugt werden. Sie kann auf bestimmte Gesichtspunkte des Werkes bezogen sein oder auch dessen allgemeine Charakterisierung und Bewertung betreffen. Sie kann sich aber nie auf jede Einzelaussage erstrecken und bleibt deshalb in ihrer Reichweite und Tiefenschärfe eng begrenzt.

gewiesen oder gar ignoriert werden. *Dem Autor wird so die Autorität über die Bedeutung seines Textes entzogen.*

Interpretative Gemeinschaften können an seiner Stelle in eigener Regie Deutungen produzieren, die ihre Angehörigen gemeinsam miteinander teilen. Dabei können unterschiedliche Gemeinschaften (rivalisierende politische Parteien; konkurrierende wissenschaftliche Schulen; unterschiedliche religiöse Gemeinschaften etc.) divergierende Interpretationen desselben Textes entwickeln und akzeptieren. Konkurrenz zwischen verschiedenen Gemeinschaften kann hier geradezu zum Motor für die Produktion und Konservierung von Deutungsdifferenzen werden. In dem Maße, in dem dies geschieht, *wird Intersubjektivität sozial pluralisiert.* Eingeschränkt werden kann diese Tendenz zur Pluralisierung kommunikativer Intersubjektivitätsproduktion unter den Bedingungen massenmedial vermittelter Kommunikation allenfalls durch die *Dogmatisierung* bestimmter Interpretationen und die *Sanktionierung* von Abweichungen. Institutionen wie die katholische Kirche oder die kommunistischen Parteien haben genau dies versucht, indem sie ein *Monopol der Interpretation* für die Auslegung des biblischen bzw. des marxistischen Schriftenkanons für sich beanspruchten und dessen Verletzung als *Häresie* verfolgten.

Die vorstehenden Überlegungen sollten zeigen, wie die konversationsanalytische Behandlung der Produktion von Intersubjektivität über die Grenzen der face-to-face Interaktion hinaus auch für den Bereich massenmedial vermittelter Kommunikation fruchtbar gemacht werden kann. Zusammen mit der vorausgegangenen Darstellung ist damit grob umrissen, auf welche Weise sich die Konversationsanalyse mit dem *Problem der Intersubjektivität* in Anschluß an Schütz und Garfinkel auseinandersetzt. Im folgenden soll nun vorgeführt werden, welche Gestalt das *Problem sozialer Ordnung* im Kontext der Konversationsanalyse annimmt.

6.2.4   *Die konversationsanalytische Version des Problems sozialer Ordnung*

Parsons begreift soziale Ordnung als Ordnung gemeinsam anerkannter und befolgter Handlungsnormen. Die Lösung des Problems sozialer Ordnung sieht er in der Existenz einer gemeinsamen Kultur, deren normative Standards von den Akteuren verinnerlicht worden sind und die zugleich durch Sanktionen sozial abgesichert werden. Empirischer Indikator für die erfolgreiche Lösung des Ordnungsproblems ist ein relativ hohes Maß beobachtbarer Normenkonformität.

Die Konversationsanalyse löst sich von dieser engen normativen Fassung des Ordnungsproblems und der damit verbundenen Annahme einer über erfolgreiche Sozialisation dauerhaft zu erreichenden Übereinstimmung handlungsleitender Normen. An *Garfinkel* anschließend ersetzt sie diese Problemfassung durch die Frage nach *den Praktiken,* mit denen die Teilnehmer einer Kommunikation *einander kontinuierlich anzeigen,* welche Erwartungen sie *für die laufende Kommunikation* als gemeinsam geteilt unterstellen, um so zu untersuchen, auf welche Weise übereinstimmende Erwartungsgrundlagen in der Kommunikation erreicht bzw.

reproduziert werden. Weil dabei *keine prästabilierte Übereinstimmung vorausgesetzt* werden und jede aktuell erreichte Übereinstimmung im nächsten Moment zerfallen kann, bedarf es ständiger wechselseitiger Anpassungsreaktionen. Nur so ist es möglich, eine erreichte Übereinstimmung im Wechsel von Situation zu Situation immer wieder neu zu sichern. Besonders aufschlußreich sind auch hier wieder Fälle, in denen die Übereinstimmung gefährdet ist.

Eine solche Gefährdung ist gegeben, wenn ein Gesprächsteilnehmer sich nicht in der Lage sieht, die Interaktionsofferte eines anderen anzunehmen und damit *dessen Annahmeerwartung enttäuscht.* Zur Entschärfung derartiger Situationen dient eine Einrichtung, die in der Konversationsanalyse unter dem Titel der "Präferenz für Übereinstimmung bzw. Zustimmung" (preference for agreement; vgl. Sacks 1987) diskutiert worden ist.[52] Bei dieser Präferenz geht es nicht um eine psychologische Disposition, sondern um eine Eigentümlichkeit der Gesprächsorganisation, die vor allem dann besonders deutlich sichtbar ist, wenn eine Interaktionsofferte abgelehnt wird. Die Gestaltung der Ablehnung zeigt dabei an, daß sie als *dispräferierter* Anschluß gewählt wird. Dazu das folgende Beispiel:[53]

Beispiel G

1 A: Eh, wenn du Lust hast, heute Vormittag auf einen Sprung herüber zu kommen, bekommst du eine Tasse Kaffee.

2 B: hehh Ja, das ist schrecklich süß von dir, ich glaube nicht, daß ich das heute Vormittag einrichten kann, hh ehm ich habe eine Kleinanzeige in der Zeitung laufen und-und eh, ich muß in der Nähe des Telefons bleiben.

Die Äußerung B's im Beispiel G zeigt charakteristische Merkmale einer als dispräferiert markierten Ablehnung. Einladungsannahmen werden typisch in direktem Anschluß an die Einladung ausgeführt, ohne Abschwächung formuliert und von keiner Erklärung begleitet. Die oben zitierte Ablehnung unterscheidet sich in jedem dieser Merkmale. Auffällig ist vor allem ihre späte Plazierung sowie die Art ihrer Einbettung: Als Auftakt steht ein kurzes Ausatmen ('hehh'). Darauf folgt ein Ausdruck der Wertschätzung. Erst dann wird die Ablehnung in abgeschwächter Form ('Ich glaube nicht...') vorgetragen und in einer relativ ausführlichen Erklärung erläutert. Durch ihre Realisierungsform beschreibt sich die Ablehnung als Ergebnis verhindernder Sonderumstände, die der Annahme der ausdrücklich positiv bewerteten Einladung entgegenstehen. Die Ablehnung etikettiert sich so als *kontingente Abweichung gegenüber der Annahmeerwartung,* die (qua Sprechakttypus) mit dem Aussprechen einer Einladung verknüpft ist, bestätigt also die *grundsätzliche Berechtigung* dieser Erwartung als Prämisse der sozialen Beziehung zwischen A und B.

Was an diesem Beispiel beobachtet werden kann, gilt auch für andere Fälle, in denen Interaktionen unter der Prämisse der "Präferenz für Übereinstimmung" ablaufen: Die Kommunikationsbeiträge beschreiben sich als konsensorientiert, indem

---

52   Vgl. zum folgenden auch Schneider 1997b.
53   Ich übernehme diese Beispiel von John Heritage (1984, 266).

Abweichungen von sichtbar gemachten Annahmeerwartungen darstellungstechnisch minimiert bzw. als Ausnahmen isoliert werden. Die *soziale Kongruenz der unterstellten Erwartungen* wird damit soweit als möglich bekräftigt. In der *Reproduktion der gemeinsamen Erwartungsgrundlagen* und der *Sicherung der darin verankerten sozialen Beziehung*, die andernfalls gefährdet werden könnte, liegt die Funktion der "Präferenz für Übereinstimmung".

Konflikte sind dadurch weder ausgeschlossen, noch werden sie als bloße Störung sozialer Ordnung verbucht. Konflikte können aus konversationsanalytischer Perspektive als ein Kommunikationstyp eigener Art betrachtet werden, der eigenständige Erwartungsgrundlagen entwickelt. Sie entstehen, wenn Annahmeerwartungen in der Kommunikation enttäuscht, solche Enttäuschungen nicht akzeptiert und ein solcher Dissens zum Anlagerungspunkt für Folgekommunikation wird. Der Ablehnung einer Interaktionsofferte folgt dann die Ablehnung dieser Ablehnung. Erst dann aber, wenn eine solche Konstellation zum Umspringen der Präferenzorganisation von "Zustimmung/Übereinstimmung" auf "Ablehnung" führt, d.h. die zugrunde gelegte Erwartungsstruktur sich transformiert, indem die Beteiligten durch den Zuschnitt ihrer Äußerungen einander wechselseitig anzeigen, *daß sie darin übereinstimmen, nicht übereinzustimmen*, funktioniert die Kommunikation *als Konflikt*.[54] Deutlich wird dies daran, daß es nun Ablehnung und Widerspruch sind, die prompt und ohne Abschwächung formuliert werden, Zustimmung und Annahme hingegen mit Anzeichen der Zurückhaltung geäußert bzw. mit Einschränkungen versehen werden müssen, um sie mit der etablierten Ordnung des Konflikts kompatibel zu machen. Charakteristisch ist hier etwa die Äußerung von abgeschwächter, eng begrenzter Zustimmung als Auftakt zu einer ablehnenden Entgegnung. So in der folgenden Verwendung eines 'Ja-aber'-Formats (entnommen aus Kotthoff 1992, 21):[55]

Beispiel H

Sch: Ja aber, in einer gewissen Weise ist das wahr. natürlich. aber dabei geht es um ganz andere Dinge (...).

Der Zustimmung folgt hier sofort die durch "aber" markierte Einschränkung, die deutlich macht, daß es sich um eine Zustimmung unter der Voraussetzung eines bestehenden Dissenses handelt. Die Fortführung der Äußerung macht deutlich, worin diese Einschränkung besteht. Was der Vorredner gesagt hat, wird als wahr akzeptiert, aber als irrelevant für das diskutierte Thema deklariert. Insgesamt *beschreibt sich die Äußerung als Teil einer Kontroverse, die sie zugleich fortsetzt.* Dieser Kontext kann ohne Kenntnis des vorausgegangenen Kommunikationsgeschehens erschlossen werden, weil er in der Äußerung selbst *sichtbar gemacht und zugleich re-*

---

54 Vgl. dazu ausführlicher Kotthoff 1992 sowie Schneider 1994a, 199ff.

55 Die Zeichensetzung im zitierten Beispiel gibt den Intonationsverlauf an. Dabei steht . für eine fallende Intonationskontur. Ein , steht hingegen für eine durchlaufende Intonation, die signalisiert, daß die Äußerung noch nicht abgeschlossen ist.

produziert wird. Indem die Gesprächsteilnehmer auf diesem Wege einander kontinuierlich anzeigen, welchen Aktivitätstypus sie als gemeinsame Grundlage ihres Handelns unterstellen, lösen sie das permanente Problem der kooperativen Erzeugung eines *gemeinsam akzeptierten kommunikativen Ordnungsmusters* Beitrag für Beitrag aufs neue. Dies funktioniert freilich nicht immer ohne Komplikationen.

Das folgende Beispiel, in dem diese Abstimmung allem Anschein nach mißlingt, stammt aus einem Gespräch zwischen einer Deutschen und einem Chinesen über die Rechte der Frauen in der chinesischen Gesellschaft.[56] Wie die Autorin erläutert, hat der chinesische Gesprächsteilnehmer zuvor behauptet, daß chinesische Frauen emanzipiert seien und es keine geschlechtsspezifischen Probleme in China gebe, was die deutsche Kontrahentin jedoch bestreitet:

Beispiel I

1 D: das ist eben nicht so einfach für Frauen. - DIE können nicht einfach sagen eh den Haushalt eh um den kümmere ich mich jetzt nicht mehr das Bab eh Kind soll schreien so lange es will. irgendwann wird der Vater sich ja schon kümmern. (---) für Frauen ist die Doppelbelastung viel größer.

2 C: ja eh das ist so.

3 D: ja aber vorhin haben sie doch gesagt in China würden die Männer genausoviel im Haushalt mitarbeiten= (Ch: hm) =sie helfen vielleicht mal, aber die HAUPTbelastung liegt bei der FRAU.

4 C: ja vielleicht stimmt so.

Die erste Äußerung der deutschen Teilnehmerin präsentiert sich als *Replik* auf eine *darin vorausgesetzte Gegenposition*. Wie an ihren weiteren Beiträgen sichtbar wird, handelt es sich dabei um die (unterstellte) Position des chinesischen Teilnehmers.

Die darauf folgende *Zustimmung* des chinesischen Teilnehmers an zweiter Sequenzposition ist unmarkiert, ihr *struktureller Status* ist deshalb unklar: Ist sie als Beitrag zur Fortsetzung der in 1 D unterstellten Kontroverse zu verstehen oder als uneingeschränkte Zustimmung zur Position des Gegenübers? Durch diese Unschärfe wird gleichsam eine *'erkennungsdienstliche Behandlung'* erforderlich, die den Status dieser Äußerungen klärt.

Ein derartiger Klärungsversuch wird in 3 D unternommen. D behauptet darin die Inkonsistenz der Zustimmung 2 C mit den vorangegangenen Äußerungen von C. In unmittelbarem Anschluß daran führt D das Gespräch unter der Prämisse eines weiterhin bestehenden Dissenses fort.

Die abschließende Äußerung des chinesischen Teilnehmers reproduziert die Unschärfe seines vorausgegangenen Beitrags: Wiederum bleibt unklar, wie sie sich zu der in D's Beiträgen *vorausgesetzten* und gegenüber C *eingeklagten* Struktur einer Kontroverse verhält.

Der beschriebene Verlauf hinterläßt den Eindruck eines einseitig, nämlich nur durch die Beiträge D's betriebenen Konflikts. Demgegenüber scheint C dieses Ordnungsformat geradezu zu sabotieren. Das Resultat bei D ist Irritation. Sie

---

56 Ich übernehme dieses Beispiel von Susanne Günthner, hier zitiert nach Kotthoff 1992, Episode 12, 28f.

versucht C mit der Vorhaltung eines Selbstwiderspruchs zu einer Reparatur zu veranlassen, durch die D's Zustimmung mit der unterstellten Ordnung des Konflikts kompatibel gemacht werden soll, und scheitert damit. Das Gespräch erscheint gestört, weil die Beiträge der Teilnehmer kein übereinstimmendes Ordnungsformat anzeigen, das sie als gemeinsam geteilten Kontext voraussetzen und zu dessen Fortsetzung sie beitragen wollen. *Das Problem sozialer Ordnung bricht auf und bleibt an dieser Stelle und für die Dauer der zitierten Gesprächssequenz in der Interaktion zwischen D und C ungelöst.*[57]

Im Vorstehenden haben wir *Konsens* und *Konflikt* als Ordnungsformen der Kommunikation analysiert. Diese Ordnungsformen sind offensichtlich äußerst allgemeiner Art. Konversationsanalytische Untersuchungen zur Kommunikation in *institutionellen Kontexten* haben spezifische Ordnungsformen freigelegt, die jeweils zugeschnitten sind auf die Erfüllung bestimmter sozialer Funktionen. Leitfrage dieser Untersuchungen ist immer, auf welche Weise Äußerungen bzw. Äußerungssequenzen von den Teilnehmern dazu benutzt werden, um den Aktivitätstyp, den sie voraussetzen und zugleich fortsetzen, sichtbar zu machen. Am Beispiel der Verknüpfung von Frage und Antwort will ich abschließend skizzieren, wie diese Frage im Einzelfall beantwortet werden kann.

Fragen werden in alltäglichen Unterhaltungen wie auch in unterschiedlichsten institutionellen Kontexten gestellt, so z.B. in Rundfunk- und Fernsehinterviews, in polizeilichen Verhören oder gerichtlichen Vernehmungen oder auch im Schulunterricht. Dabei unterscheidet sich die Art und Weise, wie Fragen im Gespräch prozessiert werden, zwischen diesen Kontexten auf charakteristische Weise. Die Differenzen betreffen in erster Linie das, *was nach der Antwort auf eine Frage folgt.* Von zentraler Bedeutung ist damit erneut die *dritte Sequenzposition:*[58]

Der Fragende kann im Anschluß an die Antwort sichtbar machen, daß sich sein Kenntnisstand durch die Antwort verändert hat. Dies geschieht in alltäglichen Gesprächen oft auf äußerst knappe Weise, z.B. durch Äußerungen wie "Aha", "Ach", "Ach so" o.ä. Solche Reaktionen weisen die Frage als *Informationsfrage* aus. Folgt an dritter Sequenzposition statt dessen eine bewertende Äußerung (z.B. "richtig", "knapp daneben", "stimmt nicht ganz", "sehr gut" o.ä.), die zeigt, daß der Frager die Antwort schon kennt und nur wissen will, ob der andere die richtige Anwort geben kann, dann wird die Frage dadurch als eine Frage qualifiziert, wie sie typisch ist für *pädagogische Kontexte* (vgl. Mehan 1985) oder auch für die partiell analogen Kontexte einer Prüfung bzw. eines Quiz-Spieles.

Wiederum anders fällt die typische Anschlußäußerung im Rahmen einer *gerichtlichen Vernehmung* aus (vgl. Atkinson/Drew 1979, 61ff.). Hier fehlen positive Hinweise auf die Bedeutung der Antwort für den Frager. Statt dessen steht an dritter Sequenzposition oft eine weitere Frage usf. bis zum Abschluß der Vernehmung. Ähnlich in *Radio- und Fernsehinterviews* (vgl. Heritage 1985).

---

57 Zur ausführlicheren Interpretation dieses Beispiels vgl. Schneider 1997b, 175-181.
58 Vgl. zum folgenden Heritage 1984, 280ff. sowie Heritage 1985, 96ff.

In den beiden letztgenannten Fällen haben wir es mit einem Grenzfall der Kommunikation unter Anwesenden zu tun, weil der eigentliche Adressat der Antwort, die Jury bzw. das Publikum, aus Gründen des institutionellen bzw. technischen Arrangements sich in die laufende Kommunikation nicht mit eigenen Beiträgen einschalten kann. Der eigentliche Adressat kann daher die ihm sonst zufallende Folgeäußerung an dritter Position nicht ausführen. Die dritte Sequenzposition ist jedoch auf eine zu bemerkende Weise abwesend. Ihr Fehlen zeigt an, daß Veränderungen im Wissensstand oder Bewertungen des Fragenden im gegebenen institutionellen Kontext irrelevant sind.[59]

Mit jedem dritten Zug wird so der spezifische institutionelle Kontext als kooperativ realisiertes Ordnungsformat in der Kommunikation reproduziert (vgl. Heritage 1984, 289f.).[60] Das uns bereits von *George Herbert Mead* her bekannte dreizügige Format der "gemeinsamen sozialen Handlung" (common social act), die (mindestens) aus Geste, Reaktion und Anschlußhandlung besteht, wird damit durch die Konversationsanalyse als grundlegende Einheit der Kommunikation bestätigt. Durch dieses Format zeigen die Akteure in äußerst kurzer Taktung einander an, *welche Erwartungen und welchen Aktivitätstyp* sie als *gemeinsam geteilte Orientierungsgrundlage* ihrer Interaktion unterstellen und als *normativ verbindlich* anerkennen. Das *Doppelproblem der sozialen Ordnung*, das sich zugleich als *kognitives* Problem der Sicherung von Intersubjektivität und als Problem der Sicherung von *Normenkonsens* stellt, wird so durch die kontinuierliche und für alle Beteiligten sichtbare Verkettung strukturkonformer Mitteilungsereignisse *ständig neu gelöst.*

---

59 Im Rahmen einer Vernehmung gilt darüber hinaus, daß es aus *strategischen* Gründen sinnvoll ist, wenn der Vernehmende Äußerungen zurückhält, mit denen er seinen Kenntnisstand gegenüber dem Vernommenen offenbaren würde. Bei polizeilichen bzw. gerichtlichen Vernehmungen handelt es sich um *institutionalisierte Kontexte offenen strategischen Handelns,* in denen sich der Vernommene nicht einfach entziehen kann und in denen die Vorenthaltung von Rückmeldesignalen von Seiten des offiziellen Fragestellers nach einer erhaltenen Antwort durch den Charakter der eingenommenen Rolle sozial legitimiert ist. - Einschränkend muß angemerkt werden, daß es sich bei den konversationsanalytischen Untersuchungen von Vernehmungsfragen vor Gericht um Material aus Strafprozessen im angelsächsischen Rechtsbereich handelt, deren Procedere von den Verfahrensregeln des deutschen Strafprozesses abweicht. Inwieweit diese Analysen auf deutsche Verhältnisse übertragbar sind, müssen wir deshalb offen lassen.

60 Damit ist natürlich *nicht* behauptet, daß es keine Ordnungsformate mit mehr als drei Zügen gäbe. Ebenso sind zweizügige Formate möglich (wie z.B. die gerade im Text erwähnte Frage-Antwort-Sequenz innerhalb eines Verhörs), bei denen das Fehlen des dritten Zuges jedoch selbst zu einer relevanten Information für die Teilnehmer wird: Die dreizügige Sequenz definiert in diesem Falle eine Normalitätserwartung, vor deren Hintergrund die zweizügige Sequenz als 'verkürzt' und insofern als Abweichung erlebt werden kann. Diese Abweichung wird dann zum wesentlichen Anhaltspunkt für die Interpretation einer Sequenz.

6.3   Zusammenfassung

Unsere Darstellung von Garfinkels Ethnomethodologie und der ethnomethodologischen Konversationsanalyse versuchte zu zeigen, auf welche Weise die Schützschen Analysen zum Intersubjektivitätsproblem darin fortgesetzt und ihre Implikationen für das Problem sozialer Ordnung zugleich konsequent entfaltet werden.

Garfinkels Untersuchungen übersetzten die Schützschen Überlegungen in verschiedene Versuchsanordnungen. Seine Krisenexperimente ermöglichten es, die Funktionsweise der konstitutiven Idealisierungen (insbesondere der Idealisierung reziproker Perspektiven) sichtbar zu machen, deren Erfüllung wir unterstellen müssen, sobald wir in eine Interaktion eintreten. Garfinkel konnte zeigen, daß diese Idealisierungen *normativen Charakter* haben. Ihre Verletzung führt nicht dazu, daß sie aufgegeben werden, sondern wird wahrgenommen als absichtsvoller Verstoß, der dem 'schuldigen' Akteur verantwortlich zuzurechnen ist. Ausgehend von den Ticktacktoe-Experimenten, in denen einfache Spielregeln offensichtlich verletzt und dadurch verunsicherte Reaktionen bei den Versuchspersonen ausgelöst wurden, kommt Garfinkel dann zu der Hypothese, daß jede Art der sozialen Praxis auf spielregelanalogen *konstitutiven Erwartungen* beruhen könnte, die als gemeinsam geteilt unterstellt und als *Prämissen für die Deutung des Verhaltens anderer Akteure* verwendet werden.

Konstitutive Erwartungen, dies zeigten die Experimente, fungieren als Beobachtungsinstrument, das es ermöglicht, registrierte Verhaltensereignisse als sinnvoll, rational und situationsangemessen zu verstehen und so als *Elemente eines geordneten Handlungszusammenhanges* wahrzunehmen. Dies gilt sowohl für die Verletzung der *Schützschen Idealisierungen*, welche die allgemeinsten Voraussetzungen intersubjektiven Verstehens definieren, wie auch für die Verletzung von Erwartungen, die auf Basisregeln gründen, die charakteristisch für einen *spezifischen Aktivitätstyp* sind. Die Verletzung solcher Erwartungen erzeugt Irritation, Verunsicherung bzw. Verärgerung bei den Interaktionspartnern, weil sie die vorausgesetzte und mit jedem dazu passenden Verhaltensereignis erneut bestätigte Ordnung des Handelns stört. Sie produziert dadurch *Verstehensprobleme*, Desorientierung und Schwierigkeiten für die Wahl einer passenden Anschlußreaktion. Die Auslösung einer solchen Störung intersubjektiver Verständigung erscheint dabei zugleich als *normwidriges Verhalten*. Garfinkels Experimente machten damit deutlich, daß das Problem der Intersubjektivität und das normative Ordnungsproblem aufs engste miteinander verknüpft sind.

Der zentrale 'Ort', an dem das Problem der Intersubjektivität kontinuierlich gelöst werden muß, ist die *Kommunikation*. In einem Experiment, in dem Garfinkel Akteure einen Gesprächsablauf sowie den verstandenen Sinn der einzelnen Äußerung protokollieren ließ, wurde deutlich, daß die Interpretationsleistungen der Akteure sich durch die Befolgung sprachlicher Regeln nicht hinreichend erklären lassen. Gemeinsame Erfahrungen und gemeinsames Wissen sowie daraus folgende Erwartungen, die Vorgeschichte der Interaktionsepisode u.a.m. müssen vorausgesetzt und auf koordinierte Weise von den Akteuren in Anspruch genommen werden, um zur übereinstimmenden Konstruktion der Bedeutungszuweisungen zu kommen, welche die Gesprächsteilnehmer mit den protokollierten Äußerungen verknüpfen. Kommunikation ist deshalb *nicht als regelgesteuerte Übertragung* von Bedeutungen zu verstehen, sondern muß als fehleranfälliger Prozeß der *kontinuierlichen Koordination komplexer Interpretationsleistungen* rekonstruiert werden, deren genaue Struktur noch zu entschlüsseln ist.

Die Kritik an einem übervereinfachten Modell regelgeleiteten Handelns, wie sie in Garfinkels Analyse *kommunikativer Sinnkonstitution* bereits anklingt, wurde im weiteren systematisch entfaltet. Jede Konzeption, die Regeln nach dem Muster von *Steuerungsprogrammen* begreift, wie wir sie aus der Datenverarbeitung kennen, ist demnach verfehlt, weil sie die interpretativen Leistungen ausblendet, die eine notwendige Voraussetzung jeder Regelanwendung sind. Darüber hinaus ist zu berücksichtigen, daß orientierungsleitende Erwartungen im Kontext alltäglicher Interaktion zum großen Teil nicht auf der Grundlage expliziter Regeln, sondern durch die *implizite Generalisierung vergangener Erfahrungen* gebildet werden.

Die Kritik an einem Modell, das Regeln als Steuerungsprogramme vorstellt, richtet sich auch gegen Parsons und dessen Lösung des Problems sozialer Ordnung. Wenn Regeln grundsätzlich interpretationsbedürftig sind, dann reicht Internalisierung nicht aus, kann es doch jederzeit zu Differenzen bei der Anwendung normativer Regeln und zu einem Konflikt der Interpretationen kommen, dessen Schärfe dem nicht normativ beschränkten Kampf der Interessen, wie ihn Hobbes als gesellschaftlichen "Naturzustand" darstellt, nicht nachstehen muß. Die Abstimmung der Interpretationen setzt voraus, daß Normen vor dem Hintergrund *hinreichend übereinstimmender Erfahrungen und Wissensbestände* gedeutet werden. Die Lösung des Ordnungsproblems ist deshalb unmöglich ohne gleichzeitige Lösung des Intersubjektivitätsproblems.

Die Internalisierung gemeinsamer Überzeugungen als Prämissen der Regelinterpretation, wie sie Parsons annimmt, genügt dabei nicht, um die Übereinstimmung der Auslegung normativer Regeln sicherzustellen. Auch generalisierte Überzeugungen müssen jeweils auf die konkrete Situation bezogen und d.h. *interpretiert* werden. Wie wir gesehen haben, sind neben Überzeugungen auch Handlungs*gewohnheiten* sowie damit verbundene *Ziele und Interessen* von wesentlicher Bedeutung für die Interpretation und Anwendung von Normen. Normen, Überzeugungen, Ziele und Interessen (oder mit Parsons formuliert: die evaluative, die kognitive und die kathektische Dimension des Handelns) sind demnach so eng und so variabel miteinander verflochten, daß eine Lösung des Ordnungsproblems, die *primär* auf die beschränkende und koordinierende Wirkung normativer Regeln vertraut, nicht mehr möglich erscheint.

Aber nicht nur Normen und Überzeugungen, auch vergangene Erfahrungen sind Gegenstand der Interpretation, liefern diese Erfahrungen doch die 'Präzedenzfälle' für die Bildung von Erwartungen, die nicht aus vorgegebenen allgemeinen Regeln abgeleitet sind. Allgemeine Regeln verlieren damit die Zentralstellung für die Koordinierung des Verhaltens. In den Vordergrund rückt demgegenüber die

Notwendigkeit der kontinuierlichen Abstimmung der Interpretationen von Erfahrungs- und Wissensbeständen sowie von Normen als Voraussetzung für die effektive Lösung des Ordnungsproblems. In dieser *Schwerpunktverlagerung* der Lösung des Ordnungsproblems von der Ebene allgemeiner kultureller Regeln auf die Ebene der *je situativ zu leistenden Koordination der Interpretationen* liegt die entscheidende Differenz der Position Garfinkels (und auch der Auffassung der Konversationsanalyse) zu der Position von Parsons.[61]

Garfinkel äußert darüber hinaus Zweifel daran, daß die Internalisierung von Normen eine notwendige Voraussetzung für die Lösung des Ordnungsproblems ist. Ja er betrachtet es nicht einmal als notwendige Bedingung, daß volle Übereinstimmung darüber besteht, welche Erwartungen den Status sozialer Normen beanspruchen können. Oft genüge es, daß die Akteure *annehmen*, daß andere von ihnen ein bestimmtes Verhalten erwarten, um sie zu erwartungskonformem Handeln zu veranlassen. An die Stelle tatsächlichen Normenkonsenses tritt hier, wie Garfinkel mit Hilfe des Experimentes demonstriert, in dem die Versuchspersonen den vermeintlich feststehenden Preis von Waren herunterhandeln sollten, *dessen ungeprüfte und daher potentiell unzutreffende Unterstellung* als wirksamer Mechanismus sozialer Kontrolle. Diese These setzt freilich voraus, daß die befürchteten Reaktionen anderer ausreichen, um zu konformem Handeln zu motivieren. Garfinkel muß demnach auf *Sanktionen* als hinreichendes Mittel zur Entmutigung abweichenden Verhaltens setzen.

In den von Garfinkel untersuchten Handlungskontexten sowie für die Regeln und Erwartungen, auf die sich seine Analysen beziehen, dürfte diese Anahme zutreffen. Unter den Bedingungen der *face-to-face Interaktion* und der Offensichtlichkeit abweichenden Verhaltens ist die Abhängigkeit von der Kooperationsbereitschaft anderer Akteure meist hinreichend groß und das Sanktionsrisiko zu hoch, um durch abweichendes Verhalten Gewinne realisieren zu können. Für die Verletzung *intersubjektivitätskonstitutiver Idealisierungen und Basisregeln* fehlt darüber hinaus jeder Anreiz, ist doch gelingende Verständigung meist eine Voraussetzung für die Verwirklichung eigener Interessen. Sie bedürfen deshalb weder der Absicherung durch Internalisierung noch durch Sanktionen.[62] Wenn hingegen gute Aussichten bestehen, durch Täuschung und Betrug *hohe Gewinne* zu erzielen, und wenn außerdem die Wahrscheinlichkeit, entdeckt und sanktioniert zu werden, als *gering* beurteilt wird, reicht die soziale Kontrolle durch Sanktionsdrohungen nicht aus. Auch wenn die Reichweite und Bedeutung der Internalisierungsthese durch Garfinkels Argumentation eingeschränkt wird, behält sie unter diesen Voraussetzungen doch weiterhin ihre Funktion.

---

61 Damit ist selbstverständlich *nicht* behauptet, daß allgemeine Regeln völlig bedeutungslos für die Lösung des Ordnungsproblems sind.

62 Spieltheoretiker würden die Befolgung dieser Regeln nach dem Modell eines *"Koordinationsspieles"* analysieren (vgl. unten, Kap.7.2), bei dem durch konformes Verhalten der eigene Nutzen eines Akteurs zugleich mit dem Nutzen des bzw. der anderen Teilnehmer maximiert wird und diese Koinzidenz der Interessen ausreicht, um für die Einhaltung der Regeln zu sorgen.

Die Einwände, mit denen sich das Internalisierungstheorem konfrontiert sah, machen freilich eine grundsätzliche Schwäche dieses Theorems deutlich. Es ist *zu allgemein*, d.h. ohne Rücksicht auf mögliche Differenzen zwischen verschiedenen Handlungskontexten formuliert. Jede genauere Betrachtung kann deshalb auf Klassen von Handlungssituationen treffen, in denen die Sicherung sozialer Ordnung *nicht notwendig* auf Internalisierung *angewiesen* ist. Wir werden auf diesen Umstand bei der anschließenden Diskussion des Rational Choice-Ansatzes erneut zurückkommen. In welchem Maße Normen *tatsächlich* durch Internalisierung gesichert sind, bleibt freilich eine empirische Frage, die unabhängig davon zu beantworten ist, ob Norminternalisierung eine notwendige Bedingung für die Lösung des Ordnungsproblems ist oder nicht.

Die Konversationsanalyse führt Garfinkels Forschungsprogramm in einer spezifischen Weise fort. Sie setzt die Untersuchung alltäglicher Gespräche an die Stelle von Experimenten, um die Praktiken und Mechanismen der kontinuierlichen Lösung des Intersubjektivitätsproblems in voller Breite und unter normalen unspektakulären Funktionsbedingungen zu erfassen. Voraussetzung dafür ist die Aufzeichnung von Gesprächen und ihre detaillierte Transkription. Durch die Möglichkeit einer dauerhaften Fixierung von Kommunikationsabläufen, die auch noch unauffälligste Details erfaßt, verfügen wir über ein Instrument zur Erforschung von Interaktionen, welches das Auflösungsvermögen unserer Beobachtungen auf ähnliche Weise erhöht, wie das Mikroskop bei der Beobachtung natürlicher Phänomene. Während Garfinkel in seinen frühen Experimenten versuchte, die Koordinationsmechanismen der alltäglichen Interaktion durch gezielte Störung und die Provokation von Krisenerscheinungen sichtbar zu machen, verläßt sich die Konversationsanalyse vollständig auf ihr durch aufzeichnungstechnische Unterstützung gesteigertes Beobachtungsvermögen. Dabei stand anfänglich die Untersuchung von allgemeinen Problemen der Gesprächskoordination im Vordergrund, wie sie in jeder Interaktion gelöst werden müssen. In jüngerer Zeit richtet sich die Aufmerksamkeit verstärkt auf die Analyse spezieller institutioneller Kontexte und Aktivitätstypen.

In meiner Darstellung habe ich mich darauf konzentriert, einige der elementaren kommunikativen Einrichtungen für die Lösung des Intersubjektivitätsproblems nachzuzeichnen, welche die Konversationsanalyse aufgedeckt hat. Von zentraler Bedeutung ist dabei die sequentielle Organisation von Kommunikation. Jede Äußerung etabliert eine *Hier-und-Jetzt-Definition der Situation,* an der sich die unmittelbar anschließenden Beiträge orientieren. Die folgenden Beiträge ermöglichen es jedem Teilnehmer, Rückschlüsse darauf zu ziehen, wie die vorausgegangene Äußerung verstanden worden ist. Dabei kann der Grad der Verknüpfung von Beiträgen, und damit auch die Informativität der Folgeäußerung über das erreichte Verstehen des vorausgegangenen Redebeitrages, variieren.

Der strikteste Kopplungsmodus besteht zwischen Äußerungen, die Paarglieder eines "Nachbarschaftspaares" (Frage/Antwort, Einladung/Annahme bzw. Ablehnung etc.) sind. An den Nachbarschaftspaaren wurde deutlich, wie eine *simple normative Regel* zur Verknüpfung von Äußerungstypen zu einem leistungsfähigen Instrument für die *Entdeckung der Bedeutungsmöglichkeiten* von nachfolgenden Beiträgen werden kann: Weil die Äußerung eines ersten Paargliedes die Ausführung eines passenden zweiten an der nächstmöglichen Sequenzposition erforderlich macht und erwarten läßt, wird jede Anschlußäußerung unter dem Gesichtspunkt *interpretiert*, inwiefern sie als direkte oder indirekte Realisation des zweiten Paargliedes gedeutet werden kann, oder wenn nicht, inwiefern sie verstehbar ist als Anführung eines Grundes dafür, warum das zweite Paarglied (noch) nicht erzeugt worden ist. Die Orientierung an Regeln erübrigt hier nicht die Interpretation. Ebensowenig sind Regeln hier Gegenstand der Interpretation. Regeln geben hier vielmehr die Richtung an, in der eine Interpretation *zu suchen* ist. Sie fungieren als *Sinnfindungseinrichtungen*, die dem Verstehen den Weg weisen. Die Konversationsanalyse kann auf diese Weise zugleich zeigen, wie die *Orientierung an allgemeinen Regeln* zu vereinbaren ist mit der *Kontext- und Interpretationsgebundenheit* interaktiver Sinnkonstitution.

Derartige Einrichtungen reichen jedoch offensichtlich nicht aus, um das Problem der Intersubjektivität zu lösen, können sie doch keineswegs die Übereinstimmung der Bedeutungszuweisungen von Sprecher und Hörer sicherstellen. Um mögliche Differenzen, die hier jederzeit auftreten können, zu identifizieren und zu eliminieren, bedarf es zusätzlicher Einrichtungen der Registrierung und Reparatur. Als besonders bedeutsam erwies sich in diesem Zusammenhang die *dritte Sequenzposition*. Sie zeigt an, ob das Verstehen einer Äußerung, das in der anschließenden Reaktion sichtbar geworden ist, vom Autor der ersten Äußerung als *richtiges* oder *falsches* Verstehen deklariert wird. In kürzestem Abstand wird so eine Vorrichtung aktiviert, die es ermöglicht, Mißverständnisse zu erkennen und zu reparieren. Ist die dritte Sequenzposition ohne Beanstandung passiert, dann ist damit zugleich attestiert, daß das in der Kommunikation zuvor artikulierte Verstehen als *richtiges* und insofern *intersubjektiv gültiges Verstehen* betrachtet werden kann.

Wie wir gesehen haben, ist diese Vorrichtung für die routinisierte Prüfung der Intersubjektivität von Bedeutungszuweisungen nur innerhalb der Interaktion unter Anwesenden fest installiert. Unter den Bedingungen *massenmedialer Kommunikation* fehlt sie, sofern nicht eigens eine Entsprechung dazu durch besondere Vorkehrungen eingeführt wird. Dadurch wird die Divergenz der Bedeutungszuweisung zwischen den Autoren und den Rezipienten von Äußerungen weit wahrscheinlicher als unter den Bedingungen direkter Interaktion.

Zuletzt haben wir gezeigt, wie eine in die Interaktion eingebaute "Präferenz für Übereinstimmung" dazu dient, kommunikativ angezeigte Erwartungen als grundsätzlich intersubjektiv anerkannt zu markieren, und zwar auch und gerade dann, wenn eine Erwartung im Einzelfall enttäuscht werden muß. Selbst Konflikte haben ein eigenes Ordnungsformat, dessen Kennzeichen es ist, daß *Dissens als wechselseitig erwartbar* markiert wird. Das *dreizügige Sequenzformat* erwies sich auch in diesem Zusammenhang (d.h. für die kontinuierliche Kennzeichnung und Bestätigung von Konsens bzw. Konflikt sowie für die Markierung eines *bestimmten Aktivitätstyps* als normativ verbindlichem Handlungsrahmen) als besonders bedeutsam.

An der Funktionsweise dieses Sequenzformats wurde deutlich, *wie das Problem sozialer Ordnung als Doppelproblem der Sicherung intersubjektiven Verstehens und ge-*

meinsamen Normenkonsenses in der Kommunikation auf kontinuierliche Weise gelöst wird. Diese Antwort auf das Problem sozialer Ordnung steht jedoch unter den gleichen Einschränkungen wie die Antwort Garfinkels, geht es doch hier um Situationen, in denen die Aussichten, durch Täuschung und Betrug Gewinne zu erzielen, eher gering sind. Insofern macht auch diese Auskunft die Parsonssche Antwort auf das Ordnungsproblem nicht völlig obsolet.

Zum Abschluß dieses Kapitels noch einige Bemerkungen zum Verhältnis der Untersuchungen von Garfinkel und der Konversationsanalyse zu Weber und Mead sowie zu den immanenten Beschränkungen, die vor allem mit dem konversationsanalytischen Forschungsprogramm verbunden sind. Vergleichen wir die Perspektive, aus der Garfinkel und die ethnomethodologische Konversationsanalyse Handeln untersuchen, mit der Perspektive der Weberschen Handlungstheorie, dann fällt auf, daß der *kommunikativ zugeschriebene Sinn* gegenüber dem *subjektiv gemeinten Sinn* in den Vordergrund rückt. Diese Verschiebung deutet jedoch nicht auf die Unvereinbarkeit beider Ansätze hin, sondern ergibt sich aus der Konzentration der Analyse auf das *Problem der Intersubjektivität.* Unter der Voraussetzung der wechselseitigen Intransparenz der Bewußtseine, die sowohl für die Akteure wie auch für die beobachtenden Wissenschaftler gilt, ist die Lösung des Intersubjektivitätsproblems im Alltag ebenso wie die wissenschaftliche Rekonstruktion seiner Lösung darauf angewiesen zu beobachten, welcher Sinn Äußerungen in der Kommunikation durch anschließende Äußerungen zugewiesen wird. Die *subjektive (d.h. psychische) Konstitution* des Handlungssinns, die Weber hervorhob, wird damit nicht bestritten. Um die Lösung des Intersubjektivitätsproblems zu erforschen, muß jedoch der Prozeß der *kommunikativen Sinnkonstitution* in den Mittelpunkt gerückt werden. Dabei bewegt sich die Analyse immer schon auf der Ebene der Untersuchung "sozialer Beziehungen". Der Unterscheidung verschiedener *Typen der sozialen Beziehung* bei Weber entspricht im Kontext der Konversationsanalyse die Unterscheidung verschiedener *Aktivitätstypen.* Anders als Weber jedoch, dessen Typen idealtypische Konstruktionen sind, versucht die Konversationsanalyse *Realtypen* auf dem Wege der strikt empirischen Rekonstruktion zu ermitteln.

Wenden wir den Blick zur Handlungs- und Kommunikationstheorie von George Herbert Mead, dann fällt auf, daß die Konversationsanalyse faktisch unmittelbar an das *triadische Modell der Gestenkommunikation* anknüpft. Besonders deutlich wird dies bei der Untersuchung der sogenannten "Nachbarschaftspaare". Die Äußerung des ersten Paargliedes hat hier die Qualität einer *Geste*: Sie eröffnet eine "gemeinsame soziale Handlung", die nicht individuell, sondern nur kooperativ vollzogen werden kann, und fordert den Adressaten auf, den dazu passenden Handlungsbeitrag durch die Ausführung des zweiten Paargliedes beizusteuern. Die nachfolgende Äußerung des Interaktionspartners erfüllt die Eigenschaften der *Reaktion* im Meadschen Modell: Sie *interpretiert* die vorausgegangene Äußerung als Einleitung einer gemeinsamen Handlung und führt diese Handlung zugleich fort. Die *Anschlußäußerung an dritter Sequenzposition* schließt die kooperative soziale Handlung ab und bestätigt damit zugleich, daß die Reaktion an zweiter Sequenzposition auf einer korrekten Interpretation der einleitenden Äußerung gründete.

Die Struktur von Nachbarschaftspaaren ist von paradigmatischer Bedeutung für den Aufbau von Kommunikation. Gespräche bestehen zwar nicht aus lückenlos aneinander gereihten Nachbarschaftspaaren. Dieser Äußerungstyp macht aber nur in besonders deutlicher Ausprägung ein allgemeineres Merkmal von Kommunikation sichtbar, das in der Konversationsanalyse mit dem Begriff der "sequentiellen Implikativität" belegt wird. *Jede* Äußerung impliziert demnach eine bestimmte Situationsdefinition, zu der sich die nachfolgende Äußerung in bestimmter Weise ins Verhältnis setzt, die sie interpretiert und zugleich weiterführt. Und an *jeder* dritten Sequenzposition ist die Unterscheidung von richtigem und falschem Verstehen relevant und kann eine elementare Episode intersubjektiver Verständigung (vorläufig) abgeschlossen werden, sofern keine Verstehensprobleme angezeigt werden. *Die Konversationsanalyse führt damit vor, daß und wie die alltägliche Kommunikation in Übereinstimmung mit dem Meadschen Modell der Gestenkommunikation funktioniert.*

Nun zu den Grenzen des konversationsanalytischen Forschungsprogrammes. Schon in der Konfrontation mit Parsons haben wir festgestellt, daß Handeln in den Untersuchungen Garfinkels und der Konversationsanalyse nicht primär unter dem Gesichtspunkt der zweckrationalen Verfolgung individueller Interessen, sondern hauptsächlich unter dem Aspekt der Lösung des Intersubjektivitätsproblems wahrgenommen und untersucht wird. Dieser Befund läßt sich weiter präzisieren. Bei Garfinkel und in der Konversationsanalyse ist die Untersuchung der Auswirkung von *Interessenkonflikten* auf das Handeln auf spezifische Weise *eingeschränkt*. Interessengegensätze werden immer dann berücksichtigt, wenn sie als Gegensatz zwischen den typisch vorauszusetzenden Zielen verschiedener Akteure offizieller Bestandteil von Rollen- und Situationsdefinitionen sind. So z.B. bei der Analyse der kommunikativen Strategien, mit denen Ankläger oder Strafverteidiger im Rahmen eines Kreuzverhörs die Glaubwürdigkeit eines Zeugen zu unterminieren versuchen. In dem Maße, in dem Interessengegensätze von den Akteuren in der Kommunikation jedoch *latent gehalten* werden müssen, um die eigenen Erfolgschancen nicht zu beeinträchtigen, wird ihr zuverlässiger Nachweis mit dem Instrumentarium der Konversationsanalyse schwieriger. Wenn Akteure mit Erfolg versuchen, ihre Absichten und Ziele vor anderen zu verbergen und *die Reichweite intersubjektiver Verständigung auf diese Weise einzuschränken*, dann werden auch für den wissenschaftlichen Beobachter die Anzeichen seltener und weniger deutlich, aus denen er auf solche Zielsetzungen zuverlässig schließen kann.

Der methodische Zugang der Konversationsanalyse in Verbindung mit ihrer Zentrierung auf das Problem der Intersubjektivität hat darüber hinaus weitreichende Konsequenzen für die Berücksichtigung von *sozialstrukturellen* Einflußfaktoren, wie etwa von Status- und Machtdifferenzen zwischen den Akteuren, die sich aus ihrer Position im Gefüge der gesellschaftlichen Schichtung ergeben. Solche Faktoren werden in der 'orthodoxen' Variante der Konversationsanalyse, wie sie besonders von Schegloff vertreten wird, nur dann als wirksame Faktoren für die Strukturierung der Interaktion anerkannt, wenn klar nachgewiesen werden kann, daß die Akteure ihr Verhalten auf *wechselseitig sichtbare Weise* an diesen Faktoren als *aktuell relevanten Merkmalen des Gesprächskontextes* orientieren (vgl. Schegloff 1987). Diese Position läuft letztlich auf die Forderung nach einer durchgängigen empirisch-mikrosoziologischen Fundierung makrosoziologischer Aussagen und Theorien hinaus.

Begründet wird diese restriktive Haltung mit einem *intersubjektivitätstheoretischen* und einem *methodologischen* Argument: Weil die Anzahl potentiell bedeutsamer Elemente des kommunikativen Kontextes unübersehbar groß sei, müsse immer eine Auswahl aus diesen Elementen getroffen und diese Auswahl im Gesprächsverhalten der Akteure als relevanter Kontext *markiert* werden, der in der laufenden Kommunikation von den Beteiligten gemeinsam akzeptiert, in ihren Äußerungen vorausgesetzt und dadurch reproduziert wird (vgl. Schegloff 1987, 219). Ähnlich wie bei der Berücksichtigung der Interessen der Handelnden werden auch hier also nur diejenigen Kontextelemente erfaßt, die Teil der *offiziellen und intersubjektiv ratifizierten Situationsdefinition* sind. *Methodologisch* wird diese Einschränkung mit dem Argument begründet, daß die Zulassung von Kontextelementen als erklärenden Prämissen des Gesprächsverhaltens, die in den Beiträgen der Akteure nicht deutlich als relevant markiert sind, der interpretativen Willkür der wissenschaftlichen Beobachter Tür und Tor öffnen würde. Denn dann würden die Beobachter und nicht mehr die Beobachtungsdaten darüber entscheiden, welche Elemente aus der unübersehbaren Anzahl möglicher Kontextmerkmale erklärungsrelevant sind für den Ablauf eines Gesprächs.

Legt man diese Argumentation zugrunde, dann läßt die Konversationsanalyse keinen Raum für die Berücksichtigung *latenter Kontextvariablen*. Innerhalb der Konversationsanalyse ist es freilich eine offene Debatte, ob eine derartig restriktive Haltung tatsächlich zwingend ist oder ob die Reichweite konversationsanalytischer Untersuchungen dadurch unnötig beschränkt wird.

Tritt die Verfolgung individueller Interessen gegenüber der kontinuierlichen Sicherung von Intersubjektivität in den eben vorgestellten Ansätzen in den Hintergrund, so verhält es sich bei dem nun zu diskutierenden Rational Choice-Ansatz genau umgekehrt. Handeln erscheint hier *primär als Instrument für die Maximierung eigenen Nutzens*. Das Intersubjektivitätsproblem erscheint demgegenüber nicht nur sekundär, sondern *verschwindet fast völlig dahinter*. Seine Lösung wird im wesentlichen einfach vorausgesetzt.

7. Die Generalisierung des zweckrationalen Handlungstyps: Rational Choice

7.1 Das Programm von Rational Choice vor dem Hintergrund der bisher vorgestellten Handlungstheorien

"Rational Choice" - unter diesem Titel firmiert ein Theorieprogramm, das unterschiedliche Varianten umfaßt. Kern dieses Programms ist die Annahme, daß menschliches Handeln primär als ein Prozeß der *rationalen Verfolgung von Interessen* zu begreifen ist. Die Interessen definieren dabei den *angestrebten Zweck* einer Handlung. Die Ausführung der Handlung dient als *Mittel* zu seiner Realisierung. Der Zusammenhang zwischen Zweck und Mittel wird durch das Prädikat *"rational"* bestimmt.

Im vergleichenden Rückblick auf die Fassung des Handlungsbegriffs in den oben behandelten klassischen Ansätzen fällt vor allem die enge Verwandtschaft zum Weberschen Begriff des *zweckrationalen Handelns* auf. Rational Choice kann als Versuch zur Präzisierung dieses Handlungsbegriffs verstanden werden, verbunden mit der weiteren Annahme, daß sich potentiell jedes menschliche Handeln in Übereinstimmung mit diesem Handlungstypus rekonstruieren läßt.[1] Dabei wird typisch angenommen, daß Akteure, vor die Wahl zwischen verschiedenen Handlungsmöglichkeiten gestellt, diejenige Alternative auswählen, von der sie annehmen, daß sie ihre Interessen auf *maximale* Weise befriedigt. Die Vorstellung, daß Akteure sich für diejenigen Handlungen entscheiden, die auf rational einsichtige Weise für die Erreichung der von ihnen angestrebten Zwecke geeignet erscheinen, wird so mit dem ökonomischen Prinzip der *Nutzenmaximierung* verknüpft.

Erinnern wir uns an die Parsonssche Handlungstheorie, dann sehen wir, daß wir es hier mit einer Variante des *utilitaristischen Handlungsbegriffs* zu tun haben. Die Verwirklichung von Handlungszielen orientiert sich an egoistischen Interessenkalkülen, ohne einer verinnerlichten Beschränkung durch die *psychische Bindung an normative Vorgaben* unterworfen zu sein. Unter diesen Voraussetzungen werden Akteure nur dann *normenkonform* handeln, wenn die Kosten, die als Folge normwidrigen Handelns zu erwarten sind und die insbesondere durch zu erleidende Sanktionen anfallen, den erwarteten Nutzen normwidrigen Handelns übersteigen.

Von Parsons her betrachtet bricht damit das *Hobbessche Problem der sozialen Ordnung* wieder auf, beansprucht Parsons doch nachgewiesen zu haben, daß die alleinige Absicherung sozialer Normen durch äußere Sanktionen nicht ausreicht,

---

1 Die Formulierung im Text vergröbert freilich sehr. Im Vorgriff verweise ich darauf, daß Esser auch die übrigen Weberschen Handlungstypen als Unterfall rationalen Handelns begreift. Dazu muß der Begriff rationalen Handelns jedoch differenziert und explizit zweckrationales Handeln von anderen Formen rationalen Handelns unterschieden werden.

um Akteure zuverlässig zu konformem Handeln zu veranlassen. Um diesen Einwand zu entkräften, muß die Rational Choice-Theorie eine alternative Lösung des Ordnungsproblems entwickeln. Entsprechende Versuche haben zu einer Reihe interessanter Ergebnisse geführt. Sie behandeln das Problem sozialer Ordnung nicht als Problem im Singular, sondern zerlegen es in verschiedene Teilprobleme, für die es unterschiedliche Lösungsmöglichkeiten gibt.

Wie immer man diese Versuche bewerten mag, zeigen sie doch zumindest eines: Die Parsonssche Problemformulierung ist zu kompakt. Sie erscheint insofern unzutreffend, suggeriert sie doch ein einheitliches Problem, wo nur eine Problem*population* existiert. Unabhängig davon, wie man im einzelnen den Erfolg des Versuchs einschätzt, theoretische und empirische Lösungsmöglichkeiten des Ordnungsproblems nachzuweisen, die soweit als möglich ohne die Annahme der Internalisierung von Normen auszukommen versuchen, ist dies als ein wesentliches Verdienst von Rational Choice anzuerkennen. Zugleich ist festzuhalten, daß Rational Choice sich in dieser Haltung zum Internalisierungstheorem mit Garfinkels Ethnomethodologie trifft und so die dort bereits formulierten Einwände gegen die Parsonssche Lösung des Ordnungsproblems auf einer anderen theoretischen Grundlage weiter ausbaut.[2]

Wechseln wir die Perspektive und blicken *von Rational Choice* auf die bisher vorgestellten Handlungstheorien, dann werden dort die folgenden Defizite moniert:[3]

1) Handlungsdeutungen und -erklärungen, die *an Parsons* anschließen, finden sich vor allem in der *soziologischen Rollentheorie*. Dort wird jedes Handeln primär unter dem Aspekt der Erfüllung institutionalisierter Normen analysiert und die Internalisierung dieser Normen unterstellt. Eine Handlung gilt als zureichend erklärt, wenn in dem jeweiligen Handlungsbereich Normen nachgewiesen werden können, die durch die Handlung erfüllt werden. Bedürfnisse und Interessen werden damit als *unabhängige* Größe vernachlässigt. Sie werden nur insoweit berücksichtigt, wie sie mit den sozial geltenden Normen übereinstimmen und insofern als *legitim* für Rollenträger einer bestimmten sozialen Kategorie gelten können. Abweichendes Verhalten erscheint demgegenüber in erster Linie als Folge von *Rollenkonflikten*, d.h. als Ergebnis widersprüchlicher normativer Anforderungen bzw. - sofern sich derartige konfligierende Anforderungen nicht feststellen lassen - als Produkt *mißlungener Sozialisation*. Die *autonome* Bedeutung von *Interessen* für menschliches Handeln, so die Kritik von Rational Choice, werde damit ausgeblendet, die Bedeutung von Normen hingegen überschätzt. Die Akteure erscheinen im Regelfall als *quasi-automatische Exekutoren normativer Programme*, die ihre Handlungssituation *ebenso automatisch* auf übereinstimmende Weise *interpretieren* und darauf mit konformem Handeln reagieren, ohne zu reflektieren und zu kalkulieren, inwiefern dieses Handeln ihren Interessen dienlich ist und ohne in Erwägung zu ziehen, ob

---

2   Wie später zu zeigen ist, gibt es im Rahmen von Rational Choice jedoch auch Versuche, die Internalisierung von Normen in Übereinstimmung mit dem Prinzip egoistischer Nutzenmaximierung zu erklären.

3   Vgl. zum folgenden auch Lindenberg 1985 sowie Esser 1993, 232ff.

nicht andere Alternativen existieren, die zwar normwidrig sein mögen, aber für sie von wesentlich größerem Nutzen sein könnten.

2) Die handlungstheoretischen Ansätze *von Mead, Schütz und Garfinkel* lassen aus der Perspektive von Rational Choice-Theoretikern gegenüber Parsons und der Rollentheorie wichtige Fortschritte erkennen. Sie *verabschieden das Modell des normativ und kognitiv programmierten Akteurs* und analysieren den Prozeß der Interpretation von Situationen und Handlungen sowie die Projektion und Auswahl von Handlungsalternativen. Mit der Thematisierung der Konstruktionsleistungen der Akteure, ihrer Fähigkeit zum Entwerfen alternativer Handlungsmöglichkeiten und zur autonomen Stellungnahme, gilt Normenkonformität nicht mehr als selbstverständlich angenommene Voraussetzung von Handlungserklärungen. Soziale Ordnung erscheint als etwas, das sowohl in der kognitiven wie in der normativen Dimension von Moment zu Moment reproduziert werden muß. Die Aufmerksamkeit richtet sich darauf, wie dies in der Interaktion zwischen verschiedenen Akteuren mit unterschiedlichen Biographien und deshalb potentiell *divergierenden Erwartungen* sowie *unterschiedlichen Beurteilungsmaßstäben* gelingen kann. Auch hier aber, so die Kritik von Rational Choice, wird die *autonome* Bedeutung der *Interessen* der Akteure nicht hinreichend berücksichtigt. Ebenso fehlt das Prinzip der *Nutzenmaximierung* als Selektionskriterium und die Beachtung der Restriktionen, denen das Handeln jeweils unterliegt.[4] Diese Restriktionen betreffen vor allem die relative *Knappheit* verfügbarer Mittel und schlagen als *Kosten* zu Buche, die bei der Verwirklichung bestimmter Handlungsalternativen entstehen und die mit dem daraus erhofften Nutzen zu verrechnen sind. Darüber hinaus bewegen sich diese Ansätze auf der *mikro*sozialen Ebene, d.h. sie überschreiten kaum den Bereich des individuellen Handelns und der Analyse spezifischer Interaktionskontexte. Die Analyse von *makro*sozialen Prozessen, die zur Veränderung gesellschaftlicher Strukturen führen, liegt außerhalb ihrer Reichweite.[5]

Sehen wir uns die spezifischen theoretischen Voraussetzungen des Rational Choice-Ansatzes genauer an. Das Kriterium der Nutzenmaximierung und die Berücksichtigung von Restriktionen (Kosten) sind *Grundelemente eines ökonomischen Handlungsmodells*. Dieses ökonomische Handlungsmodell impliziert in seiner typischen Fassung jedoch weitere Komponenten, die wenig realistisch erscheinen und die von Rational Choice deshalb verabschiedet werden: Hervorzuheben sind hier insbesondere die beiden Annahmen, (1) daß jeder Akteur über eine stabile und nach Graden der Vorzugswürdigkeit hierarchisch geordnete Menge von Handlungszielen, oder kürzer, über eine *stabile Präferenzordnung* verfügt sowie (2) daß jeder Akteur über die Handlungsbedingungen und -möglichkeiten in einer gegebenen

---

4   In der neueren Diskussion hat vor allem Esser (1991) zu zeigen versucht, daß Rational Choice mit der Schützschen Handlungstheorie gleichwohl kompatibel ist; vgl. dazu auch Schimank 1999. Ich komme später darauf zurück.

5   Wie wir oben gesehen haben, trifft diese Behauptung für Mead nicht ganz zu, kommt er doch sehr wohl zu Aussagen über die Entwicklung der Gesellschaft. Meads 'Gesellschaftstheorie' bleibt freilich rudimentär.

Situation *vollständig und völlig zuverlässig informiert ist.* Die heute üblichen Rational Choice-Varianten rechnen demgegenüber auch mit *variablen Präferenzen, begrenzten Informationen und unsicheren Erwartungen* im Hinblick auf die Handlungsergebnisse. Die Rationalität, die dem Handeln von Akteuren unterstellt wird, erscheint deshalb von vornherein beschränkt.

Unter diesen Voraussetzungen funktioniert eine Rational Choice-Erklärung für die Auswahl einer bestimmten Handlung wie folgt:[6] Gegeben sei eine Menge von Handlungsalternativen H_1, H_2, ..., H_n, die ein Akteur in einer bestimmten Situation *wahrnimmt.* Jeder dieser Handlungsalternativen entspricht ein erwartetes Handlungsergebnis, das vom Akteur *bewertet* wird, indem er ihm einen bestimmten *Nutzen* zuschreibt.[7] Daß das *erwartete* Handlungsergebnis tatsächlich eintritt, erscheint für den Akteur jedoch nicht absolut sicher, sondern nur mehr oder weniger *wahrscheinlich.* Um den erwarteten Nutzen einer Handlungsalternative zu berechnen, muß die *Erwartungswahrscheinlichkeit* berücksichtigt werden, mit der das Eintreten des Handlungsergebnisses bei Ausführung der Handlung angenommen wird.

Mathematisch ist dies auf einfache Weise möglich. Dazu muß nur der angenommene Nutzen des Handlungsresultats mit der erwarteten Wahrscheinlichkeit seines Eintretens multipliziert werden. Nehmen wir z.B. an, der Nutzen U_1 (U für *utility*) eines erwarteten Resultats der Handlungsalternative H_1 sei mit 6 Einheiten zu bewerten. Die Eintrittswahrscheinlichkeit p_1 (p für *probability*), die zwischen 1 (absolut sicher) und 0 (nicht zu erwarten) variieren kann, sei 0,5. Der *subjektiv erwartete Nutzen* (*subjective expected utility* = SEU) für die Handlungsalternative H_1 errechnet sich dann nach der Formel SEU $= p_1 \times U_1 = 0,5 \times 6 = 3$. Um vorauszusagen, welche Handlung aus einer gegebenen Menge von Alternativen ein Akteur A wählen wird, müssen wir die SEU-Werte aller ihm möglich erscheinenden Handlungsalternativen ermitteln. Die Prognose lautet dann unter der Anwendung des *Prinzips der Nutzenmaximierung,* daß A, sofern er ein rationaler Akteur ist, die Handlungsalternative mit dem *höchsten SEU-Wert auswählen* wird.

Die Prämissen der SEU-Theorie sind einfach und einleuchtend. Es scheint leicht möglich, mit ihrer Hilfe eine exakte Prognose zu formulieren, die vorhersagt, welche von mehreren Handlungsmöglichkeiten ein Akteur auswählen wird. Schwierigkeiten bereitet freilich oft die empirische Ermittlung der einzelnen Werte. Zwar sind die *Handlungsmöglichkeiten* in vielen Situationen (z.B. bei der Wahl zwischen politischen Parteien) sozial vorstrukturiert. Meist ist es jedoch erheblich schwieriger, für die einzelnen Handlungsalternativen bestimmte *Nutzenwerte* und *Erwartungswahrscheinlichkeiten* festzulegen. Die Exaktheit der Berechnung täuscht hier

---

6   Ich skizziere hier eine Erklärung, die einer bestimmten Variante von Rational Choice, nämlich der sogenannten Wert-Erwartungs- (im folgenden: WE-Theorie) oder SEU-Theorie (SEU für "subjective expected utility"), entspricht. Vgl. dazu Esser 1991, 54ff.

7   Der Einfachheit halber gehe ich hier jeweils vom *Netto-Nutzen* aus, d.h. ich nehme an, daß die *Kosten*, die aus der Realisierung der einzelnen Handlungsmöglichkeiten entstehen, bereits abgerechnet sind.

leicht über die Schwierigkeiten hinweg, die bei der Übersetzung der Angaben von Akteuren in entsprechende Werte zu lösen sind.

Nach diesem ersten Überblick über die Grundannahmen von Rational Choice möchte ich mich der Frage zuwenden, welche Antworten auf das Problem sozialer Ordnung im Rahmen dieses Ansatzes entwickelt worden sind. Die genaue Frage, um die es gehen soll, lautet: Wie können rationale Akteure, die ihr Handeln am Prinzip der Nutzenmaximierung orientieren, dazu kommen, soziale Normen gemeinsam zu akzeptieren und zu beachten. Interessante Modellierungen dazu finden sich im Bereich der *Spieltheorie*.

7.2 Das Problem normengeleiteter Kooperation aus der Perspektive der Spieltheorie

Die Spieltheorie modelliert das Verhalten von Akteuren innerhalb sozialer Beziehungen. Ausgehend von einer bestimmten Zahl von Handlungsmöglichkeiten (Strategien), die den Akteuren innerhalb eines Spieles zur Verfügung stehen, wird jeder möglichen Strategiepaarung, die entstehen kann, indem die Wahl einer bestimmten Strategie durch Ego zusammentrifft mit der Wahl einer bestimmten Strategie durch Alter, eine bestimmte Auszahlung (=Nutzen) für jeden der Akteure zugeordnet. Dabei wird bei den Beteiligten eine für die Dauer des Spieles *stabile Präferenzordnung* vorausgesetzt. Angenommen wird darüber hinaus, daß jeder Akteur ohne moralische Skrupel nach der Maximierung seines Nutzens, d.h. seiner erwarteten Auszahlungen trachtet.

Betrachten wir zunächst das folgende *Koordinationsspiel*: A und B bewegen sich mit Fahrzeugen auf einer unübersichtlichen kurvenreichen Straße aufeinander zu. Es existieren keine Regeln, die festlegen, auf welcher Seite gefahren werden muß. Ebensowenig gibt es eine entsprechende Verabredung zwischen den Akteuren. Kommunikation zwischen beiden ist ausgeschlossen. Beide kennen einander nicht, wissen also auch nicht, ob der andere aus einem Land kommt, in dem ein Rechts- oder Linksfahrgebot gilt und können deshalb auch keine Vermutung darüber anstellen, welche Seite der Fahrbahn der andere vermutlich benutzen wird. Die nachstehende *Auszahlungsmatrix* enthält die Handlungsalternativen (Strategien), die beiden Spielern zur Verfügung stehen sowie die Auszahlungen, mit denen die Spieler rechnen können. Die Höhe der Auszahlung für jeden einzelnen Spieler ist dabei abhängig von der Strategie*kombination*, die sich aus den Auswahlentscheidungen beider Spieler ergibt. Die Gesamtheit der möglichen Auszahlungsvarianten definiert die *Belohnungsstruktur* des Spiels.

Für jeden Fahrer gibt es zwei Handlungsalternativen. Er kann entweder links oder rechts fahren. Fahren beide Fahrer (jeweils aus ihrer Perspektive gesehen) links bzw. rechts, dann können beide problemlos aneinander vorbeifahren (vgl. die Kombinationen I und IV). Dieses Ergebnis ist für beide erwünscht. Die Auszahlung ist deshalb positiv. Sie beträgt für jeden 3 Einheiten.[8] Wählt A die rechte Seite, während B die linke wählt oder umgekehrt, kommt es zum Zusammenstoß (vgl. die Kombinationen II und III). In diesem Fall ist die Auszahlung für beide -5. Das Minuszeichen zeigt an, daß es sich hier um einen negativen Nutzen, d.h. einen Schaden handelt.

Tafel 7.1: Belohnungsstruktur eines Koordinationsspiels

Fahrer A

	links fahren	rechts fahren
links fahren	I. 3,3	II. -5,-5
rechts fahren	III. -5,-5	IV. 3,3

Fahrer B

Interessant an diesem Spiel ist, daß die Auszahlung für Spieler A genau dann ein positives Maximum erreicht, wenn sie auch für Spieler B maximal ist. Ebenso trifft der Schadensfall für A mit dem Schadensfall für B zusammen. In diesem Spiel kann deshalb keiner der Beteiligten einen Vorteil aus der Schädigung des anderen ziehen. Jeder kann seinen Nutzen nur zugleich mit dem Nutzen des anderen maximieren. Die Interessen der Beteiligten stimmen demnach vollständig überein. Das Problem ist nur, daß es zwei verschiedene Strategiekombinationen gibt, bei denen der Nutzen für beide Beteiligte maximal ist. Dabei muß jeder Akteur die zur Strategie des anderen passende Option (hier: die entsprechende Fahrbahnseite) wählen, um den maximalen Nutzen zu erreichen, ohne über Hinweise darüber zu verfügen, welche Entscheidung der andere treffen wird. Ob eine koordinierte Lösung erreicht wird oder es zum Zusammenstoß kommt, hängt so vom Zufall ab.

Unter diesen Voraussetzungen werden rationale Akteure jede Information, die als Hinweis darauf gelesen werden kann, welche Fahrbahnseite der andere wählen könnte, als Anhaltspunkt verwenden und ihre eigene Entscheidung darauf abstimmen. Existiert eine zentrale Instanz, die eine bestimmte Auswahl vorschreibt oder auch nur eine Empfehlung vorgibt, dann ist damit zu rechnen, daß beide Akteure sich an diese Vorgabe halten werden. Entsprechendes ist zu erwarten, wenn das

---

8   Die genaue Höhe der einzelnen Auszahlungswerte ist willkürlich festgelegt und unterstellt bei beiden Akteuren die übereinstimmende Erwartung eines bestimmten Nutzens bei gelingender Koordination bzw. eines bestimmten Schadensniveaus für den Fall eines Zusammenstoßes. Darüber hinaus wird angenommen, daß die Akteure die Eintrittswahrscheinlichkeit der erwarteten Handlungsfolgen in allen Fällen mit 1 veranschlagen.

Spiel über mehrere Runden durchgeführt wird und es den Akteuren in der ersten Runde zufällig gelingt, reibungslos aneinander vorbeizufahren. Nach diesem Ereignis kann jeder vom anderen erwarten (und erwarten, daß der andere dies auch von ihm erwartet), daß er in der nächsten Runde dieselbe Fahrbahnseite wählen wird, wie in der vorausgegangenen usf. Auf diese Weise kann eine gemeinsame *Konvention* ohne explizite Absprache und Vereinbarung zustandekommen. Eine solche Konvention hat den Status einer Norm, die jeder in seinem eigenen Interesse freiwillig einhält.

Nicht nur das kontinentale Rechtsfahrgebot bzw. die britische Linksfahrregel sind Konventionen dieser Art. Entsprechendes trifft u.a. auch für die Regeln des Sprachgebrauchs zu, ist doch hier die Verständigung zwischen den Kommunikationsbeteiligten das von allen angestrebte Ziel und kann dieses Ziel wiederum nur dann erreicht werden, wenn sich die Beteiligten an dieselben Regeln halten. *Für diese Konventionen bedarf es keiner Internalisierung.* Es genügt, daß die Akteure sie kennen und wechselseitig voneinander wissen, daß sie diese Regeln kennen, um sie zur Beachtung dieser Regeln zu veranlassen, sofern sie rational Handelnde sind, denen es um die Maximierung ihres Nutzens geht. Auch eine zentrale Sanktionsinstanz ist hier entbehrlich, wenngleich unter *Informations*gesichtspunkten nicht ohne Vorteil.[9] Die Entstehung einer Norm ist hier als Folge von Zufällen, durch Verabredungen oder durch Nachahmung erfolgreicher Lösungen möglich.

Sofern sich eine größere Zahl von Normen finden ließe, die die Eigenschaften derartiger Konventionen aufweisen, wäre damit die Parsonssche These, nach der es keine normative Ordnung in einer Gesellschaft rationaler Egoisten geben könne und das utilitaristische Handlungsmodell deshalb inadäquat sei, weit weniger überzeugend, als es bisher schien. Aus Parsonianischer Perspektive kann dem freilich entgegen gehalten werden, daß die *Internalisierungsthese* weniger auf Konventionen, sondern primär auf solche Normen zielt, deren Mißachtung dem abweichenden Akteur Vorteile und anderen Akteuren Nachteile einbringt. Welche Schwierigkeiten für die Befolgung von Normen unter Bedingungen eines derartigen *Interessenkonfliktes* zwischen rationalen Egoisten auftauchen, läßt sich gut an einem Spiel untersuchen, das in der Spieltheorie unter dem Namen "Gefangenendilemma" bekannt geworden ist.

In der Version, der dieses Spiel seinen Namen verdankt, geht es um zwei Straftäter, die von der Polizei verhaftet worden sind. Die Polizei weiß, daß beide eine Reihe von Delikten gemeinsam begangen haben, kann ihnen aber gerade die gra-

---

9 Diese Aussage ist gebunden an die Voraussetzung, daß die Akteure tatsächlich rational handeln und ihre Präferenzen in hinreichendem Maße übereinstimmen. Bei eingeschränkter Rationalität bzw. stark divergierenden Nutzeneinschätzungen und/oder Erwartungswahrscheinlichkeiten sind zusätzlich angedrohte Sanktionen, die über das bloße Risiko der Schädigung durch den Zusammenstoß mit einem anderen Fahrzeug hinausreichen, jedoch von hoher Bedeutung. Wer etwa den psychischen Erregungszustand besonders schätzt, in den er sich durch die nächtliche Fahrt auf einer Autobahn in falscher Fahrtrichtung versetzen kann und darüber hinaus zuversichtlich damit rechnet, daß die entgegenkommenden Fahrzeuge schon ausweichen werden, wird wohl - wenn überhaupt - nur mit Hilfe besonderer Sanktionsandrohungen davon abzuhalten sein.

vierendsten Taten nicht nachweisen. Daraufhin macht der vernehmende Polizeioffizier (nach Rücksprache mit dem ermittlungsleitenden Staatsanwalt, wie er versichert) jedem der beiden Gefangenen das Angebot, daß er, wenn er ein komplettes Geständnis ablegt und als Kronzeuge gegenüber seinem Mittäter aussagt, straffrei ausgehen werde. Dieses Angebot gilt natürlich nur für den Fall, daß der Mittäter nicht ebenfalls gesteht, denn dann würde kein Kronzeuge benötigt. Da die beiden Gefangenen getrennt vernommen werden und in getrennten Zellen untergebracht sind, können sie keinen Kontakt zueinander aufnehmen. Aber jeder der beiden weiß oder kann zumindest mit hoher Erwartungswahrscheinlichkeit vermuten, daß auch der andere dieses Angebot erhalten hat. Die Handlungsalternativen jedes Akteurs und die möglichen Strategiepaarungen zusammen mit den zugehörigen Auszahlungen, die daraus abgeleitet werden können, zeigt die folgende Übersicht:[10]

Tafel 7.2: Die ursprüngliche Version des Gefangenendilemmas

Gefangener A

		Schweigen	Gestehen
	Schweigen	I. -2,-2	II. -10,0
Gefangener B			
	Gestehen	III. 0,-10	IV. -6,-6

Wie schon im ersten Beispiel geht es auch hier um negative Auszahlungen, d.h. um die Verteilung der Kosten für begangene Delikte, die als Freiheitsstrafe einer bestimmten Höhe anfallen. Die negativen Zahlen geben jeweils die zu erwartenden Gefängnisstrafen in Jahren wieder, die A und B bei verschiedenen Strategiekombinationen zu erwarten haben. An erster Stelle steht jeweils die Strafe, die A droht, an zweiter Stelle die Strafe, die B zu gewärtigen hat. Für die einzelnen Paarungen ergeben sich die folgenden Auszahlungen:

Fall I: Schweigen beide, dann können ihnen nur die minder schweren Taten nachgewiesen werden, für die jeder von ihnen mit einer Gefängnisstrafe von 2 Jahren rechnen muß.

---

10 Zur Vereinfachung der Darstellung nehme ich wiederum an, daß beide Akteure die Erwartungswahrscheinlichkeiten für das Eintreten der angenommenen Handlungsfolgen bei jeder Strategiekombination mit 1 ansetzen. Ebenso muß generell unterstellt werden, daß beide Akteure objektiv übereinstimmenden Handlungsfolgen jeweils denselben subjektiven Nutzen zuschreiben. Sofern nicht ausdrücklich anders vermerkt, gelten diese Voraussetzungen auch für alle folgenden Beispiele.

Fall II und III:

    Wenn A gesteht und B schweigt, dann erhält A die Vergünstigung der Kronzeugenregelung, geht also straffrei aus, während B die volle Strafe von 10 Jahren für alle begangenen Delikte erhält (II). Das gleiche Ergebnis, nur mit umgekehrter Verteilung der Rollen, tritt ein für den Fall, daß B gesteht und A schweigt (III).

Fall IV: Gestehen A und B, dann erhalten beide eine Strafe für alle begangenen Delikte, die aber mit 6 Jahren geringer ausfällt, weil sie mit Polizei und Staatsanwaltschaft bei der Aufklärung der Straftaten kooperieren.

Welches Ergebnis ist nun für den Fall zu erwarten, daß beide Spieler sich rational verhalten? - Offensichtlich ist zunächst, daß die Konstellation I den höchsten *kollektiven* Nutzen (oder genauer: den niedrigsten Gesamtschaden) bietet, müssen in diesem Falle doch beide zusammen nur 4 Jahre Gefängnis absitzen. Insofern könnte man annehmen, daß Schweigen eine für beide rationale Strategie ist. Diese Annahme ist jedoch falsch, sofern wir unseren Voraussetzungen gemäß annehmen, daß jeder Akteur versuchen wird, seinen *individuellen* Nutzen zu maximieren.

    Betrachten wir die Situation aus der Perspektive von A: Würde A sich für "Gestehen" entscheiden und B für "Schweigen", bliebe A straffrei, so daß sein Nutzen maximal wäre. Aber auch dann, wenn B sich ebenfalls für "Gestehen" entscheiden sollte, ist die Auszahlung, die A für die Strategie "Gestehen" erhält, günstiger (nämlich 6 Jahre Gefängnis) als die Auszahlung für "Schweigen" (10 Jahre Gefängnis). Gleichgültig, welche Strategie B also wählt, in jedem Falle ist die Auszahlung für A günstiger, wenn er sich für "Gestehen" entscheidet. Dieselbe Kalkulation gilt aus der Perspektive von B. Für jeden der Akteure hat die Strategie "Gestehen" demnach die günstigste Auszahlung zur Folge, unabhängig davon, welche Strategie der andere wählt. Aus diesem Grunde werden rationale Spieler die Strategie "Gestehen" wählen und deshalb ein Auszahlungsergebnis realisieren, das für jeden einzelnen von ihnen, wie auch für beide zusammen, schlechtere Auszahlungswerte ergibt als sie erzielt werden könnten, wenn beide sich für "Schweigen" entschieden.

    Würde sich an diesem Ergebnis etwas ändern, wenn beide miteinander *Kontakt aufnehmen und vereinbaren könnten, daß jeder schweigt?* Solange beide ihre Strategiewahl ausschließlich an dem Kriterium individueller Nutzenmaximierung orientieren mit Sicherheit nicht. Denn auch für diese Vereinbarung gilt dann, daß jeder Akteur sie nur einhalten wird, wenn er durch ihre Verletzung sein Auszahlungsergebnis nicht verbessern kann. Diese Bedingung ist aber nicht erfüllt. Für beide ist es daher rational, die Vereinbarung zu brechen. Zwischen rationalen Egoisten wird sie deshalb keinen Bestand haben.

    Sofern beide Akteure nicht wissen, ob es sich bei dem anderen ebenfalls um einen rationalen Egoisten handelt und sie insofern noch darauf hoffen können, daß der andere die Vereinbarung vielleicht doch einhält, ist für sie selbst der Anreiz zum Bruch der Absprache besonders hoch, können sie doch dann die maximal mögliche Auszahlung (Straffreiheit) erreichen.

Die Situation ändert sich jedoch grundlegend, *sobald eine Norm existiert*, die "Gestehen" verbietet und deren Verletzung hinreichend hohe Sanktionen auslöst. Die Sanktion muß dabei so bemessen sein, daß die daraus für einen Akteur folgenden Kosten den Nutzen überwiegen, den er aus der Verletzung der Norm ziehen kann. Nur eine solche Norm könnte verhindern, daß beide Akteure sich für die Strategie "Gestehen" entscheiden und dadurch 6 Jahre Haft verbüßen müssen.

Diese Voraussetzungen wären zum Beispiel dann erfüllt, wenn die beiden Gefangenen in unserer Geschichte Mitglieder einer kriminellen Gruppe oder Organisation wären, die Normbrüche sanktioniert. Die Sanktion könnte etwa darin bestehen, daß die anderen Mitglieder zukünftig nicht mehr mit dem Normbrecher kooperieren, ihn ausschließen, jeden Kontakt zu ihm abbrechen. Der Normbrecher würde damit den gesamten Nutzen, den er aus allen zukünftigen Kooperationen mit Gruppenmitgliedern ziehen könnte, verlieren. Dieser Verlust kann beträchtlich sein und den Gewinn des normwidrigen Verhaltens erheblich übersteigen, so daß es für ihn, wenn er mit einem solchen Verlust rechnen muß, rational ist, sich an die Norm zu halten, die es verbietet, einen Mittäter zu verraten. Die Strategie der individuellen Nutzenmaximierung wird in diesem Falle die Gefangenen zur Auswahl derjenigen Handlungsalternative führen (nämlich: Schweigen), deren Kombination den höchsten kollektiven Nutzen (d.h. die geringste Zahl von Haftjahren für beide zusammen) ergibt und bei der auch jeder einzelne besser davonkommt, als es - bei ansonsten gleichen Voraussetzungen - ohne die Existenz der Norm möglich gewesen wäre.

Jeder der beiden Gefangenen und darüber hinaus alle diejenigen, die damit rechnen müssen, u.U. in eine ähnliche Lage zu kommen, haben deshalb ein Interesse an der Existenz einer solchen Norm. Dennoch ist dadurch allein noch nicht gesichert, daß eine solche Norm tatsächlich innerhalb einer kriminellen Vereinigung durchgesetzt werden kann. Notwendige Voraussetzung für die Schaffung einer solchen Norm ist die Bereitschaft der Akteure, normwidriges Verhalten tatsächlich zu sanktionieren. Diese Bereitschaft kann nicht selbstverständlich vorausgesetzt werden. Denn Sanktionen verursachen häufig *Kosten* für diejenigen, die sie ausführen. Der Nutzen, der in dem durch die Norm gewährten Schutz vor dem Verrat durch andere besteht, kommt hingegen nicht nur den Sanktionierenden, sondern allen zugute. Auch diejenigen Akteure, die keine Sanktionen erteilen, haben daran Teil. Weil diese Akteure *keine Sanktionskosten* zu tragen haben, ist ihr Nettoertrag größer als der Gewinn derjenigen, die sich an der Durchführung der Sanktionen beteiligen.

Für einen rational kalkulierenden Akteur entsteht dadurch der Anreiz, normwidriges Verhalten eines Gruppenmitglieds *nicht* zu sanktionieren, um auf diese Weise *Kosten zu sparen* und gleichwohl an dem Gewinn zu partizipieren, der entsteht, wenn *andere* den Normverletzer sanktionieren und die Norm dadurch aufrechterhalten. Versuchen alle Akteure auf diese Weise ihren individuellen Nutzen zu maximieren, dann werden Normbrecher nicht sanktioniert. Die Norm hat damit keinen Bestand mehr. Das ursprüngliche Problem bleibt ungelöst. Den Mittäter zu verraten, ist wieder die individuell rationalste Handlungsalternative.

Wie diese Überlegung zeigt, ist es keineswegs leicht, eine Norm durchzusetzen, auch wenn diese Norm im Interesse aller Akteure innerhalb eines sozialen Zusammenhangs ist. Normen sind sogenannte *"öffentliche" oder "kollektive" Güter*, deren Nutzen auch denen zugute kommt, die nichts zu ihrer Erzeugung beitragen. Dadurch wird *"Trittbrettfahren"* zur rationalen Strategie. In seinem Buch "Die Logik des kollektiven Handelns" (1968) hat Mancur Olson die daraus resultierenden Probleme für die Produktion öffentlicher Güter erstmals eingehend untersucht. Dabei beschäftigt er sich mit der Frage, unter welchen Umständen eine Gruppe oder Klasse von Individuen dazu in der Lage ist, Ziele, die im Interesse aller sind, durch gemeinsames Handeln zu erreichen. Weil in solchen Situationen das Verhalten des einzelnen nur einen geringen Teil zum gewünschten Gesamterfolg beiträgt, aus diesem Beitrag für den einzelnen gleichwohl aber Kosten anfallen, entsteht für ihn der Anreiz, seinen Beitrag zurückzuhalten. Sofern es nicht gelingt, dieses *Trittbrettfahrerproblem zu lösen*, kommt kollektives Handeln nicht zustande. Ein Streik von Arbeitnehmern gegen zu niedrige Bezahlung bzw. unzumutbare Arbeitsbedingungen, massive Protestaktionen der Angehörigen von Minderheiten gegen ihre Diskriminierung oder ein Boykott von Konsumenten zur Bekämpfung eines Monopols, können dann ebensowenig erfolgreich organisiert werden, wie es möglich ist, Normverletzungen innerhalb einer Gruppe wirksam zu sanktionieren.

Trittbrettfahrerprobleme haben *ebenfalls die spieltheoretische Struktur eines Gefangenendilemmas*. Für unser oben diskutiertes Beispiel ergibt sich so eine kurios anmutende Situation. Der Versuch, das Dilemma der Gefangenen, die durch die übereinstimmende Wahl der individuell rationalsten Handlungsalternative ein individuell wie kollektiv suboptimales Gesamtergebnis erreichen, durch eine sanktionsbewährte Norm aufzulösen, welche die Wahl der problematischen Alternative unattraktiv macht, erzeugt unter den skizzierten Voraussetzungen ein Dilemma von gleicher Grundstruktur. Ein wesentlicher Unterschied besteht freilich darin, daß jetzt nicht nur zwei Individuen, sondern viele Akteure involviert sind. Wir haben es hier mit einem sogenannten *n-Personen-Gefangenendilemma* zu tun (vgl. Tafel 7.3). Bei diesem Dilemma hat sich jeder Akteur zwischen den beiden Strategien "sanktionieren" und "nicht sanktionieren" zu entscheiden. Für jeden einzelnen Akteur hängt der Ertrag, den er durch die Auswahl einer Alternative erreicht, davon ab, welche Wahl die Mehrzahl aller insgesamt relevanten Akteure trifft.[11]

Die Gewinne, die sich aus den verschiedenen Kombinationen der möglichen Strategien ergeben, beruhen auf den folgenden angenommenen Ausgangswerten: Eine erfolgreiche Stabilisierung der Norm bedeutet für alle Akteure einen Gewinn

---

11 Ich nehme vereinfachend an, daß die aggregierten Entscheidungen der Akteure zu einem eindeutigen Ergebnis führen, so daß im Regelfalle entweder mit Sanktionierung oder mit Nicht-Sanktionierung normwidrigen Verhaltens zu rechnen ist, und die Norm demnach entweder effektiv aufrecht erhalten werden kann oder keinen Bestand hat. Bei weitem präziser und der skizzierten Problemsituation angemessener wäre es freilich, die Effektivität der Norm als kontinuierliche Variable zu definieren, die unterschiedliche quantitative Werte in Abhängigkeit von der registrierten Sanktionshäufigkeit annehmen kann.

von 5 Nutzeneinheiten. Die Beteiligung an Sanktionen verursacht Kosten in Höhe von -1 Einheiten. Um diesen Betrag verringert sich der Gewinn, den ein Akteur aus der Stabilisierung der Norm bezieht, sofern er sich an den Sanktionen beteiligt. Wird die Stabilisierung der Norm nicht erreicht, dann ist der Nutzen gleich 0 für einen Akteur, dem keine Sanktionskosten entstanden sind. Hat er sich darüber hinaus an den Sanktionen beteiligt, hat er insgesamt einen Verlust von -1 Einheiten zu verzeichnen.

Tafel 7.3:   *Die Sanktionierung normwidrigen Verhaltens als n-Personen-Gefangenendilemma*

Übrige Akteure

		Sanktionieren	Nicht sanktionieren
	Sanktionieren	I. 4,4	II. -1,0
Einzelner Akteur			
	Nicht sanktionieren	III. 5,4	IV. 0,0

Gleichgültig, welche Strategie die übrigen Akteure wählen, ist es unter diesen Voraussetzungen für *jeden einzelnen* Akteur die beste Strategie, wenn er sich *nicht* an den Sanktionen beteiligt. Sanktionieren die anderen und stabilisieren damit die Norm, dann erhöht sich sein Gewinn im Vergleich zu den anderen um die eingesparten Sanktionskosten und beträgt daher 5 Einheiten. Sanktionieren die anderen nicht, so daß die Norm unwirksam bleibt, dann hat der Trittbrettfahrer wenigstens den Verlust vermieden, der ihm aus vergeblichen Sanktionsaufwendungen entstanden wäre. In einer Population rationaler Akteure ist unter diesen Voraussetzungen zu erwarten, daß niemand sich an den Sanktionen beteiligt und so die Konstellation IV realisiert wird.

Unser Beispiel zeigt, daß die Sanktionskosten tatsächlich zum unüberwindlichen Hindernis für die Stabilisierung einer Norm werden können. Eine Möglichkeit, dieses Problem zu lösen, ist die Wahl von Sanktionen, die für den einzelnen kaum Kosten verursachen, gleichwohl aber in der Summe eine empfindliche Beeinträchtigung für den Normbrecher zur Folge haben. James S. Coleman bezeichnet Sanktionen dieses Typs als *"inkrementelle Sanktionen"* (vgl. Coleman 1995, Bd.1, 360). Wenn etwa die Mitglieder einer kriminellen Subkultur den Verräter künftig 'schneiden' und niemand mehr mit ihm zusammenarbeiten will, dann bedeutet das für ihn einen erheblichen Verlust. Für die Sanktionierenden hingegen entstehen, sofern die kriminellen Qualifikationen des Übeltäters leicht zu ersetzen sind, keine Kosten.

Vielmehr werden sie eine Kooperation mit einem derartig unzuverlässigen Partner allein schon aus unmittelbarem Eigeninteresse vermeiden, ist doch im Fall einer erneuten Festnahme damit zu rechnen, daß er wiederum gesteht und seinen Kooperationspartnern dadurch eine erheblich höhere Gefängnisstrafe einbrockt.

Anders sieht die Situation aus, wenn der Normbrecher *über außerordentlich gewinnträchtige kriminelle Qualifikationen* verfügt. Dann können die Gewinnchancen das Sicherheitsrisiko übersteigen, so daß anzunehmen ist, daß die meisten Akteure nicht bereit sein werden, auf den zu erwartenden Gewinn zu verzichten und den Normverletzer durch Kooperationsverweigerung zu sanktionieren. Aus diesem Grund kann man vermuten, daß nicht alle Personen, die sich eines Verstoßes gegen die Norm schuldig machen, auf dieselbe Weise sanktioniert werden, sondern es zu *gravierender Ungleichbehandlung* kommen kann.

Sind die Kosten für Sanktionen gegenüber leicht zu ersetzenden Mitgliedern unter den eben diskutierten Bedingungen tendenziell vernachlässigbar, so ändert sich dies, wenn drakonische Strafen gegen Normverletzer verhängt werden sollen. Nehmen wir eine kriminelle Organisation wie die Mafia, in der enge Kooperationsbeziehungen bestehen und jeder Verrat hohe Kosten für eine Vielzahl von Mitgliedern verursachen kann. Hier genügt der bloße Ausschluß eines sich abweichend verhaltenden Mitgliedes nicht. Vor allem muß sichergestellt werden, daß die Sanktionsdrohung hinreichend stark ist, um auch Mitglieder, denen eine lebenslange Gefängnisstrafe droht, davon abzuhalten, ein uneingeschränktes Geständnis abzulegen und sich als Kronzeuge zur Verfügung zu stellen. Die Bedrohung mit dem Tode ist unter diesen Voraussetzungen eine 'adäquate' Sanktionsdrohung. Ihre Ausführung impliziert allerdings *extrem hohe Kosten* für den sanktionierenden Akteur, riskiert er doch damit selbst eine lebenslängliche Gefängnisstrafe. Coleman (1995, Bd.1, 361) bezeichnet Sanktionen mit hohen Kosten, bei denen der gesamte Bestrafungseffekt durch die Handlung eines einzelnen Akteurs erzeugt wird, als *"heroische Sanktionen"*.

Die Kosten für eine heroische Sanktion können freilich kompensiert werden, im gegebenen Beispiel etwa durch entsprechend hohe finanzielle Entlohnung des beauftragten Mörders. Die dazu nötigen Mittel können im *Umlageverfahren* (sozusagen durch Besteuerung) von den übrigen Mitgliedern aufgebracht werden, so daß die Kosten für jeden einzelnen gering sind.

Ein funktional äquivalentes Verfahren zur Verteilung der Sanktionskosten besteht in *kollektiven Gewaltakten* gegenüber Normbrechern, bei denen sich eine Vielzahl relativ kleiner und für jeden Sanktionierenden ohne besondere Kosten zu leistender, "inkrementeller" Einzelbeiträge zu einem u.U. tödlichen Resultat für den Normbrecher addieren. Sanktionspraktiken wie die *Steinigung* oder das *Spießrutenlaufen* könnten auf diese Weise erklärt werden als Erfindungen, die es ermöglichen, Sanktionen als öffentliches Gut durch Minimierung der Kosten für den einzelnen so zu produzieren, *daß das Trittbrettfahrerproblem gelöst werden kann*.

Eine solche Lösung wird nicht nur durch die Minimierung der Sanktionskosten für jeden einzelnen ermöglicht, sondern häufig auch dadurch, daß die Beteiligung an öffentlichen Ritualen der Bestrafung allen zur *Pflicht* gemacht, d.h. ihrerseits sozial *normiert* wird. Wer seiner Pflicht zur Beteiligung nachkommt und wer nicht, ist dabei in dichten sozialen Zusammenhängen mit hoher Kontakthäufigkeit zwischen den Mitgliedern leicht zu beobachten. Wer sich hier zu entziehen versucht, kann dann durch *sozialen Boykott* ebenso empfindlich wie kostengünstig sanktioniert werden. Der daraus für ihn entstehende Schaden ist um ein Vielfaches größer als die geringe Sanktionskostenersparnis, die er durch die Teilnahmeverweigerung erreichen kann. Das schwer zu lösende Ausgangsproblem - die scharfe und damit oft kostenintensive Sanktionierung von Normverletzungen, die noch dazu in vielen Fällen schwer zu entdecken sind - kann so in nur zwei Transformationsschritten verwandelt werden in ein *leicht zu lösendes Ersatzproblem,* nämlich die für jeden einzelnen billige Sanktionierung der öffentlich sichtbaren Weigerung, sich an einer kollektiven Bestrafungsaktion zu beteiligen.

7.3   Die Erfüllung von Verträgen als Gefangenendilemma und die Bedeutung sozialer Netzwerke

Unabhängig vom jeweiligen Inhalt gilt in der Spieltheorie jedes Spiel, das dieselbe Struktur in der Verteilung der Auszahlungen aufweist wie die beiden letzten Beispiele, als Spiel des Typs "Gefangenendilemma". Dieser Spieltyp ist von hervorgehobener Bedeutung für die Analyse des Problems sozialer Ordnung. Im folgenden will ich eine Form der Kooperation als Gefangenendilemma reformulieren, die dem Ordnungsproblem in der Fassung, wie es Parsons in Anschluß an Hobbes, Spencer und Durkheim diskutiert, besonders nahe kommt, nämlich die Kooperation auf der Basis *vertraglicher Vereinbarung.* Zu beantworten ist die Frage, wie Akteure dazu veranlaßt werden können, übernommene vertragliche Verpflichtungen auch dann zu erfüllen, wenn sie durch Vertragsbruch Vorteile gewinnen könnten.

Nehmen wir an, die Akteure A und B schließen einen Vertrag, der sich auf den Austausch von Gütern bezieht. A sagt B die Lieferung eines Gutes für eine entsprechende Gegenleistung durch B zu. Wiederum sind zwei Strategien möglich: Zum einen "Vertragserfüllung"; zum anderen "Betrug". Beide Seiten haben unterschiedliche Möglichkeiten zu betrügen. A kann B etwa eine minderwertige (z.B. defekte oder wenig haltbare) Ware liefern, ohne daß B dies sofort erkennen kann. B kann nach Empfang des Gutes die Bezahlung bzw. eine andere vereinbarte Gegenleistung verweigern.

Daraus lassen sich die folgenden Strategiepaarungen mit den entsprechenden Auszahlungen bilden: Wenn beide ihre Vertragsverpflichtungen erfüllen, erhält jeder eine mittlere Auszahlung in Höhe von 3 Einheiten. Wer erfolgreich betrügt, ohne selbst betrogen zu werden, erhält die maximal mögliche Auszahlung von 6, weil er den üblichen Gewinn von 3 Einheiten durch seinen Betrug um 3 zusätzliche Einheiten erhöhen kann. Wer selbst den Vertrag erfüllt, aber zum Opfer eines Betruges wird, erzielt einen negativen Nutzen (=Schaden) von -3, weil ihm nicht nur der Gewinn von 3 Einheiten entgeht, den er in einer ehrlichen Transaktion erzielen könnte, sondern weil er darüber hinaus für seine eigene, einwandfreie Leistung keine oder nur eine wertlose Gegenleistung erhält, so daß er im Ergebnis einen realen Verlust erleidet. Etwas besser stellt sich demgegenüber der betrogene Betrüger, der wertlose Leistung gegen wertlose Leistung tauscht, mit einer Auszahlung von 0.

Tafel 7.4: Die Erfüllung von Verträgen als Gefangenendilemma

Akteur B

	Vertrag erfüllen	Betrügen
Vertrag erfüllen	I. 3,3	II. -3,6
Betrügen	III. 6,-3	IV. 0,0

Akteur A

Ein kurzer Blick zeigt bereits, daß "Betrügen" diejenige Strategie ist, die aus der Perspektive eines jeden Spielers die günstigste Auszahlung verspricht, unabhängig davon, was der andere tut. Aus diesem Grunde werden beide Spieler, sofern sie sich als rationale Egoisten verhalten, einander betrügen und deshalb die Konstellation IV realisieren mit einer Auszahlung von 0 für jeden von ihnen. Diese Konstellation ist offensichtlich weniger günstig als die Konstellation I, die die Spieler erreichen könnten, wenn beide den Vertrag erfüllen würden.

Nehmen wir an, es existiert keine funktionierende Sanktionsinstanz, an die man sich wenden kann, um Vertragsbrüche zuverlässig einzuklagen. Wie könnte es dann trotzdem dazu kommen, daß in vielen Tauschtransaktionen beide Parteien den Vertrag erfüllen? - Nehmen wir zunächst an, daß das Spiel nicht nur einmal, sondern über eine Vielzahl von Runden gespielt wird. Aus einem Gefangenendilemma mit nur einer Runde ("one shot game") wird damit ein sogenanntes *iteriertes Gefangenendilemma* mit veränderter Belohnungsstruktur. Für den Fall, daß ein Akteur in einer Runde betrügt, muß er damit rechnen, daß der andere dies in den nächsten Runden ebenfalls tut. Der kurzfristige Überschußgewinn durch ein erfolgreiches einseitiges Betrugsmanöver in Höhe von 3 Einheiten (verglichen mit der Situation, in der beide den Vertrag einhalten), wird bereits durch eine Runde, in der beide betrügen, vollständig aufgezehrt.[12] Unter diesen Voraussetzungen ist es langfristig

---

12 Diese Annahme, die hier aus Vereinfachungsgründen gewählt wurde, mag unangemessen optimistisch erscheinen. Aber auch dann, wenn man annimmt, daß eine größere Anzahl von Spielrunden erforderlich ist, um einen Gewinn zu erreichen, der den kurzfristig durch Betrug zu realisierenden

(Fortsetzung...)

für beide ertragreicher zu kooperieren, d.h. die geschlossenen Verträge zu erfüllen. Die Wiederholung des Spiels eröffnet hier den Beteiligten die Möglichkeit, ihre Strategiewahl in Abhängigkeit von der Strategiewahl des anderen so zu variieren, daß Betrugsversuche durch Auszahlungseinbußen in den folgenden Runden *bestraft* werden. Unter Berücksichtigung der dadurch entstehenden Kosten wird "Vertragseinhaltung" zur langfristig ertragreicheren Strategie.[13]

Nehmen wir darüber hinaus an, beide Spieler seien Mitglieder eines sozialen Netzwerkes wie z.B. einer Kleinstadt, deren Bewohner durch eine große Zahl von Vereinen vielfältige Kontakte miteinander unterhalten, oder einer Gruppe von Unternehmen innerhalb eines Marktsegmentes, die häufig miteinander Geschäfte tätigen. In einem solchen Verband wird jeder Betrugsversuch rasch auf dem Wege der Kommunikation bekannt. Um Verluste zu vermeiden, werden rationale Akteure nur mit solchen Personen bzw. Unternehmen Tauschtransaktionen durchführen,

---

12 (...Fortsetzung)

Vorteil übersteigt, ändert dies nichts an der Grundstruktur der Situation. Dabei ist allerdings zu berücksichtigen, daß mit wachsender Zeitdistanz zur Gegenwart die Erwartungswahrscheinlichkeit für die effektive Realisierung zukünftiger Gewinne sinkt. Der erwartete Nutzen aus zukünftigen Transaktionen ist dementsprechend zu diskontieren.

13   Die naheliegende Schlußfolgerung ist: Rationale Akteure werden unter den Bedingungen eines *iterierten* Gefangenendilemmas kooperieren, weil der langfristige Nutzen der Kooperation den kurzfristigen Nutzen des Betrugs übersteigt. - Sofern es sich um ein Spiel mit einer hohen Anzahl zu erwartender Runden handelt, *dessen Ende unbestimmt ist*, wird diese Schlußfolgerung innerhalb der Spieltheorie allgemein als gültig betrachtet. Weniger eindeutig ist jedoch, wie die Situation einzuschätzen ist, wenn das Spiel über eine genau bestimmte und *den Teilnehmern bekannte Anzahl von Runden* geht. In ihrem Buch "Games and Decisions" (1957; unveränderte Neuauflage 1989), das heute zu den klassischen Texten der Spieltheorie zählt, analysieren Luce und Raiffa diese Situation *vom antizipierten Spielende* her: In der letzten Runde eines solchen Spieles ist es rational zu betrügen, weil der andere dann keine Möglichkeit mehr hat, darauf mit einer Sanktion zu reagieren. Jeder rationale Akteur wird sich demnach so verhalten und unterstellen, daß ein rationaler Spielpartner sich ebenso verhält. Wenn ein Akteur aber erwarten kann, daß ein rationaler Partner in der *letzten* Runde ohnehin betrügen wird, dann wird es für ihn selbst rational, bereits in der *vorletzten* Runde zu betrügen. Dasselbe gilt wiederum für einen rationalen Partner, weshalb es - um diesem zuvorzukommen - notwendig ist, *eine weitere Runde zuvor* zu betrügen. Aber auch dies wird ein rationaler Spielpartner antizipieren etc. In wechselseitiger Antizipation des zu erwartenden Verhaltens und in dem Bemühen, dem betrügerischen Verhalten des anderen zuvorzukommen, wird so die komplette Anzahl der Spielrunden von der letzten bis zur ersten gedankenexperimentell durchlaufen mit dem Ergebnis, daß es für beide Beteiligte schließlich rational erscheint, bereits in der *ersten* Runde zu betrügen. Das Ergebnis ist damit dasselbe, wie im Gefangenendilemma mit nur einer Runde. Blockiert werden kann dieser rückwärtslaufende Schlußprozeß (backward induction) nur dadurch, daß *nicht bekannt ist*, welche Runde die letzte sein wird. - Zwar erscheint diese Argumentation logisch zwingend. Sie ist jedoch abhängig von der Wahl des Ausgangspunktes. Beginnt man den Schlußprozeß nämlich nicht mit dem letzten, sondern mit dem *ersten* Spiel (forward induction), dann erscheint es irrational, von vornherein zu betrügen, weil man damit riskiert, alle zukünftig möglichen Gewinne zu verlieren, die durch ehrliche Kooperation zu erreichen wären. Gleiches gilt aus der Perspektive eines rationalen Kooperationspartners, so daß es rational erscheint, in der ersten Runde *nicht* zu betrügen. Die gleiche Argumentation läßt sich auf die nächste Runde, dann auf die übernächste etc. übertragen. Insgesamt erscheint es so lange rational, nicht zu betrügen, wie der auf ehrlichem Wege erreichbare Gewinn aus den noch verbleibenden Runden den kurzfristig durch Betrug erreichbaren Gewinn übersteigt. Diese (ebenfalls durch weitere Einwände kritisierbare) Lösung des iterierten Gefangenendilemmas mit einer bekannten Anzahl von Runden hat den Vorzug, mit experimentell gewonnenen empirischen Ergebnissen besser übereinzustimmen, als die Lösung von Luce und Raiffa. Vgl. dazu auch Junge 1998, 55f. sowie die dort angegebene Literatur.

die in dem Ruf der Zuverlässigkeit stehen. Dadurch werden Betrüger bald kaum noch Tauschpartner finden. Ihr Schaden vervielfacht sich damit gegenüber der Situation des Zwei-Personen-Spiels. Ebenso vervielfacht sich der Nutzen der Strategie der Vertragserfüllung. Wer als zuverlässiger Tauschpartner bekannt ist, verspricht günstige Auszahlungen und wird so zum gesuchten Kooperationspartner.

Die Größe, die hier ins Spiel kommt, läßt sich als *Reputation* bezeichnen. Gehören zwei Tauschpartner *einem gemeinsamen Netzwerk mit dichter Kommunikation und einer Vielzahl* weiterer möglicher Tauschpartner an, so ist es rational, *bei jeder Transaktion die Reputationseffekte mit in Rechnung zu stellen,* die daraus resultieren können. Für die Verbreitung reputationsrelevanter Informationen sorgt vor allem eine kommunikative Gattung, die unter dem Titel *Klatsch* bekannt, geschmäht, aber auch beliebt ist (vgl. dazu Bergmann 1987; Kieserling 1998).

Klatsch fungiert als ein wichtiger Mechanismus der sozialen Kontrolle, der ohne zentrale Überwachungs- und Sanktionsinstanz auskommt. Empirische Untersuchungen bestätigen dies. So zeigt eine Studie von Macaulay (1963), daß enge Kontakte zwischen den Verkäufern von Unternehmen und den Einkaufsleitern anderer Unternehmen bestehen, mit denen sie häufiger in geschäftlichen Beziehungen stehen. In diesen Beziehungen werden wichtige Informationen auf informellem Wege ausgetauscht:

> "Sie (die Verkäufer und Einkaufsleiter, W.L.S.) haben eventuell schon 5 bis 25 Jahre geschäftlich miteinander zu tun. Jeder hat dem anderen etwas zu geben. Käufern, mit denen sie gute Geschäftsbeziehungen unterhalten, erzählen die Verkäufer Klatsch und Neuigkeiten über Konkurrenzfirmen, Engpässe und Preiserhöhungen." Verkäufer, die den Wünschen der Kunden nicht gerecht werden, "werden zum Gegenstand des Geredes von Einkaufsleitern und Verkäufern, auf Treffen der Käufer- und Unternehmensverbände oder sogar in den *Country Clubs* sowie bei sonstigen gesellschaftlichen Anlässen..." (Macaulay 1963, 63f., hier zitiert nach Granovetter 2000, 192).

Kommunikative Netzwerke bilden sich, wenn Menschen häufig miteinander in Kontakt kommen. Die Anlässe dafür können unterschiedlicher Art sein. Räumliche Nähe, die häufiges Zusammentreffen wahrscheinlich macht, wie zwischen Arbeitskollegen, Nachbarn oder den Bewohnern eines Dorfes, regelmäßige Veranstaltungen, bei denen bestimmte Personen immer wieder aufeinander treffen, wie Feiern oder Tagungen und Fortbildungsveranstaltungen, der sonntägliche Kirchgang und Aktivitäten in der Gemeinde oder die Betätigung in Vereinen und Parteien - all dies führt zu wiederholten kommunikativen Kontakten, bei denen Klatsch und Neuigkeiten ausgetauscht werden. Abweichendes Verhalten Abwesender wird dabei zum Gegenstand von Erzählungen, kritischen Kommentaren und demonstrativer Empörung. Es bedarf dazu keiner engen persönlichen Bindung zwischen den Beteiligten. Lockere, aber über längere Zeit fortbestehende Beziehungen genügen. Wichtig ist nur, daß man häufiger miteinander spricht. Sind diese Voraussetzungen erfüllt, dann muß jedes Mitglied eines solchen sozialen Zusammenhangs damit rechnen, daß normwidriges Verhalten gegenüber anderen, die diesem Zusammenhang ebenfalls angehören, bekannt wird, den Ruf des Schuldigen beeinträchtigt und seine zukünftigen Chancen, Kooperationspartner unter den Angehörigen des Netzwerkes zu finden, nachhaltig einschränkt.

Jede Transaktion nimmt unter diesen Voraussetzungen tendenziell die Struktur eines *iterierten Gefangenendilemmas mit einer Vielzahl (potentiell) beteiligter Personen* an. Dabei genügt der *bloße Informationsaustausch* innerhalb des Netzwerkes, um jedes Mitglied schon allein aus Sorge um seine eigenen Interessen zumindest zu vorsichtiger Zurückhaltung gegenüber Personen zu veranlassen, die allgemein als 'notorisch unzuverlässig' oder als 'Betrüger' gelten. Von hinreichend vielen Personen praktiziert, kann diese Zurückhaltung in der Summe als *gravierende Sanktion* wirksam werden, ohne daß dabei wesentliche Sanktionskosten anfallen. Das *Trittbrettfahrerproblem* entfällt damit. Das *kollektive Gut* der Sanktionierung abweichenden Verhaltens fällt praktisch als weitgehend kostenloses *Nebenprodukt* der alltäglichen Kommunikation an. Sofern ein entsprechendes Netzwerk besteht und zwischen seinen Mitgliedern immer wieder Transaktionen möglich sind, die für den einzelnen gewinnbringend sind und zu denen es keine zumindest ebenso profitablen Alternativen außerhalb des Netzwerkes gibt, liegt es im *wohlverstandenen Eigeninteresse* eines jeden Akteurs, sich in Transaktionen kooperativ zu verhalten, d.h. Absprachen einzuhalten und den anderen nicht zu betrügen.[14] Dieser Umstand macht Netzwerke zu einer äußerst wirksamen und wichtigen *Einrichtung für die Lösung des Problems sozialer Ordnung*, die einen wesentlichen Beitrag zum *Funktionieren von Märkten* leistet.

Diese These kann man freilich bestreiten: Wenn man die Tauschbeziehungen zwischen Marktteilnehmern und die Risiken betrachtet, die die Beteiligten dabei eingehen, dann wird man zunächst an *rechtsförmige Verträge* als diejenige Einrichtung denken, die am besten geeignet ist, diese Risiken aufzufangen. Klar formulierte, rechtlich verbindliche Verträge ermöglichen es, die wechselseitigen Leistungsansprüche genau zu spezifizieren, Nachbesserungs- bzw. Entschädigungsverpflichtungen für den Fall von Qualitätsmängeln, Fristenüberschreitungen etc. festzusetzen und die vereinbarten Ansprüche einklagbar zu machen. Setzen wir ein zuverlässig arbeitendes Rechtssystem voraus, wozu sind dann noch Netzwerke erforderlich? Bietet das Recht nicht Sicherheit genug?

Verträge so zu formulieren, daß alle Möglichkeiten nicht-kooperativen Verhaltens ausgeschlossen sind, durch die die eine oder andere Seite versuchen könnte, Vorteile auf Kosten der anderen zu erlangen, ist kaum möglich. Die Ausarbeitung detaillierter Vertragswerke ist darüber hinaus zeitraubend und verursacht Kosten. Sie verlangt Ausgaben für Anwälte, eventuell auch die Einrichtung unternehmenseigener Rechtsabteilungen. Gleiches gilt für die Austragung der Rechtsstreitigkeiten,

---

14 Gegenüber Fremden, die nicht Mitglieder des Netzwerkes sind, bleibt unkooperatives Verhalten jedoch attraktiv. So kann z.B. ein Hotelier, der gegenüber allen Einwohnern eines Dorfes strikte Redlichkeit übt, auf der Durchreise befindliche Fremde durch überhöhte Preise und fehlerhafte Rechnungen betrügen. Umgekehrt besteht für die Durchreisenden die Versuchung, den einen oder anderen Gegenstand (z.B. ein Handtuch, ein hübsches Glas oder Besteck, einen eventuell vorhandenen Fön o.ä.) als 'Reiseandenken' mitzunehmen, während dieses Verhalten für Handlungsreisende, die häufig in diesem Ort Geschäfte zu tätigen haben, wenig attraktiv ist. Die spieltheoretische Erklärung dafür ist: Die Situation zwischen dem Hotelier und dem durchreisenden Gast läßt sich beschreiben als ein Zwei-Personen-Gefangenendilemma mit nur einer Spielrunde. Unkooperatives Verhalten erscheint deshalb aus der Perspektive beider Beteiligter als rationale Strategie.

die rasch entstehen können, wenn umfangreiche Vertragswerke unterschiedliche Interpretationsmöglichkeiten zulassen und jeder Vertragspartner auf der für ihn vorteilhaftesten Deutung insistiert. Kann man sich auf Netzwerke stützen, dann lassen sich die daraus für die Abwicklung einer Transaktion entstehenden Kosten erheblich verringern. Die *Einsparung von Transaktionskosten* wird deshalb zum starken Anreiz für Unternehmen, Netzwerkbeziehungen zu entwickeln, zu pflegen und Mitglieder eines Netzwerkes gegenüber Nicht-Mitgliedern als Partner ökonomischer Transaktionen zu bevorzugen.

Ein einfacher Weg ist hier die Herstellung *dauerhafter Geschäftsbeziehungen* zwischen Lieferanten und Abnehmern oder - wie in der Bauindustrie - zwischen dem Unternehmen, das die Durchführung eines Projektes leitet und den für einzelne Teilaufgaben angeworbenen Subunternehmen. Wenn immer wieder dieselben Unternehmen zusammenarbeiten, dann erfüllt die Struktur ihrer Beziehung die Bedingungen eines iterierten Gefangenendilemmas, bei dem es im eigenen Interesse der Beteiligten liegt, ehrlich zu kooperieren. Um Betrug unwahrscheinlich zu machen, muß man dann nicht komplizierte Vertragswerke ausarbeiten, die versuchen, alle denkbaren Lücken zu schließen, die ein unkooperativer Tauschpartner ausnutzen könnte, sondern man kann sich im wesentlichen auf den guten Willen des Partners verlassen, weil für ihn die Fortsetzung der Zusammenarbeit auf lange Sicht mehr Gewinn verspricht, als ein Betrugsversuch. Oder in den Worten eines Einkaufsleiters:

> "Wenn ein Problem auftaucht, ruft man den Betreffenden an und bespricht das Problem. Man liest sich keine Vertragsklauseln vor, wenn man beabsichtigt, jemals wieder miteinander ins Geschäft zu kommen. Man rennt nicht zum Anwalt, wenn man im Geschäft bleiben will, weil man sich anständig verhalten muß" (Macaulay 1963, 61, hier zitiert nach Granovetter 2000, 193).

Diese Äußerung zeigt, Kooperationsbereitschaft gilt aus der Perspektive der Akteure als Strategie, die *durch das aufgeklärte Eigeninteresse* geboten erscheint. Kommt *ein Lieferant* seinen Verpflichtungen gegenüber dem Kunden nicht nach, muß er darüber hinaus damit rechnen, daß dieser andere Kunden über das Fehlverhalten des Lieferanten informiert und so dessen Ruf schädigt. Ähnliches muß *ein Kunde* befürchten, der seinen Zahlungsverpflichtungen gegenüber dem Lieferanten nicht nachkommt. Wenn ein *kommunikatives Netzwerk* existiert, in dem Fehlverhalten mit *Reputationsverlusten* bezahlt werden muß, entspricht die Struktur der Situation damit dem Modell eines *iterierten Gefangenendilemmas zwischen vielen Personen*.[15]

---

15 Die Kontrollwirkung langfristiger Geschäftsbeziehungen belegt eine umfangreiche niederländische Studie neueren Datums (vgl. Raub 1999), bei der die Beziehungen kleiner und mittlerer Betriebe zu Lieferanten von Produkten aus dem Bereich intelligenter Technologien (Hard- und Software) untersucht wurden. Danach sind frühere *schlechte Erfahrungen* eines Abnehmers mit einem Lieferanten außerordentlich selten. Nur bei 14 von 472 untersuchten Transaktionen (ca. 3%) wurde von solchen Erfahrungen berichtet (Raub 1999, 251). Aus diesem Datum kann man schließen, daß es innerhalb des untersuchten Feldes (1) im Regelfall nur dann zu wiederholten Transaktionen kommt, wenn die vergangenen Erfahrungen positiv ausgefallen sind und daß (2) eine genügende Anzahl zuverlässiger Transaktionspartner vorhanden ist, um den Wechsel des Partners nach schlechten Erfahrungen zu ermöglichen.

Fassen wir zusammen: Das Problem sozialer Ordnung stellt sich aus der Perspektive des einzelnen Akteurs (einer Person oder Organisation) zunächst als *Vertrauensproblem* dar. Kann ich dem anderen hinreichend vertrauen, um mich auf eine Transaktion mit ihm einzulassen? Diese Frage muß sich ein rationaler Akteur immer dann stellen, wenn betrügerisches Verhalten sich für den anderen lohnen und dem Akteur selbst erheblichen Schaden zufügen könnte. Die Vorkehrungen, die Akteure treffen können, um solche Schäden zu verhüten, verursachen Kosten. Je größer die wahrgenommenen Risiken und je umfangreicher daher die zu ihrer Kontrolle getroffenen Vorkehrungen sind, desto höher sind die *Transaktionskosten*, die dafür aufgewendet werden müssen. Das *Ordnungsproblem* wird so in ein *Kostenproblem* transformiert.

Rationale Nutzenmaximierer werden versuchen, diese Kosten so gering wie möglich zu halten. Sofern sich bestimmte Wege anbieten, die unter gegebenen situativen Randbedingungen besonders geeignet sind, dieses Ziel zu erreichen, werden sie diese Wege nutzen. Wenn die Anzahl der Möglichkeiten eng begrenzt ist und eine größere Anzahl von Akteuren diese Möglichkeiten nutzen, dann dürften sich daraus bedeutsame *makrostrukturelle Effekte* ergeben.

Im folgenden Abschnitt will ich dieser Überlegung nachgehen. Ich verfolge damit ein doppeltes Ziel: Zum einen geht es darum, eine wichtige *Transformationsgestalt des Problems sozialer Ordnung* in seinen spezifischen Auswirkungen zu untersuchen. Zum anderen kann auf diese Weise gezeigt werden, wie makrosoziale Phänomene mit Hilfe des Rational Choice-Ansatzes, der doch von Hause aus auf der Ebene des einzelnen Akteurs und seines Handelns ansetzt, untersucht werden können. Die Akteure, um die es dabei geht, sind nicht Individuen, sondern Organisationen, oder genauer: Wirtschaftsunternehmen.

7.4   Märkte, unternehmensinterne Hierarchien und Netzwerke als unterschiedliche Strukturtypen der Kooperation und der Lösung des Problems sozialer Ordnung

Die neuere Wirtschafts- und Organisationssoziologie weist den *Transaktionskosten* eine bedeutsame Rolle für die Erklärung des Verhaltens von Unternehmen im ökonomischen Handlungsfeld zu. Unter den Titel "Transaktionskosten" fallen alle Aufwendungen, die notwendig sind, um Partner für Transaktionen zu finden, um die Offerten verschiedener Anbieter (etwa durch Einholen von Referenzen) auf ihre Zuverlässigkeit zu prüfen, um die Bedingungen der Transaktion mit dem gewünschten Partner auszuhandeln und rechtsverbindliche Verträge auszuarbeiten, in denen diese Bedingungen festgehalten sind. Sie umfassen ebenso die Aufwendungen für die Überwachung der Abwicklung der Transaktion, d.h. für die Überwachung von Lieferterminen, die Kontrolle der einwandfreien Qualität bestellter Waren oder Dienstleistungen, für die Anmahnung von notwendigen Nachbesserungen, von Liefer- bzw. Zahlungsfristen sowie für eventuelle Rechtsstreitigkeiten, die aus

Vertragsverletzungen entstehen können. - Schon diese Aufzählung macht deutlich, daß die Ausgaben, die für die Anbahnung und Abwicklung von Transaktionen anfallen, beträchtlich sind. Es ist deshalb zu erwarten, daß rationale Akteure, die ihren Gewinn maximieren wollen, entsprechende Strategien entwickeln, um in diesem Bereich Kosten einzusparen.

Welche Möglichkeiten stehen dafür zur Verfügung? - Das einfachste wäre, wenn man auf Tauschtransaktionen verzichten könnte. Möglich ist dies, wenn man in der Lage ist, die benötigten Güter und Dienstleistungen selbst zu erzeugen. Unterstellen wir gedankenexperimentell eine gesellschaftliche Ausgangssituation, in der alle Individuen als selbständige Einzelproduzenten existieren und jeder das, was er benötigt, entweder am Markt durch Tausch erwerben oder selbst produzieren muß. Unter diesen Voraussetzungen sind die Möglichkeiten, Transaktionskosten durch Selbstversorgung einzusparen, für jeden einzelnen äußerst begrenzt. Um Dinge oder Leistungen zu erhalten, die er selbst nicht oder nur mit wesentlich höherem Aufwand herstellen kann, muß er andere Akteure in Anspruch nehmen. Eine Möglichkeit, dies so zu tun, daß die Anzahl der Tauschtransaktionen und damit die anfallenden Transaktionskosten minimiert werden, besteht in der *Gründung eines Unternehmens*. Dadurch treten an die Stelle vieler, immer wieder über *den Markt* abzuwickelnder Tauschbeziehungen die *internen* Beziehungen zwischen den *Mitgliedern einer Organisation*, die durch arbeitsteilige Differenzierung von *Zuständigkeiten* und durch *Hierarchiebildung* reguliert werden.

Die Existenz von Unternehmen einmal vorausgesetzt, stellt sich vor allem bei langfristig benötigten Leistungen von hoher Komplexität die Frage, ob diese Leistungen durch Markttausch oder durch die Beanspruchung und entsprechende Anpassung der eigenen Kapazitäten beschafft werden sollen. Langfristige Verträge werfen besondere Schwierigkeiten auf, weil die Konsequenzen, die sich aus der Vereinbarung für die beteiligten Akteure ergeben, kaum zu kalkulieren sind. Mit der Komplexität der vereinbarten Leistungen wachsen die Schwierigkeiten, eindeutige Qualitätsstandards festzulegen und die Einhaltung dieser Standards zu kontrollieren. Zu den Einschränkungen rationaler Kalkulierbarkeit kommt die Gefährdung durch Täuschung und Betrug hinzu. Die Gefahr eines solchen Verhaltens wächst, wenn sich die Situation und die Interessen der Tauschpartner gegenüber der Situation bei Vertragsabschluß auf unvorhersehbare Weise verändern. Damit wachsen auch die Aufwendungen, die für die Ausarbeitung und den Abschluß von Verträgen sowie für die Austragung späterer Streitigkeiten anfallen. Diese Kosten können, so die These von Oliver Williamson (1975), zu einem großen Teil eingespart werden, wenn ein Unternehmen die entsprechenden Leistungen selbst erzeugt.[16]

---

16 "Die interne Organisation ist bei Meinungsverschiedenheiten nicht den selben Schwierigkeiten ausgesetzt wie autonome Vertragsbeziehungen [zwischen unabhängigen Firmen]. Obwohl Streitigkeiten zwischen Firmen oft außergerichtlich beigelegt werden ... sind diese Lösungen manchmal kompliziert und die Beziehungen dadurch belastet, so daß kostspielige Gerichtsverfahren teilweise unvermeidlich sind. Die interne Organisation ... kann demgegenüber viele dieser Meinungsverschiedenhei-
(Fortsetzung...)

Williamson erklärt die Verlagerung ökonomischer Funktionen *weg vom Markt* und den dort getätigten symmetrischen Tauschtransaktionen hinein in den *Binnenzusammenhang des hierarchischen Kooperationsgefüges von Unternehmen* aus der rationalen Bemühung um die Einsparung von Transaktionskosten. Über Geld vermittelter *Markttausch* einerseits und auf der Basis von Arbeitsverträgen konstituierte *Herrschaft*, die von Unternehmen über die Arbeitskraft ihrer Beschäftigten ausgeübt wird andererseits, erscheinen hier als *zwei Varianten sozialer Kooperation*. Welche Variante jeweils bevorzugt wird, hängt davon ab, welche von beiden die geringeren Kosten verursacht.

Es fällt auf, daß in dieser nutzentheoretischen Erklärung *Netzwerke* keine Rolle spielen. Darüber hinaus kommt das *Problem sozialer Ordnung* darin nur eingeschränkt und mittelbar, nämlich durch seine Auswirkung auf die Transaktionskosten in den Blick, ohne in seiner ganzen Tragweite reflektiert zu werden. In einer Kritik an Williamsons These macht der Netzwerktheoretiker Mark Granovetter auf diese beiden Schwächen aufmerksam und schlägt eine Reformulierung von Williamsons These vor, die diese Schwächen vermeidet. Nach Granovetter berücksichtigt Williamson nicht, daß das Ordnungsproblem im Kontext von Marktbeziehungen durch *die Einbettung* der Tauschbeziehungen in *soziale Netzwerke* häufig hinreichend gelöst werden kann. In diesem Fall ist eine Verlagerung von Transaktionen in den Binnenzusammenhang eines Unternehmens nicht notwendig.

Während Williamson dazu neigt, die Auswirkungen des Ordnungsproblems auf Markttransaktionen zu überschätzen, begeht er den entgegengesetzten Fehler in der Einschätzung der unternehmensinternen Kooperationsbeziehungen. Dort erscheint ihm das Ordnungsproblem durch die Institutionalisierung hierarchischer Beziehungen zwischen Abteilungen und Unterabteilungen, zwischen Vorgesetzten und Untergebenen, hinreichend gelöst.

Diese Auffassung gleicht der Hobbesschen Vorstellung, derzufolge der Zustand des "Krieges aller gegen alle" durch einen Gesellschaftsvertrag überwunden wird, in dem die Individuen sich einer zentralen Herrschaftsinstanz unterwerfen.[17] Dem Hobbesschen allgemeinen Kriegszustand entspricht hier das Aufeinandertreffen rücksichtsloser, auch den Vertragsbruch nicht scheuender, gewinnmaximierender Akteure am Markt, dessen Risiken mit den Mitteln des Rechts nicht zureichend reguliert werden können. An die Stelle der Idee eines allgemeinen Gesellschaftsvertrages, durch den eine zentrale Herrschaftsinstanz eingerichtet wird, tritt die Herrschaft der innerbetrieblichen Hierarchie über die Beschäftigten, der sich jeder Arbeitnehmer mit dem Abschluß eines Arbeitsvertrages unterwirft. Wie jedoch schon Parsons gezeigt hat, funktioniert die Hobbessche Lösung des Ordnungsproblems nicht, weil sie etwas voraussetzt, was zwischen Akteuren, die nach egoistischer Nutzenmaximierung streben, nicht vorausgesetzt werden kann, nämlich getreue

---

16 (...Fortsetzung)
   ten durch Anweisungen beenden und hierdurch instrumentelle Differenzen außergewöhnlich effizient beseitigen" (Williamson 1975, 30, hier zitiert nach Granovetter 2000, 189).
17 Zu dieser Parallele vgl. Granovetter 2000, 190.

Einhaltung von Verträgen, auch wenn Vertragsbruch die lohnendere Alternative wäre.[18]

Arbeitsverträge sind typisch langfristige Verträge, bei denen die zu erbringenden Arbeitsleistungen nur ungenau festgelegt werden können. Gerade Arbeitsverträge sind deshalb anfällig für nicht-kooperatives Verhalten. Durch ihren Abschluß erhält ein Unternehmen die Möglichkeit, gegen die Zahlung eines Entgeldes in einem gewissen zeitlichen und sachlichen Rahmen über den Einsatz der Arbeitskraft eines Beschäftigten zu disponieren. Dabei kann angenommen werden, daß es das Interesse der Beschäftigten ist, ihren Arbeitsaufwand zu minimieren.

Zwar kann extreme Bummelei von einzelnen durch Kündigung sanktioniert werden. Kollektiv und verdeckt praktizierte Arbeitszurückhaltung ist für die Unternehmensleitung hingegen schwer zu kontrollieren. Wieviel kann in einer gegebenen Zeiteinheit gearbeitet werden? - Um diese Frage zu beantworten, benötigt man Vergleichszahlen. Die soziale Kontrolle von Arbeitskollegen untereinander sorgt jedoch meist für ein mäßiges Arbeitstempo. Wer durch weit überdurchschnittliche Leistungen auffällt und seine langsamer arbeitenden Kollegen dadurch zu diskreditieren droht, wird sanktioniert. Abgestimmtes Verhalten der Belegschaft durchkreuzt Versuche der Leitungsebene, unverfälschte Daten zur Festsetzung von Normwerten mit Hilfe von Arbeitszeitstudien zu erhalten. Aber nicht nur die Beschäftigten in untergeordneten Positionen, auch Abteilungen entwickeln Eigeninteressen, die sich nicht mit den Unternehmensinteressen decken, streben nach Besitzstandswahrung bzw. Expansion, versuchen, Rationalisierungsmaßnahmen zu entgehen, 'schönen' ihre Leistungsbilanz, koalieren dabei u.U. mit anderen Abteilungen in ähnlicher Lage etc.

Durch die engen und dauerhaften Kontakte zwischen den Beschäftigten stellen Unternehmen optimale Voraussetzungen für die Bildung und Reproduktion von *informellen Netzwerken* zur Verfügung, die wesentlich darauf hinarbeiten, die Funktionsfähigkeit der formalisierten Hierarchie soweit zu unterminieren, daß eine Beeinträchtigung ihrer Eigeninteressen verhindert werden kann. Die Herrschaft der innerbetrieblichen Hierarchie sichert demnach keineswegs die vollständige Lösung des Problems sozialer Ordnung. Auch innerhalb des Unternehmens ist die Möglichkeit von Täuschung und Betrug durch Koalitionen und Teams ständig präsent. Große Firmen mit vielen Hierarchiestufen, einer vielsprossigen Karriereleiter und geringer Personalfluktuation, bieten dabei ein besonders günstiges Ambiente für die Stabilisierung von Netzwerken, welche die Interessen der Beschäftigten sichern und die Definition der Unternehmensinteressen entsprechend zu beeinflussen suchen.[19]

---

18 Vgl. dazu ausführlich oben, Bd.1, Kap.2.3. - Granovetter kommentiert die Parallelität der Williamsonschen Argumentation zu Hobbes entsprechend: "Die Effizienz hierarchischer Macht in einer Firma wird ebenso überschätzt, wie bei Hobbes die übersozialisierte souveräne Staatsgewalt" (Granovetter 2000, 190).

19 Dazu sowie für weitere empirische Belege vgl. Granovetter 2000, 197 und die dort angegebene Literatur. Besonders bemerkenswert ist in diesem Zusammenhang die dazu passende Feststellung von Eccles (1983, 28, hier zitiert nach Granovetter, a.a.O.), "daß viele Manager Binnentransaktionen für weitaus schwieriger halten als Transaktionen mit anderen Unternehmen...".

Hält man sich dies vor Augen, dann erscheint die Annahme Williamsons, nach der es in der Regel vorteilhaft sei, schwer überschaubare und sich regelmäßig wiederholende Transaktionen mit hohen transaktionsspezifischen Kosten aus der Sphäre vertraglich regulierter Marktbeziehungen zwischen verschiedenen Unternehmen in den Binnenbereich der Unternehmenshierarchie zu verlagern, als korrekturbedürftig. *Netzwerkbeziehungen zwischen den Unternehmen* verringern das Risiko, weil Kooperation dadurch für die Beteiligten zur geeignetsten Strategie der langfristigen Maximierung des eigenen Nutzens wird. Demgegenüber können *Koalitionen und Netzwerke innerhalb eines Unternehmens*, die individual- und gruppenspezifische Interessen auf Kosten des Unternehmensinteresses verfolgen, die unternehmensinterne Abwicklung von Transaktionen u.U. mit größeren Unsicherheiten belasten, als sie bei Tätigung dieser Transaktionen mit fremden Unternehmen zu erwarten sind.

Williamsons Annahme ist deshalb in folgender Weise zu modifizieren (vgl. Granovetter 2000, 199): Berücksichtigt man den Einfluß von Netzwerken auf marktvermittelte Beziehungen einerseits und unternehmensinterne Beziehungen andererseits, *dann verspricht die Verlagerung von komplexen Transaktionen in den Binnenkontext des Unternehmens nur dann Kosteneinsparungen, wenn in einem Markt keine stabilen Netzwerke persönlicher Beziehungen zwischen den verschiedenen Firmen existieren*, so daß mit unkooperativem Verhalten gerechnet werden muß. Wenn hingegen Markttransaktionen eingebettet sind in den Kontext stabiler Netzwerke, in denen bestimmte normative Erwartungen für das Verhalten zwischen Firmen gelten, deren Verletzung die zukünftigen Chancen, Geschäftspartner zu finden, gravierend beeinträchtigen würde, dann ist die Wahrscheinlichkeit unkooperativen Verhaltens relativ gering. Unter diesen Voraussetzungen fehlt deshalb der Anreiz zur Verlagerung komplexer Transaktionen in die Unternehmen.

Statt dessen können wiederholte Beziehungen zwischen verschiedenen Unternehmen die Form *dauerhafter Arrangements* annehmen, wie sie z.B. zwischen regelmäßig zusammenarbeitenden Unternehmen und Subunternehmen in der Bauindustrie zu beobachten sind, die - bei fortdauernder Selbständigkeit der beteiligten Firmen - ein integriertes Gebilde erzeugen, das als *Quasiunternehmen* betrachtet werden kann. Ein "Quasiunternehmen" kann beschrieben werden als "Arrangement aus umfassenden und langfristigen Beziehungen zwischen Unternehmen und Subunternehmen", dessen Status zwischen *rein marktwirtschaftlich* strukturierten Beziehungen unter verschiedenen Unternehmen einerseits und den *hierarchisch* strukturierten Beziehungen innerhalb eines Unternehmens andererseits angesiedelt ist.[20]

Die eben vorgestellten Überlegungen von Williamson und Granovetter haben gezeigt, wie das Problem sozialer Ordnung die Form des Problems hoher Transaktionskosten annehmen kann und welche Möglichkeiten der Lösung dafür bereitstehen. Dauerhafte Kooperationsbeziehungen, die im Grenzfall die Form eines Quasiunternehmens annehmen können und/oder die Einbettung von Geschäftsbe-

---

20   So Granovetter 2000, 193 in Anschluß an Eccles 1981, 339f.

ziehungen in ein verzweigteres soziales Netzwerk, dem die Vertragspartner angehören, erschienen dabei am besten geeignet, eine vertrauensvolle und kostengünstige Kooperation zu erreichen. Die Verlagerung von Transaktionen in den Binnenkontext eines Unternehmens erschien demgegenüber als sekundäre Lösungsmöglichkeit für den Fall, daß die zuvor genannten Möglichkeiten nicht zur Verfügung stehen. Die situativen Bedingungen innerhalb eines bestimmten Marktsektors entscheiden darüber, welche dieser Lösungen zugänglich sind und, als Folge besonders häufiger Nutzung, das Erscheinungsbild dieses Sektors prägen.

Klassische Theoriestücke der Soziologie, wie etwa Webers Analyse der *protestantischen Sekten* (vgl. dazu Weber 1978, Bd.I, 209ff.), lassen sich leicht in den Kontext dieser Überlegungen integrieren. Die protestantischen Sekten können verstanden werden als besonders effektive *Netzwerke*, die *Vertrauenswürdigkeit als Nebenprodukt* religiöser Gemeinschaftsbildung erzeugen und damit einen wesentlichen Beitrag zur Lösung des Problems sozialer Ordnung im Bereich ökonomischen Handelns leisten. Im Gegensatz zum religiösen Organisationstypus der *Kirche*, bei dem die Mitgliedschaft nicht an die Erfüllung anspruchsvoller normativer Kriterien gebunden ist, verstand sich die protestantische *Sekte* als Gemeinschaft von Auserwählten, deren religiöse Qualifikation sich in einem gottgefälligen Lebenswandel bewähren mußte.[21] Gravierende sittliche Verfehlungen ließen sich deshalb mit der Mitgliedschaft in einer solchen Glaubensgemeinschaft nicht vereinbaren. Der Aufnahme eines Mitgliedes ging eine genaue Prüfung seines bisherigen Lebenswandels voraus. Sündiger Lebenswandel hatte den Ausschluß zur Folge. Charakteristisch für die Sekten des asketischen Protestantismus war deren ausgeprägte Erwerbsethik. Kontinuierliche, harte Berufsarbeit galt als gottgefällig, Besuch von Wirtshaus und Theater, Glücksspiel, Ausschweifungen und Verschwendung waren ebenso verpönt, wie unlautere Geschäftspraktiken. Ökonomischer Erfolg wurde gedeutet als Anzeichen dafür, daß der Gläubige im Stande der Gnade war. *Rechtschaffenheit gegenüber jedermann* war dabei unbedingtes Gebot, dessen Einhaltung ebenso durch die Glaubensgemeinschaft kontrolliert wurde, wie die Beachtung anderer Gebote. Die Mitgliedschaft in einer Sekte *attestierte deshalb die Vertrauenswürdigkeit* einer Person.

Auf *religiösen Motiven* gründend,[22] fungierten die protestantischen Sekten so als *Netzwerke*, die - als nicht beabsichtigtes *Nebenprodukt* - ein *ökonomisch verwertbares Vertrauenskapital* erzeugten, an dem alle Mitglieder partizipierten. Dieses Kapital

---

21 Dabei begreift sich die protestantische Sekte als Verband, der gegenüber Gott solidarisch für die "Reinhaltung des Abendmahls von Unwürdigen" haftet (Weber 1978, Bd.I, 225). Zugleich ist die Teilnahme am Abendmahl für jedes Mitglied religiöse Pflicht. Aus diesen Prämissen folgt die Notwendigkeit der kontinuierlichen wechselseitigen Kontrolle der Sektenmitglieder.

22 D.h. in letzter Instanz: Gespeist aus der Furcht, der erhofften ewigen Seligkeit, nie endende Höllenqualen erdulden zu müssen. Es geht also durchaus um Motive, die mit dem Prinzip der egoistischen Nutzenmaximierung übereinstimmen. Wer glaubt, für den ist es rational, im Diesseits auf vieles zu verzichten, um die Gewißheit zu erlangen, daß er im Jenseits das ewige Heil erreichen wird. - Ob er die nötige *Willensstärke* aufbringt, auf die Befriedigung seiner kurzfristigen Interessen zugunsten seiner langfristigen Interessen zu verzichten, ist freilich eine andere Frage, die sich allerdings auch bei irdischeren Problemen stellt (so z.B., wenn es um gegenwärtigen Konsumverzicht zugunsten des Aufbaus einer ausreichenden finanziellen Altersversorgung geht).

machte die Angehörigen der protestantischen Sekten zu *gesuchten Geschäftspartnern*, die gegenüber jedem Akteur, der nicht Mitglied in einer solchen Glaubensgemeinschaft war, über einen *gewichtigen Konkurrenzvorteil* verfügten. Wer wirtschaftlich erfolgreich sein wollte, strebte deshalb die Aufnahme in eine Sekte an.[23] Demgegenüber bedeutete der Ausschluß wegen ethischen Fehlverhaltens "Verlust der Kreditwürdigkeit und soziale Deklassierung" (Weber 1978, Bd.I, 211f.). Webers Analyse macht damit deutlich, wie Netzwerke, die aus völlig anderen Gründen entstanden sind, gleichsam in Dienst genommen werden, um Vertrauensprobleme im Bereich ökonomischen Handelns zu lösen,[24] die verstanden werden können als Erscheinungsform des Problems sozialer Ordnung.

Mit Analysen, wie ich sie in diesem Abschnitt skizziert habe, bereichert der Rational Choice-Ansatz die Diskussion der Frage, wie soziale Ordnung möglich ist, um interessante und wesentliche Gesichtspunkte. Die vorgestellten Ergebnisse lassen die Parsonssche These, nach der soziale Ordnung *notwendig* die Internalisierung von Normen voraussetzt, nicht mehr zwingend erscheinen. Internalisierung als Phänomen muß deshalb nicht bestritten werden. Der Gewinn für die soziologische Diskussion ist vielmehr darin zu sehen, daß die Frage nach funktionalen Äquivalenten dafür offen gehalten und es als *empirische* Frage behandelt werden kann, inwiefern die Internalisierung von Normen zur Lösung des Problems sozialer Ordnung beiträgt bzw. beitragen muß.

Parsons versuchte mit *theoretischen* Argumenten nachzuweisen, daß das Problem sozialer Ordnung in einer Gesellschaft rationaler Egoisten, denen es nur um die Maximierung des eigenen Nutzens geht, nicht zu lösen sei. Unter solchen Bedingungen sei der Hobbessche Zustand des "Krieges aller gegen alle" nicht zu überwinden. Gemeinsam akzeptierte und befolgte Normen könnten hier nicht entstehen oder zumindest nicht auf Dauer stabilisiert werden, weil jede sich bietende Möglichkeit, individuelle Vorteile durch normwidriges Handeln zu erzielen, genutzt werde. Eine dauerhafte, durch Normen regulierte Kooperation zwischen rationalen Egoisten wäre demnach unmöglich.

Die Parsonssche Lösung des Ordnungsproblems leidet freilich an einer ähnlichen Schwäche, wie die von Hobbes. Beide versuchen, das Ordnungsproblem in einem "großen Sprung" zu lösen.[25] Durch Norminternalisierung bzw. staatliche Herrschaft erscheint ein Zustand gesellschaftlicher Ordnung erreicht, ohne daß dabei Raum bliebe für eine Analyse, die *den Übergang* von einem Zustand ohne die Existenz gemeinsam anerkannter Normen zur Herausbildung einer sozialen Ord-

---

23 Vgl. dazu Weber 1978, Bd.I, 211, der - gestützt auf Beobachtungen während eines Amerikaaufenthaltes, die er (a.a.O., 209) auf das Jahr 1904 datiert - feststellt: "Es kamen diejenigen (und im allgemeinen *nur* diejenigen) geschäftlich hoch, welche methodistischen oder baptistischen oder anderen *Sekten* (oder sektenartigen Konventikeln) angehörten." Weber konstatiert dabei freilich einen stetigen Rückgang der Bedeutung der Religiosität.

24 Ein anderes Beispiel dafür ist die bevorzugte Nutzung von Familie und Verwandtschaft zur Rekrutierung vertrauenswürdigen Personals bei den Merchant Banken der Londoner City (vgl. Coleman 1995, Bd.1, 140).

25 Vgl. dazu u.a. Binmore 1994, 120; Coleman 1995, Bd.1, 312; Junge 1998, 31.

nung beleuchtet.[26] Parsons setzt die Existenz sozialer Normen immer schon voraus, ohne den Prozeß ihrer Entstehung und kontinuierlichen Stabilisierung empirisch zu untersuchen.

Rational Choice genügt dies nicht. Unter der Prämisse nutzenmaximierender Akteure erscheinen stabile Normen als eine eher unwahrscheinliche und deshalb besonders erklärungsbedürftige Einrichtung. Wie eine nutzentheoretische Erklärung *der Entstehung und Stabilisierung* sozialer Normen aussehen kann, will ich im nächsten Abschnitt an einem Fallbeispiel vorführen, bei dem die Bedingungen der Ausgangssituation nicht weit entfernt sind von der Hobbesschen Vorstellung eines vorgesellschaftlichen, normlosen "Naturzustandes".

7.5 Die Evolution von Normen unter Bedingungen der Feindschaft und des Kampfes: Ein Fallbeispiel

Wie oben gezeigt, lassen sich die Bedingungen der Kooperation zwischen nutzenmaximierenden Akteuren nach dem Muster eines Gefangenendilemmas darstellen. Diese Bedingungen haben zur Folge, daß nicht-kooperatives Verhalten für beide Akteure die rationalste Strategie ist. Wie ebenfalls gezeigt, ändert sich dieser Befund aber, wenn die Akteure davon ausgehen können, daß das 'Spiel' nicht auf eine Runde ("one-shot-game") beschränkt bleibt, sondern eine unbestimmte Anzahl weiterer Durchgänge folgen wird. Unter dieser Voraussetzung eines sogenannten *iterierten Gefangenendilemmas* erscheint es für beide rational, miteinander zu kooperieren. *Netzwerke* und daran anknüpfende *Reputationseffekte* transformieren die Struktur der Situation von einem *Zwei-Personen-Spiel* in eine soziale Beziehung, in die mittelbar eine *Vielzahl von Personen* involviert sind und verstärken so den Anreiz zur Kooperation.

Bisher haben wir hauptsächlich Beispiele untersucht, in denen die Möglichkeit von Täuschung und Betrug in Kontexten der Zusammenarbeit zum Problem wird. Im folgenden soll exemplarisch vorgeführt werden, wie das Modell des iterierten Gefangenendilemmas als Instrument zur Erklärung der Entstehung und Stabilisierung von Normen unter Bedingungen *der Feindschaft und des Kampfes* verwendet werden kann, um so die Erklärungskraft von Rational Choice unter verschärften Voraussetzungen zu prüfen. Ich wähle dazu ein Fallbeispiel, das von Robert Axelrod (1995, 67ff.) stammt und das der Hobbesschen Vorstellung eines normlosen Kriegszustandes zwischen rationalen Egoisten möglichst nahe kommt. Bei den ein-

---

26 Die Hobbessche Konstruktion eines Naturzustandes des "Krieges aller gegen alle", der durch Gesellschaftsvertrag in den Zustand herrschaftlich garantierter Ordnung überführt wird, ersetzt eine solche Erklärung durch die Fingierung eines von allen Akteuren übereinstimmend gefaßten Entschlusses, eine Vereinbarung zu treffen *und zu halten* und damit auf die Gewinne, die durch Gewalt und Betrug zu erreichen wären, aus freien Stücken *zu verzichten*. Faktisch wird hier die Annahme egoistischer Nutzenmaximierung aufgegeben und damit *gerade nicht* erklärt, wie eine normative Ordnung zwischen egoistisch motivierten Akteuren entstehen kann.

ander gegenüberstehenden Akteuren handelt es sich allerdings nicht um einzelne Personen, sondern um die Einheiten feindlicher Heere.

Ort des Geschehens ist die westliche Front im ersten Weltkrieg. Auf der Grundlage britischer Quellen untersucht Axelrod ein Interaktionsmuster, das sich an vielen Abschnitten der Front im Stellungskrieg zwischen englischen und deutschen Soldaten etabliert hatte. Worum es geht, macht der Bericht eines britischen Stabsoffiziers deutlich, der während einer Inspektion der Front bemerkt, er habe

"...mit Erschrecken festgestellt, daß deutsche Soldaten in Reichweite unserer Gewehre hinter ihren eigenen Linien umhergehen. Unsere Leute schienen davon keine Notiz zu nehmen. Ich beschloß, nach Übernahme der Stellung diese Dinge abzustellen; so etwas sollte nicht erlaubt werden. Diesen Leuten war offensichtlich nicht klar, daß sie sich im Krieg befanden. Beide Seiten glaubten anscheinend an die Politik des 'Leben und leben lassen'" (Dugdale 1932, 94, hier zitiert nach Axelrod 1995, 67).

Das hier beschriebene *"System des Leben-und-leben-lassens"* ist das Interaktionsmuster, das genauer untersucht und erklärt werden soll. Dieses Muster zeigte sich in unterschiedlicher Weise: z.B. durch wechselseitigen Beschuß, der so gerichtet war, daß er keinen Schaden anrichtete; durch Beschießung bestimmter Stellen in einer bestimmten, immer wiederkehrenden Reihenfolge, so daß es für die Beschossenen berechenbar war, wann welche Stelle unter Beschuß genommen würde und sie entsprechende Vorsichtsmaßnahmen treffen konnten; oder durch Beginn und Beendigung des Beschusses zu immer derselben Uhrzeit. Eine besonders deutliche Variante notiert der folgende Bericht eines Augenzeugen:

"In einem Abschnitt war die Zeit von acht bis neun Uhr morgens 'Privatangelegenheiten' gewidmet, und bestimmte durch einen Wimpel gekennzeichnete Stellen galten für die Scharfschützen beider Seiten als verboten" (Morgan 1916, 270f., hier zitiert nach Axelrod 1995, 71).

Derartige, auf dem Wege offener Verständigung mit Hilfe von Signalen arrangierte Waffenruhen konnten freilich durch die Heeresleitung leicht erkannt, verboten und sanktioniert werden. Einige Soldaten, die gegen die entsprechenden Verbote verstießen, wurden vor ein Kriegsgericht gestellt, ganze Bataillone wurden bestraft (Axelrod 1995, 71). Hintergrund dafür waren divergierende Interessen: Das Interesse der Einheiten an der Front richtete sich auf die *Minimierung der eigenen Verluste.* Die Oberkommandos sowohl der britischen und französischen als auch der deutschen Armee gingen hingegen davon aus, daß nur unaufhörliche Angriffe zum Sieg führen könnten und *Verluste dafür in Kauf genommen* werden müßten. Das jeweilige Oberkommando versuchte deshalb, jede Vereinbarung einer Waffenruhe mit dem Feind zu unterbinden. Die Fronteinheiten wichen daraufhin auf weniger auffällige Formen der Kooperation aus. In einem englischen Bericht über einen bestimmten Frontabschnitt wird z.B. notiert, daß die Deutschen

"...ihre offensiven Operationen mit einer taktvollen Mischung aus gleichbleibendem und schlecht gezieltem Beschuß" ausführten, "der einerseits die Preußen zufrieden stellt und andererseits Thomas Atkins keine ersthaften Schwierigkeiten macht" (Hay 1916, 206, hier zitiert nach Axelrod 1995, 78).

Umgekehrt wird von deutscher Seite über den abendlichen Artilleriebeschuß durch die Briten berichtet:

"Er begann um sieben - so pünktlich, daß man seine Uhr danach stellen konnte. ... Er hatte immer das gleiche Ziel, sein Umfang war genau bemessen, er wich nie zur Seite aus oder schlug vor oder hinter dem Ziel ein. ... Es gab sogar ein paar Vorwitzige, die (kurz vor sieben) herauskamen, um die Einschläge zu sehen" (Koppen 1931, 135-137, hier zitiert nach Axelrod 1995, 78).

Derartige Strategien der verdeckten Kooperation waren durch die Heeresleitungen weit schwerer zu kontrollieren. Der *Beschuß* des Feindes signalisierte gegenüber dem eigenen Oberkommando Kampfbereitschaft. Die *skizzierten Muster* des Beschusses signalisierten der gegnerischen Einheit zugleich, daß man bemüht war, die Einschläge für sie berechenbar zu machen und Schäden zu vermeiden. Dabei mußte freilich verhindert werden, daß beim Gegner der Eindruck entstand, die Harmlosigkeit des Beschusses sei nicht auf absichtsvolle Schonung, sondern auf bloße Unfähigkeit zurückzuführen. Andernfalls hätte, was als Kooperationsbeitrag intendiert war mit dem Ziel, den Gegner zu derselben Zurückhaltung zu veranlassen, leicht als Anreiz zu verschärften Attacken gegenüber einem scheinbar ungefährlichen Gegner wirksam werden können. Aktionen, die eigens darauf zugeschnitten erscheinen, diese *mögliche Mißdeutung* zu verhindern, lassen sich ebenfalls nachweisen:

"Deutsche Scharfschützen bewiesen den Briten z.B. dadurch ihre Tüchtigkeit, daß sie solange auf den Flecken an einer Mauer schossen, bis sie ein Loch durchgebrochen hatten ... . Ähnlich führte die Artillerie oft mit einigen genau gezielten Schüssen vor, daß sie bei Bedarf mehr Schaden anrichten konnte" (Axelrod 1995, 72).

Jede Seite versuchte so, ihr Kampfverhalten auf eine Weise einzurichten, daß es für die Gegenseite *als vorsätzlicher Verzicht auf eine ernsthafte Schädigung* zu erkennen war, dessen Fortsetzung daran gebunden war, daß der Gegner sich ebenso kooperativ verhielt. Tat er dies nicht, wurde mit scharfen Sanktionen reagiert.[27] Weil beide Seiten durch Aktionen des Gegners auf annähernd gleiche Weise verwundbar waren und keiner kurzfristig in der Lage war, im Kampf die Oberhand zu gewinnen, konnte jede Seite erwarten, daß eine Schädigung des Gegners auf die angreifende Seite zurückfallen würde. Oder mit den Worten eines englischen Soldaten: "Den anderen Unannehmlichkeiten zu machen, ist nur ein umständlicher Weg, sie sich selbst zu bereiten" (Sorley 1919, 283, hier zitiert nach Axelrod 1995, 76). Umgekehrt konnte jede Seite erwarten, daß eigene Zurückhaltung auch den Gegner zur Zurückhaltung veranlassen würde.

---

27 "Nachts verlassen wir die Schützengräben... Die deutschen Arbeitskommandos sind ebenfalls draußen, es gilt daher nicht als die feine Art, zu schießen. Wirklich gefährlich sind Gewehrgranaten... Sie können bis zu acht oder neun Männer töten, wenn sie in einen Graben fallen... Aber wir benutzen unsere nie, es sei denn, die Deutschen werden besonders laut, denn bei ihrer Art, Vergeltung zu üben, kommen drei für jede von uns zurück" (Greenwell 1972, 16-17, hier zitiert nach Axelrod 1995, 72).

Als Auslöser für das sich Einspielen derartiger komplementärer Verhaltenserwartungen mit normativem Status konnte jedes Verhalten dienen, das als absichtsvolle Vermeidung schädigender Kampfhandlungen gedeutet werden konnte und dem Gegner die Möglichkeit gab, sich mit einer analogen Vermeidung aggressiver Handlungen zu revanchieren. Weil beide Seiten *ein übereinstimmendes Interesse* an der (zumindest befristeten) Einschränkung der Kampfhandlungen hatten, war es sehr wahrscheinlich, daß entsprechende Gesten der Zurückhaltung ausgeführt sowie aufmerksam registriert und mit passenden Reaktionen beantwortet wurden. Wie leicht es unter diesen Voraussetzungen zu kooperativer Zurückhaltung beider Seiten kommen konnte, verdeutlicht das folgende Zitat:

> "Ein anderer Weg, auf dem wechselseitige Zurückhaltung beginnen konnte, ergab sich durch Schlechtwetterperioden. Wenn es stark genug regnete, waren größere aggressive Aktionen fast unmöglich. Oft kam es auf diese Weise durch das Wetter zu Waffenruhen, in denen die Truppen nicht aufeinander schossen. Wenn das Wetter besser wurde, wurde das Verhaltensmuster wechselseitiger Zurückhaltung manchmal einfach fortgesetzt" (Axelrod 1995, 71).

Was hier berichtet wird, ist die koordinierte Erzeugung einer sozialen Gesamthandlung in drei Zügen, wie wir sie aus Meads Modell der Gestenkommunikation bereits kennen. Dabei wird das erste Verhalten, die einseitige Unterlassung erwarteter Kampfhandlungen *(Geste)*, durch die *Reaktion* als konditionale Ankündigung mit dem Inhalt gelesen, "Wir werden uns mit Kampfhandlungen zurückhalten, sofern ihr das auch tut". Zugleich wird das einleitende Verhalten durch die zu dieser Deutung passenden Reaktion zur kooperativen Gesamthandlung der 'Aussetzung des Kampfes' ergänzt. Gleichgültig, ob die einleitende Zurückhaltung tatsächlich als konditioniertes Angebot beabsichtigt war oder ob diese Zurückhaltung ganz andere Gründe hatte, vielleicht gar nicht als Mitteilung an den Gegner intendiert war und die zugeschriebene Interpretation deshalb nur auf einem Mißverständnis gründete: Die Reaktion ergänzt dieses Verhalten zu einer Sequenz, welche *objektiv* die Merkmale einer intentional und kooperativ erzeugten Gesamthandlung erfüllt. Sie kann deshalb von beiden Seiten so gelesen und auf passende Weise vervollständigt werden. Die Fortdauer der Unterlassung von Kampfhandlungen als *Anschlußhandlung*, die auf die Reaktion folgt (und damit an dritter Sequenzposition steht), hat hier eine dreifache Funktion:

1) Sie *erfüllt die Ankündigung* fortdauernder Friedlichkeit unter der Voraussetzung komplementärer Friedlichkeit auf Seiten des Gegners und *vervollständigt* so die soziale Gesamthandlung, die durch die einleitende Unterlassung von Kampfhandlungen eröffnet wurde.

2) Sie *bestätigt damit die Interpretation,* die dem einleitenden Verhalten durch die Reaktion zugeschrieben worden ist.

3) Gestützt auf die erzeugte Gesamthandlung kann jede Seite zukünftig *mit höherer Zuverlässigkeit antizipieren,* welche Erwartungen die andere mit einer initialen Aussetzung von Kampfhandlungen verbindet; mit jeder weiteren Verhaltensabstimmung gleicher Art werden diese wechselseitigen Erwartungen dann *reproduziert.*

Die Situation, in der sich die einander gegenüberstehenden feindlichen Heere befinden, entspricht nicht nur dem Meadschen Modell der Gestenkommunikation, sondern erfüllt auch die Kriterien einer *Situation "doppelter Kontingenz" im Sinne von Parsons* (vgl. oben, Bd.1, Kap.2.7):[28] Die Verhaltensstrategie jeder Seite erscheint bedingt durch die Verhaltensstrategie der anderen. Beiden Seiten ist bekannt, daß die andere sich nur dann auf die gewünschte Weise verhalten wird, wenn man ihre Verhaltenserwartungen erfüllt. Beide versuchen unter diesen Prämissen durch die Wahl ihres eigenen Verhaltens zu steuern, welches Verhalten die andere Seite wählt. Beide Seiten orientieren sich in ihrem Verhalten an einem *System komplementärer normativer Verhaltenserwartungen*, dem "System des Leben-und-leben-lassens", das sich in ihrer vergangenen Interaktion herausgebildet hat und das sie durch Sanktionierung abweichenden Verhaltens immer wieder stabilisieren. Die Entstehung und Reproduktion dieses Systems ist freilich - und hier liegt die Differenz zu Parsons - nicht an die Internalisierung dieser Verhaltenserwartungen gebunden. Die unmittelbare Sichtbarkeit abweichenden Verhaltens sowie die vorhandenen Möglichkeiten wechselseitiger Sanktionierung und deren konsequente Nutzung reichen dazu aus.

Die so etablierten Normen der Kooperation waren hinreichend robust, um auch bei kontinuierlichem Austausch des Personals auf beiden Seiten aufrecht erhalten zu werden. In einem Rhythmus von acht Tagen wurde ein Bataillon durch ein anderes ersetzt. Die Angehörigen der alten Einheit hatten freilich die Gelegenheit, die nachrückenden Soldaten mit den örtlichen Gegebenheiten vertraut zu machen:

> "Die einzelnen Details der stillschweigenden Abmachungen mit dem Feind wurden erklärt. Doch manchmal reichte es bereits aus, wenn ein Veteran dem Neuling klarmachte: 'Der Deutsche ist kein schlechter Kerl. Laß' ihn in Ruhe, dann läßt er Dich in Ruhe'" (Axelrod 1995, 73).

Das beschriebene System komplementärer Erwartungen konnte auf diese Weise erfolgreich über wechselnde 'Generationen' von Soldaten hinweg *tradiert* werden. Abweichungen innerhalb der eigenen Reihen waren aufgrund des Eigeninteresses jedes einzelnen unwahrscheinlich. 'Draufgängernaturen' konnten durch die eigenen Kameraden diszipliniert werden. Die enge wechselseitige Abhängigkeit der Soldaten innerhalb des einzelnen Bataillons voneinander sicherte das dazu notwendige Kontroll- und Sanktionspotential. Gewisse Schwierigkeiten ergaben sich freilich aus den unterschiedlichen Handlungsbedingungen von Infanterie und Artillerie, weil die Artillerie den Vergeltungsschlägen des Feindes in wesentlich geringerem Umfang ausgesetzt war als die Infanterie:

> "Infolgedessen waren Infanteristen meist besonders besorgt um die vorgeschobenen Artilleriebeobachter. So bemerkte ein deutscher Artillerist über die Infanterie: 'Wenn sie irgendeinen Leckerbissen übrig haben, schenken sie ihn uns, zum Teil natürlich deshalb, weil sie merken, daß wir sie beschützen.' So sollte die Artillerie dazu gebracht werden, den Wunsch der Infanterie zu respektieren,

---

28 Dies überrascht allerdings nicht, ist die Struktur "doppelter Kontingenz" doch im Meadschen Modell signifikanter Gestenkommunikation bereits impliziert.

keine schlafenden Hunde aufzuwecken. Ein neuer vorgeschobener Artilleriebeobachter wurde von den Infanteristen häufig mit dem Wunsch begrüßt: 'Ich hoffe, Du beginnst keinen Ärger.' Die beste Antwort war: 'Nicht, ohne daß *Du* es willst'... . Dies zeigt die doppelte Rolle der Artillerie bei der Erhaltung wechselseitiger Kooperation mit dem Feind: Passivität, solange keine Provokation auftrat und sofortige Vergeltung, wenn der Feind den Frieden störte" (Axelrod 1995, 73).

Axelrods Fallbeispiel demonstriert, daß Kooperation auch zwischen Feinden möglich ist und *zwischen feindlichen Gruppen Normen entstehen können*, die von beiden Seiten anerkannt werden. Man mag dagegen einwenden, daß es sich hier um einen Sonderfall handelt, der nicht verallgemeinert werden kann. Für die Einzelheiten des Beispiels trifft dies sicher ebensogut zu, wie für die Einzelheiten jedes anderen. Die Grundstruktur der Situation entspricht jedoch, wie schon oben erwähnt, dem Modell des *iterierten Gefangenendilemmas* und damit einem Strukturmuster von hohem Allgemeinheitsgrad.

Diese Struktur wurde zerstört, als das britische Oberkommando die Durchführung von Stoßtruppunternehmen anordnete. Bei diesen Unternehmungen handelte es sich um überraschende Angriffe auf die feindlichen Gräben, die mit 10 bis 200 Soldaten ausgeführt wurden und für die der Befehl galt, die feindlichen Soldaten entweder zu töten oder gefangen zu nehmen. Anders als bisher war es unter diesen Voraussetzungen nicht mehr möglich, Kampfaktivitäten gegenüber dem eigenen Kommando vorzutäuschen:

"Wenn ein Stoßtrupp Erfolg hatte, konnten Gefangene gemacht werden, war er ein Fehlschlag, dann waren Verluste der Beweis für den Versuch" (Axelrod 1995, 74).

Bei der Durchführung eines Stoßtruppunternehmens mit dem Feind zu kooperieren war deshalb unmöglich. Mit der *Blockierung der Möglichkeit zur Kooperation* wurde die zentrale Voraussetzung des "Systems des Leben-und-leben-lassens" zerstört. Die Angriffe provozierten Vergeltung. Erzeugte die Kooperation zuvor geradezu ein Interesse am Wohlergehen des Feindes, so trat an dessen Stelle jetzt der Wunsch nach Rache für die gefallenen Kameraden (vgl. Axelrod 1995, 77). Axelrod (a.a.O.) spricht in diesem Zusammenhang ausdrücklich von einer "Rache-Ethik", weist also dieser Reaktion einen explizit *moralischen Status* zu.

Entsprechendes stellt er auch für die vorausgegangene Situation gegenseitiger Kooperation fest. Axelrod sieht Anzeichen dafür, daß das "System des Leben-und-leben-lassens" zum Anknüpfungspunkt für die Entwicklung moralischer Empfindungen bei den Beteiligten wird, d.h. er registriert *Indizien für eine beginnende Internalisierung* der gemeinsamen Verhaltenserwartungen. Als Beleg dafür erwähnt er den folgenden Bericht eines britischen Offiziers:

"Ich trank gerade Tee bei der Kompanie A, als wir lautes Geschrei hörten. Wir gingen nach draußen, um zu sehen, was vorgefallen war. Unsere Männer und die Deutschen standen auf der Brustwehr. Plötzlich schlug eine Salve ein, die jedoch keinen Schaden anrichtete. Beide Seiten gingen natürlich in Deckung, und unsere Leute fluchten über die Deutschen. Auf einmal kletterte ein mutiger Deutscher auf seine Brustwehr und rief, 'Wir bedauern das sehr. Hoffentlich wurde niemand verletzt. Es war nicht unsere Schuld. Es war die verfluchte preußische Artillerie'" (Rutter 1934, 29, hier zitiert nach Axelrod 1995, 77).

Axelrod sieht in diesem Verhalten nicht nur den Versuch, die drohende Vergeltung abzuwenden. In diesem Verhalten spiegele sich darüber hinaus "moralisches Bedauern über einen Vertrauensbruch und Besorgnis darüber, jemand könnte verletzt worden sein" (Axelrod 1995, 77).

Diese Deutung ist sicherlich nicht zwingend. Die Äußerung des deutschen Soldaten drückt zwar Empörung über die Aktion der preußischen Artillerie sowie Besorgnis über die mögliche Schädigung von Menschenleben aus. Doch auch dann, wenn man die Aufrichtigkeit dieser Äußerung unterstellt, bleibt offen, inwiefern Empörung und Besorgnis tatsächlich auf den Vertrauensbruch *gegenüber den Engländern* und die Gefährdung des Lebens *englischer* Soldaten gerichtet sind, oder ob sich diese Reaktion nicht ausschließlich auf die Gefährdung *deutscher* Soldaten und damit *des Sprechers selbst* durch das Handeln der eigenen Artillerie bezieht.

Diese Zweideutigkeit indiziert freilich eine Unschärfe, die nicht nur für den Beobachter gegeben sein muß, sondern vielleicht auch aus der psychischen Binnenperspektive des deutschen Soldaten nicht aufzulösen ist. Erinnern wir uns an die oben zitierte Feststellung eines englischen Soldaten, nach der "den anderen Unannehmlichkeiten zu machen" nur "ein umständlicher Weg" sei, "sie sich selbst zu bereiten". Gemünzt auf das Verhalten der deutschen Artillerie heißt dies, daß die Gefährdung des Lebens englischer Soldaten zugleich die Gefährdung des Lebens deutscher Soldaten bedeutet. *Diese Koinzidenz* ist ein Merkmal der Situation und hat zur Folge, daß aus der Perspektive des deutschen Soldaten ein Artillerieangriff auf englische Soldaten mit der Bedrohung des Lebens deutscher Soldaten und damit zugleich seines eigenen Lebens *faktisch zusammenfällt*. In einer Situation, in der die eigenen Interessen und die Interessen anderer übereinstimmen, ist es rational, *sich die Interessen des anderen zu eigen zu machen* und auf deren Beeinträchtigung *auf dieselbe Weise zu reagieren,* wie auf jede *unmittelbare* Beeinträchtigung der eigenen Interessen. Egoistisches Nutzenkalkül und die Sorge für das Wohlergehen anderer kommen hier miteinander zur Deckung.

Die *situationsstrukturell* erzeugte *Identität der Interessen* könnte so dazu führen, daß Akteure lernen, sich mit den Interessen anderer Akteure *zu identifizieren.* Der einzelne Soldat könnte dadurch ebenso lernen, sich die Interessen seiner Kameraden und seiner Einheit zu eigen zu machen wie auch die koinzidierenden Interessen des Gegners. Die Interessen anderer und die damit verknüpften Verhaltenserwartungen würden dann im Parsonsschen Sinne *internalisiert*. Die Präferenzen des Akteurs würden sich verändern. Er begänne, die Beeinträchtigung fremder Interessen als Beeinträchtigung eigener Interessen zu erleben und empfände selbst Befriedigung, wenn die Interessen anderer erfüllt werden. Sein Verhalten würde sich dann entsprechend ändern. Es würde nicht mehr einem rein egoistischen Nutzenkalkül folgen, sondern auch die Interessen anderer berücksichtigen und dafür sogar Kosten und Nachteile in Kauf nehmen. Der *rationale Egoist* könnte sich auf diese Weise zum (begrenzten) *Altruisten* wandeln. Inwiefern wäre aber eine solche Hypothese noch mit dem Rational Choice-Ansatz zu vereinbaren?

Es ist nicht ganz klar, ob die eben formulierten Überlegungen das treffen, was Axelrod meint, wenn er den Ausruf des deutschen Soldaten als Ausdruck moralischen Bedauerns und der Sorge um das Leben der Engländer bewertet. In jedem Falle aber machen die Äußerungen Axelrods deutlich, daß er *mit der Möglichkeit der Entwicklung einer kooperativen Moral als Folge einer zunächst egoistisch motivierten Kooperation* rechnet. Gelänge es, diese These schlüssig zu explizieren, dann hätten wir eine *rational choice-theoretische Rekonstruktion des Parsonsschen Konzepts der Internalisierung* vor uns. Ansätze dazu lassen sich auch bei anderen Autoren finden. Auf die Frage, wie eine solche Rekonstruktion aussehen könnte, werden wir später ausführlicher zurückkommen.

Zuvor möchte ich meine Aufmerksamkeit auf einen weiteren Phänomenbereich richten, bei dem man annehmen kann, daß der Rational Choice-Ansatz an die Grenzen seiner Erklärungskraft stößt. Ich meine Phänomene, die meist als Paradebeispiele für emotional gesteuertes *irrationales Verhalten* gelten, wie etwa das panische Verhalten von Menschenmassen in Katastrophensituationen. Am Beispiel einer *Fluchtpanik*, wie sie häufig beim Ausbruch eines Brandes auftritt, möchte ich prüfen, welche Möglichkeiten der Erklärung Rational Choice hier anzubieten hat. Dabei greife ich auf entsprechende Analysen von James S. Coleman zurück.

7.6   Fluchtpaniken als Ergebnis rationalen Verhaltens

Stellen wir uns vor, in einem voll besetzten Theater wird Feueralarm ausgelöst. Eine Stimme ertönt aus dem Lautsprecher, die das Publikum auffordert, langsam den Saal zu verlassen. Allmählich breitet sich Brandgeruch aus. Man hört einige Schreckensrufe. Da gerät die Menge in Bewegung. Menschen stürzen dem Ausgang zu. Einige stolpern, fallen und werden von den Nachfolgenden niedergetrampelt. Die Menschenmasse staut sich an den Ausgängen. Manche werden von den Nachdrängenden durch den Ausgang katapultiert. Wer die Öffnung verfehlt, wird so heftig gegen die Wand gepreßt, daß es ihm den Atem nimmt. Schon sind einige Ausgänge durch am Boden liegende Körper kaum noch passierbar. Die Masse stockt, ändert die Richtung, um nach anderen Auswegen zu suchen. Aber ohne Erfolg. Diejenigen, die in der Mitte des Saales saßen, laufen, außer sich vor Angst, orientierungslos hin und her. Doch nirgends öffnet sich ein Ausweg durch die Menschenmauer ringsum. Ein Entkommen scheint nicht mehr möglich. - Am nächsten Tag berichten die Zeitungen über einen kleinen Brand in einem Theater, der eine Panik unter den Besuchern ausgelöst habe. Einige Menschen seien erdrückt und viele verletzt worden. Durch den Brand selbst, der rasch gelöscht werden konnte, sei jedoch niemand zu Schaden gekommen. Hätten alle die Anweisung der Stimme aus dem Lautsprecher befolgt und den Saal langsam verlassen, so der Bericht, wäre niemandem etwas passiert.

Katastrophen dieser Art, bei denen Menschen zum Opfer einer ausbrechenden Panik werden, ereignen sich immer wieder. Sie scheinen deutlich zu demonstrieren, wie irrational das Verhalten von Menschen in Großgruppen häufig ist. Nicht vernünftige Überlegung scheint dabei das Verhalten des einzelnen zu bestimmen, sondern blinde Angst, die sich gleichsam auf dem Wege psychischer Ansteckung,

oder mit einem Ausdruck aus der Verhaltensforschung, durch "Stimmungsüber-
tragung" unter den Gliedern einer Menschenmasse ausbreitet. Nicht das einzelne
Individuum, sondern 'die Masse' erscheint als Instanz der Handlungssteuerung. Wo
sollten sich hier Ansatzpunkte für eine rational choice-theoretische Erklärung
finden?

Irrational erscheint vor allem das Ergebnis, das durch das Zusammenwirken des
Verhaltens vieler einzelner zustandekommt. Diese Betrachtungsperspektive ist jedoch ungeeignet, um festzustellen, inwiefern das Verhalten des einzelnen Akteurs
in Anbetracht der Situation, wie sie sich für ihn darstellt, als rational oder irrational zu beurteilen ist. Wie wir oben gesehen haben, ist es für eine Situation, die der
Struktur eines Gefangenendilemmas mit einer Spielrunde entspricht, charakteristisch, daß ein Verhalten aller Beteiligten, das auf egoistische Nutzenmaximierung
bedacht ist, zu einem suboptimalen kollektiven Resultat führt. Könnte es sich hier
nicht ähnlich verhalten?

Tatsächlich analysiert Coleman eine *Fluchtpanik als Gefangenendilemma*.[29] Modelltheoretisch vereinfacht hat dabei jeder Akteur die Wahl zwischen einer kooperativen und einer nicht-kooperativen Strategie: Er kann entweder, wie in dem beschriebenen Beispiel durch die Lautsprecherstimme gefordert, zum Ausgang *gehen*,
oder er kann versuchen, durch *Rennen* schneller als andere den Ausgang zu erreichen. Muß er befürchten, bei der Entscheidung für 'Gehen' nicht rechtzeitig aus
dem Kino zu kommen, ist 'Rennen' die rationale Strategie. Man könnte deshalb
annehmen, daß mit wachsender Entfernung zum Ausgang die Wahrscheinlichkeit
wächst, daß Personen sich für 'Rennen' entscheiden, weil sie nur so mit hinreichender Sicherheit hoffen können, Gesundheit und Leben in Sicherheit zu bringen.

Das ist freilich zu einfach gedacht. Die Situation ist erheblich komplexer, weil
die Chancen jedes Akteurs, den Ausgang rechtzeitig zu erreichen, (1) von dem
Verhalten der anderen Akteure abhängig ist, (2) jeder das Verhalten der anderen
beobachten kann und (3) jeder deshalb annehmen muß, daß sein Verhalten Rückwirkungen auf das Verhalten anderer haben kann. Die *wechselseitige Interdependenz*
des Verhaltens hat zur Folge, daß ein rationaler Akteur mit ins Kalkül ziehen muß,
wie sich die Situation für ihn durch die Auswirkungen seiner Verhaltenswahl auf
die Entscheidungen der anderen verändert.

Befindet sich ein *Akteur nahe am Ausgang*, dann kann er durch 'Rennen' u.U.
so rasch ins Freie gelangen, daß die Reaktion anderer, die daraufhin ebenfalls zu
rennen beginnen, ihn nicht mehr beeinträchtigen kann. Der *Anreiz zu rennen* ist
für die Personen, die ohnehin schon in der Nähe des Ausgangs sind, freilich eher
gering, können sie doch ohnehin damit rechnen, rechtzeitig ins Freie zu kommen.
Darüber hinaus bedeutet Rennen in einer Situation, in der ausdrücklich zu ruhigem
Verlassen des Kinos aufgefordert worden ist, abweichendes Verhalten. Ein solches
Verhalten kann von anderen als Indikator für Ängstlichkeit, Undiszipliniertheit
und Rücksichtslosigkeit beobachtet werden und Reaktionen wie abschätzige Blicke,

---

29 Vgl. zum folgenden Coleman 1995, Bd.1, 262ff. sowie 1995, Bd.3, 297ff.

Kopfschütteln und Verärgerung provozieren, die *soziale Mißbilligung* anzeigen und als *Sanktionen* erfahren werden. Sofern ein rational kalkulierender Akteur davon ausgeht, daß er durch Rennen keinen wesentlichen Vorteil erreichen wird, kann schon die Erwartung derartig schwacher Sanktionen ausreichen, um ihn davon abzuhalten, dieses Verhalten zu wählen.

Grundsätzlich anders ist die Situation für *diejenigen Kinobesucher, die weit vom Ausgang entfernt sind*. Für sie ist die Gefahr, einen Schaden an Leib und Leben zu erleiden, erheblich größer. Dementsprechend steigt der Anreiz, sich für 'Rennen' zu entscheiden. Zugleich aber müssen diese Kinobesucher befürchten, daß ihr Rennen andere Kinobesucher veranlassen könnte, ebenfalls zu rennen. Eine dadurch ausgelöste Fluchtpanik würde ihre Chancen, den Ausgang rechtzeitig zu erreichen, sehr stark beeinträchtigen. Im Ergebnis wird deshalb ein rationaler Akteur, sofern er damit rechnet, daß andere ihr Verhalten wesentlich an seinem Verhalten orientieren, unter diesen Voraussetzungen die Alternative 'Gehen' wählen. Dies gilt freilich nur so lange, wie andere auch gehen. Sobald andere zu rennen beginnen, wird er auch rennen müssen, um seine Chancen nicht noch weiter zu verschlechtern.

Ordnen wir die verschiedenen Verhaltenskombinationen zwischen dem Verhalten *eines Akteurs X, der weit vom Ausgang entfernt ist*, und dem Verhalten einer großen Anzahl anderer Akteure nach ihrer Vorzugswürdigkeit, dann ergibt sich daraus die folgende Matrix:

Tafel 7.5: Eine Fluchtpanik als Gefangenendilemma

Andere Akteure

		Gehen	Rennen
Akteur X	Gehen	(2) zweitbeste Variante für X	(4) schlechteste Variante für X
	Rennen	(1) beste Variante für X	(3) drittbeste Variante für X

Für X wäre es die günstigste Variante, wenn er 'Rennen' (die unkooperative Strategie) wählen könnte und die anderen weiterhin gehen (d.h. sich kooperativ verhalten) würden. Bedingt durch die Sichtbarkeit und Interdependenz des Verhaltens der Akteure ist es sehr unwahrscheinlich, daß diese Kombination, die der Variante (1) entspricht, realisiert werden kann.

Erheblich besser sind die Chancen für Variante (2). Sofern X davon ausgeht, daß sein Verhalten das Verhalten anderer beeinflußt, ist es für ihn rational zu gehen. Weil jeder einzelne Kinobesucher sich in Relation zu den anderen in der Position von Akteur X befindet, ist es für alle Kinobesucher, die weit vom Ausgang entfernt sind, rational zu gehen.[30] Dies gilt freilich nur, solange auch die anderen gehen. Variante (2) ist deshalb eine Kombination, die zustandekommen kann, aber *wenig stabil* ist.

Es genügt, daß einige Akteure zu rennen beginnen, um andere Akteure, die darauf bedacht sein müssen, die für sie schlechteste Variante (4) zu verhindern, ebenfalls zum Rennen zu veranlassen und dadurch die Variante (3) herbeizuführen. Im Ergebnis ist also sowohl die Variante (2), d.h. *geordnetes Verlassen des Kinos*, wie auch Variante (3), d.h. *panikartige Flucht aller Besucher* zu den Ausgängen möglich. Dabei können kleine Störungen genügen, um die Situation des geordneten Hinausgehens in eine Fluchtpanik umkippen zu lassen. Eine Transformation in entgegengesetzter Richtung ist demgegenüber nach den Prämissen von Rational Choice äußerst unwahrscheinlich, weil sich dazu eine Vielzahl von Akteuren dafür entscheiden müßte, vom Rennen zum Gehen zurückzukehren und dies inmitten einer allgemeinen Fluchtbewegung. Dies aber würde bedeuten, daß sie eine Strategie wählen, bei der sich ihr Nutzen gegenüber der vorausgegangenen Situation verringert und auf den niedrigsten möglichen Wert sinkt.

Dabei ist der Zustand, bei dem alle Akteure gehen, auch deshalb in besonderem Maße labil, weil jeder Akteur weiß, daß dann, wenn die anderen zu rennen beginnen, der daraus für ihn entstehende Nachteil umso größer sein wird, je später er sich selbst dazu entschließt, ebenfalls loszurennen. Zusätzlich ist zu berücksichtigen, daß in einer Situation, in der keiner genau weiß, wie groß die von einem Brand ausgehende Gefahr für die Kinobesucher wirklich ist, das Rennen der anderen Akteure leicht als Indikator dafür gedeutet werden kann, daß diese die Gefahr als sehr hoch einschätzen. Unter Bedingungen extremer Unsicherheit in der Beurteilung der Gefahr wird ein rationaler Akteur seine Gefahreneinschätzung an die angenommene Einschätzung der anderen anpassen, weil er damit rechnen muß, daß sie über Informationen verfügen, über die er nicht verfügt und weil eine Überschätzung der Gefahr für ihn geringere Risiken birgt, als deren Unterschätzung. Es muß deshalb angenommen werden, daß jeder Akteur schon bei relativ schwachen Anzeichen, die darauf hindeuten, daß die anderen rennen werden, dazu neigt, selbst loszurennen.

Dadurch steigt die Wahrscheinlichkeit, daß schon geringfügige Anlässe ausreichen, um die Situation in eine Fluchtpanik umschlagen zu lassen. Die Situation wird *hochgradig empfindlich für Zufälle*, die einen plötzlichen Strukturwandel verursachen können. Jemand stolpert z.B., fällt nach vorne, macht eine Reihe rascher Schritte, um sich zu fangen. Ein zweiter registriert nur die beschleunigte Bewegung an seiner Seite, sieht darin den möglichen Beginn einer allgemeinen Flucht, beginnt deshalb seinerseits zu rennen, was wiederum andere dazu veranlaßt, loszurennen etc. Beginnend mit einer *Fehldeutung*, einem bloßen *Mißverständnis*, kann so eine Kettenreaktion ausgelöst werden, die in eine Panik mündet.

---

30 Die Analyse konzentriert sich auf die weiter vom Ausgang entfernten Personen, weil für diejenigen, die nahe am Ausgang plaziert sind, aus den oben genannten Gründen ohnehin kein großer Anreiz besteht, von vornherein die Alternative 'Rennen' zu wählen.

Die skizzierte Struktur der Situation entspricht der eines *iterierten Gefangenendilemmas* mit einer Vielzahl beteiligter Personen, bei dem die Anzahl der Runden der Anzahl der Zeitpunkte entspricht, die zwischen dem Feueralarm und dem Entkommen aus dem Kino liegen.[31] Zu jedem Zeitpunkt hängt das Verhalten eines Akteurs X von dem Verhalten ab, das er zum unmittelbar vorausgegangenen Zeitpunkt bei anderen Akteuren beobachtet hat. Umgekehrt muß er damit rechnen, daß sein Verhalten zu einem gegebenen Zeitpunkt das Verhalten anderer zum nächstfolgenden Zeitpunkt beeinflußt. Dabei haben wir unterstellt, daß die Belohnungsstruktur für alle Individuen im wesentlichen identisch ist, jeder sein Verhalten vom Verhalten der anderen abhängig macht und jeder unterstellt, daß jeder sein Verhalten vom Verhalten der anderen abhängig macht. Darüber hinaus haben wir vorausgesetzt, daß die wechselseitige Abhängigkeit des Verhaltens so geartet ist, daß schon die Verhaltensänderung eines einzelnen für andere u.U. ausreichen *kann*, um sie ebenfalls zur Veränderung ihres Verhaltens zu veranlassen.[32] Schließlich müssen wir jedem Akteur die Annahme unterstellen, daß sein Losrennen hinreichend rasch dazu führt, daß eine genügende Anzahl anderer losrennt, so daß sein Schaden daraus tatsächlich größer ist, als der erwartete Nutzen seines Rennens.[33]

Die Liste der Unterstellungen, die zu dem dargestellten Ergebnis führt, ließe sich leicht noch verlängern. Daß alle diese Voraussetzungen in einer empirisch gegebenen Situation erfüllt sind, erscheint alles andere als selbstverständlich. Dabei kann jede Änderung der Annahmen darüber, welche Voraussetzungen ein Akteur der Auswahl seines Verhaltens zugrunde legt, eine erhebliche Änderung des resultierenden Gesamtverhaltens aller Akteure zur Folge haben. Versuchen wir, dies gedankenexperimentell zu erproben.

Nehmen wir an, der Feueralarm wird in einem Großraumbüro ausgelöst, in dem viele Personen arbeiten, die einander kennen und die in der Vergangenheit immer wieder an Feueralarmübungen beteiligt waren, bei denen sie nach Auslösung eines Probealarms in kürzester Frist das Büro auf geordnete Weise verlassen mußten.[34] Jeder weiß deshalb, welches Verhalten von ihm erwartet wird, weiß auch, daß die anderen dies wissen und hat in der Vergangenheit eine realistische Einschätzung darüber gewonnen, wie rasch alle das Gebäude verlassen können, ohne zu rennen. Dadurch wird sich die Bewertung der Gefahrensituation vermutlich erheblich ändern. Insbesondere kann jeder Akteur nun erwarten, daß die anderen - zumindest solange keine außergewöhnlich dramatischen Gefahrensignale zu erkennen sind - *gehen* werden. Vor diesem Hintergrund wird das Rennen eines einzelnen eher als abweichendes Verhalten registriert und nicht so leicht als Anzeichen dafür ge-

---

31 Vgl. Coleman 1995, Bd.3, 312, der dort jedoch zunächst mit einem vereinfachten Spiel operiert, an dem nur zwei Personen beteiligt sind.

32 Wäre dies nicht der Fall, könnte jeder einzelne annehmen, daß sein Rennen allein nicht ausreicht, um die anderen zum Rennen zu veranlassen und deshalb losrennen mit dem Resultat, daß alle rennen würden.

33 Andernfalls könnte er ja hoffen, den Ausgang zu erreichen, bevor die anderen ebenfalls zu rennen beginnen. Das aber würde wiederum für alle Akteure ein Anreiz sein, von vornherein zu rennen.

34 Zur Auswirkung von Feueralarmübungen vgl. Coleman 1995, Bd.3, 325f.

wertet, daß im nächsten Moment auch andere Personen beginnen werden, loszurennen. Damit *verringert sich die Zufallsempfindlichkeit* der Situation. Insgesamt wird es so wahrscheinlicher, daß *alle gehen*; zugleich *gewinnt* diese Situation erheblich *an Stabilität*.

Ändern wir den Ort des Geschehens ein weiteres Mal und nehmen an, daß der Feueralarm in einem Offizierscasino der Armee ausgelöst wird. Die für Offiziere geltenden *Normen*, die Gelassenheit, Selbstkontrolle und überlegtes Handeln auch in Situationen verlangen, in denen das eigene Leben gefährdet ist, verbieten jedes panikartige Verhalten. Ein Offizier, der rennen würde, würde *sich als Offizier disqualifizieren*, weil er den weit stärkeren psychischen Belastungen, denen er im militärischen Kampf ausgesetzt wäre, offensichtlich nicht gewachsen ist und müßte mit scharfen Sanktionen rechnen. Unter diesen Umständen verändern sich die zu erwartenden Auszahlungen für die einzelnen Akteure so stark, daß sie *relativ unabhängig vom Verhalten anderer* die Verhaltensalternative 'Gehen' wählen. Die Situation, in der alle Akteure gemessenen Schrittes den Ort der Gefahr verlassen, könnte dann ein hohes Maß an Stabilität aufweisen.

In den bisher behandelten Varianten haben wir angenommen, daß die Akteure bei ihrer Entscheidung zwischen 'Rennen' und 'Gehen' sich entweder am Verhalten der anderen orientieren (Beispiel Kinobesucher bzw. Büroangestellte) oder sich relativ unabhängig vom Verhalten anderer auf eine Alternative festlegen (Beispiel Offiziere). Coleman diskutiert eine dritte Möglichkeit, nämlich die Übertragung der Kontrolle über das eigene Verhalten auf *ausgewählte Einzelpersonen*. Nehmen wir an, um auch diese Variante plastisch zu illustrieren, der Feueralarm würde im *Bordrestaurant eines Luxusliners* während eines Abendessens ausgelöst, bei dem auch der *Kapitän* zugegen ist. Ähnlich, wie ein Armeeoffizier, unterliegt auch der Kapitän eines Schiffes der durch Sanktionen gestützten *normativen Erwartung*, daß er in einer Gefahrensituation gelassen bleibt und überlegt handelt. Dabei ist er zugleich im Katastrophenfall für die Einleitung der notwendigen Schutz- und Evakuierungsmaßnahmen verantwortlich und für diese Aufgabe ausgebildet. Die Passagiere können entsprechende Erwartungen an den Kapitän richten und darauf vertrauen, daß er den Überblick über die Situation behält und am besten weiß, was zu tun ist. Die Anwesenheit eines verantwortlichen *Rollenträgers*, der für die Regulierung der Gefahrensituation 'zuständig' und hinreichend befähigt erscheint, rückt diesen Akteur ins Zentrum der Aufmerksamkeit und erzeugt die Möglichkeit, daß die Mehrheit der Akteure *ihr Verhalten in der Gefahrensituation abhängig macht von dem Verhalten und den Anweisungen dieser Person*, weil sie annehmen können, daß ihre Interessen auf diese Weise am besten gewahrt werden.

Je größer die Unsicherheit der Passagiere ist, wie sie sich am besten verhalten sollen, desto größer ist auch die Chance, daß sie die Entscheidung über ihr Verhalten abhängig machen von einem Akteur, der aus der Perspektive vieler dazu prädisponiert erscheint, eine derartige Situation sachkompetent und zum Wohle aller zu regulieren. Die *Existenz einer passenden sozialen Rolle*, an die derartige normative Erwartungen und Kompetenzzuschreibungen adressiert werden können, strukturiert hier die Situation auf eine Weise vor, die dem Träger dieser Rolle einen hohen Einfluß auf das Verhalten der anderen Akteure zufallen läßt. Diesen Einfluß kann er nutzen. Er kann ihn freilich ebenso durch unsicheres und ungeschicktes Verhalten, das allen deutlich macht, daß er die in ihn gesetzten Erwartungen nicht erfüllen kann, verspielen.

Was aber, wenn nur ein Teil der Passagiere sich an den Anweisungen des Kapitäns orientiert und sich anschickt, in Ruhe das Restaurant zu verlassen, während die Mehrzahl ihm nicht vertraut, die Gefahr als sehr hoch einschätzt und deshalb glaubt, nur durch Rennen den Ausgang rechtzeitig erreichen zu können? Diejenigen, die die Kontrolle über ihr Verhalten dem Kapitän übertragen haben, geraten dann in eine Situation, die der Variante (4), d.h. der ungünstigsten Variante der obigen Auszahlungsmatrix entspricht: Sie gehen, während die anderen rennen und müssen deshalb damit rechnen, daß sie als letzte entkommen werden. Zwar ist anzunehmen, daß sie dies bemerken werden und dann auch zu rennen beginnen. Weil sie dies aber später als die meisten anderen tun, geraten sie gleichwohl in eine ungünstigere Situation als diejenigen, die sofort losgerannt sind. Die von ihnen zunächst gewählte Strategie erweist sich nachträglich, *bedingt durch die Verhaltenswahlen anderer*, als falsch. Sie maximiert nicht den Nutzen der Akteure, und es erscheint *im nachhinein* nicht mehr rational, diese Strategie gewählt zu haben. Daran wird deutlich, daß *Rationalität in einer Situation der Verhaltensinterdependenz*, in der der Erfolg eines Verhaltens von dem Verhalten anderer abhängt, *nicht unabhängig von den Strategiewahlen der anderen Akteure* bestimmt werden kann. Ob die Entscheidung eines Akteurs rational ist, läßt sich daher ohne Kenntnis der Strategiewahl anderer Akteure nicht mehr beurteilen.[35]

Um diese These auch an den anderen Konstellationen zu illustrieren: Für einen Akteur, der vom Ausgang weit entfernt ist, ist es nicht rational, loszurennen, wenn er annehmen muß, daß andere seinem Beispiel folgen werden und die Chance besteht, daß kein anderer rennt, wenn er nicht rennt. Nehmen wir hingegen an, daß die anderen selbst dann nicht rennen werden, wenn er rennt, dann hat er die Möglichkeit, durch Rennen tatsächlich den Ausgang auf Kosten der anderen rascher zu erreichen und so durch nicht-kooperatives Verhalten einen Zusatzgewinn zu erhalten. Dies entspricht der günstigsten Variante (1) unserer Auszahlungsmatrix. Diese Konstellation könnte z.B. gegeben sein, wenn bei einem Brand in einem Offizierskasino wenige Zivilisten anwesend sind. Weil die Zivilisten nicht mit den Sanktionen rechnen müssen, die den Offizieren drohen, weil die Zivilisten außerdem erwarten können, daß die Offiziere auch dann nicht rennen, wenn die Zivilisten rennen, und weil die Zahl der Zivilisten so gering ist, daß sie alle rennen können, ohne einander wesentlich zu behindern, ist es für die Zivilisten rational zu rennen.[36]

---

35 Zur Erinnerung: In der Grundversion des Gefangenendilemmas besteht eine solche Abhängigkeit nicht. Dort gibt es eine dominante Strategie, welche die bestmögliche Antwort auf *jede* mögliche Strategiewahl des bzw. der anderen darstellt.

36 Genau genommen liegt in diesem Falle zwischen Zivilisten und Offizieren keine Verhaltensinterdependenz vor, weil die Offiziere ihr Verhalten nicht vom Verhalten der Zivilisten abhängig machen. Für einen Akteur, der sein Verhalten rational zu kalkulieren versucht, besteht das Problem jedoch

(Fortsetzung...)

In dieser Konstellation wäre es freilich auch möglich, daß einige Offiziere das Verhalten der Zivilisten als Anhaltspunkt für die Größe der Gefahr deuten und (z.B. weil die Zeit ihrer Verpflichtung als Soldat ohnehin kurz vor dem Ende steht) Sanktionen weniger fürchten müssen als andere. Diese Offiziere könnten sich veranlaßt sehen, dem Beispiel der Zivilisten zu folgen. Dadurch könnten andere Offiziere (deren Verpflichtungsdauer noch ein oder zwei Jahre beträgt) zu einer ähnlichen Gefahreneinschätzung veranlaßt werden und zugleich registrieren, daß ihre eigenen Chancen, rechtzeitig zu entkommen, sich durch die Zahl der Rennenden bereits verschlechtert haben und deshalb selbst losrennen, um einer weiteren Verschlechterung ihrer Chancen zuvorzukommen. Dies könnte schließlich eine Kettenreaktion auslösen, bei der zuletzt auch diejenigen Offiziere rennen, für die zu erwartenden Sanktionen am meisten ins Gewicht fallen.

Die Ablaufdynamik ergibt sich bei dieser letzten Variante daraus, daß die unterschiedliche Bewertung der Kosten als Folge von Sanktionen für verschiedene Offiziere *unterschiedliche Schwellenwerte* erzeugt, bei deren Überschreiten ein Wechsel der Strategie für den einzelnen Akteur rational wird: Der einzelne Offizier wird erst dann zu rennen beginnen, wenn er die Gefahr sowie das Risiko einer weiteren Verschlechterung seiner Chancen zu entkommen so hoch einschätzt, daß die daraus erwarteten Kosten die zu erwartenden Kosten durch Sanktionen übersteigen. Sich *so spät* zum Rennen entschlossen zu haben würde sich aber *im nachhinein* als Fehler herausstellen, weil dann daraus Nachteile entstanden sind, die durch früheres Rennen vermeidbar gewesen wären.

Die Vielzahl der Möglichkeiten mag verwirrend erscheinen, aber diese Verwirrung spiegelt nur die *Variabilität möglicher Situationen*, in denen rationale Nutzenmaximierung unter der Voraussetzung der *Verhaltensinterdependenz* realisiert werden soll. Wenn Ego seinen Nutzen nur dann maximieren kann, wenn er bei seiner Entscheidung das Verhalten anderer berücksichtigt, und wenn Ego zugleich damit rechnen muß, daß sein eigenes Verhalten das Verhalten der anderen beeinflußt, dann hängt alles davon ab, daß er zutreffende Annahmen über die Erwartungen und Nutzenkalküle der anderen entwickelt. Aber wie ist das möglich? Wie kann ein Akteur das Verhalten anderer Akteure berechnen, ohne deren individuelle Wahrnehmung der Situation, den Nutzen, den sie verschiedenen Verhaltensalternativen zuschreiben und die Kosten, mit denen sie rechnen, genau zu kennen? Dieser Frage wollen wir uns nun zuwenden.

---

36 (...Fortsetzung)

gerade darin, wie er in einer Situation *potentieller* Verhaltensinterdependenz zuverlässig erkennen kann, ob und in welcher Weise andere ihr Verhalten von seinem Verhalten tatsächlich abhängig machen.

7.7   Grenzen rationaler Kalkulation in Situationen doppelter Kontingenz und die Notwendigkeit sozio-kulturell vorgegebener Erwartungserleichterungen

Antworten auf diese Frage kennen wir bereits aus der Behandlung der Theorieansätze von Parsons, Mead, Schütz und von Garfinkels Ethnomethodologie: *Sozial generalisierte Werte, Normen und Deutungsmuster* (Parsons), welche die kulturelle Komponente jedes Handelns definieren; die Konstruktion eines *generalisierten anderen* (Mead), der die innerhalb einer Gemeinschaft gemeinsam geteilten Erwartungen, Interpretationen und Handlungsmuster umgreift, *Typisierungen* und *konstitutive Regeln bzw. Erwartungen* (Schütz und Garfinkel), die Teil des Alltagswissens sind. Diese Einrichtungen unterscheiden sich weniger dem Inhalte nach als in den Bezeichnungen, welche die jeweiligen Theoretiker bevorzugen. Gemeinsam ist ihnen vor allem die ihnen zufallende Funktion: Sie sollen es ermöglichen, das Handeln anderer Akteure erfolgreich zu antizipieren und das eigene Handeln darauf abzustimmen. Als Erklärungen für die *Stabilität* dieser Einrichtungen haben wir - neben der Erklärung durch Sanktionen - vor allem *psychische Internalisierung* und darauf gründende innere Kontrolle (Parsons), die *ungeprüfte Überschätzung der sozialen Geltung* von normativen und kognitiven Erwartungen (Garfinkel) sowie die *Notwendigkeit der Unterstellung und Erfüllung* bestimmter Erwartungen als Bedingung der Möglichkeit erfolgreicher Kommunikation und Kooperation (Garfinkel) kennengelernt. Während Parsons die Ergänzungsbedürftigkeit sozialer Kontrolle durch psychische Selbstkontrolle betont, hebt Garfinkel vor allem die Momente der *Routinisierung* und der *Alternativlosigkeit* bestimmter Unterstellungen hervor. Im Rahmen des Rational Choice-Ansatzes finden sich Versuche, diese Antworten aufzugreifen und auf theoriekonforme Weise umzudeuten.

Betrachten wir zunächst, wie Garfinkels Analysen assimiliert werden: Diejenigen Regeln und Normen, deren Beachtung unerläßliche Voraussetzung gelingender Verständigung und Zusammenarbeit ist (unabhängig davon, ob die Teilnehmer uneingeschränkt kooperieren oder einander zu betrügen versuchen), werden von den Akteuren im eigenen Interesse eingehalten. Insofern ihre Interessen an diesem Punkt übereinkommen, ist die Struktur eines *Kooperationsspiels* erfüllt, so daß Konformität hier durch *Nutzenerwägungen* gesichert wird. Die ungeprüfte, routinisierte Unterstellung der sozialen Geltung von Normen reagiert auf *Anforderungen der Informationsverarbeitung*. Für die Ermittlung und Bewertung von Informationen muß Zeit aufgewendet werden, die als *Kostenfaktor* in die Nutzenkalkulation eingeht. Um die sonst nicht zu bewältigenden Informationsverarbeitungslasten auf ein handhabbares Maß zu reduzieren, benötigen die Akteure *Erwartungserleichterungen*, die es ihnen ermöglichen, bestimmte Verhaltensselektionen bei anderen als wahrscheinlich zu unterstellen, ohne die je besondere Situation und die daraus folgenden Nutzenkalküle der anderen nachvollziehen zu müssen. Eingeschliffene *Typisierungen von Situationen und darauf zugeschnittene Praktiken*, soziale *Normen*, *Rollen*stereotype und *generalisierte Überzeugungen* erfüllen wesentlich diese Funktion.[37] Sie reduzieren den Aufwand für die Gewinnung von Informationen, der sonst nötig wäre, um tragfähige Annahmen über das Verhalten anderer zu entwikkeln und erzeugen so auf kostengünstige Weise ein hinreichendes Maß an *Erwartungssicherheit*, das als Orientierungsgrundlage für die Bestimmung des eigenen Verhaltens verwendet werden kann.

Um dies noch einmal an den behandelten Beispielen zu veranschaulichen: Regelmäßige Feueralarmübungen rüsten Akteure mit einer *bewährten Typisierung der Situation und passenden Verhaltensmustern* aus, die ihnen die hinreichende Gewißheit vermitteln, im Brandfall den Ausgang früh genug zu erreichen, ohne rennen zu müssen, weil sie die dazu benötigte Zeit einzuschätzen wissen und erwarten können, daß die anderen, wie schon in den Übungen, ebenfalls gehen werden. *Normen*, wie am Beispiel der Offiziere behandelt, ermöglichen es, bestimmte Verhaltensweisen bei anderen als unwahrscheinlich auszuschließen und das eigene Verhalten unter dieser Prämisse zu wählen. Die Anwesenheit von *Rollenträgern*, zu deren Aufgaben es gehört, das Verhalten der Akteure innerhalb einer Situation zu lenken und die *Überzeugung*, daß sie diese Aufgabe im Regelfall erfüllen können, macht es dem einzelnen möglich, die Kontrolle über sein Verhalten diesem Rollenträger zu übertragen und dessen Anweisungen zu folgen.

Akteure können sich so auf ein umfangreiches *Repertoire sozio-kulturell institutionalisierter Prämissen* stützen, die ihnen als Erwartungserleichterungen dienen und sie in die Lage versetzen, auch in Situationen, in denen der Erfolg eines Verhaltens vom Verhalten anderer abhängig ist, rasch zu entscheiden, wie sie sich verhalten sollen. Situationen der Verhaltensinterdependenz können durch Gebrauch dieser Prämissen oft in eine kognitive Form gebracht werden, in der das Verhalten der anderen als feststehend behandelt und das eigene Verhalten unter dieser Voraussetzung gewählt wird. Im Grenzfall erscheint dabei auch das eigene Verhalten für den Akteur als durch die Situation determiniert. Die Situation scheint dann ein bestimmtes Verhalten 'zu verlangen', ohne daß Alternativen in Erwägung gezogen werden. Auf die Frage, ob dieser Grenzfall, in dem ja *keine rationale Wahl* mehr zu erkennen ist, noch mit Hilfe des Rational Choice-Ansatzes angemessen erfaßt werden kann, wird gleich noch zurückzukommen sein. Zuvor möchte ich die Frage behandeln, was passieren kann, wenn die erwähnten *Erwartungserleichterungen nahezu vollständig ausfallen*, so daß die Akteure im vollen Bewußtsein der wechselseitigen Abhängigkeit ihres Verhaltens das Verhalten anderer antizipieren und ihr eigenes Verhalten vor diesem Hintergrund bestimmen müssen.

In einer solchen Situation *doppelter Kontingenz*, so die auszuführende These, können leicht die Grenzen rationaler Kalkulation erreicht werden, weil ausreichende Informationen, die eine zuverlässige Antizipation der Reaktion(en) des (bzw.

---

37 Der Schützsche Begriff der "Typisierung" weist dabei den höchsten Allgemeinheitsgrad auf. Darunter fallen ebenso Begriffe, mit denen Objekte bzw. Situationen und ihre Merkmale kategorisiert werden, wie auch standardisierte (="typische") Ereignis- und Handlungsabläufe, die Normalitätserwartungen erzeugen und Handlungsmöglichkeiten vorzeichnen. Auch Normen, Rollen und generalisierte Überzeugungen lassen sich dem Konzept der Typisierung als Oberbegriff subsumieren. Vgl. dazu oben, Bd.1, Kap.4.4.

der) anderen erlauben, fehlen.[38] Die Spieltheorie operiert in solchen Fällen mit einer vereinfachenden Annahme, die es erleichtern soll, die Strategie der Spielpartner zuverlässig zu kalkulieren. Demnach kalkuliert jeder Akteur sein Verhalten unter der Prämisse, daß die anderen Teilnehmer ebenfalls die für sie am besten geeignete Strategie auswählen werden. In welche Probleme man mit dieser Annahme jedoch geraten kann, möchte ich wiederum an einem Beispiel verdeutlichen.[39]

Was sollte ein rational kalkulierender Studienanfänger, der sein Studienfach von der Nachfrage am Arbeitsmarkt abhängig machen will, tun, wenn er aus der Presse erfährt, daß - berechnet nach dem gegenwärtig abschätzbaren Bedarf und der aktuellen Anzahl der Studierenden einer Fachrichtung - in 5 Jahren ein Nachfrageüberhang nach Absolventen dieses Fachs bestehen wird? - Solange er nur den Inhalt der Nachricht im Blick hat, ist die Folgerung klar. Er wird dieses Fach, sagen wir, es sei Informatik, studieren. Offensichtlich entwickelt sich die Arbeitsmarktsituation jedoch nicht unabhängig von den Entscheidungen anderer. Zieht er das Verhalten anderer Studienanfänger in Betracht, muß er annehmen, daß diese - rationales Verhalten vorausgesetzt - zum gleichen Ergebnis kommen. Dann aber ist zu erwarten, daß der gegenwärtig prognostizierte Mangel an Informatikern sich in 5 Jahren in ein Überangebot an Absolventen dieser Fachrichtung verwandelt haben wird. Klare Schlußfolgerung daraus: Keinesfalls Informatik studieren! Nun, zu dieser Schlußfolgerung werden (Rationalität bei den anderen vorausgesetzt) auch die übrigen Studienanfänger kommen und es dann wohl ebenfalls bleiben lassen. Also doch Informatik studieren! Aber auch diese Überlegung werden die anderen anstellen und deshalb ... etc. ad infinitum.

Wäre es vielleicht klüger, sich 'antizyklisch' zu verhalten und ein Fach zu studieren, bei dem gegenwärtig eher ein Überangebot an Absolventen zu beobachten ist, in der Hoffnung, daß andere Studienanfänger sich dadurch von der Wahl

---

38 Zur Erinnerung: Situationen doppelter Kontingenz gelten bei Parsons (und - wie unten noch darzustellen sein wird - auch bei Luhmann) als Elementarform eines sozialen Systems. Der Ausdruck "doppelte Kontingenz" meint dabei den im Text erläuterten Umstand, daß Egos Verhaltenswahl abhängig ist ("is *contingent* on") von Alters Verhaltensauswahl und dieselbe Abhängigkeit in umgekehrter Richtung aus Alters Perspektive gilt. Die beiden Richtungen der Abhängigkeit addieren sich zu *doppelter Abhängigkeit* oder eben "doppelter Kontingenz". - Bei Luhmann erhält der Begriff der "Kontingenz", wie hier vorgreifend festzuhalten ist, freilich einen anderen Akzent. Er wird im Sinne der Scholastik durch die Negation der Begriffe "notwendig" und "unmöglich" gebildet. "Kontingent" ist ein Ereignis, das "möglich" ist, aber auch anders ausfallen kann. Jede Verhaltenswahl eines Akteurs erscheint uns in diesem Sinne "kontingent". Wenn nun Ego die eigene kontingente Verhaltenswahl mit Rücksicht auf seine Antizipation der ebenso kontingenten Verhaltenswahl Alters trifft und dabei zusätzlich berücksichtigen muß, daß Alter dasselbe tut, dann muß jede Auswahlentscheidung Egos verstanden werden als Ergebnis der Relationierung von Egos kontingenter Selektion zu Alters kontingenter Selektion oder kürzer, als Produkt einer Situation "doppelter Kontingenz".

39 Zu den Problemen rationalen Handelns unter den Bedingungen doppelter Kontingenz (d.h. bei voller Interdependenz des Verhaltens von Ego und Alter) vgl. auch Coleman 1995, Bd.3, 297ff. - Als kritischen Kommentar, der nachdrücklich auf die weitgehende Ausblendung von Situationen doppelter Kontingenz aus Colemans Analysen hinweist und die daraus resultierenden Einschränkungen der Leistungsfähigkeit rational choice-theoretischer Erklärungen darlegt, vgl. Junge 1998, 49ff. In welchem Ausmaß es unter rational choice-theoretischen Prämissen möglich ist, Beziehungen doppelter Kontingenz adäquat zu modellieren bzw. inwiefern sich hier möglicherweise eine Grenze für die Anwendung von Theorien rationaler Wahl abzeichnet, bleibt dabei eine offene Frage.

dieses Fachs abschrecken lassen werden und so in 5 Jahren ein Mangel an Absolventen dieses Fachs zu erwarten ist? Aber, wenn die anderen nur schlau genug sind, werden sie auch auf diese Idee kommen und das gleiche tun. Wenn aber alle diese Überlegung anstellen, werden sie auch die voraussichtlichen Folgen antizipieren können etc. Auch hier erreichen die Überlegungen unseres Studienanfängers kein Ende. Der Versuch, das voraussichtliche Verhalten der anderen zu antizipieren, führt in eine unabschließbare Reflexionsschleife. *Der Versuch rationaler Kalkulation scheitert an einem Unendlichkeitsproblem*, dem nur durch Reflexionsabbruch zu entkommen ist. Weil unser Studienanfänger eine Entscheidung treffen muß, die er auf rational durchkalkulierte Weise nicht treffen kann, *wird es für ihn rational, auf Rationalität zu verzichten*[40] und einfach mit einem Studium der Informatik, oder auch einer anderen Fachrichtung, die vielleicht seinen Neigungen mehr entspricht, zu beginnen.[41]

Das Beispiel scheint vielleicht übertrieben, weil wir im Regelfall, wenn wir versuchen, zwischen verschiedenen Verhaltensalternativen die günstigste zu ermitteln, nicht in derartige Unentscheidbarkeitsprobleme kommen. Das ist jedoch nur deshalb so, weil wir meist eine Fülle von Annahmen ohne nähere Prüfung unterstellen, auf die gestützt wir die Situation soweit vereinfachen können, daß wir es nicht mehr mit einer völlig offenen Situation doppelter Kontingenz zu tun haben. So könnte unser Studienanfänger etwa annehmen, daß Informatik ein Fach ist, für dessen Wahl sich viele, trotz guter Berufsaussichten, aus Gründen innerer Abneigung nicht entschließen können. Ebensogut könnte er annehmen, daß die Anforderungen dieses Studienfaches so hoch sind, daß hinreichend viele scheitern und aus dem Rennen ausscheiden werden, sofern sie sich zur Aufnahme dieses Studiums entschließen sollten. In beiden Fällen erschiene ihm der Erfolg der eigenen Verhaltensauswahl dadurch unabhängig vom Verhalten der anderen. Im ersten Fall würde die Annahme *abweichender Präferenzen* dazu führen, daß *die Interdependenz des Verhaltens tendenziell eliminiert* wird, im zweiten führt die Annahme von *Fähigkeitsdefiziten* zu demselben Resultat.

Sozio-kulturell verankerte Überzeugungen bzw. Deutungsmuster, Normen und Rollenstereotype, so haben wir festgestellt, stellen den Akteuren die Voraussetzungen zur Interpretation einer Handlungssituation zur Verfügung, die sie zu ihrer Orientierung benötigen. Erst auf der Grundlage der so erreichten *Situationsdefini-*

---

40 Das ist offensichtlich eine *Paradoxie*. Aber Paradoxien dieser Art sind unvermeidbar, wenn man es mit Verhältnissen der wechselseitigen Beobachtung und der Abhängigkeit des eigenen Handlungserfolgs vom Handeln anderer zu tun hat. Vgl. dazu (mit einem analogen Beispiel aus dem Bereich wirtschaftlichen Handelns) Luhmann 1988, 119f.

41 Sollte er vielleicht, nachdem er seinen Entschluß für ein Studienfach getroffen hat, die Entwicklung des Arbeitsmarkts und der Anzahl der Studienanfänger in seinem Fach regelmäßig beobachten, um zu prüfen, was die anderen Studienanfänger tun und wie sich der Bedarf an Absolventen seiner Fachrichtung verändert? Er könnte dann, sobald sichtbar wird, daß ein Überhang an Absolventen droht, seinen ursprünglichen Entschluß revidieren und das Fach wechseln! Aber wiederum steht er vor der Frage, ob nicht auch die anderen Studierenden in seiner Situation dieselbe Überlegung anstellen werden etc. und verheddert sich in den Fallstricken der Reflexion über die Reflexionen anderer und muß die Flucht in die nicht rational begründbare Entscheidung antreten.

tion ist es möglich, die Strategie der Nutzenmaximierung anzuwenden. Die Leistungsfähigkeit solcher Situationsdefinitionen kann freilich noch weiter reichen. Im Grenzfall rufen sie gleichsam *automatisch* bestimmte Verhaltensmuster ab, ohne daß dem eine *rationale Abwägung zwischen verschiedenen Alternativen* vorausgeht: Die Ampel springt auf rot, und der Kraftfahrer tritt, ohne darüber nachzudenken, auf die Bremse. Ein Auto rast auf den Fußgänger zu, und dieser springt, ohne etwas anderes in Erwägung zu ziehen, zur Seite. Inwiefern aber lassen sich Handlungen, bei denen keine Wahl festzustellen ist, mit Hilfe einer Theorie rationaler Wahl erklären?

Dafür spricht zunächst der *Nutzen* quasi-automatisch ablaufender Handlungsmuster und -routinen für den Akteur. Sie ersparen aufwendige Informationsverarbeitungsprozesse und ermöglichen dadurch Zeitgewinn. In vielen Situationen ist ein Handeln, das den Präferenzen des Akteurs Rechnung trägt, nur dann möglich, wenn es hinreichend rasch - und d.h. oft: ohne Überlegung - erfolgt. Die routinisierte Abwicklung einer Vielzahl von Handlungen hält Kapazitäten frei, die genutzt werden können, um in anderen Fällen, in denen Zeit genug ist und eine falsche Entscheidung hohe Folgekosten (bzw. den Verlust hoher möglicher Gewinne) nach sich ziehen könnte, verschiedene Handlungsalternativen durchzukalkulieren und dann diejenige auszuwählen, die den höchsten erwartbaren Nutzen verspricht. Oder pointierter formuliert: *Der durch Verzicht auf rationale Nutzenkalkulation erreichbare Gewinn kann für den Akteur weit größer sein, als jeder durch rationale Kalkulation erreichbare Nutzen.* Das Problem ist nur, wie kann er dies wissen?

Der Nutzen, der durch den Verzicht auf rationale Nutzenkalkulation zu gewinnen ist, läßt sich feststellen aus der *Perspektive des Beobachters*, der das gewählte Verhalten *mit anderen Möglichkeiten vergleicht*. Dieser Beobachter kann auch der Akteur selbst sein. So, wenn er im nachhinein denkt, "Wäre ich nicht ohne zu überlegen zur Seite gesprungen, hätte mich das Auto überfahren". Diese Überlegung, *nachträglich* vom Akteur oder durch einen anderen Beobachter angestellt, *erklärt* aber gerade *nicht*, wie der Akteur dazu kam, die vollzogene Handlung auszuführen. Der Rationalitätszusammenhang zwischen Handlung und Nutzen ist hier nur *objektiver* Art.[42] Insofern er dem Akteur zum Zeitpunkt des Handelns nicht bewußt war, kann ihm keine *kausale* Bedeutung für die Veranlassung zu dieser Handlung zukommen.[43] Für eine rational choice-theoretische Erklärung reicht ein derartiger, nur ex post oder durch einen Fremdbeobachter festzustellender Rationalzusammenhang nicht aus.[44] Sie muß nachweisen, *daß dieser Ratio-*

---

42 Max Weber würde hier von "objektiv-richtigkeitsrationalem" Handeln sprechen, dem jedoch keine "subjektiv-zweckrationale" Motivierung auf der Seite des Akteurs entspricht.

43 "Kausale Bedeutung" verstanden im Sinne des Konzeptes der *intentionalen Verursachung*, das die Verursachung eines Verhaltens durch den "subjektiven Sinn" (Weber) meint, der für den Akteur das "Motiv" (=der *Beweg*grund) für dessen Ausführung war. Vgl. dazu oben, Bd.1, Kap.1.

44 Wer sich hier mit der *objektiv-beschreibenden* Feststellung begnügt, das Verhalten der Akteure sei so beschaffen, *als ob* es durch rationale Abwägung zustande gekommen wäre (so z.B. Hechter/Opp/-Wippler 1990, 4), der vertagt dieses Problem entweder nur, *oder er verzichtet auf eine verstehende Er-*

(Fortsetzung...)

nalzusammenhang sich in irgendeiner Form, direkt oder indirekt, auf den Prozeß der Handlungsselektion auswirkte. Inwiefern dieser Nachweis geführt werden kann, möchte ich im folgenden anhand der rational choice-theoretischen Analyse des Prozesses der subjektiven Definition der Situation untersuchen, die Hartmut Esser vorgelegt hat.

7.8   Die Definition der Situation durch den Akteur und die Rationalität automatisierten Handelns

Um der Strategie rationaler Nutzenmaximierung in einer gegebenen Situation folgen zu können, muß ein Akteur ein *Modell der Situation* entwerfen, das Annahmen darüber enthält, welche der für ihn relevanten *Ziele* er in einer gegebenen Situation realisieren und welche *Handlungsalternativen* er als *Mittel* dazu einsetzen kann. Dabei werden von Esser zwei handlungsleitende *Generalziele* oder Bedürfnisse angenommen, nämlich "die Gewinnung von *sozialer Wertschätzung* und die Sicherung des *physischen Wohlbefindens*" (Esser 1996, 7), die in verschiedenen sozio-kulturellen Kontexten auf unterschiedliche Weise spezifiziert werden:

> "Die beiden Bedürfnisse können aber nicht unmittelbar befriedigt werden, sondern immer nur über - so wollen wir sie nennen - Zwischengüter. Die Zwischengüter, die Wohlbefinden und Wertschätzung erzeugen, sind - in gewissen 'natürlichen' Grenzen - stets *gesellschaftlich* definiert. Es sind die in einer Gruppe oder Gesellschaft anerkannten oder gar geforderten obersten Ziele des Handelns. Sie sollen als *primäre Zwischengüter* Z bezeichnet werden. ... Die Besonderheit der primären Zwischengüter ist, daß sie ihren Wert *nicht* von 'Natur' aus haben und 'allgemein' sind, sondern ihn erst durch *institutionelle* Definition erhalten. Nach ihnen streben innerhalb des Geltungsbereichs dieser Definition dann *alle* Akteure. Robert K. Merton meinte genau dies, als er von den *kulturellen Zielen* einer Gesellschaft als den 'designs of group living' sprach, um die sich alles dreht. Sie definieren die 'Präferenzen' der Menschen und ihre dominanten Ziele" (Esser 1996, a.a.O.; vgl. dazu auch Esser 1999, Bd.1, 110ff.).

Das Zitat zeigt, daß Rational Choice die Interessen von Akteuren weder auf gattungstypische natürliche Bedürfnisse zurückführen, noch davon ausgehen muß, daß diese Interessen jeweils individualspezifisch sind und deshalb in ihrer Gesamtheit äußerst heterogen ausfallen. Statt dessen wird in Anknüpfung an Positionen, wie sie uns von Weber, Parsons, Mead und Schütz bekannt sind, die *soziale Konstitution* der menschlichen Bedürfnisse und Handlungsziele ausdrücklich *vorausgesetzt*.

Als sozial konstituiert gelten auch die *routinisierten Modelle zur Deutung von Handlungssituationen*, die den Akteuren als Grundlage für die Konstruktion und Auswahl von Handlungsalternativen dienen. Jeder Akteur hat durch vergangene Erfahrung gelernt, bestimmte Merkmale und Ereignisse in seiner Umwelt als Anzeichen zu deuten, aus denen er die dazu benötigten Informationen entnehmen kann.

---

44 (...Fortsetzung)
  klärung, welche die subjektiven Voraussetzungen auf Seiten der Akteure identifiziert, die diese als-ob-Rationalität ermöglichten.

Die Wahrnehmung derartiger Anzeichen führt zu einer bestimmten subjektiven *Definition der Situation*, die durch die Selektion eines sogenannten *Frames* eingeleitet wird. Frames sind "drastisch vereinfachende ... gedankliche *Modelle* von typischen Situationen" (Esser 2001, Bd.6, 262).[45] Sie implizieren ein "*Oberziel*, um das es in der betreffenden Situation geht" (Esser 2001, Bd.6, 263). Den Frames sind bestimmte *Skripts* zugeordnet, d.h. mögliche Handlungssequenzen, mit denen die framespezifischen Ziele erreichbar erscheinen.[46]

Die Selektion von Frames und Skripts kann in verschiedener Weise erfolgen. Esser unterscheidet dazu vereinfachend zwei *Modi* der Entscheidung: "die *spontan-automatische* Aktivierung eines gedanklichen Modells ohne besondere Berücksichtigung von Konsequenzen und die *reflexiv-kalkulierte* Bildung einer 'Intention' mit dem Versuch, dabei möglichst systematisch die Konsequenzen des Handelns zu bedenken" (Esser 2001, Bd.6, 266). Zu einer reflexiv-kalkulierten Bewertung erwarteter Handlungsfolgen kann es etwa kommen, wenn die wahrgenommenen Merkmale einer Situation gleichzeitig zu verschiedenen subjektiven Modellen passen.

So z.B., wenn bei der Durchführung eines Forschungsprojektes für einen zahlungskräftigen Auftraggeber Ergebnisse anzufallen drohen, die den Interessen des Auftraggebers schaden, ihn deshalb verärgern und so eine bisher üppig sprudelnde Quelle der Forschungsförderung schlagartig zum Versiegen bringen könnten. Das Streben nach einwandfreien Forschungsresultaten und der Wunsch nach Sicherung des Ressourcenzuflusses geraten hier miteinander in Konflikt. Diese Ziele und die damit verknüpften Bewertungen sind Elemente unterschiedlicher *Frame-Modelle*. Der Konflikt zwischen den verschiedenen Frames kann zur Aktivierung des reflexiv-kalkulierenden Modus der Frame-Selektion führen, in dem dann zwischen den konkurrierenden Frame-Modellen entschieden wird. Eine reflexive Abwägung der Konsequenzen der Entscheidung ist dabei möglich, ohne dazu die für jedes dieser Ziele einschlägigen Handlungsalternativen bereits mit in die Abwägung einzubeziehen. Zu entscheiden ist zunächst nur die vorgelagerte Frage, ob der Akteur in dieser Situation als unabhängiger Forscher oder als Vertreter der Interessen seines Auftraggebers handeln will. Grundlage dafür sind die Nutzenerwartungen, die er mit diesen Zielen verknüpft. Wenn die Entscheidung über das Frame-Modell gefallen ist, kann das dazugehörige *Skript-Modell* im spontan-automatischen *Skript-Modus* aktiviert oder, z.B. wenn ein fix und fertiges Skript dafür nicht vorhanden ist, im reflexiv-kalkulierten Modus nach passenden Handlungsmöglichkeiten gesucht werden. Die Wahrnehmung von Situationsdaten führt so von der Aktivierung eines Frame-Modells (bzw. konkurrierender Frame-Modelle) und eines Frame-Modus zur Initialisierung eines Skript-Modells (bzw. konkurrierender Skript-

---

45 Mit einer terminologischen Anleihe bei der Systemtheorie bezeichnet Esser diese Modelle typischer Situationen auch als die "*kulturellen Systeme* ..., die bei der (Ko-)Konstitution der psychischen und sozialen Systeme als Verbindungsglieder fungieren" (Esser 2001, Bd.6, 262).

46 Wiederum in Anlehnung an Luhmanns Systemtheorie spricht Esser auch vom "Code" eines Frames, der die Bewertungen von möglichen Handlungsergebnissen festlege; ebenso bezeichnet er das Skript, das mit einem Frame verbunden ist, als dessen "Programm" (vgl. Esser 2001, Bd.6, 263).

Modelle) und eines Skript-Modus (vgl. Esser 2001, Bd.6, 267f.). Jeder dieser vier Selektionsschritte wird dabei nach Esser in Übereinstimmung mit der Selektionsregel der SEU- bzw. WE-Theorie prozessiert.[47]

Passen die wahrgenommenen Situationsdaten (anders als im gerade behandelten Beispiel) vollständig zu einem und nur einem Frame (Esser spricht in diesem Falle von einem "Match" des Frames, der annähernd gleich 1 ist), dann wird dieser im automatisch-spontanen Modus, d.h. ohne Alternativenbewußtsein, unmittelbar aktiviert. Ist dieser Frame mit einem fertigen Skript verbunden, das direkt abgerufen werden kann, dann prozessiert auch die Auswahl des Skript-Modells im automatisch-spontanen Modus. Unter diesen Voraussetzungen weiß der Akteur ohne vorausgehende Überlegung sofort, wie die Situation zu deuten und was zu tun ist. In einer relativ stabilen und vertrauten lebensweltlichen Umgebung, die zu den Situationsmodellen des Akteurs 'paßt', ist die Häufigkeit von Störungen bei der Anwendung routinisierter Modelle gering. Mit Hilfe der Theorie rationaler Wahl ist es deshalb "gut (zu) erklären, warum es so selten zu Abweichungen vom habitualisierten Alltagshandeln kommt" (Esser 1991, 87).

Besonders hervorzuheben ist hier die Bedeutung des Moments der *Erwartungssicherheit*. Die Orientierung an wohldefinierten Typisierungen der Situation und an darauf zugeschnittenen Handlungsroutinen schützt die Akteure vor Erfahrungen der Unsicherheit und Desorientierung. Aus der Perspektive von Rational Choice läßt sich dieser Effekt der Verwendung von Deutungs- und Handlungsroutinen als *bedeutsame Kostenersparnis* verbuchen. Diese Kostenersparnis kann nur dann durch die Erwartung eines höheren Nutzens im Falle des Wechsels zu alternativen Handlungsmöglichkeiten überboten werden, wenn bei einem solchen Wechsel auch *mit hinreichender Wahrscheinlichkeit* erwartet werden kann, daß der neue Weg zum Erfolg führen wird. Die routinisierten Handlungsmuster sind erprobt. Wenn man sie befolgt, mag der Gewinn nicht sehr hoch sein. Dafür ist er jedoch relativ sicher. Neue Wege mögen hingegen einen höheren Gewinn versprechen. Ob dieses Versprechen sich aber auch einlösen läßt ist, mangels Erfahrung, ungewiß. Die multiplikative Verknüpfung zwischen der *Erwartungswahrscheinlichkeit* und dem *Nutzen* einer Alternative bei der Berechnung des subjektiv erwarteten Nutzens sorgt dafür, daß ein erhoffter Gewinnanstieg leicht durch die geringere Erwartungswahrscheinlichkeit des Erfolgs *überkompensiert* wird. Oder mit einer Volksweisheit formuliert, die diesen Zusammenhang exakt trifft: "Lieber einen Spatz in der Hand, als eine Taube auf dem Dach."

Mit der Untersuchung der subjektiven Situationsdefinitionen, die den Akteuren als Grundlage für die Auswahl ihrer Handlungen dienen, wird die Frage virulent, wie die *Koordination der Situationsdefinitionen verschiedener Akteure* innerhalb einer

---

47 Zur Erinnerung: SEU steht für "subjective expected utility". Die Ausdrücke "SEU-Theorie" und "Wert-Erwartungs-Theorie" (oder kürzer: "WE-Theorie") sind demnach bedeutungsgleich. Wie oben dargestellt, unterstellt ein SEU- bzw. WE-theoriekonformer Selektionsmodus, daß ein Akteur alle verfügbaren Informationen nutzt, um die verschiedenen Handlungsmöglichkeiten innerhalb einer Situation zu ermitteln und zu bewerten, daß er den erwartbaren Nutzen (p_i x U_i) jeder Alternative bestimmt und schließlich die Alternative mit dem höchsten zu erwartenden (Netto)nutzen auswählt.

sozialen Beziehung erreicht werden kann. In den Blick von Rational Choice gerät damit das *Problem der Intersubjektivität*, wie es im Zentrum der Untersuchungen von *Schütz* und *Garfinkel* stand.

Schütz hat gezeigt, daß es unmöglich ist, den subjektiven Sinn, den ein Interaktionspartner mit seinem Handeln verbindet, vollständig zu verstehen. Die Lösung des Intersubjektivitätsproblems sieht Schütz im übereinstimmenden Gebrauch von Typisierungen. Gegenstand wechselseitigen Verstehens ist nicht der vollständige subjektive Sinn, sondern der *typische Sinn*, den die Akteure innerhalb einer Gemeinschaft mit diesem Verhalten verknüpfen. Erst durch den Gebrauch von Typisierungen wird es so auch möglich, eine *gemeinsam geteilte* Definition der Situation zu entwickeln und das Handeln gegenseitig aufeinander abzustimmen. Erwartungssicherheit in Interaktionssituationen, oder mit Parsons formuliert, in Situationen doppelter Kontingenz, kann nur dann erreicht werden, wenn jeder Teilnehmer zutreffend erwarten kann, welche Situationsdefinition sein Gegenüber voraussichtlich wählen wird. Zugleich muß jeder davon ausgehen, daß für den Interaktionspartner das gleiche gilt. Wer eine abweichende Situationsdefinition wählt und deshalb die Erwartungen des Interaktionspartners enttäuscht, der muß damit rechnen, daß auch seine Erwartungen gegenüber dem Interaktionspartner enttäuscht werden und die Interaktion so einen für beide unberechenbaren Verlauf nimmt. Was dann passieren kann, hat *Garfinkel* in seinen Krisenexperimenten gezeigt. Rasch kann die Interaktion außer Kontrolle geraten und durch einen der Beteiligten abgebrochen werden oder die Form eines Konflikts annehmen.

Durch den Gebrauch *sozial standardisierter* Situationsdefinitionen kann diese Gefahr umgangen werden. In einer Gemeinschaft, die über kollektiv geteilte routinisierte Modelle von Handlungssituationen verfügt, besteht die einfachste Lösung des Koordinationsproblems in Interaktionssituationen in der Auswahl dieser Routinemodelle. Je stärker der *kollektive Routinisierungsgrad* der Modelle und je geringer demnach ihre Zugänglichkeit für rationale Reflexion, desto zuverlässiger ist die rationale Berechnung des Handelns anderer, die auf der Basis dieser Modelle möglich ist. Schütz nannte dies das "Paradox der Rationalität" (Schütz 1971, Bd.1, 38 sowie oben, Bd.1, Kap.4.11).

Rational Choice ergänzt diese Überlegung um den Gesichtspunkt der Kostenersparnis: Die Wahl einer routinisierten Typisierung der Situation *minimiert die Informations- und Transaktionskosten*, die die Akteure sonst aufwenden müßten, um ihre wechselseitigen Situationsdefinitionen zu ermitteln und liefert damit (neben dem oben schon erwähnten Versprechen sicheren Erfolgs in der Sachdimension des Handelns) einen weiteren wichtigen Grund, der es rational macht, eine solche Typisierung zu wählen (vgl. Esser 1991, 86).

Aus den eben erwähnten Gründen kann es ebenfalls als rational betrachtet werden, daß die Akteure während einer Interaktion einander wechselseitig die jeweils als gültig unterstellte Situationsdefinition *kontinuierlich anzeigen*, um einander sichtbar zu machen, welches von mehreren in Frage kommenden Standardmodellen der Situation sie aktuell zugrunde legen. Von Rational Choice her beobachtet lassen sich die Untersuchungen der *Konversationsanlyse* deshalb als Beitrag

zur Aufdeckung der kommunikativen Strategien begreifen, durch deren kontinuierlichen Einsatz es den Akteuren gelingt, die Transaktionskosten so niedrig wie möglich zu halten.

Kehren wir zurück zur Perspektive des einzelnen Akteurs. Bei einer vollständigen Übereinstimmung eines Frame-Modells mit den Bedingungen der Situation (d.h.
bei einem Match von m = 1), so hatten wir mit Esser festgestellt, kann der Akteur
sofort und ohne jede Überlegung wissen, wie die Situation zu deuten ist und wie
er zu handeln hat. Die Pointe dieser Annahme steckt in der Behauptung, daß sich
dieser Selektionsprozeß auch dann in Übereinstimmung mit dem Prinzip der
Nutzenmaximierung vollzieht, wenn der Akteur *keine rational reflektierte Ent-*
scheidung trifft, sondern umittelbar aktivierte Handlungsroutinen exekutiert. Auch
affektiv hoch aufgeladenes Handeln, wie es etwa bei den oben in Anschluß an
Coleman diskutierten Fluchtpaniken zu beobachten ist, könnte so als rationales
Handeln ohne subjektiv rationale Kalkulation rekonstruiert werden.

Esser kann diese These mathematisch auf einfache Weise plausibilisieren (vgl.
Esser Bd.6, 2001, 274f.). Nehmen wir an, ein Akteur verfüge über zwei verschiedene Frame-Modelle i und j für eine Situation S. Er wird in diesem Fall das Modell
mit dem Oberziel auswählen, bei dessen Realisierung er den höchsten erwarteten
Nutzen (= expected utility) EU erwarten kann. Für die Bevorzugung des Frames j
gegenüber dem Frame i muß also die einfache Bedingung EU(j) > EU(i) erfüllt
sein. Der Nutzen ist dabei jeweils zu gewichten mit dem Grad des Passungsverhältnisses zwischen Modell und Situationsdaten, d.h. dem "Match" m des jeweiligen
Frames, der einen Wert zwischen 0 und 1 annehmen kann. Angenommen wird
dabei, daß die Werte der Matches zweier alternativer Frames zusammen 1 ergeben,
weil nur der eine *oder* der andere gelten kann und der Grad der Passung zur Situation sich bei dem einen Frame in dem Maße verringert, wie sich der Passungsgrad
des anderen erhöht und umgekehrt. Wenn dies in die Rechnung einbezogen wird,
dann wird der Frame j (mit einem aktuellen "Match" von 1-m) gegenüber dem
Frame i (mit einem aktuellen "Match" von m) nur dann bevorzugt werden, wenn
gilt:

$$(1-m) \times U_j > m \times U_i$$

Durch Umformung wird diese Ungleichung transformiert in die Bedingung:

$$U_j/U_i > m/(1-m)$$

Sobald m sich dem Wert 1 annähert, strebt der Nenner der rechten Seite der Ungleichung gegen 0, so daß der Quotient $m/(1-m)$ gegen unendlich geht und infolgedessen kein endlicher Wert U_j groß genug sein kann, um die Ungleichung (und
damit die Bedingung für die Bevorzugung von U_j gegenüber U_i) zu erfüllen. *Zur*
Maximierung des Nutzens bedarf es unter diesen Voraussetzungen keiner Nutzenkalku-
lation, weil es im Falle von m = 1 für jeden positiven endlichen Wert von U_j und U_i

rational im Sinne der Maximierungsbedingung ist, U_i auszuwählen.[48] Auf analoge Weise zeigt Esser auch, daß bei einem *perfekten* Match der Modus der automatischen Selektion ohne Dazwischenschaltung rationaler Reflexion aufgerufen wird:

"Ein Akteur muß also bei einem perfekten Match im Grunde nur wissen, daß U_i größer als 0 ist. Das aber 'erlebt' er ja gerade ganz aktuell im Einklang mit seiner bisherigen Erfahrung mit diesem Typ von Situation. Wenn es anders wäre, läge eine Störung vor; aber gerade das ist hier ja nicht der Fall. Alles geschieht automatisch-spontan, ohne jede innere Abwägung oder gar 'Entscheidung', alleine über den (physikalisch-neurologischen) Akt des Matchings von Erinnerung und Symbolik" (Esser 2001, Bd.6, 274).

Esser versucht auf diese Weise zu zeigen, daß die Theorie des rationalen Handelns in der Lage ist, ihre eigene Anwendung bzw. Nicht-Anwendung auf der Ebene der bewußten Kalkulation durch den Akteur zu erklären; und dies, ohne dabei am Problem des Regresses zu scheitern, in den sie sich verwickeln würde, wenn sie die *Vermeidung* des abwägenden Nutzenkalküls auf eine vorausgegangene reflektierte Nutzenkalkulation zurückführen wollte. Um diesen Anspruch zu begründen, muß Esser klar zwischen zwei verschiedenen Modi der Selektion unterscheiden: der bewußt vollzogenen Abwägung und Entscheidung zwischen verschiedenen Möglichkeiten der Situationsdeutung und des Handelns im reflexiv-kalkulierenden Modus einerseits und der bewußtseinsextern, d.h. "physikalisch-neurologisch" prozessierten Frame- und Modus-Selektion andererseits.

Ausgelagert in den Bereich hirnphysiologisch gesteuerter Prozesse jenseits des Bewußtseins, transzendiert die Frame- und Modus-Selektion die Grenzen des psychischen Systems ebenso wie die Orientierung an subjekivem Sinn.[49] Damit gewinnt auch der Begriff der Rationalität einen doppelten Sinn: Kann für die theoretische Explikation des Rationalitätskalküls unter der Annahme, daß der Akteur eine Handlungswahl im *Modus rationaler Selektion* trifft, noch der Status einer "Konstruktion zweiten Grades" (vgl. Schütz 1971, Bd.1, 68) beansprucht werden, die den subjektiven Sinn expliziert, den der Akteur mit diesem Akt der Selektion verbindet, so ist dies bei der *Selektion des Modus der Handlungsselektion* nicht mehr der Fall. Die Annahme der Rationalität kann hier nicht mehr subjektiv-intentional, sondern nur noch objektiv-strukturell, d.h. aus der Perspektive des wissenschaftlichen Beobachters, erfüllt sein. Als Korrelat auf der Seite des Akteurs ist keine sinnförmige Deutung mit bedeutungsgleichem Inhalt, sondern ein neurophysiologischer Mechanismus anzunehmen, der das als objektiv rational (oder: als rational*analog*) beschreibbare Ergebnis generiert. - Esser betont selbst ausdrücklich, daß die WE-

---

48 Kron (2004, 199, Fußn.25) moniert den Verstoß gegen das mathematische Verbot der Division durch 0. Diese Schwierigkeit ist nicht einfach dadurch zu lösen, daß man statt dessen von einem Match m von *annähernd* 1 spricht, weil bereits eine geringfügige Unterschreitung des Wertes 1 ausreicht, um eine (gleichgültig, ob bewußt oder unbewußt, subjektiv sinnhaft oder nur hirnphysiologisch prozessierte) Berechnung durch den Akteur erforderlich zu machen. Am Beispiel verdeutlicht: Bei einem Wert von m = 0,99 lautet die Bedingung für den Übergang von einem Frame i zu einem Frame j: $U_j/U_i > 99$; diese Bedingung ist z.B. für $U_i = 1$ und $U_j = 100$ erfüllt.

49 Vgl. dazu die Kritik von Rohwer (2003, 353) mit der These, daß Esser hier mit einem behavioristischen Modell arbeite, das mit einem Akteur-Modell inkompatibel sei.

Theorie auf der Meta-Ebene der Modell- und Modus-Selektion in anderer Weise angewendet wird, als dies auf der Objekt-Ebene der subjektiv-rationalen Auswahl der Fall ist:

> "Zwar wird die WE-Theorie *formal* auf die Modell- und Modus-Selektion angewandt. Aber der alles bestimmende *inhaltliche* Vorgang ist eben *keine* innere 'Entscheidung', sondern die Bildung der Geltungs-erwartungen m bzw. 1-m für ein Modell über das *Matching* der Objekte der Situation mit den Gedächtnisstrukturen. Das aber ist *immer* eine *automatische*, vom Willen und vom Bewußtsein des Akteurs *unabhängige* Angelegenheit" (Esser 2001, Bd.6, 333). Und weiter unten: "Der 'automatisch' erfolgende (Mis-)Match aber beendet den ansonsten durchaus denkbaren unendlichen Regreß 'definitiv'. Und so wird plausibel, daß es eine 'Entscheidung' geben kann, nicht zu entscheiden. Nur sind das keine 'bewußten' Entscheidungen, sondern durch den Grad des Matches *ausgelöste* Selektionen des Organismus. ... Der Begriff der 'Selektion' - statt dem der 'Entscheidung' - wurde für das Framing-Konzept nicht ohne Überlegung verwandt" (Esser 2001, Bd.6, 334).

Esser arbeitet hier mit der Unterscheidung zwischen "inhaltlicher" und nur "formaler" Anwendung der WE-Theorie und projeziert diese Differenz auf die Unterscheidung von bewußter Entscheidung und unbewußt-automatischer Selektion. Wenn die automatische Selektion aber dem Modell der WE-Theorie nur "formal" entspricht, dann bedeutet dies, daß damit - zumindest für die Situation eines perfekten Match - auch der Anspruch aufgegeben wird, mit diesem Modell eine Rekonstruktion des *faktischen kausal wirksamen Selektionsmechanismus* zu geben. Die Begründung dafür haben wir schon gehört: Wenn für m = 1 kein endlicher Wert U_j groß genug sein kann, um eine Präferenz für U_j gegenüber U_i zu begründen, dann ist ein Vergleich zwischen diesen beiden Nutzenbeträgen überflüssig und kann realiter entfallen. Indem sie eine Aussage darüber macht, unter welchen Voraussetzungen ein Selektionsprozess ohne Nutzenvergleich zwischen den verschiedenen Alternativen gleichwohl die Anforderungen der erweiterten WE-Theorie objektiv erfüllt, enthält diese Theorie eine Hypothese über die Grenzen ihrer eigenen *kausalen* Relevanz, aus der hervorgeht, inwiefern die Theorie *"formal"* auch unter Voraussetzungen gilt, unter denen sie *empirisch-kausal* gerade *nicht* gilt.

Die theorietechnische Funktion der Unterscheidung zwischen formaler und realer Geltung ist es, *das Regreßproblem zu lösen*: Weil mit den Mitteln der WE-Theorie gezeigt werden kann, daß eine vergleichende Nutzenkalkulation nicht erforderlich ist, kann sie unterbleiben und dennoch eine Selektion so vollzogen werden, *als ob* ein Nutzenvergleich durchgeführt worden *wäre*. Wenn aber die Nutzenkalkulation komplett entfällt, dann kann es auch nicht zum Regreß kommen. Damit ist das Regreß-Problem jedoch nicht vollständig erledigt, sondern nur an eine andere Stelle verschoben. Es taucht wieder auf, sobald der Match kleiner als 1 ist und deshalb der Übergang vom Modus der automatisch-spontanen Selektion (= as-Modus) zum Modus der reflexiven Kalkulation (= rc-Modus) in den Bereich des Möglichen rückt.[50]

---

50 Nicht jeder Mismatch führt nach Esser zur Aktivierung des rc-Modus. Wenn z.B. die Zeit knapp, der Aufwand hoch und keine Alternative verfügbar erscheint, werde dadurch zwar "eine gewisse
(Fortsetzung...)

Prüfen wir diese These genauer. Als Übergangsbedingung vom as-Modus in den rc-Modus nennt Esser die folgende Voraussetzung: EU(rc) > EU(as) (vgl. Esser 2001, Bd.6, 275). Wenn der Match kleiner als 1 ist, so daß der Quotient m/1-m *nicht* gegen unendlich geht (s.o.) dann müssen die erwarteten Nutzenwerte für den Gebrauch des einen oder anderen Selektionmodus bestimmt und ihr Verhältnis zueinander in irgendeiner Form *berechnet* werden, um eine nutzenrationale Selektion zwischen den beiden Modi der automatischen und der rational kalkulierten Selektion möglich zu machen. Nehmen wir nun mit Esser an, daß ein Akteur in der Regel über die notwendige Erfahrung verfügt, um antizipieren zu können, welchen Nutzen mit welcher Eintrittswahrscheinlichkeit er im einen wie im anderen Selektionsmodus erreichen kann. Nehmen wir schließlich an, der Akteur vergleicht die erwarteten Nutzenwerte, gewichtet mit dem jeweiligen Match m, miteinander, prüft außerdem, ob ein eventuell durch das Einschalten des rationalen Selektionsmodus erreichbarer Nutzenüberschuß größer ist als die Kosten, die er für die Kalkulation in diesem Modus annehmen muß und seligiert in Abhängigkeit vom Ergebnis dieser Berechnung den einen oder anderen Modus der Selektion. All dies geschehe, wie von Esser angenommen, nicht bewußt, sondern werde vollzogen durch bewußtseinsextern funktionierende hirnphysiologische Prozesse. Ist damit das Regreßproblem erfolgreich gelöst?

Ich glaube nicht (vgl. zum folgenden ausführlicher Schneider 2005): Was in der skizzierten Berechnung noch fehlt, sind die Kosten, *die die skizzierte Berechnung selbst* verursacht.[51] Sie müßten miteingerechnet und mit dem eventuell erreichbaren Nutzenüberschuß von EU(rc) gegenüber EU(as) verglichen werden. Diese Kosten können erst in einer *nachfolgenden* Berechnung einbezogen werden, für die erneut Berechnungskosten entstehen, die ebenfalls erst in einer nachfolgenden Berechnung erfaßt werden können - etc. ad infinitum. Der rational kalkulierende Akteur gerät hier in einen *Beobachtungsregreß*, der jedem Beobachter droht, der seine eigene Beobachtungsaktivität mit zum Gegenstand seiner Beobachtung zu machen versucht. Er kann versuchen, einen Beobachtungsakt B_n zu beobachten, benötigt dazu jedoch eine weitere Beobachtung B_{n+1}, für die wiederum dasselbe gilt. Der infinite Beobachtungsregreß macht es unmöglich, die Berechnung zu Ende zu führen.

---

50 (...Fortsetzung)

Irritation und unspezifische Aufmerksamkeit des Gehirns" erzeugt (Esser 2001, Bd.6, 271), aber keine Reflexion alternativer Möglichkeiten ausgelöst.

51 Als Kosten sind dabei jeweils die Opportunitätskosten anzusetzen, die dadurch entstehen, daß jede Berechnung Zeit verbraucht, Zeit, in der ein Akteur etwas anderes tun könnte, das einen bestimmten Nutzen U für ihn abwerfen würde, auf den er verzichten muß. Dabei ist vor allem zu berücksichtigen, daß in der benötigten Rechenzeit gerade noch zugängliche Alternativen unerreichbar werden können (vgl. Kron 2004, 198). So etwa, wenn die Äußerung eines Gesprächspartners die Möglichkeit zu einer pointierten Replik bietet und bereits ein kurzes Zögern genügt, um diese Gelegenheit verstreichen zu lassen, weil andere das Wort ergreifen und das Thema wechseln. - Vgl. in diesem Zusammenhang auch die Kritik von Kay Junge (2004, 34), die sich gegen die von Esser und anderen vertretene Annahme wendet, daß "begrenzte Rationalität als eine letztlich doch optimale Entscheidung begriffen werden könne, nämlich als eine Entscheidung, bei der schlicht die Rechenkosten als eine zusätzliche Restriktion mitberechnet würden" (Junge 2004, 34, Fußn.10).

Ich fasse zusammen: Esser behauptet die *universelle* Geltung des Prinzips der Nutzenmaximierung als Selektionsgesetzlichkeit. Er versucht deshalb, die Erfüllung dieses Prinzips auch für automatisch-spontan prozessierte Selektionen nachzuweisen. Der dazu formulierte Vorschlag erzeugt mindestens zwei Folgeprobleme:

1) Im Modus automatisch-spontaner Selektion (bei einem Match von m = 1) gilt die WE-Theorie nur noch "formal". Die Maximierungsregel fungiert also nicht mehr als *kausal wirksame* Selektionsgesetzlichkeit, sondern nur noch als Konstruktion des wissenschaftlichen Beobachters, der feststellt, daß die automatisch-spontan ausgelösten Selektionen mit den Selektionen übereinstimmen, die durch explizite Kalkulation nach den Kriterien der WE-Theorie abgeleitet werden können.

2) Sobald der Match kleiner als 1 ist und damit angenommen werden muß, daß die WE-Theorie nicht mehr nur "formal" erfüllt ist, sondern faktisch ablaufende (wenngleich jenseits des Bewußtseins realisierte) Rechenprozesse beschreibt, wird der infinite Regreß unvermeidbar.

In beiden Fällen gerät die These, daß das Prinzip der Nutzenmaximierung als universal gültige Selektionsgesetzlichkeit fungiert, in Schwierigkeiten. Im ersten Fall findet realiter keine Berechnung statt; im zweiten Fall sieht sich der Versuch der Nutzenmaximierung mit einem Unendlichkeitsproblem konfrontiert, das es unmöglich macht, die begonnene Berechnung zu Ende zu führen. Lassen sich diese beiden Folgeprobleme mit den Mitteln der WE-Theorie lösen?

Das Regreßproblem könnte durch *Verzicht* auf die Einbeziehung *aller* Kalkulationskosten in die Berechnung bewältigt werden. Damit würde jedoch die *beobachtungslogische Unmöglichkeit* der vollständigen Durchführung des Prinzips der Nutzenmaximierung anerkannt. Dessen unvollständige Realisierung könnte dann als *brauchbare Ersatzlösung* gedeutet werden.

Für die Lösung des Problems der nur "formalen" Erfüllung der Maximierungsregel (bei einem Match von m = 1) kann Esser sich auf Ansätze im Bereich der biogenetischen Evolutionstheorie stützen, die die WE-Theorie für die evolutionäre Erklärung tierischen Verhaltens einsetzen (vgl. Esser 1993, 191ff.). Der Nutzen, den ein bestimmtes Verhalten abwirft, besteht hier in den Reproduktionchancen, die es - vermittelt über seinen Einfluß auf die Fortpflanzungschancen des Trägerorganismus - den Genen verschafft, die dieses Verhalten steuern. Trägt das Verhalten zur Steigerung der Fortpflanzungsrate des Trägerorganismus bei, dann können sich diese Gene innerhalb einer Population erfolgreich verbreiten und so in der Abfolge der Generationen allmählich diejenigen Gene verdrängen, die ihren Trägern keinen vergleichbaren Fortpflanzungserfolg bescheren (vgl. Esser 1993, 195). Esser schließt daraus, daß das Prinzip der Nutzenmaximierung, spezifiziert als Maximierung des differentiellen Reproduktionserfolgs von Genen gegenüber anderen Genen innerhalb des Genpools einer Art, als evolutionäres Selektionsprinzip fungiert. Vor diesem Hintergrund kann er dann die "formale" Erfüllung des Prinzips der Nutzenmaximierung im Modus der automatisch-spontanen Handlungsselektion als evolutionäre Folge des Reproduktionsvorteils erklären, den dieser Selektionsmodus seinen Trägern verschaffte, nachdem er einmal durch Mutation entstanden war. Die evolutionsbiologische Version des Prinzips der Nutzenmaximierung (=Maximierung differentiellen Reproduktionserfolgs) wäre demnach als *kausal wirksame* Selektionsgesetzlichkeit zu betrachten, durch die die langfristige Durchsetzung des objektiv nutzenrationalen Modus der automatisch-spontanen Selektion gegenüber nichtrationalen Modi der automatisierten Selektion erklärt werden könnte.[52] Die nur "formale" Geltung der WE-Theorie bei einem Match von 1 wäre damit in "inhaltlicher" Weise auf der Metaebene der biogenetischen Selektion, d.h. in der naturgeschichtlich-*realen* Wirksamkeit des Prinzips der Nutzenmaximierung verankert.

7.9   Handeln unter Bedingungen der Unsicherheit

Neben den eben diskutierten Einschränkungen für die Geltung des Prinzips der Nutzenmaximierung entstehen weitere Schwierigkeiten dadurch, daß in *bestimmten Situationen* die Anwendungsbedingungen der WE-Theorie nicht vollständig erfüllt werden können. Die Spieltheorie unterscheidet zwischen Entscheidungen unter Bedingungen des als *sicher* erwartbaren Eintretens relevanter Ereignisse (d.h. p = 1), Entscheidungen unter Bedingungen des *Risikos* (d.h. 0 < p < 1) sowie Entscheidungen unter Bedingungen der *Unsicherheit* (p unbekannt) (vgl. dazu Luce/Raiffa 1989, 275ff.). Dabei hängt der Nutzen, den der Akteur realisieren kann, davon ab, welche komplementäre Auswahl sein Gegenspieler bzw. die Natur jeweils trifft. Die WE-Theorie verlangt nun, daß der Akteur jedem derartigen Ereignispaar, dessen Realisierung mit einer bestimmten Auszahlung U_i verknüpft ist, eine bestimmte subjektive Erwartungswahrscheinlichkeit p_i zuordnet. Entscheidungen unter Bedingungen der *Unsicherheit* müssen deshalb in *Risiko*entscheidungen umdefiniert werden. Um nicht dazu genötigt zu sein, dem Akteur unter allen Umständen spezifische Annahmen über die relevanten Wahrscheinlichkeiten zuzuschreiben, kann in Situationen, in denen der Akteur über derartige Annahmen nicht verfügt, auch eine Ersatzprämisse eingefügt werden. Unterstellt wird dann, der Akteur verfahre unter der Voraussetzung, daß alle relevanten Alternativen gleich wahrscheinlich seien.

Diese Unterstellung hat freilich einen bedeutsamen Schönheitsfehler. Sie ist möglich, aber nicht zwingend. Jede andere Wahrscheinlichkeitsverteilung kann

---

52 "Die Begründung für die Universalität der Maximierungsregel bei Selektionen ... knüpft unmittelbar an die biogenetische Evolution an: Die Organismen, die dieser Regel - zwar unbewußt, aber faktisch bzw. so, 'als ob' sie sie kennen würden - folgten, waren bei der differentiellen Reproduktion erfolgreicher als die Organismen, die diese Strategie nicht anwandten. Und andere Strategien waren langfristig weniger erfolgreich. Die Folge: Die Maximierungsregel ist in dem Sinne eine evolutionär stabile Strategie ... gewesen, als jede Abweichung von der Regel - langfristig - dazu führt, daß sie durch differentielle Reproduktion wieder eliminiert wurde" (Esser 1993, 227). - Die Betonung der *langfristigen* Elimination abweichender Selektionsstrategien zusammen mit der Möglichkeit, daß jederzeit Mutanten auftreten und sich unter günstigen Milieubedingungen zumindest befristet erfolgreich reproduzieren könnten, wirft hier allerdings die Frage auf, ob diese Erklärung tragfähig genug ist, um über eine Verteidigung des Maximierungsprinzips als Selektionsregel mit einem hohen induktiv-probabilistischen Geltungsgrad hinauszugehen und Essers Behauptung einer *streng allgemeinen* Geltung des Maximierungsprinzips zu stützen.

unter den Bedingungen der Unsicherheit mit gleichem Recht angenommen werden. Ebensogut kann deshalb ein *pessimistisch* gesonnener Akteur annehmen, daß er in einer Welt handelt, in der er gut daran tut, verstärkt mit dem Eintritt der für ihn nachteiligen Alternativen zu rechnen und seine Auswahlentscheidungen darauf abzustimmen. In diesem Fall würde er nicht die Alternative auswählen für die U - bei geeigneter Wahl seines Gegenübers - maximal ausfällt, sondern diejenige Möglichkeit bevorzugen, bei der er für den Fall des für ihn ungünstigsten Komplementärereignisses den geringstmöglichen Verlust erleidet. Er würde damit, ohne sich auf quantifizierbare Mutmaßungen über Eintrittswahrscheinlichkeiten einzulassen, die sogenannte Minimax-Strategie (=Minimierung des maximalen Verlustes) befolgen. Ein anderer Akteur mag *optimistisch* gestimmt und risikofreudig und deshalb (ebenfalls ohne Wahrscheinlichkeiten zu quantifizieren) darauf aus sein, diejenige Alternative auszuwählen, die ihm - bei Eintritt des passenden Komplementärereignisses - den maximalen Gewinn verspricht (=Maximax-Strategie). Ein dritter Akteur schließlich könnte diejenige Strategie auswählen, die das *maximal mögliche Bedauern* minimiert (="minimax regret"), das ihn rückblickend überkommen könnte, wenn er den faktisch realisierten Nutzen mit dem Nutzen vergleicht, den er durch eine Wahl einer anderen Alternative hätte erreichen können.

Jedes dieser drei Kriterien kann zur Selektion einer anderen Alternative führen und erscheint dennoch in seiner Weise ebenso rational, wie das Auswahlkriterium der Nutzenmaximierung in Verbindung mit der Prämisse der gleichen Wahrscheinlichkeit aller relevanten Alternativen (vgl. Luce/Raiffa 1989, 280ff.; Rapoport 2004, 40f.). Ein Metakriterium der Rationalität, aus der die allgemeine Vorzugswürdigkeit eines dieser Kriterien gegenüber den anderen abgeleitet werden könnte, läßt sich nicht angeben. Im Bereich der Entscheidungen unter Unsicherheit *wird der Maßstab der Rationalität damit selbst kontingent.*

Esser diskutiert Entscheidungen unter Unsicherheit nur kurz, registriert, daß in diesem Bereich keine allein rationale Entscheidung auszuzeichnen ist, markiert dies als unbefriedigende Auskunft und schlägt dann sofort den Weg zur Umformung der Situation in eine Situation der Entscheidung unter Risiko ein,[53] die vom Akteur durch die Suche nach Informationen bewerkstelligt werden soll, welche ihm eine Schätzung von Wahrscheinlichkeiten ermöglichen:

"Optimismus und Pessimismus oder Risikoscheu und Risikofreudigkeit als 'Erklärung' sind gleichwohl keine sehr befriedigenden Auskünfte. Denn: Wann wird man Optimist und risikofreudig? Und wann bleibt man Pessimist und risikoavers?", notiert Esser, um gleich darauf in Übernahme der Perspektive der Protagonistin aus einem seiner Beispiele die von ihm favorisierte Lösung des Problems zu präsentieren: "Wir wissen nicht, was Frau Professor Dr. Helma-Beate Wiesbaden-Wohlbestallt getan hat. Wahrscheinlich hat sie (...) verläßlicher erkundet, wie es um ihre Chancen steht und die unberechenbare Unsicherheit in ein kalkulierbares Risiko abgewandelt. Dann aber hat sie sich - irgendwie - entschieden, nach den Regeln der WE-Theorie. Genau das ist auch wohl die vernünftigste Reaktion auf die Situation der Unsicherheit: Zu versuchen, die Unsicherheit zu vermindern -

---

53 Kron (2004, 191) moniert, daß Esser *in seinen Modellierungen* ebenso das von ihm durchaus diskutierte Problem der möglichen *Streuung* der Risikoeinschätzung um einen bestimmten Wahrscheinlichkeitswert übergehe (vgl. Esser 1999, Bd.1, 290ff.).

und dann erst eine Entscheidung zu treffen, wenn man die wichtigsten Parameter beisammen hat" (Esser 1999, Bd.1, 289).

Esser verfährt hier tendenziell *zirkulär*: Die Erklärung, die er sucht, ist eine auf der Basis der WE-Theorie, die unter den Bedingungen von Entscheidungen unter Unsicherheit nicht anzuwenden ist. Gleichwohl hält er an dem Rationalitätskonzept der WE-Theorie fest, legt es als Maßstab zugrunde, an dem Entscheidungen unter Unsicherheit gemessen und als wenig befriedigend bewertet werden und *empfiehlt* die Suche nach Anhaltspunkten, die es ermöglichen, Konstellationen dieses Typs in Situationen der Entscheidung unter Risiko zu transformieren. Dem Akteur wird damit aufgetragen, Situationen der Entscheidung unter Unsicherheit zu eliminieren. Daß dies möglich ist, wird ungeprüft unterstellt. Daß der Akteur so verfahren *sollte*, wird aus der Voraussetzung abgeleitet, daß allein die WE-Erwartungstheorie einen befriedigenden Rationalitätsbegriff vorweisen könne.

Esser verfährt freilich konsequent genug, um auch die Frage, unter welchen Bedingungen es einem Akteur möglich und lohnend erscheint, eine Situation der Unsicherheit durch die Suche nach Informationen in eine Situation des Entscheidens unter Risiko zu transformieren, auf der Basis der WE-Theorie zu beantworten. Dazu muß der Akteur abschätzen, mit welcher Wahrscheinlichkeit und welchen voraussichtlichen Suchkosten er zu einer hinreichend verläßlichen Einschätzung der Eintrittswahrscheinlichkeiten der unterschiedlichen möglichen Resultate kommen kann sowie, ob der dazu nötige Aufwand angesichts des möglichen Ertrags zu rechtfertigen ist, den er als Folge der Umwandlung von Unsicherheit in Risiko erwarten kann.[54] Intuitive Beispiele dazu lassen sich leicht finden.[55] Ebenso ist es aber auch möglich, daß jemand mit einer Entscheidungssituation konfrontiert ist, in der er *nicht* weiß, ob bzw. wie und wie rasch er Informationen erhalten kann, um die Situation der Unsicherheit zu überwinden und in der er gerade deshalb auch keine begründete Hypothese über den Suchaufwand und die Wahrscheinlichkeit eines Sucherfolgs entwickeln kann. Unter solchen Bedingungen kann die WE-Theorie nicht als Instrument eingesetzt werden, das anzeigt, ob es geraten ist, den Versuch zu wagen, die Situation durch die Sammlung weiterer Informationen in eine Risikosituation zu transformieren, oder ob der Aufwand als zu groß und die Erfolgschancen dafür unter den gegebenen Bedingungen als unkalkulierbar betrachtet werden müssen. *In diesem Fall wäre auch die Meta-Entscheidung darüber, ob man versuchen soll, Unsicherheit in Risiko zu überführen, eine Entscheidung unter Bedingungen der Unsicherheit.*

---

54 "Die Akteure kennen demnach zwar das 'richtige' Risiko nicht, aber sie wissen, daß sie darüber eine minimal sichere Information erhalten *könnten* - wenn sie sich nur die Mühe der Suche nach Informationen machen würden: Telefonate, Hintergrundgespräche oder Interpretation von Andeutungen zum Beispiel" (Esser 1999, Bd.1, 293).

55 So etwa kann jemand, der eine Bergtour unternehmen möchte und um die Gefahr eines raschen Witterungsumschwungs in den Bergen zwar weiß, aber keine genauere Vorstellung darüber hat, wie groß diese Gefahr an dem geplanten Termin ist, nach diesem Muster versuchen, seine Unsicherheit durch die Erkundigung bei der lokalen Wetterstation und einheimischen Bergführern zu überwinden.

Das Ausgangsdilemma würde dann nur auf der Meta-Ebene reproduziert. Die WE-Theorie würde den Akteur ohne Instruktion bei der Entscheidung der Frage lassen, ob er nach Informationen suchen soll, in der Hoffnung, mit vertretbaren Informationskosten die Transformation von Unsicherheit in Risiko zu erreichen. Ob er einen derartigen Versuch dennoch wagt, könnte dann wiederum von der Tendenz zu einer eher optimistischen oder eher pessimistischen Situationseinschätzung abhängig sein. Ein *optimistischer Rationalist* könnte mit der Informationssuche beginnen in der Erwartung, daß er ohne zu großen Aufwand fündig wird; ein *pessimistischer Rationalist* hingegen würde eher zu der Vermutung tendieren, daß die Suche bei vertretbarem Aufwand ohne greifbares Resultat bleiben wird und es deshalb vorzuziehen ist, eine Entscheidung unter Bedingungen der Unsicherheit zu treffen.[56] Sowohl der Optimist wie auch der Pessimist würden die Frage der Überführbarkeit von Unsicherheit in Risiko und damit die Frage, ob versucht werden solle, entsprechend den Rationalitätsanforderungen der WE-Theorie zu verfahren, als eine Entscheidung unter Bedingungen der Unsicherheit behandeln. In diesem Falle würde also die WE-Theorie in ihrer Funktion als Meta-Theorie durch eine Theorie der Entscheidung unter Unsicherheit ersetzt. Die Reichweite der modifizierten WE-Theorie wäre dadurch eingeschränkt und der Universalitätsanspruch, den Esser mit ihr verbindet, nicht zu halten.

7.10 Das Problem sozialer Ordnung und die rational choice-theoretische Erklärung von altruistischem Verhalten und von Norminternalisierung

Neben routinisiertem bzw. automatisch-spontanem Handeln werden auch altruistisches und an internalisierten Normen orientiertes Handeln meist als *Gegenkonzepte* zur Vorstellung rational nutzenmaximierender Akteure diskutiert. Dies ist jedoch eine Vereinfachung, die der realen Entwicklung von Rational Choice nicht gerecht wird. Auch von Rational Choice-Theoretikern wird immer wieder darauf hingewiesen, daß es klare empirische Beispiele für die Identifikation mit den Interessen anderer sowie für die moralische Identifikation mit sozialen Normen gibt und deshalb *Altruismus* und *Norminternalisierung* als empirische Phänomene nicht geleugnet werden können. Axelrod etwa nimmt "Internalisierung" ohne Schwierigkeiten in eine Liste von "Mechanismen zur Unterstützung von Normen" auf (vgl. 1990, 116ff., hier insbes. 118f.). Coleman widmet sich beiden Phänomenen in

---

56 Optimismus oder Pessimismus müssen dabei nicht als individualpsychologische Charakterisierungen verstanden werden, sondern können selbst auf der Ebene sozialer Deutungsmuster und Situationsdefinitionen verankert sein und dazu führen, daß Akteure entweder diejenigen Möglichkeiten bevorzugen, bei denen sie auf den maximalen Gewinn hoffen oder lieber auf Alternativen setzen, bei denen sie große Verluste vermeiden können. So mag es als "eine Frage der Ehre" gelten, daß man in bestimmten Situation nicht "auf Nummer sicher" sondern "aufs Ganze geht", daß es besser sei, "etwas zu riskieren und zu verlieren als eine Riesenchance zu verpassen"; umgekehrt kann es zum Ethos einer gesellschaftlichen Gruppe gehören, daß "der Spatz in der Hand, der Taube auf dem Dach" in jedem Falle vorzuziehen ist und nur "verantwortungslose Spielernaturen" anders optieren.

wichtigen Passagen seines umfangreichen Hauptwerkes (vgl. 1995, Bd.1, 379ff., Bd.2, 250ff., Bd.3, 354ff.). Unter den Prämissen von Rational Choice werfen sie jedoch Erklärungsprobleme auf, deren Lösung oder Nicht-Lösung über die Reichweite dieses theoretischen Ansatzes entscheidet. Können Altruismus und Internalisierung, wie oben schon für Routinehandeln versucht, unter der Prämisse rationaler Nutzenmaximierung erklärt werden? Dies ist die Frage, die nun zu beantworten ist. Behandeln wir zunächst das Problem des *Altruismus*.

Als Kandidat für die Lösung unseres Erklärungsproblems von vornherein auszuschließen sind hier Erklärungen, die Altruismus *unmittelbar* auf eigene Interessen zurückführen, die unter bestimmten situativen Randbedingungen mit den Interessen anderer zur Deckung kommen. Am Beispiel: Wäre der deutsche Soldat, der sich in Axelrods Darstellung um das Leben englischer Soldaten' sorgt, die von der deutschen Artillerie beschossen worden sind, allein deshalb in Sorge, weil er die Vergeltungsschläge der englischen Artillerie fürchtet, dann wäre er ein rationaler Egoist, dessen Verhalten nur auf den ersten Blick altruistisch scheinen könnte. Derartige Fälle von *Pseudo-Altruismus* sind offensichtlich leicht unter den Prämissen von Rational Choice zu erklären und fallen nicht in die hier gemeinte Kategorie von Phänomenen.

Sehen wir uns nun die einfachste Variante an, die es ermöglichen soll, *'echten'* *Altruismus* in den Rahmen von Rational Choice einzubauen. Dazu genügt es, die Beobachtung, daß Personen manchmal eigene Befriedigung aus der Befriedigung der Bedürfnisse anderer gewinnen, als Datum zu akzeptieren, daraus eine *Präferenz für* *Altruismus* abzuleiten und anzunehmen, daß der Akteur nun eben den Nutzen maximiert, den er aus der Erfüllung der Bedürfnisse anderer gewinnt. Wenn man es bei dieser Auskunft beläßt, ist eine solche "Erklärung" freilich wenig befriedigend, weil sie das, was es eigentlich zu erklären gilt, einfach voraussetzt.

Anders würde die Situation jedoch aussehen, wenn man diese Variante um eine *historisch-genetische* Komponente ergänzen könnte, die in Übereinstimmung mit dem Prinzip *egoistischer* Nutzenmaximierung in der Lage ist, die *Entstehung* einer Präferenz für die Befriedigung der Interessen anderer zu erklären. Hypothesen dieser Art wären äußerst interessant, weil sie vorführen würden, wie die Reichweite von Rational Choice-Erklärungen ohne Aufweichung der theoretischen Grundprämissen erheblich erweitert werden könnte. Derartige Hypothesen zu entwickeln ist jedoch nicht einfach, setzt die Anwendung des Prinzips der Nutzenmaximierung doch normalerweise voraus, daß einem Akteur *klar definierte* Ziele zugeschrieben werden können, deren Erreichung er als befriedigend erlebt. Eine Theorie, welche die *Entstehung und Veränderung* der Ziele von Akteuren erklären will, muß daher "das scheinbar Unmögliche vollbringen: Sie muß den Wandel von Nutzen (oder Zielen) ausgehend vom Prinzip der Nutzenmaximierung erklären" (Coleman 1995, Bd.2, 251).

Coleman stellt seinen Überlegungen zum Problem des Altruismus (vgl. 1995, Bd.2, 250ff.) diesen Hinweis als Warnung voran, der die Schwierigkeiten deutlich machen soll, die mit einem solchen Unternehmen verbunden sind. Unmöglich scheint ihm die Lösung dieser Aufgabe jedoch keineswegs. Um den Wandel von

Präferenzen in Übereinstimmung mit dem Prinzip der Nutzenmaximierung zu erklären, müssen situative Bedingungen angegeben werden, unter denen es rational ist, statt nach der Maximierung des Nutzens unter *gegebenen Präferenzen* zu streben, *die Präferenzen zu wechseln.*

Coleman schlägt dabei den folgenden Weg ein. Er geht zunächst von der geläufigen Annahme der Plastizität menschlicher Bedürfnisse aus. Nur wenige primäre Bedürfnisse sind durch die Überlebensanforderungen des menschlichen Organismus festgelegt. Die Mittel, die der Mensch zur Befriedigung dieser Interessen findet, können aus ihrer ausschließlich instrumentellen Funktion gelöst und zu Bezugsobjekten eigenständiger Bedürfnisse verselbständigt werden.[57] Damit ist der *notwendige Spielraum* für die Entwicklung neuer und für die Änderung bestehender Präferenzen gegeben, der es auch möglich macht, sich die Präferenzen *anderer* zu eigen zu machen. Jeder Akteur kann dadurch auf zwei unterschiedlichen Wegen einen Zustand der Befriedigung erreichen: Er kann versuchen, durch sein *Handeln* die *Welt so zu verändern*, daß sie mit seinen Präferenzen zur Deckung kommt. Er kann aber auch den umgekehrten Weg wählen und durch *Änderung seiner Präferenzen* die Prämissen seines *Erlebens* so weit modifizieren, daß er den gegebenen Zustand der Welt als befriedigend empfindet (Coleman 1995, Bd.2, 252). Auf beiden Wegen kann Nutzenmaximierung angestrebt werden. Die Theorie muß nun einschränkende Bedingungen angeben können, aus denen abgeleitet werden kann, in welchen Situationen die eine oder die andere dieser beiden Möglichkeiten bevorzugt wird.[58]

Unter welchen Voraussetzungen könnte man nun erwarten, daß ein Akteur seine Präferenzen so ändert, daß sie mit den Präferenzen anderer Akteure zur Deckung kommen? - Um eine solche Anpassung eigener Präferenzen unter dem Gesichtspunkt der Nutzenmaximierung rational erscheinen zu lassen, müssen dadurch *Gewinne* realisierbar sein, die sonst nicht zu erreichen wären. Ein Anreiz, sich mit den Interessen anderer zu identifizieren, besteht bereits darin, daß man auf diese Weise Befriedigung aus den Ereignissen und Handlungen gewinnen kann, welche die Interessen anderer befriedigen. Auf diese Weise ist es nämlich möglich, *den Umkreis möglicher Befriedigungen über die Sphäre der eigenen unmittelbaren Handlungs- und Erlebnismöglichkeiten hinaus auszudehnen* (vgl. Coleman 1995, Bd.2, 253f.). Die Identifikation mit Sportlern, Fußballmannschaften, Stars, den Mitgliedern von Königshäusern oder fiktiven Figuren in Filmen und Romanen gibt Beispiele dafür. Solche Identifikationen können jedoch rasch wieder aufgelöst werden, wenn daraus keine Befriedigung mehr gewonnen werden kann, wie etwa am Schwund der Fans von Sportlern und Mannschaften abzulesen ist, welche die in sie gesetzten Erfolgs-

---

57 Vgl. dazu Coleman 1995, Bd.2, 250 sowie die dort angegebene Literatur; siehe auch oben, Bd.1, Kap.2.6.

58 Zu berücksichtigen ist dabei, daß sich beide Möglichkeiten nicht strikt alternativ zueinander verhalten, sondern miteinander kombiniert werden können. Jemand kann sich zum Beispiel ein eigenes Haus von bestimmter Art wünschen, alles dafür tun, um diesen Wunsch zu verwirklichen, und er kann dann die verbleibenden Differenzen zwischen dem erreichten Haus und dem Traumhaus, die wegen der Begrenztheit seiner finanziellen Möglichkeiten unabänderlich sind, durch Anpassung seiner Wünsche an das Ergebnis seiner Anstrengungen eliminieren.

erwartungen immer wieder enttäuschen. Zugleich spricht dieser Umstand für eine nutzenrationale Erklärung derartiger Identifikationen. Der Weg der identifikatorischen Erweiterung der Befriedigungsmöglichkeiten kann beschritten werden, um Beschränkungen im Bereich der handelnden Erfüllung eigener Wünsche und Bedürfnisse *zu kompensieren*. Ebenso ist es freilich auch denkbar, daß Akteure, die über weitreichende Möglichkeiten zur Erfüllung ihrer sonstigen Ziele verfügen, diesen Weg zur *Erweiterung* ihrer Befriedigungschancen nutzen.

Die Identifikation mit den Interessen und Verhaltenserwartungen anderer ist die Grundlage für *altruistisches Handeln* und zugleich ein zentrales Element des *Parsonsschen Konzeptes der Internalisierung*. Bei den eben behandelten Beispielen ist diese Identifikation jedoch offensichtlich noch sehr instabil. Unter welchen *situativen Bedingungen* können wir nun annehmen, daß eine stabile Identifikation erreicht wird? - Eine bedeutsame Voraussetzung dafür ist vermutlich die Einbindung in eine soziale Beziehung, die ein *hohes Maß an Abhängigkeit von anderen* einschließt, wobei diese Abhängigkeit einseitiger oder wechselseitiger Art sein kann (vgl. Coleman 1995, Bd.2, 255). Hohe Abhängigkeit bedeutet, daß ein Akteur die eigenen Interessen innerhalb einer sozialen Beziehung nur dann befriedigen kann, wenn er die Präferenzen des bzw. der anderen in seinem Handeln erfüllt und er keine Möglichkeit sieht, die eigenen Interessen außerhalb dieser Beziehung zu befriedigen. Der andere wird damit zum *unverzichtbaren Mittel* für die Befriedigung eigener Interessen. Die Abhängigkeit der Kinder von den Eltern, die Unterwerfung des Sklaven, Knechtes oder Dieners unter die Willkür des Herrn, wie sie in traditionalen Gesellschaften zu beobachten ist, die Situation des totalen Ausgeliefertseins von Geiseln gegenüber den Geiselnehmern oder der Insassen von Konzentrationslagern gegenüber ihren Wärtern entsprechen diesen Voraussetzungen, ebenso die Beziehung *wechselseitiger* Abhängigkeit zwischen Liebenden.

Auch in der von Axelrod untersuchten Beziehungskonstellation zwischen deutschen und englischen Soldaten im Stellungskrieg an der Westfront während des ersten Weltkrieges war diese Bedingung erfüllt. Die ständige Wahrnehmung der Abhängigkeit der eigenen von fremden Interessen, so die schon dort geäußerte Vermutung, kann zur Identifikation der eigenen mit den fremden Interessen führen. Offen blieb dabei die Frage nach den *psychologischen Mechanismen*, die im Akteur eine Identifikation mit fremden Interessen auslösen. Man könnte hier an die erfahrungsbedingte Herstellung einer dauerhaften *psychischen Assoziation* denken, die in der folgenden Weise beschaffen ist: Die Erwartung der Befriedigung oder Frustration eigener Interessen wird unmittelbar ausgelöst durch die Wahrnehmung bzw. handelnde Auslösung der Befriedigung oder Frustration fremder Interessen. Die Beeinträchtigung der fremden Interessen wird so auf der *affektiven* Ebene mit der Bedrohung eigener Interessen gleichgesetzt, obwohl eigene und fremde Interessen, die sich ein Akteur durch Identifikation zu eigen macht, auf der Ebene *kognitiver Zurechnung* unterscheidbar bleiben.

Ist eine solche Konstellation gegeben, können moralische Empfindungen aktiviert werden. Sofern die fremden Interessen, mit denen sich ein Akteur affektiv identifiziert, durch andere beeinträchtigt werden, kann er mit *Empörung* reagieren, die er selbst *als altruistischen Affekt erleben kann*, weil er auf der *kognitiven* Ebene weiß, daß sie den Interessen eines anderen gilt.[59] Ist die Beeinträchtigung durch den sich identifizierenden Akteur selbst verursacht, dann empfindet er 'Gewissens-bisse', in denen sich Straferwartungen und Selbstvorwürfe verbinden. Und auch hier sichert das Wissen darum, daß die Selbstvorwürfe der Beeinträchtigung *fremder* Interessen gelten, die Selbstwahrnehmung dieses Affekts als *altruistische* Reaktion.

Die skizzierte Erklärungshypothese kann in einem zweiten Schritt verbunden werden mit der vorangegangenen Überlegung, nach der die Identifikation mit den Interessen anderer zusätzliche Befriedigungsmöglichkeiten für einen Akteur eröff-net. Die Plastizität der menschlichen Antriebsstruktur, so hatten wir festgestellt, führt dazu, daß die Mittel, die wir benötigen, um primäre Interessen zu befriedigen, ihrerseits affektiv besetzt und so zu unmittelbaren Objekten unseres Interesses werden können, so daß dann bereits die Erlangung dieser Mittel als befriedigend empfunden wird. Unter den Bedingungen der Abhängigkeit von anderen ist die Erfüllung ihrer Erwartungen ein zentrales Mittel für den Akteur, um diese anderen zu veranlassen, den von ihnen benötigten Beitrag zur Verwirklichung seiner eige-nen Ziele zu leisten. Diese Prämissen vorausgesetzt, ist es für einen Akteur *möglich und rational*, sich mit den Erwartungen und Interessen derjenigen zu identifizieren, von denen die Befriedigung seiner übrigen Interessen abhängt. Denn das, *was er ohnehin tun muß*, kann so für ihn zu einer *zusätzlichen Quelle der Befriedigung* werden.

Für das Kind ist es deshalb rational, sich mit den Wünschen seiner Eltern, für den Diener oder Sklaven, sich mit den Interessen seiner Herrschaft, für den langjäh-rig Beschäftigten ohne berufliche Alternativen, sich mit den Interessen des Vor-gesetzten bzw. der Firma zu identifizieren. Die Asymmetrie der Abhängigkeit ist hier kein Hindernis für Identifikation. In dem Maße, in dem der andere über weitreichende Sanktionsmöglichkeiten verfügt und bereit ist, diese im Konfliktfall auch einzusetzen, ist zu vermuten, daß eine derartige Identifikation begünstigt wird.[60] Die Bereitschaft der Beherrschten, Herrschaft nicht nur zu ertragen, son-

---

59 Vgl. dazu Anna Freuds Analyse altruistischen Verhaltens (1973, 95ff.). Sie berichtet u.a. über eine junge Erzieherin, deren Verhalten den Eindruck äußerster Bescheidenheit und Bedürfnislosigkeit vermittelt, die aber in hohem Ausmaß Befriedigung über die Identifikation mit den Interessen anderer zu erleben scheint. So gibt sie z.B. "den Kindern, die ihr anvertraut sind, gern zu essen. Bei einer solchen Gelegenheit weigert sich eine Mutter, irgendeinen besonderen Leckerbissen für das Kind zu opfern. Während sie selbst im allgemeinen große Gleichgültigkeit gegen Eßgenüsse zeigt, gerät sie über die Verweigerung in *stürmische Empörung*. Sie empfindet die Versagung des Wunsches für das fremde Objekt als eigene, so wie sie im anderen Fall die Erfüllung am fremden Objekt als eigene empfunden hat" (1973, 99; Hervorhebung von mir, W.L.S.). Die Identifikation mit den Interessen anderer ist in diesem Beispiel allerdings durch eine spezifische Einschränkung motiviert, welche die betreffende Person dazu veranlaßt, kompensatorisch auf die Möglichkeit identifikatori-scher Wunscherfüllung *auszuweichen*: Äußere Restriktionen (mit Sanktionen belegte Verbote oder Knappheit an zugänglichen Befriedigungsmöglichkeiten) und/oder innere Einschränkungen (Schuld-gefühle) stehen der *direkten* Befriedigung entsprechender eigener Wünsche entgegen.

60 Bei Kindern, deren Wünsche von den Eltern *bedingungslos* erfüllt werden, wäre deshalb anzuneh-men, daß sie eine eher geringe Identifikation mit den Erwartungen und Interessen der Eltern ent-wickeln, weil dadurch die Abhängigkeit der Befriedigung eigener Interessen von der Berücksichti-gung der Interessen anderer weitestgehend entfällt.

dern sie darüber hinaus *als legitim anzuerkennen*, könnte auf diese Weise erklärt werden.

Die vorstehenden Überlegungen zur Entstehung einer Identifikation mit fremden Interessen sind plausibel unter der Voraussetzung, daß die Erfüllung der Erwartungen anderer ein taugliches Mittel zur Erfüllung gegebener eigener Interessen ist. Dies ist offensichtlich dann der Fall, wenn der Abbruch einer sozialen Beziehung durch den anderen den Verlust von Befriedigungsmöglichkeiten zur Folge hat, für die ein Ausgleich nicht oder nur unter beachtlichen Kosten erreicht werden kann.

Wie verhält es sich aber in einer Beziehung, die auf der einseitigen Ausübung von Gewalt beruht und die ständige Mißachtung vitaler Interessen eines Akteurs einschließt, wie das in der Beziehung zwischen Geisel und Geiselnehmer oder KZ-Insassen und -wärtern der Fall ist? Muß man hier nicht annehmen, daß der scharfe Gegensatz der Interessen und die völlige Mißachtung der Autonomie der Gewaltunterworfenen jede Identifikation mit den Erwartungen und Interessen des Gewaltausübenden *blockiert*?

Legt man das Prinzip der Nutzenmaximierung konsequent zugrunde, dann ist diese Frage zu verneinen. Scharfe Interessengegensätze mögen die Identifikation erschweren, sie bilden jedoch kein unübersteigbares Hindernis. Selbst die einschneidendsten Zwangsmaßnahmen können so gestaltet werden, daß sie für die Betroffenen erfahrbar sind als Reaktionen auf ihr eigenes Verhalten. "Wer sich nicht vollständig unterwirft, wird getötet", - auch diese Beziehungsdefinition macht es dem Gewaltunterworfenen möglich, durch sein Verhalten das Verhalten des anderen zu eigenen Gunsten zu beeinflussen, um so sein Überleben zu sichern. Muß ein Akteur über längere Zeit hinweg 'zähneknirschend' Dinge tun, die ihm widerstreben und so im Zwiespalt zwischen eigenem Wollen und eigenem Handeln leben, dann ist er einem ständigen Spannungszustand ausgesetzt, der *psychische Kosten* verursacht, die umso höher sind, je länger dieser Zustand anhält. Die einzige Möglichkeit, diese Kosten einzusparen, besteht in einer solchen Situation darin, die eigenen Präferenzen in Übereinstimmung mit den Erwartungen des Gewalthabers zu bringen.[61] Die Psychoanalyse kennt diese Form der Spannungsbewältigung unter dem Titel der *"Identifikation mit dem Angreifer"*.[62]

Legt man die Prinzipien egoistischer Nutzenmaximierung zugrunde, dann ist die Entstehung von Identifikationen unter solchen Umständen also kaum noch erstaunlich.[63] Psychoanalytische Deutungen von Verhaltensmustern, die auf den ersten Blick irrational erscheinen, versuchen diese Muster typisch auf die Prinzipien

---

61 Zur Analyse eines extremen Beispiels dieser Art, nämlich der Identifikation der Insassen von Konzentrationslagern mit ihren Wärtern, vgl. Bettelheim 1953.

62 Der Wirkungsbereich dieses psychischen Mechanismus reicht freilich weiter. Anna Freud sieht in der "'Identifikation mit dem Angreifer' eine gar nicht seltene Zwischenstufe in der normalen Über-Ich-Entwicklung des Individuums" (1973, 90).

63 Es sollte freilich nicht vergessen werden, daß die vorgetragenen Überlegungen zur Identifikation mit fremden Verhaltenserwartungen und Interessen noch wenig exakt sind und deshalb eher spekulativen Charakter haben.

der Maximierung von Lust bzw. der Minimierung von Unlust zurückzuführen und sind insofern von Rational Choice-Erklärungen nicht weit entfernt.

Erheblich erleichtert wird die Erklärung der identifikatorischen Perspektiven-übernahme, wenn man, wie z.B. Esser (in faktischer Übereinstimmung mit Talcott Parsons), jedem Akteur ein *Interesse an sozialer Anerkennung* durch andere zu-schreibt. Der Verzicht auf die Befriedigung eigener materieller Interessen zugunsten der Befriedigung der Interessen anderer kann dann durch *Anerkennungsgewinne* überkompensiert werden und ist auf diese Weise leicht mit der Prämisse egoisti-scher Nutzenmaximierung in Übereinstimmung zu bringen. Eine derartige Er-klärung kann ein breites Spektrum des Handelns plausibel machen, das von den Formen der alltäglich praktizierten Zuvorkommenheit und der freundlichen Rück-sichtnahme gegenüber unbekannten Personen (z.B. einem anderen die Tür auf-halten, den Vortritt lassen bzw. die Vorfahrt gewähren) über die freiwillige Über-nahme unbezahlter Ehrenämter bis hin zu Virtuosenleistungen der Selbstaufopfe-rung für andere reicht (wie z.B. Heldentot; Selbstmord zur Rettung der Familien-ehre; das eigene Leben der Erfüllung karitativer Aufgaben widmen).[64] Sie lädt je-doch auch zu *inflationärem Gebrauch* ein, fällt es doch oft gar zu leicht, bei einem Handeln, bei dem kein materieller Nutzen für den Akteur erkennbar ist, die Hoff-nung auf immaterielle Auszahlungen in der Münze sozialer Anerkennung als Motiv zu unterstellen. Man muß die Verwendung dieser Erklärung deshalb an strenge Kri-terien für den Nachweis entsprechender Präferenzen binden, wenn man vermeiden will, daß sie als beliebig verfügbarer Ausweg mißbraucht wird, der es mühelos und ohne die Möglichkeit der Widerlegung erlaubt, jegliches Handeln als Ergebnis ratio-naler Wahl darzustellen.

7.11 Internalisierung als Übertragung von Handlungskontrolle und das Colemansche Modell des Selbst

Coleman analysiert die Identifikation mit fremden Zielen und Erwartungen als Un-terfall des Prozesses der *Übertragung des Rechtes zur Kontrolle* eigener Handlungen auf andere Personen.[65] Dabei orientiert sich der Akteur an seinen eigenen Vorstel-lungen darüber, was der andere wünscht und was in dessen Interesse ist. Er mag zu diesen Vorstellungen durch entsprechende Mitteilungen (insbesondere durch Bitten,

---

64 Der Verdacht, daß es dem Wohltätigen nur um Gewinn von Aufmerksamkeit und Ansehen (und vielleicht auch andere, dadurch mittelbar zu erreichende Vorteile) geht, gehört zum Repertoire geläufiger Motivunterstellungen. Als Beweis selbstloser Gesinnung gilt daher schon seit altersher nur die *im Verborgenen* geübte Wohltätigkeit (die freilich, wie religiöse Menschen glauben, dem Auge Gottes nicht verborgen bleibt und deshalb wenigstens im Jenseits mit Belohnung rechnen darf).

65 "Herrschaft" ist ein anderer Unterfall für die Übertragung des Rechtes zur Kontrolle eigener Hand-lungen auf andere, der eine Identifikation mit den Interessen des anderen einschließen kann (z.B. im Falle des Weberschen Typus der "charismatischen Herrschaft"), aber nicht muß. Vgl. dazu Cole-mans Unterscheidung zwischen "konjunkten" und "disjunkten" Herrschaftsbeziehungen (1995, Bd.1, 90ff.).

Anweisungen und Befehle) des anderen gekommen sein. Ebenso kann er durch Beobachtung oder auf der Grundlage allgemeiner Annahmen (z.B. 'Kinder brauchen eine gute Ausbildung') zu der Überzeugung kommen, daß ein bestimmtes Handeln im Interesse des anderen ist. In jedem Falle bedeutet die Übertragung des Rechtes zur Kontrolle des eigenen Handelns auf einen anderen, daß der Akteur, der diese Übertragung vollzieht, sich an *seinen Erwartungen* darüber orientiert, was der andere wünscht bzw. ihm als Wunsch zugeschrieben werden kann. Oder kürzer und in Anlehnung an George Herbert Mead formuliert: *Er kontrolliert sein Handeln aus der Perspektive des (individuellen oder generalisierten) anderen.*

Wer sich mit den Interessen und Erwartungen eines anderen identifiziert, gibt damit nicht jedes eigene Interesse auf. Wie verschiedene eigene Interessen zueinander in Widerspruch geraten können, weil sie in einer gegebenen Situation nicht zugleich erfüllt werden können, so schließt auch die Identifikation eines Akteurs mit den Interessen eines anderen nicht aus, daß ein Konflikt zwischen den eigenen Interessen und den Interessen des anderen entsteht.

Nehmen wir z.B. ein Kind, das den Wunsch der Mutter nach sofortiger Erledigung der Hausaufgaben gerne erfüllen möchte, zugleich aber auch Lust dazu verspürt, zunächst noch etwas zu spielen. Beide Handlungen können nicht zugleich ausgeführt werden. Das Kind erlebt diese Situation als *inneren Konflikt*, in dem unterschiedliche Zielvorstellungen um die aktuelle Kontrolle seines Handelns konkurrieren. Sind beide Antriebe annähernd gleich stark, wird es sich 'hin und her gerissen' fühlen und Schwierigkeiten haben, sich zu entscheiden. Dominiert die Identifikation mit den Wünschen der Mutter, wird es die Erfüllung ihres Wunsches höher bewerten und zu der Entscheidung kommen, "Erst die Hausaufgaben machen und dann spielen", und nach Abschluß der Hausaufgaben darüber ähnlich zufrieden sein wie die Mutter, weil es *auch selbst* davon überzeugt ist, daß diese Reihenfolge die richtige ist. Die Identifikation mit den Wünschen der Mutter zeigt sich in der *Übereinstimmung der bewertenden Reaktionen* von Mutter und Kind auf die gemachten Hausaufgaben. Mit George Herbert Mead kann man deshalb feststellen, daß das Kind hier gegenüber dem eigenen Handeln die Perspektive der Mutter einnimmt, indem es darauf in gleicher Weise reagiert. Dies geschieht nicht nur retrospektiv, nach Abschluß der Handlung, sondern schon in der Phase der Konstruktion und Bewertung des Handlungs*entwurfs*.

Entsprechende Kontrollübertragungen vollzieht das Kind gegenüber anderen Personen. In der Grundschule etwa lernt es nicht nur bestimmte Dinge, sondern es muß auch, um in der Schule erfolgreich zu sein und die schultypischen Belohnungen wie Lob der Lehrperson, gute Noten und Anerkennung der Mitschüler zu erreichen,[66] in einem gewissen Umfange lernen, sich selbst und dem eigenen Handeln gegenüber die Deutungs- und Bewertungsperspektive der Lehrperson einzu-

---

66 Gerade in den ersten Klassen der Grundschule läßt sich eine relativ hohe Übereinstimmung zwischen Schulerfolg und sozialem Status in der Gleichaltrigengruppe feststellen. Die Gefahr, durch überdurchschnittliche Leistungen als "Streber" etikettiert und von den Mitschülern isoliert zu werden, entsteht erst später und wird in stärkerem Maße meist jenseits der Grundschule virulent.

nehmen, muß 'Fehler' zu entdecken und zu vermeiden suchen etc. Es identifiziert sich so mit der Perspektive der Lehrperson und überträgt ihr die Kontrolle über einen Teil seines Handelns.

Die Mutter wird dies rasch bemerken, wenn sie die Hausaufgaben des Kindes überwacht, ihm für ein Problem, mit dem es Schwierigkeiten hat, einen bestimmten Lösungsweg empfiehlt, damit auf heftigen Widerstand trifft und als Begründung zur Antwort erhält, "Frau X hat aber gesagt, daß wir das so machen sollen. Wie du es machst, ist es falsch". Auch der Versuch, das Kind mit dem Argument zu überzeugen, daß es mehrere Lösungswege gäbe und es doch einfach mal ausprobieren solle, ob der von der Mutter vorgeschlagene ihm nicht leichter über seine Schwierigkeiten hinweg helfe, trifft dann oft auf taube Ohren. Das Kind hat die Kontrollrechte über die Handlungen im Bereich Schule und Hausaufgaben zu einem großen Teil auf die Lehrperson übertragen und nicht, oder nur sekundär (d.h. sofern keine anderslautenden Direktiven der Lehrperson vorliegen), auf die Mutter.

Mit der wachsenden Vielfalt sozialer Beziehungen, in die das Kind involviert ist, vollzieht es zahlreiche Kontrollübertragungen auf unterschiedliche Personen, identifiziert es sich mit dem Mode- und Musikgeschmack von Freunden, den Vorstellungen des Trainers im Sportverein über Krafttraining und leistungsfördernde Ernährung oder den extravaganten Vorlieben eines bewunderten Stars. Auf diese Weise kommt es zur allmählichen "Erweiterung des Objektselbst", das im Fortschreiten des psychischen Entwicklungsprozesses "immer größere Mengen von sozialen Objekten" umfaßt (Coleman 1995, Bd.2, 252). Dabei ist die Chance, *belohnende Reaktionen*, d.h. insbesondere *soziale Anerkennung* zu erreichen, ein zentrales Motiv für den Vollzug derartiger Kontrollübertragungen. Die unterbestimmte menschliche Antriebsstruktur ist nicht nur offen für eine derartige *Modellierung von Präferenzen durch Prozesse der Identifizierung und Kontrollübertragung*, sondern benötigt sie auch als Strukturierungshilfe, um eine differenzierte Skala deutlich umrissener Wünsche und Ziele entwickeln zu können.

Dies ist nur eine andere Formulierung für die bekannte These, daß die meisten Ziele, welche Akteure verfolgen, *kulturell bestimmte Ziele* sind;[67] eine Formulierung freilich, die zugleich einen wesentlichen psychischen Mechanismus angibt, über den diese kulturellen Ziele im Sozialisationsprozeß individuell angeeignet werden. Historisch-genetisch kommt es zur Bildung individueller Ziele durch die Identifikation mit konkreten und besonders bedeutsamen Bezugspersonen und durch die damit verbundenen Kontrollübertragungen. Das Selbst eines Akteurs, seine Interessen und deren relative Bedeutung im Verhältnis zueinander, erscheinen so wesentlich als Ergebnis der Identifikation mit den Perspektiven "signifikanter anderer" (Mead) und der Internalisierung ihrer Interessen.

---

67 Oder in der Terminologie von Rational Choice: Die Güter, die Menschen zu erreichen suchen, sind meist *gesellschaftlich definierte "primäre Zwischengüter"*. Vgl. dazu erneut Esser 1996, 7, der (wie schon oben erwähnt) die "primären Zwischengüter" ausdrücklich mit Mertons "kulturellen Zielen" gleichsetzt.

Das folgende Zitat enthält die wichtigsten Aussagen Colemans zum Konzept des Selbst. Coleman erinnert zunächst ausdrücklich an Cooley's Begriff des "'Spiegel-Selbst', ... das eine innere Reflexion des Handlungssystems darstellt, welches außerhalb der Person existiert" und fährt dann fort:

> "So betrachtet, birgt das Selbst ein Abbild aller Akteure des äußeren Systems samt deren Interessen. Die Handlungen der Person gegenüber diesem äußeren System sind ein Ergebnis des Abwägens von Interessen zwischen den Akteuren, die aus diesem System internalisiert werden. ... Wie unterscheidet sich die subjektive Welt einer Person von der einer anderen? Eine plausible Vermutung scheint zu sein, daß alle Personen im Grunde unterschiedliche *Verfassungen* aufweisen. Jedem einzelnen Akteur der Außenwelt, der Teil des inneren Handlungssystems einer Person ist, hat die Person bestimmte Rechte übertragen. Diese Rechte sind weitreichend, wenn ein Akteur (innerhalb der Person) jemanden vertritt, der in der Sozialisation dieser Person eine bedeutende Rolle spielt oder gespielt hat" (Coleman 1995, Bd.2, 263). "... Gemäß dieser Theorie würde die Verfassung des Individuums, die verschiedenen inneren Akteuren (Teil-)Kontrollrechte über verschiedene Handlungen verleiht, aus Erfahrungen in der jeweiligen Welt, in der diese Person lebt, entstehen. Beispielsweise 'lernt' ein Kind, das von seiner Mutter starke sozialpsychologische Belohnungen für seine Hilfe im Haushalt erhält, über diesen inneren evolutionären Prozeß, der Mutter, als innerem Akteur mit internalisierten Richtlinien und Werten, weitreichende Kontrolle über diese Klasse von Handlungen zu übertragen, weil ihm dies Befriedigung verschafft" (Coleman 1995, Bd.2, 264).

Was Coleman hier in Anschluß an Cooley formuliert, kann gelesen werden als komprimierte Rational Choice-Version *von Meads Theorie der Genese des Selbst.* Diese Genese vollzieht sich auf dem Wege der Übernahme und Verinnerlichung der Perspektive bedeutsamer Bezugspersonen. Von Mead her beobachtet rückt Coleman jedoch auf einseitige Weise die Übernahme der Perspektive "individueller anderer" in den Vordergrund, die nach Mead (vgl. oben, Bd.1, Kap.3.9) vor allem die Entwicklungsphase des "role-playing" bestimmt. Charakteristisch für die zweite Phase (die Phase des "game") ist demgegenüber die Verinnerlichung der Perspektive des "generalisierten anderen", d.h. der Normen und Werte, die für eine Gemeinschaft charakteristisch sind. Läßt sich das Konzept des "generalisierten anderen" in Colemans Modell der Genese des Selbst einbauen?

Coleman jedenfalls geht davon aus. Er stellt ausdrücklich fest, daß es sich bei dem skizzierten Modell, welches das Selbst des Akteurs in ein Ensemble imaginierter Personen verwandelt, denen er jeweils in bestimmten Teilbereichen die Kontrollrechte über sein Handeln übertragen hat, um "ein Extrem" handele und fährt fort:

> "Wenn man von diesem Extrem abrückt, lassen sich die inneren Akteure im System der Person nicht nur als andere Personen, sondern auch als Triebe und *generelle Handlungsprinzipien* sehen, die nicht mit einer spezifischen Person verknüpft sind" (Coleman 1995, Bd.2, 264; Hervorhebung von mir, W.L.S.).

Was in dieser Aussage fehlt und deshalb nachzutragen ist, ist ein Argument, das erklärt, warum und unter welchen Voraussetzungen es für einen Akteur im Sinne des Prinzips der Nutzenmaximierung rational sein könnte, ausgehend von seinen Erfahrungen mit individuellen Interaktionspartnern durch abstrahierende Verallgemeinerung einen "generalisierten anderen", d.h. eine Reihe von Typisierungen, Werten, Normen und Prinzipien in seinem Innern zu entwerfen, mit denen er sich identifiziert und aus deren Perspektive er sein Handeln interpretiert, bewertet und kontrolliert. Eine wichtige Voraussetzung dafür ist ein hinreichendes Maß *erfahrbarer Übereinstimmung* zwischen den verschiedenen Individuen, mit denen sich ein Akteur im Laufe seiner Sozialisation identifiziert. Ist diese Bedingung erfüllt, dann kann durch die Konstruktion sozial generalisierter Erwartungen, die einem allgemeinen und anonymen "man" ("Man tut das nicht") zugeschrieben werden, auf äußerst ökonomische Weise, d.h. mit *minimalen Informations- und Transaktionskosten*, ein hohes Maß an *Erwartungssicherheit* erreicht werden (vgl. oben, Kap.7.7), das die *Wahrscheinlichkeit des Handlungserfolgs* in Situationen, in denen dieser Erfolg vom Handeln anderer mitabhängig ist, beträchtlich steigert. Die Konstruktion eines "generalisierten anderen" läßt sich so in Übereinstimmung mit dem Prinzip der Nutzenmaximierung erklären.

Colemans Modell, das in der extrem vereinfachenden Grundvariante das Selbst des Akteurs als internes Ensemble konkreter Akteure portraitiert, mag unter *introspektiven* Gesichtspunkten unplausibel erscheinen. Dies deshalb, weil man, wenn man sich selbst bei der Planung und dem Vollzug einer Handlung zu beobachten versucht, nur in einzelnen Fällen Belege dafür finden wird, daß man eine geplante Handlung aus der Perspektive konkreter anderer Akteure beurteilt, bevor man sie ausführt. Wenn jemand überlegt, ob er nackt in seinem gut einsehbaren Garten sonnenbaden sollte, dann wird er sich vielleicht tatsächlich überlegen, was die Nachbarn dazu sagen könnten. Viele Handlungen führen wir jedoch aus, ohne dabei an andere zu denken.

Dies kann allerdings kein Einwand gegen Colemans Modell sein. Das Modell unterstellt, daß sich die Verfassung eines Akteurs durch Kontrollübertragungen an konkrete Personen *bildet*. Das muß aber nicht heißen, daß der Akteur selbst diese Kontrollübertragung *intrapsychisch in der Form erlebt*, daß er sich jeweils selbst mit den Perspektiven individueller anderer *explizit konfrontiert*. Die *Generalisierung* von Erwartungen schließt deren Ablösung von konkreten Personen ein. Die Erwartungen werden dadurch anonymisiert und erscheinen allgemeingültig. Auch kann die *vollständige* Identifikation mit den Zielen eines anderen die Verbindung dieser Ziele mit dessen Person auslöschen. Indem sich ein Akteur diese Ziele vollständig zu eigen macht, erlebt er sie nicht mehr als Ziele des anderen, sondern eben als seine eigenen Ziele. Die ursprünglichen individuellen Bezugsobjekte, mit denen sich ein Akteur im Prozeß der Sozialisation identifiziert hat, sind in den resultierenden psychischen Strukturen, d.h. den internalisierten Deutungsmustern, Zielen, Werten und Normen, nicht mehr oder nur noch zu einem geringen Teil als imaginierte Akteure präsent.[68]

Nicht hinreichend beantwortet ist bisher die Frage, unter welchen Voraussetzungen es für einen Akteur rational ist, die Perspektive eines anderen nicht nur *kognitiv* zu übernehmen, sondern sich mit dieser Perspektive *selbst zu identifizieren*. Oder noch einmal am Beispiel des oben erwähnten Kindes verdeutlicht, das seine

---

68 Diese Interpretation ist auch durch die Analysen Meads gedeckt.

Hausaufgaben machen soll, bevor es spielen darf: Um von der Mutter gelobt zu werden bzw. eine eventuelle Strafe zu vermeiden, würde es doch genügen, wenn das Kind diese Erwartung der Mutter antizipiert und, sofern es den Wunsch verspürt, sofort zu spielen, gegenüber der Mutter *so tut, als ob* es sich an die Hausaufgaben macht. So etwa, indem es sich in sein Zimmer zurückzieht, die Schulbücher und Hefte auf seinem Schreibtisch ausbreitet, sich dann seinen Game Boy nimmt und zu spielen beginnt, dabei immer darauf achtend, ob sich die Schritte der Mutter dem Zimmer nähern, um dann das Spielgerät rechtzeitig verschwinden zu lassen. Das Beispiel zeigt, das Problem sozialer Ordnung taucht im Miniaturformat auch im Kinderzimmer auf. Auch dort muß damit gerechnet werden, daß normative Erwartungen durch Täuschung und Betrug unterlaufen werden. Wie aber wird es hier, *im Kontext sozialisatorischer Interaktion* zwischen Mutter und Kind, gelöst?

Die Verlagerung des Ordnungsproblems in den Zusammenhang sozialisatorischer Interaktion impliziert eine Zuspitzung dieses Problems, haben wir es doch hier gerade mit dem sozialen Kontext zu tun, in dem die *Internalisierung* sozialer Werte und Normen auf dem Wege der *Identifikation* mit den Wünschen und Erwartungen der Bezugspersonen erreicht werden soll. Für die Reichweite des Rational Choice-Ansatzes ist die Frage, ob die identifikatorische Perspektivenübernahme mit Hilfe des Prinzips der Nutzenmaximierung als rationale Reaktion auf die situativen Bedingungen sozialisatorischer Interaktion abgeleitet werden kann, deshalb eine besondere Bewährungsprobe.

Bleiben wir bei der Diskussion dieser Frage zunächst bei unserem Beispiel. An ihm wird zweierlei deutlich. Zum einen beschreibt es eine Konstellation, die sich so oder ähnlich tagtäglich in vielen Kinderzimmern ereignet. Täuschungsversuche dieser Art kommen häufig vor und zeigen an, daß es sich bei der von uns angenommenen Regel 'Erst Hausaufgaben, dann spielen' nicht unbedingt um eine von Kindern internalisierte Norm handelt. Zum anderen aber wird auch deutlich, wie hoch der Aufwand ist, den das Kind betreiben muß, um mit seinem Täuschungsversuch erfolgreich zu sein. Dabei genügt es nicht, daß es vermeidet, von der Mutter 'in flagranti' ertappt zu werden. Es muß auch darauf achten, daß es etwas vorzuweisen hat, wenn die Mutter sich die gemachten Hausaufgaben ansehen will. Sonst wird die Mutter ihm rasch auf die Schliche kommen. Die Sanktionen, mit denen das Kind im Falle eines raffiniert angelegten und dann doch aufgedeckten Täuschungsversuchs rechnen muß, sind meist schärfer, als im Falle bloßer Unfolgsamkeit, erscheint doch dann der Versuch, die Mutter zu hintergehen, als primäres Delikt, das nach strengerer Ahndung verlangt, als die bloße Mißachtung der Hausaufgabenvorrangregel. Erfolgreich zu täuschen ist also für das Kind gleichermaßen *aufwendig und riskant*. Je jünger es ist, desto geringer entwickelt sind darüber hinaus seine *kognitiven Fähigkeiten*, die Möglichkeiten der Entdeckung zu antizipieren und darauf zugeschnittene Tarnungsstrategien zu entwerfen. Ein unbedachtes Wort genügt, und schon hat es sich verraten. Durch die begrenzte Täuschungskapazität insbesondere jüngerer Kinder und durch die dichte Kontrolle, denen ihr Verhalten innerhalb der Familie meist ausgesetzt ist, wird es deshalb unwahrscheinlich, daß Täuschungsversuche häufig und dauerhaft gelingen.

Kinder machen demnach häufig die Erfahrung, daß ihre Versuche, die Erwartungen der Eltern ohne deren Wissen zu umgehen, fehlschlagen. Der ontogenetische Erwerb eines Gewissens kann an solchen Erfahrungen ansetzen und in seiner elementarsten Form sich als Angst vor Strafe äußern, welche die Freude an dem Gewinn abweichenden Verhaltens verdirbt, weil sie auch dann psychisch präsent ist, wenn (noch) niemand um dieses Verhalten weiß und deshalb aktuell keine Strafe droht. Die fortgesetzte Antizipation der Strafe durch die Eltern wirkt so als Selbstbestrafung, die u.U. als weit bedrückender empfunden wird, als die reale Sanktion, so daß die schließliche Entdeckung und Bestrafung (wie aus Autobiographien zu entnehmen) mit einem Gefühl der Erleichterung erlebt werden kann.[69]

Die häufige Erfahrung eines psychischen Zwiespaltes zwischen den Verlockungen normwidrigen Verhaltens und der Angst vor Strafe ist ihrerseits eine Quelle von Unlust, die zu vermeiden rational ist. Die zuverlässigste Weise, dies zu erreichen, ist die Anpassung des eigenen Wollens an die sozial geltenden Normen, d.h. durch eine *normgemäße Modifizierung der eigenen Präferenzen*. Eine derartige Anpassung, welche zur Übereinstimmung zwischen normativen Erwartungen und individuellen Interessen führt und so zur Folge hat, daß normenkonformes Handeln unmittelbar als befriedigend erlebt wird, entspricht vollständig der Parsonsschen Vorstellung von der Internalisierung sozialer Normen und Werte. Aber auch dann, wenn eine vollständige Identifikation mit den normativen Erwartungen nicht gelingt, ist die Entwicklung *affektiv verankerter interner Hemmungen* gegenüber der Verletzung dieser Erwartungen eine wichtige Zusatzeinrichtung gegenüber einer rein kognitiven Perspektivenübernahme. In sozialen Zusammenhängen mit *dichter sozialer Kontrolle* ermöglicht sie eine *höhere Einsparung von Sanktionen*, als sie durch eine *nur kognitive* Übernahme der Perspektive anderer erreichbar wäre, weil dort die Wahrscheinlichkeit relativ groß ist, daß auch sorgfältig geplante Täuschungsmanöver scheitern. Unter solchen Voraussetzungen ist die Ausbildung eines Gewissens, das als *interne Vorwarn- und Hemmungsinstanz* fungiert, sobald ein Akteur normwidrige Handlungsmöglichkeiten in Erwägung zieht, eine rationale Reaktion.

Rational erscheint diese Reaktion freilich im *objektiven* Sinne, d.h. aus der Perspektive eines Beobachters, kann man doch kaum davon ausgehen, daß der Erwerb eines Gewissens sich auf dem Wege der Einsicht in die Nützlichkeit dieser Einrichtung und der dadurch motivierten Entscheidung vollzieht, sich diesen nützlichen Vorwarnmechanismus anzueignen. Nur wenn das Konzept subjektiver Rationalität

---

69 Sprichwörter wie "Unrecht Gut gedeiht nicht", "Lügen haben kurze Beine" oder "Honesty is the best policy" verallgemeinern die Erfahrung des Scheiterns von Versuchen, durch abweichendes Verhalten Vorteile zu erreichen. Sie erscheinen so geradezu darauf zugeschnitten, die Überzeugung zu bestärken, daß Akteure nicht in der Lage sind, die Bedingungen und Effekte ihres Handelns hinreichend zu kontrollieren, um aus normwidrigem Verhalten langfristig Kapital zu schlagen. Diese Überzeugung wiederum ist die Voraussetzung dafür, daß Angst vor Strafe entwickelt und als Gewissen psychisch wirksam wird. Als Ausführende der befürchteten Vergeltung können dabei bestimmte Akteure, soziale Institutionen oder auch metaphysische Instanzen wie "Gott" oder die "Macht des Schicksals" vorgestellt werden.

durch den Begriff objektiver Rationalität im Sinne von Weber und Mead ergänzt wird, ist eine rationale Erklärung der Internalisierung von Normen deshalb möglich.

Wenn man ein objektives Rationalitätskonzept zugrunde legt, dann können Prozesse der Identifikation und der Internalisierung normativer Erwartungen auf die beschriebene Weise erklärt werden, sofern die dafür notwendigen situativen Voraussetzungen erfüllt sind, zu denen insbesondere ein hohes Maß an sozialer Kontrolle des Verhaltens durch andere Akteure gehört. Identifikation und Internalisierung gründen wesentlich auf der durch Erfahrung erzeugten psychischen Verknüpfung abweichenden Verhaltens mit der Antizipation drohender Sanktionen.[70] Vor diesem Hintergrund fungieren sie dann als *Mechanismen der Spannungsreduktion,* die es einem Akteur ermöglichen, den Konflikt zwischen seinen Präferenzen und sanktionsbewerten Verhaltensanforderungen, denen er nicht ausweichen kann, durch Anpassung seiner Präferenzen aufzulösen.

Wie *stabil* aber sind die dadurch erzeugten psychischen Strukturen? Kann man annehmen, daß sie auch unter veränderten situativen Bedingungen fortbestehen und das Handeln eines Akteurs leiten?

7.12   Bedingungen der Stabilität internalisierter Normen und Präferenzen

Unter den Prämissen von Rational Choice ist Skepsis geboten gegenüber weitreichenden Konstanzannahmen, die einmal entstandene psychische Strukturen als situationsunabhängig fortbestehende Invarianten begreifen. In einer Umgebung, in der ein Akteur am Beispiel anderer *häufig* beobachten kann, daß normwidriges Verhalten wenig riskant ist und erheblich größere Gewinne verspricht als Normenkonformität, ist zu erwarten, daß ein rationaler Akteur relativ rasch lernt und die innere Bindung an diese Normen abbaut. Oder wie Esser hier formulieren würde: Die Differenz zwischen den veränderten objektiven Situationsbedingungen und der bisher verwendeten subjektiven Situationsdefinition wird zunächst als *Störung* wahrgenommen. Diese Störung veranlaßt den Akteur dazu, vom Modus routinisierter Normenkonformität auf den Modus rationaler Nutzenkalkulation umzuschalten, die Einschätzung erreichbarer Gewinne und die erwartete Erfolgswahrscheinlichkeit darauf zielenden Handelns den veränderten Bedingungen anzupassen und gegebenenfalls lohnend erscheinende normwidrige Handlungsalternativen auszuwählen. Die Stabilität erreichter Norminternalisierung setzt demnach ein Milieu voraus, in dem moralisches Handeln *sich im Regelfalle auch auszahlt* und d.h. zumindest, daß der Akteur dadurch keine wesentlichen Einbußen durch entgangene Gewinne

---

70 Als Sanktion werden dabei nicht nur Übelszufügungen, sondern auch der Entzug von Gratifikationen erlebt. Wenn andere Personen für einen Akteur in besonderem Maße als Quelle der Bedürfnisbefriedigung relevant sind, dann kann ein partieller und befristeter Rückzug dieser Personen, d.h. die Einschränkung der Interaktion mit dem Akteur, ja schon ein mißbilligender Blick, der signalisiert, daß solche Beschränkungen drohen könnten, als gravierende Sanktion empfunden werden.

erleiden darf. Damit stellt sich die Frage nach den *situationsstrukturellen Voraus-setzungen,* unter denen Moral sich *rentiert.*

Die allgemeine Antwort darauf lautet: Abweichendes Verhalten muß mit hoher Wahrscheinlichkeit entdeckt und hinreichend scharf sanktioniert werden, so daß die Kosten daraus den Nutzen im Normalfall übersteigen. Modelltheoretisch bieten wiederum Situationen mit der Struktur eines *iterierten Gefangenendilemmas* und ausgeprägter *Netzwerkeinbettung* günstige Voraussetzungen für die Erfüllung dieser Bedingungen. Empirisch sind diese Bedingungen vor allem in lang dauernden und relativ engen sozialen Beziehungen gegeben, in denen die Häufigkeit der Kontakte unentdecktes Täuschen erschwert und es zugleich leichter macht, unkooperatives Verhalten zu bestrafen, d.h. in Familien und langfristig existierenden Kleingruppen (z.B. Schulklassen oder Freundschaftscliquen), in dörflichen Nachbarschaftsmilieus, aber auch im Binnenkontext von *Organisationen*:

> "Das Unternehmen schafft auf eine künstliche Weise ein 'Kleingruppenmilieu', das durch die Inten-sität interpersonaler Kontakte besonders gut für die Einschätzung der Eigenschaften und persönli-chen Qualitäten von Menschen geeignet ist. Denn die Beziehungen im Unternehmen sind eben nicht nur vertraglicher, sondern fundamental auch persönlich-sozialer Art" (Baurmann/Kliemt 1995, 37).

Enge, kontinuierliche Zusammenarbeit erzeugt einen sozialen Zusammenhang, in dem das Verhalten jedes einzelnen der ständigen Beobachtung durch die Kollegen und unmittelbaren Vorgesetzten ausgesetzt ist. Versuche, sich auf unlauterem Wege Vorteile zu verschaffen, werden deshalb leicht auffallen, den Ruf einer Person schä-digen, Gegenreaktionen auslösen und dadurch Kosten verursachen, welche die auf normwidrige Weise erreichten Gewinne übersteigen. Normenkonformes Handeln und ein guter Ruf werden hingegen von Kollegen und Vorgesetzten prämiert. Als Person von moralisch einwandfreiem Charakter zu gelten, ist deshalb ein erstre-benswertes Ziel, das aber kaum auf dem Wege bloßer Vortäuschung langfristig und dauerhaft zu erreichen ist. Damit sind günstige Bedingungen für die Reproduktion einer internalisierten Moral gegeben.[71]

> "Der sicherste Weg, innerhalb eines Unternehmens als tugendhafte und integre Person zu erschei-nen, wird daher darin bestehen, eine tugendhafte und integre Person zu sein. Vom Standpunkt un-serer übergeordneten Fragestellung aus gesehen leistet das Unternehmen somit beides: Es hat einen nicht substituierbaren Tugendbedarf und es ist, sofern Tugend überhaupt 'produzierbar' ist, in der Lage, durch seine Nachfrage die Tugendproduktion zu stimulieren" (Baurmann/Kliemt 1995, 38).

Bei unternehmensübergreifenden Netzwerk- und Kooperationsbeziehungen mit langfristigem Charakter innerhalb eines *Marktes* sind auch hier günstige Bedingun-gen für die Reproduktion einer Moral gegeben, weil die Abwicklung von Geschäfts-beziehungen an Kriterien der Fairneß und der getreulichen Vertragserfüllung orien-tiert sein muß, um dauerhafte Kooperation zu ermöglichen. In Märkten, in denen

---

71 Dabei kann neben der bloßen Konservierung von moralischen Einstellungen, die außerhalb des Un-ternehmens (in Familie, Schule, Gleichaltrigengruppen etc.) erworben wurden, unter geeigneten Be-dingungen auch mit Internalisierungseffekten durch *innerbetriebliche Sozialisation* gerechnet werden.

derartige Voraussetzungen nicht bestehen, ist bei vertraglichen Transaktionen mit hohen Risiken und Vertrauensproblemen zu rechnen. Von den Marktteilnehmern ist dann zu erwarten, daß sie eine ausgeprägte Innen/Außen-Moral entwickeln, die innerhalb eines Unternehmens normengeleitetes Handeln verlangt, gegenüber anderen Unternehmen jedoch amoralisches Handeln zuläßt.

Die Frage, welche situativen Bedingungen gegeben sein müssen, um die Stabilität und handlungsorientierende Kraft einer internalisierten Moral sicherzustellen, ist freilich nicht erst im Rahmen des Rational Choice-Ansatzes formuliert worden. Bereits bei Parsons spielt diese Frage eine wichtige Rolle. Abweichendes Verhalten wird nach Parsons dann zu einem typischen Phänomen, wenn es in höherem Maße durch Symbole sozialer Anerkennung wie Geld und Prestige belohnt wird,[72] als normenkonformes Verhalten. Die internalisierte Moral eines Akteurs und sein Streben nach Erfolg geraten dann miteinander in Widerstreit und stürzen den Akteur in einen inneren Konflikt. Parsons beschreibt eine solche Situation am Beispiel der normativen Standards, welche die erforderliche *Qualität beruflicher Leistungen* von Angehörigen freier Berufe wie Ärzten oder Anwälten definieren:

"Es kann geschehen, daß ein tatsächlicher Leistungserfolg nicht die entsprechende Anerkennung findet und daß schlechte Leistungen und unerlaubte Praktiken zu unverdienter Anerkennung führen. Derartige Integrationsmängel setzen den einzelnen, der in einer solchen Situation steht, unweigerlich starken Spannungen aus und führen dazu, daß von dem institutionellen Muster abweichende Verhaltensweisen weite Verbreitung finden. Unter dieser Perspektive scheinen die sogenannte 'Kommerzialisierung' der Medizin und die 'unlauteren' und 'dunklen' Geschäftspraktiken in der Wirtschaft vieles gemeinsam zu haben, und zwar als Reaktionsbildung auf diese Spannungen" (Parsons 1973, 174).

Aus der Perspektive des einzelnen Individuums stellt sich dieser innere Konflikt in der folgenden Weise dar: "Sucht es (das Individuum, W.L.S.) weiterhin die allgemein gebilligten, objektiven Leistungen zu erbringen, so bleibt sein Wunsch nach Anerkennung unbefriedigt; geht es dagegen von diesen Leistungen ab, um Anerkennungssymbole zu erwerben, so werden Schuldgefühle in ihm selbst geweckt und es läuft Gefahr, die Billigung wichtiger Instanzen zu verlieren. Kommerzialismus und Unehrlichkeit sind weitgehend die Reaktion normaler Menschen auf eine derartige Konfliktsituation" (Parsons 1973, 175).[73]

Parsons analysiert die Konfliktsituation des Individuums als intrapsychische Erscheinungsform der unzureichenden Abstimmung ("Integration") zwischen normativen Leistungsstandards einerseits und den Kriterien für die Zuteilung sozial standardisierter Belohnungen andererseits. Vorausgesetzt wird, daß der Akteur diese ver-

---

72   Geld hat dabei die Doppelfunktion, einerseits als Mittel zur Befriedigung materieller Bedürfnisse zu dienen, andererseits aber auch ein Anerkennungssymbol zu sein, durch das - anhand der Höhe der jeweiligen Entlohnung - unterschiedliche Grade der sozialen Wertschätzung ausgedrückt werden können, die verschiedenen Arten von beruflichen Leistungen zuteil werden. Vgl. dazu Parsons 1973, 174.

73   Die nicht ganz klare Parsonssche Rede von der "Billigung wichtiger Instanzen", die ein normwidrig handelnder Akteur zu verlieren droht, ist m.E. auf die *intrapsychischen* Instanzen gemünzt, die ontogenetisch durch die Verinnerlichung besonders bedeutsamer Beziehungen zu sozialen Objekten (=anderen Akteuren) gebildet werden. Dies entspräche im wesentlichen der Colemanschen Vorstellung von der Entwicklung des Selbst. Wie oben schon erwähnt, beziehen Coleman und Parsons den Gedanken der Bildung von Persönlichkeitsstrukturen durch die Verinnerlichung von Objektbeziehungen vor allem von Cooley, Mead und Freud.

schiedenen Komponenten der *sozial institutionalisierten Definition seiner beruflichen Handlungssituation* internalisiert hat. Durch die Auflösung ("Desintegration") des Zusammenhangs, die es ausschließt, durch normenkonformes Handeln ein Maximum an sozialer Belohnung zu erlangen, gerät der Akteur in einen Widerstreit mit sich selbst. Er muß entweder auf die Erfüllung der normativen Leistungsstandards oder auf die Maximierung der gewünschten Belohnungen verzichten. Im Falle eines solchen Konflikts *unterstellt Parsons wie Rational Choice,* daß sich der Akteur *als rationaler Nutzenmaximierer verhält* und um des größeren Gewinnes willen die normativen Standards verletzt.

Parsons analysiert den inneren Konflikt des Akteurs auf eine Weise, die deutlich macht, daß dieser die Form eines Widerstreits zwischen den Kriterien sozialer Anerkennung annimmt, die von unterschiedlichen Personen bzw. Personengruppen als gültig erachtet werden. Indem der Akteur diese unterschiedlichen Kriterien zugleich internalisiert hat, hat er - wie Coleman formulieren würde - *Kontrollübertragungen auf unterschiedliche Akteure* vollzogen, die nun miteinander in Widerspruch geraten. Die relative Stärke der vollzogenen Kontrollübertragungen entscheidet dann über den Ausgang des inneren Konflikts.

Von einer rational choice-theoretischen Erklärung unterscheidet sich die Parsonssche Deutung vor allem durch eine Differenz in der Betonung der einzelnen Elemente der Gesamtsituation: Für Parsons steht der *objektive* Widerspruch zwischen institutionalisierten Normen und Anerkennungssymbolen im Vordergrund, der eine *Situation mangelhafter Integration* erzeugt, mit der sich der einzelne Akteur dann konfrontiert sieht. Dieser Widerspruch *in der objektiven Struktur der Situation* erklärt für Parsons, wie es zu abweichendem Verhalten als typischer Reaktion kommen kann. Das Prinzip der Nutzenmaximierung, oder wie Parsons formuliert, das Streben nach "Optimierung der (Bedürfnis)Befriedigung" (Parsons/Shils 1951, 121), an dem sich der Akteur bei der Auflösung dieser widersprüchlichen Situation orientiert, erscheint demgegenüber eher als *implizit angenommene Randbedingung.*[74]

Demgegenüber verfährt Rational Choice genau umgekehrt: Das Prinzip der Nutzenmaximierung gilt hier als das *zentrale Element* einer soziologischen Handlungserklärung, dem dann die situativen Bedingungen als Randbedingungen zugeordnet werden. Nicht die völlige Unverträglichkeit der theoretischen Prämissen, sondern eher eine unterschiedliche Auffassung darüber, welche Komponente der Erklärung von Handlungen die wichtigere bzw. von größerem Interesse ist, erscheint hier als Kern des oft als 'grundsätzlich' verstandenen Dissenses zwischen der

---

74 Um tatsächlich zu klären, inwieweit das Parsonssche Konzept der "Optimierung der Befriedigung" (optimization of gratification) übereinstimmt mit dem Konzept der Nutzenmaximierung, wäre freilich eine genaue Analyse erforderlich. Im gegenwärtigen Zusammenhang genügt die augenfällige Parallelität beider Konzepte, um zu belegen, daß die Differenz zwischen Parsons und Rational Choice an diesem Punkt zumindest erheblich geringer ist, als oft unterstellt wird. Im folgenden Abschnitt werden wir zudem sehen, daß die Vertreter des Rational Choice-Ansatzes selbst dazu gezwungen sind, das ursprüngliche Konzept subjektiver Nutzenmaximierung beträchtlich zu modifizieren, wenn es um die Erklärung von Routinehandeln, altruistischem Handeln und der Entwicklung bzw. Änderung von Präferenzen geht.

Parsonsschen Lösung des Problems sozialer Ordnung durch Norminternalisierung und den Annahmen von Rational Choice.

Sind die typischen sozialen Handlungsbedingungen so gelagert, daß abweichendes Verhalten gewinnträchtiger ist als Normenkonformität, dann ist auch die Internalisierung dieser Normen kein definitives Hindernis für die Ausnutzung dieser Gewinnchancen. Das schlechte Gewissen, das der Akteur dabei dennoch verspürt, verweist auf die *Trägheit* der psychischen Organisation, die eine *völlig reibungslose* Umstellung des Akteurs auf die veränderten situativen Bedingungen (verändert im Vergleich zu den Bedingungen, unter denen die Internalisierung ursprünglich stattfand) nicht zuläßt.

Die Annahme eines solchen Trägheitsmoments ist plausibel. Psychische Umstrukturierungsprozesse benötigen Zeit. Normative Bindungen sind nicht nur affektiv verankert, sie implizieren auch die weitestgehende Routinisierung normgemäßen Handelns. Eingeschliffene Routinen aber müssen der reflexiven Kontrolle unterworfen und *aktiv verlernt* werden, um dauerhaft außer Kraft gesetzt zu werden. Bei jedem Nachlassen der Aufmerksamkeit, jedem Einschalten des automatisierten Modus der Handlungsselektion droht zunächst noch das Zurückgleiten in die eingefahrenen Handlungsbahnen. An dieser Stelle müssen die theoretischen Prämissen von Rational Choice durch Annahmen über die relative Starrheit bzw. Wandelbarkeit psychischer Strukturen ergänzt werden. Von dem erreichten Grad der 'Verfestigung' psychischer Strukturen hängen die *Kosten* ab, die ein Akteur aufwenden muß, um die Orientierungswirkung internalisierter Normen außer Kraft zu setzen. Ältere Menschen haben hier oft größere Schwierigkeiten als jüngere. Man könnte dies vielleicht auf Faktoren wie das allgemeine Nachlassen der Lernfähigkeit und die allmähliche 'Sklerotisierung' von Einstellungs- und Handlungsmustern zurückführen, die damit einhergeht.

Unabhängig von diesen Faktoren, die als einbettende Randbedingungen rationaler Nutzenmaximierung eingeführt werden können, lassen sich jedoch auch wichtige nutzentheoretisch explizierbare Gesichtspunkte nennen, die (mit)erklären könnten, warum die Auflösung der Bindungen an verinnerlichte Handlungsmuster, Einstellungen und Präferenzen mit der Dauer ihrer Orientierungswirksamkeit zunehmend schwer fällt.

7.13   Zur rationalen Erklärung der 'Sklerotisierung' von Einstellungen und Präferenzen

Führen wir uns das Zusammenspiel der verschiedenen Gesichtspunkte, die für die Verfestigung von Einstellungen, Präferenzen und Handlungsmustern relevant sind, zunächst an einem Beispiel vor Augen.

X, der gerade die Schule abgeschlossen hat, steht vor der Entscheidung, welchen beruflichen Weg er einschlagen soll. Seine Eltern führen einen Bauernhof als Nebenerwerbsbetrieb. Weil er die Arbeit in einem landwirtschaftlichen Betrieb schätzt und eine selbständige berufliche Existenz anstrebt, beschließt er, den elterlichen Hof zu übernehmen und zum Vollerwerbsbetrieb auszubauen. Um sich das dazu notwendige Wissen anzueignen, beginnt er zunächst Agrarwissenschaften zu studieren. Nach Abschluß des Studiums übernimmt er den Hof, macht daraus innerhalb von 10 Jahren einen großen Betrieb mit umfangreichem Viehbestand, der mit Gewinn arbeitet, dann aber (durch Rinderwahnsinn, Maul-und-Klauen-Seuche und die damit verbundenen Absatzschwierigkeiten am Fleischmarkt) in eine tiefe ökonomische Existenzkrise gerät, deren Ende nicht abzusehen ist. Er steht nun vor der Frage, ob er den unrentablen Hof aufgeben und sich nach einer Stelle als abhängig Beschäftigter umsehen soll.

Es fällt sofort auf, daß in dieser Situation nicht nur die Erwerbschancen in einer neuen beruflichen Position und deren Differenz zum aktuellen Einkommen bedeutsam sind, wenn unser Akteur versucht, nach dem Kriterium rationaler Nutzenmaximierung zu entscheiden. Die Entscheidung für die Aufgabe des Hofes, der unter den gegebenen Bedingungen nur schwer verkäuflich sein dürfte, hat den *Verlust vergangener Investitionen* zur Folge. Diese Verluste betreffen nicht nur das Betriebsvermögen. Sie betreffen auch den Wert der Ausbildung und des berufsspezifischen Wissens, der erworbenen Arbeitsroutinen, ja der gesamten habitualisierten Lebensweise als selbständiger Landwirt, die X angestrebt hat, die er schätzt und für die er langjährige Mühen in Kauf genommen hat. Wenn er den Hof aufgibt, muß er sich von dieser *Lebensweise* und den damit verbundenen *Zielen* abwenden und die darauf verwandte *Lebenszeit* zum größten Teil als *biographische Fehlinvestition* abschreiben. Als rational kalkulierender Akteur kann er diesen Entschluß nur dann treffen, wenn er mit hinreichender Sicherheit erwarten kann, daß die zukünftigen materiellen und immateriellen Gewinne aus dieser Entscheidung die Verluste überwiegen, die er dafür in Kauf nehmen muß.

Die Schwierigkeiten, die bei der Kalkulation zukünftig zu erwartender Gewinne bestehen, sind in diesem Falle allerdings besonderer Art. Die anstehende Entscheidung betrifft nicht eine bloße Veränderung im Bereich der Handlungsalternativen bei gegebenen Zielen, sondern schließt die Änderung eines bisher hoch bewerteten und biographisch zentralen Zieles (berufliche Selbständigkeit) ein. Der Akteur steht also vor der Aufgabe, seine Präferenzen auf gravierende Weise zu modifizieren und neue Zielsetzungen zu entwickeln, die für ihn befriedigend und unter den veränderten Bedingungen erreichbar sind. Die Lösung dieser Aufgabe verlangt eine *Neuinterpretation und Neubewertung* der bisherigen Präferenzstruktur.

Dies kann geschehen, indem die Schattenseiten des bisher dominanten Zieles, d.h. die Kosten, die um seinetwillen in Kauf genommen wurden, schärfer in den Blick genommen werden: der 12 bis 14 Stundentag des selbständigen Landwirtes; Unabkömmlichkeit vom Hof und daher kaum Urlaub; die Drohung einer anwachsenden Schuldenlast; keine Möglichkeit, Hobbies zu pflegen etc. Auf der anderen Seite treten die Vorteile abhängiger Beschäftigung in den Blick: feste und begrenzte Arbeitszeit; geregelter Urlaub und mehr Freizeit; festes Gehalt. Der bisher 'verdrängte' Wunsch zu reisen, ein früher geliebtes Hobby, für dessen Pflege die Zeit fehlte, mehr Zeit, um sich der Familie zu widmen, treten als mögliche Ziele in den Blick und erfahren u.U. eine dramatische Aufwertung. Umgekehrt tritt das bisherige Zentralziel, die Sicherung der beruflichen Selbstständigkeit, hinter diese neuen Möglichkeiten allmählich zurück, verliert an Bedeutung und erscheint gar nicht mehr so erstrebenswert. Wenn dieser Punkt erreicht ist, kann das bisherige Zentralziel aufgegeben werden, weil alternative Ziele erreichbar erscheinen, welche die aufgegebenen Befriedigungsmöglichkeiten kompensieren. Eine neue Präferenzstruktur, die besser auf die faktisch gegebenen Handlungsmöglichkeiten abgestimmt ist, tritt an die Stelle der alten.

Die Umstrukturierung von Präferenzen fällt relativ leicht, wenn alternative Handlungsmöglichkeiten und Ziele in ausreichendem Maße vorhanden sind, wenn die abzuschreibenden Investitionskosten, die für ein problematisch gewordenes Ziel verausgabt wurden, noch nicht hoch sind und genügend Zeit vorhanden ist, um anfallende Verluste durch zukünftige Gewinne zu kompensieren. Wenn unser Bauer den Hof erst kurze Zeit bewirtschaftet hat und er sein agrarwissenschaftliches Studium in einer alternativen Berufstätigkeit verwerten kann, wird es ihm nicht so schwer fallen, seine Ziele an die neue Situation anzupassen. Je länger er als selbständiger Bauer tätig war und je älter er ist, je höher deshalb seine biographischen Investitionen sind und je geringer die verbleibende Zeitdauer zur Erwirtschaftung zukünftiger Gewinne, umso wahrscheinlicher ist es, daß er bei seiner Kalkulation zu einem negativen Ergebnis kommt und sich für die karge Existenz auf einem überschuldeten Hof entscheidet, solange es die Ertragslage und die kreditgebenden Banken zulassen.

Angewendet auf die gesamte Biographie eines Akteurs könnte so mit Hilfe des Prinzips der Nutzenmaximierung erklärt werden, unter welchen Voraussetzungen es rational ist, an gegebenen Präferenzen und den darauf zugeschnittenen Handlungsalternativen auch dann noch festzuhalten, wenn der dadurch erreichbare Nutzen durch die Veränderung der situativen Handlungsbedingungen dramatisch sinkt. So zu verfahren wäre rational, sofern auf diese Weise der erwartete *biographische Gesamtnutzen* größer ist als der Gesamtnutzen, der - nach Abzug der Kosten für die abzuschreibenden biographischen Fehlinvestitionen - durch die Änderung der Präferenzstruktur und die Auswahl neuer Handlungsmöglichkeiten voraussichtlich erreicht werden kann.[75]

Die vorstehenden Überlegungen unterstellen eine hohe Plastizität menschlicher Handlungsantriebe, die nicht nur die Maximierung des Nutzens bei vorgegebenen Zielen ermöglicht, deren Inhalt und relative Bedeutsamkeit durch sozialisatorische Prägung fixiert ist, sondern auch eine veränderte Gewichtung oder den Austausch dieser Zielsetzungen erlaubt. Unter dieser Voraussetzung erscheint es möglich, daß zwischen alternativen Zielen und Zielbewertungen anhand von Kriterien entschieden wird, die im *Gesamtkontext der Biographie* eine Maximierung des subjektiven Nutzens ermöglichen.

Bisher präferierte Ziele und Handlungsalternativen erscheinen nicht nur dann problematisch, wenn die Chancen für die Realisierung dieser Ziele sinken. Sie

---

75 Die Frage, ob es unter diesen Voraussetzungen weiterhin angemessen ist, von "Nutzenmaximierung" zu reden, diskutieren wir im folgenden Abschnitt.

können auch dadurch unter Änderungsdruck geraten, daß plötzlich neue Ziele und Handlungsmöglichkeiten offen stehen, die bisher unzugängliche Befriedigungsmöglichkeiten eröffnen. Auch hier, so meine These, ist die Gesamtbiographie als Rahmen für die Anwendung des Prinzips der Nutzenmaximierung in Anschlag zu bringen und muß deshalb der zusätzliche Nutzen, der durch eine Umstrukturierung der subjektiven Präferenzen zu erreichen wäre, mit den Abschreibungsverlusten verrechnet werden, die dabei in Kauf zu nehmen sind.

Am Beispiel: Wer lange Zeit dazu gezwungen war, *sparsam und bescheiden* zu leben, dabei aber gelernt hat, diese Lebenshaltung nicht als bloße Unterwerfung unter den Zwang beschränkter Verhältnisse, sondern als *tugendhaft* zu begreifen und sich allen *moralisch überlegen* zu fühlen, deren Lebensart er als *verschwenderisch* betrachtete, der wird Sparsamkeit und Bescheidenheit u.U. auch dann noch als erstrebenswert definieren, wenn er - zu Wohlstand gekommen - über die Mittel für einen aufwendigen Lebenswandel verfügt. Er könnte dies tun, weil für ihn der durch luxuriösen Lebenswandel erreichbare Gewinn geringer wiegt als der Verlust, den er durch die nachträgliche Abschreibung seiner langjährigen bescheidenen Existenz als 'armseliges Leben' erleiden würde. Hier anders zu entscheiden könnte bedeuten, es für den aktuellen und zukünftig möglichen Gewinn, der auf der Basis der neuen Ziele erwartet werden kann, zu ertragen, daß man sein bisheriges Leben als Fehlschlag verbuchen muß. Um diese Kosten, die mit der Lebensspanne wachsen, die man unter eingeschränkten Bedingungen verbracht hat, zu vermeiden, kann es rational sein, sich gegen die Übernahme erweiterter Ziele zu entscheiden und sich bestimmte Einschränkungen, deren äußere Notwendigkeit entfallen ist, nun selbst aufzuerlegen. Wenn die Eltern von Kindern unter solchen Bedingungen aufgewachsen sind und es durch langjährige Mühen zu Wohlstand gebracht haben, in dem ihre Kinder nun aufwachsen, dann wird es schwer werden, den Kindern den Sinn von Sparsamkeit und Bescheidenheit zu vermitteln. Denn für die Kinder bedeuten diese Forderungen nur eine willkürliche und vermeidbare Einschränkung der zugänglichen Möglichkeiten der Bedürfnisbefriedigung. Ihre Nutzenbilanz ist nicht durch biographische Abschreibungen belastet. Für sie schlägt deshalb der von den Eltern verlangte Verzicht als Nutzeneinbuße zu Buche, die es - für einen rational kalkulierenden Akteur - zu vermeiden gilt.

Man kann die vorstehenden Überlegungen zur Auswahl und Änderung von Einstellungen und Präferenzen in drei einfachen Maximen zusammenfassen, an denen sich ein rationaler Akteur orientieren könnte:

1) Wähle diejenigen Ziele und bewerte sie hoch, bei denen du die größten Erfolgsaussichten hast.
2) Werte Ziele ab bzw. gebe sie ganz auf, wenn du feststellst, daß du sie nur mit übermäßigen Kosten oder gar nicht erreichen kannst.
3) Wenn du deine Ziele und Bewertungen änderst, achte darauf, daß dadurch vergangene Erfolge nicht rückwirkend entwertet werden, - es sei denn, du kannst diese Verluste durch hinreichend große und mit hoher Wahrscheinlichkeit zu erwartende Gewinne kompensieren.

Nach der *ersten Maxime* ist es z.B. sinnvoll, wenn jemand, der äußerst musikalisch ist, eine Karriere als Musiker anstrebt. Nicht rational ist es hingegen, wenn er diese Fähigkeit völlig ungenutzt läßt, weil er, obwohl von kleinem Wuchs, unbedingt eine olympische Medaille im Hochsprung erringen möchte und dafür jeden Tag ausgiebig trainiert. Nach der *zweiten Maxime* ist es vernünftig, die angestrebte Solistenkarriere als Musiker aufzugeben und ein anderes Berufsziel anzustreben, wenn Engagements und Plattenverträge ausbleiben. Nach der *dritten Maxime* ist es rational, die Investitionen in die musikalische Ausbildung nur dann vollständig abzuschreiben, wenn es gar nicht anders möglich ist. Zuvor wäre deshalb zu prüfen, ob nicht Zielmodifikationen möglich sind, die es - wenn auch bei geringerem Ertrag - ermöglichen, die hohen Investitionen zu retten. Vernünftig wäre es dann etwa, den Beruf eines Orchestermusikers oder Musiklehrers als neues Ziel ins Auge zu fassen. Bieten sich derartige Möglichkeiten nicht, ist es vernünftig, die Bedeutung von Musik im Rahmen der eigenen Präferenzstruktur herabzustufen und sie etwa nur noch als Hobby zu betreiben.

Derartige Modifikationen der Präferenzen implizieren oft Umdeutungen, in denen die ursprünglichen Ziele als "saure Trauben" deklariert werden, um die zu bemühen sich nicht lohnt.[76] So z.B. kann die nicht erreichte Solistenkarriere nachträglich als gar nicht erstrebenswert definiert werden, weil sie (im Gegensatz zur geregelten Existenz eines verbeamteten Musiklehrers) ein unerträgliches 'Leben aus dem Koffer' verlangen würde. Die damit vollzogene Abwertung des ursprünglichen Zieles ermöglicht seine Aufgabe, ohne dies als 'Scheitern' erleben und auf Dauer die Spannung zwischen dem ersehnten Ziel und der abweichenden Realität ertragen zu müssen. Einen analogen Prozeß der Umwertung haben wir oben am Beispiel des in Schwierigkeiten geratenen Landwirts verfolgt.

In ähnlicher Weise können, wie eben erwähnt, Arbeitsamkeit, Sparsamkeit und Bescheidenheit, die durch die materiellen Lebensverhältnisse geboten erscheinen, zu Tugenden deklariert und dem Müßiggang, der Verschwendung, Eitelkeit und Prunksucht anderer entgegengesetzt werden. Durch einen entsprechenden Lebenswandel zu Reichtum gekommen, könnte auch hier eine Änderung der Präferenzen das vergangene Leben retrospektiv als 'unwürdig' entwerten. Das semantische Konzept der "Karriere" bietet eine Lösung für diese Problemlage, weil es dem Akteur ermöglicht, die Kontinuität zwischen der materiell beschränkten und vergangenen Existenz einerseits und dem neu erreichten Status andererseits zu wahren und den sozialen Aufstieg als Ergebnis eigener Leistung zu deuten, auf die man stolz sein kann. Damit behalten zugleich die 'Tugenden', denen man diesen Aufstieg verdankte, ihren Wert, so daß zu erwarten ist, daß sie ihre orientierende Bedeutung auch unter den veränderten Bedingungen nicht völlig verlieren.[77] Histo-

---

76 Vgl. dazu besonders Elster 1987, Kap. IV. - Der Ausdruck "saure Trauben" bezieht sich auf Lafontaines Fabel vom Fuchs, der sich von den reifen und verlockend leuchtenden, aber für ihn unerreichbar hoch hängenden Trauben abwandte, indem er rief: "Pfui, wie grün! Die sind für Lumpen gut!"; Lafontaine kommentiert: "Und war's nicht besser so, als daß er sich beklagte?" (Lafontaine, hier zitiert nach Elster 1987, 211).

77 Der Kontrastfall dazu ist die Figur des "Parvenüs", der sich vollständig an der Lebensweise der sozialen Gruppe orientiert, deren Lebensstandard er durch seinen Aufstieg erreicht hat, der sich seiner Herkunft schämt und sie (z.B. durch Titelkauf, angestrengte Suche nach adeligen Vorfahren, Einhei-
(Fortsetzung...)

risch und in kollektivem Maßstab ist diese Konstellation an den Moralvorstellungen des aufstrebenden (Klein)Bürgertums zu beobachten, das sich auf diese Weise vom Adel und den städtischen Patriziern abgrenzte.[78]

Um die *dritte Maxime* noch an einem etwas aktuelleren Beispiel zu illustrieren: Nach ihr ist es *nicht* rational, wenn z.B. jemand, der in der ehemaligen DDR eine erfolgreiche Parteikarriere durchlaufen hat, retrospektiv zu dem Ergebnis kommt, daß er damit nur dazu beigetragen hat, ein Unrechtsregime zu stabilisieren und deshalb allen einstmaligen beruflichen Erfolgen keinerlei Wert mehr beizumessen ist, - es sei denn, er kann dadurch Gewinne erreichen, welche die 'abschreibungs-bedingten' Verluste übertreffen.[79]

7.14 Erweiterung und Transformation des Prinzips egoistischer Nutzenmaximierung

Wie kann die Änderung von Präferenzen und Einstellungen mit Hilfe des Prinzips egoistischer Nutzenmaximierung erklärt werden - dies war die zentrale Frage, mit der wir uns in den vergangenen Abschnitten beschäftigt haben. Als besonders wichtigen Änderungsprozeß haben wir die Identifikation mit den Zielen und Erwartungen anderer Akteure untersucht, durch die erklärt werden kann, unter welchen situativen Bedingungen *Norminternalisierung* wahrscheinlich wird. Wir haben Colemans Modell des Selbst vorgestellt, das die Bildung von Präferenzen wesentlich durch die intrapsychische Übertragung von Kontrollrechten über das

---

77 (...Fortsetzung)
rat in eine alteingesessene Familie etc.) zu verbergen trachtet. Der Parvenü denkt in *(geburts)ständi-schen* Kategorien, oder in der Sprache der Parsonsschen pattern variables formuliert, er definiert Personen vor allem auf der Basis sozial zugeschriebener "Eigenschaften" und nicht (oder nur sekundär) nach individuell zurechenbaren "Leistungen".

78 Dieses Beispiel zeigt, wie Nutzenbewertungen von sozialen Deutungsmustern und Deutungsmuster wiederum von kollektiven Lebenslagen abhängen. Rational Choice ist deshalb notwendig auf entsprechende Analysen der Evolution sozialer Deutungsmuster angewiesen, in denen das Konzept der sozialen Trägergruppe und ihrer Lebenslage eine wichtige Rolle als Verbindungsglied zwischen Deutungsmusteranalyse und dem Konzept rationaler Nutzenmaximierung spielen kann. Als exemplarische Analyse dazu, die die Entwicklung des Nationencodes in enger Verbindung mit der sozialen Trägergruppe der Intellektuellen untersucht, vgl. Giesen 1993.

79 So z.B. durch eine publizistische Karriere auf der Basis seines erworbenen Insiderwissens über den Machtapparat der Partei sowie der öffentlichen Aufmerksamkeit, die ihm als Dissident zuteil wird, der einstmals eine hochrangige Parteiposition inne hatte. - Ähnlich verhält es sich übrigens im Bereich der Wissenschaft: Für einen Wissenschaftler, der den größten Teil seiner beruflichen Laufbahn dem Ausbau einer bestimmten Theorie gewidmet hat, wäre es irrational, zu dem späten Ergebnis zu kommen, daß diese Theorie leider falsch ist und dadurch seine gesamten biographischen Investitionen in diese Theorie zu entwerten, - es sei denn, es winken hinreichend attraktive Erfolgschancen alternativer Art, wie sie sich auch in der Wissenschaft einem prominenten Dissidenten öffnen können. Prominenz ist freilich ein knappes Gut, so daß derartige Alternativen sich wohl nur im Ausnahmefall anbieten. Vgl. dazu auch Kuhns These (1981), nach der "wissenschaftliche Revolutionen" sich nicht auf dem Wege der allmählichen Überzeugung der etablierten Vertreter des älteren Paradigmas durchsetzen, sondern von einer Generation jüngerer Wissenschaftler getragen werden, die die Vertreter der älteren Theorien und Methoden allmählich verdrängen.

eigene Handeln auf konkrete andere rekonstruiert, mit deren Perspektive das Individuum sich identifiziert, weil ihre *belohnenden Reaktionen* für es von hoher Bedeutung sind. Auf diese Weise entsteht die innere "Verfassung" des Akteurs, welche das relative Gewicht bestimmt, das seinen verschiedenen Handlungszielen bei der Bewertung und Auswahl von Handlungen zukommt. Dieses Modell kann verstanden werden als *rational choice-theoretische Reformulierung des Meadschen Konzeptes des sozialen Selbsts.* Colemans "Objektselbst" entspricht Meads Begriff des "Mich" (Me), das zunächst durch die Übernahme der Perspektive individueller anderer, dann durch die Konstruktion eines generalisierten anderen entsteht und als innere Instanz der Bewertung und Kontrolle von Handlungen fungiert. Zugleich zeigte sich dabei eine überraschende Nähe zu Parsons. Der Begriff der Rationalität kann danach nicht mehr ausschließlich mit subjektiv-zweckrational kalkulierter egoistischer Nutzenmaximierung gleichgesetzt werden, sondern muß entsprechend modifiziert und erweitert werden:

> "Rationalität ist nicht das Handeln nach den eigenen Interessen, sondern eine Bildung der internen Verfassung, nach der die vom internen Handlungssystem erzeugten Handlungen eine maximale Existenzfähigkeit gewährleisten" (Coleman 1995, Bd.3, 357).

Rationalität kann nicht mehr gleichgesetzt werden mit dem Handeln nach eigenen Interessen, weil sich mit Colemans Theorie des Selbst zeigen läßt, daß ein Akteur anderen Akteuren intrapsychisch Kontrollrechte über das eigene Handeln einräumen und sich mit deren Erwartungen und Zielsetzungen so sehr identifizieren kann, daß er ihnen den Vorrang einräumt gegenüber eigenen Interessen. Erklärt wird diese Internalisierung ursprünglich fremder Ziele und Erwartungen durch die Möglichkeiten der Bedürfnisbefriedigung, die dadurch in der Interaktion mit besonders relevanten Bezugspersonen gewonnen werden können. Dieser Internalisierungsprozeß führt zur Ausbildung einer *inneren Verfassung*, die sich begreifen läßt als der Gesamtzusammenhang der Ziele und Erwartungen des Akteurs, die jeweils nach ihrer relativen Bedeutsamkeit gewichtet sind und sein Handeln kontrollieren. Diese innere Verfassung sorgt dafür, daß der Akteur in bestimmten Situationen einer *Präferenz für altruistisches Handeln* folgt. Altruistisches Handeln ist nicht unmittelbar aus dem Prinzip egoistischer Nutzenmaximierung abzuleiten, wohl aber läßt sich die *Genese dieser Präferenz* in weitestgehender Übereinstimmung mit dem Prinzip der Nutzenrationalität erklären.

Dazu mußte das Konzept der Nutzenmaximierung freilich modifiziert werden. Sichtbar wird das in dem obigen Zitat daran, daß Coleman dort nicht mehr von *Nutzen*maximierung, sondern - allgemeiner und analytisch unschärfer - von der Maximierung der *Existenzfähigkeit* spricht. Dieser Begriffsaustausch reflektiert genau das Problem, das entsteht, wenn eine rationale Erklärung der Bildung von Präferenzen versucht werden soll. Ohne feststehende Präferenzen fehlt der benötigte Bewertungsmaßstab für die Maximierung von Nutzen. Wenn es möglich ist, einen Zustand der Befriedigung nicht nur durch die wunschgemäße Veränderung der Situation, sondern ebenso durch Anpassung der Präferenzen an die gegebenen Bedingungen zu erreichen, dann entfällt die Möglichkeit, durch den Vergleich von Nutzenwerten zu ermitteln, welche der Optionen einen höheren Nutzen verspricht. Welchen Nutzen ein Akteur erreichen könnte, wenn er sich mit einem hypothetischen Zielzustand *identifizieren würde*, kann nicht angegeben werden, bevor er sich tatsächlich mit diesem Ziel identifiziert, weil erst die Intensität der erreichten Identifikation den Nutzen bestimmt, den ein Akteur durch die Realisierung dieses Zieles gewinnt.[80] *Maximierung* kann dann nur im Sinne der Herstellung eines optimalen Passungsverhältnisses zwischen angestrebten Zielen und verfügbaren Handlungsmöglichkeiten sowie einer optimalen Gewichtung der verschiedenen Ziele vor dem Hintergrund der bisherigen Biographie und der Zukunftserwartungen des Akteurs erreicht werden. Dafür verwendet Coleman den provisorischen Begriff der *Maximierung von Existenzfähigkeit*.

Diese Modifizierung des Rationalitätsbegriffs verbindet sich mit einer zweiten, bereits früher diskutierten Erweiterung: Vollständige Rationalität des Handelns in einer gegebenen Situation und bei *aktuell gegebenen Präferenzen* des Akteurs verlangt die Kontrolle und Optimierung des Handelns im Hinblick auf *alle* Ziele, die zusammen die innere Verfassung des Akteurs konstituieren. Von einem vollständig rational handelnden Akteur müßte demnach verlangt werden, daß er die je aktuell gegebenen Handlungsbedingungen zu allen seinen Zielen, für die sie potentiell relevant sein könnten, in Beziehung setzt, alle dafür einschlägigen Handlungsmöglichkeiten erwägt, die Nebenfolgen jeder zweckdienlichen Alternative in Relation zu allen anderen Zielen prüft, alle Handlungsmöglichkeiten bewertet und dann seine Entscheidung trifft. Diese Anforderungen werden noch erheblich verschärft, wenn sie innerhalb einer sozialen Beziehung, d.h. unter den Bedingungen doppelter Kontingenz erfüllt werden müssen, weil dann jedes Handeln auch die Erwartungen und Situationsdefinitionen anderer Akteure berücksichtigen muß.

Die Lösung einer solchen Aufgabe überfordert die Informationsverarbeitungskapazität jedes Akteurs. Er muß deshalb, wie oben mit Esser betont, im Regelfalle

---

80 An einem Beispiel erläutert: Ein Kind, das eine gewisse musikalische Begabung erkennen läßt und von seinen Eltern daraufhin zum Klavierunterricht geschickt wird, unterwirft sich der Last des täglichen Übens zunächst vielleicht nur deshalb, weil es Ärger mit den Eltern vermeiden und/oder bestimmte Gratifikationen erlangen will (wie die Anerkennung der Eltern, die Bewunderung jüngerer Geschwister, materielle Belohnungen, wie z.B. die Erlaubnis längeren Fernsehens oder finanzielle 'Prämien' etc.). Erst der sich allmählich einstellende Übungserfolg führt dann dazu (so hoffen jedenfalls die Eltern und der Klavierpädagoge), daß das Kind selbst 'Spaß' am Klavierspielen bekommt, d.h. sich mit der ursprünglich 'verordneten' Zielsetzung identifziert und einen bestimmten *intrinsischen Nutzen* damit verbindet, der nicht mehr abhängig ist von den Sanktionen bzw. Gratifikationen durch Eltern, Lehrer und Geschwister. - Eine derartige Phasenfolge, bei der die Vorgabe fremddefinierter Ziele der Identifikation mit diesen Zielen vorausgeht, ist vermutlich typisch für viele Lernprozesse. Howard Becker (1973) untersucht in einer Studie das Rauchen von Marihuana unter diesem Gesichtspunkt. Er kommt dabei zu dem Ergebnis, daß die subjektive Wertschätzung des psycho-physischen Zustandes, der durch Marihuanagebrauch erreicht wird, erst am Ende eines Lernprozesses steht, in dem auch die Interpretationsmuster zur Deutung dieses Zustandes erst erworben werden müssen. Als wesentlicher Motor dieses Prozesses fungiert die Identifikation mit der Bezugsgruppe, in der Cannabis-Konsum praktiziert wird. Sie impliziert Kontrollübertragungen, die Handlungen und Lernprozesse auslösen, an deren *Ende* dann die *unmittelbare Identifikation des Akteurs* mit einer Zielsetzung steht, die zu Beginn nur als normativ verbindliche soziale Vorgabe erlebt wurde.

auf routinisierte Situationsdefinitionen zurückgreifen können, die meist *eine dominante Zielsetzung* implizieren, um hinreichend rasch entscheiden und handeln zu können. Nur durch den Gebrauch derartiger Routinemodelle, die eine *extreme Vereinfachung* der Gesamtkonstellation ermöglichen, ist das *Komplexitätsproblem*, mit dem sich ein rationaler Akteur konfrontiert sieht, in eine für ihn handhabbare Form zu bringen. Dies läuft auf die (bereits von Schütz registrierte) Paradoxie hinaus, daß nicht rational kalkuliertes Handeln zur Bedingung der Möglichkeit für rationales Handeln wird. Diese Paradoxie kann aufgelöst werden, wenn man sich klar macht, daß der Rationalitätsbegriff hier auf zwei unterschiedlichen Ebenen angesiedelt ist: einerseits auf der Ebene *subjektiv-zweckrationaler* Kalkulation, andererseits auf der Ebene der *objektiven Rationalität* von Routinemodellen, die nur aus der Perspektive eines Beobachters festgestellt werden kann. Der Akteur erlebt sein Routinehandeln nicht als rational im Sinne des Prinzips der Nutzenmaximierung, sondern nur als *situationsangemessen*. Er tut, was die Situation von ihm zu verlangen scheint, ohne Alternativen zu erwägen.

Die eben festgestellten Modifikationen des Rationalitätsbegriffs sind die Folge des Versuchs, den Anwendungsbereich des Rational Choice-Ansatzes auch auf solche Formen des Handelns auszudehnen, *die nicht die Kriterien subjektiv-rational kalkulierter egoistischer Nutzenmaximierung erfüllen*. Dazu zählen u.a. die hier diskutierten Formen des automatisierten Routinehandelns, des altruistischen Handelns sowie Prozesse der Bildung und Änderung von Präferenzen. Solche abweichenden Formen des Handelns können als Widerlegung der *engen* Fassung des Prinzips egoistischer Nutzenmaximierung aufgefaßt werden. Dadurch wird dieses Prinzip jedoch nicht generell entwertet. Wie wir gesehen haben, kann es als *heuristisches Prinzip* verwendet werden, das den Weg weist, auf dem rationale Erklärungen für seine beschränkte Geltung gefunden werden können. Das Prinzip egoistischer Nutzenmaximierung funktioniert so als ein Erklärungsprinzip, das noch verwendet werden kann, um seine eigenen Grenzen zu beleuchten. Die Art seines Gebrauchs entspricht damit weniger dem Modell der deduktiv-nomologischen Erklärung (an dem vor allem Esser strikt festhält), sondern eher der Verwendungslogik von Idealtypen.

Am Gebrauch des Idealtypus zweckrationalen Handelns im Rahmen der Weberschen Methodologie konnten wir oben bereits feststellen (vgl. Bd.1, Kap.1.5 und 1.6), wie es möglich ist, Abweichungen von diesem Typus rational zu erklären. Am Vergleich eines idealtypisch konstruierten zweckrationalen Handelns mit dem realen Handlungsverlauf wird sichtbar, inwiefern das reale Handeln vom rationalen Idealtypus abweicht. Danach ist eine Erklärung zu entwickeln, die diesen Abweichungen Rechnung trägt. Auch die Strategie, die registrierten Abweichungen soweit als möglich ebenfalls auf rationale Weise zu erklären, findet sich bei Weber. So, wenn er empfiehlt, bei einem Handeln, das aus der Perspektive des wissenschaftlichen Beobachters nicht zweckrational (oder genauer: *nicht objektiv-richtigkeitsrational*) erscheint, nach den Elementen der Situationswahrnehmung des Akteurs zu suchen, unter deren Voraussetzung es dann wenigstens als *subjektiv*-zweckrational rekonstruiert werden kann.

Esser hält an der Generaldirektive fest, daß Rationalitätsabweichungen soweit als möglich ebenfalls rational zu erklären seien, kehrt dabei aber das Verhältnis zwischen objektiver und subjektiver Zweckrationalität um. Er tut dies, indem er subjektiv nicht-rationales Routinehandeln als objektiv rational analysiert und die fehlende subjektive Rationalität durch die (in letzter Instanz evolutionsbiologisch begründete) objektive Rationalität des Handelns zu erklären sucht: Solange Rationalität im objektiven Sinn gegeben ist, erlebt der Akteur keine Störungen, die ihn zum Umschalten auf den Modus subjektiv-rationaler Handlungsselektion veranlassen würden.

Coleman versucht, *aktuelle* Abweichungen vom Prinzip egoistischer Nutzenmaximierung zu erklären, indem er die *Genese* der "inneren Verfassung" des Akteurs, die für diese Abweichungen verantwortlich ist, mit Hilfe dieses Prinzips rekonstruiert. Die Abweichung vom Typus egoistisch-nutzenrationalen Handelns wird so über die *Zeitdimension* aufgelöst. Weil gegebene und aktuell stabile Präferenzen, die als Bezugspunkt für die unmittelbare Anwendung des Prinzips der Nutzenmaximierung benötigt würden, bei der Analyse der *Bildung* von Präferenzen nicht vorausgesetzt werden können, muß auch hier das verwendete Rationalitätskonzept modifiziert werden. Und auch hier weist das ursprünglich verwendete, engere Rationalitätskonzept den Weg für diese Modifikation.

Am Umgang mit abweichenden Beispielen wird die Forschungsstrategie von Rational Choice transparent. Entgegen mancher Selbstdeutungen von Vertretern des Rational Choice-Ansatzes besteht diese Forschungsstrategie darin, das enge Konzept egoistischer Nutzenmaximierung als *heuristischen Idealtypus* einzusetzen, um dann auch abweichende Fälle noch als Erscheinungsformen rationalen Handelns zu rekonstruieren. Dies ist jedoch nur möglich durch die beschriebenen Erweiterungen des Rationalitätsbegriffs über die Grenzen des Prinzips subjektiv-rationaler egoistischer Nutzenmaximierung hinaus.

Betrachten wir die in den vergangenen Abschnitten in Anschluß an Esser und Coleman formulierten Hypothesen zum automatisierten Routinehandeln, zur Erklärung der Änderung von Präferenzen, zur Identifikation mit fremden Interessen und zur Internalisierung moralischer Normen im Überblick, dann ergeben sich daraus für die Theorie rationaler Wahl die folgenden Konsequenzen:

1) Die Annahme, daß ein *aktuelles Verhalten* egoistisch-nutzenrational in Relation zu den *aktuell gegebenen Bedingungen der Situation* zu erklären sei, wird durch die schwächere Annahme ersetzt, daß das aktuelle Verhalten nicht notwendig egoistisch-nutzenrational sein muß, sondern (aus der Perspektive des Beobachters gesehen) auch *altruistisch* ausfallen kann, sofern es möglich ist, den Erwerb eines solchen Verhaltensmusters *historisch-genetisch* mit Hilfe des Prinzips egoistischer Nutzenmaximierung zu erklären. Dadurch gewinnt die *historisch-rekonstruktive Komponente* der Erklärung an Gewicht.

2) Das Prinzip egoistischer Nutzenmaximierung wird dabei *nicht* verstanden als *bewußt praktizierte Maxime* zur Orientierung des Handelns, sondern als weitgehend *bewußtseinsunabhängige Selektionsgesetzlichkeit*, welche die Arbeitsweise des psychischen Apparates steuert und für den wissenschaftlichen Beobachter auf *objektiv-*

rationale Weise erklärt.[81]

3) Wenn es zugelassen wird, ein *gegenwärtiges* Verhalten durch seine Erwerbs-
geschichte zu erklären, dann setzt dies die *relative Stabilität* der erworbenen Verhal-
tensdispositionen unter veränderten Bedingungen voraus. Die Erklärung operiert
also mit *Trägheitsannahmen* im Hinblick auf die psychische Organisation von Akteuren. Derartige Trägheitsannahmen können zumindest zum Teil ebenfalls mit
Hilfe des Prinzips rationaler Wahl erklärt werden.

4) Um die Entwicklung und Veränderung von Präferenzen zu erklären, müssen
die nutzentheoretischen Prämissen *ergänzt* werden durch *Annahmen über die Genese
und Struktur der psychischen Organisation* des Akteurs.

Der Rational Choice-Ansatz erklärt Handlungen durch die Rückführung auf den
Akteur und das von ihm befolgte Prinzip der Handlungsselektion. Wie schon für
Weber, so ist auch hier das einzelne Individuum und sein Handeln der Ausgangspunkt jeder soziologischen Handlungserklärung. Zugleich insistieren die Vertreter
dieses Ansatzes darauf, daß es ihnen darum gehe, mit Hilfe des Prinzips der Nutzenmaximierung makrosoziale Phänomene zu erklären. Um dieses Ziel zu erreichen, muß die Kluft zwischen der *mikro*sozialen Ebene des Akteurs und den zu
erklärenden *makro*sozialen Phänomenen überbrückt werden. Diesem Problem, das
in der soziologischen Theorie-Diskussion unter dem Titel "Mikro-Makro-Problem"
firmiert, wollen wir uns abschließend zuwenden.

7.15   Das Problem der Mikro-Makro-Transformation

Die Diskussion von Essers rational choice-theoretischer Behandlung des Problems
der Definition der Situation hat deutlich gemacht, auf welche Weise Annahmen
über sozial standardisierte Erwartungen, Deutungsmuster, Werte, Normen und
Rollen mit dem Rational Choice-Ansatz verbunden werden können. Damit werden
Voraussetzungen eingeführt, die nicht allein auf die Perspektive des einzelnen
Akteurs zurückgeführt werden können. Diese Voraussetzungen rangieren auf der
makrosozialen Ebene kollektiv geteilter kultureller Orientierungen und sozialer
Institutionen. Um eine Erklärung individuellen Verhaltens zu erreichen, muß die
mikroanalytische Untersuchung der Perspektive des Akteurs mit der Analyse der
einbettenden *makrosozialen* Faktoren verknüpft werden.

Die *kulturell vordefinierten* Ziele, die normativ zulässigen Mittel und die kognitiven Prämissen für die Interpretation des sozialen Handlungskontextes umreißen
die Voraussetzungen, durch deren Gebrauch ein Akteur eine subjektive Definition
der Situation entwirft. Von den *kulturellen Prämissen* der subjektiven Situationsdefinition zu unterscheiden sind die natürlichen und die sozialstrukturell vorgegebe-

---

81 Andernfalls müßte man den Vorgang der Identifikation mit fremden Interessen als Ergebnis eines
    wohlerwogenen *Willensentschlusses* auffassen. Dies wäre jedoch wenig plausibel.

nen *Randbedingungen* der Situation. Sie legen den Umkreis der Handlungsmöglichkeiten fest, die dem Akteur tatsächlich zugänglich sind (unabhängig davon, ob er
diese Möglichkeiten wahrnimmt oder nicht). Zu den sozialstrukturellen Bedingungen zählt vor allem die gesellschaftliche Verteilung von Ressourcen und Positionen,
d.h. insbesondere die Verteilung von Eigentum, Einfluß, Mitgliedschaften und
Rangplätzen in sozialen Netzwerken sowie in der Hierarchie von Organisationen.

Während die eben genannten *kulturellen und sozialstrukturellen Voraussetzungen*
für die Konstruktion von Situationsdefinitionen auf der *makro*sozialen Ebene
verankert sind, ist die vor diesem Hintergrund tatsächlich vom Akteur entworfene
Situationsdefinition sowie die *nutzenrationale Selektion* von Handlungen der *mikro*-
sozialen Ebene zuzurechnen: Es ist immer der *einzelne Akteur*, der die Situation auf
eine bestimmte Weise deutet, unterschiedliche Handlungsmöglichkeiten wahrnimmt, den Nutzen der verschiedenen Alternativen bewertet, der Realisierung
dieses Nutzens eine bestimmte Eintrittswahrscheinlichkeit zuschreibt, die Auswahlentscheidung trifft und die Handlung ausführt.

Primäres Ziel soziologischer Erklärungen ist nicht die Erklärung einzelner
Handlungen, sondern die Erklärung der *makrosozialen Effekte*, die aus dem Zusammenwirken der Handlungsergebnisse vieler Akteure entstehen. Um dieses Erklärungsproblem zu lösen, müssen diejenigen Regeln bzw. Mechanismen aufgedeckt
werden, nach denen sich die *Aggregation* der vielen Einzelhandlungen zu einem Gesamtresultat vollzieht.

Eine vollständige handlungstheoretische Erklärung auf der Basis von Rational
Choice benötigt demnach drei Schritte (vgl. Coleman 1995, Bd.1, 7ff. sowie Esser
1993, 93ff.):

1) Sie bewegt sich im ersten Schritt von der *Makro-* zur *Mikro*ebene. Dabei untersucht sie zunächst die natürlichen, sozialstrukturellen und kulturellen Voraussetzungen, welche die objektiven Bedingungen und Möglichkeiten des Handelns
umreißen und die Grundlage für die subjektive Konstruktion der Situationsdefinition darstellen. Sie formuliert dann bestimmte *Brückenhypothesen*, welche die
objektive Struktur der Situation mit der Perspektive des Akteurs verbinden, d.h. sie
entwirft eine hypothetische Beschreibung des *subjektiven Modells*, mit dessen Hilfe
der Akteur die Situation definiert. Dazu müssen die Erwartungen des Akteurs und
die von ihm angestrebten Ziele, die von ihm wahrgenommenen einschränkenden
Bedingungen und die von ihm in Betracht gezogenen Handlungsmöglichkeiten bestimmt werden. Für die im ersten Analyseschritt untersuchte "Beziehung zwischen
Situation und Akteur" verwendet Esser (1993, 94) die Bezeichnung *"Logik der Situation"*.

2) Im zweiten Schritt geht es um die Verknüpfung zweier Elemente, die beide
auf der *Mikro*ebene liegen. Zu klären ist, wie der Akteur vor dem Hintergrund
seiner Situationsdefinition dazu kommt, *eine bestimmte Handlung auszuwählen*.
Dazu muß festgestellt werden, wie der Akteur die verschiedenen von ihm wahrgenommenen Handlungsalternativen *bewertet*. Unter Voraussetzung eines *allgemeinen Kriteriums für die Auswahl* zwischen verschiedenen Handlungsalternativen kann
dann abgeleitet werden, für welche Alternative sich der Akteur entscheiden wird.

Mit Esser (a.a.O.) formuliert, geht es hier um die Aufdeckung der *"Logik der Selektion"*. Dabei fungiert das *Prinzip der Nutzenmaximierung* als angenommenes Kriterium, das es erlauben soll, aus der subjektiven Definition der Situation abzuleiten, welche Handlung ein Akteur wählt.[82] In der "Logik der Selektion" sieht Esser (1993, 95) den Kern jeder handlungstheoretischen Erklärung, weil nur sie eine *kausale* Erklärung auf der Basis eines *allgemeinen Gesetzes* ermögliche.[83]

3) In einem dritten Schritt kehrt die Analyse schließlich von der *mikro*sozialen zur *makro*sozialen Ebene zurück. Sie versucht, die *Mechanismen und Transformationsregeln* zu erfassen, die die Ergebnisse der Einzelhandlungen aggregieren und in das zu beobachtende makrosoziale Gesamtresultat überführen. Rekonstruiert wird hier die *"Logik der Aggregation"* (vgl. Esser 1993, 96f.). Wahlen sind ein Beispiel für die Aggregation von Handlungen durch *institutionalisierte* Transformationsregeln. Hier legen die Regeln des Wahlverfahrens fest, wie aus der Vielzahl der abgegebenen Einzelstimmen die Verteilung der Mandate im Parlament zu errechnen ist. Ein anderes Beispiel für einen Aggregationsmechanismus ist die Preisbildung auf ökonomischen Märkten in Abhängigkeit von Angebot und Nachfrage. Die Bestimmung der "Logik der Aggregation" ist freilich meist erheblich komplizierter als bei diesen Beispielen. Viele sozialwissenschaftliche Erklärungen weisen gerade hier ihre größten Schwächen auf.

Tafel 7.6 illustriert die eben beschriebene Bewegung der Analyse zwischen Makro- und Mikroebene.[84] Betrachten wir an einigen der schon behandelten Beispiele, wie das skizzierte Grundmodell der soziologischen Erklärung funktioniert. Bereits eine Interaktion zwischen zwei Personen reicht aus, um die Bedingungen des Modells zu erfüllen, wie an einem Zwei-Personen-Gefangenendilemma leicht illustriert werden kann. Als Makrogrößen sind dabei die objektiven Bedingungen der Situation, die möglichen Ziele und verfügbaren Handlungsstrategien einzutragen.

Denken wir an die Urversion des Gefangenendilemmas und führen uns die *objektive Situation* der beiden Gefangenen nach der Festnahme vor Augen: Aufgrund der ihnen nachzuweisenden Straftaten droht ihnen jeweils ein bestimmtes Strafmaß. Sie verfügen über zwei Handlungsstrategien, um dieses Strafmaß zu beeinflussen. Sie können in der Vernehmung *schweigen* und so einander decken. Oder sie können weitere Straftaten *gestehen*, um so jeweils das eigene Strafmaß auf Kosten des anderen günstig zu beeinflussen.

---

82 Ebenso denkbar wäre hier aber auch die erklärende Verwendung einer anderen Handlungstheorie, die anstelle des Prinzips der Nutzenmaximierung z.B. - in Anlehnung an Parsons - das Prinzip der *Normenkonformität* als *primäres Selektionsprinzip* annimmt und Nutzenrationalität u.U. als Zweitprinzip gebraucht, das immer dann zur Geltung kommen kann, wenn zwischen mehreren normenkonformen Alternativen auszuwählen ist.

83 Wie schon oben erwähnt, schreibt Esser (1993, 95) dem Prinzip der Nutzenmaximierung den Status eines *allgemeinen Gesetzes* zu, das eine deduktiv-nomologische Erklärung menschlichen Handelns erlauben soll, deren Struktur sich im Grundsatz nicht von einer deduktiv-nomologischen Erklärung natürlicher Phänomene im Kontext der Naturwissenschaften unterscheidet. Die damit angesprochene Debatte über den wissenschaftstheoretischen Status von Handlungserklärungen kann hier nicht näher behandelt werden.

84 Vgl. dazu die Darstellung von Esser 1993, 98, die ich hier etwas abwandele.

Tafel 7.6: Die Mikro-Makro-Transformation

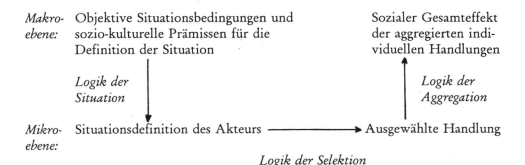

Um die "Logik der Situation" vollständig zu erfassen, müssen wir nun das *subjektive Modell* rekonstruieren, das die Akteure verwenden, um die Situation zu interpretieren. In der Urversion des Dilemmas wird dazu eine besonders einfache *Brückenhypothese* formuliert. Es wird angenommen, daß die von beiden verwendeten subjektiven Modelle der Situation weitestgehend übereinstimmen mit der objektiven Struktur der Situation, d.h. daß beide die Bedingungen der Situation und die ihnen erreichbaren Handlungsstrategien zur Beeinflussung des Strafmaßes kennen. Darüber hinaus wird angenommen, daß jeder ausschließlich darauf bedacht ist, für sich das niedrigste Strafmaß zu erreichen.

Damit hat unsere Analyse die Mikroebene erreicht. Im zweiten Schritt geht es nun darum, aus den *Situationsdefinitionen* der Akteure abzuleiten, welche *Handlung* jeder aus den beiden möglichen Alternativen ('Gestehen' oder 'Schweigen') wählen wird. Die Analyse verbleibt damit auf der Mikroebene und verknüpft dort die festgestellten Ausgangsbedingungen mit den Folgen, die unter diesen Bedingungen zu erwarten sind. Als *Selektionsprinzip*, an dem sich die Akteure bei der Auswahl ihrer Handlung orientieren, wird das *Prinzip egoistischer Nutzenmaximierung* unterstellt. Unter dieser Voraussetzung ist zu erwarten, daß jeder Akteur genau die Handlung ausführt, die ihm unter allen gegebenen Umständen (d.h. unabhängig vom Handeln des anderen) den größten Nutzen, d.h. das geringste Strafmaß verspricht. Die einzige Handlungsalternative, die diesem Kriterium genügt, ist 'Gestehen'. Daher ist zu erwarten, daß beide Gefangenen gestehen werden.

Nachdem so die "Logik der Selektion" geklärt ist, geht es im dritten Schritt der Analyse um die Feststellung des Gesamtresultats, das aus der *Aggregation* der gewählten Handlungsalternativen folgt. Die Analyse bewegt sich damit von der Mikroebene wieder zurück zur Makroebene. Die *Transformationsregeln*, die dabei ausschlaggebend sind, sind definiert durch die *rechtlichen Regeln für die Ermittlung des Strafmaßes*: Wenn nur einer gesteht, kann er als 'Kronzeuge' das geringste Strafmaß erreichen. Dies wäre für jeden individuell die beste Lösung. Die Akteure können dieses Ergebnis jedoch nicht beide zugleich erreichen, weil nur dann, wenn einer schweigt, der andere als 'Kronzeuge' gelten und in den Genuß der dafür vorgesehenen Strafmilderung kommen kann. Wird jemand ohne Geständnis überführt, erhält er die Höchststrafe. Dies ist offensichtlich das schlechteste der vier möglichen Ergebnisse, die jeder erzielen kann. Kann keiner der beiden des zweiten schwerwiegenderen Deliktes überführt werden, weil beide schweigen, wird jeder nur wegen des leichteren Deliktes bestraft, für das bereits ausreichende Beweise vorliegen. Für *jeden individuell* wäre dies die zweitgünstigste Möglichkeit. *Beide zusammen* hätten dann aber die geringste Gesamtstrafe zu verbüßen, so daß dies *das günstigste kollektive* Ergebnis wäre. Gestehen beide, dann gilt niemand als 'Kronzeuge,' und beide werden auch für das zweite Delikt bestraft. Jeder erhält jedoch immer noch eine geringere Strafe als er hätte verbüßen müssen, wenn er geschwiegen hätte und durch das Geständnis des anderen verurteilt worden wäre.

Die rechtlich verankerten *Transformationsregeln* legen demnach vier mögliche Kombinationen der Strafzumessung für die beiden Gefangenen fest. Die "Logik der Selektion", denen die beiden Gefangenen in der Auswahl ihrer Handlung folgen, führt dazu, daß beide gestehen und dadurch das Strafmaß erhalten, das rechtlich vorgesehen ist für den Fall, daß die aus den Einzelhandlungen aggregierte Kombination 'Gestehen/Gestehen' realisiert wird. Sie verfehlen also nicht nur das bestmögliche Ergebnis, sondern auch das zweitbeste, das jeder hätte erreichen können, wenn die Kombination 'Schweigen/Schweigen' realisiert worden wäre. Aus dem Zusammenwirken des Selektionsprinzips egoistischer Nutzenmaximierung mit den rechtlich vorgegebenen Regeln der Aggregation folgt so ein Ergebnis, das sowohl für jeden individuell wie auch für beide zusammen wesentlich schlechter ausfällt als es hätte ausfallen können, wenn jeder nicht auf die Maximierung seines individuellen Nutzens bedacht gewesen wäre. Gemessen an den Absichten jedes Einzelnen kann dieses Ergebnis als *paradoxer Effekt* bezeichnet werden.

Paradoxe Effekte ähnlicher Art konnten wir auch in anderen Beispielen beobachten, die das Modell des Gefangenendilemmas erfüllen: Jeder der Akteure in dem von Hobbes angenommenen vorstaatlichen Naturzustand versucht, seinen individuellen Nutzen durch die rücksichtslose Anwendung der Strategien Betrug und Gewalt zu maximieren. Das *makro*strukturelle Resultat dieses Verhaltens im Hobbesschen Simulationsmodell ist ein Zustand des "Krieges aller gegen alle", in dem das Leben der Menschen "armselig, tierisch und kurz" und damit das gerade Gegenteil dessen ist, wonach jeder einzelne für sich strebt.

Die im Brandfalle auf den Ausgang zurennenden Kinobesucher, von denen jeder versucht, so schnell wie möglich zu entkommen, erzeugen gerade durch dieses Verhalten eine Situation, in der viele den Ausgang später erreichen, als dies bei ruhigem Verlassen des Saales möglich gewesen wäre. Und sie erzeugen eine zusätzliche Gefährdung von Leben und Gesundheit, der u.U. mehr Personen zum Opfer fallen können, als dem Brand, der die allgemeine Flucht auslöste.

*Makro*strukturell wird ein solches Ereignis als *Massenpanik* beschrieben, die unmittelbar durch den *Brandalarm* ausgelöst scheint. Aber auch hier ist die Anwendung des beschriebenen Analysemodells die Voraussetzung für eine angemessene Erklärung. Der Brandalarm ist ein Ereignis auf der Ebene der *objektiven Struktur* der Situation, die *allen Akteuren vorgegeben* und insofern ebenfalls der *Makro*ebene zuzurechnen ist. Eine Erklärung, die die Massenpanik *direkt* als Folge des Brandalarms sowie einiger anderer objektiver Bedingungen der Situation (z.B. Überfüllung des Raumes, spärliche Beleuchtung, wenige Ausgänge etc.) darstellen würde, überspränge die *Mikroebene der subjektiven Situationsdefinition(en)* und der bestimmten *Selektionsregeln* folgenden Auswahl von Handlungen. Sie wäre deshalb nicht in der Lage zu erklären, *was die einzelnen Akteure* dazu veranlaßt, sich so zu verhalten, daß die Aggregation dieses Verhaltens zum makrostrukturellen Phänomen einer Massenpanik führt. Nur dann, wenn Handlungen aus der Perspektive des Akteurs, d.h. auf dem Wege der Rekonstruktion ihres *subjektiven Sinnes* verstanden werden und dadurch in ihrem Ablauf und ihren Wirkungen ursächlich erklärt werden (vgl. Weber 1980, 1), ist eine hinreichende Erklärung gelungen. In dieser Auffassung darüber, welche Bedingungen eine adäquate handlungstheoretische Erklärung erfüllen muß, kommt der Rational Choice-Ansatz mit der *Weberschen Handlungstheorie* überein.

Das gilt auch für den Gebrauch von *Idealtypen* bei der Durchführung empirischer Analysen: Theoretische Modelle, wie das häufig gebrauchte Modell des Gefangenendilemmas oder das Modell eines Marktes mit uneingeschränkter Konkurrenz und vollständig informierten Teilnehmern, können verstanden werden als Idealtypen, die verwendet werden, um reale Handlungszusammenhänge zu untersuchen. Dabei können die realen Bedingungen niemals vollständig, sondern immer nur selektiv erfaßt und in ein derartiges Modell eingetragen werden. Dies gilt natürlich auch für die subjektive Perspektive der Akteure. Ihre Situationsdefinitionen können niemals in allen Einzelheiten vollständig rekonstruiert, sondern immer nur - wie besonders Schütz betont hat - in *typisierter Form* erfaßt werden. Rational choicetheoretische Erklärungsversuche folgen dabei dem "Prinzip der abnehmenden Abstraktion" (Esser 1991, 61f.). Dieses Prinzip reguliert den Grad der Detaillierung, mit dem die Beschreibung der objektiven und subjektiven Elemente der Situation durchzuführen ist, nach Gesichtspunkten der *Forschungsökonomie*. Angestrebt wird *nicht* die möglichst detailgetreue Portraitierung der Situation und ihrer Wahrnehmung durch den Akteur um ihrer selbst willen, sondern nur soweit, wie es nötig ist, um die jeweils untersuchten Handlungen erfolgreich zu erklären. Oder, um dies noch einmal an einem bereits früher erwähnten Beispiel Webers zu verdeutlichen: Wenn das Investitionsverhalten eines Unternehmers mit Hilfe des Gewinnmotivs hinreichend erklärt werden kann, dann besteht keinerlei Notwendigkeit, die *individualspezifischen Hintergrundmotive* zu untersuchen (wie z.B. Liebe zum Geld? Ein Versuch, sich selbst zu beweisen? Gewinn als Kriterium beruflichen Erfolgs, der wiederum als Beleg für den eigenen Gnadenstand angestrebt wird?), die ihn dazu veranlaßt haben, sich dieses *für einen Unternehmer typische Handlungsmotiv* zu eigen zu machen.[85] Das "Prinzip der abnehmenden Abstraktion" empfiehlt allgemein, bei der Analyse von Handlungen mit einfachen Modellannahmen zu beginnen und Zusatzannahmen höheren Detaillierungsgrades nur dann einzuführen, wenn Abweichungen vom Modell beobachtet werden, die anders nicht zu erklären sind. Dieses Prinzip läßt sich auch anwenden, wenn es um die Frage geht, *welches Niveau der Auflösung* erreicht werden muß, um eine mikrosoziologische Erklärung makrosozialer Phänomene zu geben. Anders als man zunächst vielleicht annehmen könnte, muß keineswegs immer die Ebene des Einzelindividuums bzw. eines für eine bestimmte Akteurskategorie typischen Individuums erreicht werden. *Auch soziale Gruppen oder Organisationen können als Akteure behandelt werden.* Voraussetzung dafür ist, daß es um die Erklärung von Phänomenen geht, die einer noch höher aggregierten Makroebene zuzurechnen sind.

Sofern es z.B. möglich und hinreichend ist, Konzentrationsprozesse innerhalb eines Marktes als Folge rationalen Verhaltens von Unternehmen unter gegebenen situativen Bedingungen zu erklären, kann das einzelne Unternehmen als Akteur behandelt werden, dem verschiedene Handlungsalternativen offen stehen und der unter nutzenrationalen Gesichtspunkten aus diesen Möglichkeiten auswählt. Dabei muß zwar bewußt gehalten werden, daß jede bedeutsamere Entscheidung eines Unternehmens ihrerseits das aggregierte Resultat einer Fülle von Einzelentscheidungen ist, die getroffen worden sind in den vorausgegangenen "mikropolitischen" Konflikt- und Aushandlungsprozessen zwischen verschiedenen Akteuren und Gruppen innerhalb des Unternehmens. Solange jedoch nicht im einzelnen erklärt werden soll, auf welche Weise die Entscheidungen innerhalb eines Unternehmens zustande kommen und die Annahme, die einzelne Unternehmensorganisation handele als rationaler Nutzenmaximierer, zutreffende Ergebnisse erzeugt, ist die Ausdehnung der Analyse auf die unternehmensinternen Prozesse überflüssig und würde dem "Prinzip der abnehmenden Abstraktion" widersprechen.

Sollen zusätzlich die unternehmensinternen Vorgänge der Situationsdefinition und Handlungsselektion untersucht werden, dann wird das zweistufige Mikro-Makro-Modell der Erklärung in ein *Mehr-Ebenen-Modell* überführt. Die Entscheidungen eines Unternehmens stellen dann nicht mehr die unterste Auflösungsebene dar, sondern rücken in eine mittlere Position. Ein solches mehrstufiges Erklärungsmodell kann eine ganze Reihe weiterer Zwischenebenen einschließen, so z.B., wenn bei der Aufklärung der unternehmensinternen Entscheidungsprozesse noch differenziert werden muß zwischen verschiedenen örtlichen Zweigniederlassungen des Unternehmens, den jeweiligen unterschiedlichen Abteilungen, abteilungsübergreifenden bzw. -internen Netzwerken (Cliquen) etc.[86]

---

85 Etwas anderes ist es freilich, wenn es - wie in Webers Analyse der "protestantischen Ethik" - um die Aufdeckung der historischen Genese *dieses typischen Motivs* geht. In diesem Falle sind die unterschiedlichen Hintergrundannahmen und -motive, in die das unternehmerische Gewinnmotiv jeweils eingebettet ist, von zentralem Interesse, aber auch dann wiederum nur insoweit, wie sich darin *sozial Typisches* zeigt.

86 Die Erweiterung des Mikro-Makro-Modells zu einer Mehr-Ebenen-Erklärung behandelt Esser 1993, 102ff.

Als Beispiel dafür erinnere ich an die oben behandelte Frage, unter welchen Voraussetzungen es für ein Unternehmen rational ist, Leistungen am Markt nachzufragen oder eher zu versuchen, diese Leistungen in eigener Regie zu produzieren. Hier wird Unternehmen der Status von Akteuren zugeschrieben, die zwischen bestimmten Handlungsstrategien wählen können und nach rationalen Kriterien entscheiden. In Anschluß an Williamson und Granovetter wurde dabei die *Höhe der Transaktionskosten*, die aufgewendet werden müssen, um Vertrauensprobleme zu lösen, als ausschlaggebender Faktor für die Wahl zwischen diesen Alternativen genannt. Die Höhe der Transaktionskosten hing wiederum von *situativen Bedingungen* ab, hier insbesondere von der Kurz- oder Langfristigkeit von Geschäftsbeziehungen und der Einbettung vertraglicher Beziehungen in soziale Netzwerke. Auf diese Weise konnten Erklärungshypothesen darüber gewonnen werden, unter welchen Voraussetzungen innerhalb eines *Marktsektors* damit zu rechnen ist, daß Unternehmen durch die Internalisierung der Produktion von Leistungen expandieren und es dadurch zu *Konzentrationsbewegungen* kommen kann. Würden wir in einer Untersuchung auf eine Reihe von Unternehmen treffen, die die Erzeugung bestimmter Leistungen nicht internalisieren, obwohl es unter den am Markt gegebenen objektiven Situationsbedingungen rational wäre, dies zu tun, dann müßte die Analyse auch die unternehmensinternen Prozesse der Aushandlung von Situationsdefinitionen und Entscheidungen einbeziehen. Die Entscheidung des einzelnen Unternehmens würde dann nicht mehr länger auf der Mikroebene rangieren, sondern würde ihrerseits analysiert werden als makrosoziales Resultat der Aggregation einer Pluralität zugrundeliegender Handlungsselektionen.

7.16   Zusammenfassung

Ausgangspunkt und Leitfaden unserer Darstellung von Rational Choice war die Frage, wie das Problem sozialer Ordnung unter der Prämisse egoistisch motivierter und rational handelnder Akteure gelöst werden kann. Das Ordnungsproblem wirkt als stetiger 'Parsonsscher Stachel', der die Rational Choice-Theoretiker anspornt, Lösungen zu entdecken, die mit den Prämissen rationaler Nutzenmaximierung zu vereinbaren sind. Anders als Parsons, der in dem Mechanismus der Internalisierung die zentrale Voraussetzung jeder dauerhaft erfolgreichen Lösung des Ordnungsproblems sieht, die zur Absicherung sozialer Normen durch Sanktionen notwendig hinzukommen muß, spalten sie das Ordnungsproblem in verschiedene Teilaspekte auf und sehen unterschiedliche Mechanismen am Werk, die - sei es in Kombination miteinander oder alternativ - zu seiner Lösung beitragen können.

Zu Beginn des Kapitels haben wir gesehen, daß das Problem, wie Akteure zur Einhaltung von Regeln motiviert werden können, sich nicht für Regeln jeglichen Typs stellt. Etablierte *Konventionen*, wie z.B. das Rechtsfahrgebot im Straßenverkehr, stabilisieren sich in einer Gemeinschaft *rationaler* Akteure selbst, weil ihre

Befolgung im Interesse aller Beteiligten ist.[87] Besondere Sicherungseinrichtungen, die für die Einhaltung von Regeln sorgen, sind erst dann erforderlich, wenn rationale Akteure durch abweichendes Verhalten Vorteile erreichen können.

Eine typische Konstellation, die diese Bedingung erfüllt, haben wir im Modell des *Gefangenendilemmas* kennengelernt. Dieses spieltheoretische Modell läßt sich verwenden, um eine Vielzahl von Situationen zu rekonstruieren, in denen der Nutzen, den ein Akteur erreichen kann, nicht nur von seiner eigenen Entscheidung für eine bestimmte Handlungsalternative, sondern auch von der Entscheidung (mindestens) eines anderen Akteurs abhängig ist. Die Möglichkeit, aus eigenem unkooperativem Verhalten Nettogewinne auf Kosten anderer zu realisieren, besteht hier allerdings nur dann, wenn die anderen nicht zu Sanktionen greifen können, die den kurzfristigen Gewinn zunichte machen.

Erfüllt ist diese Voraussetzung insbesondere in Situationen, die einem *Gefangenendilemma mit nur einer Runde* entsprechen ("one-shot-game"), bei dem zugleich ausgeschlossen ist, daß das zukünftige Verhalten *nicht-teilnehmender Dritter* gegenüber den teilnehmenden Akteuren durch deren Verhalten im Spiel beeinflußt wird. Anders hingegen, wenn die Akteure in einer langfristigen Beziehung der Zusammenarbeit miteinander stehen. Denn dann muß jeder damit rechnen, daß der andere die Zusammenarbeit abbricht oder seinerseits zu unkooperativen Strategien greift. Die daraus auf längere Sicht entstehenden Kosten durch entgangene bzw. verringerte Gewinne übersteigen oft den kurzfristig erzielbaren Gewinn unkooperativen Verhaltens erheblich.

Ein weiteres stabilisierendes Element, das die Akteure zur Einhaltung von vertraglichen Absprachen und Normen motivieren kann, ist die Einbettung der Beziehung in ein soziales *Netzwerk*. Unkooperatives Verhalten kann unter diesen Voraussetzungen die *Reputation* eines Akteurs soweit *schädigen*, daß Dritte das Risiko einer Kooperation mit ihm nicht mehr eingehen werden. Umgekehrt kann besonders faires und großzügiges Verhalten gegenüber dem Partner (z.B. besondere Kulanz bei Reklamationen) sich als *Investition in den Aufbau von Reputation* rentieren, weil der dadurch erreichte Ruf den Akteur zu einem besonders gesuchten und gegenüber anderen bevorzugten Vertragspartner macht. Dieses zweite Argument gilt auch dann, wenn die Kooperationsbeziehung nicht langfristiger Art ist. Langfristigkeit einer Kooperation und Netzwerkeinbettung sind Faktoren, die füreinander als funktionale Äquivalente einspringen, aber auch einander überlagern und wechselseitig verstärken können.

Wie wir gesehen haben, lassen sich die *theoretisch ableitbaren* Stabilisierungseffekte, die sich aus der Struktur des iterierten Gefangenendilemmas sowie aus der Einbettung in soziale Netzwerke ergeben, auch *empirisch nachweisen*. Firmen bevorzugen bei der Erteilung von Aufträgen bewährte Kooperationspartner, und zwar in vielen Fällen auch dann, wenn billigere Anbieter existieren. Oft verzichten sie sogar auf die Einholung von Vergleichsangeboten. Erklärt werden kann dies damit, daß

---

87 Wie schon oben betont, ist diese Aussage an die Voraussetzung gebunden, daß die Präferenzen und Situationseinschätzungen der Akteure hinreichend übereinstimmen.

die Lösung des Ordnungsproblems, das sich aus der Perspektive der Akteure als *Vertrauensproblem* stellt, höher bewertet wird, als eventuell mögliche Einsparungen beim Kaufpreis. Insbesondere vereinfacht eine eingespielte Zusammenarbeit mit zuverlässigen Partnern den Aufwand für die Aushandlung und Abwicklung von Verträgen erheblich. Schwierigkeiten bei der Erfüllung eines Vertrages werden zwischen langfristigen Geschäftspartnern typisch rasch und auf direktem Wege, d.h. ohne die zeitraubende und kostenintensive Einschaltung von Anwälten und Gerichten gelöst. Kontakte zwischen Angehörigen verschiedener Firmen innerhalb einer Branche finden sich häufig. Sie werden gepflegt und genutzt, um Informationen über die Zuverlässigkeit möglicher Geschäftspartner zu erhalten. All dies trägt erheblich zur *Reduzierung der Transaktionskosten* bei.

Fehlen dauerhafte Kooperationsbeziehungen und ausreichende Netzwerkeinbettung, dann ermöglicht die Verlagerung der Produktion benötigter Leistungen in den Binnenkontext eines Unternehmens eine bessere Lösung des Vertrauensproblems. Die Regulierung der Kooperation durch die innerbetriebliche *Hierarchie* kann dann effektiver, d.h. (transaktions)kostengünstiger sein, als deren Abwicklung über den *Kauf von Leistungen am Markt*. Zwar, so hatten wir gehört, sind auch betriebliche Hierarchien kein Allheilmittel gegen unkooperatives Verhalten. Die Gefahr geht hier vor allem von informellen Gruppen und Cliquen aus, die versuchen, private Interessen auf Kosten des Unternehmens zu verfolgen. Verglichen mit den Risiken gegenüber Tauschpartnern, zu denen keine dauerhafte Beziehung besteht, erlaubt es die Einbindung der Akteure in den Zusammenhang eines Unternehmens mit den dort gegebenen Kontroll- und Sanktionsmöglichkeiten jedoch, dieses Problem gleichsam zu *domestizieren*.

An diesem Beispiel wird in exemplarischer Weise deutlich: Die Rational Choice-Antwort auf das Problem sozialer Ordnung ist *keine Generallösung*, wie sie der frühe Parsons mit der Internalisierungsthese offeriert. Das Ordnungsproblem kann nicht durch eine definitive Lösung eliminiert, d.h. zu einem gänzlich unproblematischen Problem gemacht werden. Jeder Lösungsversuch verlagert es nur. Aber es bleibt dabei nicht unverändert, sondern wird allmählich kleingearbeitet und in ein alltäglich bewältigbares Format überführt.

Auch die Lösung des Ordnungsproblems durch drohende *Sanktionen*, die für normwidrig handelnde Akteure Kosten verursachen, die höher sind als der Gewinn, den sie durch dieses Verhalten erreichen können, wird auf diese Weise behandelt: Sanktionen verursachen oft auch für denjenigen, der sie ausführt, Kosten, die er gerne einsparen würde. Jeder rational kalkulierende Akteur, der von einer Norm profitiert und deshalb ein Interesse daran hat, daß das normwidrige Verhalten anderer bestraft wird, ist deshalb versucht, seinen Sanktionsbeitrag zurückzuhalten. Wenn aber alle so handeln, wird abweichendes Verhalten nicht sanktioniert und die Norm bricht zusammen. Wiederum handelt es sich um eine Version des Gefangenendilemmas, das in diesem Fall ein sogenanntes *öffentliches Gut oder Kollektivgut* betrifft. Dieses Kollektivgutproblem kann nur gelöst werden, wenn es gelingt, die Häufigkeit von Trittbrettfahrerverhalten hinreichend gering zu halten. Die *Normierung von Sanktionsverpflichtungen* ist ein Weg dazu, der das Problem zunächst jedoch nur um einen Schritt verschiebt (wer sanktioniert die Mißachtung der Sanktionspflicht?) und deshalb, sofern er benutzt wird, auf flankierende Lösungsmechanismen angewiesen ist. Sanktionierung durch *kollektiven Boykott* des Normverletzers ist eine von verschiedenen Lösungsvarianten. Sie hat den Vorteil, daß die Kosten für den einzelnen sehr gering und damit tendenziell vernachlässigbar sind und daß in kleinen Gemeinschaften (z.B. innerhalb eines Dorfes oder der Abteilung eines Unternehmens) rasch sichtbar wird, wer die Beteiligung an dieser Sanktion verweigert und dafür ebenfalls sanktioniert werden muß.

Das Prinzip, das dieser Sanktionsform zugrunde liegt, *die Summierung einer großen Zahl geringfügiger Einzelbeiträge zu einer hohen Gesamtwirkung* auf den zu Sanktionierenden, läßt sich auf andere Sanktionspraktiken übertragen. Oder mit Coleman formuliert: An die Stelle einer "heroischen Sanktion" treten hier "inkrementelle Sanktionen". Die Praktiken des *Steinigens* oder des *Spießrutenlaufens* entsprechen diesem Muster ebenso, wie die *kollektive Finanzierung von Beauftragten* durch die Erhebung von (für den einzelnen jeweils geringfügigen) Abgaben, die gegebenenfalls auch scharfe (="heroische") Einzelsanktionen im Auftrag der Gemeinschaft durchführen. Bei diesen Beauftragten kann es sich ebensogut um bezahlte Schläger und professionelle Killer wie um das Strafverfolgungs- und Sanktionspersonal des Rechtsstaates handeln, das aus dem Steueraufkommen unterhalten wird.

Esser rückt in Anschluß an *Schütz und Garfinkel* einen weiteren Gesichtspunkt in den Vordergrund, der für die Stabilisierung von Normen bedeutsam ist. Normenkonformes Handeln kann als automatisiertes *Routinehandeln* vollzogen werden, und es kann sich auf *intersubjektiv geltende Situationsdefinitionen* stützen, deren Gebrauch das Problem der *kognitiven Koordination der Situationsdeutungen* löst. Normenkonformität erspart somit *Informations- und Transaktionskosten*. Abweichendes Verhalten wird erst dann attraktiv, wenn dadurch ein Gewinn erreichbar erscheint, der hinreichend sicher ist und diese Kosten erheblich übersteigt.

Diese *Rentabilitätsschwelle* wird im Rahmen alltäglicher Interaktion nur vergleichsweise selten überschritten, so daß es sich oft schon deshalb nicht lohnt, normwidrig zu handeln. Diese Überlegung wird ergänzt durch den Aspekt der *größeren Erfolgsunsicherheit* eines Handelns, bei dem die meisten Akteure weder auf umfangreiche eigene Erfahrung noch auf zahlreiche Modellfälle in ihrer Umgebung zurückgreifen können.[88] Der Erfolg normwidrigen Verhaltens erscheint deshalb oft zu ungewiß und das Risiko eines Fehlschlages zu groß. Diskontiert um die verringerte Erwartungswahrscheinlichkeit des gewünschten Ergebnisses und um das Schadensrisiko durch mögliche Sanktionen, reicht dann auch ein relativ hoher Gewinn nicht aus, um den geringeren aber dafür sicheren Nutzen normenkonformen

---

88 Dies liegt auch daran, daß abweichendes Verhalten aus naheliegenden Gründen meist getarnt wird. Erfolgreiche, d.h. Gewinn bringende Normverletzungen bleiben daher mit hoher Wahrscheinlichkeit unsichtbar. Öffentlich bekannt werden demgegenüber typisch die Fehlschläge, bei denen Normverletzungen zu Verlusten für ihre Urheber werden. Man könnte daher erwarten, daß die Erfolgswahrscheinlichkeit abweichenden Verhaltens oft systematisch unterschätzt wird, sofern Kontakte zu erprobten Normverletzern, wie z.B. professionellen Kriminellen, fehlen.

Verhaltens zu übersteigen.[89] Es erscheint deshalb in vielen Fällen rational, so zu handeln, wie - allem Anschein nach - die meisten anderen handeln. Man tut damit jeweils das, von dem man annehmen kann, daß es die anderen erwarten und sich darauf einstellen. Mit Abstimmungsproblemen muß deshalb nicht gerechnet werden. Unter diesen Voraussetzungen sind die Erfolgsaussichten hoch und die anzunehmenden Transaktionskosten gering zu veranschlagen.

Normenkonformes Handeln ist nur *ein* Unterfall, für den die zuletzt formulierte These gilt. Ein weiterer Unterfall ist die Beachtung von nicht-normativen Handlungsgepflogenheiten, die bei Weber unter dem Begriff des "traditionalen Handelns" rangieren. Besonders zeit- und daher kostensparend ist die *automatisierte Prozessierung* derartiger Handlungsmuster. Esser kommt so zu dem Ergebnis, daß auch nicht rational kalkuliertes Handeln rational sein kann und sieht darin eine nutzentheoretische Erklärung für den automatisierten Gebrauch von Handlungsmustern. Der automatisierte Modus der Selektion von Situationsdeutungen und Handlungen werde nur dann aufgegeben, wenn *Störungen* auftauchen (wie z.B. konkurrierende Möglichkeiten der Situationsdefinition), die den Anstoß geben, um vom automatisierten Modus in den reflexiv-kalkulatorischen Modus der Selektion umzuschalten. Wie wir gesehen haben, kann Esser das Regreßproblem jedoch nicht vollständig lösen. Bei der Verwendung von Frame-Modellen mit einem Match von $m < 1$ können die Kalkulationskosten der je aktuellen Berechnung erst in einer anschließenden Berechnung ermittelt werden, die wiederum Kosten erzeugt, die erst in einer Folgerechnung einkalkuliert werden können etc. Dieser Regreß kann nicht beendet, sondern nur abgebrochen werden. Die vollständige Durchführung des Prinzips der Nutzenmaximierung findet daran ihre Grenze. Eine weitere Einschränkung dieses Prinzips konnten wir in Situationen des Handelns unter Bedingungen der Unsicherheit feststellen. Die Unmöglichkeit der Bestimmung von Erwartungswahrscheinlichkeiten entzieht hier die Grundlagen für seine Anwendung. Die Selektion von Handlungsalternativen kann sich dann an *unterschiedlichen Ersatzkriterien* orientieren, für die mit gleichem Recht der Anspruch auf Rationalität erhoben werden kann.

Der Neigung von Rational Choice-Theoretikern weiter folgend, auch solche Formen des Handelns als nutzenrational zu rekonstruieren, die oft als Gegenbeispiel dazu gedeutet werden, haben wir schließlich untersucht, inwieweit es möglich ist, altruistisches Verhalten sowie die Internalisierung von Normen unter den Prämissen von Rational Choice zu erklären. Beides setzt voraus, daß ein Akteur *lernt*, sich mit den Zielen und Erwartungen anderer Akteure zu *identifizieren*. Günstige Bedingungen dafür sind in sozialen Beziehungen gegeben, in denen der Akteur in hohem Maße abhängig ist vom Handeln anderer Akteure.

Wie wir gesehen haben, ist diese Bedingung in äußerst unterschiedlichen Kontexten erfüllt, deren Bandbreite von der Eltern-Kind-Beziehung bis zur Beziehung zwischen KZ-Insassen und ihren Wärtern reicht. Coleman analysiert die identifika-

---

89 Dazu ist daran zu erinnern, daß der Nutzen einer Handlungsalternative gemäß der Wert-Erwartungstheorie nach der Formel p x U zu berechnen ist.

torische Übernahme der Perspektive anderer als intrapsychischen Prozeß der *Übertragung von Kontrolle* auf konkrete Personen, die von besonderer Bedeutung für den Akteur und seine Möglichkeiten der Bedürfnisbefriedigung sind. Dieser Übertragungsprozeß folgt dem Prinzip der egoistischen Maximierung von Befriedigungsmöglichkeiten. Sein Resultat ist die *innere Verfassung*, die sich aus der Gesamtheit der (jeweils nach ihrer Bedeutung gewichteten) Bedürfnisse und der verinnerlichten Ziele und Erwartungen des Akteurs zusammensetzt, an denen er sein Handeln orientiert. Die innere Verfassung formiert sich im wesentlichen als intrapsychische Rekonstruktion der sozialen Beziehungen oder Handlungssysteme, an denen ein Akteur partizipierte und die unter dem Gesichtspunkt der Bedürfnisbefriedigung für ihn besonders bedeutsam waren.

Colemans Theorie des Selbst und seiner inneren Verfassung kann verstanden werden als eine *Rational Choice-Interpretation von Meads Theorie des Selbst*, die zwar nicht vollständig durchgeführt ist, aber leicht um die fehlenden Elemente ergänzt werden kann. In diese Interpretation noch nicht hinreichend einbezogen ist der "verallgemeinerte andere", der vom Akteur durch die Generalisierung und damit einhergehende Anonymisierung personal gebundener Ziele und Erwartungen zu allgemeingültigen Werten und Normen konstruiert wird. Nutzenrational ist diese Konstruktionsleistung, weil sie *Erwartungssicherheit* auch in Interaktionen mit persönlich nicht bekannten Individuen ermöglicht, ohne daß dazu umfangreiche Informationen über den neuen Interaktionspartner ermittelt und die Grundlagen der gemeinsamen Interaktion in allen Einzelheiten neu miteinander ausgehandelt werden müßten. Die Konstruktion des "verallgemeinerten anderen" leistet so einen unverzichtbaren Beitrag zur *Senkung von Informations- und Transaktionskosten*.

Die Colemansche Theorie des Selbst schlägt zugleich eine Brücke zu den Parsonsschen Konzepten der *Internalisierung* und des *Persönlichkeitssystems*. Internalisierung wird als Ergebnis der Identifikation mit den Zielen und Erwartungen anderer erklärt, die zustandekommt, wenn es für den Akteur rational ist, eine solche Identifikation zu vollziehen, weil dadurch Befriedigungsmöglichkeiten zugänglich werden, die auf anderem Wege nicht erreicht werden können. Normenkonformes und altruistisches Handeln, das *in der Gegenwart* nicht in Übereinstimmung mit dem Prinzip egoistischer Nutzenmaximierung zu bringen ist, läßt sich so *historisch-genetisch* in annähernder Übereinstimmung mit diesem Prinzip erklären. In nur "annähernder" Übereinstimmung deshalb, weil es hier um die Erklärung der *Bildung* von Präferenzen geht und die Anwendung des Prinzips der rationalen Nutzenmaximierung genau genommen nur auf der Basis *vorgegebenener* Präferenzen möglich ist. Um dieses Problem zu umgehen, spricht Coleman deshalb nicht von Nutzenmaximierung, sondern sehr unscharf von der Maximierung von *"Existenzfähigkeit"*. Daran wird deutlich, daß der Gebrauch des Prinzips rationaler Nutzenmaximierung zur Erklärung der Genese von Präferenzen nicht ohne Modifikation des Rationalitätsbegriffs möglich ist. Dabei bleibt offen, ob eine solche Modifikation mit den Grundannahmen von Rational Choice noch zu vereinbaren ist.

Einer der zentralen Kritikpunkte, die Parsons gegenüber dem Utilitarismus erhob, richtete sich gegen die Beschränkung des Konzepts rational kalkulierten

Interessenhandelns auf die *Einzelhandlung* und ihr Ziel (vgl. oben, Bd.1, Kap.2.2).
Dagegen setzte er die (später vor allem in Anknüpfung an Freud ausgearbeitete)
Vorstellung, daß nicht nur die Interaktionsbeziehungen zwischen verschiedenen
Akteuren, sondern auch der Akteur selbst als ein System zu konzipieren sei und
die Auswahl von Handlungen daher nicht als einfaches Maximierungsproblem ver-
standen werden könne. Wenn mit einer Pluralität unterschiedlicher Ziele gerechnet
werden muß, die sich untereinander nicht in eine situationsunabhängige, stabile
Hierarchie bringen lassen, dann verwandelt sich der Akteur in eine Agentur, die
wechselnde und oft konkurrierende Prioritäten bedienen und miteinander in den
Zustand eines *relativen Gleichgewichts der Befriedigung* bringen muß. Colemans
Theorie des Selbst kommt dieser Vorstellung nahe. Die innere Verfassung des Akteurs erzeugt einen komplexen Zusammenhang von Zielsetzungen und Erwartungen, die nicht alle zugleich erfüllt werden können. Dabei wird dieser Zusammenhang nicht als invariant vorgestellt, sondern kann durch die *Änderung von Präferenzen* an veränderte situative Bedingungen angepaßt werden. Die Umsetzung von
*Nutzen*maximierung auf die Formel der Maximierung von *Existenzfähigkeit* könnte
als Anzeichen dafür gelesen werden, daß Colemans Modell des Selbst die Transformation des Konzeptes der Nutzenmaximierung in ein *Gleichgewichtskonzept* er-
zwingt, bei dem kein singulärer Maximalwert angegeben werden kann, sondern unterschiedliche Konstellationen erfolgreicher Ausbalancierung konkurrierender Zielsetzungen möglich sind.

In der Entfaltung des Rational Choice-Ansatzes zeigten sich die Grenzen des
Konzepts der subjektiv-rationalen egoistischen Nutzenmaximierung. Rationales
Handeln muß weder *subjektiv*-rational sein, noch auf *egoistische* Nutzenmaximierung, ja nicht einmal auf Nutzen*maximierung* hinauslaufen. Die Entwicklung von
Rational Choice läßt sich so nachzeichnen als ein Prozeß der sukzessiven Transformation eines engen Rationalitätsbegriffs, der als *Idealtypus* im Sinne Webers fungiert und an dessen Differenz zu beobachtbarem Handeln jeweils abgelesen werden
kann, wo Modifikationen notwendig sind, um das Handeln von Akteuren verstehend zu erklären. Bemerkenswert ist dabei die *heuristische Fruchtbarkeit* dieses Idealtypus, für die die Entwicklung des Rational Choice-Ansatzes reichhaltige Belege
gibt.

Diese Entwicklung bezeugt eine Flexibilität, die freilich die Konturen des ursprünglichen Theorieprogrammes an den Rändern verschwimmen läßt, so daß
grundlegende Differenzen zu den einstigen 'Gegnern' immer weniger zu erkennen
sind. An die Stelle scharfer Abgrenzung tritt der Versuch, Anschlüsse zu anderen
Theorieansätzen herzustellen und Rational Choice als übergreifenden Ansatz zu
etablieren, der nicht nur Weber als einen seiner wesentlichen Ahnherren reklamiert, sondern auch in der Lage ist, die zentralen theoretischen Aussagen von
Mead, Schütz und Garfinkel bis hin zu Parsons' Internalisierungstheorem aufzugreifen und zu integrieren.[90]

---

90 Diese Liste ist natürlich unvollständig. Sie erwähnt nur Ansätze, die wir bisher behandelt haben.

Eine derartige Strategie ist durchaus typisch für etablierte Forschungsprogramme. 'Newcomer' versuchen ihre Leistungsfähigkeit meist dadurch unter Beweis zu stellen, daß sie von der Warte ihrer spezifischen Problemstellung scharfe Kritik an den etablierten Konkurrenten üben, die diese Problemstellung ignorieren oder nur marginal behandeln. Entworfen wird ein Programm, das auf die Revolutionierung der Disziplin aus dem Blickwinkel dieser Problemdefinition zielt. Nach erfolgreicher Etablierung wechselt die Strategie. Jetzt wird versucht, Terraingewinne durch Übernahmeangebote zu erreichen, die es ermöglichen sollen, die Lücken des eigenen Programms zu füllen und den eigenen Ansatz als Metatheorie zu präsentieren, die allein zu einer derartigen Integrationsleistung fähig ist. Der Vorteil dieses Strategiewechsels aus der Perspektive des Publikums liegt darin, daß früher aufgebaute Pseudodifferenzen und -gegensätze dadurch abgebaut werden. Damit verbunden ist jedoch auch die Gefahr, daß die eigenen Grundbegriffe überdehnt und fortbestehende Gegensätze eher rhetorisch überdeckt als offen ausgetragen werden.

Ein wichtiges theoretisches Integrationsinstrument, mit dem Rational Choice operiert, haben wir zum Schluß kennengelernt: die Mikro-Makro-Transformation. Wie für das Webersche Programm der Erklärung von Handlungen aus deutend verstandenen Motiven, so gilt auch für Rational Choice, daß der einzelne Akteur und sein Handeln die primäre Ebene jeder Handlungserklärung ist.[91] Daraus ergibt sich das Folgeproblem, wie diese Mikro-Ebene der Analyse verbunden werden kann mit dem makrosozialen Kontext und den makrosozialen Folgen des Handelns der Akteure. Esser verwendet den Begriff der "Logik der Situation", um den Vorgang der Übersetzung der objektiven und makrostrukturell bestimmten Randbedingungen des Handelns in die subjektiven Situationsdefinitionen der Akteure zu erfassen. Die "Logik der Selektion" verknüpft die Situationsdefinition des Akteurs mit der schließlich ausgewählten Handlung, die beide auf der mikrosozialen Ebene des Erklärungsmodells rangieren, durch das Prinzip der Nutzenmaximierung. Die "Logik der Aggregation" expliziert die Regeln und Mechanismen, die die Handlungsbeiträge der Akteure zu einem makrosozialen Resultat verknüpfen. Die "Logik der Selektion" und das hier verankerte Prinzip rationaler Wahl erscheint dabei als Kern der Erklärung. Die "Logik der Situation" definiert die Randbedingungen, die als Operationsgrundlage für das Prinzip der rationalen Wahl in Anspruch genommen werden müssen.

Sozial geltende Werte und Normen, kulturelle Wissensbestände, Typisierungen und Deutungsmuster, d.h. alle diejenigen Komponenten einer Handlungserklärung, die für die anderen bisher behandelten Ansätze zentral sind, werden den makrosozialen Randbedingungen und ihrer subjektivierten Erscheinungsform in Gestalt der Situationsdefinitionen der Akteure einverleibt. Das Modell weist allein dem Prinzip

---

91 D.h. nicht, daß jede Handlungserklärung bis zu dieser Ebene vorstoßen muß. Wie oben festgestellt, können auch Organisationen als Akteure behandelt werden, sofern auf diese Weise befriedigende Erklärungsergebnisse erreicht werden können. Das jeweils anzustrebende Auflösungsniveau der Analyse ist unter forschungsökonomischen Gesichtspunkten in Übereinstimmung mit dem "Prinzip der abnehmenden Abstraktion" festzulegen.

rationaler Wahl die zentrale Position zu. Dabei drängt sich jedoch der Eindruck
geradezu auf, daß dieses Selektionsprinzip, gemessen an der möglichen Komplexität
der Randbedingungen, die es ja erst zu ermitteln gilt, geradezu trivial ist und
Rational Choice auf weitreichende Vorleistungen anderer Ansätze angewiesen ist,
um überhaupt 'arbeitsfähig' zu sein. Dieser Einwand betrifft nicht die Gültigkeit
des Modells, sondern nur die Frage, inwiefern es dazu taugt, einen dominierenden
Status für Rational Choice zu reklamieren. Letztlich ist diese Frage zweitrangig im
Vergleich zu den interessanten Analyseergebnissen, die wir diesem Erklärungsansatz
zweifellos verdanken.

Bedeutsamer ist demgegenüber eine andere Frage, die sich nach unserer Darstellung von Rational Choice erhebt. Wenn nicht nur subjektiv-zweckrationales,
sondern auch automatisiertes Routinehandeln, affektuelles oder wertrationales
Handeln, nicht nur egoistische Nutzenmaximierung, sondern auch Altruismus mit
den Prämissen von Rational Choice zu vereinbaren ist, was schließt dieser Ansatz
dann überhaupt noch aus? Die Antwort, die aus der Perspektive des nächsten hier
zu präsentierenden Ansatzes formuliert werden kann, lautet: Allem Anschein nach
weiterhin ausgeschlossen bleibt ein Konzept von Rationalität, das nicht den Gesichtspunkt des Nutzens in den Vordergrund rückt, sondern unter Rationalität die
Einlösbarkeit vernünftiger Begründungsstandards versteht, Begründungsstandards, mit
deren Hilfe die Wahrheit von Aussagen, aber auch die Legitimität sozialer Normen
argumentativ plausibel gemacht und Handlungen gerechtfertigt werden können. Die
These, daß die Geltung sozialer Normen wesentlich gebunden ist an die Möglichkeit ihrer *vernünftigen Begründung*, markiert eine Position, die einen Rationalitätsbegriff jenseits von Rational Choice formuliert. Für diese Position steht die
nun vorzustellende Habermassche "Theorie des kommunikativen Handelns".

8. Intersubjektivität und Geltung: Die Zentrierung von Intersubjektivität auf Begründungsfragen und die Pluralisierung des Rationalitätsbegriffs in der Habermasschen Theorie des kommunikativen Handelns[1]

Ausgangspunkt der Theorie kommunikativen Handelns ist das *Problem der Intersubjektivität*. Habermas gibt diesem Problem freilich eine spezifische Fassung: Anders als bei Schütz impliziert Intersubjektivität bei Habermas nicht nur die *Mitteilbarkeit und Verstehbarkeit* des subjektiv gemeinten Sinns, sondern auch dessen *Akzeptabilität* für den Interaktionspartner. Der Grund dafür liegt darin, daß Habermas den Begriff der Intersubjektivität eng verknüpft mit dem *Problem der Handlungskoordination*, das gelöst werden muß, wenn es zur Kooperation zwischen Akteuren kommen soll. Wechselseitiges Verstehen ist dabei eine notwendige, aber keineswegs hinreichende Bedingung. Darüber hinaus ist erforderlich, daß ein Akteur das *Interaktionsangebot eines anderen annimmt*. Was aber kann ihn dazu veranlassen?

Rational Choice-Theoretiker würden darauf antworten: *das eigene Interesse*. Sofern die Annahme eines Interaktionsangebotes einen hinreichenden Nutzen für den Adressaten verspricht bzw. bei einer Ablehnung hinreichend große Kosten (insbesondere als Folge dann fälliger Sanktionen) zu erwarten sind, wird ein rationaler Akteur dieses Angebot annehmen. Verspricht die Annahme hingegen keinen positiven Nutzen oder gibt es attraktivere Alternativen, so wird er es ablehnen. Habermas weist diese Antwort nicht zurück. Er betrachtet sie jedoch als unvollständig. Individuelle Interessen sind für ihn ein mögliches und wesentliches Annahmemotiv. Den individuellen Interessen *systematisch vorgeordnet* erscheint ihm freilich ein anderes Kriterium, an dem sich die Akteure orientieren, nämlich die auf *vernünftigen Gründen* beruhende *rationale Akzeptabilität* des Angebots. Was ist darunter zu verstehen?

Versuchen wir eine erste Antwort auf diese Frage anhand eines Beispiel zu geben: An einem sonnigen Donnerstag fassen A und B kurzfristig den Plan, eine Gartenparty zu veranstalten und überlegen, welchen Termin sie wählen sollen. A

---

1 Die folgende Darstellung konzentriert sich auf den internen Argumentationszusammenhang der Habermasschen Theorie. Mit Ausnahme einer einleitenden Einführung in die Grundbegriffe der Sprechakttheorie in Anschluß an Austin und Searle, werden die äußerst zahlreichen Bezüge auf andere Autoren im Werk von Habermas weitestgehend ausgeblendet. Im Mittelpunkt steht die Architektonik der Habermasschen Theorie des kommunikativen Handelns, wie er sie in seinem gleichnamigen Buch vorgestellt hat, vervollständigt durch einige ergänzende Überlegungen aus dem späteren Werk "Faktizität und Geltung". Um die Grundstruktur der Theorie kommunikativen Handelns auf möglichst klare und übersichtliche Weise zu präsentieren, bleiben die umfangreichen rekonstruktiven Teile des Buches, in denen Habermas seine Theorie vor allem in der Auseinandersetzung mit Weber, Mead, Durkheim und Parsons entwickelt, außer Betracht. Als instruktiven Überblick über das Habermassche Gesamtwerk, der vor allem die Einbettung der Habermasschen Theorie in den Kontext der Gegenwartsphilosophie sichtbar macht, vgl. die Einführung von Walter Reese-Schäfer (1991).

schlägt dafür Freitagabend vor. B erwidert, daß er für Samstag sei, weil es am Freitag wahrscheinlich regnen werde. A wiederum entgegnet, daß er noch am gestrigen Abend den Wetterbericht gehört habe und darin für Freitag noch Sonne, aber für Samstag bereits der Durchzug eines Regengebiets angesagt worden sei.

A und B teilen hier das *Interesse*, die Gartenparty bei schönem Wetter zu feiern. Dennoch genügt dies nicht, um A zu veranlassen, B's abweichenden Terminvorschlag zu akzeptieren. Das Problem, das hier auftaucht, betrifft die *Wahrheit* der gegensätzlichen Behauptungen über das zu erwartende Wetter. Darüber kann nicht nach Maßgabe von Interessen entschieden werden. Vielmehr gilt umgekehrt, daß die Unterscheidbarkeit zwischen wahren und falschen Aussagen die Voraussetzung für eine interessenrationale Entscheidung ist.

Ob wir eine problematisierte Aussage als wahr akzeptieren hängt davon ab, ob *vernünftige Gründe* dafür geltend gemacht werden können. Kann B in der Debatte über den Partytermin etwa ins Feld führen, daß er seine Behauptung auf den neusten, gerade vor wenigen Minuten im Rundfunk gesendeten Wetterbericht gründet und diesem Bericht zufolge der am Vortag für Samstag vorausgesagte Regen bereits einen Tag früher eintreffen werde, dann könnte A dies als hinreichende Begründung für die Stichhaltigkeit von B's Behauptung akzeptieren und seine gegenteilige Behauptung zurückziehen. Möglicherweise aber verschiebt sich auch die Kontroverse, weil A nun behauptet, daß der Wetterdienst, von dem die ältere Vorhersage stamme, sich schon häufig als zuverlässiger erwiesen habe als der Wetterdienst, der die von B zitierte Prognose erstellt hat. B mag daraufhin als flankierendes Argument seine schmerzenden Hühneraugen anführen, die - Wetterbericht hin, Wetterbericht her - einen für den morgigen Freitag bevorstehenden Wetterumschwung signalisieren etc. Um die *Wahrheitsansprüche*, die jeder mit seiner Behauptung verknüpft, zu untermauern, präsentieren beide *Argumente*. Von der Überzeugungskraft, die diesen Argumenten aus der Perspektive des Adressaten jeweils zukommt, hängt es ab, ob es einem der beiden gelingt, den anderen zu *überzeugen* und dadurch zur *Annahme seiner Behauptung* zu veranlassen.

Das Beispiel macht deutlich, worum es Habermas geht. Seine Theorie zielt auf die Rekonstruktion derjenigen *Rationalitätsansprüche*, die die Akteure mit ihren Äußerungen *gegenüber dem anderen* jeweils verbinden und plausibel machen müssen, um sie dazu zu motivieren, diese Äußerungen und die daraus resultierenden Konsequenzen für die weitere Interaktion zu akzeptieren. Werden die erhobenen *Rationalitäts- oder Geltungsansprüche*,[2] die ein Sprecher durch seine Äußerungen erhoben hat, von einem Gesprächsteilnehmer in Zweifel gezogen, dann muß der Sprecher versuchen, diese Ansprüche auf dem Wege der Erläuterung und argumentativen Begründung einzulösen. Nur wenn es den Akteuren gelingt, einander zur Anerkennung erhobener Geltungsansprüche zu bewegen, kann es zu einer Kooperation zwischen Akteuren kommen, die nicht durch Sanktionsandrohungen erzwun-

---

2 "*Rationalitäts-* oder *Geltungsansprüche*" - diese beiden Begriffe werden hier und im folgenden synonym gebraucht und dem Konzept der *interessen*rationalen Maximierung eigenen Nutzens gegenübergestellt.

gen oder durch das Versprechen von Vergünstigungen erkauft wird. Daß Sanktionen und Belohnungen wirksame Motivationsmittel sind, ist damit nicht bestritten. Was Habermas bestreitet ist, daß dies die alleinigen oder auch nur primären Motivationsmittel sind, die erklären können, auf welche Weise die intersubjektive Koordination des Handelns gelingen kann. Habermas unterscheidet zwischen zwei Typen von Motiven für die Annahme von Interaktionsofferten. Den *empirischen* Motiven, die in der Bedürfnisnatur des Menschen verwurzelt sind, stellt Habermas die *rationalen* Motive gegenüber. Erstere gründen auf den Mechanismen von Lohn und Strafe, von Anreiz und Abschreckung, letztere auf der Unterstellung der Einlösbarkeit kommunikativer Geltungsansprüche.

Paradigmatisch für die Rationalitätsansprüche, die wir mit unseren Äußerungen verbinden, steht der Geltungsanspruch der Wahrheit. Wir erheben diesen Geltungsanspruch, sobald wir etwas behaupten, über ein Ereignis berichten oder eine Warnung aussprechen. Habermas versucht nun zu zeigen, daß es sich bei diesem Geltungsanspruch um einen von *vier Geltungsansprüchen* handelt, die wir mit jeder Äußerung verknüpfen. Um diese These zu entfalten, greift er auf einen sprachtheoretischen Ansatz aus dem Bereich der analytischen Philosophie zurück: die sogenannte *Sprechakttheorie*. Bevor ich die Habermassche Theorie des kommunikativen Handelns vorstelle, will ich deshalb die zentralen begrifflichen Unterscheidungen der Sprechakttheorie skizzieren.

8.1   Sprechhandlungen und Geltungsansprüche

Die Philosophie hat sich lange darauf beschränkt, Sprache in erster Linie als ein Medium zu analysieren, in dem wahre oder falsche Aussagen formuliert und miteinander verknüpft werden können. Zwar wurde registriert, daß wir Sprache auch zu anderen Zwecken verwenden, doch wurden diese Gebrauchsweisen nicht zum Gegenstand einer systematischen Untersuchung gemacht. Dies änderte sich mit der sogenannten "linguistischen Wende" ("linguistic turn") in der Philosophie des 20. Jahrhunderts. Beginnend mit Wittgensteins Spätwerk und den frühen Arbeiten von Gilbert Ryle, entdeckte die Philosophie den alltäglichen Sprachgebrauch als neues Untersuchungsfeld.[3] Eines der bedeutenden Ergebnisse der dadurch ausgelösten Forschungen ist die sogenannte "Sprechakttheorie", die von John L. Austin in einer 1955 gehaltenen Reihe von Vorlesungen entwickelt und von John R. Searle in seinem 1969 erschienenen Buch "Speech Acts" in eine systematisierte Fassung gebracht worden ist.[4]

---

3   Unter dem Titel einer "Philosophie der Alltagssprache" ("ordinary language philosophy") entstand eine philosophische Schulrichtung, die sich diesem Gegenstand programmatisch verschrieb und die Ludwig Wittgenstein, Gilbert Ryle und John L. Austin zu ihren bekanntesten Vertretern zählt. Als Einführung dazu vgl. Savigny 1974.

4   Austins Vorlesungen erschienen 1962 unter dem Titel "How to do things with words". Die deutsche Bearbeitung dieser Vorlesungen von Eike von Savigny wurde 1972 veröffentlicht. Die deutsche Übersetzung des Werkes von Searle erschien 1971.

Austins Sprechakttheorie analysiert Äußerungen wie "Ich taufe dieses Schiff (hiermit) auf den Namen 'Titanic'", "Ich erteile ihnen (hiermit) den Auftrag zum Bau eines Hauses", "Ich eröffne (hiermit) die Sitzung". Wenn ein Sprecher diese Sätze unter geeigneten Bedingungen äußert, dann vollzieht er damit jeweils eine bestimmte Handlung. Er tauft ein Schiff, erteilt einen Auftrag, eröffnet eine Sitzung. Ist die Taufe vollzogen, dann trägt das Schiff einen Namen, den es zuvor noch nicht hatte. Ist der Auftrag erteilt und vom Auftragnehmer akzeptiert worden, dann besteht ein Vertragsverhältnis zwischen Auftraggeber und Auftragnehmer, das beide zu bestimmten Leistungen rechtsgültig verpflichtet. Ist die Sitzung eröffnet, tritt eine bestimmte Ordnung der Kommunikation (Zuteilung des Rederechts durch die Sitzungsleitung, Festlegung der Themenfolge durch die Tagesordnung etc.) in Kraft. Nicht die Mitteilung eines wahren Sachverhalts, sondern die Ausführung von Handlungen, die auf die Herbeiführung bestimmter Konsequenzen zielen, ist die primäre Funktion dieser Äußerungen. Sprache erscheint hier nicht als Medium, in dem Aussagen *über die Welt* artikuliert und damit *vorgegebene Sachverhalte wiedergegeben* werden. Sie fungiert statt dessen als Instrument des Eingriffs *in die Welt*, durch das *neue Tatsachen erzeugt* werden.

Diese Tatsachen sind allerdings von besonderer Art: Sie können nicht auf dem Wege der instrumentellen Nutzung *natürlicher Kausalprozesse,* sondern nur durch die Befolgung *sozial institutionalisierter Regeln* erzeugt werden und sind *durch diese Regeln definiert.* Wie z.B. eine Sitzung "eröffnet" werden kann und was eine "Sitzung" ist (d.h. welche spezifischen Handlungsmöglichkeiten, welche Rechte und Pflichten sie für die beteiligten Akteure impliziert), läßt sich nur aus den Regeln entnehmen, die für ein Interaktionsmuster dieses Typs gelten. Die Tatsachen, die durch die Ausführung von Sprechakten erzeugt werden können, sind demnach nicht auf eine Stufe zu stellen mit den *"natürlichen Tatsachen",* die durch naturgesetzliche Ursache-Wirkungs-Beziehungen entstanden sind. Hier geht es vielmehr um regelabhängig generierte *"institutionelle Tatsachen".*[5]

In den oben erwähnten Beispielsätzen wird die Art der Handlung, die mit ihrer Äußerung vollzogen werden kann, ausdrücklich genannt. Austin nennt solche Sätze deshalb *"explizit performativ"* (= explizit vollziehend). Explizit performative Äußerungen finden wir oft in institutionellen Handlungskontexten. Gerichtsverhandlungen werden typisch mit explizit performativen Wendungen eröffnet, ebenso werden Zeugen explizit performativ aufgerufen ("Ich rufe Herrn X in den Zeugenstand"), gleiches gilt für die Urteilsverkündung ("Im Namen des Volkes verkünde ich hiermit das folgende Urteil: ..."); Ehen werden auf diese Weise geschlossen ("Hiermit erkläre ich euch zu Mann und Frau") und Eigentum einem Erben übertragen ("Hiermit setze ich meinen Enkel als Erben meines gesamten Vermögens ein"). Der Vorteil explizit performativer Äußerungen liegt darin, daß sie auf kaum zu mißverstehende Weise mitteilen, welche Handlungen mit ihnen ausgeführt werden sollen.

---

5   Zur Unterscheidung zwischen "natürlichen" und "institutionellen" Tatsachen vgl. Searle 1971, 78ff.

Explizit performative Äußerungen finden sich *auch im Alltag*: So mag ein Kind gegenüber seinen Eltern erklären "Ich verspreche euch, daß ich meine Schularbeiten in Zukunft sorgfältiger erledigen werde" oder ein Freund einen anderen mit den Worten nachdrücklich um Hilfe ersuchen, "Ich bitte dich dringend, mir bei der Vorbereitung für das Examen zu helfen". In den meisten Situationen formulieren wir freilich knapper: Z.B. "Ich werde meine Schularbeiten zukünftig sorgfältiger erledigen", oder "Hilf mir bei der Vorbereitung fürs Examen". Äußerungen dieser Art, in denen ein performatives Verb fehlt, das die Art der ausgeführten Sprechhandlung bezeichnet, nennt Austin *"primär performativ"*.

Bereits diese wenigen Erläuterungen machen deutlich: Sprechhandlungen finden sich nicht nur in besonderen Kontexten, sondern in jeder Kommunikation. Der Anspruch der Sprechakttheorie reicht jedoch weiter. Sie behauptet, daß *jede* Äußerung als Versuch zur Ausführung einer Sprechhandlung verstanden werden muß. Um diese These zu begründen, ist noch eine wesentliche Hürde zu überwinden. Gezeigt werden muß, daß auch Äußerungen, die wahr oder falsch sind, wie Behauptungen, Berichte etc., als Sprechhandlungen zu begreifen sind. Dazu müßte gezeigt werden, daß solche Äußerungen nicht nur wahr oder falsch sein können, sondern *darüber hinaus* auch die beiden nach Austin zentralen Merkmale von Handlungen aufweisen. Diese beiden Merkmale sind:

1) daß bestimmte Bedingungen erfüllt sein müssen, um diese Äußerungen erfolgreich ausführen zu können;
2) daß aus dem Vollzug dieser Äußerungen Konsequenzen folgen, die durch sozial geltende Regeln bestimmt sind und deren Herbeiführung der Akteur mit der Ausführung der Äußerung typisch intendiert.

Austin hat diese Hürde im ersten Teil seines Vorlesungszyklus, in dem er die Sprechakttheorie in den ersten Grundzügen entwarf, noch nicht in Angriff genommen. Er startet mit der Unterscheidung zwischen den "performativen Äußerungen", denen er den Charakter von Handlungen zuschreibt, welche *die Welt in irgendeiner Weise verändern* und den "konstativen Äußerungen", in denen *Aussagen über die Welt, so wie sie ist (bzw. war oder sein wird),* gemacht werden.

Beide Klassen von Äußerungen grenzt er zunächst dadurch voneinander ab, daß sie auf unterschiedliche Weise fehlschlagen können: *Performative* Äußerungen schlagen fehl, wenn die notwendigen Voraussetzungen für die Ausführung der entsprechenden Handlung nicht gegeben sind. Dies ist z.B. der Fall, wenn jemand eine unerfüllbare Bitte oder ein unglaubwürdiges Versprechen äußert, bzw. jemand ein Kind zu taufen oder ein Paar zu trauen versucht, obwohl er dazu nicht befugt ist. Seine Äußerung wird dann wahrgenommen als untauglicher (vielleicht scherzhaft gemeinter oder auf Täuschung des anderen zielender) Versuch, eine derartige Handlung auszuführen, d.h. *diejenigen regulären Konsequenzen zu bewirken*, die - unter geeigneten Ausführungsbedingungen - durch eine Äußerung dieses Typs erzeugt worden wären. Demgegenüber, so Austins ursprüngliche Argumentation, scheitert eine *konstative* Äußerung (wie z.B. eine Behauptung) nicht am Mißlingen der Absicht, bestimmte Konsequenzen zu erzeugen, sondern daran, daß sie mit den existierenden Tatsachen nicht übereinstimmt, d.h. als falsch erkennbar ist.

Im späteren Verlauf des Vorlesungszyklus ebnet Austin die gerade gezogene Differenz zwischen "performativen" und "konstativen" Äußerungen dann partiell wieder ein: Er tut dies, indem er vorführt, daß auch Aussagen über die Welt eine *performative Dimension* aufweisen, d.h. aus Gründen scheitern können, die nichts mit ihrer Wahrheit zu tun haben. So z.B., wenn jemand etwas behauptet und zugleich erkennen läßt, daß er nicht daran glaubt. Austin diskutiert dies an dem Satz, "Die Katze liegt auf der Matte, aber ich glaube es nicht". Diese Behauptung kann als Behauptung nicht akzeptiert werden, aber nicht deshalb, weil sie falsch ist, sondern weil sie eine andere Bedingung verletzt, deren Erfüllung Voraussetzung für das Gelingen einer Behauptung ist, nämlich die Bedingung, daß der Autor von der Richtigkeit seiner Behauptung überzeugt ist. Die Behauptung scheitert so auf die gleiche Weise wie ein offensichtlich unaufrichtiges Versprechen.

Aber nicht nur darin, daß *bestimmte Bedingungen* für das Gelingen dieser Äußerungen erfüllt sein müssen, stimmen "konstative" und "performative" Äußerungen überein. Ebenso wie ein Versprechen (als Beispiel für eine performative Äußerung) hat auch eine Behauptung (konstative Äußerung) bestimmte *reguläre Konsequenzen*: Solange der Sprecher die Behauptung nicht zurücknimmt, wird von ihm erwartet, daß er nichts äußert oder tut, was im Widerspruch zu ihrem Inhalt steht. Auch diese Erwartung hat den Status einer Verpflichtung. Wenngleich ihrem Inhalt nach weniger deutlich bestimmt, entspricht diese Verpflichtung der Obligation zur Ausführung der Handlung, die durch ein Versprechen zugesagt worden ist.

Die beiden oben erwähnten Voraussetzungen dafür, daß auch konstative Äußerungen wie Feststellungen, Behauptungen und Berichte als Sprech*handlungen* klassifiziert werden können, sind damit erfüllt. Austin kommt deshalb zu dem Ergebnis, daß "konstative Äußerungen" als *Teilklasse* der "performativen Äußerungen" zu betrachten sind. Es handelt sich bei ihnen um performative Äußerungen mit der für sie charakteristischen Besonderheit, daß sie wahr oder falsch sein können. Umgekehrt gilt: Obgleich nicht-konstative Äußerungen nicht direkt wahr oder falsch sein können, setzen auch sie die Wahrheit bestimmter Annahmen zumindest voraus. So unterstellt etwa das von einem Freund gegebene *Versprechen* oder die an ihn gerichtete *Bitte*, mir morgen bei meinem Umzug zu helfen, die Wahrheit der darin implizierten Sachverhaltsannahme, daß ich morgen umziehe.

Damit ist die Position erreicht, die wir heute mit der "Sprechakttheorie" verbinden: Kommunikation läßt sich demnach generell verstehen als die Ausführung sprachlicher Handlungen. *Die Kommunikationstheorie wird so zu einem Unterfall einer allgemeinen Handlungstheorie.* Sie versteht sich als eine Theorie, deren Gegenstand die Klasse der "kommunikativen Handlungen" ist und untersucht deren *Konstitutionsbedingungen*. Der Umstand jedoch, daß diese Handlungen von zentraler Bedeutung für die intersubjektive Koordination des Handelns überhaupt sind, weist dieser Theorie von vornherein eine besondere Bedeutung zu. Wie wir später sehen werden, zieht Habermas daraus die Konsequenz, *jedes soziale Handeln als Derivat kommunikativen Handelns zu analysieren.*

Weil kommunikative Handlungen nur dann gelingen können, wenn der Adressat einer Äußerung zumindest erkennt, welchen Sprechakt der Autor damit zu vollziehen beabsichtigte, kann die Frage nach den *Bedingungen der Sinnkonstitution* hier nicht behandelt werden, ohne zugleich das *Problem der Intersubjektivität* zum Gegenstand der Analyse zu machen. Beide Bezugsprobleme erscheinen deshalb in der Sprechakttheorie und bei Habermas unauflöslich miteinander verklammert.

Bevor wir uns der Habermasschen Theorie des kommunikativen Handelns zuwenden, müssen wir noch eine Reihe von theoretischen und terminologischen Unterscheidungen einführen. Die Sprechakttheorie hat sich zunächst konzentriert auf den Standardfall vollständiger explizit performativer Äußerungen. Eine solche Äußerung besteht aus einem *performativen Teil* und einem abhängigen Teilsatz mit einem bestimmten *propositionalen Gehalt*,[6] wie das folgende Beispiel zeigt:

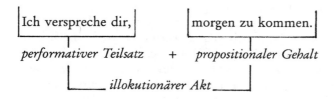

Der performative Teil legt die *Art der Handlung* fest, der propositionale Gehalt spezifiziert den *Gegenstand oder Sachverhalt*, auf den sich die Sprechhandlung bezieht. Beide Teile einer explizit performativen Äußerung können unabhängig voneinander variieren. So kann der Teilsatz, "Ich verspreche dir, ...", mit unterschiedlichen propositionalen Gehalten verknüpft werden (z.B. "..., dir beim Einkaufen zu helfen", "..., deinen Hund auszuführen", "..., dich nicht mehr zu schlagen"). Ebenso ist es möglich, einen gegebenen propositionalen Gehalt mit unterschiedlichen performativen Teilsätzen zu verbinden (z.B. "Ich warne dich - bzw. bitte dich - bzw. empfehle dir, morgen zu kommen").

Ein illokutionärer Akt ist nach Searle bereits dann *"gelungen"*, wenn der Adressat verstanden hat, welche Handlung der Sprecher einer Äußerung ausführen wollte. Eine Behauptung muß also nicht unbedingt überzeugen, eine Entschuldigung muß nicht angenommen werden etc. Dieser *enge Gelingensbegriff* ist freilich umstritten. Habermas spricht erst dann vom Gelingen einer Sprechhandlung, wenn sie der Adressat akzeptiert hat.

Dieter Wunderlich (1976) trägt den verschiedenen Möglichkeiten der Bestimmung des Gelingens einer Sprechhandlung Rechnung, indem er zwischen drei Graden differenziert, in denen ein Sprechakt *erfolgreich* sein kann: Er unterscheidet zwischen *Verstehen, Akzeptieren und Erfüllen*. Eine Aufforderung etwa kann *verstanden* werden, ohne daß der Adressat sie als berechtigt akzeptiert. Sie kann ver-

---

6   Vgl. dazu Habermas 1984, 398f. Anstelle der Bezeichnung "performativer Teil(satz)" werden häufig auch die Ausdrücke "illokutionärer" bzw. "illokutiver Teil" verwendet.

standen und *akzeptiert* werden, d.h. auf die Bereitschaft des Adressaten zu entsprechendem Handeln treffen, und dennoch kann ihre Erfüllung aus irgendwelchen Gründen scheitern. Und sie kann schließlich verstanden, akzeptiert und durch die tatsächliche Ausführung der geforderten Handlung *erfüllt* werden.

Nicht alle Sprechhandlungen sind mit bestimmten Erfüllungsbedingungen verknüpft. Aufforderungen, Bitten, Befehle und Versprechen enthalten solche Bedingungen, - Warnungen, Berichte und Behauptungen hingegen nicht. Aber auch für Sprechhandlungen ohne Erfüllungsbedingungen gelten allgemeine "Konformitätsbedingungen" (Wunderlich 1976, 451). So z.B. gilt, wie schon oben erwähnt, nach der Ausführung einer Behauptung, daß vom Sprecher keine Äußerung oder Handlung ausgeführt werden darf, die dem Inhalt der Behauptung widerspricht (solange er die Behauptung nicht annulliert). *Konformitäts*bedingungen schränken den Bereich der möglichen Folgehandlungen ein, die im Anschluß an den akzeptierten Vollzug eines Sprechaktes ausgeführt werden können; *Erfüllungs*bedingungen machen bestimmte Folgehandlungen erforderlich. Beiden Typen von Bedingungen ist es demnach gemein, daß sie *zukünftig relevante reguläre Konsequenzen* festlegen, die aus dem Vollzug eines Sprechaktes resultieren und dadurch *normative Bindungswirkungen* erzeugen, die über den Zeitpunkt des Handlungsvollzuges hinausreichen.

Von den *illokutionären* Akten sind schließlich noch die sogenannten *perlokutionären* Akte zu unterscheiden:[7] Die mit illokutionären Akten herbeigeführten Konsequenzen leiten sich aus den *sozial geltenden Regeln* ab, denen die Ausführung dieser Akte folgt. Der Gebrauch einer Äußerung in Übereinstimmung mit den Bedingungen, deren Erfüllung durch die Regeln eines bestimmten illokutionären Aktes vorgesehen ist, zeigt dem Adressaten an,[8] welche Handlung der Sprecher auf diese Weise zu vollziehen beabsichtigt, d.h. welche Konsequenzen er herbeiführen will. Anders hingegen bei *perlokutionären* Akten. Hier dient die Sprache als bloßes Instrument zur Verwirklichung eines angestrebten Zieles, das mit der verwendeten Äußerung nicht durch sozial geltende Regeln, sondern nur durch eine *kontingente Zweck-Mittel-Relation* verknüpft ist, die vom Sprecher vorausgesetzt wird und die vom Adressaten aus der Äußerung nicht unmittelbar zu entnehmen ist. Beispiele für perlokutionäre Akte sind etwa "jemanden in Angst versetzen", "jemanden hinters Licht führen" oder "jemanden von etwas ablenken".

Die Sprechakttheorie konzentriert sich auf die Untersuchung explizit performativer und propositional ausdifferenzierter illokutionärer Akte. Searle (1971) hat ein System von Regeln formuliert, mit dessen Hilfe er die Konstitutionsbedingungen unterschiedlicher Sprechakte nach einem einheitlichen Schema analysiert. Er diffe-

---

7 Der Terminus "illokutionärer Akt" ist (durch Assimilation von *in* an das folgende *l*) abgeleitet aus dem lateinischen Ausdruck "in locutio". Er bezeichnet also einen Akt, der "*in* der Sprache" vollzogen wird, im Gegensatz zu einem "*per*lokutionären", d.h. "*durch* die Sprache" vollzogenen Akt, bei dem die Sprache nur als grundsätzlich austauschbares Mittel zweckgerichteten Handelns dient.

8 Neben den performativen Verben erfüllen auch andere sprachliche Markierungen diese Anzeigefunktion, wie z.B. der grammatische Modus eines Satzes (Indikativ, Imperativ oder Interrogativ) oder die Intonation. Searle (1971, 49) faßt diese Markierungen unter dem Begriff "Indikator(en) der illokutionären Rolle" zusammen.

renziert zwischen *vier Regeltypen*, nämlich (1) den "Regeln des propositionalen Gehalts", (2) den "Einleitungsregeln", (3) den "Regeln der Aufrichtigkeit" sowie (4) den "wesentlichen Regeln". Die nachstehende Übersicht zeigt, wie Searle (1971, 100) die illokutionären Akttypen *Behaupten, Feststellen, Bestätigen* mit Hilfe dieses Schemas untersucht:

Illokutionärer Akttyp: *Behaupten, Feststellen, Bestätigen*

Regeltypen:	*Regel für den spezifischen illokutionären Akttyp:*
(1) Regel des propositionalen Gehalts	Jede Proposition p.
(2) Einleitungsregeln	1. Der Sprecher hat Beweismittel (Gründe usw.) für die Wahrheit von p.
	2. Es ist sowohl für den Sprecher wie für den Hörer nicht offensichtlich, daß der Hörer p weiß (nicht daran erinnert werden muß usw.).
(3) Regel der Aufrichtigkeit	Der Sprecher glaubt p.
(4) Wesentliche Regel	Gilt als eine Versicherung des Inhalts, daß p eine wirkliche Sachlage darstellt.

-- Die "Regel des propositionalen Gehalts" legt fest, welchen Anforderungen Propositionen genügen müssen, die zum Gegenstand einer Behauptung (Feststellung etc.) werden können. Anders als etwa bei Aufforderungen, bei denen der propositionale Gehalt eine zukünftige Handlung des Adressaten ausdrücken muß, gibt es bei Behauptungen diesbezüglich keine Einschränkungen. Beliebige Weltzustände, Ereignisse und Handlungen können gleichermaßen zum Gegenstand einer Behauptung werden und zwar unabhängig davon, ob sie in der Vergangenheit, Gegenwart oder Zukunft liegen.
-- Die "Einleitungsregeln" legen fest, welche allgemeinen *situativen Bedingungen* erfüllt sein müssen, damit die Äußerung einer Behauptung als angemessen gelten kann. Einleitungsregel 1 verlangt, daß der Sprecher über Beweismittel für die Wahrheit der Behauptung verfügt. Diese Anforderung unterscheidet Behauptungen von bloßen Vermutungsäußerungen bzw. von Äußerungen nicht weiter begründbarer Erwartungen. Die Einleitungsregel 2 fordert, daß der Inhalt der Behauptung nicht als offensichtlich bekannt unterstellt werden kann. Eine analoge Regel gilt für die meisten Sprechakte. Ihre Verletzung hat nicht nur zur Folge, daß die Äußerung

einer Behauptung oder Feststellung überflüssig erscheint, sondern regt den Hörer typisch zur Suche nach indirekten Bedeutungen an. Wird er dabei nicht 'fündig', werden Rückfragen bzw. Irritationen provoziert, die unmißverständlich zeigen, daß die Geltung dieser Regel stillschweigend vorausgesetzt wird.[9]

-- Die "Regel der Aufrichtigkeit" definiert denjenigen *psychischen Zustand*, dessen unterstellte Erfüllung eine notwendige Bedingung für den gültigen Vollzug einer Behauptung ist: Der Sprecher muß *glauben*, daß p. - Mit der Äußerung einer Behauptung legt sich der Sprecher darauf fest, daß dieser psychische Zustand aktuell bei ihm gegeben ist. Täuschung ist dadurch natürlich nicht ausgeschlossen.

-- Die "wesentliche Regel" definiert bzw. paraphrasiert die Bedeutung einer Behauptung. Sie bringt zum Ausdruck, daß der Sprecher sich mit der Ausführung eines solchen Sprechaktes gegenüber dem Hörer verbindlich darauf festlegt, daß die behauptete Proposition eine "wirkliche Sachlage" wiedergibt, oder mit anderen Worten, daß diese Proposition *wahr* ist.

Die Fragestellung, die Habermas an die Sprechakttheorie heranträgt, läßt sich in direktem Anschluß an Searles Analyse plausibel machen. Wie schon erwähnt, geht es Habermas um die Frage, wie der Hörer zur *Annahme eines Interaktionsangebotes*, (in unserem Partiebeispiel also zur *Annahme einer Behauptung* über das zu erwartende Wetter und des damit begründeten Terminvorschlags), veranlaßt werden kann. Vor dem Hintergrund dieser Frage faßt Habermas den Begriff des *Gelingens* einer Sprechhandlung weiter als Searle dies tut. Daß der Hörer *versteht*, welche Handlung der Sprecher auszuführen beabsichtigt, genügt demnach nicht. Der Sinn einer Sprechhandlung zielt von vornherein auf die Annahme durch den Hörer. Nur dann, wenn dieser die beabsichtigte Sprechhandlung tatsächlich *akzeptiert*, kann deshalb für Habermas von ihrem Gelingen die Rede sein, und nur dann kann das Problem der Handlungskoordination zwischen verschiedenen Akteuren gelöst werden. Die Gründe für die Akzeptabilität eines Sprechaktes sieht Habermas in den *Rationalitäts- oder Geltungsansprüchen*, für deren Einlösbarkeit der Sprecher die Gewähr gegenüber dem Hörer übernimmt. Unterstellt der Hörer die Einlösbarkeit dieser Ansprüche, dann ist er dazu bereit, eine Sprechhandlung zu akzeptieren. Um welche Geltungsansprüche geht es dabei?

Ein Blick auf die von Searle rekonstruierten Regeln, die für den Vollzug einer Behauptung gelten, hilft uns, diese Frage zu beantworten. Er zeigt zunächst, daß *Wahrheit* nicht der einzige Geltungsanspruch ist, der mit diesem Sprechakt verbunden ist. Ein zweiter Geltungsanspruch folgt aus der "Regel der *Aufrichtigkeit*":

---

9 Man probiere es aus, indem man beim Frühstück im Kreise der Familie äußert "Es ist keine Milch auf dem Tisch"; die ausdrückliche *Feststellung* dieses offensichtlichen Faktums führt typisch dazu, daß diese Äußerung als *Kritik bzw. Aufforderung* gedeutet wird, die Milch herbeizuschaffen. Zur Auslösung Garfinkelscher Krisenreaktionen eignet sich etwa die beiläufig hingeworfene wahrheitsgemäße Aussage, "Das Brot steht auf dem Tisch". Was kann jemand mit dieser Äußerung, die nichts sagt, was nicht schon allen offensichtlich bekannt ist, mitteilen wollen? Welche Deutung käme dafür in Betracht? - Ein entsprechender Versuch des Autors veranlaßte seine Tochter zu der pikierten Rückfrage "Na und?", während die übrigen Familienmitglieder ihn mit verstörten Blicken musterten, die aufkeimende Zweifel an seinem Geisteszustand signalisierten.

Der Autor einer Behauptung muß die Gewähr dafür bieten, *daß er glaubt*, was er sagt. Habermas nennt dies den Geltungsanspruch der *Wahrhaftigkeit*. Darüber hinaus muß ein Sprecher trivialer Weise beanspruchen, daß das, was er sagt, als Versuch zur Ausführung eines bestimmten Sprechaktes für den oder die Hörer *verständlich* ist. Denn andernfalls wäre seine Äußerung sinnlos.

Doch damit nicht genug. Ein *vierter Geltungsanspruch*, den Searle nicht erwähnt, läßt sich finden, wenn wir die Einbettung der Behauptung in den jeweiligen Kontext der Handlungssituation nur ein wenig genauer berücksichtigen. Deutlich wird dann, daß nicht jede Behauptung in jede Situation paßt. Wer etwa bei einer Beerdigung im Gespräch mit den Angehörigen des Verstorbenen auf dessen Schandtaten zu sprechen kommt, verstößt gegen eine *soziale Norm*, auch wenn er seine Äußerungen bestens zu belegen vermag. Ähnlich brüskierend erscheint die Feststellung im Rahmen eines Gesprächs mit einem Fremden, "Sie haben einen ausgeprägten Mundgeruch". Werden die erwähnten Schandtaten hingegen innerhalb einer Gerichtsverhandlung thematisiert, um dadurch einen unschuldig Angeklagten zu entlasten, oder wird der Mundgeruch durch einen Arzt als mögliches Symptom für eine Magenerkrankung festgestellt, dann verschwindet der normwidrige Charakter dieser Äußerungen. Daraus kann geschlossen werden, daß der Autor einer Behauptung, sofern sie für den Hörer akzeptabel sein soll, auch deren *Vereinbarkeit mit den sozialen Normen beanspruchen muß*, die im aktuellen Gesprächskontext gelten.

Die Art und Weise, wie die verschiedenen Sprechhandlungstypen mit den erwähnten Geltungsansprüchen verknüpft sind, ist unterschiedlich: Ein Bericht, eine Feststellung oder Behauptung beanspruchen *ausdrücklich* die Wahrheit für den mitgeteilten Sachverhalt. Eine Bitte oder ein Versprechen hingegen (z.B. "Schließe bitte das Fenster" bzw. "Ich verspreche, sobald du frierst, das Fenster wieder zu schließen") beanspruchen demgegenüber nur *implizit* die Wahrheit für bestimmte Unterstellungen, die mit ihrem propositionalen Gehalt verknüpft sind und als Bedingung ihrer Erfüllbarkeit unterstellt werden müssen (z.B. Die Existenz des Fensters und die Möglichkeit, es zu schließen). Umgekehrt beanspruchen ein Bericht, eine Feststellung oder Behauptung *implizit*, daß sie mit kontextuell gültigen Normen zu vereinbaren sind. Für eine Bitte oder ein Versprechen gilt dies ebenfalls;[10] darüber hinaus aber etablieren akzeptierte Bitten oder Versprechen *explizit* *neue* normative Verbindlichkeiten, weil der eine Akteur dem anderen danach die Ausführung der erbetenen bzw. versprochenen Handlung schuldet.

---

10 Am Beispiel: Wer einen anderen *bittet*, ihm freundlicherweise seinen Zweitwagen zu schenken, verletzt in der Regel normative Grenzen der Zumutbarkeit. Sofern eine solche Bitte ernst zu nehmen und ihr Autor als zurechnungsfähig zu beurteilen ist, wird eine solche Bitte vermutlich als "unverschämt" qualifiziert. - Wer einem Verwaltungsbeamten in Anwesenheit Dritter zu *versprechen* versucht, daß er, sofern er in einer bestimmten Sache eine gewünschte Entscheidung treffe, eine hohe Geldsumme erhalten werde, wird rasch bemerken, daß ein solches Versprechen mit geltenden Normen konfligiert.

7.7   Grenzen rationaler Kalkulation in Situationen doppelter Kontingenz und die Notwendigkeit sozio-kulturell vorgegebener Erwartungserleichterungen

Antworten auf diese Frage kennen wir bereits aus der Behandlung der Theorieansätze von Parsons, Mead, Schütz und von Garfinkels Ethnomethodologie: *Sozial generalisierte Werte, Normen und Deutungsmuster* (Parsons), welche die kulturelle Komponente jedes Handelns definieren; die Konstruktion eines *generalisierten anderen* (Mead), der die innerhalb einer Gemeinschaft gemeinsam geteilten Erwartungen, Interpretationen und Handlungsmuster umgreift, *Typisierungen* und *konstitutive Regeln bzw. Erwartungen* (Schütz und Garfinkel), die Teil des Alltagswissens sind. Diese Einrichtungen unterscheiden sich weniger dem Inhalte nach als in den Bezeichnungen, welche die jeweiligen Theoretiker bevorzugen. Gemeinsam ist ihnen vor allem die ihnen zufallende Funktion: Sie sollen es ermöglichen, das Handeln anderer Akteure erfolgreich zu antizipieren und das eigene Handeln darauf abzustimmen. Als Erklärungen für die *Stabilität* dieser Einrichtungen haben wir - neben der Erklärung durch Sanktionen - vor allem *psychische Internalisierung* und darauf gründende innere Kontrolle (Parsons), die *ungeprüfte Überschätzung der sozialen Geltung* von normativen und kognitiven Erwartungen (Garfinkel) sowie die *Notwendigkeit der Unterstellung und Erfüllung* bestimmter Erwartungen als Bedingung der Möglichkeit erfolgreicher Kommunikation und Kooperation (Garfinkel) kennengelernt. Während Parsons die Ergänzungsbedürftigkeit sozialer Kontrolle durch psychische Selbstkontrolle betont, hebt Garfinkel vor allem die Momente der *Routinisierung* und der *Alternativlosigkeit* bestimmter Unterstellungen hervor. Im Rahmen des Rational Choice-Ansatzes finden sich Versuche, diese Antworten aufzugreifen und auf theoriekonforme Weise umzudeuten.

Betrachten wir zunächst, wie Garfinkels Analysen assimiliert werden: Diejenigen Regeln und Normen, deren Beachtung unerläßliche Voraussetzung gelingender Verständigung und Zusammenarbeit ist (unabhängig davon, ob die Teilnehmer uneingeschränkt kooperieren oder einander zu betrügen versuchen), werden von den Akteuren im eigenen Interesse eingehalten. Insofern ihre Interessen an diesem Punkt übereinkommen, ist die Struktur eines *Kooperationsspiels* erfüllt, so daß Konformität hier durch *Nutzenerwägungen* gesichert wird. Die ungeprüfte, routinisierte Unterstellung der sozialen Geltung von Normen reagiert auf *Anforderungen der Informationsverarbeitung*. Für die Ermittlung und Bewertung von Informationen muß Zeit aufgewendet werden, die als *Kostenfaktor* in die Nutzenkalkulation eingeht. Um die sonst nicht zu bewältigenden Informationsverarbeitungslasten auf ein handhabbares Maß zu reduzieren, benötigen die Akteure *Erwartungserleichterungen*, die es ihnen ermöglichen, bestimmte Verhaltensselektionen bei anderen als wahrscheinlich zu unterstellen, ohne die je besondere Situation und die daraus folgenden Nutzenkalküle der anderen nachvollziehen zu müssen. Eingeschliffene *Typisierungen von Situationen und darauf zugeschnittene Praktiken*, soziale *Normen*, *Rollen*stereotype und *generalisierte Überzeugungen* erfüllen wesentlich diese Funk-

Dem Geltungsanspruch der *Verständlichkeit* wird keine spezifische Klasse von Sprechhandlungen zugeordnet.[11]

Jede der genannten Klassen von Sprechakten ist zugeschnitten auf die Erfüllung einer bestimmten *kommunikativen Funktion*: In konstativen Sprechhandlungen thematisieren wir *Sachverhalte in der Welt*. Regulative Sprechakte rücken die *interpersonale Beziehung zwischen Sprecher und Hörer* in den Vordergrund. In repräsentativen Akten wird die *Subjektivität des Sprechers*, werden seine Absichten, Meinungen, Wünsche, Befürchtungen und Empfindungen zum Thema der Kommunikation.

Wenn wir über objektive Sachverhalte, interpersonale Beziehungen oder subjektive Erlebnisse sprechen, tun wir dies freilich nicht ständig in explizit performativer Form und auch nicht unter ausschließlicher Verwendung von Sprechakten einer einzigen Klasse. So kann ich mich zwar über meine eigenen Absichten und Erlebnisse in repräsentativen Sprechakten äußern, nicht aber über Absichten und Erlebnisse eines anderen. Wenn ich dessen Absichten und Erlebnisse thematisiere, werde ich dies etwa in der Form von Vermutungen, Zweifeln oder Behauptungen tun, d.h. unter Verwendung konstativer Sprechhandlungen. Ebenso können intentionale Äußerungen der Form "Ich befürchte, daß...", "Ich glaube, daß...", "Ich hoffe, daß..." in einem Gespräch verwendet werden, in dem nicht die Subjektivität des Sprechers, sondern bestimmte Sachverhalte Gesprächsgegenstand sind. Intentionale Äußerungen werden dann gleichsam als 'Träger' für den indirekten Vollzug von konstativen Sprechakten eingesetzt. Die Zuordnung von Sprechhandlungstypen und kommunikativen Funktionen ist also *nicht* im Sinne einer exklusiven oder eineindeutigen Zuordnung zu verstehen. Die jeweiligen Sprechhandlungstypen stehen vielmehr *paradigmatisch* für eine bestimmte kommunikative Funktion. Gleichwohl besteht natürlich die Möglichkeit der *Spezialisierung der Kommunikation auf die Erfüllung einer bestimmten Funktion*. In dem Maße, in dem dies geschieht, lassen sich verschiedene *Kommunikationsmodi* unterscheiden. Die Übersicht 8.1 resümiert die Zusammenhänge zwischen Kommunikationsmodi, Sprechhandlungstypen, den jeweils thematischen Geltungsansprüchen und den einzelnen kommunikativen Funktionen (vgl. dazu Habermas 1984, 427 und 440).

Mit jeder Äußerung erhebt ein Sprecher die genannten Geltungsansprüche. Die Akzeptabilität einer Äußerung ist aus der Perspektive des Hörers daran gebunden, daß er die Einlösbarkeit dieser Geltungsansprüche unterstellt. Tut er dies nicht, kann er Zweifel äußern und um Erklärungen bitten. Wenn der Sprecher eine zufriedenstellende Erläuterung schuldig bleibt und der Hörer auf seinen Zweifeln insistiert, muß die Einlösbarkeit des in Frage gestellten Geltungsanspruchs mit Argumenten nachgewiesen werden. An die Stelle kommunikativen *Handelns* tritt dann der *argumentative Diskurs*.

---

11 Dies gilt zumindest für die neueren Publikationen. In dem Aufsatz "Vorbereitende Bemerkungen zu einer Theorie der kommunikativen Kompetenz" (1971) hatte Habermas hier noch die Klasse der "kommunikativen Sprechakte" (z.B. "zustimmen", "widersprechen", "erklären") angeführt, deren Aufgabe darin bestehen sollte, den Sinn einer Äußerung in Relation zu anderen Äußerungen näher zu erläutern und sie mit dem Geltungsanspruch der Verständlichkeit in Verbindung gebracht. In späteren Publikationen taucht diese Klasse von Sprechakten jedoch nicht mehr auf.

Tafel 8.1: Strukturdimensionen und Funktionen kommunikativen Handelns

Kommunika-tionsmodus	paradigmat. Sprech-handlungstypus	thematischer Geltungsanspruch	kommunika-tive Funktion
kognitiv	konstativ	Wahrheit	Darstellung von Sachver-halten
interaktiv	regulativ	Richtigkeit/ Angemessenheit	Herstellung von interper-sonalen Be-ziehungen
expressiv	repräsentativ	Wahrhaftigkeit	Ausdruck von subjektiven Erlebnissen

Der Diskurs bezeichnet das kommunikative Verfahren zur Prüfung problematisierter Geltungsansprüche. Dieses Verfahren ist durch die folgenden idealisierenden Voraussetzungen gekennzeichnet:

-- *Thema* des Diskurses ist der in Zweifel gezogene Geltungsanspruch;
-- als einziges *Mittel der Prüfung* ist dabei die Anführung von Gründen zugelassen.

Um zu gewährleisten, daß tatsächlich nur Gründe in der Entscheidung darüber zählen, ob ein Geltungsanspruch als eingelöst oder widerlegt zu betrachten ist, müssen weitere Bedingungen erfüllt sein, die zusammen die Struktur einer *idealen Sprechsituation* definieren:

-- als *Voraussetzung auf Seiten der Teilnehmer* muß Zurechnungsfähigkeit unterstellt und das Streben nach kooperativer Wahrheitssuche als einziges wirksames Motiv angenommen werden;
-- bezogen auf die *Beziehung zwischen den Personen* gilt: Innerhalb des Diskurses sind die Teilnehmer vollständig gleichberechtigt, so daß jeder in gleicher Weise Zweifel äußern und Gründe vorbringen kann; die einzige relevante Rollendifferenzierung ist die Differenz zwischen Proponent und Opponent;
-- im Hinblick auf den *externen sozialen Kontext*, in den ein Diskurs eingebettet ist, gilt: Die Einwirkung von äußerem Zwang auf die Teilnehmer muß ausgeschlossen sein;

-- in der *Zeitdimension* gilt schließlich die Anforderung, daß die Prüfung eines Geltungsanspruchs so lange fortgesetzt werden kann, bis ein begründetes Ergebnis erreicht wird; dies ist nur dann möglich, wenn die Teilnehmer

-- in der *Sachdimension* freigesetzt sind von dem Druck zum Handeln bzw. zur ständigen Verarbeitung neuer Erfahrungen; denn nur unter den Bedingungen der Handlungsentlastung sowie auf der Grundlage eines gegebenen und gemeinsam geteilten Wissens können Begründungen mit der Aussicht auf einen intersubjektiven Konsens verfertigt werden, der allein durch Argumente motiviert ist.

Der Katalog der Anforderungen macht deutlich, daß keine reale Kommunikationssituation diese Bedingungen jemals vollständig erfüllen kann. Möglich ist nur eine mehr oder weniger weit reichende Annäherung an diese Anforderungen. Habermasens These ist es, daß die Unterstellung der Einlösbarkeit eines Geltungsanspruchs seitens der Alltagshandelnden nur unter Rekurs auf einen Diskurs unter derartig idealisierten Bedingungen angemessen expliziert werden kann: Wer immer die Einlösbarkeit eines Geltungsanspruchs annimmt, *müsse unterstellen*, daß er einer Prüfung innerhalb eines *idealen Diskurses* standhalten *würde*. Diese Unterstellung ist *kontrafaktischer* Art. Sie impliziert das Modell des idealen Diskurses nicht als empirisch vollständig realisierbare Vorstellung, sondern als *regulative Idee*. Diese Idee fungiert als Maßstab, wenn es darum geht, tatsächlich durchgeführte argumentative Prüfungen von Geltungsansprüchen danach zu beurteilen, ob ihr Ergebnis eine zutreffende Auskunft über die rationale Begründbarkeit eines problematisierten Geltungsanspruchs gibt, oder ob dieses Ergebnis nur auf Einschränkungen in der Struktur der Argumentationssituation im Vergleich zu den Anforderungen der idealen Sprechsituation (Zeitdruck, Machtungleichgewichte etc.) zurückzuführen ist.

Die Idee des idealen Diskurses ist demnach ein notwendiges Implikat unserer Vorstellung davon, was es heißt, einen Geltungsanspruch zu erheben. Sie formuliert nicht eine bloße Idealvorstellung des Kommunikationstheoretikers, sondern sie expliziert ein Ideal, das in der sozialen Realität *als impliziter Maßstab des Vergleichs und der Bewertung sozialer Beziehungen tatsächlich fungiert*. Dieses Ideal artikuliert sich in jedem Urteil darüber, inwiefern die Normen, die eine soziale Beziehung regulieren, argumentativ begründet werden können, oder ob es nur unbegründete und u.U. ideologisch verankerte Überzeugungen, machtgestützte Drohungen bzw. materielle Begünstigungen sind, welche die Akteure zur Anerkennung dieser Normen veranlassen. In dem Maße, in dem Normen mit Aussicht auf die Zustimmung aller diskursiv begründet werden können, die von ihren Konsequenzen betroffen sind, können diese Normen und die durch sie regulierten Interaktionszusammenhänge als *rational* gelten.

Mit der Frage der *rationalen Begründbarkeit normativer Standards* ist ein zentrales, wenn nicht sogar *das* zentrale Motiv der Habermasschen Theorie kommunikativen Handelns angesprochen: Die Idee des argumentativen Diskurses unter den Bedingungen einer idealen Sprechsituation liefert einen Maßstab für die Beurteilung der Rationalität sozialer Beziehungen, den auch der Gesellschaftstheoretiker ver-

wenden kann, um zu prüfen, in welchem Umfange die gesellschaftlichen Verhältnisse den Ansprüchen kommunikativer Rationalität entsprechen. Dieser Maßstab
ist selbst normativer Art. Die Urteile, die mit seiner Hilfe formuliert werden, sind
demnach Werturteile. Dennoch, so Habermas, kann der Gesellschaftstheoretiker
solche Werturteile formulieren, ohne dabei auf seine subjektiven normativen
Überzeugungen zurückzugreifen und diese von außen an seinen Beobachtungsgegenstand heranzutragen, weil dieser Gegenstand - die sozialen Beziehungen zwischen
den Akteuren - einen solchen Maßstab bereits enthält, den der Sozialtheoretiker auf
dem Wege der *Rekonstruktion der Strukturen kommunikativen Handelns* nur zu ermitteln braucht.

Eine Theorie der Gesellschaft, die eine Rekonstruktion dieser Strukturen leistet,
muß sich deshalb nicht auf die Beschreibung und Erklärung gesellschaftlicher
Zusammenhänge beschränken. Sie kann die gesellschaftlichen Verhältnisse darüber
hinaus einer kritischen Beurteilung unterziehen, indem sie diese an den darin
implizit fungierenden Rationalitätsidealen mißt und die Differenz zwischen diesen
Idealisierungen und der sozialen Wirklichkeit zum Thema macht. Eine solche
Theorie kann sich deshalb als *kritische Theorie* der Gesellschaft verstehen. Wie später noch genauer zu zeigen sein wird, ist genau dies der Anspruch, den Habermas
mit seiner Theorie kommunikativen Handelns verbindet.

Je nach Geltungsanspruch, der zum Thema eines Diskurses wird, lassen sich
unterschiedliche Diskurs- bzw. Argumentationstypen unterscheiden. Im Zentrum der
Habermasschen Analyse stehen dabei der *theoretische Diskurs* zur Prüfung von
Wahrheitsansprüchen und der *praktische Diskurs*, in den die Kommunikationsteilnehmer eintreten, wenn sie Ansprüche normativer Richtigkeit bzw. evaluativer
Angemessenheit prüfen wollen. Wahrheitsansprüche werden dabei unter Gesichts-
punkten der internen Widerspruchsfreiheit von Behauptungen, Berichten etc., ihrer
Vereinbarkeit mit anderen, bereits als wahr akzeptierten Annahmen theoretischer
Art und auf ihre Übereinstimmung mit empirischen Daten geprüft. Richtigkeits-
ansprüche, die wir mit (Sprech)Handlungen bzw. Normen verbinden, werden demgegenüber danach beurteilt, inwiefern sie bei Berücksichtigung der Interessen aller
Personen und Personengruppen, die von den Konsequenzen einer Handlung bzw.
Handlungsnorm betroffen sind, als zustimmungsfähig gelten können. Oder knapper
formuliert: Kriterium für die rationale Akzeptabilität einer Handlung oder Handlungsnorm ist ihre Vereinbarkeit mit *"verallgemeinerungsfähigen Interessen"*.

Habermas (1984, 172f.) spricht in diesem Zusammenhang auch vom "Grundsatz
der Universalisierung", der dazu diene, "alle die Normen, die partikulare, nicht ver-
allgemeinerungsfähige Interessen verkörpern, als nicht konsensfähig auszuschließen". Er knüpft damit an Mead (1974, 386) an, der in den "Fragmenten über Ethik"
die Forderung formuliert hat, daß im Falle der Problematisierung einer Handlung
"alle davon betroffenen Interessen in Betracht gezogen werden sollen" (vgl. dazu
auch oben, Bd.1, Kap.3.9).

Die Feindifferenzierung zwischen zwei Typen von *Soll*geltungsansprüchen, zwischen Richtigkeit und Angemessenheit, die dem Unterschied zwischen den Geltungsdimensionen des *moralisch Guten* und des *ästhetisch Schönen* Rechnung trägt,

hat Habermas in späteren Publikationen dazu veranlaßt, an die Stelle der einheitlichen Kategorie des praktischen Diskurses zwei Argumentationstypen zu setzen: den *moralisch-praktischen Diskurs* und die *ästhetische Kritik*. Dementsprechend ist der interaktive Kommunikationsmodus, dem der Doppelgeltungsanspruch Richtigkeit/-Angemessenheit zugeordnet war, ebenfalls in *zwei Kommunikationsmodi* aufzuspalten, nämlich in den *moralisch-praktischen* und den *evaluativen* Modus. Ästhetische Bewertungen sind nur mit Einschränkungen einer intersubjektiv gültigen Begründung zugänglich. Aus diesem Grunde wählt Habermas für diese Argumentationsform nicht den Titel des Diskurses, sondern spricht von ästhetischer *Kritik*. Ebenso wie ästhetische Angemessenheitsansprüche sind auch Wahrhaftigkeitsansprüche nur in eingeschränktem Maße einer argumentativen Prüfung zugänglich und zwar im Rahmen *therapeutischer Kritik*. Der Anspruch auf Verständlichkeit sprachlicher Äußerungen oder anderer symbolischer Gebilde kann schließlich im Rahmen eines *sinnexplikativen Diskurses* problematisiert und eingelöst werden.

Den verschiedenen Kommunikationsmodi, Geltungsansprüchen und Argumentationstypen lassen sich darüber hinaus je spezifische *Weltbezüge* zuordnen:

-- Im *kognitiven* Sprachgebrauch beziehen wir uns in objektivierender Einstellung auf Sachverhalte in der Welt. Gleichgültig, ob wir dabei physische Dinge und Beziehungen zwischen Dingen, menschliche Handlungen oder soziale Institutionen thematisieren, in jedem Falle kategorisieren wir sie dabei als Elemente der unabhängig von uns, d.h. *objektiv existierenden Welt*, über die wir wahre oder falsche Äußerungen formulieren können.

-- Im *moralisch-praktischen* sowie im *evaluativen* Sprachgebrauch urteilen wir aus der Perspektive von moralischen bzw. ästhetischen Standards, bei denen wir voraussetzen, daß wir sie als Mitglieder einer Gemeinschaft miteinander teilen. An die Stelle der objektivierenden Perspektive des Beobachters tritt hier die Perspektive des *Teilnehmers an Interaktionen*, der mit anderen eine gemeinsame *soziale Welt* normativ regulierter Beziehungen konstituiert.

Die Teilnehmerperspektive kann freilich aufgegeben und mit der Perspektive des Beobachters vertauscht werden. Soziologen und Ethnologen tun dies etwa, wenn sie untersuchen, welche Normen in einer Gruppe bzw. Gesellschaft gelten. Sie behandeln die registrierten Normen dann als objektive Sachverhalte, die sie in wahren Feststellungen und Berichten erfassen wollen, ohne jedoch über deren Richtigkeit unter moralisch-praktischen Gesichtspunkten (das würde heißen: aus der Perspektive eines Teilnehmers) Stellung zu nehmen.

-- Im *expressiven* Sprachmodus wird die *subjektive Welt* unserer inneren Erlebnisse zum Thema. Die hier relevante Geltungsdimension ist die der Wahrhaftigkeit. Problematisierungen expressiver Äußerungen ziehen in Zweifel, ob eine geäußerte Empfindung, ein Wunsch, eine Befürchtung oder Absicht tatsächlich besteht. Die regelgemäße Verwendung sprachlicher Ausdrücke vorausgesetzt, ist der Geltungsanspruch der Wahrhaftigkeit nur dann nicht erfüllt, wenn der Sprecher beabsichtigt, den oder die Hörer zu täuschen oder wenn er, trotz subjektiv vermeinter Aufrichtigkeit, sich selbst über die Wahrhaftigkeit seiner Äußerung täuscht. Sofern der Hörer eine Täuschungsabsicht des Sprechers unterstellt, ist eine diskursanaloge argumentative Prüfung des Wahrhaftigkeitsanspruchs nicht möglich, weil der Hörer dann annehmen muß, daß der Sprecher die dafür notwendigen Teilnahmevoraussetzungen nicht erfüllt: Im Bestreben, den anderen zu täuschen, würde er bei dem Versuch, diese Täuschung aufzudecken, nicht kooperieren. Unter diesen Voraussetzungen ist eine Bewährung von Wahrhaftigkeitsansprüchen nur im praktischen Handeln möglich. - Anders im Falle einer Selbsttäuschung. Hier kann der Sprecher, der einer solchen Selbsttäuschung unterliegt, durchaus selbst daran interessiert sein, seine wirklichen Empfindungen, Ängste, Absichten etc. zu erkennen. Sofern dies der Fall ist, erfüllt er die Voraussetzungen für die Beteiligung an dem Argumentationstypus der *therapeutischen Kritik*, bei dem Äußerungen und Handlungen des Sprechers als Symptome oder Indizien aufgefaßt und interpretiert werden, in denen sich das wirkliche innere Erleben auf verschlüsselte Weise ausspricht.[12] Das Paradigma für diesen Argumentationstypus ist die *Psychoanalyse*.

-- *Verständlichkeit* als Geltungsanspruch ist nicht mit einem eigenständigen Weltbezug, sondern mit dem Gebrauch der Sprache (bzw. anderer Symbolisierungsformen) als *Medium* verknüpft, in dem Sachverhalte der objektiven, sozialen oder subjektiven Welt thematisiert und auf diese Weise intersubjektiv verfügbar gemacht werden können.

Die nachstehende Übersicht resümiert das eben Gesagte (vgl. dazu insbes. Habermas 1981, Bd.1, 45). Dabei lassen sich Parallelen zwischen den Habermasschen Geltungsansprüchen und Kommunikationsmodi sowie den Standards der Wertorientierung und den zugeordneten Handlungstypen bei Parsons erkennen, wie wir sie oben (vgl. Kap.2, Tafel 2.6) kennengelernt haben. Dem kognitiven Kommunikationsmodus mit dem Geltungsanspruch Wahrheit bei Habermas entsprechen bei Parsons die kognitiven Wertstandards und die ihnen zugeordnete "intellektuelle Tätigkeit"; der moralisch-praktischen Dimension von Kommunikation und Geltung entsprechen bei Parsons das moralische Handeln und die moralischen Standards, an denen es sich orientiert. Dem evaluativen Kommunikationsmodus und den darin thematischen Wertstandards bei Habermas entsprechen das expressive Handeln und die ihm zugrundeliegenden appreciativen Standards bei Parsons.[13]

---

12 Die wesentliche Einschränkung gegenüber den Anforderungen diskursiver Argumentation betrifft hier die Ungleichheit zwischen dem Therapeuten und dem zu Therapierenden, die eine unmittelbare Folge des systematisch beeinträchtigten Zuganges zum eigenen inneren Erleben beim letzteren ist.

13 Hier besteht offensichtlich die Gefahr einer fehlerhaften Verknüpfung: Das Parsonssche "expressive Handeln" *ist nicht* dem Habermasschen "expressiven Kommunikationsmodus", sondern - wie schon im Text festgestellt - dem "evaluativen Kommunikationsmodus" der Habermasschen Systematik zuzuordnen.

Tafel 8.2: Strukturdimensionen kommunikativen Handelns und diskursiver Argumentation

Kommunikations-modus	thematischer Geltungsan-spruch	Argumentationstyp zur Einlösung des Geltungsanspruchs	Weltbezug
kognitiv	Wahrheit	theoretischer Diskurs	objektive Welt
moralisch-praktisch	Richtigkeit von Handlungsnormen	moralisch-prak-tischer Diskurs	soziale Welt
evaluativ	Angemessenheit von Wertstandards	ästhetische Kritik	soziale Welt
expressiv	Wahrhaftigkeit	therapeutische Kritik	subjektive Innenwelt
----	Verständlichkeit	sinnexplikativer Diskurs	Sprache

8.3 Andere Handlungsbegriffe als je selektive Vereinseitigung kommunikativen Handelns

Bisher haben wir uns nur mit der Struktur *reinen kommunikativen Handelns* beschäftigt. Kernelement dieser Struktur ist für Habermas die Verknüpfung unseres Sprachgebrauchs mit einer Mehrzahl von Rationalitäts- oder Geltungsansprüchen, deren argumentative Einlösbarkeit im Rahmen eines Begründungsverfahrens unter idealisierten Bedingungen unterstellt werden muß. Nur sofern diese Unterstellung vollzogen wird, erscheint eine Äußerung als akzeptabel.

Nun ist Kommunikation in der Regel kein Selbstzweck. Auch wenn wir uns im Alltag unterhalten, verbinden wir damit meist bestimmte Ziele. Sei es, daß wir Informationen austauschen, andere vielleicht beeindrucken und zu unseren Gunsten einnehmen oder uns auf anregende Weise die Zeit vertreiben wollen; sei es, daß wir gemeinsame Pläne entwickeln, unsere Zusammenarbeit abstimmen, Verträge schließen, Gewinne erzielen, Rechtsansprüche einklagen oder Sanktionen vermeiden wollen. In all diesen Fällen geht es nicht nur oder nicht einmal in erster Linie um die Erfüllung kommunikativer Geltungsansprüche, sondern um darüber hinausreichende Folgen, die als Handlungsziele angestrebt werden. *Kommunikation dient hier als Medium und Koordinationsinstrument erfolgreichen Handelns.*

Kommunikatives Handeln als Medium der intersubjektiven Koordination erfolgsorientierten Handelns bindet die Ausführung *zweckrationaler* Handlungen an die vorausgehende Erzielung eines *intersubjektiven Konsenses* über die *uneingeschränkte Einlösbarkeit aller Geltungsansprüche*, die mit den vollzogenen Sprechhandlungen jeweils verknüpft sind. Habermas differenziert damit zwischen zwei Ebenen der Rationalität und bringt sie zugleich in einen internen Zusammenhang miteinander: Er unterscheidet zwischen *kommunikativer Geltungsrationalität* und *erfolgsorientierter Zweckrationalität* und behauptet die konstitutionslogische Priorität der ersteren gegenüber der letzteren. Diese Verknüpfung bedarf weiterer Klärung.

Am Beispiel ist rasch zu zeigen, was darunter zu verstehen ist: Nehmen wir an, jemand macht einen *Vorschlag* und will andere zur Zustimmung dazu bewegen, tut dies aber nur, indem er die anderen durch seine Erläuterungen davon zu überzeugen versucht, daß es ein ernst gemeinter und guter Vorschlag ist, der praktikabel, im Interesse aller Beteiligten und ohne Verletzung geltender Normen ausführbar ist. Er macht damit die Annahme und die Verwirklichung seines Vorschlages *allein von Gründen* abhängig und verzichtet auf jede anders geartete Beeinflussung der übrigen Akteure.

Das Beispiel zeigt zugleich, daß er auch anders handeln könnte: Er könnte versuchen, sein Ziel - die Annahme und Ausführung seines Vorschlages - zu erreichen, ohne es dem Risiko der Ablehnung durch die anderen auszusetzen. Verschiedene Möglichkeiten stehen ihm dafür zur Verfügung. Die unauffälligste Variante besteht darin, den eigenen Vorschlag ohne Rücksicht auf die eigene Wahrhaftigkeit und die Wahrheit der dazu eingesetzten Behauptungen in den leuchtendsten Farben zu präsentieren, eine Methode, die bekanntlich von unseriösen Verkäufern oder Versicherungsvertretern gern angewandt wird. Wer so, d.h. mit den Mitteln vorsätzlicher Täuschung versucht, andere zur Kooperation zu motivieren, handelt *verdeckt strategisch*.

Täuschung ist freilich nur ein mögliches Mittel unter anderen, um das Risiko der Ablehnung von Interaktionsangeboten durch Ausscheren aus dem Modus kommunikativen Handelns zu minimieren. Eine weitere ist es, *mit Sanktionen zu drohen*, wenn die anderen auf den Gedanken kommen sollten, den Vorschlag abzulehnen, eine dritte besteht in der Motivierung durch *Anreize* (insbesondere Geldzahlungen). Drohungen und Anreize lösen die Akzeptabilität eines Angebotes aus ihrer Verbindung mit den rationalen Gründen, die unmittelbar, d.h. ohne die Mobilisierung sekundärer Motivationsmittel, für das Angebot sprechen. Im Gegensatz zur ersten Variante wird die Entkoppelung der Akzeptabilität von der direkten Begründbarkeit des Angebots hier allerdings offen hervorgehoben. An die Stelle *verdeckt* strategischen Handelns tritt damit *offen strategisches Handeln*.

Hier können wir eine Unterscheidung, die wir bereits zu Beginn dieses Kapitels ins Spiel gebracht haben, erneut aufgreifen: die Unterscheidung zwischen der Annahme einer Interaktionsofferte aus rationalen Gründen einerseits bzw. aus empirischen Gründen andererseits. *Kommunikatives Handeln* als Modus der Handlungskoordination zielt auf die Mobilisierung *rationaler Gründe* als Annahmemotiv, *offen strategisches Handeln* hingegen auf die Mobilisierung *empirischer Gründe*. Die Kategorie des *verdeckt strategischen Handelns* schließlich erfaßt Fälle, in denen der Sprecher *nur vorgibt*, den Adressaten durch vernünftige Gründe zur Zustimmung motivieren zu wollen und der Hörer, der sich davon überzeugen läßt, *fälschlicherweise glaubt*, rational motiviert zu sein. Kommunikatives und strategisches Handeln definieren demnach *konkurrierende Formen der Handlungskoordination*.

Ein vergleichender Seitenblick auf den Rational Choice-Ansatz zeigt, daß dort zwischen rationalen und empirischen Motiven nicht klar unterschieden werden kann. Oder genauer: Rationale Motive müssen unter den Prämissen von Rational Choice entweder ignoriert, oder in empirische Motive konvertiert werden. Ein Beispiel dafür bietet der Versuch einer rational choice-theoretischen Reformulierung des Theorems der Internalisierung normativer Standards. An die Stelle externer Anreize und Sanktionen treten hier innere, d.h. psychische Sanktionen negativer oder positiver Art, die ein Akteur in der Form von Schuldgefühlen bei normwidrigem bzw. positivem Selbstwertgefühl bei normenkonformem Handeln erfährt. Um sich dann noch gegen Parsons abheben zu können, dessen Internalisierungsthese ja gerade die Bedeutung der Etablierung einer intrapsychischen Instanz der Handlungskontrolle betont hat, muß Rational Choice nachweisen, daß die Bildung einer intrapsychischen Kontroll- und Sanktionsinstanz letztlich durch Interessen des Akteurs erklärt werden kann, denen diese Instanz dient.[14] Was mit der Reduktion der Internalisierungsthese auf die Einrichtung einer inneren Überwachungs- und Sanktionsinstanz jedoch nicht erfaßt wird (und dies gilt nicht nur für Rational Choice, sondern ebenso für die Parsonssche Formulierung des Internalisierungstheorems!), ist die subjektive Überzeugung der *Begründbarkeit von Normen*, die ein wesentliches Element stabiler Internalisierung ist.

Ein ähnliches Problem stellt sich für den Geltungsanspruch der Wahrheit: Konsequent gedacht müßte Rational Choice hier annehmen, daß diejenigen Aussagen als wahr gelten, die als wahr anzuerkennen den Akteuren den größten Nutzen verspricht. Doch wie kann man wissen, welche Aussagen sich als nützlich erweisen? Dazu muß man die Wirkungen des Für-Wahr-Haltens von Aussagen beurteilen, d.h. wahre Aussagen über diese Wirkungen machen können. Soll die Wahrheit *dieser* Aussagen nun ebenfalls auf ihren Nutzen rückführbar sein, taucht wiederum erneut die Frage nach den Wirkungen des Für-Wahr-Haltens auf etc. ad infinitum. Nutzen kann demnach offensichtlich nicht als Wahrheitskriterium fungieren, weil jede Feststellung von Nutzen ein nutzenunabhängiges Wahrheitskriterium voraussetzt. Eine Reduktion des Begriffs der Wahrheit auf das Konzept des Nutzens ist

---

14 Wie wir oben gesehen haben, ist die Einrichtung des Gewissens im Sinne von Rational Choice durch dessen Funktion als *Frühwarn- und Sanktionsvermeidungssystem* zu erklären, das dem Akteur durch die interne Beobachtung und Unterdrückung von Impulsen zu normwidrigem Handeln negative Sanktionen durch die Reaktionen anderer, die bei Normverstößen zu erwarten sind, *erspart*. Wie ebenfalls gezeigt, verlangt diese Erklärung eine hohe soziale Kontroll- und Sanktionsdichte als Voraussetzung für die Ausbildung eines Gewissens.

deshalb nicht möglich.[15] Selbst der Rational Choice-Ansatz kommt insofern nicht ohne einen (wenn auch noch so reduzierten) Begriff nutzenunabhängiger *Geltungsrationalität* aus. Er muß *zumindest den Geltungsanspruch der Wahrheit* als irreduzible Bedingung der Möglichkeit zweckrationalen Handelns in Rechnung stellen.[16]

Mit dieser Argumentation läßt sich zugleich begründen, warum Habermas dem Typus intersubjektiver Geltungsrationalität die konstitutionslogische Priorität gegenüber der zweckrationalen Orientierung am Erfolg zuschreibt, setzt der Begriff der Zweck*rationalität* doch notwendig die Orientierung an Überzeugungen voraus, die als wahr und damit *als vernünftig begründbar* unterstellt werden.[17] Umgekehrt kann ein Interesse an vernünftiger Begründbarkeit von Aussagen oder Normen angenommen werden, ohne daß dazu ein darüber hinausreichender Nutzen für den Akteur mit logischer Notwendigkeit behauptet werden muß. Inwieweit unser alltägliches Handeln primär an Nutzenerwägungen oder davon unabhängigen rationalen Gründen orientiert ist, dies ist freilich eine ganz andere Frage, die auf der begrifflichen Ebene nicht vorentschieden werden kann.

Aus der Perspektive der Habermasschen Kommunikationstheorie lassen sich die Handlungsbegriffe anderer theoretischer Ansätze als unterschiedliche Grenzfälle kommunikativen Handelns beobachten, die sich jeweils aus der isolierenden Betonung eines bestimmten Geltungsanspruchs ergeben. Habermas entwirft deshalb eine *Handlungstypologie*, in der er versucht, die wichtigsten Handlungsbegriffe der aktuellen soziologischen Theoriediskussion mit Hilfe seines eigenen Handlungsbegriffs zu rekonstruieren und so als Spezialfälle in die Theorie des kommunikativen Handelns zu integrieren:

1) Thematischer Fokus des Handlungsbegriffs von Rational Choice ist die Verwirklichung individuell angestrebter Zwecke. Der dafür relevante Geltungsanspruch ist der Anspruch auf *Effektivität* der eingesetzten Mittel bzw. auf *Wahrheit* der dabei vorausgesetzten Annahmen über die Welt. Sofern sich das Handeln allein auf die Dingwelt richtet und von einzelnen Akteuren ausgeführt wird, spricht Habermas von *"teleologischem Handeln"*. Kommen andere Akteure als Interaktionspartner ins Spiel und werden diese Akteure wie Objekte der Dingwelt nur als Mittel zum Zweck oder als Hindernis für die Verwirklichung der eigenen Handlungsziele relevant, dann wird das teleologische Handeln zum *"strategischen Handeln"*.

---

15 Dieses Argument entspricht dem zentralen Einwand, den Bertrand Russel (1977, 60f.) gegen die folgende These von William James geltend machte (hier zitiert nach Russel 1977, 59): "Eine Idee ist solange 'wahr', als sie für unser Leben nützlich ist, an sie zu glauben". - Als einführenden Überblick zur philosophischen Diskussion des Wahrheitsbegriffs vgl. die Textsammlung von Skirbekk 1977, in der auch der eben erwähnte Text von Bertrand Russel abgedruckt ist.

16 Im Kontext der Parsonsschen Behandlung des Utilitarismus, des theoretischen 'Ahnherrn' des Rational Choice-Ansatzes, wird dies bereits sichtbar.

17 Insofern gilt natürlich auch, daß es *nützlich* ist, sich bei der Bildung von Überzeugungen und Situationseinschätzungen an geltungsrationalen Kriterien zu orientieren und sich nicht von bloßem Wunschdenken leiten zu lassen. Die *analytische Unabhängigkeit* der Kriterien rationaler Geltung von dem Konzept der Nutzenmaximierung ist dabei aber gerade vorausgesetzt.

2) In der voluntaristischen Konzeption des Handelns, wie sie *Parsons* formuliert hat, wird die Zweckrationalität des Handelns beschränkt durch die Orientierung der Akteure an sozial institutionalisierten und psychisch internalisierten Normen. Der thematische Fokus richtet sich auf die *Normenkonformität* des Handelns. Legen wir auch hier das Konzept des kommunikativen Handelns als Bezugspunkt des Vergleichs zugrunde, dann bedeutet dies, daß der Geltungsanspruch der *normativen Richtigkeit* in den Vordergrund tritt. Habermas spricht in diesem Falle von *"normengeleitetem Handeln"*.

3) Ein dritter Handlungstypus entsteht, wenn *Selbstpräsentation* zum Fokus des Handelns wird. Für die Auswahl zwischen Handlungsalternativen ist hier entscheidend, inwiefern die verschiedenen Möglichkeiten zur Darstellung eines Selbstbildes oder Images geeignet sind, das ein Akteur in der Interaktion mit anderen verkörpern will. Gesichtspunkte der Effektivität, Wahrheit bzw. Normenkonformität werden dabei nicht in ihrem eigenständigen Anspruch auf Geltung, sondern nur insoweit beachtet, wie dies unter dem leitenden Gesichtspunkt der Selbstpräsentation adäquat erscheint. Einen entsprechenden Kontext vorausgesetzt, kann auch die demonstrative Verletzung der Anforderungen rationaler Effektivität bzw. von sozial geltenden Normen ein wesentliches Mittel der Selbstdarstellung sein.

Goffmans Konzept der *"Rollendistanz"* (vgl. Goffman 1973, 93ff.) erläutert diesen Sachverhalt auf treffende Weise. Rollendistanz als Form des Verhaltens ist z.B. angezeigt, wenn Personen eine sozial wenig angesehene Rolle übernehmen *müssen* und zugleich verhindern wollen, daß sie von anderen als jemand wahrgenommen werden, der sich mit dieser Rolle vollständig identifiziert und dementsprechend für sich *als Person* auch nicht mehr an individueller Autonomie und sozialer Achtung beansprucht, wie sie ihm *als Träger dieser Rolle* typisch entgegengebracht wird.

Jugendliche etwa entwickeln ein ausgeprägtes Bedürfnis für die Demonstration von Autonomie, das nicht ohne weiteres verträglich ist mit der reibungslosen Erfüllung der (durch die gesetzliche Schulpflicht) *aufgezwungenen* Schülerrolle. Äußerungen der Geringschätzung gegenüber schulischen Leistungs- und Verhaltensanforderungen bis hin zu ihrer offenen Verletzung können dabei als symbolische Ausdrucksformen dafür eingesetzt werden, daß man *als Person* Selbständigkeit des Handelns für sich in einem Maße beansprucht, wie es mit *der Rolle* des Schülers nicht ohne weiteres verträglich und im Hinblick auf den angestrebten Schulabschluß nicht zweckrational ist.

Spezifische Möglichkeiten der Selbststilisierung eröffnet auch die kalkulierte Mißachtung rationaler Effektivitätsstandards.[18] Wer etwa als Tennisspieler die Verwendung eines Schlägers modernen Typs verächtlich zurückweist und mit einem Holzschläger antritt, wie er vor vierzig Jahren gebräuchlich war, kann so versu-

---

18 Aus der Perspektive von Rational Choice ist freilich auch dies nur ein besonderer Unterfall nutzenrationalen Handelns. Dominanter Zweck ist in diesem Fall eben die möglichst eindrucksvolle Inszenierung eines bestimmten Selbstbildes.

chen, sich als aristokratischer Traditionalist des Tennissports zu präsentieren, dem Tradition und Stil wichtiger sind als sportlicher Erfolg.

Habermas wählt für Formen des Handelns, die auf Selbstpräsentation zielen und die paradigmatisch in den Arbeiten Goffmans analysiert worden sind, den Begriff des *"dramaturgischen Handelns"*. Der Geltungsanspruch, der dem thematischen Fokus der Selbstpräsentation entspricht, ist der Anspruch auf *Wahrhaftigkeit* der Selbstdarstellung bzw. der *Authentizität* (=Glaubwürdigkeit) des dargestellten Selbstbildes.

Mit dieser Typologie von Handlungsbegriffen entwickelt Habermas ein Pendant zu Webers Handlungstypologie. Auch die Habermasschen Handlungstypen haben den Status analytischer Grenzfälle, die real nicht in reiner Form auftreten müssen. Anders als bei Weber ist der Referenztypus, von dem her diese Typologie konstruiert ist, nicht das zweckrationale, sondern das kommunikative Handeln.

4) Das kommunikative Handeln vereinigt in sich die thematischen Foki aller Handlungstypen. Darüber hinaus wird im Rahmen kommunikativen Handelns der Bezug auf diese Foki *reflexiv*: D.h. die Sprecher "nehmen nicht mehr *geradehin* auf etwas in der objektiven, sozialen oder subjektiven Welt Bezug, sondern relativieren ihre Äußerungen an der Möglichkeit, daß deren Geltung von anderen Aktoren bestritten wird" (Habermas 1981, Bd.1, 149). Im Unterschied zu den übrigen Typen des Handelns bzw. der Handlungskoordination ist das kommunikative Handeln also von vornherein daraufhin orientiert, daß Geltungsansprüche gegebenenfalls vom Sprecher argumentativ eingelöst werden müssen. Es repräsentiert damit den komplexesten Typus, aus dem alle anderen Typen durch die *selektive Konzentration* auf einen bestimmten Rationalitätsaspekt und die *Ausblendung der Reflexivität* kommunikativen Handelns gewonnen werden können. Mit der Konstruktion dieser Typologie versucht Habermas zugleich nachzuweisen, daß seine Theorie des kommunikativen Handelns in der Lage ist, die bedeutendsten Handlungsbegriffe der soziologischen Theoriediskussion *systematisch zu rekonstruieren und zu integrieren*.[19] - Tafel 8.3 resümiert die Habermassche Handlungstypologie.[20]

---

19 Die Verwendung systematischer Rekonstruktionen als Mittel zur Plausibilisierung der größeren Komplexität und Kohärenz des eigenen Theorieangebotes in der Konkurrenz mit anderen ist im übrigen ein Verfahren, das Tradition hat und schon von Parsons in der Entfaltung seiner voluntaristischen Konzeption des Handelns verwendet worden ist. (Wie wir gesehen haben, folgt auch Esser im Rahmen von Rational Choice dieser Strategie.) Mit Joas (1992, 177) ist jedoch einschränkend anzumerken, daß die Habermassche Handlungstypologie keineswegs der gesamten Vielfalt vorfindlicher Handlungsbegriffe Rechnung trägt. Joas (a.a.O.) moniert u.a.: "Der Typus des spielerischen Umgangs mit Gegenständen und Situationen fehlt völlig. Die Beschreibung des normenregulierten Handelns ist am Modell der Normenbefolgung ausgerichtet, während symbolischer Interaktionismus und Ethnomethodologie die vage Umgrenzung situationsspezifisch sinnvollen Verhaltens betonen. (Damit fehlt die nicht oder gering normativ regulierte Interaktion.)"

20 Vgl. dazu Habermas 1981, Bd.1, 126ff. und 438f. - In der Übersicht sind die in den einzelnen Handlungstypen thematischen Foki mit + markiert.

Tafel 8.3: Typologie des Handelns vor dem Hintergrund des kommunikativen Handlungsbegriffs

Thematische Foki des Handelns und korrespondierende Geltungsansprüche: / Handlungsbegriffe:	Zweckverwirklichung (Effektivität bzw. Wahrheit)	Normenkonformität (normative Richtigkeit)	Selbstpräsentation (Wahrhaftigkeit bzw. Authentizität)
teleologisches bzw. strategisches Handeln (Rational Choice)	+ +		
normengeleitetes Handeln (Parsons)		+	
dramaturgisches Handeln (Goffman)			+
kommunikatives Handeln (Habermas)	+	+	+

8.4   Kommunikatives Handeln und Lebenswelt

Bisher haben wir die *formale Struktur* kommunikativen Handelns erläutert. Kern dieser Struktur sind die *Geltungsansprüche*, die wir mit unseren Äußerungen erheben und die damit verknüpften *Weltkonzepte* der objektiven, sozialen und subjektiven Welt. Diese Struktur definiert das *kategoriale Gerüst*, das von den Akteuren verwendet wird, um klärungsbedürftige Situationen einzuordnen (vgl. Habermas 1981, Bd.2, 191). Dabei ist kommunikatives Handeln immer schon eingelassen in *vorinterpretierte Kontexte*. Als zusammenfassenden und nun zu explizierenden Begriff, der diese Kontexte übergreift und verbindet, wählt Habermas den aus der phänomenologischen Tradition stammenden Begriff der *"Lebenswelt"* und reformuliert ihn den Anforderungen seines eigenen Theorierahmens entsprechend.[21]

Das aktuelle Zentrum der Lebenswelt ist die jeweilige *Situation*, in der kommunikativ gehandelt wird. Die Situation umreißt den Bereich *gegenwärtiger Verständigungsbedürfnisse und Handlungsmöglichkeiten*. Sie bildet einen *Ausschnitt* aus dem Gesamtkontext der Lebenswelt, der durch das aktuelle *Thema der Kommunikation* herausgehoben und durch *Handlungsziele und -pläne* gegliedert ist.[22]

Der Begriff der Situation meint also nicht die Gesamtheit der objektiven Bedingungen, in die das Handeln der Akteure eingebettet ist. Die Situation erscheint in der Kommunikation vielmehr als eine *Konstellation ausgewählter und vorinterpretierter Bedingungen*, die hier und jetzt als relevant für das weitere Handeln aufgerufen werden. Erzeugt werden solche Konstellationen mit Hilfe des *sprachlich organisierten Wissensvorrats*, über den die Akteure verfügen und auf dessen Grundlage sie die objektiven Bedingungen der Handlungssituation wahrnehmen und interpretieren. Dieser Wissensvorrat fungiert demnach als Ensemble sozialer Typisierungen und Deutungsmuster zur Verfertigung gemeinsam geteilter Situationsdeutungen und definiert den *lebensweltlichen Gesamtkontext*, in den jedes kommunikative Handeln immer schon eingebettet ist.

Der lebensweltliche Wissensvorrat kommt in jeder Kommunikation nur selektiv ins Spiel. Aktualisiert werden immer nur diejenigen Wissenselemente, die *im Kontext der jeweiligen Situation* (d.h. für das Thema der Kommunikation sowie für die damit verknüpften Handlungsziele und -pläne) relevant sind. Nur die in der Situation aufgerufenen Wissenselemente gehen ein in die Äußerungen der Teilnehmer und werden so zum Gegenstand ihrer Ja/Nein-Stellungnahmen. Das darüber hinausreichende Wissen bleibt der kommunikativen Prüfung auf seine Zustimmungsfähigkeit entzogen. Mit der Veränderung der Situation können andere Wissenselemente in den Bereich expliziter Thematisierung rücken. Eine *vollständige* Ausleuchtung dessen, was als gemeinsames lebensweltliches Wissen vorausgesetzt wird, ist freilich grundsätzlich ausgeschlossen. Immer bleibt der größte Teil unseres Wissens im Schatten stillschweigender Selbstverständlichkeit. Zwar kann jedes einzelne Wissenselement grundsätzlich thematisiert und zum Objekt diskursiver Prüfung werden. Der lebensweltliche Wissensvorrat *insgesamt* aber kann niemals zum Gegenstand einer Auseinandersetzung werden. Die "Gemeinsamkeit der Lebenswelt ... liegt jedem Dissens voraus, sie kann nicht wie ein (eingrenzbares; W.L.S.) intersubjektiv

---

21 Anstelle des Husserlschen Begriffs der "Lebenswelt" verwendet Schütz (und daran anschließend auch Garfinkel und die Ethnomethodologie) oft den Begriff der "Alltagswelt" bzw. der "alltäglichen Sozialwelt" (vgl. oben, Bd.1, Kap.4.8). Die Lebens- oder Alltagswelt, wie sie als *intersubjektiv geteilte* Welt erlebt wird, ist wesentlich das Produkt der Konstruktionsleistungen der Akteure. Die Analyse dieser Konstruktionsleistungen ist, wie wir oben gesehen haben (vgl. Bd.1, Kap.4), das zentrale Thema der Schützschen Phänomenologie und wird in Garfinkels Ethnomethodologie fortgeführt.

22 Vgl. Habermas 1981, Bd.2, 187; Hervorhebungen im Original: "Eine *Situation* ist ein durch Themen herausgehobener, durch Handlungsziele und -pläne artikulierter Ausschnitt aus *lebensweltlichen Verweisungszusammenhängen*, die konzentrisch angeordnet sind und mit wachsender raumzeitlicher und sozialer Entfernung zugleich anonymer und diffuser werden."

geteiltes Wissen kontrovers werden, sondern höchstens *zerfallen*" (Habermas 1981, Bd.2, 200).

Die Geltungsansprüche und formalen Weltkonzepte, dies haben wir oben bereits festgestellt, dienen als kategoriales Gerüst zur Einordnung klärungsbedürftiger Situationen in die Lebenswelt (vgl. Habermas 1981, Bd.2, 191). Diese These kann nun genauer erläutert werden. Sie besagt, daß Konsens über die Tatsachenannahmen, Handlungsziele und -pläne in einer gegebenen Kommunikationssituation hergestellt wird, indem sie auf den 'Boden' des gemeinsamen lebensweltlichen Wissens zurückgeführt werden. Die Prüfung kontroverser Geltungsansprüche findet ihr Ende, wenn gezeigt werden kann, daß diese Geltungsansprüche aus gemeinsam unterstellten Wissensgrundlagen abgeleitet werden können. Diese Wissensgrundlagen müssen unproblematisch vorausgesetzt werden, denn nur so kann ein argumentativer Diskurs ein Ende erreichen. Ohne eine derartige Grundlage würde jedes neue Argument seinerseits zum Gegenstand der Problematisierung. Der Fokus der Kontroverse würde sich ständig, und ohne einen Haltepunkt zu erreichen, verschieben. Eine Einigung wäre ausgeschlossen. Jeder argumentative Konsens ruht zwangsläufig auf einem Fundament stillschweigend geteilten Wissens. Dieses unkritisch vorauszusetzende lebensweltliche Fundament ist die Bedingung der Möglichkeit für jedes mit Gründen herbeigeführte Einverständnis über Geltungsansprüche. Das Konzept der Lebenswelt erhält dadurch die Position eines *notwendigen Komplementärbegriffs* zum formalpragmatischen Konzept des kommunikativen Handelns.

Das lebensweltliche Fundament ist freilich nicht von unverrückbarer Stabilität. Es ist immer in Bewegung, können doch ständig andere Wissenselemente thematisiert, problematisiert und gegebenenfalls korrigiert, d.h. durch neues Wissen ersetzt werden. Es gleicht damit eher einer Wanderdüne, freilich einer Wanderdüne mit einer inneren Struktur: Die lebensweltlichen Wissenselemente stehen untereinander in einem *Verweisungszusammenhang*. Der thematische Fokus der Kommunikation kann sich in unterschiedlichen Richtungen entlang solcher Verweisungsbeziehungen bewegen und findet an ihnen einen führenden Anhalt. Die Geltungsansprüche und Weltkonzepte bilden dabei die *Achsen eines Koordinatensystems*, das die kontinuierliche Transformation der Kommunikationssituation reguliert. - Die Art und Weise, wie sich lebensweltliches Wissen, Situationsdefinitionen und die kategoriale Struktur kommunikativen Handelns in der alltäglichen Kommunikation miteinander verbinden, verdeutlicht Habermas am Beispiel der Äußerung eines Bauarbeiters anläßlich der bevorstehenden Frühstückspause (1981, Bd.2, 185):

"Der ältere Bauarbeiter, der einen jüngeren und neu hinzugekommenen Kollegen zum Bierholen schickt und verlangt, er möge sich auf die Socken machen und in ein paar Minuten zurück sein, geht davon aus, daß den Beteiligten, hier dem Adressaten und den in Hörweite befindlichen Kollegen, die Situation klar ist. Das bevorstehende Frühstück ist das *Thema*, die Versorgung mit Getränken ist ein auf dieses Thema bezogenes *Ziel*; einer der älteren Kollegen faßt den *Plan*, den 'Neuen' zu schicken, der sich aufgrund seines Status dieser Aufforderung schlecht entziehen kann. Die informelle Gruppenhierarchie der Arbeiter auf der Baustelle ist der *normative Rahmen*, in dem einer den anderen zu etwas auffordern darf. Die Handlungssituation ist *zeitlich* durch die Arbeitspause, *räumlich* durch die Entfernung des nächsten Ausschanks von der Baustelle definiert."

Mit dieser Beschreibung ist die Definition der Situation umrissen, die der Aufforderung des älteren Bauarbeiters an den jüngeren zugrunde liegt und die in der Äußerung nur zum Teil explizit zur Sprache kommt. Der Jüngere erfährt durch die Äußerung, daß er Bier holen und bald zurück sein soll. Implizit bleibt eine Reihe von Unterstellungen, die Teil des lebensweltlichen Wissens sind, das vom Autor der Aufforderung beim Adressaten vorausgesetzt werden muß, damit dieser die Aufforderung des Kollegen akzeptieren und erfüllen kann. Nur wenn der Adressat über dieses Wissen verfügt und infolgedessen die Situationsdefinition des anderen teilt, wird er die Geltungsansprüche, die der Sprecher mit seiner Äußerung verknüpft, ohne Widerspruch als wohlbegründet akzeptieren und sich dadurch zur Erfüllung der Aufforderung motivieren lassen. Um welche Geltungsansprüche geht es in diesem Fall?

Der Adressat muß annehmen, daß die Aufforderung des Sprechers erfüllbar ist. Dies setzt bestimmte Sachverhalte in der *objektiven Welt* voraus, die als existent angenommen werden müssen. Für diese Existenzannahmen muß *Wahrheit* beansprucht werden. Sachverhalte dieser Art sind, daß der nächste Ausschank in der gewünschten Zeit erreichbar ist, daß er heute geöffnet hat, daß das Bier nicht gerade ausgegangen ist etc. Jede dieser Voraussetzungen könnte in der Folge vom Adressaten in Zweifel gezogen werden und den Sprecher dann dazu veranlassen, die Wahrheit der problematisierten Annahme zu belegen oder sie zu revidieren und seine Aufforderung zurückzuziehen bzw. entsprechend zu modifizieren.

Der Adressat muß wissen, daß seine Kollegen ihm als dem 'Neuen' und Jüngsten unter den Bauarbeitern in der *sozialen Welt* intersubjektiver Beziehungen eine niedrigere Statusposition zuweisen und es als *Verpflichtung* betrachten, daß ein Inhaber dieser Statusposition eine Aufforderung der formulierten Art bereitwillig zu erfüllen hat. Und er muß die Statuszuweisung und die damit verbundene Verpflichtung unter Gesichtspunkten *normativer Richtigkeit* als begründet unterstellen.

Der Adressat muß schließlich annehmen, daß die Äußerung ein *wahrhaftiger* Ausdruck der *Innenwelt subjektiven Erlebens* des Sprechers ist, er also vor allem die Erfüllung der Aufforderung tatsächlich wünscht (und nicht etwa nur scherzt, eigentlich gar keine Lust auf Bier hat, den Angesprochenen nur demütigen oder öffentlich demonstrieren möchte, daß dieser ihm aufs Wort folgt). Kommt der Adressat zu dem Ergebnis, daß es dem Sprecher gar nicht um das scheinbar gewünschte Bier geht, kann er, auch wenn er alle anderen Voraussetzungen und Geltungsansprüche als erfüllt unterstellt, die Ausführung der Aufforderung ebenfalls zurückweisen.

Die bisher genannten Annahmen und Erwartungen gehören zu den Bestandteilen der Situation, wie sie in der Äußerung des älteren Bauarbeiters vorausgesetzt wird. Andere Umstände zählen nicht dazu. Dennoch können sie unter veränderten Bedingungen rasch zu Bestandteilen der kommunikativen Situation werden (vgl. Habermas 1981, Bd.2, 188):

"Daß hier ein Einfamilienhaus entsteht, daß der neue Arbeitskollege, ein Gastarbeiter, nicht sozialversichert ist, daß ein weiterer Kollege drei Kinder hat und daß der Neubau den Regelungen der bayerischen Gemeindeordnung unterliegt, sind Umstände, die für die gegebene Situation nicht *rele-*

vant sind. Freilich sind die Grenzen fließend. Das zeigt sich, sobald der Bauherr mit einem Kasten Bier erscheint, um die Bauarbeiter bei Laune zu halten; sobald der Gastarbeiter, als er sich anschickt, Bier zu holen, unglücklich von der Leiter stürzt; sobald das Thema der neuen Kindergeldregelung aufkommt; oder sobald der Architekt mit einem Beamten der Kreisverwaltung erscheint, um die Zahl der Stockwerke zu prüfen. In diesen Fällen verschiebt sich das Thema und mit ihm der Horizont der Situation, das heißt: der *situationsrelevante Ausschnitt der Lebenswelt*, für den im Hinblick auf aktualisierte Handlungsmöglichkeiten ein Verständigungsbedarf entsteht."

Bisher haben wir die Lebenswelt in ihrer Funktion als *kommunikative Ressource* für die Verfertigung gemeinsamer Situationsdefinitionen, für die Begründung von Geltungsansprüchen und die Einigung über Handlungsziele und -pläne betrachtet. Die Lebenswelt kommt hier als Gesamtheit des als gültig anerkannten Wissens über die objektive, subjektive und soziale Welt in den Blick, das in Interaktionsprozessen aufgerufen und als Grundlage für die Erzielung von Konsens beansprucht werden kann. Das Konzept einer gemeinsamen Lebenswelt deckt sich soweit im wesentlichen mit dem bereits von Parsons her bekannten Begriff einer gemeinsamen *Kultur*. Die Reichweite der Lebenswelt ist freilich nicht darauf beschränkt. Mit Parsons differenziert Habermas zwischen *Kultur*, *Gesellschaft* und *Persönlichkeit* und begreift die so unterschiedenen Einheiten als *strukturelle Komponenten der Lebenswelt*, die er wie folgt charakterisiert:[23]

> "*Kultur* nenne ich den Wissensvorrat, aus dem sich die Kommunikationsteilnehmer, indem sie sich über etwas in der Welt verständigen, mit Interpretationen versorgen. *Gesellschaft* nenne ich die legitimen Ordnungen, über die die Kommunikationsteilnehmer ihre Zugehörigkeit zu sozialen Gruppen regeln und damit Solidarität sichern. Unter *Persönlichkeit* verstehe ich die Kompetenzen, die ein Subjekt sprach- und handlungsfähig machen, also instandsetzen, an Verständigungsprozessen teilzunehmen und dabei die eigene Identität zu behaupten" (Habermas 1981, Bd.2, 209).

Der Grundgedanke, den Habermas hier formuliert und anschließend weiter entfaltet, ist uns in wesentlichen Zügen bereits von Parsons her bekannt: Kulturelle Orientierungsmuster werden sozial *institutionalisiert* und von den handelnden Personen sozialisatorisch *internalisiert*. Habermas gibt diesem Grundgedanken jedoch eine spezifische Wendung. Im Mittelpunkt steht für ihn der Begriff des *kommunikativen Handelns*. Kulturelle Muster, soziale Legitimationen und personale Fähigkeiten werden nicht nur als Voraussetzungen kommunikativen Handelns in Anspruch genommen. Sie werden darin auch auf ihre *rationale Akzeptabilität* getestet, soweit sie in Äußerungen eingehen, mit denen die Kommunikationsteilnehmer Geltungsansprüche erheben, die bei der Formulierung von Zweifeln oder Einwänden durch andere Teilnehmer vom Sprecher *argumentativ einzulösen* sind. In die kommunikative Reproduktion der strukturellen Komponenten der Lebenswelt eingebaut ist so eine immanente Tendenz zur *Steigerung von Rationalität* im Sinne argumentativer Begründbarkeit.

---

23 Habermas knüpft hier an die Parsonssche Theorie vor der Entwicklung des AGIL-Schemas an, die noch geprägt ist durch das dreigliedrige Konzept des "allgemeinen Handlungssystems", bestehend aus dem *kulturellen System*, dem *sozialen System* und dem *Persönlichkeitssystem*; vgl. dazu oben, Bd.1, Kap.2.7.

Gemeinsames Wissen, legitime Ordnungen und subjektive Kompetenzen sind keine statischen Einheiten von unproblematischer Stabilität. Ihre Fortexistenz ist durch die ständig präsente Möglichkeit der Auflösung und des Zerfalls bedroht und kann nur durch kontinuierliche Reproduktion gesichert werden. Den strukturellen Komponenten der Lebenswelt ordnet Habermas daher jeweils spezifische Reproduktionsprozesse zu, die sich *auf dem Wege kommunikativen Handelns* vollziehen und die für die Regenerierung dieser Komponenten sorgen. Den in Anschluß an Parsons unterschiedenen Komponenten der *Kultur*, der *Gesellschaft* und der *Persönlichkeit* werden so, wie in Tafel 8.4 zusammengefaßt, die Reproduktionsprozesse der *kulturellen Reproduktion*, der *sozialen Integration* und der *Sozialisation* zugeordnet (vgl. Habermas 1981, Bd.2, 209 und 214, Fig.21).[24]

Tafel 8.4: Die strukturellen Komponenten der Lebenswelt und ihre Reproduktion

Strukturelle Komponenten der Lebenswelt:	KULTUR	GESELLSCHAFT	PERSÖNLICHKEIT
Einheiten der Reproduktion:	konsensfähige Deutungsschemata ("gültiges Wissen")	legitim geordnete interpersonelle Beziehungen	Interaktionsfähigkeiten ("personale Identität")
Reproduktionsprozesse:	kulturelle Reproduktion	soziale Integration	Sozialisation

---

24 Die strukturellen Komponenten der Lebenswelt differenzieren sich, wie die nachstehende Übersicht zeigt, parallel zu den formalpragmatischen Geltungsansprüchen und den korrespondierenden Weltkonzepten. Wenn der Kultur dabei der Weltbegriff der "objektiven Welt" sowie der Geltungsanspruch der Wahrheit zugeordnet wird, dann deshalb, weil die symbolischen Strukturen der subjektiven und sozialen Welt hier als Gegenstände überlieferungsfähigen *Wissens* (und nicht als Elemente wahrhaftigen Selbstausdrucks bzw. normativ regulierter und sanktionierter sozialer Beziehungen) thematisch sind.

Strukturelle Komponenten:	KULTUR	GESELLSCHAFT	PERSÖNLICHKEIT
Weltkonzepte:	objektive Welt	soziale Welt	subjektive Welt
Geltungsansprüche:	Wahrheit	Richtigkeit	Wahrhaftigkeit

Erfolgreiche *kulturelle Reproduktion* bedeutet, daß neu auftretende Situationen an bestehende Weltdeutungen angeschlossen, die Kontinuität der Überlieferung dadurch gesichert sowie eine praktisch hinreichende Kohärenz des überlieferten Wissens, das in einer Vielzahl unterschiedlicher Handlungssituationen zugrunde gelegt wird, gewahrt werden kann. Gelingende *soziale Integration* bedeutet, daß Handlungen im Rahmen legitim geregelter interpersonaler Beziehungen koordiniert und Gruppenidentitäten hinreichend stabil gehalten werden können. Erfolgreiche *Sozialisation* bedeutet, daß die nachwachsenden Generationen die notwendigen Interaktionsfähigkeiten erwerben und individuelle Identitäten entwickeln, die kompatibel sind mit Gruppenmitgliedschaften und den Anforderungen sozialer Interaktion.

Die einzelnen Reproduktionsprozesse tragen jedoch nicht nur zur Erhaltung der ihnen unmittelbar zugeordneten strukturellen Komponenten der Lebenswelt bei, sondern leisten darüber hinaus jeweils bestimmte Beiträge zur Reproduktion der beiden anderen Komponenten (vgl. Habermas 1981, Bd.2, 213f.): Neben der Reproduktion konsensfähiger Deutungsschemata sorgt die kulturelle Reproduktion auch für die Bereitstellung von *Legitimationen* für gesellschaftlich institutionalisierte interpersonale Beziehungen sowie für *bildungswirksame Verhaltensmuster*, die den individuellen Erwerb von Handlungsfähigkeiten orientieren; soziale Integration sichert nicht nur die Kontinuierung legitimer interpersoneller Beziehungen, sondern auch die legitim geregelte *Zugehörigkeit von Individuen zu Gruppen* und die Reproduktion *moralischer Verpflichtungen (=Obligationen)*; über die erforderlichen Interaktionsfähigkeiten hinaus erzeugt gelingende Sozialisation auch *Interpretationsleistungen* sowie geeignete *Motivationen für normenkonforme Handlungen*.

Tafel 8.5 faßt die Beiträge der verschiedenen, durch kommunikatives Handeln realisierten Reproduktionsprozesse zur Erhaltung der strukturellen Komponenten der Lebenswelt zusammen (vgl. Habermas 1981, Bd.2, 214, Fig.21).

Wir hatten bereits festgestellt, daß Habermas eine immanente Tendenz zur *Rationalisierung der Lebenswelt* unterstellt. Diese Tendenz leitet sich ab aus den immanenten Rationalitätsbezügen kommunikativen Handelns in Gestalt der damit verbundenen Geltungsansprüche. Die Rationalisierung der Lebenswelt vollzieht sich in dem Maße, in dem sich ihre strukturellen Komponenten und die ihnen zugeordneten Reproduktionsprozesse *ausdifferenzieren*:

> "Je weiter die strukturellen Komponenten der Lebenswelt und die Prozesse, die zu deren Erhaltung beitragen, ausdifferenziert werden, um so mehr treten die Interaktionszusammenhänge unter Bedingungen einer rational motivierten Verständigung, also einer Konsensbildung, die sich *letztlich* auf die Autorität des besseren Arguments stützt." Idealisierter Grenzfall solcher Entwicklungsprozesse ist die "...Idee eines Zustandes, wo die Reproduktion der Lebenswelt nicht mehr nur durch das Medium verständigungsorientierten Handelns *hindurchgeleitet*, sondern den Interpretationsleistungen der Aktoren selber *aufgebürdet* wird. Der universelle Diskurs verweist auf eine idealisierte Lebenswelt, die sich kraft eines von normativen Kontexten weitgehend entbundenen, auf rational motivierte Ja/Nein-Stellungnahmen umgestellten Mechanismus der Verständigung reproduziert" (Habermas 1981, Bd.2, 218 und 219).

Der Entwicklungstrend, den Habermas hier annimmt, verändert die Geltungsbasis des kulturellen Wissens, von legitim geregelten Beziehungen und Persönlichkeitsstrukturen grundlegend. An die Stelle der unbefragten Geltung der Tradition tritt

Tafel 8.5: Erweiterte Darstellung der strukturellen Komponenten der Lebenswelt und ihrer Reproduktion

strukturelle Komponenten der Lebenswelt:	KULTUR	GESELLSCHAFT	PERSÖNLICH-KEIT
Reproduktions-Prozesse:			
KULTURELLE REPRODUK-TION	konsensfähige Deutungssche-mata ("gül-tiges Wissen")	Legitimationen	bildungswirksame Verhaltensmuster, Erziehungsziele
SOZIALE INTEGRA-TION	Obligationen	legitim geordne-te interpersonelle Beziehungen	soziale Zu-gehörigkeiten
SOZIALI-SATION	Interpreta-tionsleistungen	Motivationen für normenkonformes Handeln	Interaktions-fähigkeiten ("personale Identität")

immer mehr die Forderung nach vernünftiger Begründung durch *diskursive Argumentation.* Zu einer solchen Rationalisierung der Lebenswelt kommt es in dem Maße, in dem verschiedene Foren diskursiver Argumentation, die jeweils auf die Behandlung von Geltungsansprüchen eines Typs in einem bestimmten Bereich der symbolischen Reproduktion der Lebenswelt spezialisiert sind, ausdifferenziert und gesellschaftlich institutionalisiert werden (vgl. Habermas 1981, Bd.2, 220f.):

-- Die Entstehung der modernen Natur- und Geisteswissenschaften (Wahrheit), der Jurisprudenz (normative Richtigkeit), einer autonomen Kunst und Kunstkritik (Angemessenheit von bzw. in Relation zu Wertstandards) steht hier für die Umstellung der *kulturellen Reproduktion* vom Modus der naturwüchsigen Überlieferung auf spezialisierte und professionalisierte Formen der Bearbeitung lebensweltlichen Wissens, die orientiert sind an der argumentativen Einlösbarkeit von Geltungsansprüchen.

-- Die Institutionalisierung demokratischer Formen der Politik im Kontext einer bürgerlichen bzw. publizistischen Öffentlichkeit, die (wenngleich mit gewichtigen Einschränkungen)[25] als Forum diskursiver Willensbildung fungiert, steht für die historisch erreichte Rationalisierung der *sozialen Integration*.

-- Mit der Pädagogisierung von Erziehungsprozessen im Kontext eines ausdifferenzierten Bildungssystems wird auch die *Sozialisation* in starkem Maße professionalisiert und an Prozesse der argumentativ vermittelten Entscheidung über pädagogische Praktiken und Erziehungsziele gebunden.

Als Folge ihrer Ausdifferenzierung gewinnen die strukturellen Komponenten der Lebenswelt und die verschiedenen Prozesse ihrer Reproduktion ein höheres Maß an Unabhängigkeit in ihrem Verhältnis zueinander. Zugleich aber setzt die relative Entkoppelung der strukturellen Komponenten der Lebenswelt voraus, daß die interne Organisation der einzelnen Komponenten kompatibel ist mit der Wandlungsrichtung und -dynamik der jeweils anderen:

-- Das kulturelle Wissen ist einem Dauerprozeß der Diskussion und Revision in der Diskussion zwischen Experten unterworfen, der ständig neue Ergebnisse erzeugt. Dieser Prozeß schlägt nicht unmittelbar auf das System gesellschaftlicher Institutionen durch. Formale Verfahren der Normsetzung und Normbegründung bilden hier den benötigten Filter, der die relative Autonomie gesellschaftlicher Institutionen gegenüber dem sich ständig transformierenden kulturellen Wissen sichert und die zugleich einen großen Spielraum lassen für die Gestaltung sozialer Beziehungen.

-- Hypothetisches, zur raschen, erfahrungsgeleiteten Revision von Überzeugungen fähiges Denken sowie die Bindung der Anerkennung von Normen an ihre argumentative Begründbarkeit steigert die Autonomie der Person gegenüber den überlieferten Überzeugungen und Verhaltensanforderungen. Zugleich aber sind dies wesentliche Voraussetzungen für die Kompatibilität von Persönlichkeitsstrukturen mit den Anforderungen wandelbarer Weltdeutungen und institutioneller Regelungen unter den Bedingungen einer rationalisierten Lebenswelt.

Bisher haben wir nur die Dimension der *symbolischen Reproduktion* der Lebenswelt skizziert. Davon zu unterscheiden ist deren *materielle Reproduktion* durch *arbeitsteilige Kooperation* und die dazu notwendigen *gesellschaftlichen Organisationsleistungen*. Mit fortschreitender Entwicklung der gesellschaftlichen Arbeitsteilung müssen Einrichtungen entwickelt werden, die dafür sorgen,

> "...daß die spezialisierten Leistungen *kompetent zusammengefügt* und die differentiellen Leistungsergebnisse (oder Produkte) *ausgetauscht* werden können. Die kompetente Zusammenfügung von spezialisierten Leistungen verlangt die Delegation von Weisungsbefugnissen oder *Macht* an Personen,

---

25 Vgl. dazu vor allem Habermasens Habilitationsschrift (1962) zum "Strukturwandel der Öffentlichkeit" sowie Habermas 1992, 399ff.

die Organisationsleistungen übernehmen; und der funktionale Austausch von Produkten erfordert die Herstellung von *Tauschbeziehungen*. So ist eine fortschreitende Arbeitsteilung nur in Interaktionssystemen zu erwarten, die Vorsorge dafür treffen, *Organisationsmacht und Tauschbeziehungen zu institutionalisieren*" (Habermas 1981, Bd.2, 239).

Aus der Perspektive der *Akteure* handelt es sich bei der Institutionalisierung von Macht und Tausch um Einrichtungen, die erforderlich sind, um die Reproduktion der materiellen Grundlagen der Lebenswelt zu ermöglichen. Sie erscheinen als notwendige Elemente der kooperativen Verfolgung von Handlungszielen und insofern als Teil der *Lebenswelt*. Nehmen wir hingegen die Perspektive eines *Beobachters* ein, der diese Einrichtungen unabhängig von den Absichten und Überzeugungen der Akteure unter dem Gesichtspunkt betrachtet, inwiefern dadurch die Anpassungs- und Zielerreichungskapazität einer Gesellschaft gesteigert wird, dann erscheinen Macht und Tausch als Mechanismen eines *sozialen Systems*.

8.5   Entkoppelung von System und Lebenswelt

Betrachten wir *archaische Stammesgesellschaften*, dann können wir diese als einen sozialen Zusammenhang *normengeleiteter, intentionaler* Kooperation und d.h. als *Lebenswelt* untersuchen. Ebenso können wir aber auch die *empirischen Effekte*, die aus dem Zusammentreffen der Handlungsbeiträge der verschiedenen Akteure *unabhängig von deren Absichten* resultieren, im Hinblick darauf analysieren, inwieweit sie zur Erhaltung eines sozialen Zusammenhanges als *System* in einer gegebenen Umwelt beitragen.

Beide Perspektiven bringen hier im wesentlichen dieselben Phänomene in den Blick. Der Differenz von Lebenswelt und System entspricht noch kein scharfer Unterschied im Beobachtungsgegenstand. Die *systemischen Zusammenhänge* der Produktion und sozialen Organisation spiegeln sich unmittelbar in den *normativen Strukturen* dieser Gesellschaften (Habermas 1981, Bd.2, 245). Die Koordination der Handlungen vollzieht sich über die Abstimmung normengeleiteter Handlungsintentionen in Prozessen direkter Interaktion. Die Produktion und Verteilung von Gütern sowie die Bildung politischer Macht sind noch nicht zu eigenständigen Handlungsbereichen ausdifferenziert, die von normativen Anforderungen weitgehend entlastet sind und in denen es deshalb als erwartbar und legitim gilt, daß die Akteure *generell* primär strategisch und interessenrational handeln. *Anonymisierte und normfrei funktionierende Mechanismen der Aggregation* von Einzelhandlungen, wie etwa die Mechanismen ökonomischer Märkte, die das Problem der Handlungskoordination nicht mehr über die Abstimmung von Handlungs*intentionen*, sondern durch die Bündelung der Handlungs*folgen* lösen, spielen noch keine Rolle. Soziale Strukturen überschreiten noch nicht den Horizont einfacher Interaktionen (vgl. Habermas 1981, Bd.2, 234). Die *Unterscheidung von System und Lebenswelt* hat hier deshalb den Status einer Differenzierung zwischen gleichermaßen möglichen Perspektiven, aus denen einfache Stammesgesellschaften analysiert werden können.

In dem Maße, in dem Macht und Tausch von normativen Regulierungen freigesetzt werden, gewinnen die beiden Pole dieser Unterscheidung freilich autonome Bedeutung: Beginnend mit den politischen Klassengesellschaften der frühen Hochkulturen kommt es zur Ausdifferenzierung systemisch gesteuerter Handlungsbereiche, in denen das Handeln nicht vorrangig durch die gemeinsame *Anerkennung von Normen* reguliert, sondern primär durch Nutzenkalküle geleitet wird. Verständigungsorientiertes und strategisches Handeln treten in verselbständigten Handlungssphären auseinander. Lebenswelt und System entkoppeln sich und folgen unterschiedlichen Entwicklungstrends: Der *Rationalisierung der Lebenswelt* durch institutionelle Differenzierung entlang der formalen Weltkonzepte und der verschiedenen Geltungsansprüche steht die *Erhöhung systemischer Komplexität und Steuerungskapazität* gegenüber, die durch die *funktionale* Differenzierung von Handlungsbereichen auf der Grundlage der *Steuerungsmedien Geld und Macht* erreicht wird und in modernen Gesellschaften zur Differenzierung zwischen dem *ökonomischen* und dem *politisch-administrativen System* führt.

Die Entkoppelung von System und Lebenswelt, von *systemischer Integration* über die Steuerungsmedien Geld und Macht und *sozialer Integration* über gemeinsam anerkannte Geltungsansprüche, führt freilich nicht zur Auflösung jedes Zusammenhanges zwischen diesen Bereichen. Um funktionieren zu können, müssen die Steuerungsmedien in der Lebenswelt institutionell verankert sein. Über die *Basisinstitutionen des Rechts* (z.B. Schutz des Eigentums, Vertragsfreiheit, allgemeines Wahlrecht, Organisationsfreiheit für politische Verbände und Parteien, Versammlungs-, Presse- und Meinungsfreiheit etc.) bleiben die Mechanismen der systemischen Handlungskoordination an die Lebenswelt zurückgebunden (vgl. Habermas, Bd.2, 275f.).

Das *Recht* erfüllt dabei eine *doppelte Rolle*: Einerseits wird es als eine Einrichtung wirksam, die normative Ansprüche der Lebenswelt artikuliert und die Steuerungsmedien Geld und Macht auf eine mit diesen Ansprüchen kompatible Weise in der Lebenswelt verankert. Recht, das auf diese Weise funktioniert, ist der Lebenswelt zuzurechnen. Habermas spricht hier von *Recht als Institution*. Andererseits fungiert Recht auch als Einrichtung, die neue Regeln im Dienste der Ökonomie und der staatlichen Verwaltung erzeugt, für die keine normativen Grundlagen in der Lebenswelt existieren und die nur deshalb als legitim anerkannt werden, weil sie durch Verfahren der Rechtsetzung zustande kommen, die im Kontext der Lebenswelt als legitim verankert sind. Beispiele dafür sind etwa "die meisten Materien des Wirtschafts-, Handels-, Unternehmens- und Verwaltungsrechts" (Habermas 1981, Bd.2, 536). So genutzt fungiert Recht als *Steuerungsmedium*.

Geld ist ein Medium, das denjenigen, die darüber verfügen, die Befriedigung von Bedürfnissen ermöglicht. Macht operiert durch die Androhung von Sanktionen. Geld und Macht motivieren also durch Anreiz bzw. Abschreckung zur Ausführung bzw. Unterlassung bestimmter Handlungen. Wer Geld oder Macht als Motivationsmittel einsetzt oder sich durch dessen Einsatz motivieren läßt, handelt *nicht verständigungsorientiert*, sondern im Weberschen Sinne *zweckrational* oder mit dem entsprechenden Terminus von Habermas: *strategisch*. In dem Maße, in dem Geld und Macht in ausreichendem Umfang zur Verfügung stehen, können eine Vielzahl von Akteuren zu bestimmten Handlungen motiviert und ihre Handlungen miteinander koordiniert werden, ohne daß es dazu einer Einigung über Geltungsansprüche bedarf. Der zentrale Vorteil einer solchen durch Steuerungsmedien vermittelten Koordination des Handelns ist darin zu sehen, daß sie ein enormes Maß an Kommunikationsaufwand erspart und deshalb sehr rasch funktionieren sowie eine ungeheuer große Anzahl unterschiedlicher Handlungsbeiträge koordinieren kann. Die hohe *Steuerungskapazität* der Medien Macht und Geld ermöglicht eine enorme Steigerung der Menge und Unterschiedlichkeit von Handlungen, die miteinander verknüpft werden können, d.h. eine entsprechende Steigerung der systemischen *Komplexität*.

Erst dadurch, daß eine immens hohe Zahl von Handlungen rasch aufeinander abgestimmt werden kann, werden soziale Großverbände von der Art moderner Gesellschaften überhaupt möglich. Man denke nur daran, wie es *Organisationen* (Produktionsbetrieben, Banken, Verwaltungen etc.) gelingt, eine große Anzahl unterschiedlicher Handlungsbeiträge durch "bürokratische Herrschaft" (Weber) arbeitsteilig zu koordinieren. Ohne zentrale Koordination mit Hilfe von Herrschaft fungieren *geldgesteuerte Märkte*, auf denen Güter und Leistungen getauscht und die dazu notwendigen Handlungsbeiträge vor allem durch den Mechanismus von Angebot und Nachfrage miteinander abgestimmt werden.

Die Steuerungsmedien Macht und Geld erfüllen also eine notwendige gesellschaftliche Funktion als Einrichtungen der effizienten, d.h. Kommunikationsaufwand minimierenden Koordination einer ungeheuren Masse von Einzelhandlungen. Ihre besondere Leistungsfähigkeit bedroht jedoch zugleich die Reproduktion der Lebenswelt, die sich auf der Grundlage kommunikativen Handelns vollzieht. Durch die Umstellung immer weiterer Handlungsbereiche von kommunikativer Koordination auf die Koordination mit Hilfe von Steuerungsmedien droht die Marginalisierung der lebensweltlichen Sphäre der *privaten Beziehungen* und der *öffentlichen Willensbildung* durch die Expansion der systemischen Sphäre von *Ökonomie und staatlicher Verwaltung*.

Die Disbalance zwischen aufwendigen kommunikativen Einigungsprozessen und effizienter mediengesteuerter Koordination ist freilich geringer, als es zunächst scheint. Als Folge der Rationalisierung der Lebenswelt haben sich bestimmte *Kommunikationsmedien* entwickelt, die ebenfalls geeignet sind, eine Vielzahl von Handlungen schnell miteinander abzustimmen, ohne daß es dazu der direkten kommunikativen Einigung im Dialog zwischen den einzelnen Akteuren bedarf. *Kommunikations*medien (im Unterschied zu *Steuerungs*medien) entstehen, wenn *rational motiviertes Vertrauen* in bestimmte Personen oder Organisationen (z.B. Greenpeace oder Amnesty International) als Resultat vergangener Verständigungsprozesse sich bildet und eine Vielzahl von Akteuren deshalb bereit ist, Geltungsansprüche, die von solchen Personen oder Organisationen öffentlich erhoben werden, im Vertrauen auf ihre argumentative Einlösbarkeit diskussionslos zu akzeptieren. Unter den Bedingungen einer rationalisierten Lebenswelt tritt so *rational motiviertes Vertrauen in den Besitz von Wissen* an die Stelle einer unbefragt geltenden Tradition und ermöglicht eine Abkürzung von Verständigungsprozessen, die ähnlich effizient sein kann, wie die Substitution kommunikativer Einigung durch Zahlungsversprechen oder machtgestützte Sanktionsandrohungen (vgl. dazu Habermas 1981, Bd.2, 272ff.).

Dieses Wissen kann kognitiv-instrumenteller bzw. moralisch- und ästhetisch-praktischer Art sein. Unter der Voraussetzung, daß autonome Bereiche der argumentativen Bearbeitung des überlieferten Wissens aus der Lebenswelt in der Form von Wissenschaft, von Recht und postkonventioneller Moral sowie autonomer Kunst und professioneller Kunstkritik ausdifferenziert sind, bilden sich unterschiedliche Kommunikationsmedien aus. Habermas unterscheidet hier zwischen dem Medium *fachlicher Reputation*, das auf der spezialisierten Bearbeitung der kognitiven Überlieferung unter dem Geltungsanspruch der Wahrheit beruht und dem Medium *Wertbindung*, das sich an normatives und ästhetisches Wissen knüpft und mit dem Geltungsanspruch der Richtigkeit bzw. Angemessenheit verbunden ist. Fachliche Reputation wird durch *Überzeugung* von Akteuren, Wertbindung auf dem Wege erfolgreicher *Ermahnung* wirksam (vgl. Habermas 1981, Bd.2, 414).

Ein Beispiel für die Wirkung fachlicher Reputation ist etwa das Vertrauen, das wir der Diagnose unseres Arztes[26] oder auch einer Institution wie dem Sachverständigenrat hinsichtlich seiner Aussagen über die gesamtwirtschaftliche Entwicklung entgegenbringen, ohne den zugehörigen Wissenshintergrund zu kennen und beurteilen zu können. Als Beispiel für Wertbindung nennt Habermas moralische Führerschaft (Habermas 1981, Bd.2, 274), wie sie etwa durch Personen wie Ghandi oder Martin Luther King exemplifiziert wird.

Personen oder Organisationen können auch mit Hilfe beider Medien zugleich öffentliche Wirksamkeit erreichen. Prominentes Beispiel hierfür ist die Organisation Greenpeace, die zugleich fachliche Reputation und moralische Führerschaft im Hinblick auf ökologische Problemlagen erfolgreich beansprucht. Ein neueres gesellschaftliches Phänomen, das durch den Einfluß von Greenpeace gut illustriert wird, nämlich die hohe Resonanz der sogenannten NGOs (=Nongovernmental Organizations) im Kontext der nationalen und internationalen Öffentlichkeit, läßt sich aus der Perspektive der Habermasschen Theorie generell auf die *Akkumulation und den Gebrauch der Medien fachliche Reputation und/oder Wertbindung* zurückführen. Die dadurch erreichbaren Effekte sozialer Mobilisierung erzeugen "kommunikative Macht",[27] die sich in demokratischen Wahlverfahren, aber auch in Protestbewegungen und Boykottaktionen[28] artikulieren kann.

---

26 Vgl. dazu auch die oben (Bd.1, Kap.4.6) skizzierten Ausführungen zur asymmetrischen Verteilung gesellschaftlichen Wissens und zu dem daraus resultierenden Verhältnis zwischen Laien und Experten bei Schütz.

27 Der Begriff der *kommunikativen* Macht wird von Habermas in späteren Publikationen als Gegenbegriff zum Konzept des *Steuerungsmediums* der *politisch-administrativen* Macht verwendet. Darauf komme ich unten ausführlicher zurück.

28 Erinnert sei hier nur an die Boykottierung der Zapfsäulen des Shell-Konzerns anläßlich der geplanten Versenkung der Ölbohrplattform "Brent Spar" im Meer.

Wie schon bei der Differenzierung zwischen Kultur, Gesellschaft und Persönlichkeit als strukturellen Komponenten der Lebenswelt, so kann Habermas auch in
der Unterscheidung verschiedener Interaktionsmedien unmittelbar an *Parsons* anknüpfen. Bereits Parsons unterscheidet zwischen den Interaktionsmedien Geld,
Macht, Einfluß und Wertbindung. Habermas rekonstruiert die Parsonssche Medientheorie aus der Perspektive seiner Theorie kommunikativen Handelns und kommt
zu dem Ergebnis, daß Parsons die wichtige Unterscheidung zwischen *empirisch
motivierenden Steuerungs*medien (Geld, Macht) und *rational motivierenden Kommunikations*medien (Einfluß bzw. in der etwas engeren Fassung von Habermas: fachliche Reputation sowie Wertbindung) übersieht.[29] Diese Differenzierung ist freilich
bereits bei Parsons vorgezeichnet, nämlich durch die Unterscheidung der Medien,
die durch positive oder negative Beeinflussung der Handlungs*situation* (Geld,
Macht) bzw. durch Beeinflussung der *Überzeugung* eines Akteurs (Einfluß und
Wertbindung) zur Übernahme von Interaktionsofferten motivieren (vgl. oben, Bd.1,
Tafel 2.15). Zur Parsonsschen Medientheorie lassen sich darüber hinaus die folgenden Abweichungen und Übereinstimmungen feststellen:

-- Habermas betrachtet nicht *Geld*, sondern *Sprache* als das Paradigma, das als pri-
    märer Bezugspunkt für die Konzipierung der Medien heranzuziehen ist. Diese
    Abweichung gegenüber Parsons gründet wesentlich darin, daß für Habermas
    bereits der sprachlichen Kommunikation eine Eigenschaft innewohnt, die für
    Parsons nur mit den symbolisch generalisierten Medien verknüpft ist, nämlich
    die Eigenschaft, *intrinsisch zur Annahme von Interaktionsangeboten zu motivie-
    ren*. Während Sprache für Parsons vor allem Instrument der Informationsüber-
    mittlung ist, verfügt Sprache für Habermas über die Qualität der Motivierung
    zur Annahme von Interaktionsofferten durch die *Bindung an Geltungsansprüche*,
    für deren argumentative Einlösbarkeit der Sprecher einsteht. Die von Parsons
    auch formulierte, aber für seine Medientheorie ohne weitere Konsequenzen blei-
    bende These, daß es sich bei den Medien um "Spezialsprachen" handele, kann
    so von Habermas aufgegriffen und in spezifischer Weise entfaltet werden. Alle
    Medien lassen sich demnach entweder als *Abkürzung* kommunikativen Sprachge-
    brauchs auf der Basis rational motivierten Vertrauens (so die *Kommunikations*-
    medien Einfluß bzw. fachliche Reputation und Wertbindung) oder als *Ersatz* für
    kommunikatives Handeln (die *Steuerungs*medien Geld und Macht) analysieren.
-- Die Medien werden, wie bei Parsons, als Einrichtungen verstanden, die zur An-
    nahme von Interaktionsofferten motivieren, für die ohne diese Medien kaum
    mit Annahme gerechnet werden könnte, wobei Habermas die Notwendigkeit
    zum Gebrauch dieser Medien vor allem in der eng begrenzten Reichweite und
    Kapazität kommunikativen Handelns sieht. Nur durch die Entstehung der Me-
    dien konnten Gesellschaften über die Grenzen hinaus expandieren, in denen
    kommunikatives Handeln *unmittelbar* als Mittel der Handlungskoordination

---

29 Vgl. dazu Habermas 1981, Bd.2, 384-419 sowie oben, Bd.1, Kap.2.14.

wirksam ist. Als Mechanismen der Handlungskoordination sorgen die Medien auch für die Integration der modernen Gesellschaft. Dabei setzt das Gelingen dieser Integration voraus, daß die Kommunikationsmedien Einfluß (bzw. fachliche Reputation) und Wertbindung gegenüber den Steuerungsmedien Geld und Macht eine übergeordnete, d.h. deren legitime Anwendungsbereiche limitierende Position einnehmen. Insofern enthält die Habermassche Version der Medientheorie auch ein Äquivalent zur Parsonsschen *"Steuerungshierarchie"*. Deren 'höchster Punkt' ist freilich nicht das Medium Wertbindung, sondern *das alle Medien fundierende kommunikative Handeln.*

-- Das AGIL-Schema als Hintergrund der Parsonsschen Medientheorie wird bei Habermas transformiert: Die Bezugsprobleme der *Integration* und der *Strukturerhaltung* werden reformuliert auf der Grundlage der *Theorie der Geltungsansprüche*. Die Geltungsansprüche bilden gleichsam das tragende kategoriale Gerüst der *Lebenswelt*. Die Bezugsprobleme der *materiellen Reproduktion* (alias *"Anpassung"*) und der (wesentlich darauf bezogenen) *Bereitstellung von Organisationsleistungen* zur Koordination kollektiven Handelns (alias *"Zielerreichung"*) werden demgegenüber zum Anknüpfungspunkt für die Ausdifferenzierung des *ökonomischen und des politisch-administrativen Systems.*

Fassen wir nun die zentralen Elemente der Habermasschen These zur Entkoppelung von System und Lebenswelt in der Moderne zusammen: In den archaischen Stammesgesellschaften ist die materielle Reproduktion eingelagert in die symbolische Reproduktion der Lebenswelt. Charakteristisch für die moderne Gesellschaft ist demgegenüber ein doppelter Differenzierungsprozeß. Beginnend mit den Klassengesellschaften der frühen Hochkulturen, führt dieser Prozeß zur *Ausdifferenzierung der materiellen Reproduktion aus der Reproduktion der Lebenswelt.* Die materielle Reproduktion wird schließlich gelenkt durch die *Steuerungsmedien Geld und Macht.* Die so vollzogene Entkoppelung von System und Lebenswelt wird begleitet durch deren je interne Differenzierung: Im Bereich der systemisch gesteuerten materiellen Reproduktion kommt es zur *funktionalen Differenzierung* zwischen dem ökonomischen und dem politisch-administrativen System. Die *Rationalisierung der Lebenswelt* vollzieht sich auf dem Wege der Ausdifferenzierung der *Wert- bzw. Geltungssphären* der Wissenschaft, von Recht, Moral und autonomer Kunst, der Institutionalisierung von Expertenrollen und der Entstehung einer Sphäre handlungsentlasteter öffentlicher Diskussion. Die *Kommunikationsmedien der fachlichen Reputation und der Wertbindung* sorgen für die Rückkoppelung der spezialisierten Wissensproduktion innerhalb der autonomisierten Geltungssphären an die kommunikative Alltagspraxis der Lebenswelt auf der Basis rational motivierten Vertrauens in die Einlösbarkeit von Geltungsansprüchen und ermöglichen so die Abkürzung sprachlicher Verständigung.

Habermas knüpft damit nicht nur an Parsons, sondern auch an Max Weber an, der *gesellschaftliche Rationalisierung* zugleich als *Autonomisierung ökonomischen und politisch administrativen Handelns* (auf dem Wege der Etablierung des rationalen Betriebskapitalismus und des bürokratischen Staates) und als Prozeß der *Ausdifferen-*

zierung kultureller Wertsphären (insbesondere von Kunst, universalistischer Moral und Wissenschaft) beschrieben hat. Für die Lösung der *Probleme der materiellen Reproduktion* unter gegebenen natürlichen Restriktionen und für die Bereitstellung darauf bezogener Organisationsleistungen wird die *Sphäre systemischen Handelns* aus der *Lebenswelt* ausdifferenziert, deren symbolische Strukturen primär bezogen sind auf die Lösung der Probleme der Reproduktion *anerkannten Wissens* (kognitive Geltungsdimension), der Reproduktion *legitim geordneter sozialer Beziehungen* (normative Geltungsdimension) sowie der *Sozialisation* (Dimension der Reproduktion handlungsfähiger Personen).

Recht kommt dabei in zweifacher Weise ins Spiel: Als *Institution*, vermittelt über das politische System, sichert es die Kompatibilität systemischer Einrichtungen mit den normativen Ansprüchen der Lebenswelt. Als *Steuerungsmedium* ist es ein Instrument der Etablierung und Regulierung neuer Typen sozialer Beziehungen, für die es keine Entsprechung in der Lebenswelt gibt. In dieser Form trägt es zur Steigerung der Komplexität und Steuerungskapazität von Ökonomie und Politik bei und fungiert insofern als Mechanismus systemischer Reproduktion. Diese *Doppelrolle* weist dem Recht eine wichtige *Vermittlungsfunktion* zwischen der systemischen und der lebensweltlichen Sphäre der Gesellschaft zu. Das Recht erfüllt diese Funktion auf dem Wege der *Regulierung politisch-administrativen Machtgebrauchs*. In seinem Werk "Faktizität und Geltung", das er 11 Jahre nach der "Theorie des kommunikativen Handelns" publiziert hat, faßt Habermas die vermittelnde Rolle des Rechts auf folgende Weise zusammen:[30]

"Recht (ist) nicht nur konstitutiv für den Machtcode, der die Verwaltungsprozesse steuert. Es bildet zugleich das Medium für die Umwandlung von kommunikativer Macht in administrative. Die Idee des Rechtsstaates läßt sich deshalb anhand der Prinzipien entfalten, nach denen legitimes Recht aus kommunikativer Macht hervorgebracht und diese wiederum über legitim gesetztes Recht in administrative Macht umgesetzt wird" (Habermas 1992, 209).

Tafel 8.6 resümiert die These der Entkoppelung und der je internen Differenzierung von System und Lebenswelt.

---

30 Gegenstand dieses Werkes ist die Diskurstheorie des Rechts und die Rolle des Rechts in modernen demokratischen Staaten.

Tafel 8.6: Evolutionäre Entkopplung und interne Differenzierung von System und Lebenswelt

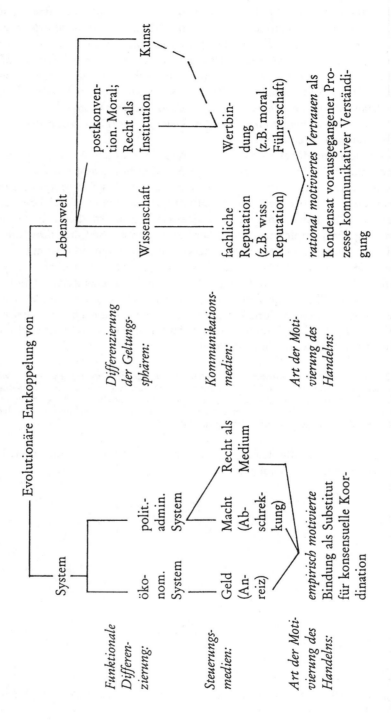

8.6   Von der Mediatisierung der Lebenswelt zu ihrer doppelten Bedrohung durch systemische Kolonialisierung und kulturelle Verödung

Die These der Entkoppelung von System und Lebenswelt läßt noch keinen Schluß darüber zu, inwiefern die eine oder andere Instanz im Verhältnis beider zueinander dominiert.

> "Man könnte sich beides vorstellen: Die Institutionen, die Steuerungsmechanismen wie Geld oder Macht in der Lebenswelt verankern, kanalisieren entweder die Einflußnahme der Lebenswelt auf die formal organisierten Handlungsbereiche oder umgekehrt die Einflußnahme des Systems auf kommunikativ strukturierte Handlungszusammenhänge. Im einen Fall fungierten sie als der institutionelle Rahmen, der die Systemerhaltung den normativen Restriktionen der Lebenswelt unterwirft, im anderen Fall als die Basis, die die Lebenswelt den systemischen Zwängen der materiellen Reproduktion unterordnet und dadurch mediatisiert" (Habermas 1981, Bd.2, 275f.).

Die erste der beiden hier von Habermas beschriebenen Möglichkeiten bezeichnet die Konstellation, in der die systemisch integrierten Handlungsbereiche den Imperativen kommunikativer Rationalitätsansprüche gehorchen und durch sie kontrolliert werden. Sie bezeichnet die *implizite Utopie*, die Habermas als Implikat der Struktur kommunikativen Handelns rekonstruiert und als *Maßstab* für die Beurteilung der realen gesellschaftlichen Verhältnisse gebraucht. Die zweite Konstellation hingegen, die dieses Verhältnis umkehrt und die sprachliche Verständigung der Handelnden den Anforderungen systemischer Integration unterstellt, kennzeichnet den davon abweichenden (und insofern aus der Perspektive der Theorie kommunikativen Handelns kritikwürdigen) *historischen 'Normalzustand'*.

Voraussetzung für die dauerhafte Unterwerfung der Lebenswelt unter die systemischen Zwänge der materiellen Reproduktion ist freilich die Ausblendung dieser Zwänge aus dem Bereich kommunikativer Thematisierbarkeit: Nur, wenn die Mediatisierung der Lebenswelt für die Akteure weitgehend latent bleibt, sind sie bereit, in ihrem Handeln diejenigen Anforderungen zu erfüllen, durch die sie zur Reproduktion dieser Mediatisierung beitragen. Diese Leistung erfüllen *legitimierende Weltdeutungen*, historisch zunächst in der Form religiöser Weltbilder (Habermas 1981, Bd.2, 279ff.). Religiöse Weltbilder stellten Rechtfertigungen bereit für die Akkumulation und repressive Ausübung von Macht sowie für die ungleiche Verteilung der Güter und trugen so die evolutionäre Ausdifferenzierung von Ökonomie und staatlicher Bürokratie, die historisch mit der Unterwerfung der symbolischen Reproduktion der Lebenswelt unter die Anforderungen der materiellen Reproduktion einherging.[31]

---

31   Zur Bedeutung legitimierender Weltbilder für die Entstehung staatlich organisierter Gesellschaften vgl. Eder 1976. Habermas (und mit ihm Eder, a.a.O.) nimmt an, daß die legitimierenden Weltbilder von den archaischen Stammesgesellschaften über die staatlich organisierten Gesellschaften der frühen Hochkulturen bis hin zur modernen Gesellschaft einen *Prozeß der Rationalisierung* durchlaufen, der einer bestimmten *Entwicklungslogik* folgt. Demnach lassen sich inhaltlich divergierende Weltdeutungen als Verkörperungen allgemeiner Rationalitätsstrukturen analysieren, die derselben entwicklungs-

(Fortsetzung...)

Moderne Gesellschaften befinden sich hier in einer veränderten Situation. Als Folge der Profanisierung der bürgerlichen Kultur im Gefolge der Entstehung von Wissenschaft, einer autonomen Kunst, posttraditionalen Rechtsinstitutionen und einer universalistischen Moral, die ohne religiöse Prämissen auskommt, verlieren die religiösen Weltbilder ihre legitimierende Wirksamkeit, und der Latenzschutz, den sie der Unterwerfung der Lebenswelt unter die Anforderungen der materiellen Reproduktion boten, löst sich auf. Mit der Rationalisierung der Lebenswelt schwinden zugleich die Voraussetzungen für die Bildung und Reproduktion säkularisierter ideologischer Weltdeutungen, wie sie im Kontext der bürgerlichen Gesellschaft seit der französischen Revolution immer wieder entstanden sind (vgl. Habermas 1981, Bd.2, 519f.). Dennoch sieht Habermas keinen Anlaß zu einer positiven Prognose. Im Gegenteil:

> "Unter diesen Bedingungen ist zu erwarten, daß die Konkurrenz zwischen Formen der System- und Sozialintegration *sichtbarer* als bis dahin hervortritt. Am Ende verdrängen systemische Mechanismen Formen der sozialen Integration auch in jenen Bereichen, wo die konsensabhängige Handlungskoordinierung nicht substituiert werden kann: also dort, wo die symbolische Reproduktion der Lebenswelt auf dem Spiel steht. Dann nimmt die *Mediatisierung* der Lebenswelt die Gestalt einer *Kolonialisierung* an" (Habermas 1981, Bd.2, 292f.).

"Kolonialisierung der Lebenswelt", unter diesen Titel stellt Habermas seine Diagnose der spezifischen Sozialpathologie der modernen Gesellschaft. *Mediatisierung* der Lebenswelt bedeutete, daß kommunikative Verständigung durch ideologische Blockierungen beeinträchtigt und legitimierende Geltungsansprüche dadurch der diskursiven Prüfung entzogen wurden. Durch ideologische *Deformation* sprachlicher Verständigung nahm hier die Unterstellung der argumentativen Begründbarkeit dieser Ansprüche illusionäre Züge an. *Kolonialisierung* der Lebenswelt heißt demgegenüber, daß Handlungen in *Kernbereichen der alltäglichen Lebenswelt* wie Familie, Nachbarschaft, schulischer Erziehung etc. in wachsendem Maße gar nicht mehr über Geltungsansprüche, sondern durch Steuerungsmedien wie Geld, Macht und formales Recht motiviert und koordiniert werden. An die Stelle ideologischer *Deformation* tritt jetzt die *Destruktion* kommunikativer Verständigung in wesentlichen Bereichen der Lebenswelt durch Umstellung auf mediengesteuerte Interaktion.

Bestimmte sozialstaatliche Einrichtungen können sich leicht in dieser Richtung auswirken. So sorgt die Finanzierung von Kranken- und Altenpflege über staatlich eingerichtete Versicherungssysteme und die Schaffung öffentlicher Pflegeeinrichtungen nicht nur dafür, daß die Betreuung von Kranken und Alten auch dann sichergestellt ist, wenn sie keine Angehörigen haben, die sie pflegen können. Vielmehr werden dadurch auch funktionsfähige Familienverbände von den normativen Soli-

---

31 (...Fortsetzung)
logischen Stufe zuzuordnen sind. Umgekehrt ist es möglich, daß Weltdeutungen mit ähnlichem Inhalt unterschiedlichen entwicklungslogischen Rationalitätsstufen entsprechen. - Zum Programm einer solchen *Entwicklungslogik von Weltbildern* (und zu seiner Verknüpfung mit der Theorie der ontogenetischen Entwicklung der kognitiven, sprachlichen und moralisch-praktischen Kompetenz von Akteuren) vgl. Habermas 1976 und 1983.

daritätsverpflichtungen gegenüber ihren Mitgliedern entlastet: Wenn professionelle Pflegemöglichkeiten zur Verfügung stehen, erscheint die Belastung der Familienangehörigen als vermeidbare Zumutung. *Lebensweltliche Normen solidarischer Hilfeleistung* werden auf diese Weise außer Kraft gesetzt und durch *rechtlich abgesicherte Versorgungsansprüche* gegenüber sozialstaatlichen Institutionen substituiert. Habermas generalisiert diesen Befund in der folgenden These:

> "In dem Maße, wie der Sozialstaat ... ein Netz von Klientenverhältnissen über die privaten Lebensbereiche ausbreitet, um so stärker treten die erwarteten pathologischen Nebeneffekte einer Verrechtlichung hervor, die gleichzeitig eine Bürokratisierung und Monetarisierung von Kernbereichen der Lebenswelt bedeutet. Die *dilemmatische Struktur dieses Verrechtlichungstyps* besteht darin, daß die sozialstaatlichen Verbürgungen dem Ziel der sozialen Integration dienen sollen und gleichwohl die Desintegration derjenigen Lebenszusammenhänge fördern, die durch eine rechtsförmige Sozialintervention vom handlungskoordinierenden Verständigungsmechanismus abgelöst und auf Medien wie Macht und Geld umgestellt werden" (Habermas 1981, Bd.2, 534).

Habermas illustriert die paradoxen Folgen der Verrechtlichung nicht nur anhand der Sozialpolitik, sondern auch an den Bereichen Familie und Schule: Wenn Kinder gegenüber eventuellen Übergriffen ihrer Eltern geschützt werden sollen und dazu rechtliche Tatbestände geschaffen werden, deren Erfüllung die Intervention von Gerichten und Jugendämtern auslöst, dann werden Verfahren der verständigungsorientierten Konfliktregulierung durch rechtlich oktroyierte Regelungen ersetzt. Wenn schulische Ordnungsstrafen, Notengebung und Versetzungsentscheidungen im Zweifelsfalle einer rechtlichen Überprüfung standhalten müssen, dann treten pädagogische Gesichtspunkte zurück hinter den Anforderungen rechtlicher Absicherung. In letzter Konsequenz bedeutet dies: "Die schulische Sozialisation wird in ein Mosaik von anfechtbaren Verwaltungsakten zerlegt" (Habermas 1981, Bd.2, 545).

Wie die Beispiele zeigen, spielen Prozesse der Verrechtlichung eine zentrale Rolle für die Kolonialisierung der Lebenswelt. Im Dienste der Daseinsfürsorge und des Schutzes von Kindern vor dem Mißbrauch der elterlichen Erziehungsgewalt bzw. vor willkürlicher Bestrafung und Benachteiligung durch Lehrer, werden Handlungsbereiche wie Familie und Schule, deren soziale Integration nur über Werte, Normen und Verständigungsprozesse gesichert werden kann, partiell - aber mit zunehmender Tendenz - auf die Regulierung durch rechtliche Regeln umgestellt. *Recht als Steuerungsmedium*, so die Habermassche Diagnose, tritt deshalb in zunehmendem Maße an die Stelle kommunikativer Handlungskoordination mit der Folge, daß Funktionsstörungen in diesen Bereichen zu erwarten sind.

Die Generalforderung, die daraus abgeleitet werden kann, lautet, daß rechtliche Interventionen hier auf ein Minimum beschränkt und Konflikte in diesen Bereichen soweit als möglich entjustizialisiert werden sollten (vgl. Habermas 1981, Bd.2, 543ff.).[32] Oder etwas spezifischer im Hinblick auf den Handlungsbereich Schule

---

32 Dabei geht es, wie Habermas (a.a.O., 544) ausdrücklich vermerkt, *nicht* etwa um "die Ersetzung des Richters durch den Therapeuten ...; der Sozialarbeiter ist nur ein *anderer* Experte, der den Klienten der wohlfahrtsstaatlichen Bürokratie nicht aus seiner Objektstellung befreit. Die Umfunktionierung
(Fortsetzung...)

formuliert: Der "Rahmen einer rechtsstaatlichen Schulverfassung sollte ... nicht durch das Rechtsmedium, sondern durch konsensorientierte Verfahren der Konfliktregelung ausgefüllt werden", die durch die Beteiligten in eigener Regie durchzuführen wären (a.a.O., 546f.).

Regelung von Konflikten nicht durch Recht, sondern durch "konsensorientierte Verfahren der Konfliktregelung", - diese Formulierung läßt sehr viel offen. Diese Unbestimmtheit könnte als Mangel des Habermasschen 'Therapievorschlages' erscheinen. Bei genauerem Hinsehen erweist sich dieser Mangel an Bestimmtheit jedoch als schlüssige Konsequenz der zugrunde gelegten Theorie. Habermas geht es ja gerade darum, die Autonomie der Lebenswelt gegenüber externen Eingriffen zu sichern. Dies kann nur durch die *institutionelle Verankerung von Diskursen* innerhalb der jeweiligen Handlungsbereiche geschehen, deren Ergebnis nicht vorweggenommen werden kann, sondern *in der Verantwortung der daran Beteiligten* bleiben muß. Als Instanz, die zur kommunikativen Rationalisierung der Lebenswelt beiträgt, kann das Recht hier wirksam werden, indem es entsprechende Einigungsverfahren etabliert, ohne jedoch deren Resultate rechtlich zu präjudizieren. So eingesetzt, wird *Recht als Institution* wirksam, das die Autonomie der Lebenswelt stärkt. In dem Maße jedoch, indem rechtliche Regelungen *an die Stelle* der Einigung zwischen den Akteuren treten, zerstören sie diese Autonomie. Recht funktioniert dann als *Steuerungsmedium* und als Mechanismus der *Kolonialisierung* der Lebenswelt.

Die These der Kolonialisierung der Lebenswelt steht im Zentrum der Habermasschen Analyse und Kritik der modernen Gesellschaft. Doch nicht nur dadurch, nicht nur durch die Umstellung lebensweltlicher Handlungsbereiche auf den Modus systemischer Integration ist die Lebenswelt bedroht. Gefahr droht ihr auch aus internen Quellen, nämlich als unmittelbare Folge ihres eigenen Rationalisierungsprozesses. Die Ausdifferenzierung von Wissenschaft, moralischer Reflexion[33] und Kunst führt zu deren Abspaltung von den Traditionen, die im Kontext der Lebenswelt - nunmehr ohne Kontakt mit den avancierten Formen der spezialisierten Erzeugung kulturellen Wissens - naturwüchsig reproduziert werden. Die Rationalitätspotentiale einer ausdifferenzierten Kultur bleiben weitestgehend unzugänglich für die alltägliche Lebenspraxis. Zu der von den mediengesteuerten Systemen ausgehenden Gefahr der Kolonialisierung tritt so die Gefahr der *kulturellen Verarmung und Verödung der Lebenswelt* als Resultat der Entstehung *abgeschotteter Expertenkulturen*, die kaum noch im kommunikativen Austausch mit den Bereichen alltäglichen Handelns stehen (vgl. Habermas 1981, Bd.2, 483f.).

---

32 (...Fortsetzung)
    des Vormundschaftsrechts ins Therapeutische würde die Angleichung des Familienrechts ans Jugendwohlfahrtsrecht nur beschleunigen".

33 Als ausdifferenzierte Foren moralischer Reflexion fungieren vor allem die Moralphilosophie, die mit ethischen Fragen befaßten Gebiete der Theologie und der Jurisprudenz sowie die mit Experten unterschiedlicher Herkunft besetzten "Ethikkommissionen", wie sie etwa in jüngster Zeit zur Erörterung der ethischen Probleme biologischer Forschung (insbesondere der Forschung mit embryonalen Stammzellen) eingerichtet wurden.

Nach der Auflösung religiöser Weltbilder und säkularisierter Ideologien, in deren Begriffen die Akteure die gesellschaftliche Wirklichkeit als sinnvollen Gesamtzusammenhang verstehen und als legitim begreifen konnten, bleibt die Stelle synthetisierender Wirklichkeitsdeutungen unbesetzt. Das Alltagsbewußtsein wird *fragmentiert* (Habermas 1981, Bd.2, 521). Darin vermutet Habermas ein mögliches funktionales Äquivalent für die abgestorbenen religiösen und ideologischen Legitimationen:

> "...so könnte das gesuchte Äquivalent zu den nicht mehr verfügbaren Ideologien einfach darin bestehen, daß das in totalisierter Form auftretende Alltagswissen diffus bleibt, jedenfalls das Artikulationsniveau gar nicht erst erreicht, auf dem Wissen nach Maßstäben der kulturellen Moderne allein als gültig akzeptiert werden kann" (Habermas 1981, Bd.2, 521).

Die kulturelle Verarmung der Lebenswelt könnte mitbewirken, daß die im Alltag erlebten Symptome der Kolonialisierung der Lebenswelt im Bewußtsein der Akteure nicht zu einer Deutung miteinander verknüpft werden können, die sie als Teil eines gesellschaftlichen Gesamttrends begreift und handlungsorientierende Kraft entfaltet. Sie könnte so zugleich dazu beitragen, den Prozeß der Kolonialisierung der Lebenswelt für die Akteure weitgehend latent zu halten und sein ungestörtes Fortschreiten zu ermöglichen.

Die These der kulturellen Verarmung und Verödung der Lebenswelt hat Habermas weniger konturenscharf ausgearbeitet als seine Kolonialisierungsthese. Dieser Umstand ist vor allem deshalb bedauerlich, weil diese Form der Beeinträchtigung lebensweltlicher Verständigung vor die Frage führt, inwiefern der normative Maßstab für die Beurteilung der modernen Gesellschaft, den Habermas aus seiner Rekonstruktion der Struktur kommunikativen Handelns entwickelt, überführbar ist in einen realen gesellschaftlichen Zustand, oder ob dieses normative Ideal nicht endgültig "utopisch", d.h. ohne realen historischen Ort bleiben muß. Könnte es nicht sein, daß die Verödung der Lebenswelt der Preis ist, der für die Entbindung kommunikativer Rationalität in den Enklaven der ausdifferenzierten Wert- bzw. Geltungssphären von Wissenschaft, Moral und Kunst zu zahlen ist?

Habermas widerspricht dieser Vermutung explizit. Er insistiert darauf, daß "nicht die Ausdifferenzierung und eigensinnige Entfaltung der kulturellen Wertsphären ... zur kulturellen Verarmung der kommunikativen Alltagspraxis (führen), sondern die elitäre Abspaltung der Expertenkulturen von den Zusammenhängen kommunikativen Alltagshandelns" (Habermas 1981, Bd.2, 488). Er ist überzeugt von der realen Möglichkeit "*einer posttraditionalen Alltagskommunikation*, die auf eigenen Füßen steht, die der Eigendynamik verselbständigter Subsysteme Schranken setzt, die die eingekapselten Expertenkulturen aufsprengt und damit den kombinierten Gefahren der Verdinglichung (als Folge der Kolonialisierung, W.L.S.) wie der Verödung entgeht" (Habermas 1981, Bd.2, 486).

8.7   Posttraditionale Alltagskommunikation oder Szientifizierung der Lebenswelt?

Wie könnte eine solche "posttraditionale Alltagskommunikation" aussehen? Auf welche Weise sollen die Ergebnisse von Wissenschaft, Moral und Kunst von den Alltagshandelnden rezipiert und als Grundlage lebenspraktischer Entscheidungen genutzt werden? Inwiefern ist das von Experten unter Bedingungen der Handlungsentlastung erzeugte Wissen überhaupt geeignet, als Basis für die Ableitung konkreter Einzelfallentscheidungen zu dienen und wenn nicht, wie könnte dann die Kluft zwischen ausdifferenzierter Wissensproduktion und Alltagspraxis überbrückt werden?

Was von der Beantwortung dieser Fragen abhängen könnte, zeigt eine Analyse von Ulrich Oevermann. Oevermann (1985) macht darauf aufmerksam, daß bestimmte empirisch festzustellende Formen der Nutzung wissenschaftlichen Wissens zur Begründung lebenspraktischer Entscheidungen ebenfalls eine *besondere Gefahrenquelle für die Autonomie der Lebenswelt* bedeuten. Um welche Nutzungsweisen es ihm dabei geht, läßt sich am besten an einem fiktiven Beispiel verdeutlichen.

Nehmen wir an, eine in Deutschland geborene und aufgewachsene Frau hat sich in einen Inder verliebt und steht vor der Entscheidung, ob sie seinen Heiratsantrag annehmen oder ablehnen soll. Sie möchte eine solche Bindung nur eingehen, wenn sie sich einigermaßen sicher sein kann, daß die Ehe auch tatsächlich dauerhaft sein wird. Von den Freunden, mit denen sie darüber spricht, raten ihr viele ab, andere ermutigen sie. Hauptargument der Abratenden ist, daß ihr Mann aufgrund seines andersartigen kulturellen Erfahrungshintergrundes von vielen Fragen des gemeinsamen Lebens eine völlig andere Auffassung als sie haben dürfte und die Ehe deshalb vorraussichtlich in den alltäglichen Auseinandersetzungen darüber scheitern werde. Diejenigen, die ihr zuraten, sehen in solchen Bedenken nur maskierte Vorurteile und raten ihr, sich ausschließlich auf ihr Gefühl zu verlassen. Von Zweifeln geplagt und in dem Bestreben, nicht blind vor Liebe zu handeln, sondern eine Entscheidung zu treffen, die *rationalen Erwägungen* standhält, beschließt sie schließlich, die Hilfe der Sozialwissenschaften in Anspruch zu nehmen. Aussagekräftig erscheinen ihr Daten über die Scheidungshäufigkeit bei Ehen, in denen die Partner aus unterschiedlichen Kulturen stammen. Sie beschließt, ihre Entscheidung davon abhängig zu machen, ob das Scheidungsrisiko in solchen Ehen wesentlich höher ist, als zwischen Partnern mit gleichem kulturellen Hintergrund oder nicht.

In unserem Zusammenhang von Interesse ist nicht das schließliche Ergebnis des Entscheidungsprozesses, sondern die Art, wie es erreicht wird. Wissenschaftliches Wissen tritt hier *an die Stelle* der eigenen alltagspraktischen Erfahrung und wird als Basis für die Ableitung einer Entscheidung verwendet. Diese Ableitung hat die Struktur einer Wenn-dann-Regel nach dem Muster, "wenn das statistische Scheidungsrisiko (innerhalb eines bestimmten Zeitraumes) größer als x ist, dann werde ich den Heiratsantrag ablehnen; wenn nicht, dann nehme ich an". Ohne die abwägende Zwischenschaltung des eigenen Urteils im Hinblick auf die konkreten Einzelheiten des spezifischen Falles, ohne Prüfung, inwiefern *die bisherige Beziehung* zu dem Heiratskandidaten Anlaß zu der Erwartung gibt, daß man sich in grundlegenden Fragen des gemeinsamen Lebens einigen bzw. nicht einigen kann, wird die Entscheidung damit allein von allgemeinen Forschungsresultaten abhängig gemacht. Das eigene Erfahrungswissen und das eigene Urteil wird so *als unzuverlässig und irrelevant* definiert und die zu treffende Entscheidung vollständig an die Wissenschaft deligiert.

Deren Forschungsresultate können freilich niemals den Status letzter Wahrheiten haben. Sie bleiben grundsätzlich widerlegbar durch andere Forschungsergebnisse. Oft handelt es sich dabei um Aussagen über Häufigkeitsverteilungen auf der Basis einer großen Anzahl von Fällen. Daraus können dann statistische Erwartungswahrscheinlichkeiten abgeleitet werden, die sich jedoch ebenfalls auf große Fallzahlen beziehen und keine Aussagen über einzelne Fälle erlauben. Darüber hinaus kann die Geltung dieser Forschungsergebnisse außer Kraft gesetzt werden durch ein verändertes Verhalten der Alltagsakteure, dokumentieren sie doch jeweils nur Muster *vergangenen* Verhaltens. Diese Art der Verwendung wissenschaftlichen Wissens bedeutet deshalb die Aufgabe der Autonomie der Lebenspraxis, ohne daß dafür zwingende Argumente vorhanden wären. *An die Stelle lebenspraktischer Autonomie tritt Heteronomie durch Selbstentmündigung zugunsten von Expertenwissen, dessen Überlegenheit von vornherein ungeprüft unterstellt wird.*

Die Flut erfolgreich verkaufter sozialwissenschaftlicher Ratgeberliteratur gibt Anlaß zu der Vermutung, daß unser Beispiel für einen breiteren Trend stehen könnte. Struktureller Hintergrund einer solchen Entwicklung ist die Ausdifferenzierung der verschiedenen Wertsphären aus der Lebenswelt sowie die Auflösung tradierter Orientierungsmuster und der damit verknüpften Verhaltenssicherheiten. Der *Begründungszwang*,[34] dem menschliches Handeln grundsätzlich unterliegt und der mit Habermas auf die Geltungsbasis der Rede zurückgeführt werden kann, wird damit zum Problem. Erhöhtes Risikobewußtsein und gesteigerte Rationalitätsansprüche im Hinblick auf unser alltägliches Handeln als Folge der historischen Ausdifferenzierung von Wissenschaft führen dazu, daß dieser Begründungszwang in der alltäglichen Lebenspraxis des einzelnen manifest wird und nicht auf routinisierte Weise befriedigt werden kann. In einer solchen Situation kann wissenschaftliches Wissen als funktionales Äquivalent eingesetzt werden, das an Stelle der zerfallenen Traditionen das Verhalten orientiert und den einzelnen von individuell zu verantwortenden Begründungsleistungen *entlastet*. Dies ist freilich nur um den Preis der Selbstentmündigung zugunsten des unverbrüchlichen *Glaubens* an die Geltung (sozial)wissenschaftlichen Expertenwissens möglich.

Die skizzierte These macht deutlich, daß die Auflösung der Barrieren zwischen den ausdifferenzierten Expertenkulturen und dem lebensweltlichen Alltagshandeln Erscheinungsformen annehmen kann, welche die *Autonomie der Lebenswelt* auf eine ähnliche Weise bedrohen, wie deren Kolonialisierung. Nicht nur der Gebrauch von

---

34 Vgl. dazu Oevermann 1985, 465, der "Lebenspraxis ... als eine widersprüchliche Einheit von Begründungs- und Entscheidungszwang" bestimmt.

Recht als *Steuerungs*medium in Kernbereichen der Lebenswelt, auch eine zu starke Beanspruchung des *Kommunikations*mediums wissenschaftlicher Reputation, so können wir daraus schließen, kann die symbolische Reproduktion der Lebenswelt beeinträchtigen. Wenn allgemeine wissenschaftliche Aussagen auf lebenspraktische Handlungssituationen bezogen und Entscheidungen daraus abgeleitet werden, ohne dabei zu prüfen, inwiefern die zugrunde gelegten allgemeinen Aussagen tatsächlich geeignet sind, den in concreto vorliegenden Entscheidungsfall zu erhellen, dann hat dies *nicht die Rationalisierung*, sondern die *Szientifizierung* des Alltags zur Folge. Die Differenz zwischen Wissenschaft und Alltagshandeln wird dabei nicht überbrückt, sondern eingerissen. Die Ausdifferenzierung der Wissenschaft wird durch die Entdifferenzierung von Wissenschaft und Lebenswelt aufgehoben mit dem Ergebnis, daß die Verhaltensmuster, die in der Lebenswelt praktiziert werden, sich den Mustern angleichen, die von den (Sozial)wissenschaften prognostiziert werden.

An unserem Beispiel demonstriert: Wenn sozialwissenschaftliche Daten und Hypothesen besagen würden, daß Ehen zwischen Partnern, die aus verschiedenen Kulturen stammen, ein signifikant höheres Scheidungsrisiko aufweisen, dann könnten 'gemischtkulturelle' Paare, deren Ehe zu einem bestimmten Zeitpunkt in eine Krise gerät, daraus die Schlußfolgerung ziehen, Bemühungen um eine vielleicht langwierige gemeinsame Bewältigung der Krise lohnten sich nicht, weil deren Scheitern ohnehin zu erwarten sei. Sie könnten deshalb zu dem Ergebnis kommen, daß eine rasche Scheidung den vermeintlich ohnehin nutzlosen Verständigungsbemühungen vorzuziehen sei. Sofern die entsprechenden Forschungsergebnisse allgemeine Verbreitung und Anerkennung finden würden, hätte dies den Effekt, daß bei einer Ehekrise gemischtkulturelle Paare sich im Durchschnitt rascher scheiden lassen würden als gleichkulturelle Paare. Die Wahrscheinlichkeit einer Scheidung in gemischtkulturellen Ehen würde so als Folge des Umstands, daß die Ehepartner in diesen Ehen *erwarten*, ihre Ehe werde mit höherer Wahrscheinlichkeit scheitern, tatsächlich hoch bleiben oder gar ansteigen. Dies wäre auch dann der Fall, wenn die Daten der wissenschaftlichen Studie(n), aus der die These des höheren Scheidungsrisikos bei gemischtkulturellen Ehen ursprünglich stammte, verfälscht waren. Zumindest im nachhinein würden sich ihre Ergebnisse nach dem Muster einer "sich selbst erfüllenden Prophezeihung" (Merton) bestätigen. Als Folge der unkritischen Übernahme und Anwendung (sozial)wissenschaftlicher Befunde zur Ableitung lebenspraktischer Entscheidungen könnte so die Lebenswelt sich in Teilbereichen dem Bilde angleichen, das sich die (Sozial)Wissenschaft von ihr macht und zwar unabhängig davon, ob dieses Bild zum Zeitpunkt seiner Anfertigung den realen Gegebenheiten entsprach oder nicht. Die Lebenswelt würde hier gleichsam zum *Artefakt der Wissenschaft*.

Das Beispiel mag überspitzt und seine Generalisierbarkeit fragwürdig erscheinen. In unserem gegenwärtigen Zusammenhang ist dies jedoch nicht von Bedeutung. Inwieweit es als Illustration für einen nachweisbaren empirischen Trend steht, kann offen bleiben. Wir haben es nur als Gedankenexperiment gebraucht, an dem auf exemplarische Weise deutlich werden soll, welche Konsequenzen aus der *Szientifi-*

zierung der Lebenswelt im hypothetischen Grenzfall folgen könnten,[35] wenn eine derartige Entwicklungsmöglichkeit - wie von Oevermann behauptet - die Form eines realen Trends annehmen sollte. Diese Konsequenzen machen sichtbar, daß die implizite Utopie einer Rationalisierung der lebensweltlichen Alltagspraxis, die nach Habermas letztlich in den Strukturen kommunikativen Handelns angelegt ist, nicht identisch sein kann mit der *Szientifizierung* alltäglichen Handelns. Diese implizite Utopie verlangt eine Form der *Rationalisierung alltäglichen Handelns*, die kompatibel ist mit der *Autonomie der Lebenswelt*. Dazu genügt es nicht, daß blinder Glaube an die *Tradition* durch blinden Glauben an die Rationalität der *Wissenschaft* ersetzt wird (vgl. Oevermann 1984, 469). Doch wie könnte eine solche Form rationalisierter Lebenspraxis aussehen? - Hier besteht offensichtlich weiterer Explikationsbedarf.[36]

8.8 Die politische Öffentlichkeit als Sphäre der Vermittlung zwischen System und Lebenswelt

Eine weitere Frage, die von zentraler Bedeutung für die Habermassche Theorie ist, schließt unmittelbar an die eben behandelte an: Wie könnte eine rationalisierte Lebenswelt Einfluß nehmen auf die Eigendynamik der ausdifferenzierten Funktionssysteme? Die Untersuchungen von Habermas, die sich dieser Frage widmen, konzentrieren sich vor allem auf die Bedeutung und Funktionsweise der *Öffentlichkeit* und des *Rechts*.[37]

Die Sphäre öffentlicher Diskussion umschreibt einen Bereich, in dem es unter den Bedingungen relativer Handlungs- und Entscheidungsentlastung möglich ist, Themen zu diskutieren, Geltungsansprüche dem Test argumentativer Begründbarkeit auszusetzen und so die Bildung eines rationalen Konsenses zu erreichen. Die Öffentlichkeit schließt an die privaten Lebensbereiche von Familie und Freundschaft, die Kontakte mit Nachbarn, Bekannten und Arbeitskollegen an. Sie bezieht ihre thematischen Impulse aus der dort beginnenden "Verarbeitung lebensgeschichtlich resonierender gesellschaftlicher Problemlagen" (Habermas 1992, 442f.) und

---

35 Ulrich Oevermann (1985), von dem diese (hier nur grob umrissene) These stammt, spricht in der Regel nicht von "Szientifizierung", sondern wählt die Bezeichnungen "Technokratisierung" bzw. "Versozialwissenschaftlichung der Lebenspraxis". Ich bervorzuge die Bezeichnung "Szientifizierung", weil sie den Bezug zu den ausdifferenzierten Geltungssphären unmißverständlich hervorhebt und ein adäquates sprachliches Pendant zu dem Begriff der Kolonialisierung bildet. Der Sache nach besagen die verschiedenen Bezeichnungen jedoch das gleiche.

36 Ulrich Oevermann hat Überlegungen dazu entwickelt, deren Präsentation hier jedoch zuviel Raum erfordern würde. Eine zentrale Rolle weist Oevermann darin vor allem den *Professionen* (den Ärzten, Psychologen und Psychoanalytikern, Erziehungs- und Eheberatern, Juristen etc.) zu, deren Aufgabe wesentlich darin besteht, wissenschaftliches Wissen auf spezifische lebenspraktische Problemsituationen im Rahmen einer individuellen Experte-Klient-Beziehung zu beziehen. Vgl. dazu Oevermann 1985, 469f. sowie Oevermann 1996.

37 Die zentralen Überlegungen dazu finden sich in in dem Buch "Faktizität und Geltung. Beiträge zur Diskurstheorie des Rechts und des demokratischen Rechtsstaats" (1992).

überträgt die dort herrschende Verständigungsorientierung in die *Kommunikation unter Fremden.*

In dem Maße, in dem sie entkoppelt ist von der Einbettung in dichte Interaktionen zwischen einander bekannten Personen in gemeinsam geteilten Kontexten, erfordert öffentliche Kommunikation einerseits einen höheren *Grad an Explikation* und Kontextunabhängigkeit der Darlegung von Problemen und Meinungen, andererseits aber auch den *Verzicht auf Expertensprachen,* die nur für ein eng begrenztes Fachpublikum verständlich wären. Die Anonymisierung der Kommunikation und die Suspendierung des Zwanges, umittelbar zu handeln bzw. praktisch folgenreiche Entscheidungen zu treffen, begünstigen insgesamt die *Intellektualisierung* öffentlicher Kommunikation (Habermas 1992, 437). Dies geschieht bei fortbestehender Orientierung des kommunikativen Anforderungsniveaus an dem Auffassungsvermögen von Laien.

Die Öffentlichkeit kann, so Habermas, nicht als Institution, System oder Organisation beschrieben werden. Sie hat eher die *Struktur eines Netzwerkes* für die Kommunikation von Meinungen, das sich in eine Vielzahl von überlappenden, thematisch differenzierten Arenen verzweigt (Habermas 1992, 435f.). Dabei kann zwischen verschiedenen Ebenen dieses Netzwerkes unterschieden werden, die sich in ihrer Kommunikationsdichte, ihrem Organisationsgrad und ihrer Reichweite unterscheiden (vgl. Habermas 1992, 452):

(1) der "*episodischen* Kneipen-, Kaffeehaus- oder Straßenöffentlichkeit";
(2) der "*veranstaltete(n)* Präsenzöffentlichkeit von Theateraufführungen, Elternabenden, Rockkonzerten, Parteiversammlungen oder Kirchentagen";
(3) der "*abstrakten,* über Massenmedien hergestellten Öffentlichkeit von vereinzelten und global verstreuten Lesern, Zuhörern und Zuschauern".

Die Öffentlichkeit fungiert in modernen Gesellschaften einerseits als vermittelnde Instanz zwischen den *privaten* und den *nicht-privaten* Sektoren der Lebenswelt (wie z.B. Schulen, Vereinen, religiöse Gemeinschaften), die *für spezifische Reproduktionsfunktionen* (Sozialisation, soziale Integration, kulturelle Reproduktion) *ausdifferenziert* worden sind. Zugleich vermittelt die Öffentlichkeit zwischen der *Lebenswelt insgesamt* und dem *politisch-administrativen System* (Habermas 1992, 451).

Um zu erklären, auf welche Weise die Öffentlichkeit als Bindeglied zwischen der Lebenswelt und dem politischen System fungieren kann, müssen wir einen Blick auf den *Machtkreislauf* moderner demokratischer Gesellschaften werfen und die Rolle der Öffentlichkeit in diesem Kreislauf bestimmen. Wie wir oben gehört haben, verfügt das politisch-administrative System über ein eigenes Steuerungsmedium, nämlich *administrative Macht,* auf dessen Basis - von Prozessen kommunikativer Verständigung weitestgehend entlastet - bindende Entscheidungen gefällt, in *rechtliche Form* gebracht und durchgesetzt werden können. Gestützt auf administrative Macht kann das politische System normative Prämissen für Interaktionen setzen und auf diese Weise ebenso in das ökonomische System, wie in den Binnenkontext der Lebenswelt intervenieren.

Der Gebrauch administrativer Macht ist dabei seinerseits den normativen Beschränkungen unterworfen, die das Recht dafür vorsieht und unterliegt der ständigen Beobachtung durch die Öffentlichkeit. Das Forum der Öffentlichkeit und die sich darin zur "öffentlichen Meinung" bündelnden Stellungnahmen konfrontieren die Verwendung administrativer Macht mit der ständigen Anforderung der *argumentativen Rechtfertigung*. Zusammen mit dem *konkurrenzdemokratischen Wahlmechanismus* sorgt die politische Öffentlichkeit dafür, daß sich die Regierenden dieser Anforderung nur bei Strafe des Machtverlustes entziehen können. Insofern kann man feststellen, daß auch die Öffentlichkeit nicht machtlos ist. Die Macht, die sie mobilisieren kann, ist freilich von einer besonderen Art. Sie gründet nicht auf der Möglichkeit zum Gebrauch von Zwangsmitteln, sondern auf den kollektiven Überzeugungen, die in der *Anerkennung von Geltungsansprüchen* verankert sind und die zu einem konsensuellen Handeln führen können, das die Reichweite administrativer Macht begrenzt. Habermas spricht hier von *kommunikativer Macht*.

Kommunikative Macht artikuliert sich nicht nur in einer öffentlichen Meinung, welche die Wahlentscheidungen der Staatsbürger beeinflußt und auf diesem Wege über die Zuteilung von politischen Ämtern und administrativer Macht entscheidet. Sie kann sich auch in friedlichen Aktionen des zivilen Ungehorsams äußern, mit denen Protestbewegungen die Legitimität bestehender Gesetze öffentlich in Zweifel ziehen. Unter den Bedingungen des demokratischen Rechtsstaates muß sich die Verwendung politisch-administrativer Macht ebenso wie die Konkurrenz um ihren Erwerb auf *kommunikative Macht* stützen. Diese ist ein "knappes Gut, um das Organisationen wetteifern und mit dem Amtsinhaber wirtschaften, das aber keiner von ihnen produzieren kann" (Habermas 1992, 186), denn *der Ort der Produktion kommunikativer Macht ist die politische Öffentlichkeit.*

Das politische System ist demnach angewiesen auf die kontinuierliche Zufuhr *kommunikativer Macht,* die es *in administrative Macht überführt.* Das *Recht* fungiert in diesem Prozeß als ein Medium, "über das sich kommunikative Macht in administrative umsetzt" (Habermas 1992, 187), indem es die gewählten Amtsinhaber in strikter Bindung an die rechtlichen Voraussetzungen und Verfahrensregeln auf legitime Weise ermächtigt, Gesetze zu beschließen und zu implementieren, d.h. administrative Macht auszuüben. In dieser Funktion bewährt sich das Recht als "Transformator im gesellschaftsweiten Kommunikationskreislauf zwischen System und Lebenswelt" (Habermas 1992, 108). *Recht* und *politische Öffentlichkeit* erscheinen so als die beiden zentralen Instanzen, *deren Zusammenwirken* für die Vermittlung zwischen der Lebenswelt und dem politisch-administrativem System sorgt.

Der Begriff der Öffentlichkeit bedarf der näheren Qualifizierung. Als primäre Trägergruppen der Produktion kommunikativer Macht in den Arenen der politischen Öffentlichkeit betrachtet Habermas *radikaldemokratische Assoziationen,* d.h. vor allem soziale Bewegungen, Bürgerinitiativen bzw. Gruppen wie Greenpeace oder Amnesty International. Diese Gruppen sind eingebunden in *nicht-institutionalisierte* Formen der öffentlichen Kommunikation, die spontane Prozesse der Meinungsbildung auf der Basis argumentativer Auseinandersetzung ermöglichen. Ihnen gegenüber stehen *Parteien und Interessenverbände* (wie Unternehmerverbände und

Gewerkschaften, Berufsgruppenvertretungen, Vermieter- und Mieterschutzvereinigungen etc.), welche die Öffentlichkeit durch gezielte Informationen und Verlautbarungen in ihrem Sinne strategisch zu beeinflussen versuchen. Deren primärer Adressat ist die *institutionalisierte* Öffentlichkeit der Massenmedien. Parteien und Verbände verfügen über *Geld und Organisationsmacht.* Der Einsatz dieser Ressourcen sichert ihnen privilegierte Möglichkeiten des Zugangs zu politischen Entscheidungsträgern und zur massenmedialen Öffentlichkeit. Dadurch haben sie größere Chancen als die freien Assoziationen, die öffentliche Meinung zu beeinflussen. Die besondere Durchsetzungskraft von Interessen, die in der Verfügung über derartige Ressourcen begründet ist, bezeichnet Habermas mit dem Begriff der *sozialen Macht.*

Soziale Macht, die genutzt wird, um bestimmte Themen auf der Agenda der Massenmedien zu plazieren und andere Themen fernzuhalten, um Beiträge bestimmten Inhalts durch Konferenzen, Verlautbarungen und Kampagnen in die Medienöffentlichkeit einzuschleusen und davon abweichende Äußerungen zu marginalisieren, führt zur *Verzerrung der öffentlichen Diskussion* (vgl. Habermas 1992, 455). Sie verschafft Meinungen eine erhöhte Chance der Durchsetzung, die nicht in einer gesteigerten Kapazität zur argumentativen Einlösung von Geltungsansprüchen begründet ist, sondern sich im Gegenteil der Möglichkeit verdankt, potentiell konkurrierende Themen und Beiträge der öffentlichen Diskussion unbemerkt zu entziehen. Im Erfolgsfalle blockiert soziale Macht so die Erzeugung kommunikativer Macht, die in einem rationalen Konsens fundiert ist. An deren Stelle tritt die *Produktion von plebiszitärer Legitimität,* d.h. der Bereitschaft zur passiven Anerkennung politischer Entscheidungen, die auf dem formaldemokratischen Wahlmechanismus gründet, der eine Fundierung in rationalem Konsens jedoch fehlt (vgl. Habermas 1992, 462).

Halten wir uns vor Augen, um wieviel geringer die Zugangschancen von freien Vereinigungen, Bürgerinitiativen und sozialen Bewegungen zur massenmedialen Öffentlichkeit sind im Vergleich zu den Chancen von Regierung und Verwaltung, von Parteien und Verbänden, dann erscheinen die Möglichkeiten zur Lenkung von Politik durch kommunikative Macht äußerst beschränkt. *Unter Normalbedingungen* ist eher damit zu rechnen, daß Amtsträger, Parteien und Verbände in der Lage sind, die Berichterstattung und Diskussion in der massenmedialen Öffentlichkeit so zu beeinflussen, daß sie die benötigte Akzeptanz für die von ihnen favorisierten politischen Entscheidungen erreichen. Kontroverse Diskussion ist dadurch keineswegs ausgeschlossen. Sie beschränkt sich unter diesen Bedingungen jedoch auf Bereiche, in denen konkurrierende Parteien- bzw. Verbandsinteressen im Spiel sind sowie auf Personalfragen.

Anders freilich in Situationen, die als *krisenhaft* wahrgenommen werden: In Krisensituationen können Protestbewegungen und Bürgerinitiativen "eine überraschend aktive und folgenreiche Rolle übernehmen" (Habermas 1992, 460). Habermas (a.a.O.) nennt eine Reihe von Beispielen, die diese These belegen sollen, - das atomare Wettrüsten, die Risiken der friedlichen Nutzung von Atomenergie, ökologische Gefährdungen, Gentechnik, Überschuldung und Verelendung der Länder der Dritten Welt, Einwanderung und deren Folgeprobleme, die Themen des Feminismus, - um dann den Pfad nachzuzeichnen, über den diese Themen von den Akteuren der Lebenswelt, die sie zuerst wahrgenommen haben, über bereichsspezifische Öffentlichkeiten in die massenmediale Öffentlichkeit einwandern und schließlich auch ins politische System eindringen:

"Fast keines dieser Themen ist *zuerst* von Exponenten des Staatsapparates, der großen Organisationen oder gesellschaftlichen Funktionssysteme aufgebracht worden. Statt dessen werden sie lanciert von Intellektuellen, Betroffenen, radical professionals, selbsternannten 'Anwälten' usw. Von dieser äußersten Peripherie aus dringen die Themen in Zeitschriften und interessierte Vereinigungen, Clubs, Berufsverbände, Akademien, Hochschulen usw. ein und finden Foren, Bürgerinitiativen und andere Plattformen, bevor sie gegebenenfalls in gebündelter Form zum Kristallisationskern von sozialen Bewegungen und neuen Subkulturen werden. Diese wiederum können Beiträge dramatisieren und so wirksam inszenieren, daß sich die Massenmedien der Sache annehmen. Erst über die kontroverse Behandlung in den Medien erreichen solche Themen das große Publikum und gelangen auf die 'öffentliche Agenda'. Manchmal bedarf es der Unterstützung durch spektakuläre Aktionen, Massenproteste und anhaltende Kampagnen, bis die Themen über Wahlerfolge, über die vorsichtig erweiterten Programmatiken der 'Altparteien', Grundsatzurteile der Justiz usw. in Kernbereiche des politischen Systems vordringen und dort formell behandelt werden" (Habermas 1992, 461).

Die Entstehung von Krisenbewußtsein an der Peripherie kann demnach zum Ausgangspunkt für eine *Mobilisierung der Öffentlichkeit* werden, welche die auf *sozialer Macht* gründende Dominanz der etablierten Parteien und Interessenverbände in den Massenmedien eindämmt durch die *kommunikative Macht*, die ihren Ausgang von der nicht-institutionalisierten Öffentlichkeit radikaldemokratischer Assoziationen nimmt. Kommunikative Macht wirkt dabei nicht durch direkte Intervention, sondern nach dem Muster *indirekter* Steuerung: Sie verändert das *Reservoir der akzeptablen Gründe,* auf die die Politik für die öffentliche Rechtfertigung administrativer Maßnahmen zurückgreifen kann und schränkt so die Möglichkeiten des Gebrauchs administrativer Macht im politischen System normativ ein (Habermas 1992, 623).

Die skizzierte Deutung der politischen Öffentlichkeit als Vermittlungsinstanz zwischen dem politischen System und der Lebenswelt trägt der *unaufhebbaren Eigendynamik der Funktionssysteme* Rechnung, die eine erfolgreiche *direkte* Intervention der Lebenswelt *ausschließt*. Die ausdifferenzierten Funktionssysteme, in denen die Kommunikation auf der Basis von Steuerungsmedien prozessiert, erscheinen zu komplex, um einer direkten, zielgenauen Intervention zugänglich zu sein. Diese Schranke kann auch die Lebenswelt gegenüber dem politischen System nicht durchbrechen. Sie kann politisch-administratives Handeln nicht dirigieren, sondern es nur - durch die Vorgabe einschränkender Möglichkeiten sozialer Legitimation - *konditionieren*. An die Stelle der Idee der Kontrolle tritt so die Vorstellung der *Domestizierung der Funktionssysteme* durch den *selektiv* wirksamen Widerstand der Lebenswelt, der dafür sorgt, daß das Operieren der Systeme kompatibel bleibt mit den Reproduktionsbedingungen der Lebenswelt.

8.9   Wie scharf sind die Sphären von System und Lebenswelt gegeneinander differenziert?

Die Habermassche Theorie der modernen Gesellschaft betont die Autonomie der ausdifferenzierten Funktionssysteme gegenüber der Lebenswelt. Während die Lebenswelt der Gefahr der systemischen Kolonialisierung durch die Umstellung der alltäglichen Handlungskoordination auf die Regulierung durch die Steuerungsmedien Geld und Macht ausgesetzt erscheint, scheinen die Funktionssysteme gegenüber einer Infiltration durch die Lebenswelt, die zur Überwucherung und partiellen Zurückdrängung medienregulierter Interaktionen durch kommunikative Verständigung führen könnte, weitgehend immun. Auch kommunikative Macht, so haben wir eben gehört, interveniert nicht unmittelbar in die Funktionssysteme. Sie erzeugt nur Widerstände für deren Operieren, denen die Akteure und Organisationen des politisch-administrativen bzw. des ökonomischen Systems auf *strategische* Weise Rechnung tragen müssen.

Um - nach den internen Kriterien von Ökonomie und Politik - erfolgreich handeln zu können, d.h. um gewinnbringend zu wirtschaften oder politische Ämter zu besetzen, administrative Macht zu erreichen und sie wirksam einzusetzen, dürfen die Akteure der Funktionssysteme die öffentliche Meinung nicht ignorieren. Wer es dennoch versucht, dem drohen Machtverlust durch abwandernde Wähler bzw. Gewinneinbußen durch Käuferboykott, wie Shell bei dem Skandal um die Versenkung der Ölbohrinsel "Brent Spar" erfahren mußte. Um diesen Risiken vorzubeugen, werden Meinungsforschungsinstitute konsultiert und Werbekampagnen durchgeführt. Sich abzeichnende Meinungstrends sollen so rechtzeitig registriert und beeinflußt werden, um schädigende Kollisionen zu vermeiden. Auch die Beratung durch potentielle Gegner mit hohem Einfluß in der Öffentlichkeit (z.B. von Shell durch Greenpeace) ist ein dafür geeignetes Mittel. Dadurch können Arrangements erreicht werden, die den Charakter von *Kompromißbildungen* haben und deshalb von *systematisch divergierenden Motiven* getragen sind: von der Orientierung an begründbar erscheinenden normativen Ansprüchen einerseits, der Orientierung an systemspezifischen Rationalitäts- und Effektivitätskriterien andererseits.

Bis hierher haben wir die Beziehung zwischen den gesellschaftlichen Funktionssystemen und der Lebenswelt nach dem Muster einer Beziehung zwischen klar gegeneinander abgegrenzten Bereichen dargestellt. Die Lebenswelt erschien so als die Gesamtheit der sozialen Beziehungen *in der Umwelt* der Funktionssysteme. Diese Differenzierung der Handlungsbereiche findet freilich keine Entsprechung auf der Ebene der handelnden Akteure. Die Mitglieder der Organisationen der Funktionssysteme, von Verwaltungen und Behörden, von Parteien, Interessenverbänden und Unternehmen, gehören als Privatpersonen, als Publikum der politischen Öffentlichkeit und als Personen, die sich möglicherweise in Vereinen und Bürgerinitiativen engagieren, der Lebenswelt an. Aber auch am Arbeitsplatz sind sie nicht nur in *formal geregelte* und an ihre *Mitgliedschaftsrolle* gebundene Beziehungen zu anderen Organisationsmitgliedern involviert. Für sie zählen nicht nur arbeitsvertraglich festgelegte Verpflichtungen und Einkommenszahlungen, formale Zuständigkeiten, Hierarchiepositionen und daraus entspringende Anweisungsbefugnisse. Sie stehen ebenso in *informalen* Beziehungen der Bekanntschaft, Kollegialität und Freundschaft zueinander, die im Arbeitsalltag für die Akteure selbst, aber auch für die Regulierung des Arbeitsablaufs in den Organisationen von hoher Bedeutung sind. Organisationen koordinieren Handlungen deshalb nicht nur auf der Basis von Steuerungsmedien, sondern sind zugleich durchzogen von *personalisierten* Beziehungen, in denen die Beteiligten *verständigungsorientiert* handeln. Sie sind nicht nur bestimmten Funktionssystemen zugeordnet, sondern auch durch lebensweltliche Beziehungen geprägt.[38]

Habermas nimmt derartige Einwände selbst vorweg und kommt ihnen sogar ausdrücklich entgegen, wenn er im Hinblick auf die Mitgliedschaft in Organisationen schreibt:

> "Die durch Organisationsmitgliedschaft konstituierten innerbetrieblichen Beziehungen ersetzen kommunikatives Handeln nicht, aber sie *entmächtigen* dessen Geltungsgrundlagen zugunsten der legitimen Möglichkeit, den Bereich verständigungsorientierten Handelns nach Belieben in eine von lebensweltlichen Kontexten entkleidete, nicht länger auf Konsenserzielung abgestellte Handlungssituation umzudefinieren. Daß freilich die Externalisierung lebensweltlicher Kontexte nicht restlos gelingen kann, zeigt schon die informelle Organisation, auf die sich jede formelle stützen muß. Die informelle Organisation erstreckt sich auf diejenigen legitim geregelten innerbetrieblichen Beziehungen, die trotz der Verrechtlichung des Rahmens moralisiert werden dürfen. Mit ihr reicht die niemals perfekt abgeschottete Lebenswelt der Mitglieder in die Organisationsrealität hinein" (Habermas 1981, Bd.2, 460).

Im ersten Satz des Zitates wird ein *relativ klares Kriterium* genannt, an dem die Dominanz mediengesteuerter Handlungskoordination in Organisationen zu erkennen ist: Es gilt als legitim, bei Bedarf - und d.h. vor allem bei Dissens - auf medienbasiertes strategisches Handeln umzuschalten. Am Beispiel: Versucht sich der Untergebene einer Bitte des Vorgesetzten zu entziehen, kann dieser, sofern seine Bitte sich auf die Erledigung von Aufgaben bezieht, die in den arbeitsvertraglich vereinbarten und damit rechtlich geregelten Zuständigkeitsbereich des Mitarbeiters fallen, zum Mittel der Dienstanweisung greifen, d.h. auf der Basis des *Steuerungsmediums (rechtmäßig ausgeübter) Macht* kommunizieren; bei fortgesetzter Verweigerung erfolgt eine Abmahnung; bei Wiederholung derartiger Vorfälle droht schließlich der Verlust der Organisationsmitgliedschaft durch Kündigung. Die nachfolgenden Sätze des Zitats unterminieren jedoch dieses Kriterium, sprechen sie doch ausdrücklich davon, daß sich jede Organisation auch auf informelle, d.h. moralisch regulierte und insofern der Lebenswelt zuzurechnende Beziehungen zwischen ihren Angehörigen *stützen muß*. Habermas versucht damit der *informellen Organisation* Rechnung

---

38 Zu einem solchen Befund kommt man freilich nur unter der Voraussetzung, daß alle sozialen Beziehungen am Arbeitsplatz als soziale Beziehungen innerhalb der Organisation klassifiziert werden. Eine an Luhmann orientierte systemtheoretische Begriffsstrategie wählt hier eine andere Option: Sie rechnet die informellen Beziehungen unter Arbeitskollegen *der Umwelt* des Sozialsystems Organisation zu.

zu tragen,[39] die - wie die Organisationssoziologie schon lange weiß - ein typisches und bedeutsames Element in jeder formalen Organisation ist. Den hier zu erwartenden Einwänden soll so ein Platz angewiesen werden, an dem sie nicht stören.

Man mag sich allerdings fragen, ob Habermas hier nicht mehr Flexibilität an den Tag legt, als es seiner Theorie gut tut. Die Rede vom *Hereinragen* der "nie ganz abgeschotteten Lebenswelt der Mitglieder in die Organisationsrealität" versucht die Bedeutung der informellen Organisation theoretisch zu marginalisieren. Sie kann jedoch auch als Anzeichen dafür gelesen werden, daß die Reichweite und Autonomie medialer Handlungskoordination bei weitem begrenzter ist, als die einfache These der Differenzierung von System und Lebenswelt, von medienvermittelter und kommunikativer Handlungskoordination, glauben macht. In Abhängigkeit von variierenden Randbedingungen könnten sich hier *unterschiedliche Konstellationen der Überlagerung und Interferenz* ergeben, die sich generalisierenden Trendaussagen nicht ohne weiteres fügen oder gar die Differenzierungsthese als solche zweifelhaft erscheinen lassen und die Frage aufwerfen, inwiefern Organisationen und Märkte nicht grundsätzlich unter der Doppelperspektive von System und Lebenswelt, von medialer Steuerung und moralischer Regulation beschrieben werden müssen.

Denkt man an Organisationen mit dauerhaften Mitgliedschaftsverhältnissen und geringem Personalaustausch, wie sie sich z.B. im Bereich des öffentlichen Dienstes finden, dann könnte hier a priori nicht ausgeschlossen werden, daß der Einfluß der informellen Beziehungen starke Einschränkungen für die Möglichkeit des legitimen Rückgriffs auf rechtliche Regelungen etabliert und die Effektivität formal geregelter Organisationsabläufe dadurch gravierend beeinträchtigt wird. Ähnliches ist in großen Privatfirmen möglich, "die aufgrund ihres klar bestimmten internen Arbeitsmarktes und ihrer vielsprossigen Karriereleitern im allgemeinen eine geringe Personalfluktuation aufweisen. Die dauerhafte Betriebszugehörigkeit der Angestellten stellt eine günstige Bedingung für engmaschige und stabile soziale Netzwerke ... dar" (vgl. Granovetter 2000, 197 und die dort angegebene Literatur). Wie verschiedene Untersuchungen belegen, erhalten die Beziehungen zwischen Organisationsmitgliedern unter den Bedingungen geringer Personalfluktuation "einen zusätzlichen persönlichen und expressiven Gehalt ..., was letztlich dazu führt, daß sich das Netzwerk transformiert und die Ausrichtung der Organisation verändert" (Lincoln 1982, 26, hier zitiert nach Granovetter 2000, 197).

Unter geeigneten Randbedingungen sind deshalb auch Entwicklungen denkbar, die dem von Habermas behaupteten Trend zuwiderlaufen und zu einer 'Kolonialisierung' von Organisationen in Funktionssystemen durch Formen der moralisch-lebensweltlichen Handlungsregulierung führen, die aus der Perspektive formaler Organisation als effektivitätsbedrohende Deckung illegalen Verhaltens erscheinen. Die wechselseitige Durchdringung zwischen formaler und informaler Struktur in Organisationen wie auch die Bedeutung einer Moral fairer Kooperation im Rahmen

---

39   Unter diesen Begriff fallen die persönlichen Beziehungen zwischen Organisationsmitgliedern, die sich in Loyalitäts- und Vertrauensbeziehungen, Freundschaften, Cliquenbildungen, aber auch in Rivalitäten und Feindschaften zwischen Einzelpersonen oder Gruppen ausdrücken.

dauerhafter Geschäftsbeziehungen zwischen Organisationen wirft darüber hinaus
die grundsätzliche Frage auf, ob die Habermassche Unterscheidung von System und
Lebenswelt nicht zu stark dichotomisiert. Mit dieser Dichotomisierung unterstellt
sie *allgemein* einen sehr hohen Grad der Differenzierung zwischen der Regulierung
von Interaktionen durch legitim geltende Normen einerseits bzw. durch den Einsatz der Steuerungsmedien Geld und Macht andererseits, der so möglicherweise
auch in der modernen Gesellschaft nur unter *besonderen Bedingungen* festzustellen
ist.

8.10 Zusammenfassung

Lassen wir zum Abschluß noch einmal die zentralen Konzepte der Habermasschen
Theorie Revue passieren. Von besonderem Interesse sind dabei die begrifflichen
Umstellungen, die Habermas im Vergleich zu den bisher diskutierten Ansätzen vor-
nimmt.

Modifiziert wird zunächst die *Kernvorstellung* dessen, was als Handeln in den
Blick zu nehmen ist. An die Stelle der *Verwirklichung von Zwecken*, wie in der
Weberschen Konzeption zweckrationalen Handelns und bei Rational Choice bzw.
der *Konformität mit Werten und Normen*, wie sie von Parsons der Auswahl von
Zwecken und Mitteln vorgeschaltet wird, tritt bei Habermas das Modell der *Verständigung zwischen Kommunikationsteilnehmern* unter den Prämissen der Entlastung von praktischen Anforderungen. Kommunikation erscheint in der Form eines zwanglosen Gespräches, in dem Themen und Beiträge von allen Beteiligten frei
gewählt werden können und das angelegt ist auf gegenseitiges *Verstehen* sowie auf
ein gemeinsames *Einverständnis in der Sache,* um die es jeweils geht.

Diese Grundintuition wird in Anschluß an die Sprechakttheorie und die Kommunikationstheorie von George Herbert Mead expliziert und durch die Habermassche Theorie der Geltungsansprüche komplettiert. Das Ergebnis ist das Konzept des
kommunikativen Handelns in dessen Entfaltung die drei Bezugsprobleme der *Sinnkonstitution,* der *(Geltungs-)Rationalität* und der *Intersubjektivität* in unauflöslicher
Weise miteinander verwoben sind: Mit jeder Äußerung, so die zentrale These, die
Habermas mit diesem Handlungskonzept verbindet, werden *vier Geltungs- oder
Rationalitätsansprüche* erhoben. Der Sprecher übernimmt dabei die Verpflichtung,
im Falle des Widerspruchs anderer Kommunikationsteilnehmer die Erfüllung dieser
Geltungsansprüche durch die Angabe von Gründen nachzuweisen. Die Einlösung
von Geltungsansprüchen - hier insbesondere von *Wahrheits- und normativen Rich-
tigkeitsansprüchen* - geschieht durch den Austausch von Argumenten im Rahmen
eines darauf spezialisierten Kommunikationstyps, dem *Diskurs,* unter der Voraussetzung einer *idealen Sprechsituation.* Jede Äußerung unterstellt, daß die in ihr
erhobenen Geltungsansprüche grundsätzlich argumentativ eingelöst werden können,
d.h. ein *intersubjektiver Konsens* über ihre Erfüllung zwischen Sprecher und Hörer
herbeigeführt werden kann, der die Annahme der universalen Zustimmungsfähig-

keit dieser Geltungsansprüche für alle denkbaren Teilnehmer eines rationalen Diskurses einschließt.

Kommunikatives Handeln ist freilich nur möglich, wenn bestimmte Voraussetzungen als gemeinsam anerkanntes Wissen bereits unterstellt werden können, weil andernfalls keine Einigkeit darüber möglich wäre, welche Argumente als stichhaltige Begründung eines Geltungsanspruchs anzuerkennen sind. Die Gesamtheit des gemeinsam geteilten, sprachlich organisierten Wissensvorrates, über den die Akteure verfügen und auf den sie als Grundlage für die Interpretation von Situationen, die Entwicklung von Handlungsplänen, die Auswahl von Themen und die Formulierung von Beiträgen ständig zurückgreifen, bezeichnet Habermas mit dem aus der phänomenologischen Tradition entlehnten Begriff der *Lebenswelt*. So vervollständigt, ist kommunikatives Handeln im Prinzip funktionsfähig und kann nun einem Handeln, das sich auf die *kollektive Verwirklichung von Zwecken* richtet, als *Koordinationseinrichtung* vorgeschaltet werden. Das Konzept der Lebenswelt wird dann, in engem Anschluß an Parsons, in verschiedene *strukturelle Komponenten* differenziert: Zur Komponente des gemeinsamen Wissens oder der gemeinsamen *Kultur* treten die Komponenten der *Gesellschaft* (als Gesamtheit legitim geordneter sozialer Beziehungen) und der *Persönlichkeit* (als Ensemble individuell verkörperter Interaktionsfähigkeiten) hinzu.

Von der *symbolischen Reproduktion* der Lebenswelt (ihren strukturellen Komponenten entsprechend unterteilt in die Prozesse der kulturellen Reproduktion, der sozialen Integration und der Sozialisation) wird deren *materielle Reproduktion* unterschieden. Die Steigerung der Effizienz der materiellen Reproduktion in gesellschaftlichem Maßstab ist nur durch *geldvermittelten Tausch* (als Voraussetzung gesellschaftlicher Arbeitsteilung) und durch *Macht* (als Voraussetzung für die Organisation des Zusammenwirkens einer Vielzahl von Akteuren zur Bewältigung komplexer Aufgaben) möglich. *Geld* und *Macht* motivieren Akteure durch *Anreiz bzw. Abschreckung* zur Ausführung oder Unterlassung von Handlungen. Ihre Wirkung ist also nicht in der *rationalen Einsicht* in die Anerkennungswürdigkeit von Geltungsansprüchen, sondern in ihren Konsequenzen für die *Befriedigung von Bedürfnissen* verankert. Auf der Grundlage der sich entfaltenden *Steuerungsmedien* Geld und Macht, die das Handeln durch empirische Beeinflussung von Motiven auf der Basis nutzenrationaler Kalkulation leiten und so die Handlungen einer Vielzahl von Akteuren *unter Umgehung verständigungsorientierter Kommunikation* koordinieren können, kommt es historisch zur allmählichen *Ausdifferenzierung* des Bereichs der materiellen Reproduktion aus der Lebenswelt.

In den modernen Gesellschaften hat dieser Differenzierungsprozeß seinen vorläufigen Höhepunkt erreicht: Von Prozessen der Verständigung weitestgehend entkoppelt, stehen die Subsysteme von *Ökonomie* und *staatlicher Verwaltung* einer Lebenswelt gegenüber, in der - als Ergebnis *interner Rationalisierung* entlang der Geltungsdimensionen kommunikativen Handelns - Wissenschaft, Recht als Institution, Moral und Kunst als autonome Wertsphären entstanden sind, die sich von der kommunikativen Alltagspraxis abgelöst haben. Durch die Kritik von Wissenschaft und universalistischer Moral an tradierten Normen und Wissensbeständen wird die

Lebenswelt in wachsendem Umfang dem Druck argumentativer Begründungsanforderungen ausgesetzt. Die *Autorität der Überlieferung* versteht sich nicht mehr von selbst. Sie muß eine rationale Gestalt annehmen, d.h. den Anspruch auf *begründbare* Geltung erheben und gegenüber Zweifeln einlösen, oder sie droht als irrational etikettiert und entmächtigt zu werden. Damit ist historisch erstmals die *Möglichkeit* eröffnet, das Rationalitäts*potential* kommunikativen Handelns real wirksam werden zu lassen, indem tradional gesichertes Einverständnis immer mehr durch argumentativ erreichten Konsens ersetzt wird.

Tatsächlich aber, so die Habermassche Diagnose, ist die Realisierung dieser Chance in der Gegenwart durch den Trend zur *Kolonialisierung* und zur *kulturellen Verödung* der Lebenswelt blockiert: *Kolonialisierung* bedeutet, daß in Kernbereichen der Lebenswelt an die Stelle der Regulierung sozialer Beziehungen durch *tradierte* Normen nicht die Regulierung durch *argumentativ* begründete Normen tritt, sondern der Koordinationsmodus verständigungsorientierten Handelns immer mehr verdrängt wird durch den Gebrauch der Steuerungsmedien Geld, Macht und Recht. *Kulturelle Verödung* heißt, daß die ausdifferenzierten Expertenkulturen gegenüber dem Alltag der Lebenswelt abgeschottet bleiben. Im Binnenkontext der kulturellen Wertsphären längst kritisierte, in ihrem Geltungsanspruch erschütterte und durch argumentativ überlegene Deutungsangebote verdrängte Traditionen leben so im Alltag fort und bleiben weiter als Grundlage des Handelns wirksam.

In der Aufdeckung dieser Entwicklungstendenzen bewährt die Theorie des kommunikativen Handelns ihrem Selbstverständnis nach ihr *gesellschaftskritisches Potential*. Dieses Potential bezieht sie aus der *Rekonstruktion der impliziten Rationalitätsansprüche kommunikativen Handelns.* Diese Ansprüche bilden den *normativen Maßstab*, den Habermas an die moderne Gesellschaft anlegt und der ihn zu dem Ergebnis kommen läßt, daß die Chancen *strukturell möglicher* gesellschaftlicher Rationalisierung historisch noch nicht ausgeschöpft sind und eine Kolonialisierung der Lebenswelt droht, die der Rationalisierung der Verständigungsverhältnisse immer mehr den Boden entzieht.

Vor diesem Hintergrund haben wir zuletzt die Möglichkeiten der Einwirkung der Lebenswelt auf die gesellschaftlichen Subsysteme untersucht. Unter diesem Gesichtspunkt von zentraler Bedeutung sind die *politische Öffentlichkeit* und das *Recht.* Öffentlichkeit und Recht fungieren als verbindende Einrichtungen zwischen der Lebenswelt und den ausdifferenzierten Funktionssystemen. Beide Einrichtungen sind deshalb, gleichsam janusgesichtig, beiden Sphären zugewandt.

In der *Öffentlichkeit der Massenmedien* dominieren die Parteien und Interessenverbände, die hier - gestützt auf ihre *soziale Macht* - über privilegierte Möglichkeiten zur Beeinflussung der öffentlichen Meinung verfügen und die so unter *Routinebedingungen* die notwendige Massenloyalität für die von ihnen favorisierten politischen Entscheidungen beschaffen können. Im Gegensatz dazu steht die *Öffentlichkeit der radikaldemokratischen Assoziationen.* Sie registriert *Krisensituationen*, reagiert darauf mit der Mobilisierung *kommunikativer Macht* und alarmiert schließlich auch die massenmediale Öffentlichkeit. Sie gewinnt selektiven Einfluß auf die öffentliche Meinung, bahnt neuen Themen den Weg auf die Agenda der öffentlichen Diskussion, verändert das Reservoir der akzeptierten Begründungsmöglichkeiten, aus denen die Parteien und Verbände schöpfen und zwingt diese dazu, ihre politischen Programme auf die neue Lage einzurichten.

Das *Recht* ist verankert in normativen Geltungsansprüchen. Es dient der Stabilisierung normativer Erwartungen, der Lösung von Konflikten und der *Transformation von kommunikativer in administrative Macht* und ermöglicht damit die Domestizierung der ausdifferenzierten Funktionssysteme durch die Setzung einschränkender normativer Rahmenbedingungen. Zugleich einer der *ausdifferenzierten Wertsphären* zugehörig und spezialisiert auf die Funktion der *Sozialintegration*, kategorisiert Habermas das Recht als *Wissens- und Handlungssystem der Lebenswelt*. Wie wir gesehen haben, spricht Habermas in diesem Zusammenhang auch vom *Recht als Institution*.

Andererseits aber dient das Recht als Organisationsmittel für die ausdifferenzierten Funktionssysteme, kanalisiert die *kolonialisierende Expansion* der Steuerungsmedien Geld und Macht in die Sphäre der Lebenswelt und fungiert insofern selbst *als systemisches Steuerungsmedium*.

Durch die Tätigkeit der freien Assoziationen in der politischen Öffentlichkeit, durch die so produzierte kommunikative Macht und durch die Umformung dieser Macht in administrative Macht auf dem Wege parlamentarischer Rechtssetzung verfügt die Lebenswelt über die notwendigen Voraussetzungen für eine *Regulierung* der Aktivität der gesellschaftlichen Funktionssysteme. Die *hohe Komplexität* des ökonomischen und des politisch-administrativen Systems sowie deren eigenständiger Operationsmodus auf der Basis der Steuerungsmedien Geld und Macht setzen den Möglichkeiten der Intervention durch die Lebenswelt jedoch enge Grenzen. *Systemkomplexität* beschränkt demnach die Reichweite *kommunikativer Rationalität*.

Der zusammenfassende Überblick läßt die Systematik der Habermasschen Theoriekonstruktion deutlich hervortreten. Die Beschreibung der modernen Gesellschaft verdankt sich dabei nicht der eingehenden Analyse empirischer Befunde, sondern folgt primär der Logik der eigenen begrifflichen Konstruktion, deren Plausibilität Habermas nur mit wenigen empirischen Beispielen *illustriert*, um zu zeigen, "*welche Art* von Empirie zu ihr paßt" (Habermas 1981, Bd.2, 523). Was Habermas demnach bietet, ist eine *stringente theoretische Skizze,* die der Spezifizierung und Überprüfung durch empirische Analysen erst noch bedarf.

Dieser Befund ist freilich typisch für soziologische Theorieangebote, die auf einer vergleichbaren Stufe der Abstraktion operieren. Solche Theorieangebote sehen sich deshalb in der Regel mit einer Vielzahl von (teils empirisch, teils begrifflich motivierten) Detaileinwänden konfrontiert, die sie aber gerade wegen ihres Abstraktionsgrades, durch den zu konkrete Festlegungen vermieden und unterschiedliche Interpretationsmöglichkeiten offen gehalten werden, meist ohne große Schwierigkeiten abwehren können.

Ein Beispiel dafür ist die oben erwähnte These der *Szientifizierung* der Lebenswelt. Ulrich Oevermann, von dem sie stammt, hat diese These in Diskussionen häufig als *Einwand* gegen die Habermassche Vorstellung von der Rationalisierung der Lebenswelt vorgetragen, die zeigen soll, daß eine Verwissenschaftlichung der

Alltagspraxis nicht, wie bei Habermas unterstellt, zu Freiheits- und Autonomiegewinnen führt, sondern auf deren Selbstentmündigung hinausläuft. Habermas läßt jedoch offen, wie man sich die lebensweltliche Aktivierung der in den ausdifferenzierten Expertenkulturen eingekapselten Rationalitätspotentiale im einzelnen zu denken habe. Aus diesem Grunde ist es problemlos möglich, die Oevermannsche These so darzustellen, wie ich es oben getan habe, nämlich als Kritik einer Form des Kurzschlusses von Wissenschaft und Lebenspraxis, die nicht die (explikationsbedürftige) Vorstellung einer Rationalisierung der Lebenspraxis wiedergibt, sondern den Sozialpathologien der Kolonialisierung und der kulturellen Verödung der Lebenswelt an die Seite zu stellen ist und so als Ergänzung der Habermasschen Theorie vereinnahmt werden kann.

Ein anderes Beispiel betrifft den verschiedentlich erhobenen Einwand gegen die Engführung der Unterscheidung von System und Lebenswelt mit der Unterscheidung zweier Typen der Handlungskoordination.[40] Wie oben dargestellt, ordnet Habermas den Subsystemen von Ökonomie und Verwaltung den Modus *mediengesteuerten strategischen Handelns*, der Lebenswelt hingegen den Koordinationsmodus *verständigungsorientierten Handelns* zu. Leicht läßt sich zeigen, daß in jedem Bereich Koordinationen beiden Typs vorkommen: So etwa, wenn Eltern versuchen, ihre Sprösslinge weniger durch Ermahnungen oder Argumente, sondern vor allem durch *Geld*prämien für gute Schulleistungen zu gewissenhaftem Lernen zu motivieren. Umgekehrt können wir das Vorkommen kommunikativer Formen der Handlungskoordination im Kontext des ökonomischen Systems beobachten. So z.B., wenn Beschäftigte in einem Betrieb sich nur deshalb zu Überstunden bereitfinden, weil sie sich einem Vorgesetzten gegenüber aus persönlichen Gründen verpflichtet fühlen, oder allgemeiner: wenn Organisationen in ihrer Struktur und ihren Zielsetzungen Rücksicht nehmen müssen auf die *internen Netzwerke informaler Beziehungen*. Denn dies bedeutet, daß die Koordination des Handelns in Organisationen nicht allein durch Gebrauch der Steuerungsmedien Geld (Entlohnung) und Macht (Anweisungen durch Vorgesetzte) möglich ist.

Ebenso leicht aber können solche Hinweise als Einwände entkräftet werden, geht es Habermas doch jeweils um die Identifikation der *dominanten Form* der Handlungskoordination. Abweichungen im Einzelfall sind also keineswegs ausgeschlossen. Wie wir gesehen haben, trägt Habermas solchen Einwänden ausdrücklich Rechnung, wenn er davon spricht, daß Organisationen sich niemals völlig abschotten können gegen die Lebenswelt der Mitglieder, die innerhalb der Organisation als Geflecht informeller Beziehungen präsent ist. Die Theorie präsentiert sich nicht als eine Menge von Aussagen, die hinreichend scharf und bestimmt sind, um einer direkten empirischen Überprüfung unterworfen und dadurch bestätigt oder widerlegt werden zu können. Sie ist vielmehr konzipiert als ein offener Zusammenhang, der aus einer Menge von Grundbegriffen sowie daraus entwickelten Deutungen und

---

40 Siehe dazu Joas (1992, 182f.) sowie die dort angegebene Literatur. Wichtige Beiträge zur Diskussion der Theorie kommunikativen Handelns dokumentieren Honneth/Joas 1986.

Hypothesen besteht und über ausreichende *Elastizitätsreserven* verfügt, um vor einer allzu raschen Kollision mit der Realität geschützt zu sein. Diese Elastizität signalisiert andererseits *Präzisierungsbedarf*. Die Theorie ist so gleichermaßen offen für und angewiesen auf eine entsprechende Verarbeitung der Ergebnisse empirischer Forschung.

Ein weitergehender Einwand, den die Habermassche Unterscheidung von System und Lebenswelt ausgelöst hat, betrifft die Frage der Begriffsbildung. Was zwingt Habermas überhaupt dazu, das *handlungstheoretische* Konzept der Lebenswelt durch den Begriff des *Systems* zu ergänzen? Kritiker mit handlungstheoretischer Grundorientierung, die diese Frage aufwerfen, halten Habermas vor, mit einem verengten Handlungsbegriff zu arbeiten (exemplarisch dazu wiederum Joas 1992, 184ff.): Nur weil Habermas die Reichweite des Handlungsbegriffs an die Reichweite der von den Akteuren *intendierten* Handlungsfolgen binde, sei er genötigt, die *nicht-intendierten* Handlungsfolgen mit Hilfe des Systembegriffs zu erfassen. Dem wird entgegengehalten, daß das Konzept der nicht-intendierten Folgen ein wesentlicher Bestandteil der Handlungstheorie sei, so daß keinerlei Nötigung bestehe, den handlungstheoretischen Ansatz durch das Konzept des Systems zu ergänzen.

Diese Feststellung gilt besonders für Rational Choice: Die Analyse nicht intendierter "paradoxer Effekte", die aus der Aggregation einer Mehrzahl von Einzelhandlungen resultieren, ist ein zentrales Thema dieses Ansatzes. Die Einschränkung des 'Zuständigkeitsbereichs' der Handlungstheorie auf die intendierten (oder zumindest antizipierten) Handlungsfolgen ist also keineswegs für jede Form der Handlungstheorie zwingend. Für die Habermassche Theorie des kommunikativen Handelns ist sie freilich unvermeidlich. Denn das kommunikative Handeln kann die ihm zugedachte *Funktion intersubjektiver Handlungskoordination* auf der Basis gemeinsam anerkannter Geltungsansprüche nur soweit erfüllen, wie die Folgen dieser Handlungen von den Akteuren beabsichtigt oder vorausgesehen werden.[41]

Die Luhmannsche Systemtheorie, mit der wir uns gleich auseinandersetzen werden, formuliert eine gerade entgegengesetzte Kritik: Sie beklagt nicht den eingeschränkten Stellenwert der Handlungstheorie bei Habermas, sondern geht im Gegenteil davon aus, daß *jede handlungstheoretische* Form der Begriffsbildung für die theoretische Analyse sozialer Beziehungen *untauglich ist*. Diese Feststellung gilt allgemein, d.h. völlig unabhängig davon, ob verständigungsorientiertes, nutzenrationales oder wie auch immer sonst motiviertes Handeln als Ausgangskonzept für die handlungstheoretische Analyse sozialer Sachverhalte dient. An die Stelle des Handlungsbegriffs setzt Luhmann einen Begriff der *Kommunikation*, der die handlungstheoretischen Elemente (und d.h. vor allem: die Bindung an bestimmte Handlungs-

---

41 Natürlich können Akteure auch versuchen, die nicht intendierten Folgen vergangenen Handelns gemeinsam zu bewältigen. Um sich jedoch auf ein koordiniertes Vorgehen zu einigen, müssen sie die Folgen dazu vorgeschlagener Handlungen antizipieren und Begründungen für ihre Vorschläge formulieren, welche die angestrebten Ergebnisse als erreichbar, wünschenswert sowie normativ akzeptabel und die darüber hinaus eventuell in Kauf zu nehmenden Nebenfolgen zumindest als tolerabel erscheinen lassen.

motive von Akteuren) abstreift und als *elementare Operationseinheit sozialer Systeme* konzipiert ist.[42]

Die eben erwähnten und andere Kritiken an der Habermasschen Theorie kommunikativen Handelns konnten hier nicht weiter verfolgt oder gar abschließend beurteilt werden. Sie machen jedoch deutlich, daß mit dieser Theorie, so imponierend sie in ihrer Systematik und Geschlossenheit auch erscheint, kein allgemein anerkannter Abschluß erreicht ist. Dabei hat der vergleichende Blick auf Parsons gezeigt, daß die Habermassche Theorie über weite Strecken gelesen werden kann als Reformulierung des Parsonsschen Ansatzes auf der Grundlage des Konzepts des kommunikativen Handelns. Im einzelnen lassen sich die folgenden Beziehungen zu Parsons feststellen:

-- Habermas hält fest an der These der *normativen Integration* der Gesellschaft. Er reformuliert diese These mit Hilfe der Sprechakttheorie, die er um die Theorie der Geltungsansprüche und um die Diskurstheorie ergänzt, für die sich u.a. Anknüpfungspunkte bei Mead finden lassen.

-- Die Unterscheidung der Geltungsdimensionen der Rede kann anknüpfen an die Parsonssche Unterscheidung zwischen kognitiven, moralischen und appreciativen *Wertstandards*. Diese Wertstandards werden zugleich zum Bezugspunkt für die kulturelle Ausdifferenzierung der verschiedenen "Wertsphären".

-- In seiner Entfaltung des Konzepts der Lebenswelt, das er aus der phänomenologischen Tradition (Husserl, Schütz) entnimmt, greift Habermas auf die vorsystemtheoretische Fassung des Parsonsschen *"allgemeinen Handlungssystems"* zurück, indem er zwischen Kultur, Gesellschaft und Persönlichkeit als strukturellen Komponenten der Lebenswelt unterscheidet.

-- Die Unterscheidung von System und Lebenswelt kann gelesen werden als Resultat der dichotomen *Aufspaltung der Bezugsprobleme des AGIL-Schemas,* die zwei verschiedenen Handlungssphären zugewiesen werden: Die Probleme der materiellen Reproduktion (Anpassung) und der Bereitstellung von Organisationsleistungen zur Koordination kollektiven Handelns (Zielerreichung) bilden die Grundlage für die Ausdifferenzierung von Ökonomie und politisch-administrativem System; die Probleme der Sicherung der normativen Integration (Integration),[43] der kulturellen Reproduktion konsensfähiger Deutungsschemata sowie der Sozialisation (Strukturerhaltung) definieren die Reproduktionsdimensionen der Lebenswelt.

-- Die von Parsons bekannten *symbolisch generalisierten Medien der Interaktion* werden dementsprechend aufgespalten in die *systemischen Steuerungs*medien Geld

---

42 Diese Aussage mag rätselhaft anmuten. Sie betrifft letztlich den Kern der Systemtheorie und ist ihrerseits Gegenstand heftiger theoretischer Auseinandersetzungen. Was damit gemeint sein kann, wird später ausführlich zu entfalten sein.

43 Hier wird gleich noch eine Präzisierung nachzutragen sein, unterscheidet Habermas doch zwischen *zwei* Formen der Integration, nämlich der "sozialen Integration" der Lebenswelt und der "funktionalen Integration" der systemischen Sphäre.

und Macht, die durch positive bzw. negative Sanktionen zur Annahme von Interaktionsofferten motivieren, sowie in die *lebensweltlichen Kommunikationsmedien* fachliche Reputation (alias "Einfluß") und Wertbindung, deren Motivationswirksamkeit auf dem Vertrauen in die Einlösbarkeit von Geltungsansprüchen gründet.

-- In Übereinstimmung mit der *Leitidee der normativen Integration* der Gesellschaft, die in der Parsonsschen Systemtheorie in das Konzept der *"Kontrollhierarchie"* überführt wird, nimmt Habermas an, daß die Lebenswelt als Ort kommunikativer Rationalität gegenüber dem ökonomischen und dem politisch-administrativen System sich als kontrollierende, d.h. zumindest als begrenzende Instanz durchsetzen muß, sofern krisenhafte Disbalancen vermieden werden sollen. Die These der Kolonialisierung der Lebenswelt diagnostiziert eine krisenhafte Entwicklung der Gesellschaft durch eine Umkehrung dieser Kontrollbeziehung, die sich darin zeigt, daß die systemischen Steuerungsmedien in die Kernbezirke lebensweltlichen Handelns einbrechen und Formen der kommunikativen Handlungskoordination verdrängen.

Habermas spitzt die Unterscheidung zwischen System und Lebenswelt auf eine grundlegende *Differenz im Integrationsmodus* dieser beiden Sphären der modernen Gesellschaft zu: Der *sozialen* Integration der Lebenswelt stellt er die *funktionale* Integration der systemischen Sphäre gegenüber (vgl. Habermas 1981, Bd.2, 348ff.). *Soziale* Integration gründet auf der *kommunikativen Abstimmung der Handlungsintentionen,* die vor dem Hintergrund geltender Normen und auf der Basis der Anerkennung von Geltungsansprüchen vollzogen wird. *Funktionale* Integration basiert auf der *kausalen Vernetzung der Folgen nutzenorientierter Handlungen durch anonyme Steuerungsmechanismen,*[44] welche die Auswirkungen einer Vielzahl von Einzelhandlungen zu makrosozialen Effekten aggregieren, die sich nicht mehr auf individuelle Handlungsintentionen und damit verknüpfte Geltungsansprüche zurückführen lassen. Unter diesen Voraussetzungen erscheint die Gesellschaft als ein Zusammenhang, der bestimmt ist durch das Ineinandergreifen dieser beiden Formen der Integration, oder in den Worten von Habermas, als "... systemisch stabilisierter Zusammenhang von Handlungen sozial integrierter Gruppen" (Habermas 1981, Bd.2, 349).

Gegen Parsons macht Habermas geltend, daß er diese beiden Integrationstypen nicht unterscheide: Während der frühe Parsons in Anschluß an Hobbes das Problem sozialer Ordnung noch *handlungstheoretisch,* d.h. als Problem der *sozialen* Integration auf der Basis intersubjektiv anerkannter Normen formuliert habe, trete nach der *systemtheoretischen Wende* des Parsonsschen Theorieprogrammes im Laufe der fünfziger Jahre das Konzept der *funktionalen oder systemischen* Integration an dessen Stelle, ohne daß die grundlegende Differenz zwischen diesen Integrationstypen von Parsons sichtbar gemacht würde. Das klare Bewußtsein dieser Differenz,

---

44 Paradigmatisch dafür stehen die Mechanismen ökonomischer Märkte.

so die Habermassche These, setzt die Einsicht in die kategoriale Differenz zwischen der handlungstheoretischen und der systemtheoretischen Thematisierungsweise von Gesellschaft voraus.

Die *handlungstheoretische Perspektive* analysiert das Problem der Integration von Handlungen als Problem der verständigungsorientierten Koordination der Handlungsintentionen und analysiert damit die Gesellschaft als Lebenswelt.[45] Die *systemtheoretische Perspektive* untersucht das Problem der Integration als Problem der Aggregation der Folgen individueller Handlungen zu Makroeffekten, welche kompatibel oder inkompatibel sind mit den Reproduktionsanforderungen einer Gesellschaft, die in interdependente Funktionsbereiche differenziert ist und analysiert damit Gesellschaft als soziales System. *Aus diesen Prämissen folgt für die Wahl der leitenden theoretischen Begriffe:* Weil die moderne Gesellschaft in die Sphären von System und Lebenswelt differenziert ist, in denen sich das Problem der Integration von Handlungen auf verschiedene Weise stellt und gelöst werden muß, ist weder eine ausschließlich systemtheoretische, noch eine ausschließlich handlungstheoretische Form der Thematisierung von Gesellschaft adäquat. Erforderlich erscheint vielmehr die Kombination beider theoretischer Zugriffsweisen, wie sie Habermas in seiner Theorie des kommunikativen Handelns versucht.

Dabei wird die vom frühen Parsons übernommene These der normativen Integration der Gesellschaft zum zentralen Anknüpfungspunkt, der die Reichweite der systemtheoretischen Betrachtung der Gesellschaft begrenzt und das dualistische Theoriemuster von "System" und "Lebenswelt" dem *grundbegrifflichen Primat der Handlungstheorie* unterwirft. *Niklas Luhmann* wählt den entgegengesetzten Weg. Er gibt die These der *normativen Integration* sowie die enge Bindung soziologischer Analyse an die Konzepte der *Handlung* und der *Handlungsrationalität* auf und entwickelt - gemessen an Parsons und Habermas - eine gleichsam 'purifizierte' *Version der Systemtheorie.* Diesem konkurrierenden Theorieunternehmen, mit dem sich Habermas seit Anfang der siebziger Jahre immer wieder kritisch auseinandergesetzt hat, wollen wir uns nun zuwenden.

---

45 Wie eben schon erwähnt, ist dies freilich eine für Habermas spezifische Verengung der handlungstheoretischen Perspektive.

9. Kommunikation als Operation sozialer Systeme: Die Systemtheorie Luhmanns

Die Theorie des kommunikativen Handelns von Habermas und die Luhmannsche Systemtheorie, diese beiden rivalisierenden Programme einer Theorie der Gesellschaft haben die *gesellschaftstheoretische* Diskussion innerhalb der deutschen Soziologie seit den siebziger Jahren wesentlich geprägt.[1] Wie für Diskussionen zwischen Vertretern unterschiedlicher Theorieprogramme typisch, ist dabei nicht einfach die Wahrheit bestimmter Aussagen umstritten. Mit Schütz gesprochen geht es hier eher um einen *Relevanz*konflikt.

Aus der Perspektive von Habermas übersieht eine Theorie, welche die Gesellschaft ausschließlich als soziales System analysiert, die *autonome Bedeutung kommunikativer Rationalität.* Sie verliert damit den kritischen und im Gegenstandsbereich selbst fundierten Maßstab, der es ermöglicht, soziale Krisenerscheinungen zu registrieren und strukturell zu erklären, die ihren Ursprung in der Beeinträchtigung der Reproduktionsbedingungen der Lebenswelt durch die Expansion der Funktionssysteme haben. Mit dem Begriffspaar von System und Lebenswelt räumt Habermas dabei gleichzeitig ein, daß systemtheoretische Begriffe durchaus gegenstandsangemessen sind, sofern sie auf den Bereich der materiellen Reproduktion, auf Ökonomie, Politik und Verwaltung angewendet werden und macht entsprechenden Gebrauch von ihnen.

Aus der Perspektive Luhmanns überschätzt Habermas die Möglichkeiten kommunikativer Rationalität und unterschätzt den Stellenwert des *Problems der Komplexität*, das für die Systemtheorie zentral ist. Dieses Problem läßt sich für Luhmann nicht auf einen bestimmten Handlungsbereich beschränken, sondern ist von *universaler* und *gegenüber allen anderen Problemen vorrangiger* Bedeutung. Soziale Systeme, zu denen Luhmann jede kommunikativ vermittelte Beziehung und damit auch soziale Beziehungen innerhalb der Lebenswelt sowie den Habermasschen Diskurs zählt,[2] können sich nur konstituieren durch Lösung dieses Problems. Zu seiner Lösung beizutragen ist die allgemeinste Funktion der Strukturen sozialer Systeme. Bezogen auf dieses Problem sind unterschiedliche Strukturen miteinander vergleichbar und können einander ersetzen, weil sie auf dasselbe allgemeine Problem (freilich

---

1   Früher Kulminationspunkt der Debatte zwischen Habermas und Luhmann ist die 1971 erschienene gemeinsame Publikation "Theorie der Gesellschaft oder Sozialtechnologie - Was leistet die Systemforschung?".

2   Gemeint ist selbstverständlich der Diskurs als *real durchgeführtes* (also nicht nur: idealisierend unterstelltes) Argumentationsverfahren zur Prüfung von Geltungsansprüchen. In der erwähnten Debatte mit Habermas schlägt Luhmann deshalb vor, an die Stelle der Analyse des Diskurses als *kontrafaktisch vorausgesetztes* Begründungsverfahren, das idealisierten Anforderungen genügen soll, die empirisch nie vollständig zu erfüllen sind, die Untersuchung *realer Diskussionen als Systeme* zu setzen (vgl. Luhmann in Habermas/Luhmann 1971, 316ff.).

auf je verschiedene Weise und mit unterschiedlichen Folgen) antworten. Doch was meint der Begriff der Komplexität überhaupt?

Die Beantwortung dieser Frage soll am Beginn unserer Beschäftigung mit der Luhmannschen Systemtheorie stehen, weil von hier aus wohl am besten einsichtig wird, welche Verschiebung des Blickwinkels von der Theorie kommunikativen Handelns weg und zur Systemtheorie hinführt. Aus Gründen größerer Anschaulichkeit erläutere ich den Begriff der Komplexität und weitere damit zusammenhängende Konzepte zunächst am Beispiel *psychischer Systeme* (d.h. am Beispiel menschlichen *Bewußtseins*) und wende mich erst danach der Luhmannschen Analyse *sozialer Systeme* zu.

9.1 Reduktion von Komplexität als Bezugsproblem der Systembildung

"Komplexität" meint die *Überfülle der Möglichkeiten des Erlebens und Handelns*, von denen in einer gegebenen Situation immer nur eine beschränkte Auswahl verwirklicht werden kann. Wohin ich meinen Körper bewege, in welche Richtung ich schaue, was dadurch in mein Gesichtsfeld tritt, auf welchen Gegenstand sich meine Aufmerksamkeit richtet, welche Einzelheiten mein Interesse erregen, - ständig treffe ich eine Auswahl aus unterschiedlichen Möglichkeiten, und je nachdem, welche Auswahlentscheidung ich jetzt treffe (wohin ich etwa schaue), werden im nächsten Moment andere Möglichkeiten zugänglich (tritt z.B. anderes in mein Blickfeld). Der Horizont der Möglichkeiten weitet sich ins Unermeßliche, wenn wir über die bloße Wahrnehmung hinaus auch die verschiedenen Gedanken und Assoziationen einbeziehen, für die der Anblick von Personen, Dingen und Ereignissen Anlaß geben kann: Der Blick auf einen Burgturm mag Ego an seine Höhenangst erinnern, die er zum ersten Mal erlebt hat, als er auf einem ähnlichen Turm stand; vielleicht gerät er ins Grübeln über die bautechnischen Probleme, mit denen diejenigen zu kämpfen hatten, die solche Türme errichteten, oder es steigen Phantasien über das Leben in einer mittelalterlichen Burg in ihm auf usw. Mit den jeweils aktualisierten Möglichkeiten des *Erlebens* variieren schließlich die *Handlungs*möglichkeiten, die daran anschließen könnten: Die auftauchende Höhenangst kann Ego dazu veranlassen, sich schnell abzuwenden, um die unangenehme Erinnerung rasch zu vergessen; er kann aber auch auf die Idee kommen, den Turm zu besteigen, um endlich von seiner Angst loszukommen, oder er kann beschließen, dieses Ziel durch eine Therapie zu erreichen. Bautechnische Interessen können zur genauen Erkundung des Turms und zur Suche nach erläuternder Literatur motivieren. Die lebhaften Vorstellungen mittelalterlichen Lebens animieren vielleicht zum Besuch eines nachgestellten Ritterturniers oder eines mittelalterlichen Marktes etc.

Die Zahl der je aktuell realisierbaren Möglichkeiten des Erlebens und Handelns ist immer äußerst gering im Vergleich zur Anzahl der denkbaren Alternativen. Komplexität zwingt deshalb zur *Selektion* (= Auswahl). Intensive Höhenangst etwa läßt gar keinen anderen Gedanken aufkommen und löst das fluchtartige Verlassen des Burgturms aus. Umgekehrt kann die Konzentration auf bautechnische Fragen so groß sein, daß sie die früher in ähnlichen Situationen erlebte Höhenangst vergessen läßt. Rückblickend mag Ego sich dann darüber wundern, daß die beim Betreten der Aussichtsplattform aufsteigenden mulmigen Gefühle verschwanden, als anderes seine Aufmerksamkeit in Anspruch nahm. Die Inhalte unseres Erlebens und Handelns können so in rascher Folge wechseln. Der Umfang der Möglichkeiten, die in einem gegebenen Moment aktualisierbar sind, unterliegt jedoch scharfen Beschränkungen. Jede Auswahl ist vor dem Hintergrund der alternativen Möglichkeiten, für die ich mich statt dessen hätte entscheiden können, *kontingent*, d.h. sie hätte auch anders ausfallen können. Der Überschuß an Möglichkeiten kann genutzt werden, um im nächsten Moment andere Möglichkeiten auszuwählen, die sich ihrerseits als kontingente Selektion vor dem Hintergrund eines Überschusses inaktueller Möglichkeiten profilieren.

Jetzt nicht gewählte Möglichkeiten bleiben freilich nicht unbegrenzt verfügbar. Wenn ich die eine Alternative wähle, ist die andere für mich oft nicht mehr zugänglich. Ich entscheide mich z.B., zu einer wichtigen Verabredung in der Stadt mit dem Auto statt mit der S-Bahn zu fahren und bleibe im Berufsverkehr stecken. Mit der S-Bahn zu fahren wäre wohl klüger gewesen, aber diese Möglichkeit besteht für mich nun nicht mehr; ich komme zu spät und treffe die Person, mit der ich verabredet war, nicht mehr an. Das Beispiel zeigt: Selektion ist nicht nur unumgänglich, sondern auch *riskant*. Ich entscheide mich vielleicht für die falsche Alternative und kann diese Entscheidung später nicht mehr korrigieren.

Durch die Selektion von Möglichkeiten wird Komplexität *reduziert*. Dies geschieht in zwei Stufen. Die erste Stufe reduziert die Überfülle des Möglichen auf ein für uns handhabbares Format. Eine Vielzahl denkbarer Alternativen werden dadurch ausgeblendet. Sie kommen nicht in den Blick. Zwischen ihnen muß deshalb auch nicht entschieden werden. Wenn ich am Morgen durch das Klingeln meines Weckers unsanft aus dem Schlaf gerissen werde, überlege ich vielleicht, ob ich noch etwas liegenbleiben kann oder sofort aufstehen muß, um rechtzeitig in meinem Büro zu sein. Vielleicht liebäugele ich auch in einem kurzen Anfall von Pflichtvergessenheit damit, die Decke über den Kopf zu ziehen, weiterzuschlafen und später telefonisch mitzuteilen, daß ich erkrankt sei, schiebe diesen Gedanken dann jedoch rasch beiseite, blicke auf die Uhr und sehe, daß ich aufstehen muß. Ich stehe also auf, begebe mich unter die Dusche, kleide mich an, frühstücke und verlasse schließlich das Haus, um mit meinem Wagen zur Universität zu fahren. Ich kann jedoch nur so rasch handeln, weil ich eine Vielzahl von Möglichkeiten überhaupt nicht in Betracht gezogen, sondern ausgeblendet habe. Ich rechne z.B. nicht damit, daß ich einen Herzanfall erleiden könnte und deshalb Vorsorgemaßnahmen treffen sollte, um rechtzeitig medizinische Hilfe zu erhalten. Ich überlege mir nicht, ob vielleicht mein Nachbar in der Wohnung unter mir in selbstmörderischer Absicht den Gashahn geöffnet hat, so daß jeden Moment das Haus explodieren könnte und ich deshalb gut daran täte, es schnell zu verlassen sowie Feuerwehr und Krankenwagen zu alarmieren. Auch an die Möglichkeit eines Erdbebens, bei dem ich am besten auf freiem Feld aufgehoben wäre, denke ich nicht. Ich nehme an, daß die Stadt, die Universität und das soziologische Institut noch so existieren, wie ich sie am Vortage verlassen habe, daß ich nur eine Nacht geschlafen habe und nicht etwa nach einem hundertjährigen Dornröschenschlaf erwache, unter fremden Menschen, in einer völlig veränderten Welt. Ebensowenig komme ich auf den Gedanken, daß ein perfider Serienkiller in meinem Zimmer eine gut getarnte Selbstschußanlage installiert hat, die sofort losgeht, wenn ich einen Fuß aus meinem Bett setze oder daß eine Gruppe von Studierenden, die mich zwingen wollen, ihnen die Antworten auf die Klausurfragen vorweg mitzuteilen, meine Entführung auf dem Weg zur Universität vorbereitet hat. Die Liste vorstellbarer Möglichkeiten, die ich *nicht* in Erwägung ziehe, ließe sich beliebig verlängern. Wollte ich alle diese Möglichkeiten tatsächlich jeden Morgen ernsthaft in Betracht ziehen, würde ich mich vermutlich rasch in der geschlossenen Abteilung einer psychiatrischen Klinik wiederfinden.

Obwohl viele dieser Möglichkeiten im Bereich dessen liegen, was Menschen täglich zustößt, wie ich aus den Nachrichten entnehmen kann, sind sie offensichtlich nicht Teil meiner alltäglichen *Erwartungen*. Durch Erwartungen sehen wir uns demnach mit einem Repertoire von Möglichkeiten konfrontiert, das bereits *drastisch reduziert* ist und es uns so ermöglicht, uns rasch zu orientieren und zu entscheiden. Sie konstituieren eine erste Stufe der Selektivität, die Voraussetzung dafür ist, daß wir überhaupt in der Lage sind, zwischen Alternativen auszuwählen. Ohne diesen vorgeschalteten Filter würde unser Erleben von der Fülle des (Denk)Möglichen überflutet. Panik, Desorientierung und Handlungsunfähigkeit wären die Folge.[3]

Meine Erwartungen können freilich durchbrochen und die zuvor ausgeschlossenen Möglichkeiten ins Bewußtsein gerufen werden. Wenn ich z.B. erwache und mein Bett, die Möbel, das ganze Zimmer um mich herum vibriert, werde ich vielleicht erschrecken, nicht sofort eine Erklärung dafür haben, aber dann wahrscheinlich doch rasch auf den Gedanken kommen: ein Erdbeben, um dann, wenn das Beben anhält und ich befürchten muß, daß das Haus über mir zusammenstürzt, noch im Schlafanzug ins Freie zu flüchten. Durch überraschende Ereignisse können so auch diejenigen Möglichkeiten, die durch unsere Erwartungen normalerweise aus

---

3 Entsprechende Reaktionen sind auch möglich, wenn tief verankerte Erwartungen erschüttert werden, die von konstitutiver Bedeutung für das eigene Erleben und Handeln sind. Dies war Garfinkels Thema. Dessen Krisenexperimente erzeugten deutliche Irritationen bei den Versuchspersonen, die sich in einigen wenigen Fällen tatsächlich zu Symptomen von Desorientierung, Panik und Handlungsblockierung steigerten. Luhmann und Garfinkel betonen gleichermaßen, daß Erwartungen die notwendige Voraussetzung dafür sind, daß die Welt als geordnet erlebt wird und daß - auf dieses Erleben gestützt - Handlungen erzeugt werden können. (Von Weber, Parsons, Mead und Schütz her beobachtet geht es dabei nicht um eine völlig neue These, sondern um eine veränderte Akzentuierung des Erwartungsbegriffs, in der sich Garfinkel und Luhmann treffen und die dann bei beiden zu neuartigen Schlußfolgerungen führt.) Die forschungsstrategischen Konsequenzen, die sie aus dieser Annahme ziehen, weisen jedoch in unterschiedliche Richtungen: Garfinkel interessiert sich primär für die empirische Untersuchung der Struktur und Funktionsweise bestimmter konstitutiver Erwartungen in der alltäglichen Interaktion; Luhmann wirft demgegenüber die stärker abstrahierte Frage nach dem generellen Bezugsproblem auf, das Erwartungen überhaupt, d.h. unabhängig von ihrem jeweiligen Inhalt, für die Reproduktion psychischer und sozialer Systeme (oder allgemeiner formuliert: von *sinnverarbeitenden* Systemen) lösen, um dann vor diesem Hintergrund (siehe unten) zwischen verschiedenen Typen von Erwartungen mit je spezifischen Sonderfunktionen zu unterscheiden.

unserem Bewußtsein ausgeschlossenen sind, selektiv reaktualisiert werden und uns zu einem Handeln motivieren, das jenseits unserer Alltagsroutine liegt.

Die Offenheit für Neues, für unerwartete, ja bisher vielleicht nie gedachte Möglichkeiten, kann so kombiniert werden mit der Notwendigkeit der drastischen Einschränkung der Überfülle des Möglichen, d.h. der *Reduktion von Komplexität* auf ein bewältigbares Format. Das *Risiko* der Reduktion wird dadurch entschärft. Man rechnet zwar normalerweise nicht mit Erdbeben, aber man ist gleichwohl in der Lage, im Ausnahmefall sich auch diese Möglichkeit ins Bewußtsein zu rufen, angemessen darauf zu reagieren und dadurch u.U. sein Leben zu retten.

9.2   Sinn als Medium der Erfassung und Reduktion von Komplexität

Die *Kombination* dieser beiden gegenläufigen Leistungen der *Einschränkung des Möglichkeitshorizonts* und der *Offenheit für Überraschungen* wird erreicht durch die Beanspruchung von *Sinn* als Medium der Reduktion von Komplexität. "Sinn" meint dabei nicht mehr, als eine bestimmte Form der Verknüpfung von Möglichkeiten. Die Aktualisierung einer Möglichkeit bringt andere in Reichweite, die zuvor unzugänglich waren. Die Wahrnehmung des Erdbebens ruft die Vorstellung des zusammenstürzenden Hauses, von Lebensgefahr, einer verwüsteten Stadt etc. wach. Die Verwirklichung einer dieser (oder einer anderen wiederum unerwarteten) Möglichkeit bringt neue Möglichkeiten in Reichweite usw. Die Möglichkeiten sind untereinander durch *wechselseitige Verweisung* verbunden. Sie bilden gleichsam ein endloses Netz, das unser Wirklichkeitserleben überzieht, es mit dem aktuell nicht bzw. noch nicht (oder nicht mehr) Wirklichen verknüpft und uns dadurch mit der Fähigkeit zur *Antizipation* zukünftiger Ereignisse (und zur *Erinnerung* an Vergangenes) ausrüstet. Nie können wir aus diesem Netz heraustreten, es von irgendeinem Außen her betrachten. Auch unser Reden über Sinn bewegt sich im Medium Sinn, und es tut dies, indem es bestimmte Möglichkeiten aufruft, durch die andere Möglichkeiten in Reichweite kommen, von denen einige in den folgenden Momenten aufgerufen werden usw. Dieses Sich-Bewegen oder Prozessieren im Medium Sinn geschieht durch das ständige Umschlagen von (immer nur jeweils einigen) Möglichkeiten in Wirklichkeiten, von der so erreichten Wirklichkeit in die Projektion eines veränderten Möglichkeitshorizontes usf. Der Gebrauch von *Sinn* läßt sich deshalb allgemein bestimmen als ein Modus der Erlebnisverarbeitung und der Handlungsorientierung, der *entlang der Unterscheidung von Wirklichkeit und Möglichkeit* (oder: von Aktualität und Potentialität) prozessiert. Durch Sinn wird der Umgang mit Komplexität über die Zeitdimension reguliert, oder kürzer formuliert, *Komplexität wird temporalisiert* (=verzeitlicht). Was jetzt gerade ausgeblendet ist, kann im nächsten Moment als Möglichkeit aufleuchten und dann wieder verblassen oder zu einer Wirklichkeit werden, die bereits kurz darauf der Vergangenheit angehört und den Platz frei macht für die Verwirklichung neuer Möglichkeiten.

Der beschriebene Umgang mit Komplexität ist charakteristisch für *psychische* und für *soziale Systeme*. Nur bei diesen beiden Systemen handelt es sich um *sinnver-*

arbeitende Systeme. Andere Systeme, die nicht auf der Basis von Sinn operieren, benutzen andere Strategien der Komplexitätsreduktion. Technische Systeme etwa können nur bestimmte Zustände in ihrer Umwelt registrieren und darauf reagieren. Ein einfaches Beispiel für ein solches System ist eine Heizung mit einem Thermostat.

Der Thermostat registriert die Raumtemperatur und schaltet den Brenner der Heizung ein, wenn ein bestimmter Temperaturwert (z.B. 20 Grad Celsius) unterschritten wird. Und er schaltet den Brenner der Heizung wieder ab, sobald die eingestellte Raumtemperatur wieder erreicht ist. Dieses technische System kann nur zwei Zustände in seiner Umwelt voneinander unterscheiden und darauf reagieren. Nur für diese Zustände, die *durch seine interne Struktur definiert* sind, ist es empfänglich. Sein *Umweltentwurf* ist reduziert auf diese beiden Möglichkeiten, für die es jeweils eine Reaktion bereithält, die durch den Eintritt des entsprechenden Zustandes alternativenlos ausgelöst wird, solange das System funktioniert.

Dieses System kennt keine Überraschungen. Möglichkeiten, die durch seine interne Struktur nicht vorgesehen sind, gibt es für dieses System nicht. Es kennt nicht einmal die Kategorie der Möglichkeit, denn dazu müßte es gegenwärtig nicht verwirklichte Zustände und Ereignisse *antizipieren* (und sich an Vergangenes *erinnern*) können. Ohne die Kategorie der Möglichkeit kann es auch nicht über einen Begriff der Wirklichkeit verfügen, denn beide Begriffe setzen einander wechselseitig voraus.[4] Das System befindet sich jeweils in einem von zwei Zuständen, und es springt vom einen in den anderen Zustand, sobald eine Änderung der Temperatur registriert wird, die die 20 Grad-Marke in die eine oder andere Richtung kreuzt.

Weil das System die Unterscheidung von Wirklichkeit und Möglichkeit nicht kennt, operiert es nicht auf der Basis von Sinn. Das System ist deshalb nicht dazu in der Lage, *mögliche* Wirklichkeiten mit der *aktuell gegebenen* Wirklichkeit zu vergleichen, sich durch die Feststellung von Abweichungen überraschen zu lassen und auf Überraschungen mit Lernen, d.h. mit der Änderung des Bereichs erwarteter Möglichkeiten zu reagieren. Die durch die Systemstruktur geleistete Reduktion von Umweltkomplexität ist statisch und irreversibel.

Dieser Modus der Reduktion von Komplexität bedeutet die *Vernichtung* von Komplexität. Daß die eliminierten Möglichkeiten außerhalb des technisch vorgegebenen Registrierungs- und Reaktionsbereichs des Systems liegen heißt jedoch nicht, daß die Verwirklichung solcher Möglichkeiten ohne Wirkungen auf das System bleibt. Wenn etwa die Umgebungstemperatur des Systems Heizung/Thermostat auf mehr als 1000 Grad Celsius ansteigt, dann ist dies ein Unterschied im Bereich möglicher Temperaturen, der für die Meß- und Steuerungseinrichtungen unseres technischen Systems keinen Unterschied macht, weil es nur die Differenz 20 Grad und darüber/weniger als 20 Grad als Differenz registrieren und darauf durch Änderung des Systemzustandes (Aus- bzw. Einschalten des Brenners) reagieren kann. Die 'Blindheit' des Systems außerhalb seines durch die eingestellten Meß- und Schalt-

---

4 Etwas als "wirklich" zu bezeichnen schließt ein, daß es auch anders sein könnte, impliziert also, daß man sich alternative Möglichkeiten vorstellen kann.

werte definierten Beobachtungsbereichs schützt es jedoch nicht davor, bei mehr als 1000 Grad Celsius zu schmelzen und dadurch zerstört zu werden.

Einfache *Organismen* lassen sich auf eine ähnliche Weise beschreiben wie technische Systeme. Für sie gilt, daß das Spektrum ihrer Wahrnehmung, in dem sie Umweltreize registrieren und mit spezifischen Reaktionen beantworten können, *physiologisch* determiniert ist. Technische wie lebende Systeme lösen das Problem der Reduktion von Umweltkomplexität mit Hilfe *invarianter* Strukturen und d.h. durch Komplexitätsvernichtung. Im Unterschied dazu operieren *psychische (und soziale) Systeme*, wie schon erwähnt, auf der Grundlage von *Sinn* und sind deshalb in der Lage, auch solche Möglichkeiten zugänglich zu halten, die durch die systemeigenen Strukturen aktuell ausgeblendet sind.

9.3   Erwartungen als Strukturen von Sinnsystemen und als Lösung des Problems doppelter Kontingenz

Die Strukturen sinnverarbeitender Systeme, die diese Leistung ermöglichen, haben wir bereits eingeführt: Es sind *Erwartungen*. - Erwartungen nutzen die Differenz von Wirklichkeit und Möglichkeit, durch die wir Sinn definiert haben. Ich sehe Wolken am Himmel und erwarte, daß es regnen bzw. ein Gewitter geben und kühler werden wird, richte mich also vor dem Hintergrund meines gegenwärtigen *Wirklichkeits*erlebens auf bestimmte *Möglichkeiten* ein, deren Verwirklichung ich zukünftig *erwarte*. Dabei, so hatten wir festgestellt, schränken Erwartungen den Bereich der Möglichkeiten, die wir in Betracht ziehen und auf die wir unser Verhalten abstimmen, stark ein. Dies geschieht durch Einschreibung der Differenz zwischen *eingeschlossenen* (=in Betracht gezogenen) und *ausgeschlossenen* (=ausgeblendeten) Möglichkeiten in das Medium Sinn. Die eingeschlossenen Möglichkeiten sind mehr oder weniger genau bestimmbar (bei Wolken erwarte ich Regen oder Schnee oder ...). Das heißt aber nicht, daß ich mir ständig genau vorstelle, was ich erwarte. Es genügt, daß ich durch die eintretenden Ereignisse nicht überrascht werde, sondern sie als typische Folge vorangegangener Ereignisse erlebe, auf die ich vorbereitet bin und die ich in etwa hätte beschreiben können, sofern ich mir zuvor darüber Gedanken gemacht hätte oder dazu befragt worden wäre.[5] Die ausgeschlossenen Möglichkeiten hingegen, soweit sie über das bloße Gegenteil der einge-

---

5   Hier sind freilich verschiedenste Abschattungen möglich. Erwartungen können auch "unklar" oder "unbestimmt" sein. Solche Bezeichnungen verwenden wir z.B. in Situationen, in denen gegenläufige Erwartungen (Hoffnungen, Wünsche und Befürchtungen) miteinander im Streite liegen; ebenso, wenn wir mit einer neuen Situation konfrontiert sind, die vielleicht Ähnlichkeiten mit verschiedenen uns vertrauten Situationen aufweist, doch keiner dieser Situationen hinreichend entspricht, so daß wir nicht genau wissen, was wir zu erwarten haben; auch kann uns eine Situation auf eine Weise ungewöhnlich erscheinen, die Anlaß zu der Erwartung gibt, daß etwas Unerwartetes geschehen könnte. In den genannten Fällen kommt es jeweils zu Irritationen, die zur Folge haben, daß die *Erwartungssicherheit* unseres Erlebens und Handelns mehr oder weniger stark beeinträchtigt ist.

schlossenen Möglichkeiten hinausgehen (z.B. bei Wolken erwarte ich *nicht*, daß das Wetter heiß und trocken wird), bleiben unbestimmt.[6]

Die Beispiele, mit denen wir bisher die Leistung von Erwartungen verdeutlicht haben, bezogen sich auf Dinge und Ereignisse der natürlichen Welt. Erwartungen wählen hier bestimmte Möglichkeiten aus, mit denen wir rechnen und auf die wir uns einstellen können. Diese Möglichkeiten bleiben freilich *kontingent*: Ihr Eintreten ist nicht sicher; was wirklich geschieht, kann so, aber auch anders ausfallen. Die Situation kompliziert sich, wenn Systeme Erwartungen im Hinblick auf Systeme in ihrer Umwelt bilden. Treffen zwei psychische Systeme (im folgenden als Ego und Alter bezeichnet) aufeinander, dann entsteht eine Situation, in der die Erfüllung von Erwartungen in *doppelter Hinsicht* kontingent ist. *Doppelte Kontingenz* meint hier, daß jedes psychische System eine *Auswahl aus unterschiedlichen Verhaltensmöglichkeiten* trifft, die auch anders hätte ausfallen können und *seine eigene kontingente (=auch anders mögliche) Auswahl von der kontingenten Auswahl des anderen abhängig macht*. Dabei entscheidet Ego unter der Prämisse, daß Alter selbst entscheiden kann, welche Verhaltensmöglichkeiten er wählt. Ego nimmt darüber hinaus an, daß Alter Erwartungen darüber entwickelt, welches Verhalten Ego von ihm erwartet und daß Alter sich bei der Auswahl seines Verhaltens an den so gebildeten *Erwartungserwartungen* orientiert. Ego kann schließlich erwarten, daß Alter die genannten Erwartungen auch an Ego richtet.

Was zunächst so abstrakt und kompliziert klingt, läßt sich auf eine einfache Formel bringen, die deutlich macht, auf welche Weise jedes Bewußtsein seine Verhaltensselektion von der des anderen abhängig macht: *"Ich tue, was Du willst, wenn Du tust, was ich will"* (Luhmann 1984, 166). Diese Formel bringt deutlich zum Ausdruck, daß jeder dem anderen die Freiheit der Wahl wie auch die Fähigkeit unterstellt, die Verhaltenswünsche (=präferentiellen Verhaltenserwartungen) des anderen zu antizipieren (=zu erwarten) und zu erfüllen. Wenn Ego unter diesen Prämissen beobachtet, daß Alter sich anders verhält, als Ego von ihm erwartet und wünscht, dann kann Ego ihm dies folglich verantwortlich zuschreiben als Ergebnis von Alters freier Entscheidung gegen die Erfüllung der an ihn gerichteten Erwartungen. Die Situation doppelter Kontingenz wird damit in die Form einer negativen, d.h. konfliktären Beziehung jedes Teilnehmers auf das Verhalten des anderen überführt. Diese *negative oder konfliktäre Version doppelter Kontingenz* läßt sich in der folgenden Formel explizieren: *"Ich tue nicht, was Du möchtest, wenn Du nicht tust, was ich möchte"* (Luhmann 1984, 531).

Beispiele, die veranschaulichen, wie das Problem doppelter Kontingenz in der alltäglichen Interaktion wirksam wird, haben wir bereits oben bei der Vorstellung

---

6 Zwar käme es für mich äußerst unerwartet, wenn sich die gesichtete Wolke als Aura eines Engels erweisen würde, der vor meinen Augen vom Himmel herabsteigt. Dennoch wäre es falsch zu sagen, die Erwartung von Regen als Folge der Wolken würde die *negative Erwartung* einschließen, daß *kein* Engel vom Himmel steigt. Erwartungen erfüllen ihre Reduktionsleistung gerade dadurch, daß sie die unerwarteten Möglichkeiten *en bloc* (und nicht in der Form einer unüberschaubar großen Menge genau spezifizierter negativer Erwartungen) ausschließen. Die so erreichte Leistung der Komplexitätsreduktion bezieht sich also auf *unbestimmte* Komplexität.

der *Konversationsanalyse* unter dem Stichwort *"Präferenz für Übereinstimmung"* kennengelernt: Jemand lädt z.B. einen anderen zu einer Tasse Kaffee ein. Daran wird für den Adressaten sichtbar, daß der Sprecher die Annahme dieses Angebots erwartet, sofern nicht besondere Umstände vorliegen, welche die Annahme hier und jetzt ausschließen. Um diese Erwartung zu schonen, müssen Ablehnungen so formuliert sein, daß sie die Einladung ausdrücklich würdigen und die Ablehnung als Reaktion präsentieren, die auch der Ablehnende selbst dispräferiert (z.B. "Ich würde ja gerne, aber ich muß leider ..."). Auf diese Weise macht der Ablehnende deutlich, daß er die Annahmeerwartung des Einladenden für berechtigt hält und sie gern erfüllen würde. Er signalisiert so trotz Ablehnung seine grundsätzliche Bereitschaft, *das zu tun, was der andere wünscht* und kann daher seinerseits erwarten, daß der andere ebenfalls bemüht sein wird, seinen Erwartungen zu entsprechen.

Das gleiche läßt sich auch an anderen Äußerungstypen zeigen. Ego behauptet etwas und signalisiert damit die Erwartung, daß er diese Behauptung für zustimmungsfähig hält. Alter kann diese Erwartung natürlich erfüllen, indem er akzeptiert. Aber auch, wenn er widerspricht, kann er dies auf eine Weise tun, welche die Annahmeerwartung Egos schont. So z.B., indem er Egos Behauptung als eine Möglichkeit würdigt, die Dinge zu sehen und dann mögliche Zweifel oder Einwände formuliert, ohne sich dabei sofort auf die entgegengesetzte Position festzulegen (z.B. "Das mag sein, aber wäre es nicht auch möglich, daß ..."). Der andere erhält dadurch Zeit, seine Behauptung so zu reformulieren, daß sie den vorgetragenen Zweifeln Rechnung trägt (z.B. indem er sie als diskussionsbedürftige Vermutung deklariert). Sofern er dies tut, redefiniert er seine Erwartungen in der Kommunikation und macht sie dadurch mit der Äußerung abweichender Auffassungen kompatibel. Auf diese Weise zeigt jeder dem anderen an, daß er bemüht ist, dessen Erwartungen soweit als möglich zu berücksichtigen (d.h. *zu tun, was der andere wünscht*) und erfüllt so eine wesentliche Voraussetzung dafür, daß der andere ebenfalls die Bemühung erkennen lassen wird, den an ihn gerichteten Erwartungen zu entsprechen. Die Kommunikation prozessiert damit fortlaufend im Format positiver doppelter Kontingenz, d.h. sie signalisiert mit jeder weiteren Äußerung *die Meta-Mitteilung* "Ich tue (soweit es mir möglich ist), was du willst, wenn du tust (soweit es dir möglich ist), was ich will".

Diese Meta-Mitteilung impliziert bereits die Möglichkeit, daß im Falle brüsker Erwartungsenttäuschungen die Kommunikation umspringt in die negative Version doppelter Kontingenz: "Kannst du mir dein Auto leihen?" - "Auf gar keinen Fall!" - "Gut. Das werd' ich mir merken. Irgendwann brauchst du auch wieder 'mal was von mir." Gleiches geschieht, wenn jemand auf eine Behauptung mit einer scharf kontrastierenden Gegenbehauptung antwortet und der erste Sprecher sich dadurch zu einer zugespitzten Wiederholung seiner ursprünglichen Aussage veranlaßt sieht. In beiden Fällen wird die Verletzung der Annahmeerwartung mit einer (angekündigten bzw. sofort vollzogenen) komplementären Erwartungsverletzung 'gekontert'.[7] An die Stelle der "Präferenz für Übereinstimmung" tritt die Anzeige einer "Präferenz für Dissens".[8] Die im sechsten Kapitel vorgestellte konversationsanalytische Untersuchung der Präferenzorganisation von Kommunikation kann so als empirischer Beleg dafür in Anspruch genommen werden, daß das von Luhmann hervorgehobene Problem doppelter Kontingenz tatsächlich wirksam ist in der Strukturierung beobachtbarer Kommunikationsabläufe.

Um das Problem doppelter Kontingenz zu bewältigen, reichen *einfache Erwartungen* offensichtlich nicht aus. Jeder, der in eine Interaktion involviert ist, muß erwarten können, welches Verhalten andere von ihm erwarten. Nur dann kann er sich auf eine Weise verhalten, die den Erwartungen der anderen entspricht und sie dadurch zu einem Verhalten veranlassen, das seine Erwartungen erfüllt. Als Strukturen, die zum Betrieb eines sozialen Systems erforderlich sind, werden deshalb sogenannte *Erwartungserwartungen* benötigt. Auch Konflikte können nur auf der Grundlage von Erwartungserwartungen zuverlässig reproduziert werden, setzen sie doch voraus, daß die beteiligten Parteien ihr Verhalten wissentlich so wählen können, daß es von der jeweiligen Gegenpartei tatsächlich als feindlich wahrgenommen wird. Fehlen entsprechende Erwartungserwartungen, dann können Verhaltensbeiträge nicht mehr auf übereinstimmende Weise identifiziert und miteinander in Zusammenhang gebracht werden. Jeder riskiert dann, durch sein Verhalten die unbekannten Erwartungen des anderen, gleichgültig ob diese freundlich oder feindlich gestimmt sind, zu enttäuschen und dadurch den anderen seinerseits zu einem Verhalten zu veranlassen, das sich jeder Voraussicht entzieht. Die Interaktion verliert damit die benötigte Führung. Sie gerät leicht ins Schlingern, wird unberechenbar, verwirrt und überfordert die involvierten Psychen, treibt sie zum Rückzug, zum Abbruch der Interaktion oder zum Gebrauch physischer Gewalt.

Empirisch treten Situationen doppelter Kontingenz immer nur in mehr oder weniger *strukturierter* Form auf. Auch bei der ersten Begegnung zwischen Unbekannten kann ein Minimum an Erwartungserwartungen unterstellt und als Grundlage für die Orientierung eigenen Verhaltens in Anspruch genommen werden. Noch in der Begegnung zwischen einem Europäer und einem Eingeborenen, der einem bislang unentdeckten Stamm angehört, können beide damit rechnen, daß ein Lächeln als Versuch zur Signalisierung freundlicher Absichten gedeutet, bestimmte Bewegungen von Arm und Hand mit hoher Wahrscheinlichkeit als Zeigegeste wahrgenommen werden, dazu gesprochene Laute als Mitteilungsversuche zu ver-

---

7 Dieses Muster ließ sich auch bei den Krisenexperimenten Garfinkels beobachten, bei denen die Simulation des Nicht-Verstehens einfachster Äußerungen von den Versuchspersonen als flagrante Erwartungsverletzung wahrgenommen und mit entsprechenden Reaktionen beantwortet wurde.

8 Auch für argumentative Diskurse im Sinne von Habermas steckt hier ein Problem. Durch Widerspruch nimmt die Kommunikation rasch die Form eines Streites an, in dem es dann nicht mehr um "kooperative Wahrheitssuche" (Habermas), sondern vor allem um Selbstbehauptung und erfolgreiche Durchsetzung der eigenen Position geht. Dies macht ein weiteres Mal darauf aufmerksam, auf welche Schwierigkeiten der Versuch einer annähernden Realisierung der Habermasschen Postulate diskursiver Argumentation trifft.

stehen sind, die sich auf Dinge oder Ereignisse beziehen, auf die die Hand hinweist. Erste Verständigungsversuche können auf solchen Voraussetzungen aufbauen und zur Entwicklung weiterer Erwartungserwartungen führen, die dann probeweise als Grundlage nachfolgenden Handelns verwendet und anhand der Reaktionen des anderen validiert bzw. korrigiert werden.

Irrtum, Täuschung und Mißverständnisse sind dadurch zwar keineswegs ausgeschlossen. Das als "freundlich" gedeutete Lächeln sollte den Fremden vielleicht nur in Sicherheit wiegen oder war als höhnisches Grinsen gemeint; der ausgestreckte Finger und die dazu gesprochenen Laute waren möglicherweise Teil einer magischen Beschwörung, dazu bestimmt, die vermuteten negativen Kräfte des Fremden unschädlich zu machen. Entsprechende Differenzen der Sinnzuweisungen können freilich in jeder Interaktion auftreten. Sie belegen nur die Enttäuschungsanfälligkeit jeder einzelnen Erwartungsprojektion, nicht aber das völlige Fehlen von Erwartungserwartungen, die in einer solchen Situation als eine erste, bewährungsbedürftige und ausbaufähige Handlungsgrundlage in Anspruch genommen werden können.

Erwartungserwartungen fungieren als Strukturen in psychischen wie auch in sozialen Systemen. Diese Feststellung impliziert jedoch nicht die Annahme einer irgendwie gearteten Überschneidung dieser Systeme. Psychische und soziale Systeme (ebenso psychische gegenüber psychischen bzw. soziale gegenüber sozialen Systemen) stehen zueinander immer in einer System-Umwelt-Beziehung. Dementsprechend muß zwischen Erwartungserwartungen als Strukturen psychischer Systeme und als Strukturen sozialer Systeme unterschieden werden: Treten zwei einander unbekannte Personen erstmals in einer nicht näher bestimmten Situation miteinander in Kontakt, dann verfügen beide zunächst nur über *psychisch* repräsentierte Erwartungserwartungen; nur in dem Maße, in dem diese Erwartungserwartungen *als Grundlage der Verkettung der Verhaltensbeiträge* von Ego und Alter beansprucht und als tragfähige Basis der Interaktion bestätigt werden, funktionieren sie auch als Strukturen des *sozialen* Systems. In beiden Systemkontexten werden Erwartungen dabei zur Verknüpfung unterschiedlicher Operationen benutzt: in *psychischen* Systemen zur Verknüpfung von *Gedanken*, in *sozialen* Systemen zur Verknüpfung von *Kommunikationen*. Darauf wird später noch ausführlich zurückzukommen sein.

Erwartungen (bzw. Erwartungserwartungen),[9] so haben wir gehört, schränken die Überfülle des Möglichen auf ein praktisch zu bewältigendes Maß ein. Das Problem der Komplexität ist damit jedoch nicht eliminiert. Es verschwindet nicht einfach, sondern wechselt nur seine Gestalt und kehrt wieder im *Problem der Enttäuschungsanfälligkeit*. Werden Erwartungen enttäuscht, dann muß diese Enttäuschung auf irgendeine Weise im System verarbeitet werden.

Dies kann fallweise und konkret durch *isolierende* Behandlung der Abweichung als *Ausnahme* geschehen, die auf außergewöhnliche Umstände oder die abweichen-

---

9 Um unnötige sprachliche Komplikationen zu vermeiden, verwende ich im folgenden den Ausdruck "Erwartung(en)" auch für Erwartungserwartungen, soweit dies ohne Beeinträchtigung der sachlichen Klarheit möglich ist.

den Eigenheiten von Einzelpersonen zurückgeführt wird. Vor allem bei Erwartungen von *hohem Selbstverständlichkeitsgrad*, die nicht in der Form expliziter Regeln gegeben sind und bei denen Anreize für eine Verletzung (wie etwa dadurch zu erreichende Gewinne) fehlen, läßt sich diese Art der Enttäuschungsabwicklung beobachten. In dieser fundierenden Schicht selbstverständlicher Erwartungen sind *kognitive* und *normative* Komponenten *ungeschieden miteinander verknüpft* (vgl. Luhmann 1987, 48f.). - Garfinkels Krisenexperimente richteten sich vor allem auf Erwartungen dieses Typs: Der Schachspieler, der die Plätze gleichartiger Figuren austauschte, ohne dadurch die Spielstellung zu ändern, die Person, die hartnäckig auf der Erklärungsbedürftigkeit einfacher, allgemeinverständlicher Äußerungen beharrte oder der Gesprächsteilnehmer, der sein Gesicht dem Gesicht seines Gegenübers allmählich immer näher brachte, ohne aggressive oder auf sexuelle Annäherung zielende Absichten erkennen zu lassen, - sie alle verhielten sich auf seltsame, befremdliche, unerklärliche Weise abweichend, ohne daß die von diesen Versuchen Betroffenen in der Lage gewesen wären, die verletzte Erwartung und die Art des Delikts präzise zu bezeichnen. Dementsprechend ließen die Reaktionen meist eine Mischung aus Irritation (Verwunderung, Verunsicherung) und Verärgerung erkennen.

Vor diesem Hintergrund heben sich *stärker spezifizierte* Erwartungen ab, die - durch die Art der Enttäuschungsabwicklung - als kognitive *oder* normative Erwartungen stilisiert sind. Eine Erwartung ist als *"kognitiv"* zu klassifizieren, wenn ihre Enttäuschung im erwartenden System als Folge des eigenen "falschen Erwartens" verbucht und zum Anlaß für die Korrektur der enttäuschten Erwartung genommen wird. Das System *lernt* aus seinen Enttäuschungen. Es zieht die zuvor ausgeschlossenen Möglichkeiten in Zukunft in Betracht und steigert so seine Kapazität zur internen Verarbeitung wahrgenommener Änderungen in seiner Umwelt. Es gibt freilich Grenzen des Lernens. Nicht alle Strukturen des Systems können zugleich verändert werden. Darüber hinaus können Erwartungen mit anderen Erwartungen mehr oder weniger stark verknüpft sein. Wenig verknüpfte Erwartungen sind leicht änderbar, weil ihre Korrektur ohne gravierende Folgen für die Gesamtstruktur des Systems bleibt. Werden hingegen Erwartungen enttäuscht, die als Prämisse für eine große Zahl anderer Erwartungen dienen, droht die Überforderung der Lernkapazität des Systems.

Solche Erwartungen müssen deshalb auch im Enttäuschungsfalle *vor Revisionsanforderungen geschützt* werden. Möglich wird dies durch die *Umleitung der Fehlerzurechnung*: Nicht die enttäuschte Erwartung wird als 'falsch' deklariert, sondern das Verhalten, durch das sie enttäuscht wurde. Anstelle eines 'Irrtums' auf Seiten des Erwartenden wird dann 'abweichendes Verhalten' auf Seiten des Adressaten der Erwartung registriert, dessen Verhalten in Widerspruch zu der Erwartung steht, und es wird die zukünftige Anpassung des Verhaltens an die Erwartung gefordert. Durch diesen Modus der Enttäuschungsabwicklung wird eine Erwartung als *"normative"* Erwartung deklariert.

Tafel 9.1: Typen von Erwartungserwartungen

	Art der Verarbeitung von Erwartungsenttäuschungen
kognitive (Erwartungs-) erwartungen	- Zurechnung der Enttäuschung auf den Erwartenden (=Verbuchung als "Irrtum") - Korrektur der Erwartung (=Lernen)
normative (Erwartungs-) erwartungen	- Zurechnung der Enttäuschung auf den Abweichenden (= "Fehler des anderen") - Aufrechterhaltung der Erwartung (=Nicht-Lernen)

Der Stil der Enttäuschungsabwicklung kann auch bei Erwartungen gleichen Inhalts variieren. Normative Erwartungen können so unter bestimmten Voraussetzungen in kognitive Erwartungen transformiert werden und umgekehrt: Wenn ich mich im deutschen Straßenverkehr bewege, erwarte ich z.B. *normativ*, daß rote Ampeln oder Einbahnstraßenschilder von Autofahrern als verbindliche Anweisungen respektiert werden. Bewege ich mich hingegen im Straßenverkehr einer italienischen Stadt, so werde ich rasch feststellen, daß diese Erwartung erstaunlich häufig verletzt wird, dies dann vielleicht auf die ortsüblichen Gepflogenheiten zurechnen und meine Erwartung daran anpassen, das aber heißt, sie als *kognitive* Erwartung handhaben. Die Selbstkategorisierung als *'Einheimischer'*, der mit den üblicherweise geltenden Erwartungserwartungen vertraut ist und deshalb annimmt, daß er weiß, wann ein bestimmtes Verhalten auch von anderen normativ erwartet wird, oder als *'Fremder'*, der mit der Möglichkeit rechnet, daß er nicht genau weiß, welche Erwartungen von anderen als normativ verbindlich betrachtet werden, ist hier ein wichtiges Vorschaltelement, das den Wechsel des Erwartungsstils in die eine oder andere Richtung regulieren kann (vgl. dazu Schneider 1997).

Welche Probleme sich ergeben, wenn psychische Systeme normative Erwartungen pflegen, die ihren Anhalt in der sozialen Umwelt weitestgehend verloren haben, wird z.B. an den Reaktionsmustern mancher älterer Menschen sichtbar: Das Verhalten von Jugendlichen in öffentlichen Verkehrsmitteln, die nicht einmal mehr auf den Gedanken kommen, ihren Sitzplatz älteren Fahrgästen anzubieten, die Extravaganzen der Mode, grün und orange gefärbte Haare, die spärliche Bekleidung von Fotomodellen auf Titelbildern oder der Nachbarin im Schwimmbad, - all dies und vieles andere mehr, das ihnen alltäglich begegnet, erregt ihren Unmut und bringt sie zu der Überzeugung, in einer 'Zeit des Sittenverfalls' bzw. in einer 'verrückt gewordenen Welt' zu leben. Wer zu spezifische Erwartungen irreversibel normiert, "dessen Potential für das Verwinden von Enttäuschungen wird überbeansprucht werden, ohne durch Lernprozesse entlastet zu sein. Er wird infolge dieser strukturellen Fehldisposition ein überanstrengtes Leben führen, ohne viel zu er-

reichen" (Luhmann 1987, 85) und läuft Gefahr, mit seinem Kopfschütteln und seiner Aufregung, die von seiner Umwelt nicht mehr nachvollzogen werden kann,
schließlich allein zu bleiben.

Erwartungsstrukturen werden von Luhmann *nicht als Stabilitätsgarantie* konzipiert. Luhmann verfährt hier *anders als Parsons*, der soziale Normen als zuverlässige
Grundlage sozialer Ordnung begreift und Abweichungen davon als Störfall mit
Ausnahmestatus definiert, der durch besondere Bedingungen (wie z.B. raschen sozialen Wandel oder unzureichende Sozialisation) zu erklären ist, ohne die grundsätzliche Verläßlichkeit von Normen deshalb in Frage zu stellen. Im Gegensatz zu
Parsons betont Luhmann die immer drohende Gefahr der Erwartungsenttäuschung,
und er ist darin so konsequent, daß er *verschiedene Typen* von Erwartungen danach
unterscheidet, wie Enttäuschungen verarbeitet werden. *Auch und gerade im Enttäuschungsfalle dienen Erwartungen als Instrument der Informationsverabeitung*, das es ermöglicht, Schuldige zu identifizieren oder das anzeigt, wo gelernt werden muß.

Bezogen auf die Interaktion zwischen Personen heißt das: Statt primär als zuverlässige Gewähr für die Möglichkeit eines reibungslosen Interaktionsablaufs zu gelten, erscheinen Erwartungsstrukturen von vornherein ausgelegt auf die *Bewältigung
von Krisensituationen*. Sie stellen sicher, daß auch im Falle von Mißverständnissen
und Konflikten, d.h. auch im Falle ihrer Enttäuschung Situationen interpretiert,
Interaktionen fortgesetzt und möglicherweise veränderte Erwartungen entwickelt
werden können, die besser auf die Bedingungen der jeweiligen Situation zugeschnitten erscheinen. In dieser Deutung von Erwartungsstrukturen kommt Luhmann
weitgehend mit *Garfinkels Ethnomethodologie* und der ethnomethodologischen *Konversationsanalyse* überein.

9.4   Erwartungen als Strukturen sozialer Systeme

Erwartungserwartungen im Kontext sozialer Systeme ermöglichen die Synchronisie-
rung der Verhaltensselektionen, die von unterschiedlichen psychischen Systemen
beigesteuert werden und lösen so das Problem doppelter Kontingenz. Die immer
wieder anfallenden Enttäuschungen konfrontieren die aktuell etablierte Erwartungsstruktur jedoch ständig mit anderen Möglichkeiten. Dadurch droht der Zerfall
dieser Struktur bzw. ihre plötzliche Verdrängung durch eine ganz andere.

Am Beispiel: Ein Lehrer kommt in die Klasse, sieht, daß die Schüler Karten
spielen oder sich unterhalten und von seinem Eintreten keine Notiz nehmen. Er
fragt höflich, ob man denn nicht mit dem Unterricht beginnen wolle. Ein Schüler
verneint, die anderen reagieren nicht darauf. Der Lehrer sieht seine Verhaltenserwartungen gegenüber den Schülern enttäuscht. Sollte er möglichst rasch lernen, d.h.
seine Erwartungen an die vorgefundenen Gegebenheiten anpassen, sich vielleicht erkundigen, ob er mit Karten spielen könne?

Wären seine an die Schüler gerichteten Erwartungen (von denen er natürlich annimmt, daß sie den Schülern bekannt sind, d.h. von ihnen erwartet werden können) *kognitiver* Art, dann wäre diese Konsequenz letzten Endes unvermeidlich. Das

soziale System Unterricht, für das eine bestimmte Zeit und ein bestimmter Ort reserviert war, würde an diesem Tag, an diesem Ort und mit dieser personellen Besetzung seinen Betrieb einstellen und von der Bildfläche verschwinden. Aber damit wäre immer noch nicht geklärt, was an die Stelle der enttäuschten Erwartungen treten soll. Ist zukünftig damit zu rechnen, daß die Jugendlichen sich jeden Morgen versammeln, um wiederum Karten zu spielen und miteinander zu reden, tritt ein Skatclub an die Stelle des Unterrichts oder kann auch anderes stattfinden, werden die Jugendlichen in Zukunft überhaupt noch regelmäßig kommen?

Das Beispiel macht klar, soziale Systeme können nur dauerhaft existieren, wenn sie in der Lage sind, ihre *Strukturen gegen Abweichungen zu stabilisieren*. Damit dies möglich ist, müssen Erwartungen *normiert* werden. Andererseits dürfen nicht alle Erwartungen im System normiert werden, weil es sonst seine Fähigkeit verliert, auf registrierte Änderungen in seiner Umwelt mit einer darauf zugeschnittenen Modifikation seiner Strukturen zu reagieren. Wenn das Sozialsystem Unterricht keinerlei Rücksicht auf die besonderen Voraussetzungen, Schwierigkeiten und Interessen der Schüler nimmt, dann riskiert es, daß die Schüler nicht mehr kooperieren, d.h. eine zunehmende Zahl psychischer Systeme die zum effektiven Betrieb des Sozialsystems benötigte Aufmerksamkeit nicht mehr aufbringen und sich gleichsam durch 'mentales Schwänzen' der Schulpflicht entziehen. Ein soziales System kann es sich demnach nicht (bzw. nur um den Preis gravierender Folgen für es selbst) leisten, sich *aussschließlich* auf kognitives oder normatives Erwarten zu spezialisieren, sondern muß beide Erwartungsstile miteinander kombinieren.

Mit dem Begriff der normativen Erwartung präsentiert Luhmann eine systemtheoretische Reformulierung des geläufigen Konzeptes der *sozialen Norm*. Wie für Normen typisch, können auch normative Erwartungen durch *negative Sanktionen* gegen Verletzung geschützt sein. Anders, als bei der sonst üblichen Fassung des Normbegriffs, erscheint die Sanktionierung von Abweichungen aber nicht als begrifflich oder empirisch notwendiges Merkmal, um eine Erwartung im Kontext eines sozialen Systems als "normativ" zu identifizieren. Grundsätzlich genügt dafür, daß im Enttäuschungsfalle auf irgendeine Weise im System angezeigt wird, daß man an der enttäuschten Erwartung weiterhin festhält, d.h. zukünftig weiterhin erwartungskonformes Verhalten erwartet.

Auch dazu noch ein Beispiel aus dem Sozialsystem Schulunterricht: Um 'pünktliches Erscheinen zum Unterrichtsbeginn' als normative Erwartung kenntlich zu machen, müssen verspätet eintreffende Schüler nicht unbedingt persönlich gerügt und bestraft werden. Es genügt dazu, daß der Lehrer sich z.B. über die unzumutbare Störung des Unterrichts, die Rücksichtslosigkeit gegenüber den anderen, die unter dieser Störung zu leiden haben oder die Unhöflichkeit eines solchen Verhaltens im allgemeinen beklagt, ohne bestimmte Schüler persönlich dafür zu kritisieren.[10] Die Schüler wissen dann (=sie können erwarten), daß von ihnen pünkt-

---

10 Der Übergang zwischen einem derartigen allgemeinen Lamento und sogenannten "verbalen Sanktionen" ist freilich fließend. Das entscheidende Einstufungskriterium ist hier, inwiefern solche Äußerungen von den Schülern als Sanktion erlebt werden.

liches Erscheinen weiterhin erwartet wird. Ob eine solche Vorgehensweise ausreicht, um eine hinreichende Konformität mit dieser normativen Erwartung zu
erreichen, ist freilich eine ganz andere Frage. Sanktionen dürften hier effektiver
sein. Für die Sicherung eines hohen Anteils normgemäßen Verhaltens sind sie
deshalb weiterhin von wesentlicher Bedeutung.

Unterbleiben diese oder ähnliche Äußerungen jedoch völlig (etwa, weil der
Lehrer erwartet, daß die Schüler wissen, daß von ihnen Pünktlichkeit erwartet wird
und er es deshalb für überflüssig hält, dies immer wieder zu betonen), dann fehlt
bereits die *kommunikative Kennzeichnung* der Pünktlichkeitserwartung als *normative* Erwartung. Es wird dann zunehmend wahrscheinlich, daß diese Erwartung als
kognitive Erwartung redefiniert und jeweils an das faktisch zu beobachtende Verhalten angepaßt wird. Das System *transformiert* seine Struktur, indem es *selektiv*
lernt: Durch Erfahrung belehrt, beginnt man Unpünktlichkeit als normales Verhalten zu erwarten und erwartet darüber hinaus, daß Unpünktlichkeit als normales
Verhalten erwartet wird, richtet sich dementsprechend ein, kommt selbst ebenfalls
häufiger zu spät. Die Pünktlichkeitsnorm erodiert immer mehr. Spätere Aufregung
des Lehrers über die 'allgemein eingerissene Unpünktlichkeit' erscheint nur noch
anachronistisch und als Anzeichen für mangelnden Realismus.

Durch Normierung können die Erwartungsstrukturen sozialer Systeme über die
Zeit hinweg stabil gehalten werden. Bei der Diskussion dieser These haben wir
bisher freilich offen gelassen, wessen Erwarten dabei überhaupt relevant ist. Im
Sozialsystem Unterricht sind die Erwartungen von Schülern und Lehrern zwar
bedeutsam, aber ihre soziale Grundlage reicht über die Grenzen des Systems hinaus.
Schüler und Lehrer wissen (=erwarten), daß von Seiten der Eltern, der Schulleitung
und der Schulbehörde erwartet wird, daß der Unterricht bestimmten Anforderungen genügt. Ein wesentlicher Teil der im System gültigen Erwartungserwartungen
ist demnach nicht in den unmittelbaren Erwartungen der direkt am Unterricht
Beteiligten, sondern *im Erwarten relevanter Dritter verankert*. Diese Erwartungen
sind so auch gegenüber Änderungen durch Übereinkunft zwischen den unmittelbar
Beteiligten geschützt. Luhmann spricht in diesem Fall von der *"Institutionalisierung"* von Erwartungen (vgl. Luhmann 1987, 64ff.).

Wenn Erwartungen institutionalisiert sind, dann heißt dies auch, daß nicht
mehr geprüft werden muß, ob jeder Einzelne tatsächlich einer bestimmten Erwartung zustimmt. Erwartungen können dann so lange als gültig *unterstellt* und als
Handlungsgrundlage benutzt werden, wie angenommen werden kann, daß relevante
Dritte von den an einer Interaktion beteiligten Personen erwarten, daß sie diese
Erwartungen in ihrer Interaktion erfüllen. Das anonyme *"Man"*, das z.B. Eltern
gegenüber ihren Kindern ins Spiel bringen, wenn diese sie fragen, warum sie
bestimmte Dinge tun oder unterlassen sollen ("*Man* bohrt bei Tisch nicht in der
Nase"), ist dafür eine typische Markierung. Sie zeigt an, daß derjenige, der die
Beachtung einer Erwartung einklagt, dies nicht als Einzelindividuum tut, sondern
anstelle nicht anwesender anderer (oder mit George Herbert Mead formuliert: als
aktuelle Personifizierung des "generalisierten anderen"). Personen, die wissen
(=erwarten), was *man* von ihnen und anderen in bestimmten Situationen erwartet

und die das gleiche von anderen erwarten, verfügen über ausreichende Voraussetzungen für eine erfolgreiche Bewältigung des Problems doppelter Kontingenz. Sie können die Erwartungen ihres Gegenübers in hinreichendem Maße antizipieren, um ihr Verhalten in der Interaktion aufeinander abzustimmen, auch wenn sie einander persönlich nicht kennen. Auch wenn ein Lehrer zum ersten Mal in eine Oberstufenklasse kommt, wissen die Schüler und weiß auch er im wesentlichen (wenngleich nicht in allen Einzelheiten), welche Erwartungen als Grundlage des Unterrichts vorausgesetzt werden können.

Die Institutionalisierung von Erwartungen ermöglicht so deren Unterstellung als Prämisse eigenen und fremden Verhaltens, ohne im Einzelfall immer neu prüfen zu müssen, ob der andere sie kennt und für richtig hält. Daß jeder unbekannte andere ganz anderes erwarten könnte, diese Möglichkeit wird dadurch ausgeblendet und die Komplexität der Interaktion zwischen einander fremden Personen damit hinreichend reduziert, um sie auf routinisierbare Weise abwickeln zu können.

Dabei kann freilich kein völlig homogenes "Man" vorausgesetzt werden. Für eine Vielzahl von Erwartungen ist die Position der miterwartenden und in Konfliktfällen als Appellationsinstanz dienenden Dritten durch unterschiedliche Bezugsgruppen besetzt, deren Erwartungen divergieren. Die Gruppe der Kollegen am Arbeitsplatz erwartet anderes als die Firmenleitung. Ob die Arbeiten eines Wissenschaftlers die methodischen Standards seiner Disziplin erfüllen oder nicht, dafür ist nicht das Urteil von Laien oder Journalisten, sondern von anderen Wissenschaftlern entscheidend.

Sofern es um *rechtlich normierte* Erwartungen geht, nehmen in der modernen Gesellschaft die Mitglieder der juristischen Profession die Position der *miterwartenden Dritten* ein, deren Erwartungen in Konfliktfällen maßgebend sind: Um erwarten zu können, welche Pflichten jeder gegenüber dem anderen hat, müssen etwa Arbeitgeber und Arbeitnehmer Erwartungen darüber entwickeln, welche Erwartungen ein *Arbeitsrichter* vor dem Hintergrund des Arbeitsrechts gegebenenfalls an beide richten würde.[11] Mit dem *Rechtssystem* und dem *Wissenschaftssystem* verfügen moderne Gesellschaften über ausdifferenzierte soziale Teilsysteme, die auf die Interpretation und Anwendung gesamtgesellschaftlich relevanter normativer Erwartungen bzw. auf die Prüfung, Produktion und Revision von kognitiven Erwartungen (=Wissen) spezialisiert sind.[12]

Institutionalisierung im eben beschriebenen Sinne bedeutet nicht, daß *faktischer Konsens* erzeugt, sondern daß im Gegenteil realer Konsens immer mehr durch *fiktive Konsensunterstellungen ersetzt* wird und ersetzt werden muß, weil es nur so möglich ist, die Erwartungen bereitzustellen, die benötigt werden, um die steigende

---

11 Vgl. Luhmann 1987, 80: "Vom einzelnen aus gesehen heißt dies, daß er erwarten muß, daß man von ihm erwartet, was die Richter von ihm erwarten; oder noch schärfer formuliert: daß er erwartet, daß sein Interaktionspartner von ihm erwartet, was die Richter und demzufolge man von ihnen beiden erwartet."

12 Damit ist selbstverständlich *nicht* gemeint, daß alle normativen Erwartungen die Gestalt von Rechtsnormen oder alle kognitiven Erwartungen die Form wissenschaftlicher Aussagen annehmen.

Vielfalt möglichen Handelns in den unterschiedlichen gesellschaftlichen Handlungsbereichen zu strukturieren.

> "Man kann den Konsens beliebiger Dritter für bestimmte Erwartungen nicht mehr ernsthaft erwarten und vor allem für neuartige Erwartungen nicht mehr voraussehen. Man weiß nicht, welche Richtung der Hochschulreform die Bauern, welche Gerichtsverfassung die Hausfrauen, welche Großhandelskonditionen die Studienräte bevorzugen würden. Man muß bei realistischer Betrachtung davon ausgehen, daß solche Meinungen gar nicht existieren und auch nicht erzeugt werden können, sondern daß nur noch die institutionelle Fiktion der Meinungen hergestellt werden kann. Das verweist auf die Notwendigkeit von Politik" (Luhmann 1987, 72).

Wenn auch Habermas an dieser Stelle nicht ausdrücklich erwähnt wird, so läßt sich dieser Auszug doch als Einwand lesen, der auf dessen gesellschaftstheoretischen Ansatz gemünzt ist. Gegen die Grundintuition des Habermasschen Theorieprogramms, die Auswahl der kognitiven und normativen Prämissen unseres Handelns auf den argumentativen Konsens aller zu stützen, die von den Auswirkungen dieser Prämissen betroffen sind, setzt Luhmann hier den Gedanken, daß die Komplexität und Heterogenität der Gesellschaft es unmöglich macht, die Selektion von Erwartungsstrukturen in einem relevanten Ausmaß an rationalem Konsens zu orientieren. Gemessen an der Komplexität der modernen Gesellschaft erscheint die Kapazität diskursiver Argumentationsverfahren hoffnungslos unterdimensioniert, um die notwendigen Selektionsleistungen bereitstellen zu können. Damit ist nicht behauptet, daß öffentliches Argumentieren hier keinerlei Rolle spielt. Bestritten wird nur, daß die Entwicklung der Gesellschaft unter die Kontrolle argumentativer Einigungsprozesse gebracht werden könnte.

Nicht tatsächlichem Konsens, sondern allenfalls leistungsfähigen *Konsensfiktionen*, z.B. in der Form der massenmedial erzeugten "Öffentlichen Meinung",[13] billigt Luhmann eine wesentliche Bedeutung zu. Diese These baut das oben (Kapitel 6.1.6) behandelte und gegen Parsons gerichtete Argument Garfinkels weiter aus, demzufolge die relative Stabilität von Erwartungen nicht unbedingt auf der allgemeinen Zustimmung und Internalisierung entsprechender Normen, sondern auf der ungeprüften Unterstellung gründet, daß *alle anderen* zustimmen. An die Stelle realen Normenkonsenses tritt *Konsensüberschätzung* als zentraler Stabilisierungsmechanismus, der freilich äußerst störanfällig ist. Weil Stabilität hier an kognitive (Fehl)-Einschätzungen gebunden ist, genügen Informationen, die diese Einschätzungen verändern, um die soziale Geltung normativer Erwartungen zu erschüttern.[14]

---

13 Aber nicht nur auf der Ebene des Gesellschaftssystems, sondern auch innerhalb dauerhafter und hoch personalisierter Kleingruppenbeziehungen spielen Konsensfiktionen eine wesentliche Rolle, wie Alois Hahn (1983) gezeigt hat.

14 Solche Informationen können z.B. sozialwissenschaftliche Umfragen liefern. Exemplarisch dafür stehen die Untersuchungen von Alfred Kinsey in den fünfziger Jahren zum Sexualleben amerikanischer Männer und Frauen (publiziert in den sogenannten "Kinsey Reports"), deren Veröffentlichung als ein wesentlicher Auslöser für den Umbruch der amerikanischen Sexualmoral gilt. Vgl. in diesem Zusammenhang auch die Untersuchung von Heinrich Popitz (1968), "Über die Präventivwirkung des Nicht-Wissens. Dunkelziffer, Norm und Strafe", der in der Unkenntnis der faktischen Häufig-

(Fortsetzung...)

Die Steigerung der Komplexität der Gesellschaft hat nicht nur zur Folge, daß der *Modus der Institutionalisierung* von Erwartungen sich ändert und Bezugsgruppen bzw. spezialisierte Rollen an die Stelle "der anderen" treten, die als Miterwartende vorausgesetzt werden. Sie führt auch dazu, daß mehrere *Abstraktionsebenen* auseinandergezogen werden, denen Erwartungen alternativ zugeordnet werden können.[15] Zunächst werden *Personen* und *Rollen* unterschieden:

"Personen", damit sind nicht komplette Menschen, sondern *Adressen von Erwartungen* gemeint, die durch die Unterscheidbarkeit der Körper und durch Bekanntschaft aus früheren Interaktionen individualisiert sind. Ich weiß, daß Hans ein Morgenmuffel ist, den ich besser am Abend anrufen sollte, während ich mit Grete am besten morgens telefoniere, weil sie abends nicht mehr gestört werden möchte. Ich habe Klaus beim Umzug geholfen und erwarte deshalb von ihm, daß er mir ebenfalls beim Umzug hilft. Von Hans, dem ich ebenfalls beim Umzug geholfen habe, erwarte ich eine solche Unterstützung nicht, weil ich weiß, daß er 'zwei linke Hände' und eine Gehbehinderung hat. Aber ich weiß auch, daß er sich in Steuerfragen gut auskennt und rechne deshalb mit seinem Rat bei meiner Steuererklärung. Erwartungen dieser Art gründen in einer gemeinsamen Interaktionsgeschichte mit bestimmten Personen, sind nur an sie gerichtet und sterben mit diesen Personen.

Sind Erwartungen hingegen an *Rollen* adressiert, dann ist es im Prinzip gleichgültig, wer diese Rolle gerade ausübt. Von einem Handwerker kann (normativ) erwartet werden, daß er eine Reparatur, von einem Chirurgen, daß er eine Operation fachkundig und sorgfältig ausführt und zwar unabhängig von seiner Berufserfahrung, von den besonderen Belastungen seines Privatlebens, mit denen er gerade zu kämpfen hat oder von Empfindungen der Sym- bzw. Antipathie, die ich bei ihm auslösen mag. Von einem Beamten der kommunalen Bauaufsicht wird erwartet, daß er Abweichungen in der Ausführung eines Gebäudes gegenüber der erteilten Genehmigung auch dann moniert, wenn es sich bei dem Bauherrn um einen guten Freund handelt, von einem Staatsanwalt, daß er sich bei der Verfolgung von Straftaten nicht durch persönliche Gefühle und Beziehungen beeinflussen läßt. Erwartungen, die sich an *Rollen* knüpfen, zeichnen sich gerade dadurch aus, daß sie Gesichtspunkte, die ausschließlich der Sphäre des Persönlichen und Privaten angehören, systematisch ausblenden und dadurch eine relative Isolierung zwischen persönlichen Beziehungen und Rollenbeziehungen ermöglichen.

Die Bindung von Erwartungen an *Rollen* ist eine wichtige Voraussetzung für die Einrichtung *formaler Organisationen* (Betriebe, Verwaltungen etc.). Nur wenn unabhängig von den persönlichen Beziehungen und anderweitigen Rollen der Mitglieder normative Erwartungen festgelegt werden können, die auf die Organisationsziele

---

14 (...Fortsetzung)
   keiten, mit der strafrechtliche Normen verletzt werden, eine wichtige Voraussetzung für ihre soziale Geltung sieht.
15 Vgl. zum folgenden Luhmann 1987, 85ff. Die dort unterschiedenen und gleich darzustellenden vier Abstraktionsebenen der Verankerung von Erwartungen (Personen, Rollen, Programme, Werte) finden eine Parallele in den Schützschen Stufen der Generalisierung von Typisierungen (Personen, Rollen, Typen des Handlungsablaufs). Vgl. dazu oben, Bd.1, Tafel 4.3.

abgestimmt und mit den Mitgliedschaftsrollen in der Organisation verknüpft sind, können Organisationen als eigenständige soziale Systeme funktionieren. Werden in einer Behörde Freunde gegenüber Fremden generell bevorzugt, Stellen nicht nach Qualifikation für zu erfüllende Aufgaben, sondern auf der Basis von Verwandtschaft vergeben, Anträge nur dann zügig bearbeitet, wenn die Antragsteller zuvor den Amtsinhaber durch entsprechende 'persönliche Aufmerksamkeiten' positiv gestimmt haben etc., dann ist es offensichtlich nicht gelungen, *Rollen*erwartungen hinreichend von *personenbezogenen* Erwartungen zu entkoppeln.[16] Unter solchen Voraussetzungen können Organisationen nicht nach eigenen Kriterien disponieren. Sie werden überwuchert durch das Geflecht der privaten Interaktionsbeziehungen ihrer Mitglieder, mit der Folge, daß *personalisierte* Erwartungen an die Stelle *formalisierter* Erwartungen treten, die Abläufe innerhalb einer Organisation unberechenbar werden, die Organisationsziele ihre Bedeutung für die Orientierung bzw. Legitimierung des Verhaltens der Mitglieder verlieren und die Differenz zwischen Organisation und Umwelt dadurch verschwimmt.

Eine dritte Stufe der Abstraktion von Erwartungen wird erreicht, wenn *auch Rollen austauschbar* werden. Dies ist der Fall bei Erwartungs*programmen*. Investitionsprogramme in großen Firmen, Forschungsprogramme wissenschaftlicher Institute oder Planungsvorhaben der öffentlichen Hand projektieren bestimmte Ziele und Wege für deren Realisierung, ohne daß dabei bereits im einzelnen fixiert sein muß, welche Stellen und Rollenträger in Organisationen mit der Durchführung der einzelnen Aufgaben zu betrauen sind.

Auf der vierten und letzten Ebene der Abstraktion von Erwartungen entfällt schließlich die Verknüpfung mit bestimmbaren Situationen, in denen Erwartungen zu erfüllen sind. Was dann noch bleibt, sind *allgemeine Gesichtspunkte der Vorzugswürdigkeit von Handlungen*, d.h. *Werte* (vgl. Luhmann 1987, 88f.). Programme können aus der Perspektive von Werten diskutiert, beurteilt und geändert werden. Man kann z.B. überlegen, wie man die *berufliche Leistungsfähigkeit* der Schulabsolventen erhöhen kann, indem man die Unterrichtsprogramme der Schulen auf die eine oder andere Weise ändert. Ist vielleicht die Einrichtung eines neuen Pflichtfachs mit dem Titel "Informatik" zur Förderung dieses Ziels geeignet (wobei zunächst offen bleibt, wer es gegebenenfalls unterrichtet), oder sollte man sich darauf konzentrieren, die durchschnittliche Beherrschung der grundlegenden Kulturtechniken zu verbessern? Werte stellen Gesichtspunkte zur Verfügung, unter denen Programme als variabel behandelt werden können. Sie können jedoch untereinander nicht in eine generell

---

16 Der hier verwendeten Unterscheidung zwischen personalisierten und rollengebundenen Erwartungen entspricht bei *Parsons* die Unterscheidung zwischen *partikularistischen* und *universalistischen* Erwartungen. Parsons verwendet zwar für beide Seiten dieser Unterscheidung den Rollenbegriff, indem er zwischen partikularistischen (z.B. Verwandtschaftsrollen) und universalistischen Rollen (insbes. Berufsrollen) differenziert. Dabei ist jedoch klar, daß partikularistische Rollen gerade durch die *Verpflichtung* definiert sind, die *individuellen Besonderheiten* des Interaktionspartners in hohem Maße zu berücksichtigen, universalistische Rollen hingegen die Ausblendung individueller Besonderheiten und persönlicher Bindungen verlangen. Insofern handelt es sich hier primär um eine terminologische Differenz bei weitgehender Übereinstimmung in der Einschätzung des unterschiedlich bezeichneten Sachverhalts.

gültige Rangfolge gebracht werden und geben deshalb auch leicht Anlaß zu Konflikten. So mag jemand vielleicht der Auffassung zustimmen, daß "Informatik" die *berufliche Leistungsfähigkeit* von Schülern erhöhen könnte, es aber dennoch als viel wichtiger betrachten, ihre *Kreativität* zu entwickeln und deshalb für den Ausbau der musischen Fächer plädieren.[17] Auseinandersetzungen, die hier entstehen, sind schwer zu schlichten, stehen doch keine übergeordneten Gesichtspunkte der Beurteilung mehr zur Verfügung, die es ermöglichen könnten, einen Konflikt zwischen Werten zu lösen.

Die allgemeine soziale Funktion der Trennung zwischen Personen, Rollen, Programmen und Werten als Abstraktionsebenen, auf denen Erwartungen verankert sein können, "liegt in der Einrichtung *relativ unabhängiger Variabilität*" (Luhmann 1987, 90). Im Unterschied zu älteren Gesellschaften erreicht die moderne Gesellschaft eine stärkere Entkoppelung dieser Ebenen voneinander (vgl. dazu auch Luhmann 1997, 771). Änderungen von Erwartungen auf der einen Ebene müssen daher nicht auf Erwartungszusammenhänge der anderen Ebene durchschlagen und sind deshalb leichter möglich.

> "Man kann Werte angreifen oder auswechseln, zum Beispiel den Wert der Nationalität oder den Wert der Bildung diskreditieren bzw. absinken lassen, ohne das Rollengefüge oder die Identität der Einzelmenschen anzutasten. Gerade diese verbleibenden Identitäten (die bestimmt sind durch die Erwartungen, die der einzelne an sich selbst richtet und von anderen an sich gerichtet sieht; W.L.S.) geben Erwartungssicherheit genug und damit einen Rückhalt für eine Umwertung der Werte in Anpassung an die gesellschaftliche Entwicklung. Man kann aber auch umgekehrt im Namen gleichbleibender Werte Programme und Rollen in Anpassung an eine sich ändernde Wirklichkeit umstrukturieren... . Personen können ihre Rollen und Rollen ihre Personen wechseln, ohne daß der Umwelt eine untragbare Last des Umlernens und der periodisch wiederkehrenden Unsicherheit zugemutet werden würde" (Luhmann 1987, 90).

Dadurch können zugleich mehr und sich voneinander stärker unterscheidende Erwartungen sozial institutionalisiert werden. Die Gesellschaft steigert so ihr Potential für strukturelle Komplexität. - Tafel 9.2 resümiert die gerade unterschiedenen Stufen der Abstraktion von Erwartungen.

In unserer bisherigen Darstellung von Luhmanns Systemtheorie haben wir vor allem die Begriffe *Komplexität, Sinn* und *Erwartung* erläutert. Wir haben dabei *psychische* und *soziale* Systeme voneinander unterschieden und festgestellt, daß beide Systemtypen zueinander in einem System-Umwelt-Verhältnis stehen. Menschen, Individuen, in Körpern steckende Bewußtseine sind demnach *nicht* Elemente sozialer Systeme. Zugleich haben wir festgestellt, daß es sich bei psychischen wie bei sozialen Systemen um *Sinnsysteme* handelt und beide Systemtypen *Erwartungen als Strukturen* benutzen.

---

17 Er könnte dies z.B. mit dem Argument verbinden, daß die Verbesserung der beruflichen Leistungsfähigkeit von Schülern den Stellenmangel am Arbeitsmarkt nicht beseitigen und ihre Beschäftigungschancen kaum steigern könnte und daß demgegenüber die Entwicklung der individuellen Kreativität eine wesentlich bessere Vorbereitung zur Bewältigung des (für viele ohnehin unvermeidbaren) Schicksals langer Arbeitslosigkeit biete.

Bisher nicht diskutiert haben wir die Frage, auf welche Weise Systeme sich gegenüber ihrer Umwelt abgrenzen. Luhmanns generelle Antwort auf diese Frage lautet: durch ein *Komplexitätsgefälle*. Das System ist weniger komplex als seine Umwelt. Innen ist weniger möglich als außen. Entscheidend dafür ist die Bildung eigener Strukturen. Das System gewinnt dadurch die Kontrolle darüber, von welchen Um-

Tafel 9.2: Stufen der Abstraktion von Erwartungen

W E R T E

(Austauschbarkeit
der Personen,
Rollen und
Programme)

P R O G R A M M E

(Austauschbarkeit der
Personen und Rollen;
subsumierbar unter
verschiedene Werte)

R O L L E N

(Austauschbarkeit der
Personen; *subsu-
mierbar* unter ver-
schiedene Program-
me bzw. Werte)

P E R S O N E N

(Subsumierbar
unter verschiedene
Rollen, Programme
und Werte)

T R E N D S:
Zunehmende Abstraktion und
Entkopplung der Erwartungs-
strukturen der verschiedenen
Stufen voneinander. Dadurch:
Ermöglichung steigender struk-
tureller Komplexität.

weltereignissen es sich beeinflussen und zu internen Zustandsveränderungen anregen läßt. Nur Ereignisse, die es als Erfüllung bzw. Enttäuschung eigener Erwartungen registriert, sind für das System relevant. Gegenüber allen anderen Ereignissen verhält es sich indifferent.

Mit der Identifikation des Komplexitätsproblems als allgemeinstes Problem, das durch die Bildung systemischer Strukturen gelöst wird, gewinnt Luhmann Distanz zum *Strukturfunktionalismus,* zu dessen prominentesten Vertretern *Parsons* gehört.[18] In seiner Theorie sozialer Systeme geht Parsons von Systemen mit bestimmten Strukturen aus und fragt dann nach der funktionalen Bedeutung systemischer Mechanismen und Prozesse für die Erhaltung dieser Strukturen. Der Strukturbegriff erscheint so dem Funktionsbegriff vorgeordnet.

Luhmann kehrt die Relation von Struktur und Funktion um.[19] An die Stelle der Systemstrukturen, deren Erhaltung die Erfüllung bestimmter Funktionen verlangt, setzt er das Letztproblem der Komplexität.[20] In der Lösung dieses Problems, d.h. in der *Erfassung und Reduktion von (Welt)Komplexität,* sieht er die *allgemeinste und jeder Struktur vorgeordnete Funktion,* die durch die Bildung systemischer (Erwartungs)Strukturen erfüllt wird und die deshalb gegenüber dem Strukturbegriff eine vorrangige Bedeutung erhält.[21] Weil im Hinblick auf die Lösung des Problems der Komplexität unterschiedliche Strukturen funktional äquivalent sind, kann ein System sich ebensogut durch die Erhaltung wie auch durch die Änderung seiner Strukturen reproduzieren. Für die Reichweite von Strukturänderungen gibt es keine a priori auszumachende Grenze. Zwar kann nicht alles auf einmal geändert werden, denn jeder Umbau braucht Zeit. Grundsätzlich aber stehen alle Strukturen zur Disposition. Einzige Lösungsbedingung des Komplexitätsproblems ist, daß eine *Komplexitätsdifferenz* zwischen dem (intern weniger komplexen) System und der (komplexeren) Umwelt erhalten bleibt.

Luhmann setzt so an die Stelle der älteren, "strukturell-funktionalen" eine "funktional-strukturelle" Systemtheorie. Abgesehen von dieser Umkehrung der Vorrangrelation von Struktur und Funktion ist es in dieser frühen Phase von Luhmanns Theorieprojekt immer noch primär die *Struktur,* durch die sich ein System von seiner Umwelt unterscheidet und in ihr reproduziert. In der jüngeren Entwick-

---

18 Diese theoriegeschichtliche Zuordnung gilt zumindest für die Phase des Parsonsschen Werkes, die in dem Buch "The Social System" (1951) ihren Höhepunkt erreicht. Vgl. ergänzend Fußn.20.

19 Vgl. dazu den frühen programmatischen Aufsatz "Soziologie als Theorie sozialer Systeme" (Luhmann 1970, 113-136, hier: 113f.).

20 Mit dem Übergang zu einem Systembegriff, der am Modell des Organismus orientiert ist und der Entwicklung des AGIL-Schemas, das vier universelle Probleme postuliert, die als Bezugspunkt für die funktionale Analyse von Strukturen und Prozessen dienen, behauptet freilich auch Parsons die Priorität des Funktionsbegriffs gegenüber dem Begriff der Struktur. (Vgl. dazu Parsons 1977, 102f. mit der zusammenfassenden Feststellung: "In diesem Kontext betrachtet, steht der Begriff 'Struktur' nicht auf derselben Ebene wie der Begriff der Funktion, sondern auf einer niedrigeren analytischen Ebene.") Von dieser späteren Phase der Parsonsschen Theorieentwicklung her gesehen ersetzt Luhmann die vier Problembezüge des AGIL-Schemas durch das erheblich abstrakter gefaßte Komplexitätsproblem.

21 Zum quasi-transzendentalen Status des Komplexitätsproblems vgl. Schneider 1991, 203ff.; zu seiner theoriegeschichtlichen Bedeutung innerhalb der Luhmannschen Systemtheorie vgl. Göbel 2000, 67ff.

lung der systemtheoretischen Diskussion tritt jedoch eine andere Antwort auf die Frage nach dem Modus der Konstitution und der Reproduktion der System-Umwelt-Differenz in den Vordergrund. Sie sieht die Lösung dieses Problems in der *selbstreferentiellen Schließung* von Systemen auf der Ebene ihrer *Operationen*. Diese Antwort und ihre Bedeutung für die Theorie sozialer Systeme gilt es im folgenden zu erläutern.

9.5   Autopoietische Systeme[22]

Systeme entstehen durch Grenzziehung. Ein Innen muß von einem Außen, ein System von seiner Umwelt unterschieden und diese Differenz in der Zeit stabil gehalten werden. Sofern Systeme in der Lage sind, eine solche Innen/Außendifferenz selbständig durch die Erzeugung systemeigener Elemente aus systemeigenen Elementen kontinuierlich zu reproduzieren, handelt es sich um *autopoietische (=sich selbst erzeugende) Systeme*. Das Konzept des autopoietischen Systems, welches in der allgemeinen Systemtheorie das frühere, noch von Parsons zugrunde gelegte Konzept des umweltoffenen Systems abgelöst hat, wurde von den beiden Neurobiologen Humberto Maturana und Francisco Varela (vgl. einführend Maturana/Varela 1987) für die Analyse lebender Systeme (=Organismen) entwickelt. Luhmann überträgt dieses Konzept auf sinnverarbeitende, d.h. psychische und soziale Systeme. Von Organismen sowie von psychischen und sozialen Systemen, die jeweils als autopoietische Systeme gelten, sind die technischen Systeme (=Maschinen) zu unterscheiden (vgl. Tafel 9.3). Sie können sich nicht selbst reproduzieren und sind daher als *allopoietische* (=fremderzeugte) Systeme zu klassifizieren (vgl. dazu auch Luhmann 1984, 16).

Die Frage, wie es Systemen gelingen kann, sich gegenüber ihrer Umwelt abzugrenzen und die so etablierte Innen/Außendifferenz kontinuierlich zu reproduzieren, erhält im Rahmen des *Autopoiesiskonzeptes* zunächst eine allgemeine Antwort: durch *operative Schließung*.

"Operative Schließung" bedeutet, daß ein System sich gegenüber einer Umwelt abgrenzt, indem es systemeigene Operationen mit anderen systemeigenen Operationen verknüpft. Elemente und Strukturen des Systems werden so *ausschließlich* im System selbst fabriziert. Das System kann also nicht Elemente bzw. Strukturen aus seiner Umwelt importieren oder in seiner Umwelt operieren, indem es unmittelbar an Umweltereignisse anschließt. Mit jeder neuen Operation bezieht sich das System auf vorausgegangene *eigene* Operationen und insofern *auf sich selbst,* es arbeitet *selbstreferentiell*. Das bedeutet jedoch nicht, daß das System blind für seine Umwelt

---

22   Die "autopoietische Wende" der Luhmannschen Systemtheorie wird in dem Band "Soziale Systeme" vollzogen, der 1984 erstmals erschien. Bisher hat sich unsere Darstellung im wesentlichen an der "vorautopoietischen" Version von Luhmanns Systemtheorie orientiert. Mit der nun zu behandelnden Einführung des Konzepts der Autopoiesis werden diese älteren Aussagen nicht obsolet, sondern nur, wie wir gleich sehen können, in einen veränderten Rahmen integriert.

ist. Im Gegenteil. Die operationelle Schließung des Systems ermöglicht Offenheit gegenüber der Umwelt, freilich in einer spezifischen Form. Nur über sich selbst, mit Hilfe seiner eigenen Operationen, kann sich das System auf Sachverhalte in seiner Umwelt beziehen. Oder kürzer formuliert: Kontinuierliche *Selbstreferenz* (=Bezug des Systems auf sich selbst) wird zur Prämisse für *Fremdreferenz* (=für jede Bezugnahme auf etwas, das hier und jetzt außerhalb des Systems zu lokalisieren ist). **Aber wie geht das?**

Tafel 9.3: Auto- und allopoietische Systeme

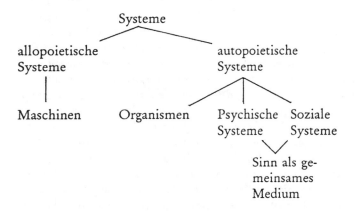

Die allgemeine Antwort darauf lautet: Durch Einschreibung der Differenz von Selbst- und Fremdreferenz *in jede Operation*. Die Unterscheidung von System und Umwelt wird so in das System hineinkopiert. Sie erscheint an jeder einzelnen Operation als Synthese eines selbst- und eines fremdreferentiellen Aspektes.

Der extreme Abstraktionsgrad dieser Auskunft erzeugt beim ersten Lesen vermutlich eine gewisse Ratlosigkeit. Sobald man diese Auskunft jedoch für Systeme eines bestimmten Typs spezifiziert, wird sie transparent. Fragen wir etwa, welches denn die Operationen psychischer Systeme sind, so lautet eine mögliche Antwort: *Gedanken.*[23] Psychische Systeme reproduzieren sich durch die kontinuierliche Verkettung von Gedanken, die das jeweilige psychische System als "meine Gedanken" identifizieren kann (=selbstbezüglicher oder selbstreferentieller Aspekt);[24] zugleich

---

23 Dies ist natürlich eine drastische Vereinfachung. Eine genauere Beschäftigung mit psychischen Systemen hätte sich auch mit der Frage zu beschäftigen, welche Rolle Stimmungen, Empfindungen und Gefühle im Operieren des Bewußtseins spielen.

24 Die Systemtheorie kann hier problemlos an die Bewußtseinsphilosophie anknüpfen, sieht doch schon Kant (darin an das Cartesische "ego cogito" anschließend) die Einheit des Selbstbewußtseins begründet durch das "Ich denke", das alle seine Vorstellungen begleiten kann, d.h. dadurch, daß jeder *Bezug auf anderes*, wie er sich in der *Mannigfaltigkeit der Vorstellungsinhalte* zeigt, durch den

(Fortsetzung...)

hat jeder Gedanke etwas zum Gegenstand, ist er auf etwas gerichtet (z.B. das Wetter, die Arbeit, das bevorstehende Wochenende), das nicht er selbst ist (=fremdbezüglicher oder fremdreferentieller Aspekt). In der kontinuierlichen Anknüpfung von *Gedanke an Gedanke* prozessieren psychische Systeme selbstreferentiell. Weil bzw. insofern es sich dabei um *Gedanken über etwas* handelt, impliziert die selbstreferentielle Verkettung der Gedanken zugleich Fremdreferenzen.[25] Plausibel ist auch, daß psychische Systeme nicht in ihrer Umwelt operieren, sich z.B. nicht in andere Bewußtseine oder eine gerade laufende Interaktion 'hineindenken' können.[26] Am Beispiel psychischer Systeme wird so rasch einsichtig, wie selbstreferentielle Schließung auf der Grundlage systemeigener Operationen möglich ist und mit Umweltoffenheit auf der Basis der operativen Verknüpfung von Selbst- und Fremdreferenz kombiniert werden kann.

Ein selbstreferentiell geschlossenes System, dessen Elemente aus Ereignissen (wie z.B. Gedanken) bestehen, die von äußerst kurzer Dauer sind, kann sich nur reproduzieren, indem es jedes verschwindende Element sofort durch ein neues ersetzt. Die Frage, wie das System fortexistieren und seine Grenze gegenüber der Umwelt aufrechterhalten kann, wird so von der Ebene der systemischen *Strukturen* auf die Ebene der *Operationen* überspielt. Das Problem der *Reduktion von Komplexität* durch die Bildung von Erwartungsstrukturen wird transformiert in das Problem der *hinreichend raschen Produktion anschlußfähiger Nachfolgeereignisse,* das im System von Moment zu Moment neu gelöst werden muß. Dazu muß der Bereich der in Betracht kommenden Anschlußmöglichkeiten soweit eingeschränkt werden, daß das jeweils nächste Ereignis schnell genug ausgewählt werden kann. In der Lösung *dieses* Problems besteht *nun* die Funktion von *Erwartungen.* Sie "verdichten" die Verweisungsstruktur von Sinn durch "Zwischenselektion eines engeren Repertoires von Möglichkeiten, im Hinblick auf die man sich besser und vor allem rascher orientieren kann" und machen dadurch die Selektionslast für Anschlußoperationen erst bewältigbar (Luhmann 1984, 140). Erwartungen erfüllen damit eine zentrale Funktion in der Autopoiesis von Sinnsystemen.

Mit der Reformulierung der Systemtheorie als Theorie autopoietischer Systeme eng verknüpft ist die Einführung des Begriffs der *Beobachtung,* wie er von George Spencer Brown formuliert worden ist. Jedes Beobachten setzt demnach *eine Unterscheidung* voraus, die als Beobachtungsschema verwendet wird und erfordert, daß

---

24 (...Fortsetzung)
  ständig mitlaufenden Bezug dieser Vorstellungen auf das *Denken des Ichs* ergänzt wird. Vgl. Kant 1981, Bd.2, 365f. und 371f.

25 Auch wenn ich an meine Gedanken von gestern denke, denke ich damit in der Regel an Gedanken, die ihrerseits etwas zum Gegenstand hatten oder sich ihrerseits auf weiter zurückliegende Gedanken bezogen, die etwas zum Gegenstand hatten oder ...(etc. ad infinitum). Wenn ich es darauf anlege (und sei es nur, um die Systemtheorie in Schwierigkeiten zu bringen), kann ich freilich auch versuchen, jede Fremdreferenz zu eliminieren, indem ich denke, daß ich denke, daß ich denke, daß ich denke, daß ich .... . Aber es wird schwierig sein, eine solche Form reiner Selbstreferenz wesentlich länger als einige Sekunden durchzuhalten.

26 Man könnte hier fragen, wie Telepathie (wenn es sie denn gibt) zu verbuchen wäre. Um nicht auf Nebengleise zu geraten, lasse ich diese Möglichkeit jedoch außer acht.

eine Seite dieser Unterscheidung *bezeichnet* wird. Indem ich z.B. etwas als "Stuhl" bezeichne, unterscheide ich es zugleich von "Sesseln" oder "Tischen" oder auch nur von allen anderen Dingen im Raum. Die Bezeichnung "Stuhl" läßt dabei offen, wovon ich das so bezeichnete Objekt unterscheide, setzt dabei aber die Unterscheidbarkeit des Bezeichneten von anderem voraus. Identität ist deshalb nicht ohne Differenz möglich oder genauer, sie kann ohne ein vorausgesetztes Differenzschema nicht bezeichnet und daher auch nicht beobachtet werden.[27]

Beziehen wir diesen Beobachtungsbegriff auf das Konzept des selbstreferentiellen Systems, dann sehen wir sofort: *Selbstreferentielle Systeme sind Beobachter. Sie erhalten ihre Grenze zur Umwelt, indem sie die System/Umwelt-Differenz operativ als Differenz von Selbst- und Fremdreferenz prozessieren.*

Nochmals am Beispiel psychischer Systeme illustriert: Gedanken schließen an Gedanken an (Selbstreferenz) und sind zugleich auf etwas, auf einen bestimmten Inhalt gerichtet (Fremdreferenz). Jeder nächste Gedanke schließt an im Kontext dieser Unterscheidung und kann eine ihrer beiden Seiten als Anknüpfungspunkt bezeichnen. Ich denke etwa, daß ich von einem Freund schon lange nichts mehr gehört habe und schließe an den Inhalt dieses Gedankens an, wenn ich überlege, ob er vielleicht durch seinen Beruf so sehr in Anspruch genommen wird, daß ihm zur Pflege freundschaftlicher Beziehungen nur wenig Zeit bleibt. Ist mein nächster Gedanke hingegen, "Wie merkwürdig, daß mir dieser Gedanke gerade jetzt kommt", dann beziehe ich mich damit nicht auf das Verhalten meines Freundes, sondern auf den Umstand, daß dieses Verhalten gerade jetzt zum Gegenstand eines Gedankens wird. Im ersten Falle markiert der Folgegedanke den fremdreferentiellen Pol der vorausgegangenen psychischen Operation, im zweiten den selbstreferentiellen Pol. Dabei setzt jede Markierung des einen Pols den anderen, der aktuell unbezeichnet bleibt, notwendig voraus. Jede neue Operation, die an eine vorausgegangene anschließt, beobachtet diese mit Hilfe der Unterscheidung von Selbst- und Fremdreferenz und bezeichnet eine ihrer beiden Seiten an der vorausgegangenen Operation des Systems. Die Reproduktion des Systems impliziert die Beobachtung jeder Operation durch ihren Nachfolger und insofern die kontinuierliche *Selbstbeobachtung* des Systems.[28]

9.6   Kommunikation als Operation sozialer Systeme

Wie nun kann das Konzept des autopoietischen Systems auf die uns primär interessierenden sozialen Systeme übertragen werden? - Um diese Frage zu beantworten, müssen wir zunächst überlegen, was die Operation sein könnte, die eine operative Schließung sozialer Systeme ermöglicht. Luhmanns Antwort darauf ist: *Kommuni-*

---

27 Zur ausführlicheren Einführung in das Konzept der Beobachtung vgl. Kneer/Nassehi 1993, 95ff.

28 *Selbstbeobachtung* meint hier nur die *Beobachtung eigener Operationen durch nachfolgende eigene Operationen*, darf also nicht verwechselt werden mit dem weiter unten noch vorzustellenden Begriff der *Reflexion*, der die Beziehung eines Systems auf sich selbst als Kompletteinheit meint.

kation. Um diese Antwort zu entfalten, muß die Systemtheorie untersuchen, auf welche Weise kommunikative Ereignisse in sozialen Systemen *konstituiert* werden.

Wie die Gedanken von Bewußtseinssystemen, so weisen auch Kommunikationen einen selbstreferentiellen und einen fremdreferentiellen Aspekt auf. Luhmann unterscheidet hier den Aspekt der *Mitteilung* von dem der *Information.* Diese Unterscheidung ist parallel gebaut zu der von Gedanke und Gedankeninhalt. Die Information ist Inhalt der Mitteilung. Sie bezieht sich in der Regel auf etwas, das außerhalb der Kommunikation liegt (z.B. auf Dinge, Körper, Ereignisse, Menschen, Gedanken), verkörpert also den *fremdreferentiellen* Aspekt von Kommunikation. Aber selbstverständlich ist nicht jede Information gebunden an Kommunikation. Wenn ich gerade das Haus verlassen will, um spazieren zu gehen und sehe, daß sich der Himmel bewölkt, und wenn ich daraus auf Regen schließe, dann ist dies eine Information, die ich nicht durch Kommunikation erhalten habe. Ebenso, wenn ich sehe, wie Menschen Schirme aufspannen und deshalb annehme, daß es bereits regnet (denn ich unterstelle nicht, daß die Menschen ihre Schirme aufgespannt haben, um mir oder anderen *mitzuteilen*, daß es regnet). Anders hingegen, wenn ich achtlos aus dem Haus laufe und meine Frau, die dies sieht, mich darauf aufmerksam macht, daß der Himmel bewölkt ist und mich bittet, vorsichtshalber einen Schirm mitzunehmen. In diesem Fall wurde eine Information ausgewählt, um sie zum Inhalt einer Mitteilung zu machen, für die ihrerseits eine bestimmte Form (eine sprachliche Äußerung, eine hinweisende Geste, eine schriftliche Notiz etc.) gewählt werden muß.

Damit die Mitteilung einer Information *als Kommunikation gelingen* kann, bedarf es freilich noch einer dritten Selektion, die nicht durch den Autor der Mitteilung, sondern durch ihren Adressaten beigesteuert werden muß. Er muß der Mitteilung eine bestimmte Bedeutung zuordnen, d.h. sie als Mitteilung einer bestimmten Information *verstehen. Kommunikation kann demnach definiert werden als Verknüpfung oder Synthese von genau drei Selektionen: von Mitteilung, Information und Verstehen.* Mit dem Verstehen einer informierenden Mitteilung durch einen Rezipienten oder genauer: durch dessen *Anschlußäußerung,* in der sich das Verstehen der vorausgegangenen Mitteilung artikuliert, ist ein elementares kommunikatives Ereignis produziert.

Zugleich ist damit die weitere Frage aufgeworfen, ob die verstandene Mitteilung in der anschließenden Kommunikation *angenommen oder abgelehnt* wird. Die Alternative Annahme/Ablehnung bezeichnet eine *vierte Selektion,* die darüber entscheidet, ob die Kommunikation unter der Prämisse von *Konsens oder Dissens,* von *Kooperation oder Konflikt* weiterläuft. Analytisch setzt die Entscheidung zwischen diesen beiden Möglichkeiten der Fortsetzung jedoch die Erzeugung eines kommunikativen Elementarereignisses voraus: Ein Verhalten muß als Mitteilung einer Information verstanden worden sein, um zum Gegenstand der Annahme oder Ablehnung werden zu können. Insofern liegt diese vierte Selektion bereits außerhalb der Konstitution eines kommunikativen Ereignisses. Diese Feststellung impliziert *nicht* die Auffassung, die Unterscheidung Annahme/Ablehnung sei von geringer Bedeutung. Wie wir später sehen werden, ist diese Unterscheidung von entscheidender Wichtigkeit, wenn es um die Frage geht, wie weit Kommunikation sich ausbreiten und das Sozialsystem Gesellschaft dadurch expandieren kann.

Nach diesem ersten Umriß des systemtheoretischen Kommunikationsbegriffs verfügen wir über die benötigten Voraussetzungen, die es uns erlauben, die zentralen Differenzen zwischen psychischen und sozialen Systemen in einem zusammenfassenden Überblick (siehe Tafel 9.4) einander gegenüberzustellen.

Die systemtheoretische Fassung des Kommunikationsbegriffs weist Entsprechungen zur Sprechakttheorie auf, weicht aber zugleich auch in wesentlicher Hinsicht davon ab. Die Mitteilungsselektion entspricht der *performativen* Dimension, die Information der *konstativen* Dimension (oder mit Searle formuliert: dem mitgeteilten propositionalen Gehalt) einer Äußerung.[29] Wie wir oben gehört haben, spricht auch Searle nur dann vom *Gelingen eines Sprechaktes,* wenn er *verstanden* worden ist und trennt davon die Frage ab, ob der Adressat das so unterbreitete Interaktionsangebot *annimmt oder ablehnt.* Im Unterschied zur Sprechakttheorie meint Verstehen im Kontext der Systemtheorie jedoch nicht unbedingt *richtiges* Verstehen. Auch wenn ein Hörer oder Leser eine Mitteilung anders versteht, als es der Autor beabsichtigt hat, versteht er das verbale Verhalten des Autors als Mitteilung einer Information und damit als Kommunikation. *Selbst wenn die vom Autor beabsichtigte Sprechhandlung am Mißverstehen des Adressaten scheitert, kommt Kommunikation zustande.* Der Verstehensbegriff der Systemtheorie schließt deshalb mehr oder weniger richtiges wie auch falsches Verstehen gleichermaßen ein.

Die Differenzen darüber, was unter "Verstehen" zu verstehen ist, reichen freilich weiter. Unsere bisherige Darstellung des systemtheoretischen Verstehensbegriffs war in einer wesentlichen Hinsicht ungenau. Bisher haben wir nämlich noch nicht hinreichend deutlich zwischen dem Verstehen *in der Kommunikation* und dem *psychischen* Verstehen unterschieden. Dies ist jedoch unbedingt notwendig, denn wie sollte, wenn wir kommunikatives und psychisches Verstehen miteinander gleichsetzen, die autopoietische Schließung sozialer Systeme auf der Grundlage kommunikativer Operationen möglich sein? Wenn psychische und soziale Systeme gleichermaßen als autopoietische Systeme gedacht werden sollen, die gegeneinander abgeschlossen sind und füreinander Einheiten in ihrer jeweiligen Umwelt bilden, dann kann die Mitteilung einer Information nicht durch ein Verstehen abgeschlossen werden, das *die operative Gestalt eines Gedankens* hat, denn dies würde bedeuten, daß Kommunikationen und Gedanken *gerade nicht* trennscharf unterschieden und infolgedessen auch nicht als Operationen in Anspruch genommen werden könnten, die für die Schließung psychischer und sozialer Systeme sorgen. Die Identifikation von Verstehen mit psychischem Verstehen hätte demnach zur Folge, daß soziale Systeme nicht als autopoietische Systeme beschrieben werden könnten, die gegenüber den psychischen Systemen der Kommunikationsteilnehmer abgeschlossen sind und zu ihnen in einer System-Umwelt-Beziehung stehen.

---

29   Vgl. dazu Luhmann 1984, 196f. und 1995, 105. Als detaillierten Vergleich zwischen der Sprechakttheorie und der systemtheoretischen Konzeption von Kommunikation vgl. Schneider 1996.

Tafel 9.4: Unterscheidungsdimensionen psychischer und sozialer Systeme

	PSYCHISCHE SYSTEME	SOZIALE SYSTEME
Prozessor(en):	Ego	Ego und Alter
Operationstyp:	Gedanken	Kommunikationen
Operative Selbst-referenz (ermög-licht autopoieti-sche Schließung):	Anschluß von Gedanke an Gedanke (und an nichts sonst)	Anschluß von Mitteilung an Mitteilung (und an nichts sonst)
Operative Fremd-referenz (ermög-licht Umweltof-fenheit):	Gedankeninhalt	Informationsselektion
Elementare Repro-duktionseinheit:	Zwei Gedanken (von denen der zweite den ersten mit Hilfe der Differenz Gedanke/Gedankeninhalt beobachtet und als 'eige-nen' vorausgegangenen Gedanken identifiziert)	Zwei Mitteilungen (von denen die zweite die erste mit Hilfe der Differenz von Mitteilung und Information beobachtet, d.h. als Mitteilung einer Information versteht)
Medium der Re-produktion:	Sinn	Sinn
Strukturen:	Erwartungen und Erwar-tungserwartungen	Erwartungserwartungen
Für die Reproduk-tion des Systems kontinuierlich zu lösendes Pro-blem:	Sicherung der Anschlußfähig-keit eigener Operationen (unter der Bedingung der *kontingenten* Selektion von Anschlußereignissen)	Sicherung der Anschlußfähigkeit eigener Operationen (unter der Bedingung der *doppelt kontingen-ten* Selektion von Anschlußereig-nissen)

Viele Kritiker Luhmanns haben genau so argumentiert, indem sie immer wieder den scheinbar unauflöslichen Zusammenhang zwischen Kommunikation und psy-chischen Zuständen (wie Mitteilungsabsichten, Überzeugungen und Verstehenswei-sen) hervorhoben. Luhmann insistiert demgegenüber strikt auf der Differenz zwi-schen Gedanken und Kommunikationen. Eine Äußerung mag durch eine bestimm-te Absicht *motiviert* sein. Aber die Äußerung *ist* eben nicht die Absicht. Ebenso zählt das psychische Verstehen der Teilnehmer nicht als *Verstehen in der Kommuni-kation*. Als kommunikatives Verstehen gilt, *was als Verstehen in einer Anschlußäuße-rung zum Ausdruck kommt.* Die kleinste kommunikative Einheit besteht demnach aus einer Sequenz von zwei Äußerungen, von denen die zweite auf die erste bezogen ist und sie auf eine bestimmte Weise interpretiert. Wie in Meads Modell der Gestenkommunikation die Bedeutung einer Geste durch die anschließende Reaktion definiert wird, so wird der soziale Sinn einer Äußerung im Kontext des systemtheoretischen Kommunikationsbegriffs durch die daran anschließenden Beiträge bestimmt. Dazu das folgende Beispiel:

A: Weist du, wie spät es ist?
B: (nach einem kurzen Blick auf seine Armbanduhr) 12 Uhr.

Die zweite Äußerung deutet hier die erste als Frage nach der Uhrzeit, die sie beantwortet.[30] Ob A seine Äußerung so verstanden wissen wollte und ob B sie tatsächlich so verstanden hat, ist ungewiß. Vielleicht hatten A und B, die sich zusammen auf einer Party aufhalten, vorher verabredet, nicht länger als bis zu einer bestimmten und nun schon lange verstrichenen Uhrzeit zu bleiben. A versucht deshalb vielleicht B mit seiner Äußerung auf diesen Umstand aufmerksam zu machen und will ihn so zugleich dazu bewegen, die Party gemeinsam zu verlassen. Vielleicht hat B dies auch verstanden, zieht es aber vor, sich ahnungslos zu stellen, weil er nun doch noch länger bleiben will, er keine Debatte mit A wünscht und hofft, daß A nicht auf der Einhaltung der früheren Verabredung insistiert. All dies kann so oder auch anders sein. *In der Kommunikation* wird nur sichtbar, was als kommunikatives Verstehen in der Abfolge der Äußerungen erreicht wird. Die Gedanken, die die Beteiligten mit ihren Äußerungen tatsächlich verbinden, bleiben unsichtbar. Sie können zwar zum Thema von Kommunikation werden. So z.B. wenn jemand mitteilt, was er dachte bzw. meinte, als er einen bestimmten Satz äußerte. Gedanken tauchen hier jedoch nicht unmittelbar als Elemente der Kommunikation auf. Sie erscheinen vielmehr unter dem Aspekt der Fremdreferenz von Kommunikation, als Inhalt einer Mitteilung über den die Kommunikation nur *informiert*.

Die vorgetragenen Überlegungen bestreiten nicht, daß Bewußtsein Voraussetzung für den Betrieb von Kommunikation ist. Sie zeigen aber, daß Kommunikationen immer nur an Kommunikationen (und niemals an Gedanken, es sei denn: als Inhalt einer Kommunikation) unmittelbar anschließen können. Die Grundbedingungen des Autopoiesiskonzeptes erscheinen damit erfüllt. Kommunikation kann betrachtet werden als diejenige *Beobachtungsoperation*, die durch die sequentielle

---

30 Eine Frage beantworten heißt, sie zu akzeptieren. Die Antwort "12 Uhr" erfüllt also eine doppelte Aufgabe: Sie *versteht* die vorausgegangene Äußerung als Frage nach der Uhrzeit und *akzeptiert* diese Frage zugleich, indem sie diese Frage beantwortet. *Dritte und vierte Selektion*, Verstehen und Annehmen werden durch *dieselbe Folgeäußerung* realisiert. Dies ist keine seltene Ausnahme, sondern wohl eher der typische Fall. Dennoch widerspricht dieser Umstand nicht der analytischen Unterscheidung von Verstehen und Annehmen bzw. Ablehnen. Dies ist leicht daran zu sehen, daß beide Selektionen jederzeit voneinander unabhängig vollzogen werden können. So etwa, wenn B (wegen des Partylärms unsicher, ob er A akustisch korrekt verstanden hat) zunächst mit der Äußerung reagiert hätte, "Du möchtest wissen, wie spät es ist?" und erst auf die positive Beantwortung dieser Frage mit einer annehmenden Äußerung ("12 Uhr") oder auch mit einer Ablehnung (z.B. "Ich möchte aber nicht wissen, wie spät es ist. Frag' lieber jemand anderen") reagiert.

Verknüpfung von Mitteilungen, die an vorausgegangene Mitteilungen anschließen usf., die selbstreferentielle Schließung sozialer Systeme erlaubt. Ein elementares kommunikatives Ereignis kommt zustande, wenn eine Äußerung ein vorausgegangenes Verhalten *mit Hilfe der Unterscheidung von Mitteilung und Information beobachtet*, d.h. dieses Verhalten als Kommunikationsbeitrag *versteht* und dabei *eine der beiden Unterscheidungsseiten* als Anschlußstelle *bezeichnet*. Knüpft die Folgeäußerung an den Inhalt der vorausgegangenen Äußerung an, dann markiert sie die *Informationsselektion* und damit den *fremdreferentiellen Pol* des kommunikativen Ereignisses als primären Anknüpfungspunkt. Referiert sie hingegen auf die Art des gewählten Mitteilungsverhaltens (z.B. "Schrei' mich nicht so an") bzw. auf eventuelle Mitteilungsmotive (z.B. "Warum sagst du mir das?" oder "Du glaubst wohl, du könntest dich damit bei mir einschmeicheln?"), dann markiert sie die *Mitteilungsselektion* und damit den *selbstreferentiellen Pol* des vorausgegangenen Ereignisses als relevanten Bezugspunkt für die Fortsetzung der Kommunikation.

Als Differenzen zur sprechakttheoretischen Konzeption von Kommunikation hatten wir bisher festgestellt, daß (1) *richtiges und falsches Verstehen gleichermaßen* als Verstehen fungieren und (2) nur *kommunikatives* Verstehen (im Unterschied zu psychischem Verstehen) relevant ist. Beide Abweichungen lassen sich zu der Aussage verbinden, *daß als Verstehen zählt, was in der Kommunikation als Verstehen zustande kommt*. Diese Aussage schließt auch Situationen ein, in denen ein Verhalten, dem keinerlei Mitteilungsabsicht zugrunde lag, durch andere Äußerungen angesteuert und als Kommunikationsbeitrag gedeutet wird.

Eine Filmszene gibt dazu eine passende Illustration: Ein Mann sitzt unter den Teilnehmern einer Auktion, in der Kunstwerke versteigert werden. Er scheint dem Geschehen um ihn herum kaum noch zu folgen. Vom langen Sitzen ermüdet, streckt er sich, reckt dabei einen Arm nach oben. Der Auktionator registriert diese Bewegung als Gebot und ruft den Betrag aus. Andere bieten höher, doch erneut räkelt sich unser Mann, und wieder registriert der Auktionator ein Gebot, das den Preis auf überraschende Höhen treibt. Andere Bieter vermuten, daß hier jemand über Informationen verfügt, nach denen das angebotene Stück wesentlich wertvoller ist, als es zunächst schien und wetteifern um dessen Erwerb, bis das Stück schließlich zu einem exorbitanten Preis versteigert ist. Von all dem unberührt und ohne bemerkt zu haben, was er ausgelöst hat, verläßt unser Mann schließlich den Schauplatz. Ohne Willen und Bewußtsein hat dieser Akteur äußerst bedeutsame Beiträge zur laufenden Kommunikation geliefert. Sein Verhalten wurde durch andere Kommunikationsbeiträge als Mitteilung einer Information *verstanden*, an die sie anschlossen. Es wurde so *durch die daran anlagernden Folgeäußerungen als kommunikative Operation definiert* und zur Fortsetzung der Kommunikation genutzt, mit dem Ergebnis, daß die Kommunikation einen Verlauf nahm, den sie sonst wohl nicht genommen hätte.

Nicht die Absicht eines Akteurs, sondern das *kommunikative Verstehen* entscheidet hier darüber, ob ein Verhalten als Teil der Kommunikation verbucht und im Netzwerk der Kommunikationen verarbeitet wird. Das Verstehen erscheint nicht primär als gelingender oder scheiternder Versuch der *bloßen Nachbildung* der

Mitteilungsintention des Autors durch den Rezipienten, sondern es erhält eine *eigenständige und produktive Rolle* für den Aufbau von Kommunikation.

Das besondere Gewicht des Verstehens für die Autopoiesis (=Selbsterzeugung) der Kommunikation faßt Luhmann in der These zusammen, *daß sich die Kommunikation vom Verstehen her organisiert* (vgl. Luhmann 1986a, 95). Das Beispiel, an dem wir diese These in einem ersten Anlauf veranschaulicht haben, ist sicherlich extrem gewählt. Im folgenden wird deshalb zu zeigen sein, inwiefern diese These auch für den unspektakulären 'Normalfall' alltäglicher Kommunikation zutrifft.

9.7   Kommunikation und Handlung

Kommunikativ prozessierte Bedeutungen entstehen als Resultat der *Interaktion* zwischen einer Mitteilung und dem in der (bzw. den) Anschlußäußerung(en) artikulierten Verstehen. Sie werden erzeugt als *Koprodukt*, das in der Kommunikation durch die Verknüpfung der Beiträge (mindestens) zweier Teilnehmer gebildet wird. Auch dann, wenn die Mitteilungsintention und die verstehende (Re)Produktion weitgehend zur Deckung kommen, so daß der Autor der Mitteilung sich richtig verstanden glaubt, kann Kommunikation nicht nach dem Muster der *Übertragung* von Sinn gedeutet werden. Der Sinn, den ein Autor mit einer Mitteilung verbindet, wird nicht von seinem Kopf in den Kopf des Rezipienten *transportiert*. Das Bild der Übertragung führt in die Irre, weil es die Möglichkeit einer Direktverbindung zwischen psychischen Systemen suggeriert. Was faktisch geschieht, ist etwas anderes. Die Äußerung des Autors *stimuliert* eine Bedeutungsselektion des Adressaten, die mehr oder weniger (aber nie vollständig!)[31] der Information entsprechen kann, um deren Mitteilung es dem Autor ging. Besser als die Übertragungsmetapher ist der Begriff der *Neuschöpfung* geeignet, um zu beschreiben, was beim Verstehen einer Mitteilung geschieht.

Die Betonung der produktiven Rolle des Verstehens scheint es nahezulegen, Kommunikation nach dem Weberschen Konzept der *sozialen Beziehung*, d.h. als *wechselseitig aufeinander bezogenes* soziales Handeln (mindestens) zweier Teilnehmer zu begreifen (vgl. Greshoff 1999, 38). Das *Mitteilungshandeln* des einen würde demnach komplettiert durch das *Verstehenshandeln* des anderen. Dem steht jedoch entgegen, daß sich das Verstehen selbst eben gerade *nicht als Handeln, sondern als Erleben* des Sinnes versteht, den der Autor einer Äußerung mitteilen wollte. Die *Neu*schöpfung (Produktion; Konstruktion) begreift sich als *Nach*schöpfung (Reproduktion; Rekonstruktion) bereits *vorgegebenen* Sinnes. Dessen Auswahl wird *dem Autor* der verstandenen Mitteilung *verantwortlich zugerechnet* und nicht demjenigen, der sie versteht. Es ist die Mitteilung, die einen bestimmten Sinn intendiert, nicht das Verstehen.

---

31   Warum hier aus der Perspektive der Systemtheorie keine vollständige Übereinstimmung erreichbar ist, wird in Kapitel 9.9 näher zu beleuchten sein.

Diese Differenz zu Weber ist nur angemessen zu begreifen, wenn man sich die unterschiedliche Bestimmung des Handlungsbegriffs bei Weber und Luhmann vor Augen führt. Wie wir oben gesehen haben, kommt *Weber* zum Begriff des *Handelns* durch dessen Unterscheidung von *reinem Verhalten*. Handeln ist Verhalten, das an einem subjektiven Sinn orientiert ist. Reines Verhalten ist demgegenüber durch das Fehlen der subjektiv sinnhaften Orientierung bestimmt.

Luhmann verfährt hier anders (vgl. Luhmann 1984, 124; ausführlicher dazu 1981). Er bestimmt *Handeln* durch dessen Unterscheidung von *Erleben*. Beide Begriffe setzen Sinn voraus. Was sie unterscheidet, ist die *Art der Zurechnung sinnhafter Selektionen*. Ein ausgewählter Sinnzusammenhang wird als *Handeln* typisiert, sofern seine Auswahl *dem System* zugerechnet wird, das sich auf diese Weise beobachtend auf die Umwelt bezieht. Illustriert an einem Beispiel aus dem Bereich nicht-kommunikativen Handelns: *Ego schließt die Tür*. Dieser Ablauf kann Ego (durch sich selbst oder andere) *als Handlung* zugerechnet werden, sofern unterstellt wird, daß Ego die Situation mit Hilfe der sinnförmigen Unterscheidung Tür offen/Tür geschlossen beobachtet hat und daß sein Verhalten darauf zielte, den (zuvor nicht realisierten) Zustand herbeizuführen, der durch die zweite Seite dieser Unterscheidung zu bezeichnen ist. Ein ähnlicher Ablauf kann Ego (durch sich selbst oder andere) unter leicht veränderten Voraussetzungen aber auch *als Erleben* zugerechnet werden. Dies wäre der Fall, wenn unterstellt würde, daß die Unterscheidung Tür offen/Tür geschlossen nicht Egos Verhalten dirigierte, sondern *erst im nachhinein* aufgerufen wird, um eine Änderung in der Umwelt zu beobachten, die durch Faktoren in der Umwelt Egos bewirkt worden ist. So z.B., wenn Ego über einen Gegenstand auf dem Fußboden stolperte und gegen die Tür taumelte, die durch diesen Anstoß ins Schloß fiel. Obwohl Ego auch in diesem Fall durch sein Verhalten Anteil an dem beobachtbaren Ergebnis hat, wird dieses Ergebnis unter solchen Umständen normalerweise nicht ihm, sondern den situativen Bedingungen in seiner Umwelt zugeschrieben.

Um Luhmanns Unterscheidung zwischen Handeln und Erleben richtig zu verstehen, muß man sich klar machen, daß es hier nicht um beobachtungsunabhängig existierende Dinge in der Welt geht. Hier wie auch sonst in der Systemtheorie gilt, daß alles, was beobachtet wird, nur mit Hilfe von Unterscheidungen beobachtet werden kann, die ein System in seinen Beobachtungsoperationen verwendet. Der beobachtende Gebrauch der Unterscheidung Handeln/Erleben impliziert dabei eine drastische Vereinfachung des Geschehens. Untersucht man ein Geschehen, das als Handlung oder Erlebnis bestimmt worden ist, auf seinen Ablauf hin, dann wird man feststellen, daß darin immer auch Elemente enthalten sind, die dem Gegenpol dieser Unterscheidung zugerechnet werden könnten. So muß der *Erlebende* seine Aufmerksamkeit auf einen Gegenstand oder ein Geschehen richten, den Kopf wenden, etwas mit seinem Blick verfolgen, näher herangehen, vielleicht sogar, wie bei naturwissenschaftlichen Experimenten, zuvor eine komplizierte Apparatur aufbauen, *um zu erleben*, und er muß Informationen durch den beobachtenden Gebrauch von Unterscheidungen erzeugen. Und trotzdem *wird das Erlebte um alle diese Aktivitäten des erlebenden Systems gleichsam 'bereinigt'* und nicht als Selektion des Systems, sondern als Selektion der Umwelt verbucht. Ebenso ist kein *Handeln* möglich, ohne "erlebende" Anteile: Ein Hammerschlag wird dosiert in Abhängigkeit von der wahrgenommenen Länge und Dicke des einzuschlagenden Nagels; der Druck, den jemand auf eine Tür ausübt, um sie zu schließen, richtet sich nach dem erwarteten und empfundenen Widerstand, der dabei zu überwinden ist. Die Bestimmung eines Vorganges als Ergebnis von Handeln gründet demnach auf einer artifiziellen Vereinfachung, welche die erlebenden Anteile ausblendet.

Die Verbuchung eines Geschehens als Erleben oder Handeln, so die Schlußfolgerung, impliziert notwendig eine *vereinseitigende Reduktion seiner faktischen Komplexität*. Sie kommt durch eine *Zurechnungsentscheidung* zustande, die getroffen wird, sobald nachfolgende Operationen sich auf dieses Geschehen beziehen und es dazu in der einen oder anderen Weise bestimmen müssen. Zu entscheiden ist dabei, welche Instanz als primäre Quelle der Sinnselektion zu betrachten ist, an die angeschlossen werden soll. Wird ein *psychisches oder soziales System* als Selektionsquelle identifiziert, dann erscheint das Selektionsgeschehen als *Handeln*. Gilt dagegen die *Umwelt* eines psychischen oder sozialen Systems als primäre Quelle der Selektion, dann ist der ausgewählte Sinn für das System im Modus des *Erlebens* gegeben.

Wenn man auf diese Weise zwischen Erleben und Handeln unterscheidet, dann ist klar, daß Kommunikation *nicht allein* mit Hilfe des Handlungsbegriffs rekonstruiert werden kann. Wenn Ego sagt, "Es regnet", dann wird ihm der Umstand, daß er dies *mitteilt*, als *Handlung* zugerechnet. Die mitgeteilte *Information* erscheint demgegenüber als *Erleben* Egos (vgl. Luhmann 1997, 335). Alters *Verstehen* schließlich bezieht sich sowohl auf Egos Mitteilungshandlung, wie auch auf die mitgeteilte Information im Modus des *Erlebens*. - Tafel 9.5 resümiert die eben skizzierten Unterscheidungen.

Tafel 9.5: Erleben und Handeln als Zurechungsbegriffe

	ERLEBEN	HANDELN
Instanz, der die Selektion des beobachteten Sinns primär zugerechnet wird:	Umwelt	(psychisches oder soziales) System
Zuordnung der Selektionen, die ein kommunikatives Ereignis konstituieren:	Information, Verstehen	Mitteilung

Wie die Darstellung zeigt, finden wir die Beschreibung von Kommunikation als Handlung nicht nur in der (Sprech)Handlungstheorie. Auch die Systemtheorie porträtiert Kommunikation als Verknüpfung von (Mitteilungs)Handlungen, freilich

ohne sie auf diesen Aspekt zu reduzieren. Das Verstehen präsentiert sich in der
Regel als Verstehen des beabsichtigten Mitteilungssinnes.[32] Es 'passiviert' sich
damit selbst zum *erlebenden Nachvollzug* der Absichten des Autors einer Äußerung
und schreibt ihm *die Mitteilung des verstandenen Sinnes als Handlung* zu. Daß es
dies tut, ist eine notwendige Voraussetzung für die Fortsetzung von Kommunikation. Denn nur, wenn der Verstehende annehmen kann, daß er den intendierten
Sinn[33] einer Mitteilung richtig verstanden, und es nicht bloß mit von ihm selbst
fabriziertem Sinn zu tun hat, wird er bereit sein, die notwendigen Deutungen und
Anschlußäußerungen beizusteuern, ohne die die Kommunikation nicht weitergeführt werden kann. Würden die Beteiligten annehmen, daß jedes Verstehen nur den
Sinn erfaßt, den der Verstehende (und nicht der Mitteilende) mit einer Äußerung
verbindet, dann wäre dies gleichbedeutend mit der Unterstellung, daß eine Mitteilung von Information nicht gelingen könne. Damit verlöre die Beteiligung an Kommunikation ihre motivationale Grundlage. Kommunikation käme zum Erliegen.

   Diese Überlegungen zeigen: *Die Zurechnung des verstandenen Sinnes auf die Mitteilung (bzw. den Mitteilenden) und damit die Reduktion von Kommunikation auf
intentionales Mitteilungshandeln ist in die Kommunikation eingebaut und notwendige
Bedingung ihrer Fortsetzung.* Diese Reduktionsleistung gründet in einem symmetrischen Verhältnis von Mitteilung und Verstehen, das durch die *Zuschreibung* der Bedeutungsselektion auf die Mitteilung (bzw. den Mitteilenden) *erst sekundär asymme-
trisiert* und dadurch als *Handeln* schematisiert wird.

   Daß dies eine *Vereinfachung der faktischen Verhältnisse* ist, bleibt für die Teilnehmer so lange verborgen, wie sie glauben, einander richtig zu verstehen. Als Vereinfachung bemerkt wird die Reduktion von Kommunikation auf Handlung nur,
wenn die Bedeutungsintention des Mitteilenden und die Reaktion des Verstehenden
nicht zur Deckung kommen. Gewöhnlich werden solche Vorfälle als 'Mißverständnisse' und damit als Ausnahme- und Störfälle verbucht, aus denen keine Rückschlüsse auf das normale Funktionieren von Kommunikation zu ziehen sind. Die
Systemtheorie kommt hier zu entgegengesetzten Schlußfolgerungen. Sie begreift
Kommunikation als Resultat der *Koordination kontingenter (=auch anders möglicher)
Selektionsleistungen voneinander unabhängiger psychischer Systeme,*[34] von denen jedes
autopoietisch geschlossen und deshalb für das andere *intransparent* (=undurch-
schaubar) ist. Kommunikation eliminiert das Problem der Intransparenz nicht,
sondern operiert unter der Prämisse dieses Problems und transformiert es in eine

---

32   Das gilt freilich nicht ausnahmslos. Die juristische Interpretation eines Vertragstextes etwa expliziert
     dessen Bedeutung vor dem Hintergrund des geltenden Rechts und kann dabei zu einem Ergebnis
     kommen, *von dem sie weiß*, daß es von den Intentionen der vertragsschließenden Parteien abweicht.
     Ähnlich bei der Auslegung von Kunstwerken oder wissenschaftlichen Texten. Auch hier können
     Interpreten zu dem Ergebnis kommen, daß die an der Mitteilung ablesbare Bedeutung von den
     Bedeutungsintentionen ihres Autors abweicht.
33   Wie schon bisher, verwende ich auch hier die Ausdrücke "Sinn" und "Bedeutung" synonym.
34   Nicht nur Bewußtseine, sondern auch *soziale* Systeme, insbesondere *Organisationen*, fungieren als
     Urheber und Adressaten von Mitteilungen. Für die Darstellung des Kommunikationsbegriffs ist die
     Frage, ob es sich bei den Prozessoren von Kommunikation um psychische oder soziale Systeme han-
     delt, jedoch sekundär.

leichter zu handhabende Gestalt:[35] *Weil* wir einander *nicht durchschauen* können, müssen wir versuchen, einander *zu verstehen.*

Aus diesem theoretischen Blickwinkel gesehen erscheint eine relative Übereinstimmung der Selektionsleistungen der Kommunikationsbeteiligten, die von ihnen als *intentionsgemäßes Verstehen* erlebt wird, alles andere als selbstverständlich. Ähnlich, wie schon Schütz und Garfinkel, beobachtet die Systemtheorie hier exakt gegenläufig zur alltäglichen Beobachtung von Kommunikation: Nicht der als außergewöhnlich registrierte Krisenfall, sondern der alltäglich als "normal" erlebte störungsfreie Verlauf gilt ihr als unwahrscheinlich und deshalb besonderer Erklärung bedürftig. Wie und in welchem Umfang intersubjektiv übereinstimmende Bedeutungsselektionen in der Kommunikation erreicht werden können, darauf wird später noch zurückzukommen sein.

Kehren wir zurück zu der Frage, inwiefern die systemtheoretische Fassung des Kommunikationsbegriffs sich von jeder handlungstheoretischen Auffassung unterscheidet, dann können wir unsere Antwort darauf wie folgt resümieren: Verglichen mit einer handlungstheoretischen Fassung von Kommunikation, wie wir sie am Beispiel der Sprechakttheorie kennengelernt haben, kehrt die eben skizzierte Analyse das Fundierungsverhältnis von Handlung und Kommunikation um. Kommunikation erscheint nicht als abgeleitetes Resultat der Verknüpfung intentionaler Mitteilungshandlungen. Vielmehr erscheinen einzelne Mitteilungshandlungen als Ergebnis einer *Zurechnungsoperation*, die das symmetrische Verhältnis von Mitteilung, Information und Verstehen überformt, auf asymmetrisierende Weise zerlegt und Kommunikation dadurch in eine Serie einzelner Mitteilungshandlungen aufspaltet. "Mitteilungshandlungen", dies ist dabei besonders zu betonen, sind hier also *nicht* - wie in der Weberschen Handlungstheorie und der Sprechakttheorie - durch den *subjektiv intendierten Sinn* definiert, den ein Akteur bzw. Sprecher mit seinem Verhalten verbindet, sondern - ähnlich wie in Meads Modell der Gestenkommunikation - durch den *sozial zugeschriebenen Sinn*, der durch ein anschließendes Äußerungsereignis präsupponiert wird.

9.8   Die strukturelle Kopplung von Kommunikation und Bewußtsein

Die Differenz zwischen Kommunikation und Bewußtsein gründet in der Differenz der Operationen, durch deren selbstreferentielle Verkettung psychische und soziale Systeme sich reproduzieren. Erwartungen, so hatten wir oben festgestellt, fungieren dabei als *Strukturen*, welche die Verkettung der Operationen orientieren und die zugleich durch die strukturkompatible Verkettung von Operationen reproduziert

---

35 Weil das Problem der Intransparenz eine notwendige Implikation der Deutung von Systemen als selbstreferentiell geschlossenen autopoietischen Systemen ist, ist es im strengen Sinne *unlösbar.* Auch Kommunikation kann es nicht zum Verschwinden bringen, sondern nur in ein Format überführen, in dem es kontinuierlich und routinisiert bearbeitet werden kann.

werden.[36] Sie sind Formen im Medium Sinn, die sowohl von psychischen als auch sozialen Systemen benutzt werden, um Anschlußfähigkeit zwischen den systemtypischen Operationen zu sichern, die also sowohl die Verknüpfung von *Gedanken* wie auch die Verknüpfung von *Kommunikationen* regulieren.

Jedoch: Psychisch und kommunikativ prozessierte Erwartungen *sind nicht identisch*. Produziert und reproduziert im Netzwerk der jeweils systemspezifischen Operationen fungieren sie nur im Binnenkontext von Bewußtseinen oder sozialen Systemen, orientieren sie also *entweder* die Verknüpfung von Gedanken mit Gedanken, *oder* von Kommunikationen mit Kommunikationen, *aber nicht*: die Verknüpfung von Gedanken mit Kommunikationen. Weil sich soziale Systeme und Bewußtseinssysteme durch unterschiedliche Operationstypen reproduzieren, operieren sie überschneidungsfrei und auf der Grundlage *je eigener* Erwartungsstrukturen. Offensichtlich ist zugleich, daß Kommunikation nicht ohne Beanspruchung von Bewußtseinsbeteiligung möglich ist. Einerseits *zur Umwelt* von Kommunikation gehörig, andererseits *darin involviert*: Für diese Art der Verknüpfung von Bewußtsein und Kommunikation verwendet die Systemtheorie die Begriffe der *operativen* und der *strukturellen Kopplung.*

Operative Kopplung zwischen System und Umwelt bedeutet, daß ein System eine *momenthafte* Kopplung zwischen eigenen Operationen und solchen Operationen herstellt, die es seiner Umwelt zurechnet (Luhmann 1993, 441). Man hört einen Satz, denkt sich etwas dabei und deutet das Gedachte als kommunikative Bedeutung des Satzes, rechnet es also nicht dem eigenen Bewußtsein, sondern dem Sprecher und der laufenden Kommunikation zu. Oder aus der Perspektive der Kommunikation formuliert: Eine Äußerung schließt an eine vorausgegangene auf bestimmte Weise an (etwa als Antwort auf eine Frage), weist ihr damit eine bestimmte kommunikative Bedeutung zu unter der Prämisse, daß eine psychische Entsprechung zu dieser Bedeutung als Gedanke im Bewußtsein des Autors der vorangehenden Äußerung existiert.

Als Folge operativer Kopplung scheinen Einzelereignisse verschiedenen Systemen zugleich anzugehören. Die Identität eines Ereignisses im Binnenkontext der gekoppelten Systeme bleibt jedoch different, denn sie hängt ab von seiner je spezifischen Einbettung im Netzwerk der Operationen der einzelnen Systeme, darin

---

36 Dieses zirkuläre Verhältnis zwischen Operationen und Strukturen ist eine Implikation des Autopoiesiskonzeptes, nach dem die Systeme als operational geschlossene Netzwerke zu begreifen sind, die sich nur durch unablässige Verknüpfung systemeigener Operationen reproduzieren können. Strukturen, die zur Verknüpfung systemischer Operationen benutzt werden, können deshalb nicht als gegeben vorausgesetzt werden, sondern müssen selbst noch im Netzwerk der Operationen eines Systems erzeugt werden. Struktur*kompatible* Verkettung von Operationen ist dabei *nicht* zu verwechseln mit Struktur*konformität*, d.h. im Hinblick auf Sinnsysteme: mit der *Erfüllung* von Erwartungen. Wird eine Erwartung, die durch eine Äußerung aufgerufen worden ist, enttäuscht, dann kann auch dieses Ereignis strukturkompatibel weiterverarbeitet werden, sofern die Enttäuschung der Erwartung kommunikativ angezeigt und auf der Gültigkeit der Erwartung insistiert wird. (So z.B., wenn auf eine Frage hin keine Reaktion des Adressaten folgt und dieser Umstand vom Fragenden mit der Äußerung "Warum antwortest du nicht?" als korrektur- bzw. erklärungsbedürftige Abweichung markiert wird.)

einem Ton vergleichbar, der verschiedenen, gleichzeitig erklingenden Melodien gemeinsam ist, dessen musikalische Bedeutung aber (etwa als tonleitereigener oder -fremder, als konsonanter oder dissonanter, als spannungslösender oder -aufbauender Ton) auf unterschiedliche Weise fixiert ist durch den Kontext der jeweiligen melodischen Sequenz, in der er als Element fungiert. Weil die Identität systemischer Operationen nicht instantan und substantiell, sondern *sequentiell* durch ihre Relation zu vorausgegangenen und nachfolgenden Operationen bestimmt ist, ihr Sinn also abhängt von der Geschichte des jeweiligen Systems, bleiben Kopplungen zwischen Operationen, die verschiedenen Systemen angehören, auf die Dauer einzelner Ereignisse bzw. begrenzter Ereignissequenzen beschränkt.

Strukturelle Kopplungen zwischen einem System und seiner Umwelt liegen demgegenüber dann vor, "wenn ein System bestimmte Eigenarten seiner Umwelt dauerhaft voraussetzt und sich strukturell darauf verläßt" (Luhmann 1993, 441). Insofern solche Kopplungen existieren, d.h. die im Operieren des Systems vorausgesetzten und als Bedingung der Möglichkeit für die Erzeugung immer neuer Anschlußoperationen benötigten Konstanzen erfüllt sind, ist das System an seine Umwelt 'angepaßt'. Bezogen auf das Verhältnis von Bewußtsein und Kommunikation heißt dies, daß beide Systeme füreinander ein Mindestmaß der Berechenbarkeit aufweisen müssen. Kommunikationen können und müssen zwar Überraschungen für die involvierten Bewußtseine bereithalten. Aber sie dürfen doch nicht völlig unerwartbar verlaufen, denn sonst würden die beteiligten Bewußtseine jede Orientierung verlieren, ihre Kooperation einstellen und die Kommunikation würde aufhören.

Das zentrale Medium, das für die operative und strukturelle Kopplung zwischen Kommunikation und Bewußtsein sorgt, ist *Sprache* (vgl. Luhmann 1988b, 888ff.; 1997, 205ff.). Wörter und Sätze dienen der Artikulation von Sinn in der Kommunikation und regen zugleich die Imagination der Bewußtseine auf eine nicht beliebige Weise an: "Lesen Sie bitte: frische Brötchen - und ich bin sicher, daß Sie nicht etwas völlig anderes im Sinn haben als ich" (Luhmann 1990, 49); - nichts völlig anderes, aber auch nicht vollkommen Identisches. Der eine mag bei einem Schild mit dieser Aufschrift an dunkelbraun gebackene Brötchen mit kräftiger Kruste, der andere eher an helle Brötchen mit dünner Kruste denken, ein dritter sieht darin die bei seinem Bäcker übliche euphemistische Bezeichnung für aufgebackene Tiefkühlbrötchen, einem vierten fällt dazu vielleicht eher ein, wie ungesund und schal Weißmehlerzeugnisse verglichen mit kräftigem Vollkornbrot sind, ein fünfter assoziiert einen bestimmten Duft etc. Jede Übereinstimmung wird so von Differenzen umspielt. Die Kommunikation braucht von all diesen Unterschieden nichts zu bemerken und funktioniert trotzdem reibungslos. Sie registriert vielleicht nur den Hinweis auf ein Schild, das die Aufschrift "Frische Brötchen" trägt, den daran anschließenden Vorschlag, Brötchen zu kaufen und dessen Annahme oder Ablehnung.

Das Beispiel zeigt: Der kommunikative Gebrauch von Sprache ermöglicht die Synchronisation von Bewußtsein und Kommunikation, aber nicht deren vollständige Kongruenz. Was in der Kommunikation an ein Wort oder einen Satz anschließt, unterscheidet sich mehr oder weniger von den Gedanken, die in den beteiligten Bewußtseinen darauf folgen. An Übereinstimmung interessiert, kann man diese Unterschiede zwar zum Thema machen, um zu erfahren, was ein anderer denkt, wenn er bestimmte Worte hört. Doch muß man dazu weitere Worte verwenden, für die sich das gleiche Problem wiederholt etc. ad infinitum. "Alles Verstehen ist daher immer zugleich ein Nicht-Verstehen, alle Übereinstimmung in Gedanken und Gefühlen zugleich ein Auseinandergehen" (W. v. Humboldt, hier zitiert nach Habermas 1988, 56; vgl. auch Luhmann 1997, 109).[37]

Psychische wie soziale Systeme reproduzieren und transformieren ihre Erwartungsstrukturen im Prozeß der laufenden Erzeugung neuer Operationen. Dabei muß auch die Kopplung zwischen diesen Systemen kontinuierlich regeneriert werden. Psychisch und kommunikativ prozessierte Erwartungen, jeweils im Netzwerk systemeigener Operationen erzeugt, dürfen nicht soweit auseinanderdriften, daß die Kopplung reißt, ist doch die Aufrechterhaltung der Kopplung Bedingung der *Beteiligung an* sowie der *Fortsetzbarkeit von* Kommunikation. Für jedes Bewußtseinssystem gilt: Nur insofern es über Erwartungsmuster verfügt (oder solche Muster neu zu bilden vermag), in die es beobachtete kommunikative Ereignisse einfügen kann, ist es in der Lage, daran anschließende Mitteilungsereignisse zu produzieren und sich so an Kommunikation zu beteiligen. Umgekehrt kann die Kommunikation nur solche Erwartungsstrukturen verwenden, die es erlauben, hinreichende Bewußtseinsbeteiligung zu mobilisieren, um die Fortsetzung von Kommunikation zu ermöglichen. *Die Notwendigkeit struktureller Kopplung wirkt deshalb selektiv auf die autopoietische Produktion von Strukturen in den gekoppelten Systemen* (vgl. Luhmann 1984, 298). Strukturelle Kopplung wird erreicht und aufrechterhalten durch kontinuierliche interne Justierung der verwendeten Strukturen in den gekoppelten Systemen in Abhängigkeit von den Ergebnissen wechselseitiger Beobachtung. Auffällige Divergenzen werden systemintern als Überraschungen registriert, die Modifikationen eigener Strukturen veranlassen können und so zur Sicherung struktureller Kopplung beitragen.

Am Beispiel und aus der Perspektive kommunikativ engagierter Bewußtseine illustriert: Nehmen wir an, A und B haben sich gestritten, A wünscht die Vermeidung weiterer Streitigkeit und behandelt B deshalb besonders höflich. B ist überrascht und reagiert mit der erstaunten Äußerung: "Warum auf einmal so förmlich?" - A wiederum sieht darin eine Kritik seines Verhaltens, die einer Ablehnung seines Friedensangebotes gleichkommt und antwortet: "Dir kann man es wohl gar nicht recht machen!", wodurch sich wiederum B angegriffen fühlt und entsprechend reagiert. Durch diesen Verlauf können sich beide *retrospektiv* darüber belehren lassen, daß die Kommunikation, in die sie involviert sind, schon wieder *das Strukturmuster eines Konflikts* reproduziert, obwohl keiner erwartete, daß seine

---

37 Die zustimmende Verwendung dieses Zitats durch Habermas und sein ausdrücklicher Hinweis auf "jenen Schatten von Differenz, der auf jedem sprachlich erzielten Einverständnis ruht" (1988, a.a.O.), bedeutet übrigens eine implizite Revision früherer Formulierungen, in denen er eine durch Regeln garantierte *Identität* des sprachlichen Sinns für die Kommunikationsteilnehmer unterstellte und als zentrales Argument gegen die Systemtheorie anführte; vgl. dazu Schneider 1994b, 195ff.

Äußerung zur Fortsetzung des Streits beitragen könnte. Jeder mag dabei den anderen dafür verantwortlich machen, weil er selbst bei der Wahl seiner Mitteilung sich von anderen Anschlußerwartungen leiten ließ. Der beobachtbare Verlauf der Kommunikation enttäuscht diese Erwartungen jedoch und zwingt die Beteiligten, ihre Erwartungen auf die überraschende Situation neu einzustellen (vgl. ausführlicher dazu Schneider 1994a, 207-230).

Beispiele dieser Art machen sichtbar, wie psychisch prozessierte und kommunikativ realisierte Erwartungsstrukturen auseinanderlaufen und diese Differenzen von den Bewußtseinssystemen intern als *Überraschungen bzw. Abweichungen* wahrgenommen werden können,[38] die sie zur Modifikation ihrer Strukturen veranlassen und wie dadurch die "Erhaltung der Anpassung" (Maturana) zwischen Kommunikation und Bewußtsein, d.h. die Erhaltung ihrer strukturellen Kopplung ermöglicht wird.

9.9   Das Problem der Intersubjektivität

Die scharfe Trennung zwischen Kommunikation und Bewußtsein wie auch zwischen verschiedenen Bewußtseinssystemen, die an Kommunikation beteiligt sind, hat zur Folge, daß eine Reihe weiterer Begriffe aus dem Bereich der handlungstheoretischen Tradition für die Systemtheorie problematisch werden. Neben dem bereits diskutierten Konzept des "Handelns" gilt dies vor allem für die Begriffe der "Intersubjektivität" und "Intentionalität". Gegenüber den letztgenannten Begriffen verhält sich Luhmann sehr zurückhaltend. Den Begriff "Intersubjektivität" hält er sogar für ausgesprochen irreführend, suggeriert er doch ein "Inter", d.h. einen Bereich des "Zwischen", in dem unterschiedliche psychische Systeme sich gleichsam treffen und Bedeutungen gemeinsam miteinander teilen können (vgl. dazu Luhmann 1986b). Eine solche Vorstellung ist mit der Theorie operativ geschlossener autopoietischer Systeme offensichtlich unvereinbar. Dennoch ist die Systemtheorie in der Lage, die erwähnten Begriffe so zu reformulieren, daß sie mit den eigenen Prämissen kompatibel werden. Um die Kontinuitäten und Diskontinuitäten im Verhältnis der Luhmannschen Systemtheorie zur handlungstheoretischen Tradition so weit als möglich auszuleuchten, möchte ich in den nächsten drei Abschnitten zeigen, wie dies geschehen kann und greife dazu (in den Abschnitten 9.10 und 9.11) auch auf entsprechende eigene Überlegungen zurück. Ich beginne dabei mit dem Problem der Intersubjektivität.

Vollständige Gemeinsamkeit des Sinnes einer Äußerung zwischen Ego und Alter, dies wäre der idealisierte Grenzfall von Intersubjektivität. Welche Bedingungen müßten unter Voraussetzung des systemtheoretischen Kommunikationsbegriffs

---

38 Als *Überraschungen*, d.h. als *Abweichungen* von systemeigenen Erwartungen und insofern als *Störungen* (Irritationen; Perturbationen), die dann vom irritierten System in neue Strukturen umgearbeitet werden können, - so erscheinen Ereignisse, die durch divergierende *Strukturen anderer Systeme* determiniert sind, auf dem Monitor eines Systems.

erfüllt werden, um diesen Grenzfall zu realisieren? - Der Hörer einer Äußerung müßte sowohl mit der Mitteilungsselektion als auch der Informationsselektion den selben Sinn verbinden, wie der Sprecher. Er müßte verstehen, *warum* der Sprecher etwas *mitteilt,* warum er dazu eine bestimmte *Mitteilungsform* wählt und welchen Sinn die mitgeteilte *Information* für den Sprecher hat. Daß eine derartige Konzeption intersubjektiv *identischer* Bedeutungen viel zu anspruchsvoll ist, um als Definitionsgrundlage gelingenden Verstehens in der Kommunikation unterstellt werden zu können, ist leicht zu zeigen. Versuchen wir dies zunächst für die *Mitteilungsselektion.*

Die Mitteilung ist selektiv in doppelter Hinsicht: Sie kann zum einen diese oder jene Form annehmen, und sie hätte auch unterbleiben können. Ein Verstehen, das an die Mitteilungsselektion anschließt, kann dies deshalb auf zweifache Weise tun. Es kann versuchen, die Gründe dafür zu erfassen, die jemand veranlaßt haben, etwas überhaupt zu sagen (so z.B., wenn jemand zu der Überzeugung kommt: 'Das sagt X doch nur, um mich zu kränken'). Und es kann sich konzentrieren auf die Gründe, die ausschlaggebend sind für die Wahl der Mitteilungsform (so wenn sich jemand fragt: 'Warum sagt X das in einem derartig gereizten Tonfall?'). Beide Arten der Anknüpfung an die Mitteilungsselektion laufen auf *Motiv-Unterstellungen* hinaus.

Inwiefern ist es nun möglich, die Motive zu verstehen, die einen Sprecher faktisch zu seiner Mitteilung veranlaßt haben? - Die skeptischste Stellungnahme zu dieser Frage im Kontext der Handlungstheorie haben wir bei *Schütz* kennengelernt. Schütz faßte den Begriff des subjektiven Sinnes als "Limesbegriff" auf und nahm an, daß Alter grundsätzlich nicht in der Lage ist, alle Um-zu- und Weil-Motive zu erfassen, die Ego mit einer Handlung verbindet. Luhmann radikalisiert diese These, indem er behauptet, daß *nicht einmal Ego selbst* die sinnhaften Grundlagen seiner Mitteilungen vollständig erfassen kann. Nicht nur für andere, auch für sich selbst seien psychische Systeme *intransparent.* Um diese Aussage zu verstehen, müssen wir uns den Operationsmodus psychischer Systeme noch einmal vergegenwärtigen und vor diesem Hintergrund dann die veränderte Bedeutung untersuchen, die Luhmann dem Konzept des Motivs zuweist.

Die Systemtheorie betont die Flüchtigkeit der Ereignisse, durch deren Verkettung sich soziale und psychische Systeme reproduzieren. Innerhalb des Bewußtseins treten in rascher Folge neue Gedanken an die Stelle vorausgegangener. Gedanken und Gefühle tauchen auf und verschwinden wieder im kontinuierlichen Strom der Bewußtseinsereignisse. Nur insofern sie sprachlich geformt sind, nehmen Gedanken dabei die Form klar voneinander unterscheidbarer Einheiten an. Sucht ein Bewußtsein nach seinen "Motiven" für die Auswahl einer geplanten oder bereits ausgeführten Mitteilung, dann verhält es sich zu sich selbst als Beobachter seiner eigenen Vergangenheit. Und d.h.: Es versucht sich seine vergangenen Gedanken, die darin thematisierten Ereignisse und Erlebnisse, Absichten und Erwartungen aktuell in Erinnerung zu rufen, um retrospektiv diejenigen Gedanken zu identifizieren, die als Beweggründe seiner Mitteilung in Frage kommen.

Nehmen wir z.B. an, die oben erwähnte Person X registriert selbst, daß sie auf den Ratschlag eines anderen "in gereiztem Tonfall" geantwortet hat und fahndet nach den eigenen Motiven dafür. Vielleicht kommt sie zu dem Ergebnis, daß darin die Verstimmung durchbrach, die auf einen unmittelbar vorausgegangenen Streit mit einer dritten Person zurückzuführen ist. Oder sie stellt fest, daß der erteilte Ratschlag sie "irgendwie" an die bevormundende und schon damals von ihr heftig bekämpfte Art erinnert hat, mit der ihre Eltern ihr Ratschläge zu geben pflegten und entdeckt darin das Motiv für ihre gereizte Reaktion. Oder war es vielleicht doch die Wahrnehmung des Zeitdrucks, unter dem die abgelaufene Kommunikation stand, der Unwillen über die gar zu ausführliche Behandlung eines irrelevanten Themas auslöste und der dadurch motivierte Versuch, jede weitere Debatte darüber auf diese Weise zu beenden? Möglicherweise haben sich auch diese und andere Gedanken überlagert und wechselseitig verstärkt.

Das Beispiel macht deutlich, wie Erlebnisse, die mehr oder weniger weit zurückliegen, nachträglich als Motive für gerade ausgeführte Äußerungen identifiziert werden können. Weil wir die Frage nach den Motiven von Mitteilungen immer nur retrospektiv beantworten können, müssen wir uns dabei auf unser Gedächtnis stützen. Eine direkte Beobachtung motivierender Bewußtseinszustände ist unmöglich. Die Selektivität unserer Erinnerung trägt dazu bei, daß das zweite Problem, das die Beobachtung von Motiven zu lösen hat, nur in abgeschwächter Form sichtbar wird: Die Schnelligkeit, mit der im Bewußtsein Gedanke auf Gedanke folgt, läßt eine Vielzahl von Gedanken als mögliche Auslöser für eine Mitteilungshandlung in Betracht kommen. Jede Antwort auf die Frage nach den Motiven einer Äußerung unterliegt deshalb dem Zwang, die Komplexität des tatsächlichen psychischen Geschehens in ein Format zu bringen, das vieles ausläßt und nur als *extrem vereinfachende* Beschreibung eines vergangenen Geschehens gelten kann.

Die Selektivität solcher Beschreibungen ist *sozial vorstrukturiert:* zum einen durch das *erworbene Wissen* darüber, welche Sinnzusammenhänge überhaupt als "Motiv" für bestimmte Äußerungen bzw. Handlungen in Betracht kommen, zum anderen durch den *jeweiligen Anlaß* der Suche nach Motiven. Mit den benutzten gesellschaftlichen Vorgaben variiert das Ergebnis von Motiverkundungen: Ein streng gläubiger Christ, der sein Gewissen nach "sündigen" Motiven erforscht, wird zu anderen Ergebnissen kommen als jemand, der in psychoanalytischer Einstellung nach traumatisierenden Erlebnissen sucht, die er verdrängt hat und die als "unbewußte" Motive wirksam werden (vgl. Hahn 1993; Willems 1999).

Wie aber können wir dann die "wirklichen" Motive ermitteln? - Diese Frage erscheint unter systemtheoretischen Prämissen unbeantwortbar, weil sie das Problem der Komplexität ignoriert. Das Komplexitätsproblem zwingt jeden Versuch zur Beantwortung der Frage nach Motiven zu drastischer Selektivität. Diese Selektivität wird erreicht durch die Orientierung an sozial definierten *"Motivvokabularen"* (vgl. Gerth/Mills 1953), die eine begrenzte Menge möglicher Motive umschreiben. Ausstaffiert mit einem sozial standardisierten Repertoire typischer Motive weiß ein Bewußtsein, wonach es zu suchen hat, wenn es sich auf seine Beweggründe hin durchforscht. Es verfügt damit über die notwendigen Einschränkungen, die es benötigt, um diese Aufgabe erfolgreich lösen zu können. Die Plausibilität der Ergebnisse, zu denen es dabei kommt, sind jeweils abhängig von dem verwendeten Motivvokabular und den darin vorgesehenen Kriterien für die Zuschreibung bestimmter Motive. Motivvokabulare sind jedoch kontingent. Sie variieren zwischen unterschiedlichen sozialen Kreisen, unterliegen der historischen Veränderung und ermöglichen daher keine kontextunabhängig gültigen Antworten auf die Frage nach den Beweggründen einer Person.

Daraus folgt: Die Totalität des psychischen Geschehens, das für den Vollzug einer Äußerung ursächlich bedeutsam war, bleibt unzugänglich. Nicht nur für andere Beobachter, sondern auch für sich selbst sind psychische Systeme *intransparent*. Jede Motivzuschreibung ist unsicher, kontingent und hoch selektiv. Sie gibt primär Auskunft über das verwendete Motivvokabular, das Teil der gesellschaftlichen Semantik ist und über dessen Relevanz für den jeweiligen kommunikativen Kontext, in dem sich die Frage nach Motiven stellt. Eine zuverlässige Auskunft über die *sinnhaften Determinanten*, die den psychischen Hintergrund für die Ausführung einer Äußerung oder Handlung bilden, geben Motivzuschreibungen nicht. Dabei ist es völlig sekundär, ob diese Motivzuschreibungen innerhalb eines psychischen Systems angefertigt werden, das sich über seine eigenen Beweggründe klar werden möchte, oder ob sie von einem fremden Beobachter stammen. Weder Ego noch Alter ist in der Lage, die *sinnhaften Erzeugungsgrundlagen einer Mitteilung* Egos vollständig zu erfassen.

Der Versuch der sinn*identischen* Duplikation der *Informationsselektion* durch einen Fremdbeobachter trifft auf ebenso große Schwierigkeiten. Die Informationsselektion kombiniert mindestens zwei Unterschiede miteinander (vgl. Luhmann 1984, 102): Sie teilt ein Ereignis mit, das auch anders hätte ausfallen können. Darüber hinaus muß der Umstand, daß das mitgeteilte Ereignis so ausgefallen ist, wie es ausgefallen ist, den Rezipienten - in wie geringem Umfang auch immer - *überraschen*. "Überraschend" ist ein Ereignis immer dann, wenn sein Eintritt nicht als sicher gelten konnte. Man hört z.B. in den Nachrichten, daß die Partei X die Wahlen mit einem Vorsprung von 5% gegenüber der Partei Y gewonnen hat und weiß erst jetzt - selbst wenn man diesen Ausgang in etwa erwartet hatte - daß damit alle anderen Möglichkeiten ausgeschlossen sind. Fehlt der überraschende Charakter eines mitgeteilten Ereignisses vollständig (wie z.B. beim zweiten Hören derselben Mitteilung in den Nachrichten), hat es zwar immer noch Sinn, ist aber ohne Informationsgehalt. Der mitgeteilte Unterschied ist dann ein Unterschied, der für den Adressaten keinen Unterschied macht, d.h. *keine Veränderung seines Systemzustandes* bewirkt.

Daß ein Ereignis so nicht mit völliger Sicherheit erwartet werden konnte, ist nur eine Minimalbedingung seiner Informativität. *Durch Zublendung weiterer Differenzschemata wird sein Informationsgehalt gesteigert:* Jemand liest in der Zeitung, daß der Euro gegenüber dem Dollar an Wert gewonnen hat (im Unterschied zu: stabil geblieben ist oder an Wert verloren hat), erwartet als Folge davon eine Verteuerung von deutschen Exportprodukten in den USA (im Unterschied zu gleichbleibenden oder sinkenden Preisen) und Verbilligung der Importe aus den USA nach Deutschland (im Unterschied zu ...), Konkurrenznachteile der deutschen Industrie (...), Wachstum der Arbeitslosigkeit, zunehmende Schwierigkeiten bei der Finanzierung der Renten, Steuerausfälle, einen Regierungswechsel bei der nächsten Wahl usw. Ein anderer mag bei der Lektüre der gleichen Nachricht eher daran denken, daß seine Urlaubsreise in die USA billiger wird als erwartet, daß er sich deshalb den neuen Wagen früher leisten kann als vorher gedacht, daß es dabei aber totsicher wieder zu Auseinandersetzungen mit seiner Frau darüber kommen wird, welche Farbe das Auto haben soll, daß der Urlaub infolgedessen leicht einen unerfreulichen Verlauf nehmen könnte etc.

Die Verwendung *unterschiedlicher Differenzschemata* hat hier zur Konsequenz, daß verschiedene Rezipienten *demselben Ereignis einen stark divergierenden Informationsgehalt* abgewinnen. Dabei kann die Zublendung weiterer Unterscheidungen beliebig iteriert und so der Informationsgehalt einer Mitteilung durch Verknüpfung mit den im System vorhandenen Sinnprämissen unbegrenzt und für jeden Beobachter unkalkulierbar gesteigert werden. Wie schon die vollständige Erfassung der sinnhaften Grundlage von Egos *Mitteilungsselektion* durch Alter, so erscheint auch die Erreichbarkeit *vollständiger Kongruenz des Informationssinnes* zwischen den verschiedenen psychischen Systemen, die an einer Kommunikation beteiligt sind, praktisch ausgeschlossen.

Dieses Ergebnis folgt letztlich aus der *radikalen Verzeitlichung der sinnhaften Identität jedes Ereignisses*. Die Identität eines Ereignisses kann danach nur im Kontext *aller vergangenen Operationen* eines Systems bestimmt werden, auf die dieses Ereignis als Teil seiner Vorgeschichte referiert sowie *aller zukünftigen Ereignisse* im System, die dieses Ereignis als Element ihrer Vorgeschichte ansteuern. Zeitlich befristete Übereinstimmungen reichen deshalb nicht aus. Die Bedeutungs*identität* eines Ereignisses aus der Perspektive der Kommunikation sowie aus den Perspektiven der involvierten Bewußtseinssysteme würde vielmehr die *vollständige Übereinstimmung aller dafür relevanten vorausgegangenen und zukünftigen Operationen in jedem dieser Systeme* erfordern. Eine derartig weitreichende Übereinstimmung aber ist extrem unwahrscheinlich. Die Annahme, daß Kommunikation generell auf der Grundlage intersubjektiv bedeutungs*identischer* Äußerungen prozessieren könne, ist deshalb aus systemtheoretischer Perspektive unhaltbar.

9.10   Intentionalität als kommunikative Reduktionsform subjektiven Sinns

Was ist mit dieser Beweisführung gewonnen? Als 'Widerlegungsversuch' konkurrierender kommunikationstheoretischer Ansätze taugt sie sicher nicht, gibt es doch keine Position, die einen derart weitreichenden Intersubjektivitätsbegriff für sich reklamiert. Wo aber, und auf welche Weise, können hier Schranken gezogen werden, die eingrenzen, was mit Intersubjektivität gemeint sein kann? - Diese Frage betrifft nicht nur und nicht einmal in erster Linie die theoretische Begriffsbildung, sondern spezifiziert ein *Realproblem*, das *in der Kommunikation* gelöst werden muß, sofern dort überhaupt zwischen richtigem Verstehen und Mißverstehen unterschieden wird. Intersubjektivität muß hier in einer *praktikablen Reduktionsform* erzeugt werden, die es erlaubt, eine Vielzahl von Unterschieden der Bedeutungszuweisung zwischen den Kommunikationsbeteiligten *als irrelevant auszuschließen*. Intersubjektivität kann demnach nur konstituiert werden durch massive Einrichtungen für die *Negation vorhandener Differenzen*.

Eine der drastischsten Negationseinrichtungen ist hier der Rekurs auf *Intentionalität* (vgl. zum folgenden Schneider 1998, 172ff.). Sie beschränkt die Übereinstimmung der Sinnzuweisung zwischen Sprecher und Hörer auf das, was eine Äußerung *als autorisierte Mitteilungsabsicht erkennen läßt*. Alles andere wird als irrelevant ausgeblendet. Jemand verlangt fünf Flaschen Champagner in einem Laden und beabsichtigt damit nicht mehr als die Mitteilung, daß er diese Flaschen zu kaufen wünscht. Warum er Champagner kaufen will, ob es etwas zu feiern gibt oder er eine Wette verloren hat, ob es Champagner sein muß, weil ihm Sekt nicht gut genug ist, ob er Lebensstil demonstrieren und jemand damit beeindrucken möchte, was er dadurch vielleicht erreichen will etc. gehört nicht zum *sprachlich angezeigten* Inhalt der Mitteilung und muß vom Adressaten nicht mitverstanden werden, um auf eine den Sprecher zufriedenstellende Weise zu reagieren. Mit Weber gesprochen genügt hier das "aktuelle Verstehen" des Sinnes der Äußerung als Aufforderung, ihm Champagner zu verkaufen. Ein darüber hinausgehendes "motivationsmäßiges Verstehen" des Sinnzusammenhanges, der als Beweggrund für diese Äußerung in Frage kommen könnte, ist nicht erforderlich (vgl. dazu Weber 1980, 3f. sowie oben, Bd.1, Kap.1.3).

Searle hat in seinen sprechakttheoretischen Analysen gezeigt, wie sich ein Sprecher mit dem Gebrauch bestimmter sprachlicher Formeln (den sogenannten "Indikatoren der illokutionären Rolle") darauf festlegt, daß ihm die Absicht zur Ausführung bestimmter Handlungen sowie andere dafür vorauszusetzende intentionale Zustände *sozial zugeschrieben* werden können (vgl. Searle 1971, 68ff. sowie 1979, 163).[39] Wer etwa sagt, "Haben sie bitte Feuer?", muß damit rechnen, daß ihm die Absicht zugeschrieben wird, den Adressaten damit um Feuer zu bitten, wie auch der Wunsch, Feuer zu erhalten. Wer sagt, "Ich verspreche dir, heute abend pünktlich zu sein", kann erwarten, daß ihm dies als Bekundung der Übernahme einer Verpflichtung zu pünktlichem Erscheinen zugerechnet wird, die zugleich die Absicht zur Einlösung des Versprechens impliziert. Ob derartige Absichten psychisch tatsächlich vorliegen, ist eine völlig andere Frage. Ebenso, was man sich sonst noch dabei denken mag. Man kann etwas versprechen, ohne es halten zu wollen, sei es, um einen anderen zu täuschen, oder weil man nicht richtig zugehört und auf die Frage, "Versprichst du, heute pünktlich zu sein?", mit einem gedankenlosen "Ja, ja" geantwortet hat.

Der Begriff des Sprechaktes bezieht sich also nicht auf das reale Prozessieren psychischer Systeme, sondern bezeichnet ein kommunikatives Ereignis, das *soziale*

---

39 Etwas beabsichtigen, meinen, wollen, wünschen, hoffen, bedauern, befürchten, von etwas überzeugt sein etc. fallen gleichermaßen unter den Begriff der Intention, insofern es sich dabei um psychische 'Zustände' (im Ereignisformat) handelt, die auf bestimmte Inhalte bzw. Objekte gerichtet sind.

Konsistenzerwartungen für zukünftiges Verhalten generiert und die involvierten Bewußtseine, insofern sie diese Erwartungen antizipieren können, in einem gewissen Umfange diszipliniert.[40] Unabhängig davon, ob ein Sprecher psychisch bestimmte Absichten entwickelt und sich dadurch zu einer Äußerung motivieren läßt oder ob er absichtslos 'sagt, was ihm gerade einfällt', gilt: Wenn er selbst wahrnimmt, was er sagt und wie er es sagt, kann er Erwartungen über mögliche Anschlußreaktionen und darin implizierte Intentionszuschreibungen entwickeln und sein weiteres Verhalten darauf einrichten. Die Fähigkeit zu solchen Antizipationen ist Ergebnis der sozialisierenden Wirkung von Kommunikation. Sie entsteht als Resultat immer wieder erfahrener *Fremd*zurechnungen und deren psychischer Verarbeitung durch Bildung dazu passender Erwartungen, die das "taking the attitude of the other" (Mead) ermöglichen, d.h. die bewußtseinsinterne Abstimmung mit den angenommenen Erwartungen und dem Verhalten anderer.[41]

Kommunikation wird dadurch nicht 'psychisiert'. Sie verläuft nicht als überraschungsfreie Externalisierung psychischer Antizipationsketten. Die Differenz zwischen Gedanken und Mitteilungen, zwischen mental und sozial prozessierten Erwartungsstrukturen kann nicht aufgehoben werden. Aber es müssen strukturelle Kopplungen vorhanden sein, welche die Kompatibilität von Bewußtsein und Kommunikation sichern, d.h. gewährleisten, daß sich die Überraschungen in den Grenzen psychischer wie kommunikativer Verarbeitungskapazität bewegen, soll die Kommunikation nicht zum Erliegen kommen. *Sprachlich angezeigte Intentionen* (Mitteilungsabsichten, Wünsche, Überzeugungen etc.) haben hier ihre Funktion. Sie können verstanden werden als *kommunikable Reduktionsformen psychisch prozessierten Sinnes,* deren Mitteilung eine hinreichende Orientierungsgrundlage für die Erwartung und Auswahl kommunikativer Anschlußereignisse bietet.

Die vorgetragenen Überlegungen machen deutlich, daß die übliche Auszeichnung der *Sprecherintention* als zentralem Referenzpunkt für die Bestimmung des Sinnes einer Äußerung, die charakteristisch ist für eine *handlungstheoretisch* argumentierende Kommunikationstheorie, durchaus begründet, aber keineswegs selbstverständlich ist. Gerade dann, wenn man den Begriff des subjektiven Sinnes mit Schütz bzw. des psychisch prozessierten Sinnes mit der Systemtheorie im radikalen Sinne ernst nimmt, muß man zunächst feststellen, daß der *Sinn* einer Äußerung

---

40 Vgl. dazu die folgende Anmerkung Luhmanns (1984, 368f., Anmerk. 35): Der "Begriff des Sprechaktes (Searle) ... ist nicht auf psychische, sondern auf die sozialen Systeme bezogen ... . *Deshalb* fallen hier Intention, Sinn und Wiedererkennbarkeit zusammen. Er verdankt seine Ereignisqualität nicht der Reproduktion von individuellem Bewußtsein, sondern der Reproduktion von verständlichem Sprachgebrauch." - Sprechakttheorie und systemtheoretische Kommunikationstheorie sind demnach nicht unvereinbar. Sie folgen nur unterschiedlichen Leitfragen, die sich jedoch komplementär zueinander verhalten (vgl. dazu Schneider 1996).

41 "Seit den bahnbrechenden Analysen von Mead weiß man, daß Kommunikation nicht schon dadurch zustandekommt, daß ein Organismus wahrnimmt, wie ein anderer sich verhält, und sich darauf einstellt ... . Entscheidend ist vielmehr nach Mead, daß Symbole entstehen, die es dem einzelnen Organismus ermöglichen, sich *in sich selbst* mit dem Verhalten anderer abzustimmen und zugleich selbst die entsprechenden 'vocal gestures' zu benutzen; oder mit Maturana gesprochen: daß es zur Koordination der Koordinationen der Organismen kommt" (Luhmann 1997, 84).

und die in ihr *bekundete Mitteilungsintention* des Sprechers *scharf zu unterscheiden sind.* Der als intendiert *angezeigte* Sinn muß betrachtet werden als eine *drastische Reduktion* des subjektiven bzw. psychisch prozessierten Sinnes, die es erst möglich macht, einen von Sprecher und Hörer annähernd übereinstimmend konstruierbaren (aber nicht: identischen!) Sinn zu erreichen.

9.11   Die kommunikative Konstruktion intersubjektiver Bedeutungen

Die Elemente systemischen Operierens, dies haben wir als Implikation des Auto-poiesiskonzeptes oben bereits festgestellt, werden produziert im Netzwerk der Elemente des Systems. Die Identität jedes Einzelereignisses ist deshalb sequentiell konstituiert durch seine Relation zu vorausgegangenen und nachfolgenden Ereignissen, auf die es referiert bzw. die es als Referent ansteuern. Der kommunikative Sinn eines Mitteilungsereignisses ist demnach nicht allein an ihm selbst ablesbar, sondern bestimmt sich in Abhängigkeit von seiner Verknüpfung mit anderen Mitteilungsereignissen. Vor dem Hintergrund sozialer Erwartungsstrukturen eröffnet jede Mitteilung bestimmte Verstehens*möglichkeiten*. Welche dieser Möglichkeiten *in der Kommunikation realisiert* werden, zeigen die Anschlußäußerungen, die sich auf dieses Ereignis beziehen und ihm einen bestimmten Sinn zuweisen. Dies sind die theoretischen Prämissen, unter denen nun genauer zu klären ist, auf welche Weise Mitteilungsintentionen in der Kommunikation von Ego und Alter auf übereinstimmende Weise identifiziert werden können.

Die Antwort, die ich im wesentlichen der Konversationsanalyse entnehme,[42] ist eine *Basissequenz von drei Zügen.* Sie erlaubt es, die Bedeutungsselektionen von Sprecher und Hörer so miteinander zu koordinieren, daß Intersubjektivität als *übereinstimmende Definition einer Mitteilungsintention* durch Sprecher und Hörer erreicht werden kann. Das folgende Beispiel macht auf einfache Weise deutlich, wie dies geschieht:

1 A: Weißt du, wie spät es ist?
2 B: Ich komme gleich.
3 A: Gut.

Die Startäußerung von A erscheint auf den ersten Blick als *Informationsfrage* nach der Uhrzeit. Die Reaktion von B weist ihr jedoch einen anderen Sinn zu. Sie behandelt die Äußerung als *indirekte Aufforderung*, deren Erfüllung B zusagt. Wenige Informationen über den Kontext genügen, um die genaue Bedeutung dieser Aufforderung sichtbar zu machen: A und B sind zusammen auf einer Party; die beiden hatten verabredet, keinesfalls länger als 24.00 Uhr zu bleiben; zum Zeitpunkt der Startäußerung ist es bereits halb eins. Vor diesem Hintergrund kann die

---

42   Vgl. dazu besonders Heritage 1984, 254ff., Schegloff 1992 sowie Schneider 1994a und b.

Äußerung als Aufforderung zum gemeinsamen Aufbruch gedeutet werden.[43] An dritter Sequenzposition wird diese Deutung von A *als korrekt bestätigt* (konfirmiert). Die Eingangsäußerung ist damit durch die beiden Anschlußäußerungen von A und B auf übereinstimmende Weise als Mitteilung einer Aufforderung beschrieben worden. B's Reaktion hat A's Äußerung auf eine bestimmte Weise *interpretiert;* A's Folgeäußerung hat diese Interpretation *ratifiziert.* Durch diese Abfolge können A und B beobachten, *was als intersubjektive Bedeutungseinheit in der Kommunikation zustande gekommen ist* und ihr weiteres Verhalten daran orientieren.

Ob das, was als intendierter Sinn der ersten Äußerung durch die Anschlußäußerungen von A und B übereinstimmend definiert worden ist, dem Sinn entspricht, den A *von vornherein in seinem Bewußtsein* mit dieser Äußerung verband, ist daraus freilich nicht zu entnehmen. Es kann sein, daß A sich mit dieser Äußerung ursprünglich tatsächlich nach der Uhrzeit erkundigen wollte, der Antwort von B dann entnahm, daß der vereinbarte Zeitpunkt des gemeinsamen Aufbruchs schon erreicht sein mußte und sich dadurch veranlaßt sah, die ihm durch B's Reaktion zugeschriebene Mitteilungsintention zu bekräftigen. Damit hätte A B's Deutung seiner Startäußerung als Aufforderung bestätigt, obwohl der psychisch realisierte Sinn, den A ursprünglich mit dieser Äußerung verknüpfte, der einer Informationsfrage war. A hätte so die ihm *zugeschriebene* Mitteilungsabsicht als Folge kommunikativer Zuschreibung *psychisch nachentwickelt.*[44]

Was immer sich in den beteiligten Psychen ereignet haben mag, in der Kommunikation bleibt dies unsichtbar. Auch wenn die Anschlußäußerungen von A und B den intendierten Sinn des vorausgegangenen Mitteilungsereignisses auf übereinstimmende Weise bestimmen, bleibt die so zugeschriebene Mitteilungsintention eine *kommunikative Konstruktion,* die nur unsichere Rückschlüsse auf die dahinter verborgenen psychischen Prozesse erlaubt. Zwischen psychisch und kommunikativ prozessiertem Sinn muß daher weiterhin *strikt unterschieden* werden. Als Ergebnis der kommunikativen Zurechnung einer bestimmten Äußerungsintention und ihrer anschließenden Bestätigung kann der Autor einer Äußerung jedoch damit rechnen und muß sich darauf einstellen, daß er in der weiteren Kommunikation als jemand behandelt wird, der solche Intentionen gehabt und mitgeteilt hat. Will er dies nicht in Kauf nehmen, darf er die zugeschriebene Mitteilungsintention nicht bestätigen, sondern muß die Abweichung zu dem, was er als seine Mitteilungsabsicht verstanden wissen will, anzeigen. Die Möglichkeit dazu besteht frühestens an dritter Sequenzposition.

Die *generelle These*, die das Beispiel zu plausibilisieren versuchte, läßt sich wie folgt zusammenfassen: Eine Äußerung, die an eine vorausgegangene Äußerung eines

---

43   Sie könnte darüber hinaus auch als *Vorwurf* an B verstanden werden, weil B trotz der vorgerückten Zeit keinerlei Bereitschaft zum Aufbruch erkennen läßt. Auch diese mögliche Deutung wird jedoch durch die Anschlüsse von A und B außer acht gelassen und bleibt somit auf der Ebene der Kommunikation (vorläufig) unberücksichtigt, unabhängig davon, ob dieser Sinn von A vielleicht psychisch (mit)intendiert war und/oder von B (der es dann vorzog, kommunikativ darauf nicht einzugehen) psychisch verstanden worden ist oder nicht.

44   Vgl. dazu unter dem Titel der *kommunikativen Katalyse von Motiven* Schneider 1994a, 211ff.

anderen Sprechers in bestimmter Weise anschließt, bringt damit zugleich ein bestimmtes Verstehen zum Ausdruck. Dieses Verstehen, durch das ein elementares kommunikatives Ereignis erzeugt wird, vollzieht *Verstehen als kommunikative Operation.* Es kann sich daher nicht als richtiges Verstehen von falschem Verstehen unterscheiden. Dazu bedarf es eines weiteren Ereignisses an *dritter Sequenzposition,* welches das erreichte Verstehen mit Hilfe der Unterscheidung richtig/falsch Verstehen *beobachtet und bezeichnet.* An jeder dritten Sequenzposition wird daher - sofern zuvor *ein bestimmtes* Verstehen eines vorausgegangenen Beitrags erreicht und artikuliert wurde - die Unterscheidung *richtig/falsch Verstehen* in der Kommunikation aufgerufen und eine ihrer Seiten bezeichnet. Unter Bedingungen der face-to-face Kommunikation kann so in äußerst kurzer Taktung eine Prüfvorrichtung aktiviert werden, welche die Kongruenz zwischen Sprecher*intention* und Hörer*interpretation* anzeigt bzw. Abweichungen registriert und Reparaturprozeduren aktiviert (vgl. dazu Heritage 1984, 258f.). Läuft die Kommunikation ohne Anzeichen von Verstehensproblemen über die *dritte Sequenzposition* hinweg, dann attestiert sie damit bis auf weiteres, daß sie von hinreichend übereinstimmendem Verstehen getragen ist (so auch Fuchs 1993, 50).

Auf diese Weise wird die Intersubjektivität der Sinnzuweisungen in der *Selbstbeobachtung der Kommunikation* sequentiell erzeugt und als Grundlage ihres weiteren Prozessierens vorausgesetzt. Dies wird erreicht durch die *Koinzidenz der retrospektiven Bedeutungszuschreibungen* im Blick auf das vorausgegangene Mitteilungsereignis, welche in den Anschlußäußerungen des Adressaten und des ersten Sprechers impliziert sind (ausführlicher dazu Schneider 1994b).[45] Intersubjektivität wird so in der Selbstbeobachtung von Kommunikation erzeugt, *indem Äußerungen unterschiedlicher Teilnehmer auf ein vorausgegangenes kommunikatives Ereignis in übereinstimmender Weise referieren.* - Tafel 9.6 resümiert die kommunikativen Funktionen der einzelnen Mitteilungen in einer elementaren triadischen Sequenz.

Als routineförmig produziertes Nebenprodukt kann Intersubjektivität freilich nur unter den Bedingungen der *face-to-face Interaktion* erzeugt werden.[46] Der Autonomisierung kommmunikativen Verstehens gegenüber den Intentionen der Akteure, denen Mitteilungen zugeschrieben werden, sind dadurch Grenzen gesetzt.

---

45 Und nur so, in der Kommunikation, kann Intersubjektivität erzeugt werden. Oder mit Luhmann formuliert (der dort freilich von einer anderen Überlegung zu dieser Konklusion kommt): "Daher ist Kommunikation denn auch Bedingung für so etwas wie 'Intersubjektivität' (wenn man den Ausdruck überhaupt beibehalten will) und nicht Intersubjektivität Bedingung für Kommunikation" (Luhmann 1990, 19). - Wie u.a. in diesem Zitat deutlich wird, hegt Luhmann große Reserven gegenüber dem Begriff der Intersubjektivität, suggeriert er doch die Existenz eines Zwischenreiches, in dem psychische Systeme gleichsam aus sich heraus und miteinander in Direktkontakt treten könnten. An anderer Stelle (1986b, 42) bezeichnet er Intersubjektivität deshalb auch als "Verlegenheitsformel", bei der die beiden Komponenten einander aufheben und als "Unbegriff", in dem nur die Aporie der Subjekttheorie zur Sprache kommt und deren Korrekturbedürftigkeit markiert. Im Text versuche ich demgegenüber zu zeigen, wie der Begriff der Intersubjektivität systemtheoriekompatibel reformuliert werden kann.

46 Und auch hier lassen sich (in Abhängigkeit von Parametern wie Zahl der Teilnehmer, Regelung der Rederechtsverteilung etc.) zum Teil bereits gravierende Einschränkungen der Produktion von Intersubjektivität feststellen. Vgl. dazu Schneider 1998, 276ff.

Dies ändert sich jedoch unter den Bedingungen *schriftlicher bzw. massenmedialer Kommunikation*. Wie ein Buch bzw. eine über die Presse oder Funk und Fernsehen verbreitete Stellungnahme vom Publikum aufgenommen wird, welche unterschiedlichen Deutungen dadurch ausgelöst werden und in welchen Folgekommunikationen sie sich artikulieren, bleibt den Urhebern solcher Mitteilungen weitgehend unbekannt und entzieht sich ihrer Kontrolle. Und selbst dann, wenn dem Autor einer Mitteilung bekannt wird, wie er verstanden worden ist, fehlt die *routinemäßig aktivierte* Möglichkeit zur Bestätigung bzw. Korrektur dieses Verstehens, wie sie in der face-to-face Kommunikation an jeder dritten Sequenzstelle aufgerufen wird. Die Unterscheidung zwischen richtigem und falschem Verstehen verliert damit ihre *strukturelle Verankerung*. Auf die *routinemäßig begleitende* Erzeugung von Intersubjektivität in der Kommunikation muß deshalb verzichtet werden. Nur durch besondere *Zusatzeinrichtungen* ist es hier möglich, Intersubjektivität supplementär zu generieren.

Tafel 9.6: *Kommunikative Funktionen der einzelnen Mitteilungen innerhalb einer triadischen Sequenz in der face-to-face-Interaktion*

Mitteilung an 1. Sequenzposition	Mitteilung an 2. Sequenzposition	Mitteilung an 3. Sequenzposition
- Erwartungsabhängige *Projektion* passender kommunikativer Anschlußmöglichkeiten	- Beobachtet/versteht das vorausgegangene Ereignis mit Hilfe der Differenz von *Mitteilung und Information* und weist ihm einen *bestimmten Sinn* kommunikativ zu	- Beobachtet das an zweiter Sequenzposition erreichte Verstehen des ersten Mitteilungsereignisses mit Hilfe der Differenz *richtig/falsch Verstehen* und bezeichnet eine Seite dieser Unterscheidung
	- *Dadurch:* Konstitution einer elementaren Kommunikationseinheit	- *Dadurch:* Ermöglichung der Konstitution einer kommunikativen Einheit, die durch *doppelte Beschreibung* in der Kommunikation als *"übereinstimmend verstanden"* markiert ist
	- Entscheidet i.d. Regel zugleich über die *Annahme bzw. Ablehnung* der verstandenen Sinnselektion (Ausnahmen: z.B. Rückfragen)	

Bedarf dafür besteht. Der Umstand, daß jede Äußerung anders - und darüber hinaus auf unterschiedliche Weise anders - verstanden werden kann, als sie vom Mitteilenden intendiert war, wird bei zeitfester Fixierung von Äußerungen (durch Schrift, Buchdruck, elektronische Aufzeichnung) und den damit eröffneten Möglichkeiten vielfacher und immer wieder neuer Deutung im Kommunikationsprozeß leicht zum Problem. Welche Interpretation einer Stelle aus der Heiligen Schrift, eines Gesetzestextes, eines literarischen Werkes oder der veröffentlichten Äußerungen eines Politikers ist die richtige, wenn unterschiedliche Deutungen auftauchen, miteinander konkurrieren und im Streite liegen? Um die durch gegensätzliche Deutungen sichtbar werdende Kontingenz des Verstehens zu reduzieren, muß Intersubjektivität oft auch unter den Bedingungen massenmedialer Kommunikation erzeugt werden.

Wo immer dies geschieht, wird das *dreizügige Sequenzformat* von Initialäußerung, Reaktion und Bestätigung bzw. Korrektur des in der Reaktion dokumentierten Verstehens relevant und müssen Schleifen geschaffen werden, in denen die Kommunikation in diesem Format prozessiert. Durch Abstraktion der verstehenden Reaktion und der Bestätigung/Korrektur zu *Funktionsstellen*, die auf *variable Weise besetzt* werden können, kann dieses Format dabei modifiziert und mit den Bedingungen massenmedialer Kommunikation kompatibel gemacht werden.

Ansatzpunkte für eine solche Abstraktion finden sich bereits in der Kommunikation unter einer Mehrzahl von Anwesenden. So etwa, wenn jemand auf eine Mitteilung reagiert und *ein anderer* als der Autor der ersten Äußerung daran mit einer Äußerung anschließt, die erkennen läßt, daß er die Mitteilung an erster Sequenzposition auf dieselbe Weise oder abweichend versteht, wie in der Reaktion des zweiten Sprechers angezeigt. Anstelle des ersten Sprechers produziert hier ein dritter Sprecher ein bestätigendes bzw. korrigierendes Mitteilungsereignis. Die Funktion der Bestätigung wird so *in der Sozialdimension verschoben*. Damit wird sie zugleich *ablösbar aus dem Bereich der face-to-face Interaktion*. Nach demselben Muster kann die Deutung einer Publikation durch eine andere in einer dritten registriert und bestätigt werden. Eine Mitteilung wird so durch *verschiedene andere* auf übereinstimmende Weise beobachtet und beschrieben. Diese Form der Produktion von Intersubjektivität ist also nicht mehr gebunden an die kommunikative Bestätigung des Autors. Dennoch folgt sie dem gleichen Grundprinzip wie die interaktionsbegleitende Form der Intersubjektivitätserzeugung: Auf dem Wege *kongruenter doppelter (bzw. multipler) Beschreibung* eines vorangegangenen Ereignisses durch Folgeereignisse, die von verschiedenen Teilnehmern produziert worden sind, wird Intersubjektivität als Begleitresultat der Kommunikation generiert.[47]

Die Ablösung der Funktion der Bestätigung vom Urheber eines verstandenen Mitteilungsereignisses hat weittragende Konsequenzen. Von besonderer Bedeutung ist dabei vor allem, daß die Erzeugung *intersubjektiven* Verstehens nicht mehr an die Erreichung *einheitlichen* Verstehens gebunden ist. Weil grundsätzlich jeder Teilnehmer eine Deutung bestätigen kann, wachsen mit der Zahl der Kommunikationsteilnehmer auch die Chancen für die *gleichzeitige Bestätigung unterschiedlicher Deutungen*. Intersubjektivität und unterschiedliches Verstehen werden dadurch miteinander kompatibel.

---

47 Vgl. in diesem Zusammenhang Bateson (1982, 163ff.), der dem *Prinzip der doppelten Beschreibung* auf unterschiedlichen Ebenen der Evolution grundlegende Bedeutung für die Konstitution emergenter Phänomene zuweist.

Am Beispiel wissenschaftlicher Kommunikation ist leicht zu beobachten, wie diese Möglichkeit genutzt wird. Die Institutionalisierung und Prämierung von Innovation ermutigt hier vor allem zur Kommunikation von Dissens. Dies schlägt auch auf die Ebene des Verstehens durch. Die explizite Bestätigung unproblematisch erscheinender Deutungen von Begriffen, Theorien, Methoden oder sprachlichen Daten ist für den einzelnen Wissenschaftler ähnlich uninteressant, wie die bloße Reproduktion eines bereits durchgeführten Experimentes.[48] Sie findet deshalb allenfalls einen bescheidenen Platz im Anmerkungsapparat. Aufmerksamkeitswert haben dagegen abweichende Interpretationen. Verstehensfragen werden so besonders im Rahmen von Debatten thematisch. Wenn eine Kontroverse darüber entsteht, wie eine bestimmte Position richtig zu verstehen ist, finden sich leicht Teilnehmer, die Argumente zugunsten der einen oder anderen Interpretation publizieren und sie damit konfirmieren. Auf dem Wege der Bildung von Parteien, Schulen, Theorielagern werden so zugleich *divergierende Deutungen produziert, je intern intersubjektiv validiert und dadurch sozial stabilisiert.* Dissens wird hier *zum Motor* der kommunikativen Produktion von Intersubjektivität.

Ähnliches läßt sich in anderen Kontexten beobachten. Öffentliche Äußerungen eines prominenten Politikers etwa werden von Parteifreunden und -anhängern oft anders gedeutet, als von den Vertretern und Anhängern einer gegnerischen Partei oder kommentierenden Journalisten. Organisationen und Gruppen fungieren hier als *interpretative Gemeinschaften*, die (z.B. durch Übertragung der Aufgabe der autoritativen Interpretation auf bestimmte Personen bzw. Funktionsträger) intern ein gewisses Maß an übereinstimmendem Verstehen herstellen und sich gegenüber konkurrierenden Gruppen und Organisationen u.a. durch *systematisch divergierendes Verstehen* ausgewählter Kommunikationen profilieren. Die Entstehung unterschiedlicher Konfessionen und Sekten im Bereich der Religion, die sich auf dieselben heiligen Schriften berufen, sie aber unterschiedlich auslegen und jede abweichende Interpretation als Häresie begreifen, ist ein weiteres prominentes und historisch folgenreiches Beispiel dafür. Kommunikatives Verstehen wird unter den Bedingungen schriftlicher bzw. massenmedialer Kommunikation so zugleich *pluralisiert*, aber auch auf eine begrenzte Anzahl konkurrierender Deutungsvarianten hin *konzentriert* (vgl. Schneider 1998, 276ff.).

Dies geschieht freilich nur für eine geringe Menge von Kommunikationen. Und es geschieht vor allem dann, wenn Äußerungen oder Texte zum Anlaß *konfliktärer* Anschlußkommunikationen werden und auf diesem Wege zur Konstitution bzw. Reproduktion antagonistischer Gemeinschaften beitragen können. Die überwältigende Anzahl täglicher, massenmedial verbreiteter Mitteilungen löst eine derartige Resonanz nicht aus. Die Differenzen im Verstehen bleiben hier deshalb zum größten Teil verborgen und versickern unbeobachtet im Netzwerk der gesell-

---

48 Vgl. dazu Mulkay 1988, 92, mit der dort zitierten Antwort eines Wissenschaftlers auf die Frage, inwieweit er in seiner Arbeit auch bereits publizierte Experimente anderer replizieren würde: "It's both boring, uninteresting and unpublishable, *just* to repeat it. It's really only if you can add something."

schaftlichen Kommunikation. - Tafel 9.7 faßt zusammen, in welcher Weise sich die Bedingungen und Ergebnisse der kommunikativen Konstruktion von Intersubjektivität innerhalb der face-to-face Interaktion und im Rahmen massenmedialer Kommunikation voneinander unterscheiden.

Tafel 9.7: Zur Differenz der kommunikativen Produktion von Intersubjektivität in der face-to-face Interaktion und in der Massenkommunikation

	INTERAKTION	MASSENKOMMUNKATION
Produktion von Intersubjektivität durch Gebrauch der Differenz richtig/ falsch verstehen:	- *notwendig* (weil i.d. Sequenz- struktur von Kommu- nikation verankert)	- *kontingent* (weil Rückmeldung strukturell nicht vorgesehen ist und deshalb bei Bedarf gesondert eingerichtet werden muß)
Prozessor, der die Differenz richtig/ falsch verstehen gebraucht:	- in *erster Linie* (in dyadischer oder Klein- gruppeninteraktion) der *Autor* der Start- mitteilung; - in *zweiter Linie* auch *andere* Kommunikati- onsteilnehmer	- in erster Linie *andere* Kommunika- tionsteilnehmer
Effekt für die kommunikative Konstruktion von Sinn:	- kommunikat. Konstruk- tion von Intersubjekti- vität als *routinemäßi- ges Begleitresultat* der Kommunikation; - *geringe* Wahrscheinlich- keit der Ablösung der kommunikat. Sinnzu- weisungen von den vom Autor akzeptier- ten Sinnzuweisungen	- *oft keine* kommunikat. Konstruktion kongruenter Sinnzuweisungen; Kom- munikation kann über weite Strecken *ohne begleitende Erzeugung von In- tersubjektivität* prozessieren; - *hohe* Wahrscheinlichkeit der Ablösung der Sinnzuweisungen von der/den Sinnzuweisung(en), die der Autor be- stätigen würde mit der Folge einer *Pluralisierung der Interpretationen*; - Begünstigung der Konstitution unter- schiedlicher (und sich potentiell konfliktär aufeinander beziehender) *'interpretativer Gemeinschaften'*

9.12 Gesellschaftliche Evolution als Evolution von Kommunikation

Durch die selbstreferentielle Verknüpfung von Kommunikationen, so hatten wir festgestellt, kommt es zur Ausdifferenzierung sozialer Systeme gegenüber einer nicht-sozialen Umwelt, zu der auch die psychischen Systeme gehören, deren Partizipation notwendige Voraussetzung für die Autopoiesis der Kommunikation ist. Nicht Individuen bzw. psychische Systeme, sondern Kommunikationen sind deshalb die Grundbausteine, aus denen soziale Systeme sich bilden. Unterschiedliche soziale Systeme können sich auf der Basis von Kommunikation ausdifferenzieren. Wie dies möglich ist, wird später zu erläutern sein. Hier ist zunächst festzuhalten, daß 'Soziales' soweit reicht, wie Kommunikation reicht. Der Titel des umfassendsten Sozialsystems, dessen Grenzen durch die Reichweite von Kommunikation bestimmt sind, ist *"Gesellschaft"*.

Diese Begriffsbestimmung enthält noch keinerlei nähere Spezifikation. Sie folgt direkt aus dem Konzept des autopoietischen Systems und seiner Anwendung auf den Gegenstandsbereich des Sozialen. Was man daraus entnehmen kann ist nur, worauf man zu achten hat, wenn man "Gesellschaft" als Sozialsystem untersuchen will, nämlich auf die allgemeinen Bedingungen, Einschränkungen und Chancen, denen Kommunikation jeweils unterliegt. In einer historisch gerichteten Analyse von Gesellschaft ergibt sich daraus die forschungsleitende These, daß die Evolution der Gesellschaft den Problemen der Autopoiesis von Kommunikation folgt (Luhmann 1997, 205). Welche Probleme sind dies?

Luhmann nennt drei Probleme, die gelöst werden müssen, damit Kommunikation ihre eigene Fortsetzbarkeit sicherstellen, sich reproduzieren und expandieren kann. Kommunikation muß dazu *(1) verständlich sein*. Sie muß *(2) Adressaten erreichen*. Und es muß *(3) eine hinreichend hohe Chance bestehen, daß Kommunikationen angenommen werden*.[49] Die evolutionären Errungenschaften, die die Bewältigung dieser Probleme ermöglichen und die dabei jeweils auf einen bestimmten Problemaspekt fokussieren, werden als *Medien* bezeichnet. Luhmann unterscheidet dabei drei Typen von Medien: *Sprache* als Medium ermöglicht es, die Unwahrscheinlichkeit des Verstehens zu überwinden. Technische *Verbreitungsmedien* (Schrift, Druck und Funk) erweitern den Kreis der erreichbaren Adressaten von Kommunikation. *Erfolgsmedien* schließlich sorgen primär dafür, daß die Annahme von Kommunikationen auch jenseits der Interaktion unter Anwesenden hinreichend wahrscheinlich ist, um zur Beteiligung daran zu ermutigen. Betrachten wir die erwähnten Problemlagen und die spezifischen Leistungen der einzelnen Medien nun etwas näher.

Zu 1) Wenn nicht zuverlässig festgestellt werden kann, ob ein Verhalten als Kommunikation beabsichtigt ist oder wenn nur registriert wird, daß ein Verhalten vermutlich die Mitteilung einer Information intendiert, dabei aber nicht verstanden werden kann, welche Information es mitteilen soll, dann fehlt eine notwendige Voraussetzung für die Fortsetzung von Kommunikation. Die Lösung dieses Problems der Verständlichkeit wird ermöglicht durch *Sprache*.

"Sprache" meint die Prozessierung von Sinn mit Hilfe von Lauten (später auch durch graphische Zeichen).[50] Die Standardisierung von Lauten stellt ein Medium

---

49 Vgl. zum folgenden Luhmann 1984, 217ff. sowie Luhmann 1997, Kap. 2.
50 "Sprachliche Kommunikation ist also zunächst: Prozessieren von Sinn im Medium der Lautlichkeit" (Luhmann 1997, Bd.1, 213).

von hoher Auffälligkeit bereit, das sich aus der Umwelt prägnant heraushebt, Aufmerksamkeit anzieht, eindeutig auf Mitteilungszwecke spezialisiert ist und mit bestimmten Lauten bestimmte Sinnselektionen verknüpft, die vom Adressaten *verstanden* werden können. Zwar ist weder die vollständige Identität des "subjektiven Sinnes" einer Mitteilung mit ihrer Deutung durch den Adressaten möglich, noch sind Mißverständnisse dadurch ausgeschlossen. Die Differenzen der Sinnzuweisungen, die Autor und Adressat mit einer Äußerung verbinden, können jedoch in genügendem Maße eingeschränkt und offensichtliche Mißverständnisse metakommunikativ (=durch Kommunikation über Kommunikation) korrigiert werden, so daß ein hinreichendes Verstehen für die Erzeugung anschließender Mitteilungen erreicht wird.

Von besonderer Bedeutung ist die Möglichkeit sprachlicher Negation. Jeder Mitteilungsinhalt kann dadurch sowohl in einer Ja-Fassung als auch in einer Nein-Fassung artikuliert werden. Möglich wird es dadurch, mit einer Folgeäußerung auch dann anzuschließen, wenn man den Inhalt (=die Information) der Mitteilung nicht akzeptiert. Am Beispiel: "Die Glühbirne ist kaputt." - "Nein, die Glühbirne ist nicht kaputt." In beiden Fällen wird hier auf denselben Sachverhalt Bezug genommen, im ersten Fall bejahend, im zweiten verneinend, um auf diese Weise die Ablehnung der Behauptung mitzuteilen, daß die Glühbirne kaputt sei. In der Folge kann man sich dann darüber streiten, ob die Ja-Fassung oder die Nein-Fassung vorzuziehen ist und so die Kommunikation fortsetzen. Nur durch die Möglichkeit sprachlicher Verneinung können *Ablehnungen kommuniziert* und in der Kommunikation weiterverarbeitet werden. Andernfalls wären die Teilnehmer ständig mit der Alternative konfrontiert, an einen Beitrag anzuschließen und ihn damit zugleich anzunehmen oder nicht daran anzuschließen. Ein "Nein" könnte so nur als Schweigen, Widerspruch nur als Kommunikationsabbruch 'kommuniziert' werden.[51] Der *binäre Code von Ja und Nein* hebt dieses Junktim auf mit der Konsequenz, daß Ablehnungen nicht mehr aus der Kommunikation hinaus, sondern ebenso wie Annahmen zu ihrer Fortsetzung führen. "Die Codierung schließt das System" (Luhmann 1997, 230).[52] Die Ja/Nein-Codierung der Sprache ist deshalb eine wichtige Voraussetzung für die Ausdifferenzierung selbstreferentiell geschlossener sozialer Systeme auf der Basis von Kommunikation.

---

51 Genau genommen muß hier noch restriktiver formuliert werden: Als *Mitteilung* eines "Neins" könnte Schweigen nur dann verstanden werden, wenn *zumindest psychisch* die Möglichkeit des Negationsgebrauchs bestünde und damit die Ja/Nein-Codierung von Sprache auf der Ebene des Bewußtseins bereits verfügbar wäre.

52 Der Begriff "Code" wird hier auf analoge Weise verwendet, wie in der Biologie der Begriff des "genetischen Codes" oder in nachrichtendienstlichen Zusammenhängen der Begriff des "Geheimcodes". In allen Fällen meint "Code" eine Regel, nach der Informationen in eine Zweitfassung gebracht werden, die den Inhalt der Information unverändert läßt. Prägnanter formuliert: Ein "Code" ist eine Regel für die sinnidentische Duplikation von Informationen. Die Ja/Nein-Codierung der Sprache erfüllt diese Definition, eröffnet sie doch die Möglichkeit, zu jeder positiven Formulierung eine negative (aber ansonsten sinnidentische) Entsprechung zu erzeugen und umgekehrt.

Zu 2) Die Reichweite sprachlicher Kommunikation beschränkt sich zunächst auf den Kreis der unmittelbaren Zuhörer. Gesagtes kann von ihnen weitergetragen und so nicht anwesenden Dritten zugänglich gemacht werden. Voraussetzung dafür ist wiederum, daß ein kommunikativer Kontakt zu ihnen leicht hergestellt werden kann. Solange Kommunikation nur auf dem Wege mündlicher Mitteilung verbreitet werden kann, ist ihre Reichweite deshalb gering. Sie konzentriert sich auf ein enges Umfeld, in dem die Teilnehmer rasch füreinander erreichbar sind: das Haus, die Nachbarn, das Dorf, vielleicht noch andere nahegelegene Ansiedlungen.

Kommunikation greift hier kaum über die Grenzen der face-to-face Interaktion hinaus. Sollen Nachrichten über größere Entfernungen übermittelt werden, greift man auf Boten zurück. Für spezielle Mitteilungen gibt es erste Ansätze zur Entwicklung alternativer Verbreitungsmedien wie Rauchzeichen oder Trommelsignale. Insgesamt aber bleibt Kommunikation eng an die Kopräsenz von Mitteilendem und Mitteilungsempfänger gebunden, in der räumlichen Dimension eingeschränkt auf den Bewegungsradius der Körper, in der Zeitdimension beschränkt durch die Reichweite von Gedächtnis und mündlicher Überlieferung.

Eine Gesellschaft reicht soweit, wie Kommunikationen füreinander erreichbar sind. Solange Kommunikation nur im Medium der Mündlichkeit prozessiert, überschreiten die Grenzen der Gesellschaft deshalb die Grenzen der Interaktion unter Anwesenden nur geringfügig. Zwar ist auch eine noch so kleine Stammesgesellschaft niemals identisch mit einem Interaktionssystem. Fast immer gibt es Stammesangehörige, die im Moment nicht anwesend sind, die vielleicht nur auf Sichtweite entfernt stehen, sich mit anderen unterhalten und deshalb zur Umwelt der hier und jetzt gerade laufenden Interaktion gehören. In der sozialen Umwelt eines Interaktionssystems findet sich jedoch nichts weiter, als andere Interaktionssysteme, mit deren Teilnehmern man bei Bedarf ebenfalls in Interaktion treten kann. Kommunikationen, die nicht erreichbar sind und an die deshalb nicht angeschlossen werden kann, liegen außerhalb einer gegebenen Gesellschaft und bilden einen für sich bestehenden sozialen Zusammenhang. Gesellschaft existiert unter diesen Voraussetzungen im Plural, als eine Vielzahl voneinander unterscheidbarer und (definitionsnotwendig) voneinander isolierter *Gesellschaften*.

Über die Grenzen einer Ansammlung benachbarter Interaktionssysteme hinaus kann Gesellschaft erst mit der Entwicklung von *Verbreitungsmedien* wie Schrift und Buchdruck (und heute: Presse, Funk und Fernsehen sowie Datenaustausch via Internet) expandieren, die es ermöglichen, Mitteilungsereignisse zeitfest zu fixieren, zu vervielfältigen und zu transportieren. Die enorm erweiterten Möglichkeiten der Verbreitung von Kommunikationen erzeugen jedoch Folgeprobleme, deren Lösung die Voraussetzung dafür ist, daß diese Möglichkeiten tatsächlich genutzt werden. Die so verbreiteten Kommunikationen müssen die *Aufmerksamkeit* der Adressaten gewinnen. Sie müssen, obwohl die Interpretationshilfen der gemeinsamen sozialen Situation, wie sie in der face-to-face Interaktion gegeben sind, ausfallen, für die Adressaten *verständlich sein*. Und es muß eine hinreichend hohe Chance bestehen, daß die Adressaten die Kommunikation auch *annehmen*.

Die genannten Probleme sind in der direkten Interaktion weitestgehend gelöst und brechen erst in dem Maße erneut auf, wie es möglich wird, Kommunikation durch technische Verbreitungsmedien aus der Bindung an die Interaktion unter Anwesenden zu emanzipieren:

-- Mündliche Sprache zieht die Aufmerksamkeit des Bewußtseins auf eigentümliche Weise an sich. Die Ohren kann man nicht schließen oder abwenden. Selbst wenn man intensiv mit anderen Dingen beschäftigt ist, 'stört' ein in der Nähe vernehmlich geführtes Gespräch die Konzentration auf empfindliche Weise, fühlt man sich 'abgelenkt', richtet sich die Aufmerksamkeit unwillkürlich auf die gesprochenen Worte. Zur Faszination des Bewußtseins durch Sprache kommen die sozialen Bindungskräfte der face-to-face Interaktion hinzu. Der direkten Ansprache durch einen Anwesenden kann man sich kaum ohne Affront entziehen. Wer es versucht, riskiert Verstimmung und Konflikt. Wenn nötig, können leicht Sanktionen als Hilfsmittel eingesetzt werden. So lange Kommunikation unter den Bedingungen direkter Interaktion abläuft, ist Aufmerksamkeit deshalb in ausreichendem Maße gesichert. Anders jedoch, wenn der unmittelbare Kontakt entfällt und besondere Anstrengungen notwendig sind (Lesen lernen, ein Buch, eine Zeitung, ein technisches Gerät kaufen, einen Artikel oder eine Sendung auswählen), um Mitteilungsereignisse überhaupt zur Kenntnis zu nehmen. Unter diesen Voraussetzungen wird *Aufmerksamkeit knapp* und muß durch besondere *motivationale Anreize mobilisiert* werden.

-- In der Interaktion unter Anwesenden liefert die gemeinsam wahrgenommene Situation eine Fülle von Hinweisen für die Deutung von Mitteilungen, die nicht eigens versprachlicht werden müssen. Sind die Teilnehmer darüber hinaus persönlich miteinander bekannt, bietet die gemeinsame Interaktionsgeschichte weitere Anhaltspunkte für die Interpretation von Äußerungen. Umfangreiches gemeinsames Kontextwissen kann so als Grundlage der Kommunikation in Anspruch genommen werden und sorgt für die *Verständlichkeit* von Mitteilungen. Anders hingegen, wenn Mitteilungen sich an ein anonymes Publikum richten und über technische Medien verbreitet werden. Hier fehlt das verständigungserleichternde Kontextwissen. Dieser Mangel muß durch entsprechende Gestaltung der Mitteilungen kompensiert werden.[53]

-- Die Interaktion unter Anwesenden sorgt nicht nur für Aufmerksamkeit und Verständnishilfen, sie erzeugt auch Pressionen in Richtung auf die *Annahme* der Kommunikation. Dies zum einen, weil das einzelne Mitteilungsereignis nur von flüchtiger Dauer und die Zeit zur Auswahl einer Anschlußäußerung äußerst knapp ist, so daß zur psychischen Erwägung von Einwänden und Gegengrün-

---

53 Welche Schwierigkeiten die Umstellung auf einen möglichst expliziten und kontextunabhängigen Mitteilungsstil bereitet, kann man nach entsprechender sozialisatorischer Gewöhnung, wie sie durch Schule und Massenmedien erreicht wird, intuitiv nicht mehr ohne weiteres nachvollziehen. Ein Beispiel, an dem diese Schwierigkeiten jedoch leicht anschaulich zu machen sind, ist die Erkundigung nach dem Weg. Ein vollkommen Ortsunkundiger, der einen Einheimischen nach dem Weg fragt, wird dabei oft die Erfahrung machen, daß erste Erklärungsversuche mit Kontextwissen operieren, das dem Fremden fehlt.

den nur wenig Zeit bleibt. Zum anderen aber auch, weil Ablehnungen, besonders dann, wenn sie sich häufen, leicht Konflikte auslösen können. Wie wir bei der Vorstellung konversationsanalytischer Forschungen oben bereits sehen konnten, trägt die alltägliche Interaktion dem Risiko des Konflikts durch routinisierte Strategien der Schonung kommunizierter Erwartungen Rechnung, die eine strukturell verankerte "Präferenz für Zustimmung" erkennen lassen. Von dem Zwang zu unmittelbarer Reaktion entlastet, von dem Risiko des Konflikts befreit und ohne auf einen berechenbaren Fundus gemeinsam akzeptierten Wissens als Überzeugungsgrundlage bauen zu können, *verringert sich die Wahrscheinlichkeit der Annahme* bei anonymer und durch technische Verbreitungsmedien vermittelter Kommunikation enorm.

Jedes dieser Probleme, die Knappheit von Aufmerksamkeit, die erhöhten Schwierigkeiten des Verstehens, vor allem aber die verringerte Chance der Annahme von Mitteilungen, ist geeignet, die Beteiligung an Kommunikation *zu demotivieren*. Diese Probleme werden so als *Schwellen der Entmutigung* wirksam, deren Überwindung Voraussetzung für die Nutzung technischer Verbreitungsmedien und für die dadurch ermöglichte Ausdehnung der Reichweite von Kommunikation ist.

Zu 3) Fokussiert auf das Problem der Annahme von Kommunikation hat sich eine Gruppe von Erfolgsmedien entwickelt, die *"symbolisch generalisierten Kommunikationsmedien"*.[54] Symbolisch generalisierte Kommunikationsmedien legen bestimmte *Bedingungen* fest, denen sich die Auswahl mitgeteilten Sinns unterstellt. Und sie *motivieren* Adressaten zur Annahme mitgeteilten Sinns, insofern diese darauf vertrauen, daß der Inhalt von Mitteilungen diesen Bedingungen genügt. Oder kürzer formuliert: Symbolisch generalisierte Kommunikationsmedien machen die "Konditionierung von Selektionen zum Motivationsfaktor" für die Annahme von Mitteilungen (Luhmann 1997, 321). Je nachdem, welchen Bedingungen die Selektion mitgeteilten Sinns unterliegt, lassen sich verschiedene Medien unterscheiden.

Zunächst einige Beispiele dafür, wie diese Medien zur Annahme von Kommunikationen motivieren: Ich fühle mich gesund, erfahre aber durch ein Schreiben meiner Krankenkasse, daß es in meinem Alter zu empfehlen ist, regelmäßige Vorsorgeuntersuchungen durchführen zu lassen. Wenn ich diese Mitteilung akzeptiere und bereit bin, mich untersuchen zu lassen, obwohl mir das äußerst lästig ist, dann deshalb, weil ich annehme, daß diese Empfehlung auf wissenschaftlichen Untersuchungsergebnissen gründet, die als *wahr* gelten können. Ich lese ein Inserat, in dem jemand mitteilt, daß er Autos sucht, die dem Typ und Alter meines Wagens

---

54 Luhmann knüpft damit an den Parsonsschen Begriff der "symbolisch generalisierten Interaktionsmedien" an und gibt dazu die folgende Erläuterung: "Mit 'symbolisch' zielt Parsons auf die Differenz von Ego und Alter, also auf die Sozialdimension, mit 'generalisiert' auf den Unterschied der Situationen, also auf die Sachdimension des jeweils prozessierten Sinnes. Der Gedanke ist (ähnlich wie bei Wittgensteins Begriff der Regel), daß eine soziale Übereinstimmung nur erreicht werden kann, wenn die zugrunde gelegte Gemeinsamkeit für mehr als nur eine Situation bestand haben soll" (Luhmann 1997, 318).

entsprechen und bin sofort bereit, ihm meinen Wagen zu überlassen, d.h. einen Teil meines *Eigentums* an ihn abzutreten, sofern er dafür einen guten Preis *zahlt*. Es wird verlangt, daß ich, wenn ich auf meinem Grundstück ein Haus errichten möchte, eine Genehmigung dafür einhole, und ich füge mich diesem Verlangen, weil ich weiß, daß es durch geltendes *Recht* gedeckt ist. Könnte ich nicht die Wahrheit medizinischer Forschungsergebnisse unterstellen, würde der Autos suchende Inserent nicht zahlen, wären die Genehmigungsauflagen der Baubehörde nicht durch geltendes Recht gestützt, - dann würde ich die genannten Selektionen nicht als Prämisse für entsprechende Anschlußselektionen übernehmen. Hier einzuspringen ist die spezifische Funktion der symbolisch generalisierten Kommunikationsmedien. *Sie motivieren zur Annahme von Selektionen, deren Akzeptierung sonst äußerst unwahrscheinlich wäre.*

In den Beispielen haben wir die Medien Wahrheit, Eigentum/Geld und Recht erwähnt.[55] Luhmann nennt weitere wie Macht, Liebe oder Kunst. Neben ihrer Funktion teilen diese Medien bestimmte allgemeine Strukturmerkmale. Jedes Medium gründet auf einem *einheitlichen binären Code*, der aus zwei einander entgegengesetzten Werten mit einer eingebauten Präferenz für einen der Werte besteht (vgl. Luhmann 1997, 360ff.). Das Medium Wahrheit ist codiert durch die Unterscheidung wahr/falsch (mit der Präferenz für den Wert wahr); das Medium Recht durch die Unterscheidung Recht/Unrecht (mit der Präferenz für Recht) etc. Jeder Wert kann negiert werden, er wird dabei aber nur in den jeweiligen Gegenwert überführt. Die Behauptung, daß etwas "wahr" ist, kann bestritten und damit per Negation des Wahrheitsanspruchs der Codewert "falsch" bezeichnet werden. Aber damit prozessiert die Kommunikation weiterhin im Medium Wahrheit. Ebenso, wenn jemand einen Rechtsanspruch geltend macht und sich von seinem Kontrahenten entgegenhalten lassen muß, er sei im Unrecht. Der Widerspruch gegen die Zuordnung des Codewertes "wahr" führt nicht dazu, daß man plötzlich bei "Unrecht" oder "Eigentum haben" landet.

Auf der Grundlage des Ja/Nein-Codes der Sprache konstituieren die symbolisch generalisierten Kommunikationsmedien jeweils einen *geschlossenen Bereich*, der durch eine *beobachtungsleitende Unterscheidung, d.h. einen binären Code definiert ist* und keine dritten Werte zuläßt. Aus der Beobachtungsperspektive eines *Mediencodes* können beliebige Weltsachverhalte zum Gegenstand von Kommunikation werden. Buchstäblich 'alles Mögliche' kann so unter dem spezifischen Gesichtspunkt von Wahrheit und Falschheit, von Recht oder Unrecht, von Eigentum oder Nicht-Eigentum thematisiert werden.

In dem Maße, in dem solche Mediencodes entstehen und von externen gesellschaftlichen Vorgaben unabhängig werden (und so z.B. Adelszugehörigkeit nicht

---

55 Die Doppelung Eigentum/Geld zeigt die Verbindung des Codes Eigentum mit einem Zweitcode an, der das Operieren im ersten Code an bestimmte Bedingungen bindet. Eigentum wird heute typisch im Austausch gegen Geldzahlungen übertragen. Übertragung ohne Rekurs auf den Geld-Code zahlen/nicht zahlen (der Käufer zahlt und verliert damit an Zahlungsfähigkeit; der Verkäufer zahlt nicht, sondern empfängt die Zahlung und erhöht dadurch seine Zahlungsfähigkeit), etwa durch Naturaltausch, ist dadurch nicht ausgeschlossen, bildet aber die Ausnahme.

mehr als Grundlage für die Zuschreibung privilegierter Einsichtsfähigkeit in Fragen der Wahrheit oder für die privilegierte Zubilligung von Eigentums-, Rechts- oder Machtansprüchen benutzt werden kann), müssen *Kriterien* entwickelt werden, an denen sich die Zuordnung zum positiven oder negativen Wert eines Codes orientieren kann. Solche Kriterien "hängen sich wie ein riesiger semantischer Apparat an die jeweiligen Codes" (Luhmann 1997, 362). Luhmann bezeichnet diese Kriterien als *Programme.*[56] Theorien und Methoden im Kontext von Wissenschaft, Gesetze, Verträge und Präjudizien im Kontext des Rechts, Investitions- und Konsumprogramme im Kontext der Ökonomie sind als Beispiele für Programme zu nennen (vgl. Luhmann 1997, 377).

Die Codes sind einfach gebaut, invariant und *geschlossen*, die Programme demgegenüber komplex, veränderlich und *offen* für die Beziehung auf Weltsachverhalte. Wissenschaftler können Theorien und Hypothesen über chemische Verbindungen, physiologische Prozesse, das Investitionsverhalten von Unternehmern oder über den Einfluß politischer Orientierungsmuster auf die Urteile von Richtern entwerfen. Aber gleichgültig, worauf sich diese Aussagen richten, immer geht es darum, ob diese Aussagen *wahr oder falsch* sind. Gesetze schützen Tiere, die körperliche Unversehrtheit des einzelnen, Eigentum und die Freiheit der Forschung und operieren dabei ausschließlich im Bereich der Unterscheidung *Recht/Unrecht*. Unternehmer können in Produktionsanlagen, in eigene Forschungslabors oder in den Aufbau einer innerbetrieblichen Rechtsabteilung investieren, Familien Teile ihres Einkommens für Ferienreisen, Versicherungen und Anwaltsrechnungen ausgeben, aber immer geht es um die *Disposition über Zahlungen* und muß entschieden werden, ob es lohnt, die entsprechenden Güter und Dienste zu erwerben oder nicht, d.h. dafür *zu zahlen oder nicht zu zahlen*.

Durch binäre Codierung, so hatten wir bereits am Beispiel der Sprache festgestellt, wird die operative Schließung von Kommunikation ermöglicht, weil jede Mitteilung durch eine andere negiert und damit auch ihre Annahme abgelehnt werden kann, ohne daß dies aus der Kommunikation heraus führen würde. Entsprechendes gilt, wenn sprachliche Kommunikation sich durch Codes spezifischerer Art führen läßt. Wenn Kaufinteressenten es ablehnen zu zahlen, weil ihnen der geforderte Preis zu hoch ist, wenn Wahrheitsansprüche als falsch oder Rechtsansprüche als zu unrecht erhoben zurückgewiesen werden, dann schert die Kommunikation nicht aus dem jeweiligen Code aus, sondern bewegt sich weiterhin in dem durch ihn definierten Bereich. Sie reproduziert so das symbolisch generalisierte Kommunikationsmedium, das durch diesen Code definiert ist und ermöglicht dadurch die Bildung eines *Kommunikationssystems*, das sich durch den von Äußerung zu Äußerung wiederholten Bezug jedes Mitteilungsereignisses auf das Medium *selbstreferentiell schließt* und eine Grenze gegenüber allen anderen Kommunikationen zieht, die nicht auf dasselbe Medium referieren. Selbstreferentielle Schließung bedeutet aber

---

56 Diesen Begriff hatten wir bereits oben (vgl. Tafel 9.2) kennengelernt. Dort wurde er verwendet, um Erwartungsstrukturen zu bezeichnen, die auf einer höheren Abstraktionsebene rangieren, als *rollengebundene* Erwartungen.

auch hier nicht völlige Abschottung des Systems gegenüber seiner Umwelt, sondern ist gerade die Grundlage für Umweltoffenheit, welche durch den Einbau von *Fremdreferenzen* in jede Operation des Systems erreicht wird. Auf der Ebene der *(Erwartungs)Strukturen des Systems* wird diese Funktion durch die jeweiligen *Programme* erfüllt.

Durch Kombination eines Codes mit entsprechenden Programmen, welche die Zuordnung von Kommunikationsbeiträgen zu den Codewerten konditionieren, können *gesellschaftliche Funktionssysteme* wie Wissenschaft, Recht, Politik, Wirtschaft, Religion, Kunst, Liebe etc. ausdifferenziert werden. Die Systemzugehörigkeit eines Mitteilungsereignisses wird für einen Beobachter daran sichtbar, daß es sowohl auf den Code als auch auf die Programmebene des Systems referiert und so zugleich dessen Selbstreferenz und Fremdreferenz artikuliert sowie durch entsprechende kommunikative Anschlüsse, welche diese Selbstzuordnung des Mitteilungsereignisses bestätigen und es, indem sie daran anschließen, als Element in der Autopoiesis des jeweiligen Funktionssystems benutzen. Die bloße Referenz auf den Code allein reicht dafür also nicht aus. Die Behauptung, eine bestimmte Handlung sei zu Unrecht ausgeführt worden, ordnet sich nur dann auf erkennbare Weise dem Rechtssystem zu, wenn sie darüber hinaus auf geltende Gesetze, Verträge bzw. Gerichtsurteile mit Präjudizcharakter Bezug nimmt. Ebenso fällt eine Kommunikation, in der etwas als wahr oder falsch behauptet wird, nicht bereits dadurch in den Kontext von Wissenschaft. Um als "wissenschaftlich" gelten zu können, muß sie auch auf Theorien und/oder Methoden Bezug nehmen, aus denen sie die Berechtigung für die Zuordnung des einen oder anderen Codewertes ableitet.

Blicken wir von hier aus zurück auf Sprache, dann stellt sich die Frage, ob neben dem Ja/Nein-Code nicht ebenfalls Programme identifiziert werden können, auf die Äußerungen sich beziehen müssen, um als Mitteilungen im Kontext einer Kommunikation erkennbar zu sein. Dies ist tatsächlich der Fall. Die Differenz zwischen den elementaren kommunikativen Ereignissen und den Strukturen des Systems erscheint hier in der Unterscheidung von *Beiträgen* und *Themen*. Äußerungen machen sich als Beiträge zu einer laufenden Kommunikation erkennbar, indem sie auf ein gemeinsames Thema Bezug nehmen, es fortsetzen, variieren, sich als Abschweifung vom Thema deklarieren (z.B. "Ehe ich's vergesse, da fällt mir ein ...") oder einen Themenwechsel initiieren. "Erst an Hand von Themen kann man die Richtigkeit eigenen und fremden kommunikativen Verhaltens im Sinne eines Zum-Thema-Passens kontrollieren. Insofern sind Themen gleichsam die Handlungsprogramme der Sprache" (Luhmann 1984, 216).

Die Anforderungen an die thematische Kohärenz der Kommunikation können sehr unterschiedlich sein. Eine wissenschaftliche Diskussion verlangt ein hohes Maß an thematischer Disziplin, während bei einem Partygespräch eher die Bereitschaft und Fähigkeit zu raschen Themenwechseln erwartet wird. Die Kommunikation kann mögliche Themen aufrufen, nur um sie sofort wieder fallen zu lassen, wie z.B. in dem folgenden (erfundenen) Dialog zwischen Bekannten, die einander auf der Straße begegnen:

A: Hallo, wie geht es dir?
B: Na ja, bin etwas depressiv, aber bei dem Wetter ja kein Wunder. Durch den dauernden Regen ist mir die halbe Erdbeerernte verfault.
A: Also, ich hab' mich entschlossen, die Flucht zu ergreifen. Hab' gerade ne' last minute-Reise auf die Kanarischen Inseln gebucht. Unheimlich günstig. Fast 50% billiger als normal.
B: Ja, deine Reise vielleicht, aber sonst wird alles teurer. Noch'n paar Jahre so weiter, dann kriegen wir ne' galoppierende Inflation. - Oh, ich muß weiter. Machs gut.
A: Du auch.

Jeder Beitrag nimmt hier das Thema, das durch die vorausgegangene Äußerung ins Spiel gebracht worden ist, auf und leitet sofort zu einem anderen Thema über. In der Antwort auf A's höfliche Eröffnungsfrage nach B's Befinden kommt B auf das schlechte Wetter und auf die Erdbeerernte zu sprechen. A nützt diese Verschiebung des Themas wiederum, um über die gerade gebuchte Reise zu berichten. Die Erwähnung des Preises liefert B das Stichwort für die Einführung des neuen Themas Inflation, das aber dann ohne Anschlußbeitrag bleibt, weil B danach sofort zur Beendigung des Gesprächs überleitet.

Was in der vorgestellten Sequenz geschieht, könnte man als *thematisches Driften* bezeichnen. Die Kommunikation ist nicht durch ein übergreifendes Thema strukturiert, sondern folgt dem Muster der "tangential response". Die thematische Kohärenz ist auf ein Minimum beschränkt. Sie reicht gerade noch aus, um eine Mitteilung mit der nächsten zu verknüpfen. Jede weitere Reduktion würde Zweifel aufkommen lassen, ob die Äußerungen noch aneinander anschließen und deshalb noch von Kommunikation gesprochen werden kann.[57] Themen, so können wir daraus schließen, fungieren als (Erwartungs)Strukturen,[58] deren Reproduktion - und sei

---

57 Hier die Probe auf's Exempel: A: Hallo.- B: Mir ist die halbe Erdbeerernte verfault. - A: Hab' gerade ne' last minute-Reise auf die Kanarischen Inseln gebucht. - B: Noch'n paar Jahre so weiter, dann kriegen wir ne' galoppierende Inflation. Mach's gut. - Keine Mitteilung scheint hier noch mit der anderen verknüpft. Die Sequenz erweckt den Eindruck, daß die einzelnen Äußerungen nicht aneinander, sondern nur an die verborgenen Gedanken in den Köpfen ihrer Urheber anschließen. Allein *die Eingangs- und die Schlußäußerung* zeigt, daß die Beteiligten Notiz voneinander nehmen und damit zumindest die *Startbedingungen* für Kommunikation erfüllt waren. Man könnte vielleicht auf den Gedanken verfallen, daß beide einen Geheimcode benutzen. Der Eindruck mangelnder Konsistenz wäre dann darauf zurückzuführen, daß wir die Erwartungsstrukturen nicht kennen, die es den Beteiligten ermöglichen, einen Zusammenhang zwischen den Mitteilungen herzustellen. Die Sequenz könnte aber auch als Ausdruck und Ergebnis der wechselseitigen Weigerung von A und B gedeutet werden, die Themenselektionen des anderen zu akzeptieren. Die Weigerung würde dabei nicht durch explizite Negation (was ja bereits einen Anschluß an die vorausgegangene Themaofferte implizieren würde), sondern durch sichtbares Nichtanschließen erfolgen. Jeder würde dem anderen auf diese Weise mitteilen, daß er nicht bereit ist, auf dessen Themenvorschläge einzugehen, sofern der andere nicht bereit sei, seine Themenangebote zu akzeptieren, ohne dies jedoch ausdrücklich zu sagen. Dies hätte zum Ergebnis, daß ein Beobachter (und damit möglicherweise auch die involvierten Psychen selbst) kaum noch entscheiden können, ob hier Kommunikation stattfindet oder nicht. - Diese Interpretation kann auch als illustrierender Nachtrag zu der oben formulierten These verstanden werden, nach der erst die Möglichkeit der sprachlichen Negation die selbstreferentielle Schließung von Kommunikation ermöglicht. Auch wenn, wie in diesem Beispiel, noch gesprochen wird, kann die durch Nicht-Anschluß vollzogene (statt durch sprachlichen Negationsgebrauch mitgeteilte) Ablehnung von Selektionsofferten zur Auflösung von Kommunikation führen.

58 D.h. sie schränken die Möglichkeiten der Fortsetzung von Kommunikation ein, indem sie erlauben, passende von unpassenden Anschlüssen zu unterscheiden.

es auch nur für die Dauer einer Sequenz von zwei Mitteilungsereignissen - eine notwendige Voraussetzung dafür ist, daß Äußerungen als aneinander anschließend wahrgenommen und so als Kommunikation beobachtet werden können.

Damit es zu einer durch Themen geordneten Verknüpfung von Beiträgen kommen kann, müssen die Teilnehmer einer Kommunikation erwarten können, auf welche Themen der andere voraussichtlich bereit sein wird, sich einzulassen:

"Die gesellschaftliche Reproduktion von Kommunikation muß demnach über die Reproduktion von Themen laufen, die ihre Beiträge dann gewissermaßen selbst organisieren. Die Themen werden nicht jeweils fallweise neu geschaffen, sind aber andererseits auch nicht durch die Sprache, etwa als Wortschatz, in ausreichender Prägnanz vorgegeben ... . Es wird demnach ein dazwischenliegendes, Interaktion und Sprache vermittelndes Erfordernis geben - eine Art Vorrat möglicher Themen, die für rasche und rasch verständliche Aufnahme in konkreten kommunikativen Prozessen bereitstehen. Wir nennen diesen Themenvorrat *Kultur* und, wenn er eigens für Kommunikationszwecke aufbewahrt wird, *Semantik*. Ernsthafte, bewahrenswerte Semantik ist mithin ein Teil der Kultur, nämlich das, was uns die Begriffs- und Ideengeschichte überliefert" (Luhmann 1984, 224).

Unser vergleichender Rückblick auf das Medium Sprache hat gezeigt, daß die Unterscheidung von Codierung und Programmierung, wie wir sie bei den symbolisch generalisierten Kommunikationsmedien finden, dort eine strikte Parallele findet. *Themen fungieren als Programme sprachlicher Kommunikation.* Die Funktion von "Kultur" bzw. "Semantik" in dem von Luhmann definierten Sinne ist es, den benötigten Themenvorrat bereitzuhalten, an dem die Kommunikation Führung gewinnen kann. Die Frage, ob Beiträge zu einem Thema mit Annahme oder Ablehnung rechnen können, ist dadurch freilich nicht beantwortet. Sobald wechselseitige persönliche Kenntnis, weitreichendes gemeinsames Hintergrundwissen und die Pressionen direkter Interaktion als Orientierungsgrundlage ausfallen, wie dies bei Kommunikation unter Benutzung von Verbreitungsmedien typisch der Fall ist, erreicht die Wahrscheinlichkeit der Ablehnung ein Niveau, das geeignet ist, die Beteiligung an Kommunikation zu entmutigen. Die symbolisch generalisierten Kommunikationsmedien, so haben wir gehört, springen hier ein. Sie stellen sicher, daß kommunikative Selektionen auch dann, wenn sie erheblich von den Erwartungen der Rezipienten abweichen und in interaktionsfreier anonymisierter Kommunikation mitgeteilt werden, mit ausreichender Wahrscheinlichkeit auf Annahme rechnen können. Sie ermöglichen so eine Evolution von Gesellschaft jenseits der Grenzen, wie sie sonst durch die Notwendigkeit weitreichender Übereinstimmung der Erwartungen sowie durch die Beschränkungen von Kommunikation auf die Interaktion unter Anwesenden gezogen wären.

Die beiden anderen Folgeprobleme der Herauslösung von Kommunikation aus der Interaktion, die Knappheit von Aufmerksamkeit und die erhöhten Schwierigkeiten des Verstehens, werden durch den Gebrauch symbolisch generalisierter Kommunikationsmedien ebenfalls entschärft: Mit der Erzeugung von Annahmemotiven ist zugleich die *Mobilisierung von Aufmerksamkeit* für solche Kommunikationen verknüpft, die den entsprechenden medienspezifischen Konditionierungen genügen. Die Codierung und Programmierung der Auswahl von mitgeteiltem Sinn strukturiert darüber hinaus die *Möglichkeiten des Verstehens* im Geltungsbereich des Kommunikationsmediums auf eine erwartbare Weise vor.

Deutungen, die von den Selbstdeutungen des Autors einer Mitteilung abweichen, sind dadurch in keiner Weise ausgeschlossen. Ja, sie werden sogar in gewissem Umfang ermutigt, definieren die Codes und Programme doch einen Hintergrund, vor dem jede Mitteilung interpretiert und mit Sinnbezügen ausgestattet werden kann, an die der Urheber nicht dachte. Ob etwa eine Äußerung rechtlich als Einwilligung in einen Vertrag zu beurteilen ist, darüber entscheidet nicht, was ihr Autor später als seine Absicht behauptet, sondern die Erfüllung bestimmter rechtlicher Vorraussetzungen. Wie eine wissenschaftliche Publikation verstanden wird, hängt wesentlich davon ab, von welchem theoretischen Vorverständnis her sie der Leser deutet. Welche Aussagen als wichtig oder nebensächlich erscheinen, welche Konsequenzen aus ihnen abgeleitet werden, variiert mit dem theoretischen und methodischen Kontext, den der Leser an die Publikation heranträgt. Dennoch ist die Streubreite möglichen Verstehens soweit eingeschränkt, daß auch abweichendes Verstehen den Autor meist nicht völlig unvorbereitet trifft.

Ein Biologe etwa, der die Ergebnisse einer Tierversuchsreihe in einer Fachzeitschrift publiziert, kann damit rechnen, daß eventuelle Reaktionen von Kollegen darauf methodische Fragen der Versuchsdurchführung, die Gültigkeit seiner Ergebnisse und die daraus gezogenen Schlußfolgerungen unter Wahrheitsgesichtspunkten thematisieren und beurteilen. Er muß hingegen im Regelfalle nicht einkalkulieren, daß seine Publikation als Dokument faschistoider Gefühllosigkeit gegenüber den Leiden der Versuchstiere oder als Ausdruck der Hybris des Menschen verstanden und beantwortet wird, der sich anmaßt, in die göttliche Schöpfung einzugreifen (und er ist entsprechend irritiert, wenn dies dann doch geschieht). In anderen Kontexten, z.B. in einem Publikationsorgan militanter Tierschützer, die unter den Prämissen einer spezifischen Ausformung von Moral beobachten, oder in einer religiösen Gemeinschaft, die die Welt aus dem Blickwinkel einer fundamentalistischen Bibelinterpretation betrachtet, sind derartige Deutungen freilich erwartbar. Hier gilt umgekehrt, daß diejenigen, die so verstehen, damit rechnen können, daß ihre Reaktionen auf die veröffentlichten Ergebnisse der Tierversuchsreihe nicht mit dem Verweis auf die Wahrheit und wissenschaftliche Bedeutung der Ergebnisse beantwortet werden, sondern (zustimmende oder ablehnende) Anschlüsse auslösen, die sich an Kriterien der Moral oder der Religion orientieren.

Das Beispiel macht deutlich, daß die Gesellschaft unterschiedliche *Kontexte der Informationsverarbeitung* ausdifferenziert, in der Kommunikationen *auf unterschiedliche Weise verstanden* und unter *verschiedene Bedingungen der Annehmbarkeit und Fortsetzbarkeit* gestellt werden. Wissenschaft, Recht, Kunst, Religion etc. bilden autopoietische Systeme in der Gesellschaft, die jeweils auf der Grundlage anderer Mediencodes operieren.

Von den Mediencodes der Funktionssysteme zu unterscheiden ist der binäre Code der *Moral*. Moral operiert mit der *Unterscheidung gut/schlecht* und disponiert (in Abhängigkeit davon, welchem dieser beiden Werte ein beobachtetes Verhalten zugeordnet wird) über die *Achtung bzw. Mißachtung*, die der Person entgegengebracht werden sollte, die für dieses Verhalten verantwortlich gemacht wird (vgl. Luhmann 1997, 396ff.). Über Achtung/Mißachtung wird entschieden, inwiefern jemand als Kommunikationsteilnehmer in Betracht kommt oder ausgeschlossen werden sollte.[59] Die Mediencodes der Funktionssysteme sind *moralisch indifferent.* Ein Wissenschaftler, dessen Hypothesen sich als falsch erweisen, gilt deshalb nicht als moralisch schlecht und umgekehrt zählt der, dessen Aussagen man als wahr akzeptiert, nicht deshalb als moralisch gut. Der Ausgang einer Rechtsstreitigkeit impliziert kein moralisches Urteil über die Prozeßparteien,[60] der Machtverlust einer Regierungspartei nach einer Wahl kein Urteil über die moralische Dignität ihrer Kandidaten.

Die Indifferenz der systemischen Mediencodes gegenüber dem Code Moral wie auch in ihrem Verhältnis zueinander bedeutet, daß die Kommunikationen, die sich an diesen Codes orientieren, nicht aufeinander abgestimmt sind:[61] Wissenschaftliche Bemühungen um Wahrheit können sich unter ökonomischen Gesichtspunkten als zu kostspielig, als rechtlich fragwürdig (z.B. weil mit den Anforderungen des Daten- oder Tierschutzes nicht zu vereinbaren), als gefährlich für den Machterhalt (weil den Prämissen politischer Programme widersprechend) als Affront gegenüber religiösen Glaubensüberzeugungen (man denke etwa an die Darwinsche Evolutionstheorie) oder als moralisch problematisch (man denke an Untersuchungen zur Korrelation von Hautfarbe und Intelligenz oder an "embryonenverbrauchende" Forschungen) erweisen. Das Angebot von bestimmten Gütern (z.B. von Drogen) trifft zwar auf zahlungsfähige Nachfrage, verstößt aber gegen geltendes Recht und moralische Erwägungen. Moralisch begründete Forderungen sind u.U. nicht zu finanzieren bzw. politisch nicht durchsetzbar oder gründen auf wissenschaftlich zweifelhaften Voraussetzungen.

Die Liste der möglichen Konflikte ließe sich beliebig verlängern. In der modernen Gesellschaft fehlen sozial institutionalisierte Vorrangverhältnisse, durch die solche Konflikte dauerhaft gelöst werden könnten. Weder kann eines der sozialen Teilsysteme einen generellen Vorrang gegenüber den anderen beanspruchen, noch kann Moral als "Supercode" einspringen, der hier für Kompatibilität sorgt.[62]

---

59 Dabei kann Kommunikationsausschluß im Hinblick auf unterschiedliche Situationen, in verschiedenem Umfang und mit unterschiedlicher Konsequenz praktiziert werden. Man möchte etwa nicht gern mit einer moralisch in Mißkredit geratenen Person gesehen werden und meidet deshalb den Kontakt in der Öffentlichkeit, hält aber privat die Beziehung aufrecht. Oder umgekehrt: Man meidet privaten Kontakt, ist aber bereit, in einem öffentlichen Rahmen (wie z.B. in einer Talkshow oder Fernsehdiskussion) mit dieser Person zu debattieren.

60 Anders freilich bei Verstößen gegen Strafgesetze, die zumindest vom Publikum meist auch als Verletzung moralischer Normen beobachtet werden.

61 Von Schütz her gesehen können die verschiedenen Codes und Programme der einzelnen Funktionssysteme sowie der Moral als Ergebnis der sozialen Institutionalisierung divergierender *Relevanzstrukturen* verstanden werden.

62 Auch Recht ist änderbar und steht grundsätzlich zur Disposition, wenn seine Anforderungen der Autopoiesis anderer Teilsysteme Einschränkungen auferlegen, die als gravierend wahrgenommen werden. Das heißt aber nicht, daß alle Funktionssysteme von gleicher gesellschaftlicher Bedeutung sind. Funktionsdefizite im Bereich von Kunst oder Religion haben sicher weniger schwerwiegende

(Fortsetzung...)

Die aus diesen Prämissen abgeleitete Diagnose der Systemtheorie lautet: Die moderne Gesellschaft läßt sich *nicht nach dem Modell einer Hierarchie* verstehen. Stabile Führungsverhältnisse zwischen den verschiedenen Funktionssystemen gibt es nicht. Jedes Funktionssystem produziert intern Überschüsse an kommunikativen Möglichkeiten, die unverträglich sind mit den Möglichkeitsprojektionen anderer Systeme. Möglichkeiten der präzisen Steuerung, etwa durch das politische System unter Einsatz von Geld und Recht, stehen nicht zur Verfügung, weil jedes System selbstreferentiell geschlossen ist und Eingriffe eines Systems in das operative Geschehen eines anderen deshalb ausgeschlossen sind. Zwar ist es möglich, bestimmte Bedingungen (z.B. rechtliche Beschränkungen oder finanzielle Anreize) zu etablieren, die sich limitierend oder stimulierend auf die Autopoiesis der Funktionssysteme auswirken. Kaum zu kontrollieren ist jedoch die Art der dadurch verursachten Auswirkungen. Auch Moral kann diese Aufgabe nicht erfüllen.

Die für Parsons zentrale Annahme, daß die Gesellschaft durch *gemeinsame kulturelle Werte integriert* sei und dieser Modus sozialer Integration durch die *hierarchische Ordnung* der verschiedenen Subsysteme der Gesellschaft realisiert wird, an deren Spitze das kulturelle Treuhandsystem steht, hat in der Luhmannschen Systemtheorie deshalb keinen Platz mehr. Ebenso entfallen die Voraussetzungen für die Habermassche Idee einer *rationalen Kontrolle gesellschaftlicher Prozesse über institutionalisierte Diskurse*, die mit Parsons die Idee einer normativen Integration der Gesellschaft teilt. Die moderne Gesellschaft ist für Luhmann kein mögliches Objekt *kontrollierter Steuerung*, sondern eine Population von Funktionssystemen, deren Entwicklung sich nur in den *evolutionstheoretischen* Kategorien von Variation und Selektion angemessen beschreiben läßt. - Tafel 9.8 resümiert die zentralen Aussagen dieses Abschnitts.

---

62 (...Fortsetzung)

Auswirkungen auf die anderen Funktionssysteme, wie Probleme im Bereich der Ökonomie oder der Politik. Die von der Ökonomie erfüllte Funktion der Regulierung von Knappheit hat dabei einen besonderen Stellenwert, hängen doch die Wachstumsmöglichkeiten oder Einschränkungsnotwendigkeiten in fast allen Funktionssystemen wesentlich von der Menge der jeweils verfügbaren Ressourcen ab. Insofern ist das ökonomische System mit seinen Reproduktionsanforderungen für die moderne Gesellschaft zweifellos von prägender Bedeutung. Diese hervorgehobene Bedeutung nimmt jedoch nicht die Gestalt eines *institutionalisierten Vorranges* ökonomischer Belange gegenüber den Belangen anderer Funktionssysteme, sondern die Form der Erzeugung von materiellen Spielräumen und Engpässe an, mit denen sich die übrigen Funktionssysteme arrangieren müssen. Führungswechsel in der relativen Dominanz der einzelnen Funktionssysteme sind dabei jederzeit möglich: Wenn Rechtssicherheit nicht mehr gegeben ist oder die Politik nicht in der Lage ist, in ausreichendem Maße kollektiv bindende Entscheidungen zu treffen, dann können dadurch Engpaßlagen entstehen, die von ebenso gravierender Bedeutung für andere Funktionssysteme sind, darunter gerade auch für die Ökonomie. Es muß deshalb keineswegs das jeweils 'stärkste' Teilsystem sein, das sozial dominiert: "In funktional differenzierten Gesellschaften gilt eher die umgekehrte Ordnung: das System mit der höchsten Versagensquote dominiert, weil der Ausfall von spezifischen Funktionsbedingungen nirgendwo kompensiert werden kann und überall zu gravierenden Anpassungen zwingt" (Luhmann 1997, 769).

Tafel 9.8: Die Funktion der Sprache, der Verbreitungs- und der Erfolgsmedien in der Evolution von Kommunikation

SPRACHE	VERBREITUNGSMEDIEN (Schrift, Buchdruck, elektronische Medien)	ERFOLGSMEDIEN (symbolisch generalisierte Kommunikationsmedien)
- ermöglicht die klare Differenzierung zwischen *Kommunikation und Wahrnehmung* - ermöglicht hinreichendes *Verstehen* - ermöglicht die *operative Schließung* von Kommunikation durch die binäre Ja/Nein-Codierung - verbindet die operative Schließung durch binäre Codierung mit *Umweltoffenheit* durch die Verwendung von *Themen als (Erwartungs)Programmen*, die zugleich die aufeinander folgenden Kommunikationsbeiträge *miteinander verknüpfen*	- ermöglichen die Expansion von Kommunikation über die Grenzen der *Interaktion* unter Anwesenden hinaus - *Folgeproblem dieser Expansion:* Stark *verringerte* Wahrscheinlichkeit der *Annahme* von Kommunikationsofferten	- *steigern* die Wahrscheinlichkeit der *Annahme* von Kommunikationen, die sich der Verbreitungsmedien bedienen durch die Kombination von Selektion und Motivation - ermöglichen die Ausdifferenzierung operativ geschlossener *Funktionssysteme* auf der Basis binär codierter Kommunikation - verbinden die operative Schließung durch binäre Codierung mit Umweltoffenheit durch (Erwartungs)Programme

9.13   Struktur und Funktion der symbolisch generalisierten Kommunikationsmedien

Die Ausdifferenzierung autopoietisch geschlossener Funktionssysteme in der Gesellschaft, dies haben wir bereits festgestellt, verlangt die *Codierung* von Kommunikation. Die Codierung von Kommunikation gründet auf der *selektiven Institutionalisierung von Werten.* Wertinstitutionalisierung allein reicht dafür jedoch nicht aus.
    Wahrheit, Schönheit, Liebe, Gesundheit, Reichtum, Frieden, Freiheit etc. können als Werte vorausgesetzt oder explizit beschworen, stillschweigend akzeptiert oder miteinander konfrontiert werden. Man mag etwa zustimmen, daß Wahrheit wertvoll ist, aber zugleich daran zweifeln, daß immer bei der Wahrheit zu bleiben der Liebe oder dem Frieden dienlich ist und sich im Konfliktfalle dann lieber für die Unwahrheit entscheiden. Werte umschreiben hoch generalisierte Gesichtspunk-

te der Vorzugswürdigkeit ohne Bezug zu konkreten Situationen. Die Entkoppelung von Situationen sichert ihnen ein hohes Maß an Zustimmung. Sobald jedoch sichtbar wird, daß unter den gerade gegebenen Handlungsbedingungen nur ein Wert auf Kosten anderer verfolgt werden kann, wird Dissens wahrscheinlich. Die Kommunikation kann dann zwischen den Wertbezügen oszillieren, die in der aktuellen Situation miteinander kollidieren.

Daraus entstehende Konflikte können über einige Zeit unterhalten werden. So z.B. in der einige Jahre zurückliegenden Diskussion um die Straffreiheit von Abtreibungen, in der die Unantastbarkeit menschlichen Lebens gegen das Selbstbestimmungsrecht der Frau ausgespielt und in vielen Debattenbeiträgen von den streitenden Parteien jeweils einer dieser beiden Werte als allein entscheidungsrelevant deklariert wurde. Löst sich die Situation auf oder beanspruchen andere Konflikte statt dessen die Aufmerksamkeit, verlieren die eben noch zentralen Werte ihre kommunikationsdirigierende Bedeutung.

Die alltägliche Erfüllung von Erwartungen und Rollenverpflichtungen kommt freilich ohne ständigen Bezug auf Werte aus, geben sie doch keine ausreichende Führung für die rasche und routinisierte Bewältigung der laufend anfallenden Aufgaben. Auch für die auf Dauer gestellte gesellschaftliche Ausdifferenzierung autopoietisch geschlossener Kommunikationszusammenhänge bieten Werte deshalb keine hinreichende Grundlage.[63]

Um eine solche Ausdifferenzierung zu ermöglichen, müssen Werte *binarisiert*, d.h. in die zweiwertige Form von Wert und Gegenwert überführt und jeweils mit einer *sozialen Funktion* gekoppelt werden, zu deren Erfüllung die so erzeugten Duale geeignet sind. Dies geschieht etwa, wenn Wahrheit als Negation von Unwahrheit (also nicht einfach als ein Wert unter anderen) verstanden und auf die Funktion der Durchsetzung neuen Wissens bezogen wird; ebenso wenn Rechtmäßigkeit von Unrecht unterschieden und mit der Funktion der Stabilisierung normativer Erwartungen (unter den Bedingungen laufend anfallender Erwartungsenttäuschungen) verknüpft wird. Die soziale Institutionalisierung derartiger binärer Unterscheidungen ermöglicht *codierte Kommunikation*, d.h. eine Kommunikation, die sich *ausschließlich im Binnenraum einer binären Unterscheidung bewegt* und sich dadurch gegenüber anderen Möglichkeiten dauerhaft abgrenzt. "Codierung sichert die Ausdifferenzierung und Spezifizierung des Mediums im Unterschied zu anderen" (Luhmann 1997, 377).

Die mit den *Codes* verbundenen *Programme* erfüllen eine zweifache Aufgabe: (1) Sie spezifizieren bestimmte *Themen oder Inhalte*, auf die die Frage nach Wahrheit oder Unwahrheit, Rechtmäßigkeit oder Rechtswidrigkeit, Ausübung oder Nicht-Ausübung von Macht etc. jeweils bezogen werden kann. Für die Wissenschaft sind dies z.B. Theorien, Hypothesen und empirische Aussagen, für das Recht Gesetzestatbestände und deren Erfüllung durch empirische Fälle, für die Politik Konzepte politischer Gestaltung, für die Ökonomie Investitionsvorhaben.

---

63 Wie wir weiter unten sehen werden, haben sie für Luhmann den eingeschränkten Status eines - als Folge fehlender binärer Codierung - *defizitären* Kommunikationsmediums.

(2) Sie definieren *Kriterien*, die es ermöglichen, Sachverhalte dem einen oder anderen Codewert zuzuordnen. In der Wissenschaft dienen Methoden der empirischen Prüfung, im Recht Methoden der Auslegung diesem Zweck. In der Politik ist ausschlaggebend, ob für Vorhaben die notwendige Stimmenmehrheit gewonnen werden kann. In der Ökonomie ermöglicht die Rentabilitätsrechnung eine Entscheidung darüber, ob bestimmte Investitionen getätigt werden sollen oder nicht.

Zusammenfassend können wir festhalten: Die *binäre Codierung ausgewählter Werte* erzeugt symbolisch generalisierte Kommunikationsmedien wie Wahrheit, Recht, Macht oder Eigentum/Geld, die *Programme* benutzen, um die möglichen Bereiche ihrer Anwendung einzugrenzen und die Zuordnung der Codewerte zu regulieren.[64] Luhmann sieht die Funktion dieser Medien darin, *Annahmebereitschaft für unwahrscheinliche Selektionen* zu mobilisieren und dies auch *über den engen Bezirk der Interaktion unter Anwesenden hinaus*. Ähnlich wie bei Parsons wird hier die Funktion der Medien auf das *Problem doppelter Kontingenz* bezogen. Sie ermöglichen es, die Adressaten von Kommunikation unter Bedingungen zur Akzeptierung von Behauptungen, Angeboten, Ansprüchen oder Anweisungen zu veranlassen, unter denen ohne Gebrauch dieser Medien mit Ablehnung zu rechnen wäre. Nur die Entwicklung dieser Medien, so Luhmanns These, ermöglicht schließlich die *weltweite Expansion von Kommunikation* und damit die Entstehung einer Weltgesellschaft als umfassendem Kommunikationssystem.

Anders als Parsons konzipiert Luhmann die symbolisch generalisierten Medien aber *nicht als Austauschmedien*. Die für Parsons zentrale Funktion, durch doppelte Austauschprozesse ("double interchanges") zwischen den verschiedenen Funktionssystemen die Integration der modernen Gesellschaft sicherzustellen, entfällt. Ebenso verabschiedet Luhmann das AGIL-Schema als tragenden Grund der Theorieanlage. An die Stelle der darin zusammengefaßten und von Parsons als universal vorgestellten Bezugsprobleme der Reproduktion von Handlungssystemen tritt bei Luhmann *ein einziges Zentralproblem: Die Reproduktion der Anschlußfähigkeit systemeigener Operationen unter Bedingungen der autopoietischen Schließung*.[65]

Solange die Gesellschaft als soziales System sich noch nicht von der Ebene der Interaktion unter Anwesenden gelöst hat, kann sie dieses Problem durch die Verkettung von Kommunikationen auf der Basis des (durch die Ja/Nein-Unterscheidung) binär codierten Mediums Sprache lösen; die später ausdifferenzierten Funktionssysteme benötigen zusätzliche Formen der Codierung und Programmierung von Kommunikation in Gestalt der *symbolisch generalisierten Kommunika-*

---

64 Zur Erinnerung: *Werte und Programme*, so hatten wir oben festgestellt, sind für Luhmann die beiden allgemeinsten Stufen der Abstraktion von Erwartungen. Die Entstehung der symbolisch generalisierten Kommunikationsmedien beansprucht diese beiden Ebenen. - Weiter unten wird noch die Frage zu behandeln sein, in welcher Weise die Ebenen der *sozialen Rollen* und der *Personen* in diesen Entwicklungsprozeß einbezogen sind.

65 Wie oben (Kap.9.5) dargestellt, handelt es sich bei dieser Version des allgemeinsten Bezugsproblems der Systemtheorie um die Transformationsgestalt des Problems der *Reduktion von Komplexität*, wie sie aus der Umstellung der Systemtheorie auf das Konzept des autopoietischen Systems folgte.

tionsmedien, die diese Aufgabe nur durch die besondere Sicherung eines hinreichend wahrscheinlichen *Annahmeerfolgs* erfüllen können.

Parsons verfügt im AGIL-Schema über ein analytisches Instrument, das die Anzahl der Kommunikationsmedien limitiert: Für jedes der vier Bezugsprobleme kann sich innerhalb der Gesellschaft ein zuständiges Funktionssystem auf der Basis eines Mediums ausdifferenzieren, das auf die Bearbeitung dieses Problems zugeschnitten ist. Die Anzahl möglicher Funktionssysteme und Medien ist durch diese Theorieanlage auf vier beschränkt. Habermas, so haben wir oben gesehen, reformuliert die Parsonsschen Bestandsprobleme vor dem Hintergrund der vier Geltungsdimensionen kommunikativen Handelns. Auch er verfügt damit über eine analytische Grundlage zur Einschränkung der Anzahl möglicher Funktionssysteme bzw. lebensweltlicher Wertsphären sowie darauf bezogener Medien. Luhmanns Systemtheorie enthält dazu keine Entsprechung. Ihr Leitproblem (die Sicherung der Anschlußfähigkeit systemeigener Operationen als allgemeinste Voraussetzung für die Reproduktion autopoietischer Systeme) ist zu abstrakt gefaßt, um daraus Beschränkungen für gesellschaftliche Bezugsprobleme sowie darauf beziehbare Funktionssysteme und Kommunikationsmedien abzuleiten. Luhmanns Systemtheorie verfährt hier induktiv. Sie trifft an dieser Stelle keine theoretischen Vorentscheidungen, sondern behandelt die Frage nach Art und Anzahl der gesellschaftlichen Funktionssysteme und Kommunikationsmedien als eine Frage, die nur empirisch zu beantworten ist.

Ganz ohne theoretische Anhaltspunkte dafür, welche Medienkonstellationen möglich sind, läßt sie uns freilich nicht. Weiter oben hatten wir bereits festgestellt, daß die kommunikativen Selektionen, um deren Annahme es geht, *entweder als Handlungen oder als Ausdruck des Erlebens* verstanden und zugerechnet werden können. Eine kommunikative Selektion als *Handlung* zu verstehen heißt, ihre Auswahl *dem mitteilenden System* zuzurechnen. Eine Selektion als Ausdruck des *Erlebens* des mitteilenden Systems zu deuten heißt demgegenüber, daß ihre Auswahl *der Umwelt* des mitteilenden Systems zugeschrieben wird. Bei einer Äußerung wird der Akzent der Zurechnung auf die Seite des Handelns gelegt, wenn im Anschluß daran die *Mitteilungsselektion* thematisiert wird. Schließt eine Folgeäußerung hingegen an die mitgeteilte *Information* an, dann liegt der Akzent der Zurechnung auf der Seite des Erlebens (vgl. Luhmann 1997, 335).

Nicht nur die Äußerung des Mitteilenden, sondern auch die Annahmereaktion, die bei dem Adressaten einer Kommunikation ausgelöst wird, kann primär den Aspekt des Handelns oder des Erlebens in den Vordergrund rücken. Je nachdem, ob ein Handeln bzw. Erleben ein darauf zugeschnittenes Handeln bzw. Erleben auslöst, lassen sich insgesamt *vier verschiedene Konstellationen der Zurechnung und Verknüpfung von Selektionen* unterscheiden. Diese Zurechnungskonstellationen werden freilich nicht ständig benutzt. "Die Festlegung der Zurechnung auf Erleben bzw. Handeln und die Markierung der Beteiligung als Ego bzw. Alter (mit Bezug auf Personen, die immer beides sind) findet nur statt, wenn sie gebraucht wird. Sie erfolgt in Verwendungszusammenhängen, also nur dann, wenn es für die Autopoiesis des Kommunikationssystems darauf ankommt" (Luhmann 1997, 335).

Bei der Darstellung dieser Konstellationen beginnt Luhmann jeweils mit der Perspektive Alters, dessen Äußerungen durch Ego beantwortet werden, denn: "Erst muß Alter etwas mitteilen, nur dann kann Ego verstehen und annehmen oder ablehnen" (Luhmann 1997, 336).[66] Danach liegen den verschiedenen Kommunikationsmedien die in Tafel 9.9 zusammengefaßten Zurechnungskonstellationen zugrunde (vgl. Luhmann 1997, 336).

Tafel 9.9: Zurechnungskonstellationen und Kommunikationsmedien

ALTER	EGO Erleben	Handeln
Erleben	(1) Ae --> Ee - Wahrheit - Werte	(2) Ae --> Eh - Liebe
Handeln	(3) Ah --> Ee - Eigentum/Geld - Kunst	(4) Ah --> Eh - Macht/Recht

Neben der Verknüpfung von Selektionen in einer bestimmten *Zurechnungskonstellation* setzt jedes symbolisch generalisierte Kommunikationsmedium *ein spezifisches Bezugsproblem* voraus, zu dessen Lösung die Aktivierung dieser Zurechnungskonstellation beitragen soll. Die einzelnen Zurechnungskonstellationen lassen sich dann wie folgt erläutern (vgl. dazu Luhmann 1997, 336ff.):

"(1) Alter löst durch Kommunikation seines Erlebens ein entsprechendes Erleben von Ego aus" (Luhmann 1997, 336). - Diese Konstellation liegt offensichtlich dem Medium *Wahrheit* zugrunde.

Die Mitteilung gültigen Wissens setzt voraus, daß dieses Wissen Weltsachverhalte betrifft, die unabhängig vom Handeln Alters so sind, wie sie von Alter mitgeteilt werden. Alter mag Beobachtungen angestellt und Experimente durchgeführt (und insofern gehandelt haben), um dieses Wissen zu erlangen. Dennoch ist das, was er auf diese Weise erfahren hat, nicht Produkt seines Handelns. Handeln ist hier nur eine kontingente Voraussetzung für die Entdeckung dessen, was vorher verhüllt war. Es macht Sachverhalte dem Erleben zugänglich. Die Entscheidung darüber, was der Fall ist und was nicht, ist der Umwelt des beobachtenden Systems zuzu-

---

66   Vgl. dazu auch a.a.O., Fußn. 255, Hervorhebung im Original: "Wir kehren die übliche Reihenfolge Ego-Alter um, um daran zu erinnern, daß wir den Kommunikationsprozeß vom Beobachter, also vom Verstehen her konstruieren, *und nicht handlungstheoretisch.*"

rechnen, das diese Sachverhalte nur erlebend registriert, andere auf dem Wege der Kommunikation darüber informiert und im Erfolgsfalle dazu motiviert, die mitgeteilten Informationen in ihr Erleben der Welt zu inkorporieren.

Wissen ist in jeder Kommunikation unterstellt, ohne daß dafür das Kommunikationsmedium Wahrheit in Anspruch genommen werden müßte. Erst dann, wenn neues Wissen gegenüber bisher anerkanntem Wissen durchgesetzt oder etabliertes Wissen kritisiert werden soll, taucht die Frage auf, wie - d.h. mit Hilfe welcher Argumente, Methoden etc. - das neue Wissen als wahr begründet bzw. das alte Wissen als unwahr erwiesen werden kann. Die *Erzeugung neuen und die Kritik etablierten Wissens,* dies ist das spezifische Bezugsproblem, zu dessen Lösung das Kommunikationsmedium Wahrheit sich bildet.

Werte werden von Luhmann als Kommunikationsmedium bestimmt, das die gleiche Zurechnungskonstellation wie *Wahrheit* benutzt.[67] Als Bezugsproblem für dieses Medium begreift Luhmann "die operative Geschlossenheit psychischer Systeme und, darauf bezogen, die Erfahrung doppelter Kontingenz" mit der daraus resultierenden Unwahrscheinlichkeit, "daß überhaupt eine gemeinsame Basis gefunden und Kontakte fortgesetzt werden können" (Luhmann 1997, 341). Die *Unterstellung* von Werten, die Bewährung dieser Unterstellung als Grundlage erfolgreicher Kommunikation und die dadurch kristallisierende Wertesemantik leistet einen Beitrag zur Lösung dieses Problems. Um diese Funktion erfüllen zu können, dürfen Werte jedoch nicht kontrovers werden, sondern sie müssen als gemeinsame Basis des Erlebens vorausgesetzt werden, die es ermöglicht, daß die Kommunikation von Alters Erleben ein analoges Erleben bei Ego auslöst und als Grundlage der Orientierung des Handelns dient.[68] Oder wiederum in Luhmanns Worten: "Werte sind das Medium für eine Gemeinsamkeitsunterstellung, die einschränkt, was gesagt und verlangt werden kann, ohne zu determinieren, was getan werden soll" (Luhmann 1997, 343).

Diese Funktionsbestimmung läßt freilich nicht hinreichend deutlich erkennen, warum Werte in modernen Gesellschaften *als Kommunikationsmedium* beansprucht werden. Warum genügen dazu nicht die *binär codierten* Werte, auf deren Grundlage sich die verschiedenen Funktionssysteme ausdifferenzieren? - Im Vergleich zu den anderen Medien sind *Werte* zunächst offensichtlich defizitär. Wie schon oben erwähnt, *sind sie nicht binär codiert.* Trotz Kombination eines wichtigen Bezugsproblems mit einer darauf zugeschnittenen Zurechnungskonstellation fehlt damit die notwendige Voraussetzung für die Bildung eines autopoietisch geschlossenen Funktionssystems auf der Basis dieses Mediums. Werte können insofern nicht als

---

67 Im Gegensatz zu Parsons scheint Luhmann sich nicht ganz darauf festlegen zu wollen, ob *Werte* tatsächlich als Kommunikationsmedium einzustufen sind: "Im Falle von *Werten* mag man daran zweifeln, ob überhaupt ein symbolisch generalisiertes Kommunikationsmedium vorliegt oder ob wir hier, wenn überhaupt, ein Medium im Prozeß des Entstehens beobachten können; denn eine entsprechende Semantik gibt es erst seit etwa zweihundert Jahren" (Luhmann 1997, 340).

68 Es wäre interessant, die Luhmannsche Konzeption von Werten als Kommunikationsmedium mit dem Parsonsschen Medium der Wertbindung zu vergleichen. Aus Raumgründen, wie auch um die Darstellung nicht unnötig zu komplizieren, sehe ich von einem solchen Vergleich jedoch ab.

ein vollständig funktionsfähiges Kommunikationsmedium gelten (vgl. Luhmann 1997, 344). Eine Ausdifferenzierung des Mediums kann nicht gelingen. Darüber hinaus erscheint das Medium Werte gegenüber den übrigen Medien auch *redundant*, die darin als einfache "Werte unter Werten" wie "Wahrheit oder Reichtum, Liebe, Schönheit oder Macht" auftauchen (Luhmann 1997, 408). Schließlich wird die Motivation zur Annahme von Selektionen durch Werte nicht erst erzeugt, sondern sie muß vorausgesetzt werden (Luhmann 1997, 408f.). Es ist deshalb unklar, wozu die moderne Gesellschaft ein so wenig leistungsfähiges Medium benötigt.

Luhmann weist der kommunikativen Beanspruchung von Werten im Kontext der modernen Gesellschaft jedoch eine spezifische Aufgabe zu, die dieses Rätsel löst:

> "Wir sehen in diesen Wertbeziehungen *ein Verbindungsmedium zwischen den voll funktionsfähigen Kommunikationsmedien und der Gesellschaft im übrigen*. Deshalb die Möglichkeiten einer unmittelbaren Umsetzung in Alltagsverhalten durch unauffällig-selbstverständliche Bezugnahme auf Werte; deshalb die Möglichkeit der Bezugnahme auf Moral und Religion, wie vor allem eine neuere Diskussion über 'Zivilreligion' zeigt; deshalb die übergreifende Relevanz, die auch Erziehung, Krankenbehandlung und neuerdings sogar Technologien zur Werteabwägung verurteilt. Deshalb die Notwendigkeit eines Verzichts auf Zentralcodierung (Luhmann 1997, 409; Hervorhebung von mir, W.L.S.)."

Die scheinbaren Defizite des Wertmediums entpuppen sich als notwendige Voraussetzung dafür, daß Werte die Aufgabe eines *Verbindungsmediums* erfüllen können. Durch binäre Codierung könnten sie nur als ein in sich geschlossenes Medium neben anderen fungieren. Die Annahmemotivation, die Selektionen mobilisieren können, indem sie als *wahr* (im Gegensatz zu unwahren Behauptungen), als *rechtmäßig* (im Gegensatz zu unrechtmäßigen Ansprüchen) etc. gekennzeichnet werden, gründet darauf, daß eine entsprechende Annahmemotivation auf der Wertebene unterstellt und deshalb *im Binnenkontext eines Codes aufgerufen* werden kann, um Adressaten zur Annahme von Kommunikationen zu veranlassen, die sich dem positiven Wert eines Codes (im Unterschied zum jeweiligen negativen Gegenwert) zuordnen lassen. Weil Werte nicht codiert sind, können sie in konkreten Handlungssituationen miteinander in Widerstreit und in eine Konkurrenz um Vorzugswürdigkeit geraten, für deren Auflösung allgemeine Direktiven fehlen. Ihre Funktion als Verbindungsmedium macht sie also *nicht* dazu tauglich, als funktionssystemübergreifendes *Medium der Integration* der modernen Gesellschaft zu dienen. "Die spezifische Modernität der Werte liegt letztlich darin, daß sie als Form wie auch bei allen Anwendungen nicht auf Einheit hinführen, sondern auf Differenz" (Luhmann 1997, 409). An dieser Stelle unterscheidet sich, wie oben bereits festgestellt, Luhmanns Position definitiv von der Parsonsschen Gesellschaftstheorie.[69]

---

69 Zugleich zeigt sich darin eine Affinität zu Webers Einschätzung des Geltungsanspruchs von Werten, wie sie im folgenden Zitat (freilich mit starker emphatischer Aufladung, die bei Luhmann völlig fehlt) zum Ausdruck kommt: "Es handelt sich nämlich zwischen den Werten letztlich überall und immer wieder nicht nur um Alternativen, sondern um unüberbrückbar tödlichen Kampf, so wie zwischen 'Gott' und 'Teufel'" (Weber 1985c, 507).

"(2) Alters Erleben führt zu einem entsprechenden Handeln Egos" (Luhmann 1997, 336f.). Diese Zurechnungskonstellation liegt dem Medium *Liebe* zugrunde. Damit ist freilich nicht gemeint, daß immer dann, wenn diese Zurechnungskonstellation vorliegt, auch von Liebe die Rede sein kann. Wenn Personen, die miteinander kooperieren, gut aufeinander eingespielt sind, kann man eine entsprechende Abstimmung von Erleben und Handeln beobachten. Ego registriert z.B., daß Alter bemerkt, daß die Farbe, mit der dieser gerade die Wand anstreicht, zur Neige geht und holt einen neuen Eimer Farbe, ohne von Alter dazu aufgefordert worden zu sein. Egos Wahrnehmung von Alters Erleben (mit dem Erlebnisgehalt: "Die Farbe wird allmählich knapp") motiviert hier Ego (als Gehilfe von Alter) dazu, eine darauf abgestimmte Handlung (das Besorgen neuer Farbe) auszuführen. Mit Liebe hat das offensichtlich wenig zu tun.

"Liebe" (als Kommunikationsmuster, nicht als psychisch empfundene Emotion!) verlangt, daß diese Zurechnungskonstellation nicht nur in ausgewählten Situationen aktiviert, sondern auf Alter als Gesamtperson bezogen wird, so daß sein gesamtes Erleben für Ego besondere Relevanz erhält und in Egos Handeln berücksichtigt wird. Damit ist das spezifische *Bezugsproblem* der Liebe umschrieben. Es besteht darin, die Möglichkeit bereitzustellen, "daß man über die anonyme Welt der Wahrheiten und der Werte hinaus für seine *eigene* Weltsicht Zustimmung und Unterstützung finden kann" (Luhmann 1997, 345). Dieses Bezugsproblem wird in dem Maße akut, in dem die Weltwahrnehmung und die Handlungsmotive von Personen sich in stärkerem Maße individualisieren und es deshalb unwahrscheinlich wird, daß Personen in vollem Umfange soziale Bestätigung für ihr Erleben finden. Seine Lösung stellt außerordentlich hohe Anforderungen, die wohl nur im Rahmen von Zweierbeziehungen erfüllt werden können, und selbst dort ist dies nur schwer auf Dauer möglich.

Dem anderen Wünsche von den Augen ablesen und sie erfüllen, bevor er sie äußern kann; seine Ängste und Befürchtungen erraten und das Mögliche zu tun, um sie zu beschwichtigen; seine Vorlieben und Abneigungen kennen ("Sie mag keine gestreiften Krawatten") und sich darauf einzustellen, sie sich schließlich vielleicht sogar selbst zu eigen zu machen, obwohl man sie ursprünglich keineswegs teilte; den anderen nicht den eigenen Vorstellungen gemäß ändern zu wollen, sondern 'ihn so zu akzeptieren, wie er ist', d.h. im eigenen Handeln auch Rücksicht auf seine Eigen- und Verschrobenheiten zu nehmen - dieses Muster erfüllt die Anforderungen des Kommunikationsmediums *Liebe*.

Der Gebrauch des Mediums besagt nichts über die zugrundeliegende psychische Realität. Ego kann Alter täuschen. Heiratsschwindler machen sich diese Möglichkeit auf virtuose Weise zu nutze. Ego mag vielleicht sogar selbst daran zweifeln, ob er Alter 'wirklich' liebt oder retrospektiv zu dem Ergebnis kommen, daß er nur glaubte, Alter zu lieben und dabei einer Selbsttäuschung erlag. Die Schwierigkeiten, die Anforderungen des Kommunikationsmediums dauerhaft durchzustehen, sind bekannt. Daß leidenschaftliche Liebe - im doppelten Wortsinne - in der Ehe *enden* muß, ist ein verbreiteter Topos. All dies macht deutlich, daß es sich bei *Liebe* um ein extravagantes Medium mit einer äußerst unwahrscheinlichen Struktur handelt.

"(3) Alters Handeln wird von Ego nur erlebt" (Luhmann 1997, 337). - Diese Zurechnungskonstellation, die genau spiegelverkehrt zu der von *Liebe* angelegt ist, liegt
den Kommunikationsmedien *Eigentum/Geld* und *Kunst* zugrunde.

Auch hier lassen sich zunächst triviale Fälle für diese Konstellation feststellen.
Ständig erleben wir, wie andere handeln, sehen und hören wir, was sie tun - z.B. in
den Nachrichten - ohne darauf mit eigenem Handeln zu reagieren. Daß dies so ist,
dafür sorgt schon die Asymmetrie der entsprechenden Kapazitäten. Wir können
mehr Möglichkeiten erleben, als wir handelnd zu realisieren vermögen. Die Massenmedien, die Film- und Unterhaltungsindustrie verdanken ihre Attraktivität wesentlich diesem Umstand. Unwahrscheinlich wird dieses Verknüpfungsmuster von Selektionen erst dann, wenn Alters Handeln geeignet ist, Egos Interessen massiv zu
beeinträchtigen. Dann liegt es näher, daß Ego Alters Handeln ablehnt und ihm
durch eigenes Handeln entgegenzutreten sucht. Diese Bedingungen sind gegeben,
wenn Alter knappe Ressourcen für sich beansprucht und sie damit dem möglichen
Zugriff Egos entzieht. Die Unwahrscheinlichkeit, daß eine solche Zumutung wider-
standslos akzeptiert wird, wird durch den Umstand enorm gesteigert, daß der
Zugriff eines einzelnen eine Vielzahl von Personen in die Rolle von Zuschauern
verweist, die - obwohl in der Übermacht - etwas geschehen lassen sollen, was ihre
Möglichkeiten und Interessen beeinträchtigt. Die *Regulierung von Knappheit ist das
Bezugsproblem,* um das es hier geht, oder genauer: Die Regulierung von Knappheit
vor dem Hintergrund des Bedürfnisses, *für die Zukunft Vorsorge zu treffen* - denn
nur deshalb wollen wir etwas nicht nur gerade jetzt benutzen, sondern für eine
mögliche zukünftige Nutzung *behalten*.

"Für dieses Bezugsproblem hat die gesellschaftliche Evolution das Medium
Eigentum geschaffen und es im weiteren Verlauf in das Medium *Geld* verwandelt,
um es besser disponibel und koordinierbar zu machen" (Luhmann 1997, 348).
Eigentum ist das Medium, das selbst unter diesen Umständen sicherstellen kann,
daß andere den handelnden Zugriff auf Ressourcen erlebend akzeptieren. *Geld*, die
Zweitcodierung von Eigentum, symbolisiert und quantifiziert die Möglichkeit,
Eigentum zu erwerben bzw. zu veräußern, und es dient - in der Form von Preisen,
in denen sich das Verhältnis von Angebot und Nachfrage spiegelt - der Beobachtung von Knappheit.

Dieselbe Konstellation der Kopplung von Selektionen benutzt das Kommunikationsmedium *Kunst*. Das sich im Kunstwerk objektivierende Handeln des Künstlers
ist für das Kunst genießende Publikum Gegenstand des Erlebens. Doch was ist das
Bezugsproblem, um das es dabei geht? Diese Frage ist für Kunst weniger leicht zu
beantworten als für die übrigen Medien. Luhmanns These dazu lautet: In der Kunst
geht es um die *Reaktivierung von Möglichkeiten des Erlebens,* die dem alltäglichen
Erleben unzugänglich sind. Jeder erlebte Sinn konfrontiert mit einer Überfülle von
Möglichkeiten weiteren Erlebens, von denen immer nur wenige realisiert werden
können. "Was man wahrnimmt, ist schon so und nicht anders. Was man tut, ist
durch Zwecke dirigiert, und warum nicht durch andere oder durch gar keine? Was
die Kunst erstrebt, könnte man deshalb als *Reaktivierung ausgeschalteter Possibilitä-
ten* bezeichnen" (Luhmann 1997, 352).

Die Beobachtung, daß die (moderne) Kunst immer auf der Suche nach neuen, vom Vertrauten abweichenden Möglichkeiten ist, ihre Versessenheit darauf, gewohnte Weisen des Sehens und Hörens zu durchbrechen, tradierte Muster des Erzählens aufzulösen, etablierte Vorstellungen von Schönheit, von Moral und gutem Geschmack zu provozieren, scheint mit dieser Formel auf einen gemeinsamen Nenner gebracht. Der Gefahr, als willkürlich und beliebig wahrgenommen zu werden, der sich jede prononcierte Abweichung vom Vertrauten und Geschätzten aussetzt, kann ein Kunstwerk nur dadurch entgehen, daß es die Abweichung auf eine Weise formt, die sie als in sich konsistente Möglichkeit sichtbar macht, ihr eine innere Schlüssigkeit und Notwendigkeit verleiht. Durch Formenstrenge erzeugt das Kunstwerk eine Welt in der Welt, die anderen Gesetzmäßigkeiten gehorcht. "Die Darstellung der Welt in der Welt modifiziert die Welt selbst im Sinne des 'so nicht Nötigen'. Das Kunstwerk erbringt für sich selbst den Notwendigkeitsbeweis - und entzieht ihn damit der Welt" (Luhmann 1997, 353).

"(4) Alters Handeln veranlaßt ein entsprechendes Handeln von Ego" (Luhmann 1997, 337). - Auch für diese Zurechnungskonstellation läßt sich zunächst eine Vielzahl trivialer Beispiele nennen. Die Orientierung im Straßenverkehr, die Zusammenarbeit verschiedener Personen oder die Beteiligung an einem Gespräch verlangen die ständige Abstimmung eigenen Handelns auf das Handeln anderer. Das Bezugsproblem, auf dessen Lösung das Kommunikationsmedium *Macht* zugeschnitten ist, "stellt sich nur in dem Sonderfall, daß *das Handeln Alters in einer Entscheidung über das Handeln Egos besteht, deren Befolgung verlangt wird:* in einem Befehl, einer Weisung, eventuell in einer Suggestion, die durch mögliche Sanktionen gedeckt ist" (Luhmann 1997, 355). Anders als Wahrheit, Geld und Kunst, die nur das Erleben binden, ermöglicht Macht, gestützt auf Sanktionsdrohungen das Handeln anderer durch eigenes Handeln festzulegen. Dazu werden Sanktionsmittel benötigt, wie etwa physische Gewalt oder die Möglichkeit der Aufkündigung eines bestehenden Arbeitsverhältnisses.

Wie Geld als Zweitcodierung von Eigentum, so fungiert *Recht als Zweitcodierung von Macht* (Luhmann 1997, 357). Dies ist zum einen dann der Fall, wenn für die Erzwingung der Einhaltung rechtlicher Verpflichtungen, die durch private vertragliche Vereinbarung zustande gekommen sind, staatliche Macht zur Verfügung gestellt wird. Man kann bei Vertragsbruch klagen und im Erfolgsfall die zugesprochene Entschädigung durch behördlichen Zwangsvollzug (etwa durch Pfändung, vollstreckt durch den Gerichtsvollzieher) eintreiben lassen. Zum anderen betrifft dies die politische Macht selbst. Sie wird verrechtlicht, indem der Gebrauch von Zwangsmitteln an die Bedingung der Rechtmäßigkeit geknüpft wird und selbst die Änderung von Gesetzen die Erfüllung dafür geltender rechtlicher Kriterien verlangt. Eine derartige Verrechtlichung von Macht ist das kennzeichnende Merkmal des Rechtsstaates.

Anders als Geld, das als Zweitcodierung von Eigentum fungiert, aber auf die Erfüllung derselben sozialen Funktion bezogen ist, lassen sich Recht und Macht auf unterschiedliche Funktionen beziehen (vgl. Luhmann 1993, 138 und 152f.): Recht dient der *Stabilisierung normativer Erwartungen*, deren Geltung durch ständig anfallendes normwidriges Verhalten bedroht ist. Macht dient demgegenüber der *effektiven Durchsetzung kollektiv bindender Entscheidungen*. Beide Funktionen sind eng miteinander verknüpft. Recht nimmt zu seiner Durchsetzung staatliche Macht in Anspruch. Politische Macht wird ausgeübt, indem kollektiv bindende Entscheidungen rechtlich normiert, d.h. als Gesetze beschlossen und in Kraft gesetzt werden. Dennoch sind diese beiden Funktionen hinreichend different, um zum Anknüpfungspunkt für die Ausdifferenzierung von *Recht* und *Politik* als unterschiedlichen Funktionssystemen der Gesellschaft zu werden.

Wie wir gesehen haben, sind alle symbolisch generalisierten Kommunikationsmedien in Zurechnungskonstellationen verankert, die sich in trivialen alltäglichen Situationen finden lassen. Die Verknüpfung dieser Konstellationen mit *außergewöhnlichen Problemlagen* bildet die Grundlage für die Entstehung der verschiedenen Medien. Um in Situationen, in denen es hoch unwahrscheinlich ist, daß eine bestimmte Ausgangsselektion Alters Ego zu einer dazu passenden Anschlußselektion veranlassen kann, entsprechende Kopplungen von Selektionen zu erreichen, werden Einrichtungen benötigt, die auch unter solchen Umständen die Annahme der Ausgangsselektion hinreichend attraktiv erscheinen lassen. Was erreicht werden muß ist die *Kombination von (Ausgangs)selektion und Motivation*. Eine solche Kombination für die verschiedenen Zurechnungskonstellationen bereitzustellen ist die *Funktion* der symbolisch generalisierten Kommunkationsmedien.

Um diese Kombination effektiv zu ermöglichen, muß ein Medium über einen einheitlichen Code verfügen, der als *Präferenzcode* ausgelegt ist: Der positive Wert des Codes (z.B. *Wahrheit*) zeigt zugleich seine eigene Vorzugswürdigkeit gegenüber dem negativen Wert *(Unwahrheit)* an. Der negative Wert hat keine eigenständige Bedeutung. Er ist nur als Gegenwert zum positiven relevant. Der positive Wert repräsentiert deshalb zugleich die Einheit des Codes und *legitimiert* seinen Gebrauch. Oder weniger abstrakt formuliert: Die Widerlegung von Aussagen und Überzeugungen, der Nachweis ihrer Unwahrheit ist nicht für sich genommen interessant und sozial akzeptabel, sondern nur als Zwischenstation auf dem Weg zur Wahrheit. Die Veräußerung von Eigentum findet ihren Sinn in der Erreichung gesteigerter Zahlungsfähigkeit als Voraussetzung für den Erwerb neuen Eigentums.[70] Die Hinnahme des Machtverlustes als Folge von Wahlen setzt die Möglichkeit voraus, die Macht durch Wahlen wieder zu gewinnen. Ähnlich wie die Aufgabe unwahrer Behauptungen auf den präferierten Wert der Wahrheit, bleibt die Veräußerung von Eigentum auf die Präferenz für Eigentum und die gewaltlose Übergabe der Macht auf die Chance zukünftigen Machterwerbs bezogen. "Mit Wahrheiten, Liebe, Eigentum, Macht kann man etwas anfangen. Die entsprechenden Negativwerte stehen nur zur Kontrolle zur Verfügung und stellen den Kontext her, durch den die Anschlußpraxis der positiven Seite rationale Selektion werden

---

70 Geld steht für die Möglichkeit, Eigentum zu erwerben, Profit für Erweiterung dieser Möglichkeit.

kann" (Luhmann 1997, 363). Es ist jeweils der positive Wert des Codes, der zur Beteiligung an codierter Kommunikation und zur Annahme der Selektionen anderer motiviert und der so die spezifische Funktion der symbolisch generalisierten Kommunikationsmedien, die *Synthesis von Selektion und Motivation,* realisiert. Und nur, wenn diese Synthesis gelingt, gelingt es auch, unter Bedingungen gesteigerter Unwahrscheinlichkeit Selektionen in Übereinstimmung mit den oben unterschiedenen Zurechnungskonstellationen zuverlässig zu koppeln.

Die *symbolisch generalisierten Kommunikationsmedien* und deren Verknüpfung mit *gesellschaftlichen Bezugsproblemen* bilden gleichsam Kristallisationskerne für die Ausdifferenzierung von Funktionssystemen (Luhmann 1997, 393).[71] Sie stellen einen binären Code zur Verfügung, der die Evolution von Kommunikation dirigiert. Innerhalb des dadurch definierten Bereichs entstehen Semantiken, die jeweils bezogen sind auf die code-spezifische Funktion.

Diese funktionsspezifischen Semantiken haben wir unter dem Titel "Programme" kennengelernt. Autopoietische Systeme, so hatten wir bereits früher festgestellt, sind *operativ* geschlossen, d.h. sie schließen eigene Operationen an eigene Operationen an. Um die autopoietische Schließung eines Funktionssystems zu ermöglichen, werden spezifische *Operationen* benötigt, durch deren Verkettung sich das System als rekursives Netzwerk systemeigener Elemente reproduziert. Zentrales Kriterium für die Zurechenbarkeit von Operationen zu einem Funktionssystem ist deren Orientierung an dem jeweiligen Code, der für dieses System charakteristisch ist. Als Folge der geschlossenen binären Struktur der Codes werden "Operationen ausdifferenziert, die sich kaum noch an anderen Codes orientieren können" (Luhmann 1988a, 246). Als derartig *hoch spezialisierte und standardisierte Operationen* fungieren etwa für Güter oder Dienste geleistete *Zahlungen* im ökonomischen Sy-

---

71 Einschränkend muß hier angemerkt werden, daß sich nicht alle Funktionssysteme auf der Basis eines symbolisch generalisierten Kommunikationsmediums ausdifferenzieren. Diese Medien eignen sich nur für Bereiche, in denen eine gesellschaftliche Funktion dadurch erfüllt werden kann, daß die Annahme von Kommunikation als Prämisse weiterer Kommunikationen erreicht wird. Hier dienen die Medien dazu, die Unwahrscheinlichkeit der Annahme von Kommunikationen, die auf eine bestimmte gesellschaftliche Funktion zugeschnitten sind, durch die Kombinierung von Selektion und Motivation in Annahmewahrscheinlichkeit zu transformieren. Die Medien "eignen sich jedoch nicht für Kommunikationsbereiche, deren Funktion in einer Änderung der Umwelt liegt - sei dies eine Änderung der physisch-chemisch-biologischen Umstände, sei es eine Änderung menschlicher Körper, sei es eine Änderung von Bewußtseinsstrukturen. Es gibt deshalb keine symbolisch generalisierten Kommunikationsmedien für Technologie, für Krankenbehandlung und für Erziehung. In diesen Fällen tritt das Problem, das die Autokatalyse von symbolisch generalisierten Medien in Gang setzt, nämlich das Problem erhöhter Ablehnungswahrscheinlichkeit, gar nicht auf. Zumindest für Krankenbehandlung und für Erziehung sind eigene gesellschaftliche Funktionssysteme ausdifferenziert, die ohne eigenes Kommunikationsmedium zurechtkommen müssen, vor allem mit hoher Abhängigkeit von organisierter Interaktion. ... Man muß deshalb davon ausgehen, daß die funktionale Differenzierung des Gesellschaftssystems bei aller Bedeutung der symbolisch generalisierten Kommunikationsmedien nicht einfach dem Medienschema folgen kann, sondern sich nach den Problemen richtet, die die Gesellschaft auf ihrem jeweiligen Entwicklungsniveau zu lösen hat" (Luhmann 1997, 407f.). Daß die Kommunikation in Funktionssystemen wie Erziehung oder Gesundheit sich nicht auf ein symbolisch generalisiertes Kommunikationsmedium stützen kann, impliziert jedoch nicht den Verzicht auf *Codierung* der Kommunikation. Das Erziehungssystem verwendet dazu den Code vermittelbar/-nicht-vermittelbar (Luhmann 2002, 59f.), das Gesundheitssystem den binären Code krank/gesund.

stem, *Publikationen* in der Wissenschaft oder *Rechtsbehauptungen* im Kontext des Rechts.

Funktionssysteme bestehen freilich nicht nur aus Kommunikationen, welche die Form derartig standardisierter Operationen annehmen. Zur Ökonomie gehören nicht nur Zahlungen, sondern alle Kommunikationen, die auf die Code-Alternativen zahlen/nicht-zahlen bezogen sind, wie z.B. das Verhandeln über den Preis einer Ware oder die Debatte zwischen den Mitgliedern der Geschäftsleitung einer Firma, ob ein Investitionsvorhaben realisiert werden soll oder nicht. Entsprechendes gilt für Kommunikationen, die sich an der Unterscheidung Wahrheit/Unwahrheit bzw. Recht/Unrecht orientieren.

Generell gilt: In ein Funktionssystem gehören nur solche Kommunikationen, die eine Zuordnung zu einem der beiden Codewerte des systemspezifischen Kommunikationsmediums behaupten (und zwar unabhängig von den Motiven, die die beteiligten Personen damit verbinden!). Näher illustriert am Beispiel des Rechtssystems:

> "Ein Behördenchef sagt zu der Frau, die gekommen ist, um sich für eine Beförderung ihres Mannes einzusetzen, weil sie sieht, wie sehr er unter der Nichtbeförderung leidet: Ich habe nicht das Recht, mit Ihnen über dienstliche Angelegenheiten zu sprechen. Er sagt es, um sie loszuwerden; aber dies ist nur sein Motiv. Die Kommunikation selbst ist nach unserem Verständnis eine Kommunikation im Rechtssystem. Auch der Vorschlag einer Änderung des Rechts wird, sobald die zu ändernde Norm bezeichnet wird, zu einer Kommunikation innerhalb des Rechtssystems - auch wenn dies von politischen Gruppierungen, Interessenverbänden oder sozialen Bewegungen ausgeht" (Luhmann 1993, 67f.).

Daran wird deutlich: Die Bestimmung der Grenzen von Funktionssystemen durch die Reichweite codeorientierter Kommunikation löst sie aus der ausschließlichen Bindung an spezielle Rollen und Organisationen. Kommunikationen, die sich dem Rechtssystem zuordnen, benötigen nicht notwendig die Beteiligung von Anwälten, Richtern, Notaren, Klägern, Beklagten, von Gerichten und Behörden; der Ökonomie zuzurechnende Kommunikationen finden nicht nur zwischen Anbietern und Käufern, wissenschaftliche Kommunikation nicht nur zwischen Wissenschaftlern statt.

Die Ausdifferenzierung von Funktionssystemen ist primär verankert auf der Ebene der *binären Codierung von Werten* und der Entwicklung darauf bezogener Erwartungs*programme* und kann deshalb analytisch klar unterschieden werden von der Ebene *spezialisierter Rollen*. Funktionsspezifische Kommunikation muß demnach ebensowenig mit Bezug auf Rollen definiert werden, wie umgekehrt die Existenz spezialisierter Rollen ausreicht, um daraus auf das Vorhandensein von ausdifferenzierten Funktionssystemen zu schließen.

Die *analytische* Unabhängigkeit zwischen *Rollen* einerseits, sowie *Programmen* und (binär codierten) *Werten* andererseits schließt nicht aus, daß die *empirische* Untersuchung sozialer Differenzierungsprozesse enge sachliche Zusammenhänge und Kovarianzbeziehungen zwischen diesen Ebenen der Abstraktion von Erwartungen feststellt. Vielmehr ist diese analytische Unterscheidung die notwendige Voraussetzung dafür, um die Frage nach dem Zusammenhang zwischen *Rollendifferenzie-*

rung und *funktionaler Differenzierung* der Gesellschaft als empirische Frage aufzu-werfen. Dies wollen wir im folgenden tun. Um diese Frage angemessen behandeln zu können, müssen wir ihr jedoch eine etwas weitere Fassung geben. Zu klären ist, wie der Modus der Differenzierung sozialer Rollen sich im Prozeß sozialer Evolu-tion verändert und in Abhängigkeit vom jeweiligen Gesellschaftstyp und der domi-nierenden Form sozialer Differenzierung eine andere Gestalt annimmt.

9.14 Gesellschaftstypen, Typen sozialer Differenzierung und die Unter-scheidung der Systembildungsebenen Interaktion, Organisation und Gesellschaft

Bei der Untersuchung der Evolution von Gesellschaften hat sich eine Typologie bewährt, die (ohne eine weitere Untergliederung auszuschließen) zwischen *drei Gesellschaftstypen* unterscheidet, welche sich nach dem *Grad ihrer Komplexität* ord-nen lassen und jeweils durch ein *dominantes Prinzip gesellschaftlicher Differenzierung* gekennzeichnet sind: die sogenannten *primitiven* Gesellschaften, die *hochkulturellen oder traditionalen* Gesellschaften und die *moderne(n)* Gesellschaft(en).[72] Mit dem evolutionären Übergang von einem zum nächsten Gesellschaftstyp transformiert sich zugleich dessen Differenzierungsform.

Am Beginn sozialer Evolution stehen die nach Verwandtschaftseinheiten und Wohngebieten *segmentär* differenzierten Gesellschaften. Ihnen folgen die Gesell-schaften, die in *hierarchisch geordnete Schichten* (Stände, Kasten etc.) sowie in ein politisches *Herrschaftszentrum* und die von dort aus kontrollierten Ansiedlungen an der *Peripherie* differenziert sind. Der vorläufige Endpunkt des Evolutionsprozesses ist mit der *funktional* differenzierten (Welt)Gesellschaft erreicht. Im Verlauf sozialer Evolution kommt es zugleich zu einer fortschreitenden Differenzierung von *Inter-aktion* und *Gesellschaft* als unterschiedlichen Ebenen der Bildung sozialer Systeme. In der modernen Gesellschaft schieben sich schließlich *Organisationen* als eine Systembildungsebene dritten Typs zwischen die Ebenen der Interaktion und der Gesellschaft. Mit diesen Unterscheidungen ist der Rahmen skizziert, der im folgen-den in groben Strichen ausgefüllt werden und als Hintergrund dienen soll, um die Beziehung zwischen Rollendifferenzierung und funktionaler Differenzierung in der modernen Gesellschaft näher zu beleuchten.

In den *primitiven Gesellschaften* vollzieht sich Kommunikation im wesentlichen in der unmittelbaren Interaktion unter Anwesenden.[73] Die Unterscheidung anwe-

---

72 Vgl. dazu exemplarisch Giesen 1980a sowie Tenbruck 1989. - Beim dritten Typus ist umstritten, ob hier noch von Gesellschaften im Plural gesprochen werden kann, oder ob man nicht - wie Luhmann vor dem Hintergrund seiner Definition von Gesellschaft vorschlägt - von einer *singulären Weltgesell-schaft* ausgehen muß.

73 Der Ausdruck "primitiv" ist hier nicht als Wertung zu verstehen (wie z.B. in dem empörten Ausruf einer sich beleidigt fühlenden Dame: "Was für ein primitiver Mensch!"). Er meint vielmehr, daß Gesellschaften dieses Typs relativ einfach gebaut, d.h. *wenig differenziert* sind und die vorhandene

(Fortsetzung...)

send/abwesend funktioniert hier als Grundlage für die Schließung von Kommunikationssystemen (vgl. Luhmann 1997, 814ff.), die jeweils nur so lange existieren, wie Personen sich zur gleichen Zeit am gleichen Ort befinden und Mitteilungen aneinander adressieren. Wer weggeht, ist nicht mehr direkt erreichbar und scheidet aus der Kommunikation aus. Wer neu hinzukommt, kann in die Kommunikation einbezogen werden.[74] Dabei ist die Grenzziehung jedoch nicht einfach natural determiniert. Vielmehr disponieren Interaktionssysteme selbst darüber, wer als Teilnehmer von Kommunikation adressiert und damit als anwesend definiert wird und wer nicht. In unmittelbarer Nähe befindliche Personen und ihre Äußerungen können ignoriert werden. Umgekehrt ist es möglich, entfernt Stehende durch Zurufe einzubeziehen oder Bäume, Steine, die Geister der Ahnen als anwesende Kommunikationspartner zu behandeln.

Gesellschaft, so hatten wir oben bereits festgestellt, reicht für die Systemtheorie soweit, wie Kommunikationen füreinander erreichbar sind. Diese Definition impliziert, daß selbst einfachste Gesellschaften über die Grenzen jedes einzelnen Interaktionssystems hinausreichen. Was A in der Interaktion mit B erfahren hat, kann er in späteren Interaktionen mit anderen berichten und kommentieren, und die Zuhörer können darauf reagieren. Kommunikationen aus dieser Interaktion können wiederum Anknüpfungspunkte für die Kommunikation in anderen Interaktionssystemen liefern etc. Geht es dabei um die moralische Bewertung von Äußerungen und Handlungen nicht-anwesender Personen, dann nimmt die interaktive Verbreitung von Kommunikation typisch die Form des Klatsches an, dem die Funktion zugeschrieben werden kann, abweichendes Verhalten zu etikettieren, die dadurch verletzten normativen Erwartungen als weiterhin gültig zu bekräftigen und so zur Reproduktion der normativen Strukturen einfacher Gesellschaften beizutragen.[75]

Primitive Gesellschaften reproduzieren sich als *fluktuierende Populationen von Interaktionssystemen*, die *interaktionsübergreifende Strukturen* in der Form *personen- und rollengebundener* Erwartungen kennen.[76] Personen partizipieren nacheinander

---

73 (...Fortsetzung)
Differenzierung sich vor allem auf die Abgrenzung *strukturell gleichartiger Einheiten* (nämlich Verwandtschaftsgruppen) bezieht.

74 Diese Definition von Interaktionssystemen schließt an den Schützschen Begriff der "umweltlichen sozialen Beziehung" an.

75 Eine entsprechende Funktion erfüllt Klatsch natürlich auch unter den Bedingungen der modernen Gesellschaft, insbesondere in Wohnansiedlungen von dörflichem bzw. kleinstädtischem Charakter oder in der informellen Kommunikation zwischen den Mitgliedern von Organisationen. Zur Struktur und Funktion von Klatschkommunikation vgl. besonders Bergmann 1987 sowie aus systemtheoretischer Perspektive Fuchs 1995 und Kieserling 1998.

76 Vgl. dazu Luhmann 1997, 478f., wo er mit Bezug auf die primitiven, segmentär differenzierten Gesellschaften notiert: "Die Gesellschaft vollzieht aber nicht nur Interaktionen, sie ist zugleich immer auch gesellschaftliche Umwelt von Interaktionen. Diese innergesellschaftliche Differenz verhindert, daß alles, was in Interaktionen einfällt, gefällt, mißfällt, sich auf die Strukturen des Gesellschaftssystems auswirkt. Aller Sinn - und damit besonders das, was Person oder Rolle sein kann - wird *transinteraktionell* konstituiert mit einem Blick für Verwendung außerhalb der jeweils laufenden Interaktion."

an unterschiedlichen Interaktionssystemen und stiften so strukturelle Kontinuitäten über die Grenzen jedes einzelnen Interaktionssystems hinaus.[77] *Personengebundene Erwartungen*, die sich durch Sedimentierung der Interaktionserfahrungen von Individuen im Umgang miteinander bilden, werden ergänzt und überlagert durch Erwartungen, die an die *kategoriale* Differenzierung von Personen nach Geschlecht, Alter und Verwandtschaftsstatus anschließen. Diese kategoriale Differenzierung erzeugt ein Geflecht *sozialer Rollen*, das Rechte und Pflichten zwischen den Interagierenden reguliert. Obwohl bereits die einfachsten Gesellschaften über transinteraktionale Strukturen verfügen, bleibt Kommunikation dennoch vollständig gebunden an die Systembildungsebene der Interaktion. Räumlich und/oder zeitlich getrennte Interaktionen werden durch weitere Interaktionen miteinander vernetzt. Die gesamtgesellschaftlich relevanten Erwartungsstrukturen werden auf diesem Wege reproduziert.

Die Differenzierung zwischen Personen und Rollen als Bezugspunkt für die Anknüpfung von Verhaltenserwartungen kann einerseits betrachtet werden als eine Unterscheidung, die sich in rudimentärer Form bereits in den frühesten menschlichen Gesellschaften findet. Bereits in den sogenannten *primitiven Gesellschaften* kennen wir unterschiedliche soziale Positionen, die - wie schon erwähnt - definiert sind durch die Merkmale Alter, Geschlecht und Verwandtschaftsstatus.[78] Die Verhaltenserwartungen, die an Personen *als Mitglieder einer bestimmten sozialen Kategorie* (Männer und Frauen, noch nicht initiierte Knaben und Mädchen, jüngere Erwachsene und Älteste, Ehegatten und -gattinnen, (Schwieger)Töchter und -Söhne, Väter und Mütter, Onkel und Tanten etc.) adressiert sind, lassen sich hier unterscheiden von den personenspezifischen Erwartungen, die auch zwischen verschiedenen Angehörigen derselben Kategorie variieren.

Eine Differenzierung der Tätigkeiten im Bereich der materiellen Reproduktion gibt es über Formen der geschlechtsspezifischen Zuordnung bestimmter Tätigkeiten hinaus kaum. Die Anzahl sozialer Positionen ist eng begrenzt und nicht frei wählbar. Geschlecht und Verwandtschaftsstatus als die zentralen Positionsmerkmale sind von Geburt an determiniert und haften so unablösbar an der Person. Aus diesem Grunde kann nicht angenommen werden, daß in diesen Gesellschaften eine scharf ausgeprägte Wahrnehmung der Differenz zwischen *personen*spezifischen und *kategorien*gebundenen Erwartungen vorhanden ist.

---

77 Um leicht einrastende Mißverständnisse zu vermeiden, die folgende begriffliche Erläuterung: Der Begriff "Person" ist - wie auch alle anderen Konzepte im Kontext der Luhmannschen Theorie sozialer Systeme - strikt auf Kommunikation und die sie regulierenden Erwartungsstrukturen bezogen. Er meint also *nicht* das psychische Innenleben von Individuen, sondern bezieht sich auf Individuen nur unter dem Gesichtspunkt *der von anderen an sie gerichteten Erwartungen*. Eine Person ist insofern nichts anderes als eine individualspezifische Konfiguration adressierter Erwartungen, oder mit einer Formulierung von Luhmann, Personen sind *"Erwartungscollagen"*.

78 Eine ausführliche Darstellung, welche die unterschiedlichen Erscheinungsformen sozialer Differenzierung in primitiven, hochkulturellen und modernen Gesellschaften prägnant herausarbeitet, gibt Giesen 1980a. Als knappe Überblicksdarstellung über die genannten Gesellschaftstypen vgl. Tenbruck 1989.

Im Gegensatz zu den lokal gebundenen und deshalb interaktionsnah bleibenden primitiven Gesellschaften, expandieren *hochkulturelle Gesellschaften* weit über den Umkreis unmittelbar zu erreichender Personen und Personengruppen hinaus. Die Bindung von Kommunikation an die Interaktion unter Anwesenden lockert sich dementsprechend. Ein überlokales Kommunikationsnetz zur Übermittlung von Nachrichten und Befehlen sowie Verkehrswege zum Transport von Gütern und Personen entstehen. Schrift wird dabei als Verbreitungsmedium genutzt. Spezialisierte Berufsrollen und ständisch geordnete Berufsgruppen bilden sich, deren Aufgaben zum Bezugspunkt innerberuflicher Kommunikation werden. Symbolisch generalisierte Kommunikationsmedien wie Macht und Geld evoluieren und sichern die Annahme von Kommunikation über die Grenzen der Anwesenheit hinaus.

Voraussetzung dafür ist die Bildung von Institutionen der Herrschaft und die Entstehung einer Schicht, die primär mit Aufgaben der Ausübung und Sicherung von Herrschaft befaßt ist, d.h. politische, administrative, militärische, rechtliche und religiöse Aufgaben erfüllt. Dadurch kommt es zur Differenzierung zwischen einer überlokal agierenden *Oberschicht* (die freilich auch eine interne Rangdifferenzierung aufweist, welche sich primär nach der Nähe bzw. Ferne der ausgeübten Funktionen zum Herrschaftszentrum richtet) und einer (ebenfalls intern differenzierten) *Unterschicht*, die weiterhin in lokalen Einheiten lebt (vgl. Tenbruck 1989, 67ff.). Mit der Differenzierung zwischen verschiedenen *gesellschaftlichen Schichten* typisch verknüpft ist die räumliche Differenzierung zwischen den *städtischen Zentren*, in denen die Herrschaftsfunktionen zusammenlaufen, und den von dort aus beherrschten entfernteren Gebieten, der *Peripherie*. Die Oberschicht monopolisiert den Zugang zu Rollen, die mit der Erfüllung gesellschaftlich bedeutsamer Funktionen betraut sind, mit der Folge, daß sich die gesellschaftlich relevante Kommunikation tendenziell auf den Binnenbereich der Oberschicht konzentriert.

Die für primitive Gesellschaften charakteristische Form der segmentären Differenzierung nach *gleichartigen Verwandtschaftseinheiten* wird in den *hochkulturellen Gesellschaften* durch die *hierarchische* Ordnung der sozialen Schichten (= Strata)[79] überformt. Familien als elementare Verwandtschaftseinheiten sind hier jeweils einem bestimmten Stand zugeordnet. In eine Familie hineingeboren zu werden bedeutet jetzt, zugleich einem bestimmten Stand anzugehören. Berufsrollen, wie sie sich nun erstmals in größerer Zahl ausdifferenzieren, werden ständisch geordnet. Die Standeszugehörigkeit limitiert den Bereich der beruflichen Tätigkeiten, die für eine Person zugänglich sind. Dabei dominiert das Prinzip der sozialen Vererbung des Berufsstandes.

Auch hier sind *soziale Rollen* nur in engen Grenzen wählbar. Sie werden darüber hinaus in relativ *festen Kombinationen* weitergegeben (z.B.: patrizischer Kaufmann, Gildenmitglied, Ratsherr oder: adeliger Ritter, Grundherr, Inhaber der lokalen Gerichtsbarkeit, Vasall eines Lehnsherrn). Die Zusammenfassung verschiedener Rollen zu *standardisierten Rollenkombinationen* erfordert deren wechselseitige Ab-

---

79 Diese Gesellschaften werden deshalb auch als *stratifizierte oder stratifikatorisch differenzierte* Gesellschaften bezeichnet.

stimmung. Scharf gegeneinander abgehoben sind demgegenüber Rollen, die unterschiedlichen Ständen zugeordnet werden, unabhängig vom sachlichen Zusammenhang, in dem sie u.U. miteinander stehen. Die Möglichkeiten der *funktionsbezogenen Spezialisierung* von Rollen werden dadurch begrenzt.

Die Ausübung von Rollen ist eingebettet in soziale Zusammenhänge, welche Individuen jeweils als Gesamtpersonen aufnehmen und beanspruchen. Hohe Beamte sind oft Mitglieder herrschaftlicher Großhaushalte, denen sie als Sklaven oder Leibeigene angehören oder sind ihnen durch unlösbares Treuegelöbnis verbunden. Die leibeigenen Bauern sind dem Grundherrn lebenslang und erblich unterworfen und an die Scholle gebunden. Eine von der ständischen Struktur der Gesellschaft relativ entkoppelte Ausübung beruflicher Rollen ist nur im Rahmen von *Korporationen* wie der Kirche, den Klöstern, den Universitäten, den städtischen Zünften und Gilden möglich,[80] denen der einzelne jedoch ebenfalls als Gesamtperson angehört.[81]

Die Personen können sich unter diesen Voraussetzungen von ihren Rollen kaum lösen. Die Erwartungen, die mit diesen Rollen verknüpft sind, müssen daher immer auf die Gesamtperson, d.h. auf die Gesamtheit der übrigen Erwartungen, denen sich der einzelne Rollenträger in allen seinen sozialen Beziehungen ausgesetzt sieht, Rücksicht nehmen. Eine konsequente Ausrichtung von Rollen auf die Erfüllung spezifischer sozialer Funktionen ist unter diesen Voraussetzungen noch nicht möglich.

Die Auflösung dieser Restriktionen kann nur durch die *stärkere Differenzierung zwischen Person und Rolle* erreicht werden. Dazu müssen Individuen in größerem Maße die Möglichkeit zur Entscheidung darüber erhalten, welche Rollen sie übernehmen, muß die Rekrutierung von Personen für Rollen von dem Kriterium der ständischen Zugehörigkeit entkoppelt und auf sachliche Qualifikation für festgelegte Aufgaben umgestellt werden. Die Voraussetzungen dafür werden geschaffen durch die Entstehung eines neuen Typs sozialer Systeme, nämlich durch die Bildung von *Organisationen.*

Organisationen konstituieren eine dritte Systembildungsebene, die sich zwischen die bisher vorgestellten Systembildungsebenen der *Interaktion* unter Anwesenden

---

80 Zur innovativen Funktion der mittelalterlichen Korporationen vgl. Luhmann 1997, 492f. Die begrenzte Bedeutung ihres Innovationspotentials für die Entwicklung der Gesellschaft ist wesentlich darin begründet, daß sie außerhalb der Ständeordnung rangieren. Im Übergang zur modernen Gesellschaft wird die Nebenordnung von "Ständen *und* Korporationen ... mehr und mehr durch die Ordnung von Organisationen *in* Funktionssystemen ersetzt" (Luhmann 1997, 493).

81 Die Zünfte und Gilden, in denen Handwerker und Kaufleute zusammengeschlossen sind, haben ebenso wie die Institutionen von Religion und politischer Herrschaft den Status von *Zwangseinrichtungen mit Monopolcharakter*. Sie beanspruchen weitreichende Kontroll- und Interventionsrechte gegenüber dem einzelnen, bieten zugleich aber auch bedeutende Unterstützungs- und Versorgungsleistungen an. Vgl. dazu Giesen 1980a; Giesen macht deutlich, wie arbeitsteilige Spezialisierung in allen Bereichen der traditionalen (=hochkulturellen) Gesellschaften in Monopole eingebettet ist (a.a.O., 156ff.) und kontrastiert diese Situation mit der marktförmigen und auf dem Gebrauch von Interaktionsmedien gründenden Strukturierung dieser Handlungsbereiche in modernen Gesellschaften (a.a.O., 188ff.).

und der *Gesellschaft* schiebt und diese beiden Ebenen schärfer gegeneinander differenziert (vgl. dazu Luhmann 1997, 826ff.). Sie verknüpfen Kommunikationen über die Grenzen der Interaktion unter Anwesenden hinaus durch die Bildung *artifizieller Gefüge von Erwartungen,* die *formalisiert,* d.h. durch *Entscheidung* explizit festgelegt sind und als Prämissen für weitere Entscheidungen dienen, die im Arbeitsalltag von Organisationen kontinuierlich anfallen. Organisationen dienen entweder primär der Erfüllung bestimmter *Organisationszwecke,* wie z.B. der profitablen Produktion und Vermarktung bestimmter Waren (Unternehmen), der Pflege und Therapie von Kranken (Krankenhäuser) bzw. der Erziehung und Qualifizierung von Personen (Schulen, Universitäten), oder sie haben in erster Linie die Aufgabe, *normative Regeln anzuwenden* bzw. ihre Einhaltung zu kontrollieren und Abweichungen zu sanktionieren (Behörden und Verwaltungen, Polizei und Justiz). In beiden Fällen haben die dazu benutzten Erwartungsgefüge den Abstraktionsgrad von *Programmen.* Wenn diese *Entscheidungsprogramme* in der Form von *Zwecken* festgelegt sind, für die dann nach geeigneten Wegen der Realisierung zu suchen ist, spricht Luhmann von *"Zweckprogrammen".* Sofern diese Programme die Form von *handlungskonditionierenden Wenn-Dann-Regeln* annehmen, bei denen die Erfüllung der Wenn-Komponente (z.B. Antrag auf Genehmigung eines Bauprojektes oder eine Straftat) dafür normierte Bearbeitungsweisen auslöst (hier: ein nach juristischen Normen abzuwickelndes Genehmigungs- oder Strafverfolgungsverfahren), spricht Luhmann von *"Konditionalprogrammen"* (vgl. Luhmann 1971, 113ff., 1984, 278 und 432f. sowie 2000a, 261ff.).

Zur Ausführung dieser Entscheidungsprogramme ist es erforderlich, die Erwartungszusammenhänge, aus denen sie bestehen, stärker zu spezifizieren, in Teilkomplexe aufzuspalten und *Rollen* zuzuordnen, die zur Erfüllung dieser Erwartungen eingerichtet sowie arbeitsteilig miteinander verknüpft werden. Notwendige Voraussetzung dafür ist der Gebrauch von Schrift. Nur so ist es möglich, Kommunikationen über die Grenzen der Interaktion unter Anwesenden hinaus zuverlässig miteinander zu verknüpfen und auf übergreifende Programme abzustimmen. Die Rekrutierung der Rollenträger vollzieht sich über den Erwerb der *Mitgliedschaft,* die Personen, sofern sie für die Erfüllung dieser Erwartungen qualifiziert erscheinen, angeboten werden kann, die für sie frei wählbar ist und durch Aufkündigung der einen oder anderen Seite auch wieder aufgehoben werden kann.

Die Übernahme der Mitgliedschaft verpflichtet zur Erfüllung der formalisierten Erwartungen, die mit der spezifischen Rolle verbunden sind, die das Mitglied innerhalb der Organisation einnimmt. Sie betrifft nur bestimmte Aspekte der Gesamtperson, definiert als Umkreis der *dienstlichen* Verpflichtungen, die von den *privaten* Belangen des Rollenträgers (zu denen auch andere Rollenengagements gehören) unterschieden werden. Die *Motivation* zur Erfüllung der Mitgliedschaftsverpflichtungen ist nicht davon abhängig, daß jeder Rollenträger die an ihn gerichteten Erwartungen im einzelnen als zustimmungsfähig betrachtet. Sie wird vielmehr durch *generalisierte Entschädigung* in der Form von Geldzahlungen erreicht. Wer nicht bereit bzw. in der Lage ist, die Anforderungen zu erfüllen, die an die Mitgliedschaftsrolle geknüpft sind, muß sie nicht übernehmen, kann kündigen oder entlassen werden.

Organisationen können sich auf diese Weise von der Notwendigkeit zur Berücksichtigung der verwandtschaftlichen Bindungen bzw. der Schichtzugehörigkeit der Mitglieder weitgehend entlasten.

Die genannten Voraussetzungen erlauben es Organisationen, Erwartungen auf die Lösung bestimmter Probleme hin zuzuschneiden und zu formalisieren, ohne dabei besondere Rücksichten auf Erwartungen nehmen zu müssen, die in ihrer Umwelt gelten. Zu diesen externen Erwartungen gehören auch die 'privaten' Hoffnungen, Wünsche, Verpflichtungen und Motive der Organisationsmitglieder. Organisierte Sozialsysteme erreichen so einen hohen Dispositionsspielraum, den sie zur Normierung unwahrscheinlicher, auf die Erfüllung spezifischer Funktionen hin konzipierter Erwartungen verwenden können. Ein besonderer Antrieb zur Nutzung dieser Möglichkeit entsteht, wenn eine *Mehrzahl von Organisationen gleichen Typs* existieren und in einer Situation *marktvermittelter Konkurrenz* zueinander stehen.[82] Warenanbietende Organisationen (Unternehmen) können so um Käufer, politische Organisationen (Parteien) um Wähler, religiöse Organisationen (Kirchen) um Gläubige, wissenschaftliche Organisationen (Institute und Universitäten) um Reputation und Forschungsmittel konkurrieren. Organisationen, die sich in der Konkurrenz gegenüber Organisationen gleichen Typs behaupten müssen, stellen demnach günstige Bedingungen für die funktionale Spezialisierung von Rollen zur Verfügung.

Historische Voraussetzung für ihre Entstehung ist die *Auslagerung beruflicher Tätigkeiten aus dem Binnenkontext weitgehend autarker Haushalte* (d.h. in erster Linie aus den grundherrschaftlichen Großhaushalten und bäuerlichen Familienhaushalten). Dadurch werden Personen gezwungen, sich auf den neu entstehenden Arbeitsmärkten als Arbeitskräfte für Organisationen im Bereich der Produktion, des Handels und der Verwaltung zur Verfügung zu stellen, um ihren Lebensunterhalt zu verdienen.

Arbeitsteilige Spezialisierung und die Einbettung von Berufsrollen in Organisationen zwingt zur *gesteigerten Beanspruchung der symbolisch generalisierten Kommunikationsmedien*. Wer eine spezialisierte Tätigkeit ausübt, kann sich nicht mehr selbst versorgen, sondern ist darauf angewiesen, daß andere seine Produkte erwerben bzw. seine Arbeit entlohnen und er aus diesem Erlös das zu seinem Lebensunterhalt Nötige kaufen kann. Die Landbevölkerung der hochkulturellen Gesellschaften konnte noch größtenteils ohne den Gebrauch von Geld leben. Aber schon die städtischen Handwerker, die freilich nur einen geringen Teil der Gesamtbevölkerung ausmachten, konnten dies nicht.[83] Die mit der industriellen Revolution

---

82 Wie wir hier sehen können, hat das Prinzip *segmentärer Differenzierung*, das in den primitiven Gesellschaften dominiert, also keineswegs ausgedient, sondern behält - als segmentäre Differenzierung *von Organisationen* - auch unter den Bedingungen der modernen Gesellschaft eine wesentliche, die *funktionale Differenzierung* der Gesellschaft mittragende Bedeutung.

83 Vgl. dazu die Angaben bei Lenski (1976, 269f.) und in den dort erwähnten Quellen, die zu der Schätzung führen, daß der Anteil der Stadtbewohner an der Gesamtbevölkerung in den vormodernen Agrargesellschaften (von denen wiederum nur ein Teil als Handwerker und Kaufleute tätig war) zwischen 5 und 10% gelegen haben dürfte.

sich vollziehende Verlagerung der Produktion in unternehmerische Organisationen führt zur Umstellung der gesamten gesellschaftlichen Ökonomie. An die Stelle der vorher typischen *Selbstversorgung*, die ergänzt wurde durch Naturaltausch, tritt jetzt allgemein die Produktion für den Markt und damit die *Universalisierung der Geldwirtschaft*.

Entsprechendes gilt für den Gebrauch des Mediums *Macht*. Die Bereitschaft zur Erfüllung von Anweisungen wird in Organisationen nicht mehr durch den Einsatz von Zwangsgewalt, durch tradional legitimierte Autorität und personalisierte Abhängigkeits- und Verpflichtungsbeziehungen erreicht, wie in der Beziehung von Lehnsherr und Vasall, von adeligem Grundherrn und leibeigenen Bauern. Die Organisationen der modernen Gesellschaft müssen diese Bereitschaft bezahlen. Durch die Zahlung eines kontinuierlichen Einkommens, mit dessen Entzug dann im Konfliktfalle gedroht werden kann, beschaffen sie sich von ihren Mitgliedern die generalisierte Bereitschaft zur Befolgung kontingenter Anweisungen, die sie benötigen, um über deren Einsatz nach eigenen Kriterien (d.h. ohne von der Zustimmung der Mitglieder zu jeder Einzelentscheidung abhängig zu sein) disponieren zu können.

Organisationen, so läßt sich resümieren, nutzen die *symbolisch generalisierten Kommunikationsmedien* (und dabei in erster Linie: Geld und Macht) zum Aufbau formalisierter Erwartungsstrukturen mit dem Abstraktionsgrad von (Zweck- bzw. Konditional-)*Programmen*.[84] Aus der Perspektive der Programmstrukturen betrachtet, die sich in Verbindung mit den binären Codes der Medien entwickeln, bedeutet dies: Organisationen sind Einrichtungen, die Programme durch Entscheidungen erzeugen und als Grundlage für die Erzeugung weiterer Entscheidungen verwenden. Sie fungieren so als Antriebsquellen der mediengesteuerten Kommunikation und als wesentliche Voraussetzung für die Durchsetzung der funktionalen Differenzierung der Gesellschaft.[85]

Dabei werden die beruflichen Rollen aus ihrer ständischen Einbettung, wie sie typisch ist für hochkulturelle Gesellschaften, herausgelöst und statt dessen auf die Entscheidungsprogramme von Organisationen bezogen. Investitionsprogramme fun-

---

84 Die Produktion eines Autos, der Bau eines Hauses, die Bearbeitung von Anträgen auf Sozialhilfe, die Durchführung einer chirurgischen Operation, die Aufführung einer Oper etc. setzen die Koordination des Verhaltens einer Mehrzahl von Personen auf bestimmten *Erwartungsgrundlagen* voraus, die als Prämissen für die Zuordnung von Aufgaben zu Rollen dienen. Für derartige, die Handlungskapazität von Einzelpersonen (und damit auch von Einzel*rollen*) überschreitende Komplexe von Erwartungen verwendet Luhmann den Begriff *Programm*. Vgl. Luhmann 1984, 432f.

85 Dabei gilt freilich ebenso umgekehrt, daß Organisationen sich nur unter den Bedingungen einer funktional differenzierten Gesellschaft reproduzieren können: Die Rekrutierung von Arbeit über den Markt "setzt nicht nur Geldwirtschaft voraus, die die Annahme von Geld attraktiv macht. Sie beruht außerdem auf rechtlicher Erzwingbarkeit von Verträgen mit der anderen Seite, daß es ohne Vertrag kaum noch Zugang zu Arbeitsmöglichkeiten und damit zu Lebensunterhalt gibt. Außerdem trägt auch das in der Form von Schulen und Universitäten organisierte Erziehungssystem dazu bei, daß fachliche Kompetenz individuell und ohne weitere Sozialmerkmale rekrutiert werden kann und daß entsprechende Ausbildungen nachentwickelt werden, wenn man mit entsprechenden Arbeitsplätzen rechnen kann. Die Funktionssysteme für Wirtschaft, Recht und Erziehung stellen also wichtige Voraussetzungen für die Entstehung und Ausbreitung der Systemform Organisation bereit..." (Luhmann 1997, 828).

gieren als Erwartungsstrukturen von Unternehmen, Forschungsprogramme als Strukturen von wissenschaftlichen Einrichtungen, politische Programme als Strukturen von Parteien, Rechtsnormen als Strukturen von Verwaltungen und Behörden. Diese Erwartungsstrukturen werden spezifiziert, in Teilkomplexe aufgespalten und *Rollen* zugeordnet, die der Realisierung dieser Programme dienen, die miteinander abgestimmt und zugleich in hohem Maße unabhängig sind von Erwartungsstrukturen außerhalb der Organisation. Diese Unabhängigkeit besteht (zumindest auf der Ebene sozial geltender normativer Erwartungen) ebenso gegenüber den *persönlichen Motiven* der Organisationsmitglieder wie auch gegenüber ihren *organisationsexternen Rollen*, ihren verwandtschaftlichen Bindungen und ihrer Zugehörigkeit zu der einen oder anderen sozialen Schicht. *Empirisch* sind derartige organisationsexterne Quellen der Beeinflussung freilich niemals völlig auszutrocknen. Was sich vor allem ändert ist, daß derartige Abhängigkeiten jetzt als *illegitim* gelten und deshalb nicht mehr offen als Grundlage des Handelns beansprucht werden können. Wer Verwandte bevorzugen oder aus persönlichen Motiven heraus in seiner Rolle als Mitglied einer Organisation tätig werden will, muß sich deshalb nach vorzeigbaren Ersatzbegründungen umsehen oder sein Handeln verbergen. In jedem Falle setzt er sich zusätzlichen Risiken und Schwierigkeiten aus, die ein solches Handeln zwar nicht völlig verhindern, aber gleichwohl in einer Vielzahl von Fällen entmutigen können und es dadurch in seiner Häufigkeit erheblich einschränken.

Organisationen sind eigenständige, *operational geschlossene* soziale Systeme, die ihre Strukturen durch Entscheidungen erzeugen und sich durch die Produktion weiterer Entscheidungen auf der Basis eigener vorangegangener Entscheidungen reproduzieren:

> "Die Organisation kennt Strukturen nur als Entscheidungsprämissen, über die sie selbst entschieden hat. Sie garantiert sich dies über das formale Strukturprinzip der (Plan-)'Stelle', das es ihr erlaubt, über die Einrichtung solcher Stellen bei der Festlegung des Budgets zu entscheiden und in bezug auf diese Stellen dann Stelleninhaber, Aufgaben und organisatorische Zuordnungen durch Entscheidung zu ändern" (Luhmann 1997, 833f.).

Auch die Mitgliedschaft von Personen gründet auf einer Entscheidung der Organisation. Der Bezug auf die Mitgliedschaftsrolle weist eine Kommunikation als organisationsinterne Kommunikation aus (vgl. Luhmann 1997, 830). Die Reproduktion durch Entscheidungen ermöglicht es der Organisation, Stelleninhaber damit zu beauftragen und zu berechtigen, 'im Namen der Organisation' zu sprechen. Anders als Interaktionssysteme und die gesellschaftlichen Funktionssysteme verfügen Organisationen deshalb über die Möglichkeit, als Gesamtsystem mit anderen Systemen, d.h. mit anderen Organisationen oder auch Personen in ihrer Umwelt zu kommunizieren.

Durch die Übernahme von Berufsrollen in Organisationen *werden Personen in das jeweilige Funktionssystem inkludiert (=eingeschlossen, einbezogen)*, dem die Organisation primär zuzuordnen ist. Wie aber können dann Personen an der Kommunikation in Funktionssystemen partizipieren, in die sie nicht durch ihre berufliche Rolle involviert sind? - Die Ausdifferenzierung von Funktionssystemen vollzieht sich nicht allein durch die Autonomisierung von beruflichen *Leistungsrollen* gegenüber dem Gefüge sozialer Schichtung, sondern impliziert zugleich eine entsprechende Herauslösung der mit ihnen verbundenen *Komplementärrollen*: Produzent/Konsument (Ökonomie), Regierende/Regierte (Politik), Lehrer/Schüler (Erziehung), Ärzte/Patienten (Gesundheit), Künstler/Publikum (Kunst), Priester/Laien (Religion), - diese Unterscheidungen bezeichnen jeweils funktionsspezifische und asymmetrische Rollenpaare, die eine Experten- oder Leistungsrolle mit einer komplementären Laien- oder Klientenrolle verknüpfen. Personen können nur eine bzw. wenige Leistungsrolle(n), aber in raschem Wechsel die unterschiedlichsten Klientenrollen einnehmen und auf diese Weise im Prinzip an allen Funktionssystemen der Gesellschaft partizipieren. Auch im Hinblick auf die Übernahme von Klientenrollen wird dabei Schichtzugehörigkeit als Zugangsvoraussetzung neutralisiert.

Wie schon für die Mitgliedschaft in Organisationen, so gilt diese Feststellung auch für die Inklusion in die verschiedenen Funktionssysteme ohne wesentliche Einschränkung wiederum nur im normativen Sinne. Ererbter Reichtum, das Bildungsniveau im Elternhaus, verwandtschaftliche bzw. freundschaftliche Beziehungen zu Trägern hoch bewerteter Leistungsrollen steigern nicht nur die beruflichen Karrierechancen, sie eröffnen auch gesteigerte Möglichkeiten des Konsums, des Erwerbs von Bildungszertifikaten, erhöhen die Chancen am Heiratsmarkt etc. *Faktisch* korrelieren die Zugangschancen zu den Funktionssystemen also weiterhin in erheblichem Maße mit Schichtzugehörigkeit. Was nun jedoch fehlt, ist die Möglichkeit der Legitimation derartiger Ungleichheiten mit der Folge, daß sie zum Bezugspunkt von Kritik und von Versuchen der Gegensteuerung werden.[86]

Die Durchsetzung des Prinzips der funktionalen Differenzierung der Gesellschaft überformt die älteren Differenzierungsformen der segmentären und stratifikatorischen Differenzierung, ohne sie zu eliminieren. Familien und Organisationen sind weiterhin segmentär differenziert. Auch soziale Schichten und die Differenzierung von Zentrum und Peripherie verschwinden nicht einfach. Die älteren Differenzierungsformen und ihre sozialen Auswirkungen werden jedoch aus der Perspektive normativer Gesichtspunkte beobachtet, die zugeschnitten sind auf das Muster funktionaler Differenzierung. Eliten können sich nur noch als Funktionseliten, nicht aber durch vererbbare ständische Zugehörigkeit legitimieren. Erfolge in der Konkurrenz um hochrangige berufliche Positionen, die nicht auf eigene Leistung zurückgeführt werden können, rufen Kritik auf den Plan. Die Postulate der Gleichheit der Bildungschancen, der Gleichheit vor dem Gesetz, des gleichen Gewichts jeder Wählerstimme und des uneingeschränkten Zugangs zu öffentlichen Ämtern, der gleichen Bedeutung jeder geäußerten Kritik an wissenschaftlichen Wahrheitsbehauptungen, der Gleichberechtigung der Geschlechter in allen sozialen

---

86 Als Beispiel dafür sei etwa an die Kritik der Korrelation zwischen Schichtzugehörigkeit und Schulerfolg erinnert, die den Hintergrund bildete für die Einführung der Gesamtschule und die (je nach Bundesland) mehr oder weniger weit vorangetriebene Nivellierung des dreigliedrigen Schulsystems, für die Abschwächung der Selektionskriterien beim Übergang zwischen verschiedenen Schulstufen, für Bemühungen um "kompensatorische Erziehung" und für die Einrichtung von Förderstufen.

Bereichen usw. zielen auf ungehinderten Zugang zu den Leistungs- und Komplementärrollen der Funktionssysteme.[87] Sie lassen Ungleichbehandlung nur insoweit zu, wie sie durch Unterschiede der Qualifikation für die entsprechenden Rollen gerechtfertigt werden können[88] *und auch dies nur im Hinblick auf die beruflichen Leistungsrollen:* Denn wählen dürfen nicht nur die, die über Kenntnisse politischer Zusammenhänge oder auch nur über die Fähigkeit des Lesens und Schreibens verfügen; rechtsfähig sind Arme wie Reiche, Gebildete wie Ungebildete; alle Kinder unterliegen von einem bestimmten Alter an der Schulpflicht. Der Zugang zu den Komplementärrollen muß für alle offen gehalten werden, weil unter den Bedingungen funktionaler Differenzierung nur so die Inklusion (beinahe) aller Personen in die Gesellschaft erreicht werden kann.

In den primitiven, segmentär nach Verwandtschaftsgruppen und Wohngebieten differenzierten Gesellschaften war die *Inklusion von Personen in die Gesellschaft* bereits über die Zugehörigkeit zu einer Verwandtschaftsgruppe und zur lokalen Wohngemeinschaft gesichert. Die Position einer Person innerhalb von Familie und Sippe umschrieb zugleich ihre Position innerhalb der Gesellschaft, weil die Gesellschaft keine anderen Positionen vorsah. Hochkulturelle Gesellschaften ordneten die Familien hierarchisch gestaffelten Schichten (Ständen, Kasten etc.) zu. Die Zugehörigkeit zu einer Familie bedeutete zugleich die Zugehörigkeit zu einer bestimmten Schicht und regulierte den Zugang zu sozialen Rollen. Auch hier erhielten Personen durch ihre Familienmitgliedschaft zugleich einen bestimmten Platz in der Gesellschaft. Der Modus der Inklusion von Personen in die Gesellschaft ändert sich fundamental mit der Umstellung auf funktionale Differenzierung. Die Familie ist nun ein Funktionssystem unter anderen. Inklusion in die Gesellschaft ist nur zu erreichen über die Partizipation an den Funktionssystemen und den dafür eingerichteten Komplementärrollen.

Wie wir gesehen haben, erstreckt sich dieser Modus der Inklusion nicht mehr auf die Gesamtperson, wie dies in segmentär bzw. stratifikatorisch differenzierten Gesellschaften noch der Fall war. Jede Rolle nimmt nur einen begrenzten Ausschnitt des Erlebens und Handelns einer Person in Anspruch, gründet auf Erwartungen, die ohne Rücksicht auf die Person des einzelnen Rollenträgers und weitgehend unabhängig von den Anforderungen seiner anderen Rollen bestimmt sind. Die Anonymisierung, funktionale Spezifizierung und sachliche wie zeitliche Begrenzung dieser Rollen hat zur Konsequenz, daß sie sich nicht mehr zu einem einheitlichen, umfassenden und dauerhaften Sinnzusammenhang verknüpfen, in den sich die Person einfügen kann, sondern als äußerlich, zufällig, zusammenhanglos und flüchtig

---

87 Vgl. dazu auch die obige Darstellung funktionaler Differenzierung bei Parsons, Bd.1, Kap.2.13.

88 Selbst die Asymmetrie zwischen Leistungs- und Komplementärrollen gilt nur soweit als legitim, wie sie infolge unterschiedlicher sachlicher Qualifikation unumgänglich erscheint. Darüber hinausgehende Autoritätsansprüche werden zum Gegenstand einer Kritik, welche die Restbestände ständischer Differenzierung, die mit diesen Asymmetrien verknüpft sind, aufspürt und angreift. Als Beispiel dazu denke man an die noch nicht lange zurückliegende Kritik an der ärztlichen Profession, die sich in der Formel 'Halbgötter in Weiß' artikulierte und die begleitet war von der Proklamation des 'mündigen Patienten'.

erfahren werden. Mit kompensatorischem Bezug auf diese Situation nimmt auch die Familie (oder genauer: jedes auf *Intimität* basierende Sozialsystem) in der modernen Gesellschaft die Form eines Funktionssystems an, das sich auf der Grundlage des *Kommunikationsmediums Liebe* ausdifferenziert und auf die *Inklusion der Gesamtperson* spezialisiert. Damit bleibt die Inklusion der Person auf die Reichweite von Intimbeziehungen beschränkt. Sie konstituieren einen Binnenraum enthemmter Kommunikation, in dem Personen sich selbst, ihr Erleben und ihre Handlungsmotive beinahe uneingeschränkt zum Thema machen und dafür Bestätigung durch den anderen erwarten können.

Die engen Grenzen intimer Beziehungen, die Unwahrscheinlichkeit ihres Gelingens und ihrer dauerhaften Stabilität motivieren zur Suche nach funktionalen Äquivalenten. Individual- und Gruppentherapie, Männer- und Frauengruppen, religiöse Bekenntniszirkel und Lebensgemeinschaften bieten Möglichkeiten der Selbstthematisierung, welche den Möglichkeiten intimer Kommunikation nahe kommen.[89] Solche Vereinigungen sind freilich noch weniger stabil als Familien und Intimbeziehungen. Rasch können Mitgliedschaften erworben und ebenso schnell wieder aufgegeben werden.

Wo beinahe alle Mitgliedschaften auf revidierbaren Entscheidungen gründen, da entsteht leicht Bedarf für eine Zugehörigkeit, die nicht durch Entscheidung gestiftet, die nicht leistungsabhängig und kündbar ist, sondern auf *unveränderlichen Merkmalen* der Person beruht und deshalb nicht verloren werden kann. Der Rückgriff auf askriptive Merkmale wie Hautfarbe, Geschlecht oder nationale Herkunft als Bezugspunkte für die Konstruktion imaginierter Gemeinschaften, denen man sich zugehörig fühlt, gewinnt dadurch gerade in der modernen Gesellschaft eine besondere Attraktivität.[90]

Fassen wir zusammen: In diesem Unterkapitel habe ich eine Reihe von systemtheoretischen Unterscheidungen in ihrem Zusammenspiel vorgeführt, um einen Eindruck davon zu geben, wie diese Unterscheidungen in der Analyse der gesellschaftlichen Entwicklung ineinandergreifen. An die dafür zentralen Begriffe sei hier noch einmal erinnert. Ausgangspunkt war eine in der Soziologie über die Grenzen der Systemtheorie hinaus geläufige Unterscheidung zwischen *drei Gesellschaftstypen*:

---

89 Zum Zusammenhang zwischen institutionalisierten Formen der Selbstthematisierung und der Konstruktion personaler Identität im Kontext der modernen Gesellschaft vgl. Hahn/Willems 1996 und Hahn/Bohn 1999. Zu den Formen der Selbstthematisierung in der Individual- und Gruppentherapie vgl. besonders Hahn/Willems 1993 sowie Willems 1994 und 1999. Zur näheren Beleuchtung der Konjunktur von familienanalogen Communio-Konzepten aus der Perspektive der Systemtheorie vgl. Fuchs 1992, 207ff.

90 Vgl. dazu Giesen 1993, 59, der das hier behandelte Problem unter dem Stichwort "kollektive Identität" diskutiert, mit der folgenden These: "Wird Sozialität gänzlich auf abstrakte Interaktionsmedien wie Geld und Macht umgestellt, so verdampft das Problem der kollektiven Identität im schnellen Prozeß von Markt und Politik oder sucht sich alte und scheinbar überholte Lösungen. Primordiale Merkmale wie Geschlecht und Herkunft können dann mit neuer Aufmerksamkeit rechnen, und Lebenswelten erscheinen als kostbar und bewahrenswert." Zur kompensatorischen Funktion ethnischer und nationaler Konstruktionen kollektiver Identität aus systemtheoretischer Perspektive siehe auch Nassehi 1990.

den sogenannten *'primitiven'* Gesellschaften, den *hochkulturellen oder traditionalen* Gesellschaften und der *modernen* Gesellschaft.

Wir haben dann unterschieden zwischen *drei Ebenen der Systembildung*, nämlich den Ebenen der *Interaktion, der Organisation* sowie der *Gesellschaft*. Im Prozeß sozialer Evolution, so die Generalthese, heben sich die Systembildungsebenen der *Interaktion* und der *Gesellschaft* immer schärfer gegeneinander ab. In der modernen Gesellschaft schieben sich *Organisationen* zwischen diese beiden Ebenen. *Interaktionssysteme* grenzen sich mit Hilfe der Unterscheidung anwesend/abwesend gegenüber ihrer Umwelt ab. *Organisationen* produzieren Entscheidungen aus eigenen vorangegangenen Entscheidungen auf der Grundlage von Mitgliedschaft (über die ebenfalls in der Organisation entschieden wird). Mitglied/Nicht-Mitglied ist hier diejenige Differenz, welche die autopoietische Schließung innerorganisationeller Entscheidungskommunikation ermöglicht. Die *Gesellschaft* grenzt sich gegenüber der nicht-gesellschaftlichen Umwelt durch Kommunikation ab. Intern differenziert sie sich in verschiedene *primäre Teilsysteme* oberhalb der Systembildungsebenen Interaktion bzw. Organisation. Die Art dieser primären Teilsysteme variiert im Prozeß sozialer Evolution und definiert jeweils einen bestimmten Gesellschaftstyp.

Wir haben verschiedene *Formen gesellschaftlicher Differenzierung* kennengelernt, die jeweils einem bestimmten Gesellschaftstyp zuzuordnen sind: Die *primitiven* Gesellschaften sind *segmentär differenziert* in Verwandtschaftsgruppen und nach Wohngebieten. In den *hochkulturellen* Gesellschaften werden die Verwandtschaftsgruppen nach Rangdifferenzen hierarchisch geordnet und dadurch *soziale Schichten* (=Strata) gebildet; der segmentäre Differenzierungsmodus der primitiven Gesellschaften wird so durch das Prinzip der *stratifikatorischen Differenzierung* überlagert und als *primäre* gesellschaftliche Differenzierungsform verdrängt; die räumliche Differenzierung zwischen Wohngebieten wird transformiert in die Differenz zwischen den städtischen Herrschafts*zentren* und den Siedlungsgebieten an der *Peripherie* eines Herrschaftsgebietes. Die *moderne* (Welt)Gesellschaft ist gekennzeichnet durch die *funktionale Differenzierung* zwischen unterschiedlichen Teilsystemen, die sich zur Lösung wesentlicher gesellschaftlicher Bezugsprobleme ausdifferenzieren, die sich meist (aber nicht in jedem Fall!) auf der Grundlage symbolisch generalisierter Kommunikationsmedien reproduzieren und die durch die binäre Codierung ihrer Kommunikation gegenüber den übrigen Funktionssystemen in der innergesellschaftlichen Umwelt autopoietisch geschlossen sind.[91]

Schließlich haben wir gesehen, wie mit der Umstellung des primären gesellschaftlichen Differenzierungsprinzips im Laufe sozialer Evolution die unterschiedlichen Stufen der Generalisierung von Erwartungen, nämlich *Personen, Rollen, Programme und Werte*, stärker voneinander entkoppelt werden und dadurch unabhängig voneinander variieren können. Dabei ist der erreichbare Grad sozialer *Differen-*

---

91 Wie oben (Fußn.71) bereits erwähnt, verwenden nicht alle Funktionssysteme symbolisch generalisierte Medien als Operationsgrundlage, sondern nur diejenigen, deren Bezugsproblem in der *Ermöglichung der Annahme von Kommunikationen* unter Bedingungen besteht, unter denen sonst Ablehnung die wahrscheinlichere Reaktion wäre.

zierung auf der Ebene von Rollen jeweils abhängig vom *primären Prinzip gesellschaftlicher* Differenzierung. In den primitiven Gesellschaften limitiert das Gefüge der segmentär differenzierten Verwandtschaftsgruppen das erreichbare Ausmaß der Differenzierung von Rollen. In den hochkulturellen Gesellschaften ist die arbeitsteilige Differenzierung von Rollen eingebunden in den ständischen Aufbau der Gesellschaft, folgt also dem Prinzip stratifikatorischer Differenzierung. Erst in der modernen Gesellschaft entfallen die Restriktionen, die der *funktionsspezifischen Ausrichtung von Rollen* durch die *Struktur der Gesellschaft* (d.h. den dominierenden Typus gesellschaftlicher Differenzierung) jeweils gesetzt sind. Als wesentliches Vehikel, das die Herauslösung von Rollen aus den Kontexten von Familie und Stand sowie deren konsequente Orientierung an funktionsspezifischen Anforderungen ermöglicht, erweist sich dabei die Einrichtung von *Organisationen.* Tafel 9.10 stellt die zentralen Begriffe dieses Abschnitts (ergänzt um die Dimension der Evolution von Kommunikation) zusammen.

9.15 Die moderne Gesellschaft als Resultat der Evolution von Evolution

Bisher haben wir den Begriff der gesellschaftlichen Evolution ohne nähere Erläuterung verwendet. Die *Evolutionstheorie* ist die dritte Säule des Luhmannschen Theoriegebäudes, das neben die *Kommunikations-* und die *Systemtheorie* tritt und mit beiden eng verknüpft ist. Im folgenden sollen deshalb die Grundzüge der Luhmannschen Konzeption sozialer Evolution umrissen werden.

Luhmann versteht Evolution im Sinne der Darwinschen Evolutionstheorie als Prozeß, der auf den Funktionen der Variation, der Selektion und der Restabilisierung gründet. Er bezieht den Begriff der *Variation* auf die Ebene kommunikativer *Ereignisse*, den Begriff der *Selektion* dagegen auf die Ebene der *Erwartungsstrukturen*, die benutzt werden, um kommunikative Ereignisse miteinander zu verketten. *Restabilisierung* betrifft das *System*, das sich mit den durch Variation und Selektion erzeugten Strukturänderungen arrangieren muß.[92] Luhmanns Generalthese ist, daß Variation, Selektion und Restabilisierung erst im Laufe gesellschaftlicher Evolution auseinandertreten und Evolution sich dadurch selbst ermöglicht und beschleunigt. Diese These soll im folgenden entfaltet werden. Sehen wir zunächst zu, wie Luhmann die drei evolutionären Funktionen im einzelnen bestimmt.

Als *Variation* ist im Kontext sozialer Systeme jedes Kommunikationsereignis zu betrachten, das etablierte Erwartungen enttäuscht. Kommunikation impliziert unter normalen Bedingungen die (vom Adressaten erwartbare) Erwartung des Mitteilen-

---

92 Luhmann deutet die Kernbegriffe der Darwinschen Evolutionstheorie aus der Perspektive seiner System- und Kommunikationstheorie. Im Gegensatz dazu favorisiert die Mehrzahl der soziologischen Aneignungsversuche evolutionstheoretischer Konzepte deren *handlungstheoretische* Interpretation. Siehe dazu besonders Giesen/Schmid 1975, Giesen 1980b, Giesen/Lau 1981, Giesen/Junge 1998, Müller/Schmid 1995 und Schmid 1995.

Tafel 9.10: *Zum Zusammenhang zwischen Gesellschaftstypen, gesellschaftlichen Differenzierungsformen, Ebenen der Systembildung, der Evolution von Kommunikation und der Differenzierung sozialer Rollen*

	primitive Gesellschaften	hochkulturelle Gesellschaften	moderne Gesellschaft
primäre Differenzierungsform(en):	segmentär	stratifikatorisch und Zentrum/Peripherie	funktional
sekundäre Differenzierungsform(en):	——	segmentär	segmentär, stratifikatorisch und Zentrum/Peripherie
Ebenen der Systembildung:	Interaktion und Gesellschaft (wenig gegeneinander diff.)	Interaktion und Gesellschaft (Korporationen als Vorform von Organisationen)	Interaktion, Organisation und Gesellschaft
Evolution von Kommunikation:	lokal begrenzte, interaktionsnahe Gesellschaften	Differenzierung zwischen lokaler und überlokaler Kommunikation; Verwendung von Schrift als Verbreitungsmedium; Entstehung der symbolisch generalisierten Kommunikationsmedien	weltweite Kommunikation mit Hilfe von Schrift, Buchdruck und elektronischer Verbreitungsmedien; Nutzung der symbolisch generalisierten Kommunikationsmedien als Grundlage für die Ausdifferenzierung von Funktionssystemen
Differenzierung sozialer Rollen:	Differenzierung von Rollen nach Geschlecht, Alter und Position im Verwandtschaftsgefüge; keine spezialisierten Berufsrollen	spezialisierte Berufsrollen, eingebettet in das ständische Gefüge der Gesellschaft bzw. in Korporationen (Kirche, Klöster, Universitäten, Zünfte, Gilden)	hoch spezialisierte Berufsrollen, eingebettet in Organisationen, die (jeweils in Abhängigkeit von den dominierenden Organisationszielen) primär bestimmten gesellschaftlichen Funktionssystemen zugeordnet sind

den, daß die mitgeteilte Information angenommen wird.[93] Jede Ablehnung profiliert sich so als Durchbrechung von Erwartungen, die aufgrund des Ja/Nein-Codes der Sprache *explizit*, d.h. durch eine weitere Mitteilung vollzogen werden kann, mit der die Kommunikation zugleich fortgesetzt wird. In der "Sprachförmigkeit der Kommunikation" sieht Luhmann deshalb den primären Mechanismus evolutionärer Variation (Luhmann 1997, 459):

> "Variation kommt mithin durch eine Kommunikationsinhalte ablehnende Kommunikation zustande ... Ablehnung *widerspricht* der Annahmeerwartung oder auch einfach einer unterstellten Kontinuität des 'so wie immer'. Alle Variation tritt mithin als Widerspruch auf - nicht im logischen, aber im ursprünglicheren dialogischen Sinne" (Luhmann 1997, 461).[94]

Widerspruch kann dabei nicht nur als Reaktion auf eine vorausgehende Äußerung, sondern auch als initiative Thematisierung und Ablehnung verbreiteter Meinungen und Überzeugungen artikuliert werden. Von entscheidender Bedeutung ist, daß in jedem Fall sozial geltende Erwartungen in der Kommunikation negiert werden. *Variationen*, d.h. Kommunikationen, die bestimmte Erwartungen negieren, werfen die Frage auf, ob diese Erwartungen aufrechterhalten oder geändert werden sollen. Sie stellen damit das Problem der *Selektion*. Gleichgültig, ob es nun zur Änderung der Erwartungen kommt oder nicht, in jedem Falle findet Selektion statt, weil zwischen Änderung und Nicht-Änderung *entschieden* werden muß.

Solange Kommunikation, wie in den segmentär differenzierten Gesellschaften, ausschließlich interaktiv prozessiert, sind die Möglichkeiten der Variation eng begrenzt. Ablehnungen in der Gegenwart des anderen führen leicht dazu, daß dieser sich brüskiert und bloßgestellt fühlt, sich deshalb zur Wehr setzt und dafür Verbündete sucht. Sie erzeugen so leicht Konflikte, die sich in der zusammenlebenden Gruppe rasch ausbreiten, gewaltsame Form annehmen und die Einheit der Gruppe bedrohen können. Kleine, interaktionsnah gebildete Gesellschaften entwickeln deshalb starke Mechanismen der Konfliktrepression (vgl. Luhmann 1997, 466f.). Dazu gehört u.a. die normative Beschränkung der Möglichkeiten zur Äußerung offenen Widerspruchs in Situationen, in denen sich ein anderer bereits explizit

---

93 Konfliktkommunikationen weichen hiervon ab. In einer kontrovers geführten Diskussion kann der Proponent häufig erwarten, daß der Opponent seine Behauptungen und Begründungen nicht akzeptieren wird. Wie wir bei der Vorstellung der Konversationsanalyse gesehen haben, zeigt sich dies auch in einer entsprechend modifizierten Präferenzorganisation. Werden derartige Debatten vor Publikum ausgetragen, dann kann sich die Annahmeerwartung auf die Zuhörer richten.

94 Luhmann lokalisiert die Funktion der Variation hier auf der Ebene elementarer kommunikativer Ereignisse und nicht etwa auf der Ebene spezialisierter Rollen, wie etwa der Rolle des *Intellektuellen* mit der Begründung: "Evolutionäre Variation ist ein viel zu allgemeines, breites, massenhaftes Phänomen, als daß sie Spezialrollen überlassen bleiben könnte" (Luhmann 1997, 458). Daß Intellektuelle besondere Bedeutung im Rahmen bestimmter Innovationsprozesse erhalten können, wird damit nicht bestritten. - Als exemplarische Analyse zur innovativen Rolle der Intellektuellen, die deren Bedeutung für die Entwicklung des semantischen Syndroms der "Nation" in Deutschland rekonstruiert, siehe die Studie von Giesen 1993.

festgelegt hat.[95] Die Wahrscheinlichkeit von Variationen wird dadurch verringert.

Der primäre Mechanismus der *Selektion*, dies gilt für alle Gesellschaften, liegt in der Differenzierung von Interaktionssystemen und Gesellschaftssystem (Luhmann 1997, 478).[96] Selektion bezieht sich immer auf die Auswahl von Erwartungsstrukturen, die sich dazu *über die Grenzen eines Interaktionssystems hinaus* als durchsetzbar und reproduktionsfähig erweisen müssen. Das einzige, über die *aktuelle Interaktion* hinausweisende Selektionskriterium in einer Gesellschaft, in der noch jeder jeden kennt, ist, was andere *in anderen Interaktionen* dazu sagen werden, wenn sie mit der Variation von Erwartungen direkt konfrontiert werden. Variation und Selektion unterliegen deshalb in den primitiven Gesellschaften im wesentlichen den gleichen Beschränkungen. Eigenständige Selektionskriterien sind noch nicht entwikkelt. Zur *Selektion veränderter Strukturen* kommt es, wenn Variationen in der Interaktion akzeptiert, Erwartungen dementsprechend modifiziert und die modifizierten Erwartungen auch in anderen Interaktionskontexten übernommen werden.

Mit der Verwendung von *Schrift als Verbreitungsmedium* wird die Evolution von interaktionsspezifischen Einschränkungen entlastet. Der Schreibende ist freier, sich ablehnend auf andere Kommunikationen zu beziehen, weil er nicht ständig mit der Möglichkeit dadurch ausgelöster Konfrontationen rechnen muß. Das gleiche gilt für den Leser im Verhältnis zum Autor. Zugleich steigert die Reichweite schriftlicher Kommunikation das Innovationspotential einer Variation enorm. Sie "schafft die Möglichkeit, durch *eine* Änderung *vieles* ändern zu können, und zwar unabsehbar vieles" (Luhmann 1997, 464). Mit dem Wegfall des Annahmedrucks direkter Interaktion wird es jedoch, wie oben (Kap.9.12) schon vermerkt, extrem unwahrscheinlich, Annahmebereitschaft für Kommunikation, und erst recht für abweichende Kommunikation, zu finden. Dadurch sinken die Chancen der Selektion von Abweichungen, trotz steigender Variationshäufigkeit.

---

95 Z.B. durch Verbot des offenen Widersprechens beim Palaver, differenziert nach Alterskategorien, d.h. mit besonderem Gewicht darauf, daß die Jüngeren den Älteren (die vor den Jüngeren zu Wort kommen) nicht widersprechen dürfen. Die Möglichkeit des Widersprechens wird dadurch freilich nicht definitiv eliminiert. Vielmehr werden Barrieren erzeugt, welche die Entscheidung für diese Möglichkeit entmutigen und ihre Auswahl dadurch unwahrscheinlicher machen bzw. Strategien der Tarnung stimulieren, indem sachlich divergierende Äußerungen rhetorisch als Zustimmung maskiert werden.

96 Die darwinistische Evolutionstheorie lokalisiert Variation auf der Ebene des einzelnen Organismus oder allgemeiner formuliert, des *Systems* und weist der *Umwelt* die Rolle der Selektionsinstanz zu. Unter den Prämissen der Theorie *autopoietischer Systeme* ist die Möglichkeit der direkten Intervention der Umwelt in den Binnenkontext des Systems ausgeschlossen. Die Selektion gesellschaftlicher Erwartungsstrukturen kann deshalb nicht von außen, sondern muß durch die Gesellschaft selbst vollzogen werden. Die Umwelt *limitiert nur die Freiheitsgrade*, in deren Grenzen sich Erwartungsstrukturen bewegen müssen, um reproduktionsfähig zu sein, ohne jedoch eine Auswahl aus der unbestimmbar großen Menge möglicher Erwartungen zu treffen, die innerhalb dieser Freiheitsgrade liegen. (Um ein Beispiel für die Begrenzung reproduktionsfähiger Erwartungsstrukturen durch die Umwelt zu geben: Eine Gesellschaft, in der die Erwartung, daß alle Menschen ohne Hilfsmittel - von Hausdächern und Berggipfeln startend - fliegen können, hartnäckig als alltägliche Handlungsgrundlage benutzt wird, würde bald die psychischen und physischen Systeme ruinieren, mit denen Kommunikation strukturell gekoppelt sein muß, um operationsfähig zu sein.)

Überwunden werden kann diese Schwelle der erhöhten Unwahrscheinlichkeit evolutionärer Änderungen durch die Entwicklung der *symbolisch generalisierten Kommunikationsmedien*. Sie ermöglichen es, hinreichende Annahmemotivation auch für ungewöhnliche Sinnofferten zu mobilisieren und Erwartungen umzustrukturieren. *Religion,* gestützt auf das Medium *Glaube* (das in den hochkulturellen Gesellschaften allerdings noch nicht gegenüber dem Medium *Wahrheit* differenziert und eng mit magisch-ritualistischen Elementen verknüpft ist), stellt "geheiligte Selektionskriterien" für die Sortierung von Variationen zur Verfügung (Luhmann 1997, 480). *Politische Herrschaft*, die sich des Kommunikationsmediums *Macht* bedient, erlaubt es, überkommenen Erwartungen zuwider zu handeln, andere zur Erfüllung entsprechender Anweisungen zu veranlassen und dazu passende neue Erwartungen durchzusetzen. Die evolutionären Funktionen der Variation und Selektion werden damit deutlich gegeneinander differenziert. Die *Verbreitungsmedien* (Schrift, Buchdruck, später die Printmedien und die elektronischen Massenmedien) dienen der Erzeugung und Verbreitung von Variationen. Die symbolisch generalisierten *Erfolgsmedien* (Glaube, Macht, Eigentum, Wahrheit, Liebe etc.) der Kommunikation fungieren vor allem als *Selektions*einrichtungen, die auch ohne den Anpassungsdruck der direkten Interaktion dafür sorgen, daß erwartungsdiskrepante Sinnofferten mit hinreichender Wahrscheinlichkeit angenommen und Erwartungsstrukturen dementsprechend revidiert werden. Historisch finden wir Schriftgebrauch sowie die frühesten symbolisch generalisierten Kommunikationsmedien in den *hochkulturellen Gesellschaften*.

Während der Begriff der Variation sich auf die Ebene kommunikativer *Ereignisse* und der Begriff der Selektion auf die Auswahl von *Erwartungsstrukturen* bezieht, verweist der Begriff der *Restabilisierung* auf die Ebene des *(Gesellschafts)systems*.[97] Werden neue Strukturen seligiert, dann müssen sie ins System eingepaßt, d.h. mit den übrigen Strukturen des Systems abgestimmt werden. Kompatibilitätsprobleme zwischen etablierten und neu seligierten Strukturen werden als *strukturelle Widersprüche* sichtbar. Voraussetzung dafür, daß die evolutionären Funktionen der Selektion und der Restabilisierung auseinandertreten, ist ein hinreichendes Maß struktureller Komplexität der Gesellschaft, das es ausschließt, Kompatibilitätsprobleme als Kriterium für Selektion zu verwenden.

In den primitiven Gesellschaften ist ein solches Komplexitätsniveau noch nicht erreicht. Gesellschaft und Interaktion sind hier noch zu wenig voneinander differenziert: Veränderte Erwartungen, die sich auf Personen sowie Geschlechts-, Alters- und Verwandtschaftsrollen beziehen, sind seligiert, wenn sie in unterschiedlichen, raum-zeitlich und durch personelle Kontinuität miteinander vernetzten Interaktionssystemen praktiziert werden. Weil die Gesellschaft nicht weiter reicht, ist mit dem Einbau von Erwartungen in die allen bekannten Personen- und Rollenvor-

---

97   Im Kontext der Darwinschen Theorie der Evolution von Lebewesen wird die "Funktion der Restabilisierung durch Bildung von Populationen erfüllt - Population hier begriffen als reproduktionsfähige Isolation eines Gen-Pools, der in begrenztem Umfange Variationen aufnehmen und in die Reproduktion einbeziehen kann" (Luhmann 1997, 486).

stellungen, d.h. mit der *Selektion* von Erwartungsstrukturen, zugleich die (jeweils vorläufige) *Stabilisierung* des Gesellschaftssystems erreicht. Ändern sich die gewohnten situativen Bedingungen der Interaktion, dann können unterschiedliche Erwartungen, die bisher gleichermaßen erfüllt werden konnten, miteinander in Widerstreit geraten mit der Folge, daß es immer wieder zur Verletzung der einen oder anderen Erwartung kommt.[98] Solche strukturellen Widersprüche werden als *Probleme der Selektion* verarbeitet, d.h. durch die Auswahl der besser passenden Erwartungsstrukturen gelöst.

Die *Differenzierung von Selektion und Restabilisierung* ist erst möglich, wenn *Systemdifferenzierung* als Verfahren zur Auflösung struktureller Widersprüche eingesetzt werden kann. Inkompatible Erwartungen werfen dann nicht mehr notwendig die Frage nach der Änderung der einen oder anderen Erwartung (d.h. ein *Selektions*problem) auf, sondern können gleichermaßen aufrechterhalten und auf verschiedene Subsysteme der Gesellschaft verteilt werden. Primitive Gesellschaften sind in gleichartig strukturierte Segmente wie Familien, Sippen und Clans differenziert, welche jeweils dieselben sozialen Positionen und daran gebundenen Rollenerwartungen vorsehen. Die Gleichartigkeit der gesellschaftlichen Teilsysteme macht es unmöglich, strukturelle Widersprüche durch Systemdifferenzierung zu lösen.[99] Wenn überall im wesentlichen die gleichen Erwartungen gelten, treten auch überall die gleichen Konsistenzprobleme auf.

Erst wenn *ungleiche Systeme* gebildet werden können ist es möglich, strukturelle Widersprüche durch Systemdifferenzierung zu entschärfen. Die Hochkulturen verfügen über diese Möglichkeit. Sie gründen auf dem Prinzip der *stratifikatorischen* Differenzierung sowie der Differenzierung zwischen *Zentrum und Peripherie*. Das ermöglicht die Bewältigung von Inkompatibilitäten durch Externalisierung (vgl. Luhmann 1997, 489f.): Für uns hier gelten diese Erwartungen, für andere bzw. an anderen Orten jene. Gestützt auf die für sie charakteristischen Formen gesellschaftlicher Differenzierung können Hochkulturen unvereinbare Erwartungen zum Teil räumlich separieren, vor allem aber auf die verschiedenen, hierarchisch geordneten Schichten der Gesellschaft verteilen.

Die externalisierten Widersprüche verschwinden freilich nicht, sondern nehmen die Form von Gegensätzen zwischen Teilsystemen an, die durch eine darauf zugeschnittene Semantik aufgefangen, d.h. sozial legitimiert werden müssen. Politische Herrschaft etwa erzeugt dauerhafte *Asymmetrien zwischen Herrschenden und Beherrschten*, die mit der *gemeinsamen Zugehörigkeit* zu derselben Gesellschaft dadurch vereinbar gemacht werden, daß herrschende und beherrschte Familien unterschiedli-

---

98 So z.B. könnte die Verteilungsregel, nach der bestimmte Personen eines Stammes (etwa die Ältesten oder der Häuptling) einen größeren Anteil der gemeinsamen Jagdbeute erhalten, bei verringertem Wildbestand und dadurch reduzierten Jagderträgen mit der Erwartung kollidieren, daß alle genug bekommen, um nicht (ver)hungern zu müssen.

99 Möglich ist es natürlich, *Rollen*differenzierung zur Auflösung struktureller Widersprüche zu verwenden. Doch das würde nur heißen, Konsistenzprobleme auf der Ebene von Strukturänderungen und nicht von *System*differenzierung zu bearbeiten und sie damit wiederum durch geeignete *Selektionen* zu lösen.

chen Schichten als Teilsystemen zugeordnet und die divergierenden Verhaltensanforderungen über die religiöse Legitimation stratifikatorischer Differenzierung
gerechtfertigt werden.

Selektion und Restabilisierung sind in den hochkulturellen Gesellschaften noch
eng miteinander verbunden. Diese Gesellschaften "müssen die in sie eingebauten
Ungleichheiten verteidigen, müssen *Unruhen abwehren* und benötigen daher eine
stabilitätsbezogene Semantik, an der sie die Selektionen orientieren" (Luhmann 1997,
499; Hervorhebungen von mir, W.L.S.). Stabilität erscheint hier als Zustand, der
nicht gefährdet werden darf, und Selektionen müssen darauf Rücksicht nehmen.
Strukturänderungen sind möglich, sogar "Revolutionen", jedoch nur im älteren
Sinne des Begriffs, der die *Wiederherstellung der alten Ordnung* meint.[100] Kontinui-
tätsbrüche können nur legitimiert werden, wenn es gelingt, den gegenwärtigen
Zustand als Abweichung von der überkommenen heiligen Ordnung darzustellen,
die durch Rückkehr zu den überlieferten Geboten wieder aufgerichtet werden muß.
Mit dem Gebrauch von Schrift zur Aufzeichnung der Überlieferung werden solche
Legitimationsversuche zudem besser überprüfbar und müssen verstärkt mit Wider-
spruch rechnen, der die angebliche Wiederherstellung der alten Ordnung selbst als
Abweichung von ihr zu diskreditieren sucht.

Selektion und Restabilisierung bleiben so lange eng miteinander verknüpft, wie
Selektion mit Rücksicht auf den Stabilitätsbedarf der Gesellschaft praktiziert wird.
Die Differenzierung dieser beiden evolutionären Funktionen ist erst möglich, wenn
sich die Gesellschaft auf *reaktive Verfahren der Stabilisierung* umstellt, die erst *nach*
dem Vollzug von Selektion wirksam werden (vgl. Luhmann 1997, 491). Dazu
kommt es mit der Umstellung der Gesellschaft auf *funktionale Differenzierung* und
d.h.: in der *modernen Gesellschaft*. Die Funktionssysteme verwenden instabile
Kriterien der Selektion, wie marktlagenabhängig schwankenden *Profit* in der Ökonomie, *Positivität* des Rechts (= Änderbarkeit durch rechtlich regulierte Verfahren),
methodische Begründung von Aussagen (die aber durch neue Forschungsergebnisse
jederzeit revidierbar sind) in der Wissenschaft, vergängliche *Passion* in Intimbeziehungen etc. (vgl. Luhmann 1997, 493). Gegenstand der Selektion sind die Erwartungs*programme* der Funktionssysteme (z.B. Investitions- und Konsumprogramme,
politische Programme, Gesetze, wissenschaftliche Theorien). Dabei ziehen die
Funktionssysteme jeweils diejenigen Erwartungsstrukturen an sich, die zur Erfüllung ihrer Funktion geeignet und auf ihren Code beziehbar sind und verweisen alle
anderen Erwartungen in die Umwelt des Systems.

Die Selektionskriterien fungieren hier als Metaprogramme: Sie sind "Programme
für die Programmierung der codierten Funktionssysteme" (Luhmann 1997, 494).
Ihre Instabilität hat zur Folge, daß sie selbst zu den *wichtigsten Quellen der Anre-
gung von Variation* werden: In der Ökonomie fließen Kapitalströme jeweils dort-

---

100 Noch in der englischen Revolution von 1642 wurde der Begriff "Revolution" in diesem älteren Sinne
verwendet. Der moderne Wortgebrauch ist durch die französische Revolution bestimmt, die sich
selbst als radikale, die alte Ordnung vernichtende Umwälzung verstand und den Begriff der Revolution in diesem Sinne umdeutete.

hin, wo die profitabelsten Investitionsmöglichkeiten vermutet werden; in der Politik greifen Parteien neue Themen auf und ändern ihre Programme, wenn zu erwarten ist, daß sich dadurch Wählerstimmen gewinnen lassen; das Recht stellt Verfahren zu seiner Änderung zur Verfügung, die von der Politik genutzt werden können; die Wissenschaft sucht nach besser begründeten und erklärungsstärkeren Theorien; nachlassende Passion veranlaßt zur Suche nach einem neuen Partner. Die Funktionssysteme sind auf ständige Änderungen ausgelegt und benötigen sie zur Erfüllung ihrer jeweiligen Funktion. Sie sind "*auf Variation hin stabilisiert* ..., so daß der Stabilisierungsmechanismus zugleich als Motor der evolutionären Variation fungiert. Das beschleunigt die gesellschaftliche Evolution in einem bisher unbekannten Ausmaß. Wie in einem Kurzschluß scheinen *Stabilisierung und Variation zusammenzufallen*" (Luhmann 1997, 494; Hervorhebungen von mir, W.L.S.), und die Semantik der modernen Gesellschaft trägt dem Rechnung, indem sie "Neuheit, Kritik, Abwechselung, also Variation als solche devianzfrei konzipier(t) und willkommen heiß(t)" (Luhmann 1997, 494f.). *Organisationen,* "die sich selbst und ihre Entscheidungspraxis durch Entscheidung ändern können" (Luhmann 1997, 492), ohne besondere Rücksichten auf die Erwartungen nehmen zu müssen, die in ihrer Umwelt gelten, versorgen die Funktionssysteme mit der nötigen Kapazität zur raschen Änderung ihrer Programme.

Fassen wir zusammen: Luhmann beschreibt Evolution als zirkulär geschlossenen, sich selbst steigernden Prozeß, in dessen Verlauf sich die evolutionären Funktionen der Variation, Selektion und Restabilisierung gegeneinander differenzieren. In den *primitiven Gesellschaften*, in denen Kommunikation ausschließlich in der Interaktion unter Anwesenden prozessiert, sind diese Funktionen noch kaum unterscheidbar. Die Ermöglichung interaktionsfreier Kommunikation durch Schriftgebrauch in den *hochkulturellen Gesellschaften* steigert die Wahrscheinlichkeit von Variationen. Die gleichzeitig anlaufende Formierung *symbolisch generalisierter Kommunikationsmedien* stellt die dazu passenden Selektionseinrichtungen zur Verfügung. Die Funktionen der Variation und der Selektion treten damit deutlich auseinander. Kaum differenziert sind hingegen die Funktionen der Selektion und Restabilisierung. Selektion bleibt hier noch bezogen auf den Stabilitätsbedarf der stratifizierten und nach Zentrum und Peripherie differenzierten Gesellschaft. Erst mit der Umstellung auf reaktive Formen der Restabilisierung, die nach vollzogener Selektion wirksam werden und durch die Etablierung instabiler Selektionskriterien in den Funktionssystemen der *modernen Gesellschaft*, können auch die Funktionen der Selektion und Restabilisierung gegeneinander differenziert werden. Dabei wird "Stabilität selbst zu einem dynamischen Prinzip und indirekt dann zu einem Hauptanreger von Variation" (Luhmann 1997, 492), so daß sich jetzt die Funktionen der Restabilisierung und Variation miteinander kurzschließen. Das Resultat ist die dramatische Beschleunigung sozialer Evolution, erreicht durch das Auseinanderziehen der evolutionären Funktionen, das selbst Produkt der Evolution von Gesellschaft ist. Durch die Differenzierung dieser Funktionen ermöglicht und beschleunigt die Evolution auf zirkuläre Weise sich selbst und erzeugt gesellschaftliche Strukturen hoher Komplexität. Die moderne Gesellschaft erweist sich so als Resultat der Evolution von Evolution, oder - wie Luhmann auch formuliert - der "Autopoiesis der Evolution" (Luhmann 1997, 504f.). - Die Tafeln 9.11 und 9.12 stellen noch einmal die wesentlichen Gesichtspunkte der Luhmannschen Evolutionstheorie zusammen.

Tafel 9.11:   *Evolutionäre Funktionen und ihre Differenzierung*

	VARIATION	SELEKTION	RESTABILISIERUNG
Bezugseinheiten:	kommunikative Ereignisse	Erwartungsstrukturen	Gesellschaftssystem
evolutionäre Mechanismen:	Ja/Nein-Code der Sprache	symbolisch generalisierte Kommunikationsmedien	Differenzierung der Gesellschaft in verschiedene Teilsysteme

Tafel 9.12:   *Ebenen der Verankerung der evolutionären Funktionen in Abhängigkeit vom Gesellschaftstyp*

	VARIATION	SELEKTION	RESTABILISIERUNG
primitive Gesellschaften:	Interaktion	Interaktion	segmentäre Differenzierung
	(Keine Differenzierung zwischen Variation, Selektion und Restabilsierung)		
hochkulturelle Gesellschaften:	Interaktion und Schrift als Verbreitungsmedium	symbolisch generalisierte Kommunikationsmedien	stratifikatorische Differenzierung und Differenzierung von Zentrum und Peripherie
	(Differenzierung zwischen Variation einerseits und Selektion/Restabilisierung andererseits)		
moderne Gesellschaft:	Interaktion und Schrift, Buchdruck, Presse und elektronische Massenmedien	symbolisch generalisierte Kommunikationsmedien und die Selektionsprogramme der Funktionssysteme	funktionale Differenzierung
	(Differenzierung zwischen Variation und Selektion sowie Selektion und Restabilisierung, jedoch Auflösung der Differenz zwischen Variation und Restabilisierung)		

Die moderne Gesellschaft ist - als Ergebnis sozialer Evolution - in Funktionssysteme differenziert. Diese These teilt Luhmann mit Parsons und Habermas. Dadurch, daß Luhmann soziale Systeme als *autopoietische* Systeme konzipiert, erfährt diese These jedoch eine besondere Zuspitzung. Wenn jedes Funktionssystem gegenüber allen anderen Funktionssystemen der Gesellschaft abgeschlossen ist, dann wird dadurch in besonderem Maße die Frage virulent, wie das Problem der *gesellschaftlichen Integration* dieser Systeme gelöst werden kann. Dieser Frage wollen wir uns nun zuwenden.

9.16   Die moderne Gesellschaft als Population strukturell gekoppelter Funktionssysteme

Wie zuvor schon Parsons beschreibt Luhmann die moderne Gesellschaft als Ensemble von Funktionssystemen. Im Gegensatz zu Parsons betrachtet Luhmann den exklusiven Bezug auf eine bestimmte Funktion jedoch nicht als ausreichende Grundlage für die Ausdifferenzierung eines eigenständigen Funktionssystems. Hinzu kommen muß die Orientierung der Operationen des Systems an einem systemeigenen Code (Luhmann 1997, 748). Ebenfalls anders als Parsons, bei dem das AGIL-Schema genau vier analytisch abgeleitete Bezugsprobleme vorgibt, die zum Anknüpfungspunkt für die Ausdifferenzierung einer entsprechenden Anzahl von Funktionssystemen werden können, trifft Luhmann hier keine theoretische Vorentscheidung. Die Anzahl bedeutsamer gesellschaftlicher Probleme bleibt für ihn ebenso wie die Zahl von Funktionssystemen, die für die Bearbeitung dieser Probleme historisch entstehen, eine nur empirisch zu beantwortende Frage.

Bei der Analyse sozialer Differenzierungsprozesse arbeitet die Parsonssche Systemtheorie mit der Unterscheidung von *Differenzierung und Integration*: Wenn ein System in Subsysteme differenziert ist, müssen zugleich integrierende Mechanismen identifizierbar sein, die verhindern, daß das System zerfällt. Nur wenn solche Mechanismen festgestellt werden können, kann erklärt werden, wie das differenzierte System seine Einheit erhält. Neben der Konzipierung des AGIL-Schemas und der ihm zugeordneten Funktionssysteme als Kontrollhierarchie (mit dem kulturellen Treuhandsystem und den ihm zugeordneten *gemeinsamen Werten* an der Spitze) sind es in der Parsonsschen Theorie vor allem die *symbolisch generalisierten Interaktionsmedien*, die - auf dem Wege des gegenseitigen doppelten *Austauschs benötigter Leistungen* zwischen den Funktionssystemen - für die Integration der modernen Gesellschaft sorgen.

Auch bei Luhmann geben die Funktionssysteme Leistungen an andere Funktionssysteme ab. Aus dem Wirtschaftssystem fließen z.B. Geldbeträge als Steuern ins politische System und können dort zur Finanzierung politischer Programme verwendet werden. Die Wissenschaft betreibt u.a. anwendungsorientierte Forschung, auf deren Grundlage im ökonomischen System neue Produkte erzeugt, im Gesundheitssystem neue Therapieverfahren entwickelt oder im politischen System Grenzwerte (z.B. für die Emission bestimmter Schadstoffe) in Gesetzesvorlagen festgelegt werden können. Wissenschaftliche Forschung kann umgekehrt aus Steuermitteln oder durch Wirtschaftsunternehmen finanziert werden usw.

Luhmann sieht dabei jedoch keinen symmetrischen Ausgleichsmechanismus am Werk, der für die zuverlässige Befriedigung systemischer Funktionsbedürfnisse sorgt. Forschungsfinanzierung kann zu Ergebnissen führen, die in keinem anderen Funktionssystem verwendbar sind, die aber unter dem Gesichtspunkt des Gewinns neuer theoretischer Einsichten für das Wissenschaftssystem hoch interessant sein können. Die aufwendigste Arbeitsmarktpolitik kann wirkungslos bleiben oder gar kontraproduktive Effekte erzeugen. Das Erziehungssystem kann eine immer größere Zahl von Absolventen mit höheren Schulabschlüssen aus seiner Obhut entlassen, die dennoch nicht diejenigen Qualifikationen vorweisen, die von der Wirtschaft nachgefragt werden.

Was als Leistung zählt und wirksam wird, entscheidet sich jeweils im Abnehmersystem. Das Leistungen erzeugende System verfährt bei deren Produktion nach seinen eigenen Kriterien. Abnahme- und Erfolgsgarantien gibt es dabei nicht. Die These der operativen Schließung sozialer Systeme liefert die theoretische Grundlage für die Generalisierung hier zu beobachtender Diskrepanzen zwischen verschiedenen Funktionssystemen. Derartige Diskrepanzen erscheinen unter der Prämisse des Autopoiesiskonzeptes nicht als kontingente Störungen (wie Parsons sie verbuchen würde), sondern als theorienotwendig zu erwartender Befund. Eine Synchronisation der Funktionssysteme über den Austausch von Leistungen erscheint deshalb für Luhmann nicht möglich.

9.16.1 Strukturelle und operative Kopplungen zwischen den Funktionssystemen

Autopoietische Geschlossenheit der Funktionssysteme heißt jedoch nicht, daß es für das Prozessieren der Funktionssysteme völlig irrelevant wäre, was in der innergesellschaftlichen Umwelt geschieht. Wenn etwa wissenschaftliche Theorien, die im Widerspruch zum Inhalt heiliger Texte stehen, als Irrlehren verfolgt und die Universitäten in Anstalten verwandelt würden, die nur noch der selektiven Überlieferung von Wissen nach Maßgabe religiöser Unbedenklichkeit und politischer Opportunität dienen, dann würde die Kommunikation im Funktionssystem Wissenschaft eingeschnürt und auf einen engen Bereich 'unproblematischer' Themen beschränkt. Jenseits dieses Bereiches könnte sie wohl nur in der Illegalität geheimer Zirkel fortgesetzt werden, in denen Kommunikation sich in enger Bindung an die Interaktion zwischen Anwesenden und unter konspirativen Bedingungen (restriktive Zulassung von Teilnehmern, persönlicher Weitergabe von Manuskripten etc.) vollzöge.[101]

---

101 Ich gestehe zu, daß diese Darstellung an der Vergangenheit orientiert und insofern vielleicht historisch überholt ist, weil sie von der Möglichkeit transinteraktioneller Kommunikation via Internet absieht, die auch in totalitären Staaten schwer zu kontrollieren ist. Die Frage, inwiefern bestimmte Funktionssysteme dadurch resistenter gegenüber möglichen Umweltveränderungen werden als dies in der Vergangenheit je der Fall war, kann hier nur aufgeworfen, aber nicht näher diskutiert werden.

Zwar kann die Autopoiesis der Funktionssysteme nicht von der Umwelt gesteuert werden, weil sie sich durch die rekursiv geschlossene Verknüpfung eigener Operation vollzieht, in der systemeigene Erwartungsstrukturen aufgebaut, benutzt und reproduziert bzw. transformiert werden. Sie ist aber auf eine Umwelt angewiesen, die ihre Fortsetzung ermöglicht und muß deshalb *bestimmte Umweltbedingungen als Bedingungen der Möglichkeit ihres Operierens dauerhaft voraussetzen*. Werden diese Voraussetzungen beeinträchtigt, dann folgen daraus Einschränkungen für die Autopoiesis des betroffenen Systems. Werden diese Voraussetzungen zerstört, dann wird der Prozeß autopoietischer Reproduktion blockiert und das System damit destruiert. Luhmann verwendet für diese Art der *Umweltabhängigkeit* den bereits oben (bei der Diskussion des Verhältnisses von psychischen und sozialen Systemen) eingeführten Begriff der *strukturellen Kopplung*. Bei der Beschreibung der Beziehung zwischen den Funktionssystemen der modernen Gesellschaft rückt dieser Begriff an die Stelle des von Parsons verwendeten Begriffs der *Integration*. Oder in Luhmanns Worten:

> "In der klassischen soziologischen Diskussion von Durkheim bis Parsons ist dies Problem (der gleichzeitigen Autonomie und des Zusammenhangs der gesellschaftlichen Teilsysteme, W.L.S.) mit dem Schema *Differenzierung/Integration* behandelt worden. Die Aufgabe der Soziologie lag dann in der Suche nach Formen der Integration, die zu funktionaler Differenzierung passen. Wir ersetzen dieses Schema durch die Unterscheidung von *Autopoiesis und struktureller Kopplung*" (Luhmann 1997, 778; Hervorhebung von mir, W.L.S.).

Die autopoietische Schließung eines Systems bedeutet, daß es sich von einer Vielzahl möglicher Änderungen in seiner Umwelt unabhängig macht, denen gegenüber es sich indifferent verhält und die keine Konsequenzen für sein internes Operieren haben. Diese Unabhängigkeit ist jedoch nur dadurch erreichbar, daß es zugleich andere ausgewählte Bedingungen in seiner Umwelt in gesteigertem Maße beanspruchen muß. Um diese These erneut am Beispiel des Wissenschaftssystems zu illustrieren: Solange wahrheitsbezogene Kommunikation noch nicht als eigenes Funktionssystem ausdifferenziert war, war sie gut beraten, auf Religion Rücksicht zu nehmen. Wenn nicht, sorgte die Inquisition für die Einhaltung der durch die Religion abgesteckten Grenzen.[102] Die moderne Wissenschaft kann es sich leisten, Religion, aber auch Fragen der Moral, Gesichtspunkte politischer Opportunität und ökonomischer Rentabilität (letzteres vor allem im Bereich der Grundlagenforschung) in weitem Maße zu ignorieren, ohne problematische Rückwirkungen befürchten zu müssen.[103] Sie ist dafür jedoch in gesteigertem Maße abhängig von entsprechenden *Rechts*garantien (grundgesetzlich garantierte Freiheit von Forschung und Lehre) und deren *politischer* Durchsetzung sowie der Bereitstellung staatlicher Mittel.

---

102 Was passieren konnte, wenn hier bestehende Zusammenhänge ignoriert wurden, zeigen Fälle wie die von Giordano Bruno oder, mit glimpflicherem Ausgang, von Galileo Galilei.

103 An Debatten, wie sie z.B. die Gentechnik ausgelöst hat, wird freilich deutlich, wo die Grenzen dieser sozial zugestandenen Indifferenz erreicht sein könnten.

Strukturelle Kopplungen können stärker oder schwächer sein. Systeme, zu denen ein Funktionssystem stärkere Kopplungen unterhält, durch die es also in besonderem Maße beeinflußt wird, können als *"Anlehnungssysteme"* beschrieben werden (vgl. Stichweh 1994, 174ff., hier zitiert nach Luhmann 1997, 780). Je zahlreicher die Umweltsysteme sind, zu denen ein Funktionssystem strukturelle Kopplungen unterhält, desto geringer ist die Gefahr, in dauerhafte Abhängigkeit zu geraten und desto größer ist infolgedessen der Autonomiespielraum des Systems. Die funktionale Differenzierung der modernen Gesellschaft sorgt dafür, daß jedes Funktionssystem in seiner Umwelt eine große Anzahl anderer Funktionssysteme vorfindet, zu denen es Beziehungen struktureller Kopplung herstellen kann, so daß die Voraussetzungen für ein hohes Maß systemischer Autonomie erfüllt sind (vgl. wiederum Luhmann 1997, 780).

Nennen und erläutern wir einige der bedeutsamen strukturellen Kopplungen zwischen Funktionssystemen (vgl. zum folgenden Luhmann 1997, 781ff.):

-- *Steuern und Abgaben* koppeln Wirtschaft und Politik. Sie stellen für die Politik Ressourcen zur Finanzierung politischer Programme zur Verfügung. Umgekehrt hat die Höhe der steuerlichen Abschöpfung, wie auch die damit direkt oder indirekt finanzierte Nachfrage nach Gütern und Dienstleistungen, erhebliche strukturelle Effekte im ökonomischen System.
-- Recht und Politik sind über die *Verfassung* miteinander gekoppelt, die politische Entscheidungen der Anforderung der Verfassungskonformität unterwirft und es umgekehrt ermöglicht, politische Programme durch parlamentarische Beschließung von Gesetzesvorlagen in geltendes Recht zu transformieren.
-- *Eigentum und Vertrag* fungieren als strukturelle Kopplungen zwischen Recht und Ökonomie. Die Verfügung über Eigentumsrechte an Geld und Gütern ist die Voraussetzung für Kauf und Verkauf als Operationen im ökonomischen System. Verträge statten vereinbarte ökonomische Transaktionen mit rechtlicher Verbindlichkeit und Durchsetzungsfähigkeit auf dem Wege der Klage aus.
-- Das Wissenschafts- und das Erziehungssystem sind durch die *Organisationsform Universität* miteinander gekoppelt, deren *Organisationsziele Forschung und Lehre* umfassen und die diese beiden Ziele als verbindliche *Aufgabenbeschreibung mit der Rolle des Hochschullehrers* verknüpft.
-- Die Kopplung von Erziehungssystem und Wirtschaftssystem wird über *Zeugnisse und Zertifikate* erreicht. Sie bescheinigen, daß Absolventen von Schulen und Universitäten über bestimmte Qualifikationen verfügen, die am Arbeitsmarkt nachgefragt werden können. Mangelnde 'Produktion' von Absolventen mit dem von Unternehmen nachgefragten Qualifikationsprofil führt zu Engpässen in der Ökonomie. Umgekehrt kann die plötzliche Nachfragesteigerung nach Absolventen bestimmter Ausbildungsgänge über deren erhöhte Attraktivität die Überlastung der entsprechenden Ausbildungskapazitäten im Erziehungssystem zur Folge haben.

Strukturelle Kopplungen sind gleichsam *Schnellstraßen für die Erzeugung wechselseitiger Irritationen,* die in jedem der gekoppelten Systeme durch die Aktivität des anderen ausgelöst werden können. Dabei bleibt jedes System für das andere undurchschaubar. Es kann daher kaum zuverlässig kalkuliert werden, auf welche Weise Operationen und Strukturänderungen im einen System sich im anderen auswirken.

Strukturelle Kopplungen werden ergänzt (oder genauer: in der Kommunikation kontinuierlich reproduziert) durch *operative* Kopplungen (vgl. Luhmann 1997, 788). Im Unterschied zu den *dauerhaft* vorauszusetzenden *strukturellen* Kopplungen sind die *operativen* Kopplungen jeweils auf *Ereignislänge* (nämlich auf die Dauer einzelner Operationen bzw. Operationensequenzen) begrenzt und müssen immer wieder neu hergestellt werden: *Steuern* (die als gesetzlich fixierte Verpflichtung zur Zahlung von Abgaben an den Staat eine Einrichtung der strukturellen Kopplung zwischen Ökonomie und Politik sind) fallen in wechselnder Höhe an und müssen *gezahlt,* d.h. durch *Operationen* prozessiert werden, die in jedem der strukturell gekoppelten Systeme anschlußfähig sind; ständig werden Eigentumsansprüche übertragen und Verträge geschlossen, Gesetze verabschiedet, Bildungszertifikate erworben, Forschungsergebnisse in Universitätsseminaren vorgetragen etc. Jede dieser kommunikativen Operationen ist gleichsam *janusköpfig,* ist Operation in jedem der strukturell gekoppelten Systeme und dennoch nicht für jedes System dieselbe Operation. Ein *"Mehrerlei-Ereignis"*,[104] dessen Sinn aus der Binnenperspektive jedes der gekoppelten Systeme anders bestimmt ist und das deshalb die momenthafte Kopplung verschiedener überschneidungsfrei operierender Systeme ermöglicht.

Der Sinn von Ereignissen, dies hatten wir oben bei der Diskussion des Begriffs der operativen Kopplung zwischen psychischen und sozialen Systemen bereits festgestellt, wird jeweils durch die Folgeereignisse definiert, die daran anschließen. Diese Folgeereignisse divergieren zwischen den gekoppelten Systemen auf charakteristische Weise. In jedem Funktionssystem plazieren die Anschlußoperationen das vorausgegangene Ereignis im Binnenkontext des je eigenen Mediencodes und spezifizieren es damit als systemeigene Operation. - Am Beispiel von *operativen Kopplungen,* die Eigentum und Vertrag als Einrichtungen der *strukturellen Kopplung* zwischen Recht und Wirtschaft in Anspruch nehmen: Wenn Eigentum zum Kauf angeboten wird, dann zählt dies im ökonomischen System als kommunikative Operation, die - im Falle der Annahme - *Zahlungen* veranlaßt. Aus der Perspektive des Rechtssystems geht es dabei um die *Übertragung eines Rechtstitels,* die nur dann *rechtmäßig* vollzogen werden kann, wenn der Anbietende über das Eigentumsrecht verfügt. Solange alles glatt geht, erscheint dies als ein Unterschied, der kaum als Unterschied sichtbar wird. Man erhält eine Ware und gibt dafür Geld. Aber vielleicht stellt sich im nachhinein heraus, daß das leichtfertig per Handschlag und sofortiger Zahlung von einem Unbekannten erworbene Auto nicht Eigentum des Verkäufers, sondern gestohlen war. Dann hat man für etwas gezahlt, das man auf

---

104 Diese Formulierung verwendet Peter Fuchs (1992, 183).

diese Weise nicht rechtmäßig erwerben konnte und muß das Auto (u.U. ohne jede Entschädigung für das gezahlte Geld) dem rechtmäßigen Eigentümer zurückgeben. Die Zahlung hat - als ökonomische Operation - stattgefunden. Unter rechtlichen Gesichtspunkten ist sie jedoch buchstäblich *gegenstandslos*, d.h. mangels Erfüllung der notwendigen rechtlichen Voraussetzungen nicht geeignet, einen Eigentums-anspruch zu begründen.[105] Bei größeren Transaktionen, wie z.B. dem Kauf eines Hauses, tritt der *Doppelsinn der Operation* meist von vornherein deutlich in Er-scheinung: Man schließt einen Vertrag und konsultiert zur rechtlichen Absicherung der Transaktion einen Notar, für Fragen der Finanzierung und die Auszahlung des Kaufpreises hingegen die Bank.

Um zu sehen, daß die Begriffe der strukturellen und operativen Kopplung eine Form der Verbindung zwischen Funktionssystemen bezeichnen, die mit der Vor-stellung ihrer autopoietischen Geschlossenheit tatsächlich zu vereinbaren ist, bedarf es eines scharfen Unterscheidungsvermögens. Sehen wir uns deshalb genauer an, wie diese beiden Begriffe mit den Grundkonzepten der Systemtheorie verknüpft sind, und betrachten wir dazu ein weiteres Beispiel, das geeignet sein könnte, Zweifel an der Geschlossenheit der involvierten Systeme aufkommen zu lassen - die Einnahme und Verausgabung von Steuern (vgl. dazu Luhmann 1997, 781): Der Staat erhält Steuern durch *Zahlungen* von Unternehmen, Selbständigen und Arbeit-nehmern als Organisationen bzw. Trägern von Leistungsrollen im Wirtschafts-system. Zahlungen sind Operationen im Wirtschaftssystem. Aber nicht nur die Ab-führung von Steuern, sondern auch die damit getätigten staatlichen Ausgaben müs-sen die Gestalt von Zahlungen und damit von Operationen im Wirtschaftssystem annehmen. Operiert das politische System hier also außerhalb seiner eigenen Gren-zen? Dann hätten wir es mit einem Sachverhalt zu tun, der in klarem Widerspruch zur These der autopoietischen Schließung der Funktionssysteme steht!

Um diesen - für Luhmann scheinbaren - Widerspruch aufzulösen, müssen wir die Unterscheidung von *Selbstreferenz und Fremdreferenz* in Erinnerung rufen. Jede kommunikative Operation, so hatten wir oben festgestellt, verfügt über einen selbstreferentiellen und einen fremdreferentiellen Aspekt. Die *Mitteilungsselektion* repräsentiert die selbstreferentielle Seite, die *Informationsselektion* steht für die fremdreferentielle Seite eines elementaren kommunikativen Ereignisses. Die in jeder Operation mitlaufende Selbstreferenz markiert die Systemzugehörigkeit der Opera-tion und ist die Voraussetzung für die operative Schließung eines autopoietischen Systems gegenüber seiner Umwelt. Um die Ausdifferenzierung unterschiedlicher operativ geschlossener Systeme auf der Basis von Kommunikation zu ermöglichen, bedarf es besonderer Zusatzeinrichtungen, die es erlauben, zwischen kommunikati-ven Ereignissen verschiedenen Typs zu unterscheiden und so die notwendigen Voraussetzungen dafür zu schaffen, daß nur Operationen gleichen Typs aneinander

---

105 Der geprellte 'Käufer', der die ökonomische Realität der Operation am verringerten Stand seines Bankkontos leidvoll erfährt, sieht dies oft nicht ein, denn er hat doch *gezahlt* und damit *die ökono-mischen Voraussetzungen einer Eigentumstransaktion erfüllt*. Und dennoch, so muß er sich im Streit-falle durch ein Gericht sagen lassen, erhebt er *zu Unrecht* Anspruch auf das bezahlte Gut.

anschließen. Die *binäre Codierung* von Kommunikation ist eine solche Einrichtung. Sie ermöglicht die *selbstreferentielle Schließung der Funktionssysteme*.

Die Beziehung auf den Code eines Systems markiert die *selbstreferentielle Seite* einer kommunikativen Operation, d.h. die Anknüpfung an andere Operationen gleichen Typs, durch deren Verkettung sich das System rekursiv geschlossen reproduziert. Das Autopoiesiskonzept, auch dies sei hier wiederholt, unterstellt nicht die völlige Abgeschlossenheit von Systemen gegenüber ihrer Umwelt, sondern begreift selbstreferentielle Schließung auf der Ebene der Operationen als Voraussetzung für Umweltoffenheit, die realisiert wird über den *fremdreferentiellen Aspekt* jeder Operation. Eine *Rechtsbehauptung* als Operation im Rechtssystem ordnet sich dem Code Recht/Unrecht zu,[106] indem sie die Rechtmäßigkeit einer Feststellung bestimmten Inhalts behauptet, so z.B., daß ich über die Eigentumsrechte an einem Grundstück oder die Urheberrechte an einem publizierten Manuskript verfüge. Der Inhalt bzw. Gegenstand (das Grundstück oder die Publikation), auf den sich die Rechtsbehauptung bezieht, markiert die *fremdreferentielle Seite* der Operation. Entsprechendes gilt für die Operationen anderer Funktionssysteme: *Zahlungen* repräsentieren die *selbstreferentielle* Seite wirtschaftlicher *Transaktionen;*[107] die Sach- oder Dienstleistungen, auf die sich die Zahlungen beziehen, stehen für ihren *fremdreferentiellen* Pol. *Publikationen* als Operationen des Wissenschaftssystems beanspruchen *Wahrheit* (selbstreferentieller Aspekt) für Aussagen eines bestimmten Inhalts (fremdreferentieller Aspekt). *Programme* (wie z.B. Gesetze und Verträge im Rechtssystem, Theorien und Methoden im Wissenschaftssystem oder Investitions- und Konsumprogramme im ökonomischen System) fungieren dabei als Sinnkomplexe, die einen Auswahlbereich für die Selektion von Fremdreferenzen definieren, die in den Operationen des Systems aufgerufen werden.[108]

Innerhalb eines Funktionssystems *können die Operationen eines Umweltsystems zum fremdreferentiellen Bezugspunkt der systemeigenen Operationen* werden: Dies ist etwa der Fall, wenn es zu einem Rechtsstreit darüber kommt, wer rechtmäßiger

---

106 Dasselbe gilt natürlich für *Unrecht*behauptungen, die das Bestehen bestimmter Rechtsansprüche bestreiten. Bedingt durch die binäre Geschlossenheit des Codes impliziert jede Rechtsbehauptung zugleich, daß eine gegenteilige Behauptung nur *zu Unrecht* erhoben werden kann und läßt sich insofern ebensogut als Unrechtsbehauptung formulieren. Gleiches gilt auch für Wahrheits- bzw. Unwahrheitsbehauptungen.

107 Zur Kennzeichnung von Transaktionen als den "Letztelementen des Wirtschaftssystems" vgl. Luhmann 1997, 755f., insbesondere Fußn. 307.

108 Dabei ist die Anknüpfung an Systemprogramme eine wesentliche Voraussetzung dafür, daß Operationen im System anschlußfähig sind und mit Annahme rechnen können. Am Beispiel: Wer vor Gericht klagen will, ohne deutlich zu machen, welche seiner *gesetzlich garantierten* Rechte er beeinträchtigt sieht, wird nicht einmal die Eröffnung eines Verfahrens erreichen. Wer Wahrheitsansprüche für empirische Aussagen erhebt, ohne auf *methodisch gesicherte* Belege verweisen zu können, dessen Manuskripte werden von wissenschaftlichen Zeitschriften nicht publiziert werden. Die Programme sind freilich variabel und unterliegen der ständigen Transformation durch die laufend anfallenden Operationen des Systems. Das Recht wird etwa durch die rechtswissenschaftliche Diskussion und die Praxis richterlicher Auslegung interpretiert, konkretisiert und (im Zivilrecht) per Analogieschluß auf vergleichbar erscheinende Sachverhalte ausgedehnt, für die keine explizite gesetzliche Regelung existiert; die methodischen Standards der Wissenschaft unterliegen der Veränderung durch neue Forschungsergebnisse usw.

Inhaber der Urheberrechte an einer wissenschaftlichen Publikation ist. Hier geht es um Rechtsbehauptungen und damit um Operationen im Rechtssystem, die sich *fremdreferentiell* auf eine Operation im Wissenschaftssystem beziehen, die zum Gegenstand des Streites wird. Umgekehrt ist es ebenso möglich, wissenschaftliche Publikationen zu verfassen, die sich thematisch und damit *fremdreferentiell* auf rechtliche, ökonomische oder politische Sachverhalte beziehen, ohne daß dieser Umstand der These der selbstreferentiellen Schließung des Funktionssystems Wissenschaft zuwiderlaufen würde.

Auf die gleiche Weise kann nun das Problem der staatlichen Verwendung von Steuern auf theoriekonforme Weise gelöst werden: Zahlungen sind Operationen, die sich dem Code des ökonomischen Systems zuordnen und den Gesetzen des Marktes unterliegen.[109] Sie bleiben deshalb Operationen im ökonomischen System, auch wenn staatliche Stellen die Absender dieser Zahlungen sind. Anders als Zahlungen von Unternehmen, die sich an dem Ziel des Profits orientieren, sind diese Zahlungen jedoch auf die Verfolgung *politischer Ziele* bezogen. Die *politische Konditionierung* von Zahlungen betrifft, vom Wirtschaftssystem her beobachtet, die außerökonomischen Auslösebedingungen einer ökonomischen Transaktion. Wenn staatliche Organisationen Zahlungen leisten, um damit z.B. ein *politisch beschlossenes* Straßenbauprogramm zu finanzieren, dann werden sie insofern auf der Grundlage eines *politischen Programms* im *ökonomischen System* tätig. Aus der Perspektive des politischen Systems kehrt sich die Beobachtungsperspektive um: Hier geht es um eine am *Machtcode des politischen Systems* orientierte Operation, nämlich um den Vollzug einer *politischen Entscheidung* (selbstreferentieller Aspekt), deren Realisierung nur über die Tätigung einer ökonomischen Transaktion (fremdreferentieller Aspekt) erreicht werden kann. Wir haben es bei jeder derartigen Transaktion mit einem janusköpfigen Ereignis zu tun, in dem sich das ökonomische und das politische System *operativ miteinander koppeln*. In beiden Systemen fungiert dieses Ereignis als Element der autopoietischen Reproduktion des Systems, *ist es an einem anderen Code orientiert, hat es einen anderen Anschlußwert und damit eine andere Identität, als im anderen System.*[110]

Die Beispiele zeigen, auf welche Weise die These der autopoietischen Schließung der Funktionssysteme durch die Konzepte der strukturellen und operativen Kopplung ergänzt und gestützt wird. Um zu sehen, daß solche Kopplungen keinerlei Überschneidung zwischen den gekoppelten Systemen implizieren, ist es vor allem erforderlich, daß man die einzelne Operation genau analysiert, d.h. zwischen ihrem

---

109 Beispiele dafür sind, daß eine starke Staatsnachfrage in bestimmten Sektoren der Wirtschaft zur Erhöhung der Preise beitragen kann oder umgekehrt, umfangreiche Verkäufe staatlichen Eigentums (z.B. an Immobilien) auf den betroffenen Märkten einen Preisverfall auslösen (und damit auch die dafür veranschlagten Erlöse beeinträchtigen) können.

110 "Ereignisse, die in mehreren Systemen zugleich vollzogen werden, bleiben aber an die rekursiven Netzwerke der verschiedenen Systeme gebunden, werden durch sie identifiziert und haben deshalb eine ganz verschiedene Vorgeschichte und eine ganz verschiedene Zukunft, je nachdem, welches System die Operation als Einheit vollzieht. ... Nur die Rekursivität des Operationszusammenhanges der Einzelsysteme identifiziert die Operation als Systemelement" (Luhmann 1997, 753f.).

selbstreferentiellen und fremdreferentiellen Aspekt klar differenziert und dabei berücksichtigt, daß diese Unterscheidung in der Binnenperspektive jedes der operativ gekoppelten Systeme anders angelegt wird.[111] - Einen zusammenfassenden Überblick über den Aufbau von Funktionssystemen am Beispiel der Systeme Recht, Politik, Ökonomie und Wissenschaft gibt die Tafel 9.13.

9.16.2 Strukturelle Kopplung als Nachfolgebegriff für das Konzept der Integration

Wenden wir uns nun der Frage zu, auf welche Weise die strukturelle Kopplung der Funktionssysteme, wenn schon nicht für die Integration der Gesellschaft, so doch dafür sorgt, daß überhaupt noch von Gesellschaft als Gesamtsystem die Rede sein kann. "Faktisch sind alle Funktionssysteme durch strukturelle Kopplungen miteinander verbunden und in der Gesellschaft gehalten" (Luhmann 1997, 779) - diese Aussage unterstreicht noch einmal, daß der Begriff der strukturellen Kopplung bei Luhmann diejenige Position einnimmt, die Parsons dem Konzept der Integration zuwies. Aber was genau ist damit gemeint?

Um diese Frage zu beantworten, müssen wir noch einmal den Begriff der Leistung aufgreifen. Bei Parsons benötigt jedes Funktionssystem für seine eigene Reproduktion Leistungen anderer Funktionssysteme. Diese wechselseitige Abhängigkeit folgt aus dem Prinzip der funktionalen Differenzierung und läßt sich auf analoge Weise wie die durch Arbeitsteilung erzeugte Abhängigkeit zwischen individuellen Produzenten verstehen: Weil jedes System spezialisiert ist auf die Bearbei-

---

111 Deutlich wird aber auch, daß man hier vor dem Hintergrund anderer theoretischer Prämissen zu anderen Ergebnissen kommen kann. So etwa, wenn man die analytischen Kategorien, in denen man ein solches Beispiel beschreibt, an dem älteren Konzept umweltoffener Systeme orientiert, mit dem Parsons operierte und deshalb, wie *Richard Münch* (vgl. 1982), mit der Möglichkeit der wechselseitigen Überschneidung und Durchdringung unterschiedlicher Systeme rechnet. Münch vertritt eine genau gegenteilige Position zur Luhmannschen These autopoietisch geschlossener Funktionssysteme. Er nimmt an, daß die moderne Gesellschaft vor allem durch eine besonders hohe wechselseitige *Interpenetration* (bei Münch gedeutet als *wechselseitige Durchdringung*) der verschiedenen gesellschaftlichen Handlungssphären gekennzeichnet sei und würde alle bisher vorgestellten Beispiele für strukturelle und operative Kopplungen zwischen den Funktionssystemen als Belege für *diese* These verbuchen. Münch sieht in solchen Beispielen zugleich eine klare Widerlegung des Autopoiesiskonzeptes, die nur durch begriffliche Ausweichmanöver, zu denen er vor allem das Konzept der strukturellen Kopplung zählt, verdeckt werden könne (so Münch 1992, insbes. 46f.). Luhmann verwendet den von Parsons adoptierten Begriff der *Interpenetration* ebenfalls, gebraucht ihn aber *autopoiesiskonform*, d.h. nur für den Fall, daß sich *strukturelle Kopplungen* zwischen Systemen "wechselseitig koevolutiv entwickeln und keines der in dieser Weise strukturell gekoppelten Systeme ohne sie existieren könnte" (Luhmann 1997, 108). - Diese Debatte soll hier nur erwähnt, aber nicht entschieden werden (weiterführend dazu Schimank 1996, 164ff.). Um sie angemessen zu begreifen, muß man in Rechnung stellen, daß jede der dabei ins Feld geführten Beschreibungen empirischer Sachverhalte *durch bestimmte theoretische Vorannahmen instruiert* ist. Die Möglichkeit, Phänomene vor dem Hintergrund dieser Vorannahmen widerspruchsfrei zu beschreiben, demonstriert die konsistente Anwendbarkeit der jeweiligen Theorie, ist aber noch kein Beweis der Überlegenheit gegenüber konkurrierenden Theorien. Dabei können mehrere Theorien in der Lage sein, konsistente Beschreibungen derselben Phänomene zu liefern, so daß eine empirische Widerlegung der einen oder anderen nicht (oder zumindest: noch nicht) möglich erscheint.

Tafel 9.13: Überblick über die Funktionssysteme Recht, Politik, Ökonomie und Wissenschaft

	RECHT	POLITIK	ÖKONOMIE	WISSENSCHAFT
Funktion:	Stabilisierung normativer Verhaltenserwartungen	Herstellung kollektiv bindender Entscheidungen	Regulierung von Knappheit	Erzeugung neuen Wissens
Medium:	Recht	Macht	Eigentum/Geld	Wahrheit
Code:	Recht/Unrecht	Macht haben/nicht haben (Regierung/Opposition)	Eigentum haben/nicht haben zahlen/nicht zahlen	wahr/unwahr
Programme:	Gesetze, Präjudizien, Verträge	politische Programme	Investitions- und Konsumprogramme	Theorien und Methoden
Kommunikative Operationen:	Rechtsbehauptungen	politische Entscheidungen	Transaktionen	Publikationen
Beispiele für strukturelle Kopplungen:	Eigentum und Vertrag als str. Kopplung mit dem ökonomischen System	Verfassung als str. Kopplung mit dem Rechtssystem	Steuern und Abgaben als str. Kopplung mit dem politischen System	Wissenschaftliche Beratung als str. Kopplung mit dem polit. System

tung einer Funktion, muß es sich darauf stützen, daß andere Funktionen, deren hinreichende Erfüllung Voraussetzung seines eigenen Funktionierens sind, anderswo erfüllt werden und daß es durch den Bezug von Leistungen aus anderen Funktionssystemen die benötigten Inputs erhält. Umgekehrt erzeugt jedes Funktionssystem einen Leistungsoutput, den es an andere Funktionssysteme abgibt. Die Parsonssche Theorie der Interaktionsmedien sieht die Integration der Funktionssysteme vor allem über Prozesse wechselseitigen Leistungstauschs gesichert. Neben der Integration durch Leistungstausch hält Parsons weiterhin an dem Konzept der Kontrollhierarchie und damit an der Integration der Gesellschaft durch gemeinsame Werte und Normen fest. Die Verbindung dieser beiden Integrationsmodelle ist jedoch keineswegs zwingend. Luhmann löst diese Verbindung auf. Er sieht in der Vorstellung der Integration über Leistungen ein Modell, das hierarchisch gebaute Integrationskonzepte ablöst (vgl. Luhmann 1997, 759). Im Gegensatz zu Parsons glaubt er auch nicht, daß sich die Leistungsverhältnisse zwischen den Funktionssystemen auf ein einheitliches allgemeines Ordnungsmodell zurückführen und etwa als "double interchanges" darstellen lassen. Für Luhmann "bieten die Leistungsverhältnisse zwischen den Systemen in der modernen Gesellschaft ein sehr unübersichtliches, nicht auf Prinzipien (etwa auf Tauschprinzipien) zurückzuführendes Bild" (Luhmann 1997, 759). Es kann deshalb auch nicht angenommen werden, daß die Leistungsbeziehungen zwischen den verschiedenen Funktionssystemen durch bestimmte Mechanismen in einem *Gleichgewicht* gehalten werden, welches eine *harmonisch aufeinander abgestimmte Entwicklung dieser Systeme* ermöglicht.

Luhmann löst aus dem Gedanken der Integration über die wechselseitige Leistungsabhängigkeit der Funktionssysteme alle Bedeutungskomponenten heraus, die suggerieren, daß dadurch eine *unter normativen Gesichtspunkten positiv zu bewertende* Ordnung erreicht werde. Bei Parsons ist das Konzept der Integration und der dadurch zu sichernden sozialen Ordnung von Anbeginn an auf die normative Idee einer *"guten"*, d.h. gegenüber anderen Möglichkeiten *vorzugswürdigen* Ordnung bezogen. Der Hobbessche Naturzustand eines 'Krieges aller gegen alle' kann nur aus einer solchen normativen Beobachtungsperspektive als ungeregeltes Chaos verstanden werden. Habermas schließt sich dieser *normativen Konzeption von sozialer Ordnung und Integration* an und unterlegt ihr seinen Begriff des kommunikativen Handelns als tragendes Fundament. Luhmann hingegen streicht diese normativen Implikationen aus den Begriffen Ordnung und Integration. Für ihn ist auch der Hobbessche Naturzustand ein Zustand der gesellschaftlichen Ordnung, ja sogar *ein besonders hoch integrierter und stabiler* Ordnungszustand. Denn die Freiheitsgrade, die dem Handeln hier offenstehen, sind sehr gering und jede Abweichung (etwa in Gestalt des Versuchs, Güter durch Arbeit und ehrlichen Handel statt durch Betrug, Raub und gewaltgestützte Ausbeutung zu erwerben) ist mit hoher Wahrscheinlichkeit durch Anschlußhandlungen, die den etablierten Erwartungsstrukturen entsprechen (also: gewaltsame oder betrügerische Aneignung der erworbenen Güter), zum Mißerfolg verurteilt und wird eliminiert.

Luhmann faßt den Begriff der Integration auf veränderte Weise: An die Stelle der normativ begründeten Auszeichnung bestimmter Ordnungskonstellationen tritt eine *rein negative Bestimmung*. Gesellschaftliche Integration bedeutet die *Einschränkung des Möglichkeitsspielraumes sozialer Systeme* für die Bildung bzw. Reproduktion interner Strukturen durch andere soziale Systeme in ihrer Umwelt. Unter den Bedingungen der modernen Gesellschaft wird diese Einschränkung erzeugt durch die wechselseitige Leistungsabhängigkeit der Funktionssysteme. Diese Abhängigkeit schließt es - auf längere Frist gesehen - aus, daß ein Funktionssystem zwischen unterschiedlichen internen Möglichkeiten der Entwicklung eigener Strukturen ohne jede Rücksicht auf die gesellschaftliche Umwelt auswählt.

Wissenschaftler mögen Theorien formulieren, deren experimentelle Überprüfung Versuchseinrichtungen erfordern, die Milliarden kosten. Wenn die Politik oder die Wirtschaft nicht bereit ist, die notwendigen Finanzmittel zur Verfügung zu stellen, wird die Arbeit an diesen Theorien jedoch stagnieren, und die meisten Wissenschaftler werden sich der Entwicklung anderer Theorieprogramme widmen. Parteien mögen mit kostenintensiven sozialpolitischen Programmen um die Gunst der Wähler konkurrieren. Wenn das Steueraufkommen nicht ausreicht, um sie zu finanzieren, müssen sie irgendwann an die 'Kassenlage' des Staates angepaßt werden.[112]

Die 'Integration' der Funktionssysteme durch ihre wechselseitige Leistungsabhängigkeit vollzieht sich immer durch die Einschränkungen der Möglichkeiten, die jedes einzelne System, in seiner internen Dynamik betrachtet, realisieren könnte. Was die moderne Gesellschaft im Zeitablauf 'zusammenhält', ist nur die interdependente Variation der Einschränkungen, denen die Strukturwahl in jedem Funktionssystem durch diese Abhängigkeit von anderen Funktionssystemen ausgesetzt ist. Oder mit einer ähnlichen Formulierung Luhmanns: "Integration ist unter diesen Umständen nichts anderes als die Variation der Beschränkung dessen, was gleichzeitig möglich ist" (Luhmann 1997, 759f.).

Luhmanns Definition von *Integration* stimmt überein mit seiner Bestimmung des Begriffs der *strukturellen Kopplung*: "Strukturelle Kopplungen beschränken den Bereich möglicher Strukturen, mit denen ein System seine Autopoiesis durchführen kann" (Luhmann 1997, 100). Diese Übereinstimmung bestätigt, daß Luhmann den oben erwähnten Begriffsaustausch mit aller Konsequenz durchführt und den Begriff der strukturellen Kopplung in seiner Systemtheorie an die Stelle des Integrationsbegriffs setzt. *Strukturelle Kopplung* steht dabei für die *statische Seite gesellschaftlicher*

---

112 Der Weg dazu kann freilich verschiedene Richtungen nehmen und sehr weit sein. Vielleicht versucht man es erst mit der Erhöhung der Staatsverschuldung, bemerkt irgendwann, daß die politischen Handlungsspielräume als Folge hoher Zinszahlungen immer geringer werden, versucht die Staatsausgaben durch Haushaltseinsparungen zu beschränken und beginnt mit dem 'Rückbau des Sozialstaates'. Oder man versucht es mit Steuererhöhungen, provoziert Kapitalflucht und Wählerverdrossenheit, wird abgewählt und kann in der Rolle der Opposition beobachten, wie die neue Regierung versucht, die alten, ausgabenintensiven und gesetzlich verankerten Programme zu modifizieren. Unabhängig davon, ob das politische System nun in dieser oder anderer Weise auf die beschriebene Konstellation reagiert und welche strukturellen Wandlungen im einzelnen daraus folgen, sind die in seiner Autopoiesis ausgewählten politischen Strukturen wesentlich mitbedingt durch den Umfang der *Leistungen*, die es durch das Wirtschaftssystem erhält. Demokratie erhöht dabei die Reagibilität der Politik. Weil die Regierung sich periodisch dem Risiko der Abwahl aussetzen muß, hat sie kaum die Möglichkeit (wie z.B. in der untergegangenen DDR), die nationale Ökonomie mit Leistungsforderungen zu überlasten, die sie an die Grenze des Zusammenbruchs treiben.

Integration, d.h. für die Bedingungen, die jedes Funktionssystem in seiner gesellschaftlichen Umwelt dauerhaft voraussetzen muß (z.B. das Steuerwesen als strukturelle Kopplung zwischen Politik und Ökonomie). Für die *dynamische Seite* der Integration stehen demgegenüber die *Leistungen* (so Luhmann 1997, 759), welche jedes System von den anderen bezieht (am gleichen Beispiel: der variierende Umfang des Steueraufkommens).[113]

Nicht alle Leistungen sind gleich wichtig für die einzelnen Funktionssysteme. Auf die Leistungen der Kunst oder der Religion kann leichter verzichtet werden, als auf die Leistungen des Rechtssystems oder der Wirtschaft. Die direkten und indirekten Leistungen der Ökonomie sind von besonderer Bedeutung für die Expansionsmöglichkeiten der verschiedenen Funktionssysteme. Ohne Kirchensteuern oder selbst erhobene Mitgliedsbeiträge wäre die Religion, ohne das Beitragsaufkommen der Krankenkassen das Gesundheitssystem, ohne Steuern und Abgaben der Staat, ohne öffentliche Finanzierung und private Forschungsinvestitionen die Wissenschaft nicht in der Lage, die Größenordnung zu erreichen, die sie in der modernen Gesellschaft erreicht haben. Die Höhe der verfügbaren Finanzmittel ist von entscheidender Bedeutung dafür, ob das jeweilige System sich auf dem gegebenen Niveau reproduziert, wächst oder schrumpft. Geld fungiert gleichsam als "Energie", um deren Zufluß die verschiedenen Systeme untereinander konkurrieren (vgl. Schimank 1996, 193), und es wird deshalb in der Kommunikation der Gesellschaft zu einem zentralen Symbol für die Möglichkeiten und Grenzen des Erreichbaren.[114] Von der Quantität, in der es im System eingesetzt werden kann, hängt es wesentlich ab, welches *Niveau der Funktionserfüllung* erreicht werden kann.

9.16.3   Funktion, Leistung und Reflexion als Relationierungsmodi der Funktionssysteme

Die vorangegangene Darstellung impliziert, daß zwischen der *Funktion* und der *Leistung* eines Systems unter den Bedingungen der funktionalen Differenzierung der Gesellschaft *klar unterschieden werden muß*. Die *Funktion* zusammen mit dem *Code*, der für ihre Erfüllung in Anspruch genommen wird, ermöglicht die autopoietische Abschließung eines Funktionssystems gegenüber seiner gesellschaftlichen Umwelt und umschreibt so die Dimension seiner operativen Autonomie. Eine Funktion kann nur dann als Grundlage der Ausdifferenzierung eines sozialen Teilsystems die-

---

113 Und um hier auf pedantische Weise begrifflich genau zu sein: Von der Einrichtung des *Steuerwesens* (=statischer Aspekt der Integration) und dem *Steueraufkommen* (=Leistung; dynamisch-aggregativer Aspekt der Integration) müssen die einzelnen Steuer*zahlungen* als *Operationen* unterschieden werden, die das ökonomische und politische System mit jedem Zahlungsereignis erneut *operativ miteinander koppeln* (=dynamisch-operativer Aspekt der Integration).

114 "'Mehr Geld' ist der kategorische Optativ dieser Gesellschaft, gerade weil alle Erhaltungs- und Steigerungsansprüche damit in Gang gehalten werden können; und 'weniger Geld' ist zugleich das einzige Regulativ, das auf der Ebene symbolischer Kommunikation die Grenzen des Erreichbaren ... repräsentiert" (Luhmann 1983, 39, hier zitiert nach Schimank 1996, 193).

nen, wenn ihre Erfüllung von hinreichender Dringlichkeit für die Gesellschaft ist. Die Funktion ist deshalb zugleich die Dimension, über die sich ein Teilsystem *zur Gesellschaft als dem einbettenden Gesamtsystem in Beziehung setzt*. Über die *Leistungen,* die es erhält bzw. abgibt, bezieht es sich dagegen auf Systeme in seiner innergesellschaftlichen (aber auch: außergesellschaftlichen)[115] Umwelt. Schließlich kann sich ein System *auf sich selbst als Ganzes in seiner Differenz zur Umwelt* beziehen und seine Operationen daran orientieren. So z.B., wenn sich die Politik - etwa im Rahmen des politischen Programms der regierenden Partei - in einer Weise beschreibt, welche die Differenz zur Wirtschaft hervorhebt und sich in ihren Operationen an dieser *Selbstbeschreibung* orientiert, indem sie staatliche Unternehmen privatisiert. In diesem Falle spricht Luhmann von der *Reflexion* des Systems im System.[116]

Tafel 9.14: Funktion, Leistung und Reflexion als Relationierungsmodi der Funktionssysteme

	FUNKTION	LEISTUNG	REFLEXION
Beziehung des Funktionssystems zu:	zur Gesellschaft	zu anderen Systemen in seiner Umwelt	zu sich selbst als Gesamtsystem in Differenz zur Umwelt

Auf die Bedeutung der Reflexion wird gleich näher einzugehen sein. Zuvor ist es notwendig, die *Differenz zwischen Funktion und Leistung* zu verdeutlichen. Selbstverständlich ist diese Unterscheidung keineswegs. Wenn man funktionale Differenzierung nach dem Muster der Arbeitsteilung zwischen spezialisierten Rollenträgern versteht, dann ist man geradezu zur gegenteiligen Annahme genötigt. Arbeitsteilung bedeutet, daß Produzenten sich auf die Herstellung von Gütern bzw. die Bereitstellung von Diensten spezialisieren, die von bestimmten Abnehmern *als Leistung nachgefragt* werden. Diese Leistungen zu erbringen, ist die "Funktion" eines spezialisierten Produzenten. Für eine Funktion, die *nicht identisch* mit nachgefragten Leistungen ist, hat das Modell der Arbeitsteilung keinen Platz. Es fehlt in diesem Modell die Adresse, an die die Erfüllung von Funktionen, die nicht mit Leistungen gleichzusetzen sind, gerichtet sein könnte. Luhmanns Systemtheorie kennt eine sol-

---

115 Das Religionssystem etwa leistet u.a. *Seelsorge* für psychische Systeme, die ja, wie wir oben gesehen haben, Systeme in der Umwelt der Gesellschaft sind.

116 Zur Differenzierung zwischen *Funktion, Leistung und Reflexion* als den drei logisch unterscheidbaren Möglichkeiten der beobachtenden Beziehung eines Systems zur Gesellschaft als einbettendem System, zu anderen Subsystemen der Gesellschaft (bzw. Systemen in der außergesellschaftlichen Umwelt des Systems) sowie des Systems zu sich selbst vgl. Luhmann 1997, 757f.

che Adresse. Es ist die *Gesellschaft* im Unterschied zu den einzelnen, als Leistungs-
abnehmer fungierenden Funktionssystemen. Aber was ist die Gesellschaft jenseits
der verschiedenen Teilsysteme?

Wir haben bisher gehört, daß Gesellschaft so weit reicht, wie die Operationen,
durch die sie sich als autopoietisches System reproduziert, also genau so weit, wie
Kommunikation reicht. Wir haben darüber hinaus gesehen, daß sich die Masse
kommunikativer Operationen differenziert, indem sie sich (nicht vollständig, aber
zu einem großen Teil) unterschiedlichen Teilsystemen zuordnet, die sich auf der
Basis binärer Codierung autopoietisch schließen und alle Kommunikationen, die
sich nicht auf diesen Code beziehen lassen, ihrer Umwelt zurechnen. 'Die Gesellschaft', aus der Perspektive des einzelnen Teilsystems beobachtet, sind die ihm
selbst zuzurechnenden Kommunikationen sowie das, was es als Kommunikation in
seiner Umwelt registriert. Für jedes andere Teilsystem gilt das gleiche. Unter den
Bedingungen funktionaler Differenzierung gibt es kein übergeordnetes System, das
die verschiedenen Beobachtungsperspektiven der sozialen Teilsysteme zu einer Perspektive zusammenfügt und sie zu einer allen Differenzen übergeordneten Einheit
synthetisiert. Es gibt kein System 'über' den Funktionssystemen, sondern nur gesellschaftliche Kommunikation innerhalb und außerhalb jedes einzelnen Funktionssystems, und jedes Funktionssystem dekomponiert die Masse der gesellschaftlichen
Kommunikation, gestützt auf seinen Code, auf andere Weise in teilsysteminterne
und -externe Kommunikation.

Gesellschaft kann unter diesen Prämissen nichts anderes sein als die *Gesamtheit
der unterschiedlichen Möglichkeiten, Kommunikation aus der Perspektive der verschiedenen Teilsysteme zu beobachten und fortzusetzen* (vgl. dazu Luhmann, 1997,
78ff.). Sie hat kein Zentrum, oder besser: Sie hat viele Zentren, weil jedes Teilsystem für sich selbst das Zentrum bildet, auf das es die eigene und die umgebende
Kommunikation bezieht. Sie hat keine Spitze und kennt keine Hierarchie, oder
besser vielleicht: viele, weil nämlich für jedes Teilsystem die Sicherung seiner
eigenen Reproduktionsbedingungen an oberster Stelle rangiert. Sie bildet keinen
übergreifenden Gesamtzusammenhang, aus dem heraus sie auf einheitliche Weise
beschreibbar wäre, sondern spaltet sich auf in verschiedene Großkontexte der
Informationserzeugung und -verarbeitung, die sich durch die Codierung der systemeigenen Kommunikation nach außen abschließen und zu systematisch divergierenden Beschreibungen der Gesellschaft führen. Oder zu wenigen Schlagworten ver-
dichtet: Die moderne, funktional differenzierte Gesellschaft ist nicht monozen-
trisch, sondern *polyzentrisch*, nicht hierarchisch, sondern *heterarchisch*, nicht homo-
gener Gesamtkontext für alle Kommunikationen, sondern *polykontextural*.[117]

---

117 Die These der *Polykontexturalität* meint mehr als nur die triviale Tatsache, daß gesellschaftliche
  Kommunikation in unterschiedlichen Kontexten stattfindet, daß deshalb jede Beschreibung der Gesellschaft in einem bestimmten Kontext erfolgt und aus unterschiedlichen Kontexten heraus formulierte Beschreibungen auch unterschiedlich ausfallen. Kontexte sind verschiebbar und erweiterbar,
  können einander überschneiden und ineinander übergehen. Für die unterschiedlichen *Kontexturen*,
  die durch die binäre Codierung der Kommunikation in den verschiedenen Funktionssystemen er-

(Fortsetzung...)

Der Begriff der gesellschaftlichen *Funktion* kann sich unter diesen Voraussetzungen nur auf hoch generalisierte Problemstellungen beziehen, die *für alle Funktionssysteme in gleicher Weise* relevant sind. Der Begriff der *Leistung* ergibt sich demgegenüber durch die *systemrelative Spezifizierung* der generalisierten Funktionen. Am Beispiel: Die gesellschaftliche *Funktion* von Wissenschaft ist die *Erzeugung neuen Wissens*. Die daraus resultierenden *Leistungen* für die einzelnen Funktionssysteme fallen demgegenüber sehr unterschiedlich aus. "Die Wissenschaft ... arbeitet an Technologieentwicklungen, die eventuell *wirtschaftlich* brauchbar sind; sie liefert 'Stoff' für das *Erziehungssystem*; sie beobachtet und interpretiert die öffentliche Meinung, die wirtschaftliche Entwicklung, die demographischen Daten zur Information der *Politik*; sie dringt in der Form von Mutterschafts-, Ehe- und Familienberatung in den *Familien*alltag ein; sie redet dem Religionssystem die Festlegung auf offensichtliche Unwahrheiten aus; sie stellt Gutachten für *Gerichtsverfahren* zur Verfügung ..." (Luhmann 1990, 637; Hervorhebungen von mir, W.L.S.).[118]

Die Differenz zwischen Funktion und Leistung kann im Binnenkontext eines Funktionssystems Anlaß geben zur Unterscheidung verschiedener Bereiche: Im Wissenschaftssystem konzentriert sich die *Grundlagenforschung* auf die *Funktion* der Wissenschaft, *anwendungsbezogene Forschung* hingegen orientiert sich an der Nachfrage von Umweltsystemen, für die verwendbare Forschung*leistungen* produziert werden sollen (vgl. Luhmann 1990, 640ff.). Durch Entwicklung entsprechender *Programme* (für deren Realisierung dann u.U. auch spezifische *Organisationen* gebildet werden können) kann die Wissenschaft versuchen, den Leistungsbedarf von

---

117 (...Fortsetzung)
zeugt werden, trifft jedoch all dies nicht zu. Diese Kontexturen sind je für sich geschlossen, überschneidungsfrei und scharf gegeneinander differenziert und generieren *unaufhebbar divergierende Beschreibungen* der Gesellschaft. Um deutlich zu machen, daß es ihr nicht um die simple Feststellung geht, Kommunikation prozessiere in verschiedenen Kontexten, verwendet die Systemtheorie den von Gotthardt Günther übernommenen Begriff der Poly*kontexturalität* (mit eingeschobenem 'r'). Und, um die Palette der üblichen schlagwortartigen Charakterisierungen abzurunden: Als System, das eine Mehrzahl unterschiedlicher Selbstbeschreibungsmöglichkeiten der eigenen Komplexität in sich vorsieht (darunter auch Selbstbeschreibungen, die genau dies beschreiben), kann die moderne Gesellschaft nicht nur als komplex, sondern als *hyperkomplex* gelten. Vgl. dazu Luhmann 1997, 876, 892 und 1132; Fuchs 1992, 35ff.

118 Vgl. dazu Luhmann 1990, 356f., verbunden mit dem Hinweis, die Autopoiesis anderer Funktionssysteme lasse diesen "oft nicht die Freiheit, Leistungen anzunehmen oder abzulehnen ... So kann die Wirtschaft von ihrer Eigenlogik her kaum vermeiden, Forschungsleistungen in Produktion umzusetzen, wenn sich dies wirtschaftlich machen läßt; die Konkurrenz zwingt dazu. Ebensowenig wird die Medizin wissenschaftlich angebotene Möglichkeiten abweisen können, wenn ihre Gesamteffekte sich vertreten lassen. ... Nicht zuletzt ist die Religion gut beraten, wenn sie die Implikationen des Weltbildes der Wissenschaft nicht einfach als gottloses Hirngespinst nach dem Sündenfall abtut, sondern ihre eigenen Texte so re-interpretiert, daß sie mit Wissenschaft leben kann." - Luhmanns Beispiele machen deutlich, wie weit er den Leistungsbegriff faßt. *Zwischen Leistungen für und Auswirkungen der Wissenschaft auf andere Funktionssysteme kann hier kaum noch (und muß vielleicht auch nicht) unterschieden werden.* Luhmann sieht dies, meint aber, daß es "zu kurz gegriffen (wäre; W.L.S.), solche Verflechtungen und ihre Folgen schlicht als Auswirkungen der modernen Wissenschaft zu erklären" und fügt dem die folgende Begründung hinzu: "Sie sind ebensosehr Auswirkungen der Autopoiesis derjenigen Funktionssysteme, die sich durch eigene Spezifikation gezwungen sehen, wissenschaftliche Erkenntnisse aufzunehmen und mit strukturellen Konsequenzen (über die sie nur selbst disponieren können) in das eigene System einzubauen" (Luhmann 1990, 357).

Umweltsystemen zu befriedigen. Ob und auf welche Weise erzeugtes Wissen in anderen Systemen tatsächlich genutzt wird, darüber hat das Wissenschaftssystem freilich keine Kontrolle. Entsprechendes gilt für die Leistungen anderer Systeme.

Von Funktion und Leistung zu unterscheiden ist die Beobachtung und Beschreibung des Systems durch sich selbst. Sie versieht Luhmann mit dem Titel der *Reflexion*. Dieser Begriff meint *eine spezifische Form der Beobachtung*, die von *zwei weiteren Formen der Beobachtung unterschieden* werden muß:

(1) Bereits Kommunikation als Operation sozialer Systeme, so hatten wir weiter oben notiert, gründet auf dem beobachtenden Gebrauch von Unterscheidungen. Ein elementares kommunikatives Ereignis entsteht, wenn ein Verhaltensereignis durch ein daran anschließendes mit Hilfe der *Unterscheidung von Mitteilung und Information beobachtet*, d.h. als Mitteilung einer Information *verstanden* und die Mitteilungs- oder die Informationsseite als Anknüpfungspunkt einer Folgeäußerung angesteuert wird. Von *Beobachtung erster Ordnung* spricht die Systemtheorie, wenn eine Beobachtungsoperation sich auf ihr Objekt als Gegenstand oder Ereignis in der Welt bezieht. Jemand hört z.B. während einer Autofahrt auf der Autobahn im Radio von einem Stau an einer Stelle, die er später passieren wird und stimmt sich mit seinem Beifahrer rasch darüber ab, daß man unter diesen Umständen das gemeinsame Reiseziel schneller erreichen werde, wenn man einen Umweg in Kauf nimmt und den Stau weiträumig umfährt. Der Stau und die Möglichkeit, das Reiseziel auf einem anderen Weg zu erreichen, werden hier als Tatsachen in der Welt thematisiert, die unabhängig davon existieren, ob sie so beobachtet werden oder nicht.

(2) Die Kommunikation zwischen Fahrer und Beifahrer könnte freilich auch auf die Ebene der *Beobachtung zweiter Ordnung* umschalten, indem sie den Stau als ein Ereignis behandelt, das sich *in Abhängigkeit von der Beobachtung durch andere Autofahrer* verändern bzw. verlagern kann. Dies wäre der Fall, wenn beide den Umstand mitberücksichtigen würden, daß andere Autofahrer dieselbe Staumeldung gehört haben und nun versuchen werden, diese Stelle zu umfahren. Sie kommen dann vielleicht zu dem Ergebnis, daß nach einer gewissen Zeit der Stau auf dem mitgeteilten Streckenabschnitt durch die Verringerung der Verkehrsdichte sich aufgelöst haben könnte, dafür aber die Umgehungsstraßen verstopft sein werden und beschließen, ihre Fahrtroute nicht zu ändern. Das gewählte Verhalten orientiert sich hier nicht an der Beobachtung von Objekten als Dingen oder Ereignissen in der Welt, sondern an der *Beobachtung der Beobachtungsaktivität anderer Beobachter* und den dabei erreichten Ergebnissen. Die anderen Beobachter können freilich das gleiche tun und - sofern die Mehrzahl von ihnen zu derselben Schlußfolgerung kommt - sich dann entgegen den eigenen Erwartungen doch im angesagten Stau wiederfinden. Auch diese Möglichkeit kann durch die Einbeziehung der Beobachtungsaktivität anderer in das eigene Beobachten jedoch antizipiert werden, ebenso wie der Umstand, daß andere Beobachter das gleiche tun können. Aber wenn dies so ist, welches Verhalten kann man dann von den anderen Beobachtern erwarten?

Durch die generelle Verlagerung der Beobachtungsaktivität auf die Ebene der Beobachtung zweiter Ordnung innerhalb eines Kommunikationszusammenhangs bricht das *Problem doppelter Kontingenz* auf, mit der Folge, daß es schwieriger wird, zuverlässige Erwartungen darüber zu entwickeln, wie andere sich verhalten werden. Zur Lösung dieses Problems können Einrichtungen zur leichteren Beobachtung der Beobachtung anderer entwickelt werden, die auch unter solchen Voraussetzungen noch hinreichende Erwartungssicherheit für eigenes Handeln ermöglichen. In unserem Beispiel wäre etwa eine dichte Taktung der Staumeldungen, durch die jeder Verkehrsteilnehmer erfahren kann, zu welchem aggregierten Ergebnis die Beobachtungsaktivität der übrigen Verkehrsteilnehmer führt und wie sich dieses Ergebnis im Zeitablauf verändert, eine solche Einrichtung.

Die Kommunikation *in den Funktionssystemen* beansprucht die Ebene der *Beobachtung zweiter Ordnung*: In der Politik beobachten Parteien und Politiker im Spiegel der *massenmedial erzeugten 'öffentlichen Meinung'*, wie sie beobachtet werden und kontrollieren daran ihr Verhalten. In der Ökonomie zeigen *Marktpreise* an, zu welchen Bedingungen Anbieter *erwarten*, zahlungsbereite Käufer zu finden. Man kann also an ihnen beobachten, wie andere den Markt beobachten. Jeder kann durch Preisvergleiche die Angemessenheit der eigenen Erwartungen an den beobachteten Erwartungen anderer kontrollieren und sicherstellen, daß er nicht den übertriebenen Erwartungen bestimmter Anbieter aufsitzt (vgl. Luhmann 1988a, 18). Die Wissenschaft beobachtet Behauptungen über Sachverhalte, die ihrerseits bereits den Status von Beobachtungen haben, mit Hilfe der Unterscheidung von wahr/-unwahr, operiert also notwendig auf der Beobachtungsebene zweiter Ordnung.[119] Das Recht beobachtet Handlungen (die ebenso wie Erlebnisse den bezeichnenden Gebrauch von Unterscheidungen voraussetzten und deshalb den Status von Beobachtungen haben) mit Hilfe der Unterscheidung Recht/Unrecht und prozessiert deshalb, ebenso wie die Wissenschaft, notwendig auf der Ebene der Beobachtung zweiter Ordnung (vgl. dazu Luhmann 1993, 70f.).[120] Entsprechendes gilt auch für andere Funktionssysteme.

(3) Von *Reflexion oder Selbstbeobachtung* kann gesprochen werden, wenn sich ein System auf sich selbst als Ganzes bezieht, sich auf bestimmte Weise beschreibt und

---

119 Die Frage nach der Wahrheit oder Unwahrheit von Theorien und empirischen Behauptungen steht jeweils im Kontext alternativer Möglichkeiten. In dem Maße, in dem Forschungen zu einem Thema bereits vorliegen, verlangt die Entscheidung zwischen Wahrheit und Unwahrheit, daß diese Beobachtungen berücksichtigt werden. *Publikationen* weisen sich deshalb wesentlich dadurch als Element in der Autopoiesis des Wissenschaftssystems aus, daß sie eigene Beobachtungen nicht nur als Ergebnis des direkten Blicks auf die Welt, sondern ebenso (vor allem durch den Anmerkungsapparat) als Resultat *der laufenden Mitbeobachtung anderer wissenschaftlicher Beobachtungen* präsentieren, d.h. als Ergebnisse darstellen, die den aktuellen Stand der Forschung im jeweiligen Bereich berücksichtigen.

120 Darüber hinaus verlangt jede Anwendung eines Gesetzes auf einen Fall die *Interpretation* dieses Gesetzes, die durch juristische *Argumentation* sowie unter Berücksichtigung der Rechtsprechung (=Beobachtung der Rechtslage) der Obergerichte gegenüber anderen Möglichkeiten der Auslegung/-Beobachtung des Gesetzes als vorzugswürdig begründet werden muß (vgl. Luhmann 1993, 338ff.).

damit zugleich thematisiert, daß und wie es sich von den Systemen in seiner Umwelt unterscheidet.[121] Selbstbeschreibungen eines sozialen Systems können von verschiedenen Instanzen innerhalb des Systems angefertigt werden und miteinander darum konkurrieren, Operationen des Systems zu orientieren. Dabei ist natürlich auch die Anfertigung einer Selbstbeschreibung des Systems im System eine kommunikative *Operation* neben anderen. Jede Operation der Selbstbeschreibung profiliert sich als Auswahl aus anderen Möglichkeiten: Zum einen können Selbstbeschreibungen des Systems zugunsten anderer Operationen, die an ihre Stelle treten, unterbleiben (die Privatisierung staatlicher Unternehmen muß z.B. nicht mit Rückgriff auf eine Selbstbeschreibung des politischen Systems im Unterschied zum ökonomischen System begründet, sondern kann auch als bloßes Mittel zur Beschaffung von Liquidität dargestellt werden). Zum anderen aber kann sich jede Selbstbeschreibung nur selektiv auf die Gesamtmenge systemischer Operationen beziehen. Jede andere Auswahl führt zu anderen Selbstbeschreibungen. Jede Selbstbeschreibung impliziert damit eine dramatische Reduktion der Komplexität des Systems und wählt zugleich *aus unterschiedlichen Möglichkeiten der Selbstbeschreibung des Systems aus.*[122] Selbstbeschreibungen haben deshalb immer den Status von *Selbstsimplifikationen*. Sie führen nicht das System ins System, sondern nur *extrem vereinfachte Beschreibungen des Systems ins System* ein und verwenden sie als Anhaltspunkt für die Lenkung anderer eigener Operationen.

Die Wissenschaft hat dazu eine besondere Teildisziplin ausdifferenziert, die sich auf die wissenschaftliche Beschreibung der Wissenschaft konzentriert, nämlich die *Wissenschaftstheorie*. Die von dieser Teildisziplin angefertigten Selbstbeschreibungen der Wissenschaft haben den Status von *Reflexionstheorien*. Eine prominente Reflexionstheorie der Wissenschaft, nämlich der Poppersche Falsifikationismus, versteht sich ausdrücklich (und nicht ohne Resonanz in den wissenschaftlichen Fachdisziplinen) auch als normative Anleitung für wissenschaftliche Forschung und bietet sich insofern als Instrument der *Selbststeuerung von Wissenschaft* an. Im Kontext der Soziologie wird von einigen Vertretern des Rational Choice-Ansatzes immer noch die These vertreten, daß dieser Ansatz in vorbildlicher Weise die Rationalitätskriterien erfülle, die der Poppersche Falsifikationismus als Merkmale erklärungs-

---

121 Von "Selbstbeschreibungen" spricht Luhmann, wenn Operationen der Selbstbeobachtung *Textform* annehmen und damit für jederzeitige Wiederverwendung greifbar sind. Ansonsten verwendet er beide Begriffe oft synonym. Im folgenden werde ich beide Begriffe, sofern nicht ausdrücklich anders vermerkt, ebenfalls bedeutungsgleich gebrauchen.

122 Und selbst dann, wenn eine Selbstbeschreibung des Systemes möglich wäre, die die Komplexität des Systems zu einem bestimmten Zeitpunkt vollständig erfassen würde (aber wie sollte die aussehen?), würde sich das Problem damit nur in die Zeitdimension verlagern: Weil auch die Selbstbeschreibung des Systems eine Operation im System ist, wird das System durch die Anfertigung der Selbstbeschreibung (und durch die Orientierung anderer Operationen an dieser Beschreibung!) auf eine Weise verändert, die in dieser Selbstbeschreibung nicht mitbeobachtet, sondern erst durch spätere Beobachtungs- und Beschreibungsversuche erfaßt werden kann, für die wiederum dasselbe gilt. (Wenn z.B., wie im Gefolge der "Studentenrevolte" von 1968 zu beobachten, die bisherige Praxis der Erziehung im Erziehungssystem selbst als "autoritär" beschrieben wird, dann hat die Orientierung erzieherischer Kommunikation an einer solchen Beschreibung Folgen für Erziehung, die im Rahmen dieser Beschreibung nicht absehbar sind.)

kräftiger wissenschaftlicher Theorien darstellt (vgl. Esser 1993, 39ff.). Anderen Theorien (darunter auch der Luhmannschen Systemtheorie) wird demgegenüber vorgehalten, diese Kriterien zu verfehlen.[123] Die Wissenschaftsgeschichte (vgl. besonders Kuhn 1981) und die Wissenschaftssoziologie haben freilich andere Selbstbeschreibungen der Wissenschaft formuliert, die in scharfem Kontrast zum Popperschen Falsifikationismus stehen. Daran wird deutlich: Funktionssysteme können eine Pluralität von Selbstbeschreibungen erzeugen, die u.U. in Konkurrenz zueinander treten und aus denen unterschiedliche Direktiven für die Orientierung von Operationen im System abgeleitet werden können.

In seiner Selbstbeobachtung kann ein System sowohl seine Beziehung zur Gesellschaft (Funktion) wie auch zu den Systemen in seiner Umwelt (Leistung) thematisieren und zueinander ins Verhältnis setzen. *Reflexion ermöglicht es so dem System selbst, Funktion und Leistung voneinander zu unterscheiden und aufeinander zu beziehen.*

Dies kann in Abhängigkeit von den jeweils registrierten Umweltbeziehungen auf unterschiedliche Weise geschehen: Auf externe Kritik an Leistungsmängeln kann mit dem verstärkten Versuch (wir bleiben beim Beispiel Wissenschaft) zur Förderung *anwendungsorientierter Forschung* (=Forschung mit *primärem Leistungsbezug*) und mit Bemühungen um intensivere Kooperation mit entsprechenden Organisationen aus anderen Funktionskontexten reagiert werden. Ebenso kann die Beobachtung schrumpfender Mittel, Stellen, Projektantragszahlen für *Grundlagenforschung* (=Forschung mit *primärem Funktionsbezug*) zu katastrophisch gestimmten Beschreibungen des Systems im System führen (in der Regel verfertigt auf der Ebene von Disziplinen und ihren Organisationen), welche eine drohende Austrocknung der Quellen neuer Erkenntnis sowie gravierende Qualitätsverluste auch der anwendungsbezogenen Forschung als erwartbare Folge prognostizieren und die Aufstockung von Mittelzuweisungen, die Schaffung von neuen Stellen und Forschungsschwerpunkten fordern.

Die kontinuierliche Anfertigung und Aktualisierung von Selbstbeschreibungen kann so im System benutzt werden als Einrichtung zur laufenden Bestimmung der eigenen Position innerhalb der Gesellschaft sowie als *Instrument der Navigation* in Abhängigkeit von den jeweils erreichten Beobachtungsergebnissen. Stellt man die Möglichkeit der Reflexion in Rechung, dann erscheinen die Funktionssysteme nicht länger wie blind und manövrierunfähig treibende Schiffe im Meer gesellschaftlicher Kommunikation, sondern verfügen über gewisse *Möglichkeiten der Selbststeuerung*, die sie nutzen können, um ihren Kurs zu kontrollieren und zu modifizieren und so zumindest Kollisionen zu verhindern. Doch wie weit reichen diese Möglichkeiten,

---

123 In der jüngeren wissenschaftstheoretischen Diskussion ist der Anspruch, allgemeine methodologische Direktiven für die Forschung zu formulieren, in den Hintergrund getreten. Die neueren Reflexionstheorien verstehen sich in erster Linie als Rekonstruktionen wissenschaftlichen Handelns, aus denen sich keine verbindlichen Postulate für den Betrieb von Wissenschaft ableiten lassen. Auch in der Soziologie haben derartige Debatten heute eher marginale Bedeutung mit dem Status von 'Nachhutgefechten'. In den siebziger Jahren, der Hochzeit der Theorievergleichsdiskussionen, war dies allerdings anders. Vgl. dazu besonders den Band von Hondrich/Matthes 1978.

wenn man konsequent an der theoretischen Konzeption autopoietischer Systeme festhält?

Um vorzugreifen: Streng theoriekonform gedacht, sind diese Möglichkeiten eng begrenzt. Dabei muß man jedoch die jeweilige Ebene der Systembildung in Rechnung stellen, auf der man sich bewegt. Die Gesellschaft als ganze verfügt über keinerlei Instanz, von der aus sie zum Objekt von Steuerungsversuchen gemacht werden könnte. Sie ist nicht mehr als das Gesamt der verschiedenen Möglichkeiten, Kommunikation aus der Binnenperspektive der verschiedenen sozialen Teilsysteme in System/Umwelt-Beziehungen zu zerlegen. Selbststeuerung kann nur ausgehen von den verschiedenen Teilsystemen der Gesellschaft, hier also zunächst von den Funktionssystemen. Auch die Funktionssysteme verfügen freilich über keine Zentralinstanz mit Lenkungsfähigkeit. Um Selbststeuerungsfähigkeit zu erreichen, müssen sie zurückgreifen auf *Organisationen*. Wie aber läßt sich eine Selbststeuerung operativ geschlossener Systeme, die keinen Direktkontakt zur Umwelt haben, überhaupt denken?

9.16.4   Planung und Selbststeuerung als Momente sozialer Evolution

Das Grundmodell, das Luhmann dafür heranzieht, ist die Steuerung durch *feedback*. Das System kontrolliert dabei seine Auswirkungen auf die Umwelt an den Rückwirkungen dieser Auswirkungen auf das System selbst. Wie das bei technischen Systemen funktioniert, haben wir oben am Beispiel einer Heizungsanlage mit Thermostat gesehen. Eingestellt auf eine bestimmte Temperatur registriert der Thermostat, wenn diese Temperatur unterschritten wird und reagiert darauf, indem er den Brenner der Heizung einschaltet. Die Auswirkungen des Betriebs der Heizung auf die Umwelt, nämlich das Ansteigen der Raumtemperatur, registriert das Heizungssystem ausschließlich an der Rückwirkung auf die eigene Beobachtungsvorrichtung, d.h. auf den Thermostat und schaltet den Brenner wieder aus, sobald der Thermostat den eingestellten Temperatur-Soll-Wert anzeigt.

Welche kausalen Abläufe im einzelnen dazu geführt haben, daß dieser Soll-Wert erreicht wurde, welcher Anteil an der registrierten Temperaturveränderung auf die Aktivität der Heizung und welcher Anteil auf andere Faktoren in der Umwelt des Heizungssystems zurückzuführen sind, wird dabei nicht erfaßt. Die Heizung verfügt über keine Beobachtungseinrichtung, welche die Kausalbeiträge anderer Determinanten feststellen könnte. Welchen Einfluß die Schutzisolierung der Wände, die Außentemperatur, ein offenes Fenster oder eine andere Wärmequelle im Raum (z.B. anwesende Menschen oder eine eingeschaltete Lampe) auf die Raumtemperatur hat, kann sie nicht feststellen. Ihr fehlen die dafür nötigen Meßeinrichtungen. Ihr Beobachtungsvermögen ist *extrem unterkomplex* im Vergleich zu den Möglichkeiten der Änderung in ihrer Umwelt. Sie funktioniert, *blind* gegenüber den komplexen Wirkungszusammenhängen zwischen den erwähnten Kausalfaktoren, und kann trotzdem die Temperatur erfolgreich regulieren, sofern die Schwankungen der übrigen

Determinanten sich innerhalb bestimmter Grenzen bewegen.[124] - Luhmann denkt die *Selbststeuerung sozialer Systeme* nach dem Muster eines solchen Heizungssystems, freilich mit einem ausschlaggebenden Unterschied: Die kausalen Verknüpfungen zwischen System und Umwelt erscheinen ihm weit umwegiger und die Wirkungen von Systemaktivitäten auf die Umwelt durch eine viel größere Zahl möglicher Umweltdeterminanten überlagert. Die Effektsicherheit einer Heizung kann deshalb nicht erreicht werden. Selbststeuerung ist dadurch nicht unmöglich, verlangt aber eine dramatische Reduzierung der Ansprüche an das, was damit erreicht werden kann. Dies gilt vor allem, wenn man aus der Perspektive der *Gesellschaft* als dem umfassendsten sozialen System nach den Möglichkeiten sozialer Selbststeuerung fragt:

> "Blickt man auf das hochkomplexe System der Gesellschaft als ganzes, dürfte klar sein, daß es an einem Mechanismus fehlt, den altkybernetische Steuerungstheorien vorausgesetzt hatten, nämlich eine *relativ direkte Kausalität, die dazu führt, daß der Output von Systemmechanismen alsbald an einer Veränderung des Inputs wiedererscheint*, wie im Paradigma: Die Heizung springt an, und es wird wärmer. Vielmehr findet alles in einer großen black box des Systems statt - black box von außen, aber auch von innen gesehen. Trotzdem kann Steuerung stattfinden, weil dies ja nur die Auswahl von Unterscheidungen voraussetzt, in bezug auf die man Differenzen minimieren will" (Luhmann 1988a, 342; Hervorhebung von mir, W.L.S.).

Steuerung erscheint hier im einfachsten Fall als *konditionale Verknüpfung zweier Beobachtungsoperationen* zu einem Programm. Dabei verwendet die erste Operation ein Differenzschema, mit dem sie einen Unterschied zwischen einem angestrebten Soll-Wert (z.B. eine gewünschte Temperatur oder die maximal tolerierbare Arbeitslosenquote) und dem aktuellen Ist-Wert (die faktische Temperatur bzw. Arbeitslosenquote) registriert. Daran schließt (mindestens) eine weitere Operation an (Brenner einschalten bzw. Beschäftigungsprogramme finanzieren), die auf die Minimierung dieser Differenz zielt.

Die Frage der Effektsicherheit trennt Luhmann vom Begriff der Steuerung analytisch ab. Ein System kann steuern und dennoch die angestrebte Differenzminimierung verfehlen. Auch erfolglose Steuerung bleibt Steuerung und hat Folgen, auch wenn diese woanders anfallen als erwartet. Die analytische Differenzierung zwischen *Steuerung* und *Wirkung* erlaubt es, das Verhältnis dieser beiden Größen zueinander variabel anzusetzen. Man kann dann untersuchen, wie dieses Verhältnis für verschiedene Systeme und auf den verschiedenen Systembildungsebenen ausfällt und welche strukturbildenden Effekte aus den Diskrepanzen zwischen Steuerungs-

---

124 Überschritten würden diese Grenzen z.B., wenn der Raum - im Verhältnis zur Kapazität der Heizung - sehr groß, die Wände schlecht isoliert sowie einige Fenster ständig geöffnet wären und die Außentemperatur auf extreme Frostwerte fallen würde. Unter diesen Voraussetzungen könnte trotz Dauerbetriebs des Brenners der eingestellte Temperatur-Sollwert nicht erreicht werden. Das System könnte daran nur seine eigene Wirkungslosigkeit beobachten. Aber selbst dazu müßte es mit einer weiteren Meßeinrichtung ausgestattet werden, die nicht nur die Temperatur, sondern auch die Ein- und Ausschaltvorgänge sowie den Zeitabstand zwischen ihnen registriert, die auf diese Weise dokumentiert, wie lange das System arbeitet, um bzw. ohne den Temperatur-Sollwert zu erreichen und die bei Überschreitung einer bestimmten Betriebsdauer eine Fehlermeldung erzeugt.

absichten bzw. -plänen und Steuerungswirkungen in einem System folgen, das Steuerungsprogramme einsetzt.

Die Gesellschaft, so hatten wir gesehen, ist für die Systemtheorie nicht mehr als die Gesamtheit der Möglichkeiten, die Masse füreinander erreichbarer Kommunikationen aus der Perspektive der unterschiedlichen sozialen Teilsysteme in System/-Umwelt-Beziehungen zu zerlegen. Die Ebene der primären Teilsysteme, in die sich die moderne Gesellschaft selbst dekomponiert, ist die Ebene der Funktionssysteme. Die Frage nach der Möglichkeit *gesellschaftlicher Steuerung* muß deshalb in ihrer allgemeinsten Form als Frage nach den Möglichkeiten der Selbststeuerung der einzelnen Funktionssysteme sowie nach der steuernden Intervention von Funktionssystemen in andere Funktionssysteme in ihrer Umwelt behandelt werden. Der Gedanke der operativen Schließung der Funktionssysteme schließt es aus, daß Systeme jenseits ihrer eigenen Grenzen operieren. Steuernde Intervention darf also nicht als Eingriff eines Funktionssystems in ein anderes, sondern muß als äußerer Anstoß bzw. von außen auferlegte Einschränkung *systeminterner Prozesse* gedacht werden, deren Ablauf weiterhin allein durch interne Strukturen bestimmt ist. Möglich ist dies unter den Prämissen der Systemtheorie nur durch die Einrichtung *struktureller und operativer Kopplungen.* Betrachten wir am Beispiel des Verhältnisses zwischen Politik und Wirtschaft etwas näher, wie dies geschehen kann.

Die Politik hat nicht die Möglichkeit, den Code der Wirtschaft und die darauf bezogenen Operationen zu modifizieren. Sie kann nicht politische Entscheidungen an die Stelle von Zahlungen setzen. Aber sie kann Rahmenbedingungen definieren, die Auswirkungen haben auf die *Programmebene* des ökonomischen Systems (vgl. Luhmann 1988a, 346). Im Gegensatz zum Code sind die Programme eines Funktionssystems umweltsensibel. Sie können durch die Umwelt beeinflußt werden und ermöglichen es dem System, sich auf die Umwelt zu beziehen. Die *politische Festlegung von Emissionswerten* für Industrieanlagen etwa kann sich deshalb auf *Investitionsprogramme der Wirtschaft* auswirken. Die Art und Weise der Auswirkung ist jedoch konditioniert durch die *Selbststeuerung der Wirtschaft*, die sich vor allem auf der Systembildungsebene der *Organisationen* vollzieht, d.h. über die *Selbststeuerung der Unternehmen*, die am Markt (als innerökonomischer Umwelt der Unternehmensorganisationen) miteinander konkurrieren. Die Unternehmen steuern sich selbst mit Hilfe von Differenzschemata, die zugleich die Selbstreferenz der Ökonomie artikulieren. Sie kalkulieren in *Zahlungs- bzw. Geldmengendifferenzen* oder konventioneller formuliert, sie berechnen die *faktische Rendite* aus dem Verhältnis von Ausgaben und Einnahmen und vergleichen sie mit der *angestrebten Rendite*. Und sie reagieren auf Abweichungen zwischen diesen beiden Größen mit Korrekturversuchen.[125]

---

125 Entgegen mancher Deutungen der Systemtheorie nimmt Luhmann *nicht* an, daß erfolgreiche Steuerung *generell* unmöglich wäre. Er betrachtet die Frage nach den Möglichkeiten effektiver Steuerung nicht als Alles-oder-Nichts-Frage, die mit einem allgemeinen "Ja" oder "Nein" zu beantworten ist, sondern macht den Erfolg von Steuerungsversuchen von einer hinreichenden Begrenzung und Präzisierung der Ziele, von der Verfügung über entsprechende Kontrolleinrichtungen, aber auch von

(Fortsetzung...)

Eine schärfere Begrenzung von Emissionswerten durch die Politik hat für die Selbststeuerung der Unternehmen verschiedene Konsequenzen.[126] Sie verursacht erhöhte Kosten durch die Notwendigkeit, ältere Anlagen nachzurüsten oder durch neue Anlagen zu ersetzen. Sie verbessert die Wettbewerbssituation von Betreibern neuer Anlagen, welche die Auflagen bereits erfüllen, gegenüber den Betreibern älterer Anlagen. Sie führt vielleicht dazu, daß eine größere Zahl von Unternehmen nicht mehr rentabel betrieben werden kann und in Konkurs geht. Dies dürfte in erster Linie kleinere Betriebe betreffen, die geringere Möglichkeiten haben, Verluste durch Gewinne in anderen Bereichen auszugleichen bzw. durch Verschuldung kurzfristig abzufangen, um langfristig wieder in die Gewinnzone zu kommen. Dadurch steigt nicht nur die Anzahl der Insolvenzen, sondern es kommt u.U. auch zu einer stärkeren Unternehmenskonzentration in dem entsprechenden Bereich sowie zu einer Erhöhung der Zahl der Arbeitslosen. Andererseits steigt die Nachfrage nach neuen Anlagen. Unternehmen, welche die Umrüstung älterer Anlagen durchführen, haben volle Auftragsbücher, suchen nach zusätzlichen Arbeitskräften, die durchschnittlichen Renditen in diesem Bereich steigen und ziehen neue Investoren an.

Im Ergebnis wird die politisch angestrebte Verringerung schädlicher Emissionen vielleicht tatsächlich erreicht. Darüber hinaus werden aber zahlreiche weitere Effekte produziert, die auf dem Bildschirm der Politik wahrscheinlich nur zum Teil sichtbar werden. Die Politik registriert neue Differenzen, die als Anzeichen für weiteren Korrekturbedarf gedeutet und mit politischen Programmen beantwortet werden können (z.B. mit Programmen zur Förderung mittelständischer Unternehmen, Konkursrettungsprogrammen, Beschäftigungsprogrammen), ohne daß dazu ein Zusammenhang zwischen dem neu identifizierten Steuerungsbedarf und der vorausgegangenen Intervention wahrgenommen werden muß. Jedes dieser Programme wird im ökonomischen System wiederum in Zahlungsdifferenzen transformiert und setzt eine Vielzahl nicht-intendierter Wirkungsreihen in Gang etc. Das Wirtschaftssystem bleibt für die Politik eine black box von undurchschaubarer Komplexität. Die Politik kann zwar Prozesse im ökonomischen System gleichsam von außen anstoßen. Es kann sie aber nicht wirkungssicher kontrollieren, denn die Ökonomie kann nur nach Maßgabe ihres eigenen Codes darauf reagieren und muß alle Differenzen in Differenzen zwischen Zahlungen (bzw. Geldmengen als deren aggregiertes Resultat) verwandeln, weil sie nur Zahlungen prozessieren (und nur in Geldmengen kalkulieren) kann.

---

125 (...Fortsetzung)
  einer nicht übermäßig turbulenten Umwelt abhängig. Derartige Voraussetzungen dürften vor allem in Sozialsystemen vom Typus der *Organisation* erfüllbar sein. Siehe dazu auch die folgende Passage (Luhmann 1988a, 344; Hervorhebung von mir, W.L.S.): "Arbeitsteilig organisierte Unternehmen kommen aus organisatorischen Gründen nicht ohne Budgets aus, und in Großhaushalten verdienen einkommenswirksame Ausgaben eine besondere Beachtung. Das alles kann uns hier nicht weiter beschäftigen. Es muß hier genügen, zu zeigen, *wie sich die Kybernetik der Wirtschaft an schließlich kontrollierbare Kausalitäten heranspezifiziert.*"
126 Ich entfaltete hier ein bei Luhmann (1988a, 347) nur knapp angedeutetes Beispiel.

Unter den Bedingungen funktionaler Differenzierung, so läßt sich resümieren, kann es keine gesamtgesellschaftliche Steuerung geben, weil die Gesellschaft keine übergreifende Einheit, sondern nur die Pluralität ihrer Teilsysteme ist. Die Funktionssysteme der Gesellschaft bilden keine Hierarchie, wie noch im Parsonsschen Konzept der Steuerungshierarchie unterstellt. Es kann daher auch kein führendes Teilsystem geben, dem die Aufgabe der gesellschaftlichen Steuerung zufällt. Weil es eine solche Position innerhalb der modernen Gesellschaft nicht gibt, ist es unangemessen, entsprechende Erwartungen an das politische System zu adressieren. Das politische System ist ein Funktionssystem neben den anderen. Funktionale Differenzierung in Verbindung mit der operativen Schließung der Funktionssysteme läßt *soziale Steuerung nur als Selbststeuerung der Funktionssysteme* zu. Fremdsteuerung eines Funktionssystems durch ein Funktionssystem in seiner Umwelt ist unmöglich, sofern man damit meint, daß ein System in ein anderes eingreift. Möglich ist *Fremdsteuerung* nur indirekt, nämlich auf dem Wege *externer Konditionierung der Selbststeuerung* eines Systems mit dem Ziel der Minimierung von Differenzen, angestrebt durch ein System, das diese Differenzen in seiner Beobachtung eines anderen registriert und durch die Setzung externer Bedingungen für das beobachtete System zu beeinflussen sucht.

'Fremdsteuerung' (sofern man diesen mißverständlichen Begriff überhaupt verwenden will) setzt die Beobachtung eines Systems durch ein anderes und damit Beobachtung zweiter Ordnung voraus. Dabei kann jedes Funktionssystem jedes andere beobachten und zu beeinflussen versuchen: Die Politik die Wirtschaft durch Setzung von Rahmendaten; die Wirtschaft die Politik, indem sie Investitionsentscheidungen an die Voraussetzung bindet, daß bestimmte politische Entscheidungen getroffen oder nicht getroffen werden. Die Wissenschaft die Politik durch Politikberatung;[127] die Politik die Wissenschaft durch die Finanzierung ausgewählter Forschungsprogramme und -organisationen, die sich der Realisierung dieser Programme widmen, etc. Fremdsteuerung kann deshalb die Form *wechselseitiger Beobachtungs- und Beeinflussungsversuche* annehmen und dabei die Dosierung der eigenen *Leistungen* als Mittel für die Beeinflussung von Umweltsystemen einsetzen.

Die Chancen der erfolgreichen Beeinflussung eines Funktionssystems durch ein anderes können durch rasche und effektive Informationsgewinnung gesteigert werden. Die Etablierung von Einrichtungen *operativer* Kopplung (in Ergänzung zu *strukturellen* Kopplungen) zwischen verschiedenen Systemen erfüllt diese Funktion. Als bedeutsames Beispiel für operative Kopplungen zwischen der Politik und anderen Funktionssystemen erwähnt Luhmann sogenannte "Verhandlungssysteme".

"Vor allem im Umkreis des politischen Systems haben sich zahlreiche 'Verhandlungssysteme' etabliert, die in der Form von regulären Interaktionen *Organisationen* zusammenführen, die ihrerseits Interessen aus verschiedenen Funktionssystemen vertreten. So bilden sich im Umkreis der pharmazeutischen Industrie, wie Michael Hutter (1989) gezeigt hat, 'Konversationszirkel', die Fragen des Patentrechts, der Forschungsmöglichkeiten und der wirtschaftlichen Interessen behandeln. Operative

---

127 Und dabei auch durch beratende Beeinflussung der *Forschungspolitik*, was auf den Versuch der Selbststeuerung der Wissenschaft über die Fremdsteuerung der Forschungspolitik hinauslaufen würde.

Kopplungen können strukturelle Kopplungen nicht ersetzen. Sie setzen sie voraus. Aber sie verdichten und aktualisieren die wechselseitigen Irritationen und erlauben so schnellere und besser abgestimmte Informationsgewinnung in den beteiligten Systemen" (Luhmann 1997, 788; Hervorhebung von mir, W.L.S.).

Verhandlungssysteme dieser Art setzen Organisationen voraus, deren soziale Funktion es in diesem Zusammenhang ist, "Funktionssysteme mit externer Kommunikationsfähigkeit auszustatten" (Luhmann 1997, 843). Externe Kommunikationsfähigkeit impliziert dabei aber nicht, daß einzelne Organisationen ein gesamtes Funktionssystem repräsentieren oder gar durch Kommunikation auf etwas festlegen könnten.[128] Mit anderen Worten, Organisationen und ihre Vertreter fungieren in Verhandlungssystemen nicht als 'Beauftragte' und 'Verhandlungsführer' der Funktionssysteme, denen die einzelnen Organisationen primär zugeordnet sind. Sie können keine Vereinbarungen zwischen Funktionssystemen schließen. Luhmann sieht die Funktion von Verhandlungssystemen vielmehr in der verbesserten Informationsgewinnung, die möglich wird, weil hier 'Insiderwissen' aus dem Binnenkontext der Funktionssysteme durch die beteiligten Organisationen einander wechselseitig verfügbar gemacht wird. Erreicht wird so eine gesteigerte Tiefenschärfe der Beobachtung über die Systemgrenzen hinweg, die dann als Grundlage für Versuche der Steuerung genutzt werden kann.[129]

Auch für Verhandlungssysteme gilt freilich, daß hier keine irgendwie geartete Überlappung oder Überschneidung zwischen verschiedenen Funktionssystemen hergestellt wird. Was dort gesprochen wird, gerät im Binnenkontext jedes einzelnen Funktionssystems (sofern es dort bekannt und zum Bezugspunkt für Anschlußkommunikationen wird) unter andere Bedingungen der Fortsetzung, wird jeweils aus der Perspektive des systemeigenen Codes registriert und perpetuiert. In jedem der involvierten Funktionssysteme wird der Kommunikation, wie sie innerhalb des Verhandlungssystems ablief, durch die Einbettung in das Netzwerk systemeigener Operationen eine je spezifische Bedeutung zugewiesen. Sie erhält so den Status eines *"Mehrerlei-Ereignisses"* (bzw. einer Sequenz von Mehrerlei-Ereignissen), mit dem (bzw. mit der) sich die verschiedenen Systeme operativ aneinander koppeln.

---

128 Um derartigen Fehldeutungen vorzubeugen, hier die vollständige Passage, aus der das zuletzt angeführte Kurzzitat entnommen ist (Luhmann 1997, 843): "Um Funktionssysteme mit externer Kommunikationsfähigkeit auszustatten (die als Kommunikation natürlich immer Vollzug der Autopoiesis von Gesellschaft ist), müssen in den Funktionssystemen Organisationen gebildet werden - sei es mit angemaßten Sprecherrollen, so wie die Arbeitgeber- und Arbeitnehmerverbände angeblich für 'die Wirtschaft' sprechen; sei es mit den Großzentren komplex verschachtelter Organisationseinheiten, den Regierungen, den internationalen Korporationen, der Militärführung." - Um Überschätzungen der dadurch erreichbaren Abstimmungen und verbindlichen Festlegungen entgegenzutreten, betont Luhmann (a.a.O.) freilich ebenso die Unmöglichkeit, "die Funktionssysteme selbst zu organisieren", d.h. alle Operationen eines Funktionssystems in einer Organisation zu vereinen, wie auch die daraus zwingend resultierende Folgerung, "daß Organisationen, wenn überhaupt, nur sich selbst, aber nicht 'die Politik', 'die Wirtschaft', 'die Wissenschaft' usw. durch Kommunikation festlegen können" (a.a.O., Fußn.440).

129 Zur Rolle von Verhandlungssystemen für eine Theorie der politischen Steuerung vgl. besonders Willke 1995, 109ff. Zur Kritik von Willkes Vorstellung von politischer Steuerung, der vorgehalten wird, mit dem Konzept operativ geschlossener Systeme nicht kompatibel zu sein, vgl. Fuchs 1999.

Durch strukturelle und operative Kopplungen verdichten sich die Interdependenzen, die Möglichkeiten wechselseitiger Beobachtung sowie steuernder Beeinflussung zwischen den Funktionssystemen. Doch selbst, wenn fremderzeugte Steuerungsimpulse nach den Kriterien des Systems, das sie erzeugt, erfolgreich sind, bedeutet das nicht, daß damit eine *Planung* von Systemprozessen möglich werden könnte, die sich *an die Stelle* ungeplanter Evolution setzt. Jede Intervention erzeugt, gemessen an den geplanten Wirkungen, einen dramatischen Überschuß nicht-intendierter Effekte, die dann wieder zum Bezugspunkt für weitere Steuerungsversuche werden können, für die wiederum das gleiche gilt, etc. ad infinitum. Die Pluralität der funktionssystemischen Kontexte und die steigende Anzahl ihrer Kopplungen hat dabei zur Folge, daß jede Operation Kettenreaktionen auslösen kann, die sich in unterschiedliche Richtungen verzweigen.[130] Funktionale Differenzierung führt so zu einer enormen Steigerung wechselseitiger Irritabilität zwischen den Funktionssystemen und zu einer dementsprechenden Beschleunigung von Veränderungsprozessen, darauf reagierenden Steuerungsversuchen, dadurch ausgelösten Wirkungsreihen etc., deren Gesamtzusammenhang sich jeder Planbarkeit entzieht. *Planung und Steuerung kann deshalb nicht ungeplante Evolution ersetzen. Weil jede Steuerungsoperation zugleich Evolution vorantreibt, werden Planung und Steuerung vielmehr zu Elementen gesellschaftlicher Evolution.* Die Entwicklung der modernen Gesellschaft vollzieht sich so als Evolution einer Population miteinander gekoppelter Funktionssysteme, in der planvolle Steuerung und ungeplante Effekte zueinander in einem Verhältnis der wechselseitigen Steigerung stehen.

9.17   Zusammenfassung

Wie schon bei der Darstellung der vorangegangenen Ansätze ging es mir auch bei der Vorstellung von Luhmanns Systemtheorie darum, den Bauplan der Theorie, d.h. ihre zentralen Bezugsprobleme und die darauf zugeschnittenen Begriffe zu skizzieren, um dann sichtbar zu machen, wie dieses Instrumentarium auf unterschiedliche Sachverhalte bezogen und dabei systematisch entfaltet wird. In dieser Zusammenfassung möchte ich das begriffliche Grundinventar der Systemtheorie in knappen Schlagworten noch einmal in Erinnerung rufen. Dabei werden die zu Beginn eingeführten und deshalb weiter zurückliegenden Begriffe etwas ausführlicher zu Wort kommen als die zuletzt behandelten.

Das zentrale Bezugsproblem der Luhmannschen Systemtheorie in ihrer 'vorautopoietischen' Phase ist das Problem der Komplexität. *Komplexität* meint die

---

130 Vgl. dazu Luhmann 1997, 433f.: "Vor allem aber ist zu beachten, daß die Differenz zwischen System und Umwelt jeder Änderung einen *Multiplikationseffekt* gibt. Sie ändert ein System und damit zugleich die (relevante oder irrelevante) Umwelt anderer Systeme. Jede Änderung setzt also mit hoher Wahrscheinlichkeit eine Mehrzahl von Wirkungsreihen in Gang, die gleichzeitig und dadurch unabhängig voneinander Wirkungen erzeugen, für die dann wieder das gleiche gilt. Die Welt wird aus sich heraus dynamisch, und zwar gerade wegen der Gleichzeitigkeit des Geschehens und wegen der damit verbundenen Unmöglichkeit einer Koordination."

Überfülle des Möglichen, das sich in der Welt ereignen kann. Wenn vieles möglich ist, dann bedeutet dies zugleich für jedes einzelne Ereignis, daß es eintreten kann, aber nicht muß. Jedes Ereignis, das eintritt, hätte auch anders ausfallen können. Die Kehrseite von Komplexität ist deshalb die *Kontingenz jedes Einzelereignisses*.

Zum Problem wird das Doppelproblem von Komplexität und Kontingenz für *Systeme*, die einer komplexen und unberechenbaren Umwelt ausgesetzt sind. Systeme existieren nur dann und so lange, wie sie in der Lage sind, eine *Grenze zur Umwelt* aufrecht zu erhalten. Allgemein ist diese Grenze bestimmt durch die *Differenz zwischen der internen Komplexität des Systems und der Komplexität der Umwelt* des Systems. Oder anders gesagt: Ein System kann sich nur dadurch von seiner Umwelt unterscheiden, daß im System weniger möglich ist, als in der Umwelt. Durch die systeminterne Einschränkung der Möglichkeiten sichert sich das System zugleich die Voraussetzungen für den Aufbau interner Komplexität, zu der es in der Umwelt keine Entsprechungen gibt.

Bei *Organismen* sind die Grenzen des Systems anschaulich gegeben als Häute und Membranen, die das lebende System sichtbar im Raum von seiner Umwelt unterscheiden. Die soziologische Systemtheorie hat es jedoch mit *sozialen* Systemen zu tun. *Soziale* Systeme (und *psychische* Systeme) unterscheiden sich von Organismen sowie technischen Systemen dadurch, daß sie das Problem der Komplexität durch den Gebrauch des *Mediums Sinn* lösen. Ihre Grenzen sind deshalb nicht räumlicher Art, sondern müssen als *Sinngrenzen* bestimmt werden.

Einfache Organismen und Maschinen reduzieren Komplexität durch *fest eingebaute und damit invariante Unterscheidungen*. Zu erinnern ist hier an das Beispiel der Heizung mit eingebautem Thermostat: Das System registriert jeweils, ob ein eingestellter Temperaturwert unterschritten bzw. erreicht wird und reagiert darauf mit dem Einschalten oder Abschalten des Heizungsbrenners. Die Fähigkeit dieses Systems zur Beobachtung seiner Umwelt und zur Reaktion darauf sind extrem eingeschränkt. Einfache lebende Systeme mit äußerst geringem Spielraum für das Erlernen von Reaktionen sind vergleichbar gebaut.[131]

Das Medium *Sinn*, so hatten wir festgestellt, reduziert Umweltkomplexität auf andere Weise. Komplexität wird hier nicht im System dauerhaft eliminiert, d.h. definitiv unzugänglich gemacht, sondern weiter verfügbar gehalten. Dies wird erreicht, indem jede faktisch ausgewählte Möglichkeit als kontingente Selektion vor einem Hintergrund alternativer Möglichkeiten erscheint, die ebenfalls hätten gewählt werden können und die in zukünftigen Selektionsentscheidungen wählbar sind (die sich ebenfalls gegen einen Hintergrund alternativer Möglichkeiten profilieren etc. ad infinitum). Die für Sinn konstitutive Unterscheidung ist die von *Wirklichkeit und Möglichkeit* (= Aktualität und Potentialität). Ein System, das diese Unterscheidung für die Beobachtung der Umwelt einsetzen kann, operiert auf der Basis von Sinn. Indem es sich damit die Option offenhält, jetzt ausgeschlossene Möglichkeiten zukünftig zu berücksichtigen, erreicht es die Reduktion von Um-

---

131 Ein bekanntes Beispiel dafür ist etwa die Zecke.

weltkomplexität durch die Verlagerung des Komplexitätsproblems in die Zeitdimension.

Die sinnförmige Verarbeitung von Komplexität für sich allein genommen würde jedes System freilich immer noch mit Komplexität überlasten. Ständig hätte es zwischen einer Vielzahl unterschiedlicher Möglichkeiten des Erlebens und Handelns zu entscheiden. Auswahlentscheidungen zu treffen kostet jedoch Zeit. Um die Selektionslasten auf ein handhabbares Maß zu begrenzen, muß die Zahl der Alternativen drastisch begrenzt werden. Eine solche Begrenzung zu erreichen ist die *Funktion von Strukturen*. Bezogen auf dieses Problem sind unterschiedliche Strukturen funktional äquivalent. Anders als in der *strukturfunktionalistischen* Variante der Systemtheorie, wie sie von Parsons u.a. vertreten worden ist, verlangt die Erhaltung eines Systems deshalb nicht mehr die Konservierung bestimmter Strukturen. Vielmehr können Systeme ihre Strukturen im Prinzip unbegrenzt ändern und dadurch ihre Erhaltung als Inseln reduzierter Komplexität in einer komplexeren, rasch veränderlichen Umwelt sicherstellen. Luhmann ersetzt damit den strukturell-funktionalen durch einen *funktional-strukturellen* Systembegriff.

Sinnverarbeitende, d.h. psychische und soziale Systeme entwickeln und verwenden *Erwartungen* als Strukturen. Erwartungen sorgen dafür, daß jeweils nur wenige Möglichkeiten in den Blick kommen. Alle anderen bleiben unbestimmt und unbeachtet. Jede erwartete Möglichkeit ist jedoch kontingent, d.h. sie kann eintreten bzw. sich als realisierbar erweisen oder auch nicht. Man ist z.B. gewohnt, mit dem Auto zur Arbeit zu fahren und weiß, wie lange man dazu benötigt. Der morgendliche Zeitbedarf ist entsprechend kalkuliert. Und dann muß man plötzlich feststellen, daß der Motor nicht anspringt oder die Straßen wegen Glatteis unbefahrbar oder durch einen unerwarteten Verkehrsstau blockiert sind. Für alle denkbaren Möglichkeiten Vorsorge zu tragen ist nicht möglich. Man muß sich auf einen engen Alternativenbereich beschränken, d.h. Erwartungen bilden, die viele Möglichkeiten unbesehen ausschließen und deshalb *enttäuschungsanfällig* sind.

Die Enttäuschungsanfälligkeit von Erwartungen ist der Preis, der für die Lösung des Komplexitätsproblems auf der Basis von Sinn entrichtet werden muß. Vor dem Hintergrund eines breiten Fundaments selbstverständlicher Erwartungen, bei denen kognitive und normative Komponenten untrennbar miteinander verschmolzen sind, heben sich zwei Typen von Erwartungen gegeneinander ab, die sich danach unterscheiden, auf welche Weise Erwartungsenttäuschungen bewältigt werden:

Kognitive Erwartungen sind im Falle der Enttäuschung leicht modifizierbar. Das erwartende System schreibt sich erlebte Abweichungen als Irrtum selbst zu und paßt die enttäuschte Erwartung an die Situation an. Kognitive Erwartungen ermöglichen einem System, rasch zu lernen und dadurch veränderten Umweltbedingungen Rechnung zu tragen.

Ein System, das alle Erwartungen als kognitive Erwartungen behandelt, wäre jedoch nicht in der Lage, bestimmte *Strukturen stabil* zu halten. Jede Enttäuschung würde es sofort zur Anpassung seiner Strukturen veranlassen mit der Folge, daß die Lernkapazität des Systems rasch überfordert wäre. Dieses Problem kann es lösen, indem es einen Teil seiner Erwartungen normiert. *Normative Erwartungen* sind dadurch charakterisiert, daß sich das erwartende System Enttäuschungen nicht selbst zurechnet, sondern anderen Systemen in seiner Umwelt dafür die Verantwortung zuschreibt, an der enttäuschten Erwartung festhält und von dem als Enttäuschungsquelle identifizierten System für die Zukunft eine Änderung seines Verhaltens erwartet. Normative Erwartungen lassen sich deshalb als *kontrafaktisch stabilisierte Erwartungen* beschreiben.

Jedes System hat die Möglichkeit, bestimmte Erwartungen entweder als kognitive oder als normative Erwartungen zu behandeln. Dadurch gewinnt es die Freiheit, sich selbst die Anpassung an unerwartete Situationen zu ermöglichen, ohne dabei seine Lernkapazität zu überfordern. Umweltanpassung und Stabilitätsbedarf können so systemintern gegeneinander ausbalanciert werden.

Psychische und soziale Systeme verwenden gleichermaßen Erwartungen als Strukturen. Die Erfüllung von Erwartungen, so hatten wir festgestellt, ist kontingent. Dabei lassen sich jedoch zwei Formen von Kontingenz unterscheiden: Von *einfacher Kontingenz* kann gesprochen werden bei Erwartungen, die sich auf natürliche bzw. technische Dinge und Ereignisse beziehen, d.h. auf Objekte, deren Verhalten nicht ebenfalls an Erwartungen orientiert ist. Von *doppelter Kontingenz* ist zu sprechen, wenn sich Erwartungen auf ein System beziehen, das sein Verhalten gegenüber dem erwartenden System seinerseits an der Erfüllung oder Verletzung eigener Erwartungen orientiert, die es gegenüber diesem System hat. Dies ist der Fall, wenn (mindestens) zwei psychische Systeme aufeinander treffen und miteinander in Interaktion treten. Wir haben es dann mit dem *Elementarfall eines sozialen Systems* zu tun, dessen Prozessoren wir als Ego und Alter bezeichnen können.[132] In welchem Maße die Erwartungen Egos durch das Verhalten Alters erfüllt werden, hängt hier wesentlich davon ab, ob Ego bereit und in der Lage ist, in seinem Verhalten die Erwartungen Alters zu erfüllen. Um in einer solchen Situation Erwartungen entwickeln zu können, die nicht ständig durch das Verhalten des anderen enttäuscht werden, muß jeder die Erwartungen des anderen antizipieren können. Nur durch wechselseitige Perspektivenübernahme (im Sinne von *G.H. Mead*) ist dieses Problem zu lösen. Soziale Systeme verwenden deshalb nicht einfache Erwartungen, sondern *Erwartungserwartungen* als Strukturen.

Nicht nur normative Erwartungen gegenüber Interaktionsteilnehmern, sondern auch kognitive Erwartungen gegenüber natürlichen oder technischen Objekten müssen, sofern sie als Strukturen in sozialen Systemen fungieren, diese Form annehmen. So genügt es etwa im Rahmen arbeitsteiliger Kooperation nicht, daß jedes involvierte psychische System weiß, wie bestimmte Objekte auf eine bestimmte Behandlung hin 'reagieren'. Um die Kooperation auf das Verhalten von Objekten hin zu orientieren, muß Ego erwarten können, welche kognitiven Erwartungen Alter im Hinblick auf das relevante Objekt hegt. Entsprechendes gilt für Alter im

---

132 Die Bezeichnungen Ego und Alter müssen sich aber nicht immer auf psychische Systeme als Prozessoren beziehen, sondern können auch für soziale Systeme verwendet werden, die zueinander in Kontakt treten, so z.B. für Organisationen, die miteinander vertragliche Vereinbarungen schließen.

Hinblick auf Ego. Auch *Wissen* nimmt in sozialen Kontexten so die Form von Erwartungserwartungen an.

Anders als Parsons, der das Problem doppelter Kontingenz durch gemeinsam geteilte Symbole, Deutungsmuster, Normen und Werte, die sozial institutionalisiert und individuell internalisiert sind, im Prinzip gelöst sieht, betont Luhmann die *permanente Bedeutung* dieses Problems. Erwartungserwartungen lösen dieses Problem *immer nur temporär* und sind *ständig enttäuschungsgefährdet*. Auch und gerade im Enttäuschungsfalle (Luhmann spricht hier von *Irritation*) dienen sie als *Instrument der Informationsverarbeitung*, ermöglichen es, Schuldige zu identifizieren oder zeigen an, wo sie selbst modifiziert werden müssen. Statt als Gewähr für die grundsätzliche Möglichkeit eines reibungslosen Ablaufs von Interaktionen zu gelten, *erscheinen Erwartungsstrukturen von vornherein ausgelegt auf die Bewältigung von Krisensituationen*. Sie stellen sicher, daß auch im Falle von Mißverständnissen und Konflikten, d.h. auch im Falle ihrer Enttäuschung die Situation interpretiert und die Interaktion fortgesetzt werden kann, und daß möglicherweise veränderte Strukturen entwickelt werden können, die besser auf die Bedingungen der jeweiligen Situation zugeschnitten erscheinen. In dieser Deutung des Problems der doppelten Kontingenz und der darauf abgestimmten Funktion von Erwartungsstrukturen stimmt Luhmann weitestgehend mit *Garfinkels Ethnomethodologie* und der ethnomethodologischen *Konversationsanalyse* überein.

Erwartungserwartungen können auf *unterschiedlichen Abstraktionsstufen* verankert sein. Sie können an einen Kommunikationsteilnehmer als *Person* gerichtet sein; mit dem Wechsel der Personen, die an einer Kommunikation beteiligt sind, ändern sich dann auch die Erwartungsstrukturen, die als Grundlage von Kommunikation vorausgesetzt werden können. Richten sich Erwartungen an einen *Rollenträger*, dann kann die personelle Besetzung der Rolle wechseln, ohne daß sich deshalb die Erwartungsgrundlagen der Kommunikation ändern müssen. Zwei weitere Stufen der Abstraktion von Erwartungsstrukturen haben wir noch kennengelernt: Wenn es um die Anwendung bzw. Ausführung von *Programmen* geht (z.B. von Investitionsprogrammen, politischen Programmen, Gesetzen und Verträgen oder wissenschaftlichen Theorien), dann sind daran Inhaber *unterschiedlicher Rollen* beteiligt. Dabei können bestimmte Aufgaben der einen oder anderen Rolle zugeordnet werden, so daß die Rollen zumindest zum Teil gegeneinander austauschbar sind. *Werte* bezeichnen schließlich die höchste Stufe der Abstraktion von Erwartungsstrukturen. Erwartungserwartungen dieses Typs dienen nicht der unmittelbaren Orientierung von Kommunikation, sondern sie bezeichnen nur allgemeine Gesichtspunkte der Vorzugswürdigkeit. Sie können verwendet werden, um personale, rollengebundene oder programmatische Erwartungen auf ihre Tauglichkeit zur Erfüllung dieser Gesichtspunkte hin zu prüfen, sie miteinander zu vergleichen und zwischen den verglichenen Erwartungen zu entscheiden. Im Laufe der Evolution der Gesellschaft treten die verschiedenen Abstraktionsstufen der Verankerung von Erwartungsstrukturen immer deutlicher auseinander. Die Gesellschaft *steigert auf diese Weise ihr Potential für strukturelle Komplexität*.

Bis zu diesem Punkt konzentrierte sich die Darstellung auf das Problem der Komplexität, die sinnförmige Verarbeitung von Komplexität und die dafür entwickelten Strukturen. Mit der Plazierung von *Komplexitätsreduktion* als dem allgemeinsten Problem, auf das unterschiedliche Systemstrukturen als funktional äquivalente Lösungen bezogen werden können, hatte Luhmann Distanz zur *strukturfunktionalistischen* Systemtheorie und damit auch zu *Parsons* gewonnen. Die Differenz zwischen System und Umwelt erschien dabei vor allem als *Komplexitätsdifferenz* oder genauer: als Differenz *struktureller* Komplexität und blieb insofern immer noch sehr eng an den Strukturbegriff gebunden.

Das ändert sich mit der Einführung des Konzepts *autopoietischer Systeme*. Jetzt tritt die Ebene systemischer *Operationen*, d.h. der Elementarereignisse, durch deren Verknüpfung Systeme sich reproduzieren, in den Mittelpunkt der Betrachtung. Psychische und soziale Systeme werden analysiert als *operativ geschlossene* Systeme, die jeweils nur eine einzige Sorte von Operationen verwenden und miteinander verknüpfen. Strukturen werden produziert, reproduziert und transformiert im Netzwerk eigener Operationen. Jedes System kann dabei nur an seine eigenen Operationen anschließen und die dadurch erzeugten Strukturen benutzen. Kein System kann jenseits seiner Grenzen operieren. Eine Überlappung oder Überschneidung der Operationen verschiedener Systeme ist unter diesen analytischen Voraussetzungen ebenso unmöglich, wie die Bildung eines Zwischenbereichs jenseits der Systemgrenzen, in dem die Operationen verschiedener Systeme irgendwie aufeinandertreffen und unmittelbar aneinander anknüpfen könnten. Zu betonen ist, daß es sich dabei nicht um eine empirische Aussage, sondern um eine *analytisch notwendige Konsequenz des Autopoiesiskonzepts* handelt, das in Luhmanns Systemtheorie als grundlegende Prämisse der Theoriekonstruktion und der Interpretation von Daten verwendet wird. Die Einführung dieses Konzeptes zwingt in der Folge dazu, das *Problem der Konstitution systemischer Operationen* ausführlich zu behandeln.

Das Konzept autopoietisch geschlossener Systeme löst das ältere Konzept der umweltoffenen Systeme ab, ohne jedoch Umweltoffenheit zu bestreiten. *Operative Schließung gilt hier vielmehr als Voraussetzung für Umweltoffenheit*. Möglich wird dies dadurch, daß die *Unterscheidung von System und Umwelt* gleichsam in jede einzelne Operation hineinkopiert wird als Differenz zwischen *Selbst- und Fremdreferenz*. Diese Differenz fundiert alle weiteren Unterscheidungen, mit denen sich Systeme auf die Umwelt oder sich selbst beziehen können. Mit dem *selbst*referentiellen Pol einer (Beobachtungs)Operation schließt das System an eigene vorausgegangene Operationen an. Der fremdreferentielle Pol der Operation bezieht sich auf Umweltsachverhalte. Im Kontext psychischer Systeme schließen so Gedanken an Gedanken an, wobei jeder Gedanke zugleich einen bestimmten Inhalt hat, ein Etwas, woran das Bewußtsein gerade denkt. Für diesen Inhalt verwendet Luhmann auch den Begriff *Vorstellung*.

Der Unterscheidung von *Gedanke und Vorstellung* entspricht im Kontext sozialer Systeme die Differenz von *Mitteilung und Information*. Mitteilungen schließen hier an Mitteilungen an (=*selbst*referentieller Aspekt) und zwar meist, indem sie sich auf den Inhalt einer vorausgegangenen Mitteilung, d.h. die Informationsselektion (=*fremd*referentieller Aspekt) beziehen. Soziale Systeme setzen jedoch eine Situation doppelter Kontingenz und daher die Beteiligung eines zweiten Prozessors an Kommunikation voraus. Aus diesem Grunde ist Kommunikation nicht als singuläres Ereignis möglich, sondern nur als *ein Doppelereignis, an dessen Erzeugung Ego und Alter gleichermaßen mitwirken*: Ego wählt eine Information und eine darauf zugeschnittene Mitteilungsform (etwa eine Äußerung bestimmten Wortlauts) und Alter reagiert darauf mit einer Anschlußäußerung, *welche das vorausgegangene Verhaltensereignis als Mitteilung einer Information versteht.*

Mit der Konzipierung von sozialen Systemen als autopoietischen Systemen wird das *Doppelproblem von Komplexität und Kontingenz* von der Ebene systemischer Strukturen auf die Ebene der *Operationen* überspielt: Über die Kontingenz der spezifischen Ausprägung jedes Einzelereignisses vor dem Hintergrund alternativer Möglichkeiten hinaus erscheint es jetzt auch als kontingent, ob überhaupt ein nächstes Ereignis, eine weitere Kommunikation folgen wird, die dafür sorgt, daß die Kette rekursiv verknüpfter Operationen nicht abbricht und die Reproduktion des Systems zum Erliegen kommt. Mit jeder neuen Operation zu lösen ist nun das *Problem der Sicherung der Anschlußfähigkeit* systemischer Operationen.

Wir haben dann das *konstitutionstheoretische* Verhältnis der Begriffe Kommunikation und Handlung zueinander erörtert. Gegenüber dem *Weberschen Handlungsbegriff* läßt die systemtheoretische Verwendung dieses Konzeptes zwei wesentliche Abweichungen erkennen: Handeln wird nicht aus der Binnenperspektive eines Akteurs bestimmt, der mit seinem Verhalten einen bestimmten subjektiven Sinn verbindet, sondern *aus der Perspektive eines Fremdsystems, das einem anderen eine Handlung zuschreibt.* Handeln wird *nicht sinnfreiem Verhalten*, sondern einem anderen Gegenbegriff gegenübergestellt, der ebenfalls den Gebrauch von Sinn voraussetzt.

Diese beiden Abweichungen gegenüber Weber führen zu der folgenden Neubestimmung des Handlungsbegriffs: *Handeln* wird in der Systemtheorie von *Erleben* unterschieden, und beide Begriffe werden bezogen auf den Begriff der *Selektion von Sinn.* Sofern eine beobachtete Selektion auf die Aktivität eines psychischen oder sozialen Systems zugerechnet wird, gilt sie als "Handlung". Wird sie hingegen der Umwelt zugerechnet, zählt sie als "Erlebnis".

Kommunikation, so hatten wir gesehen, verknüpft *drei Selektionen* (Mitteilung, Information und Verstehen) zu einer Einheit, die durch die *Abfolge zweier Ereignisse* erzeugt wird. Dabei wird die Mitteilungsselektion dem mitteilenden System zugerechnet und zählt deshalb als Mitteilungs*handlung*. Die ausgewählte Information erscheint dagegen als vom System unabhängiger Umweltsachverhalt und gilt daher als Resultat von *Erleben*. Das Verstehen schreibt das, was es verstanden hat, *dem Autor des verstandenen Mitteilungsereignisses* als dessen Mitteilungsabsicht zu. Auch hier haben wir es also mit einer Zurechnung der Selektion auf die Umwelt (genauer: auf ein System in der Umwelt des verstehenden Systems) zu tun. Das Verstehen versteht sich demnach als *Erleben* einer Mitteilungsintention.

Die Bestimmung von Handeln und Erleben durch die Zurechnung von Selektionen ist jedoch eine Vereinfachung der faktischen Situation. Die operative Geschlossenheit autopoietischer Systeme schließt eine *Übertragung* von Sinn von einem psychischen System in ein anderes aus. Verstehen ist deshalb nicht als einfache und unmittelbare Übernahme einer fremden Sinnselektion möglich, sondern nur durch die systeminterne Erzeugung des verstandenen Sinns im verstehenden System. Und dennoch wird der verstandene Sinn nicht dem verstehenden, sondern dem mitteilenden System zugerechnet. Kommunikation, so hatten wir diesen Befund zusammengefaßt, *vereinfacht sich auf diese Weise zu einer Sequenz aufeinander folgender Mitteilungshandlungen*, die vom Gegenüber jeweils verstehend (=erlebend) nachvollzogen werden. Und mit jeder Anschlußäußerung, die dem vorausgegangenen Beitrag eines anderen Kommunikationsteilnehmers einen (mehr oder weniger genau bestimmten) Sinn zuweist, wird diese *Vereinfachung* erneut vollzogen.

In der Kommunikation (im Unterschied zu den Gedanken der involvierten Psychen) ist Sinn nur insoweit präsent, wie er als Grundlage der Verknüpfung von Mitteilungsereignissen in Anspruch genommen wird. Eine Antwort etwa weist der vorangegangenen Mitteilung den Sinn einer Frage kommunikativ zu. Welche Motive den Autor der "Frage" dazu veranlaßt haben könnten, sie zu stellen, darüber besagt die Antwort meist nichts. Der *kommunikativ*, d.h. durch die Anschlußäußerung verstandene Sinn muß strikt unterschieden werden von dem *psychisch*, d.h. durch anknüpfende Gedanken verstandenen Sinn. Beides kann mehr oder weniger miteinander übereinstimmen. Deckungsgleichheit kann hier freilich nicht angenommen werden.

Um die *überschneidungsfreie Form der Verbindung* präzise zu bezeichnen, die hier zwischen Bewußtsein und Kommunikation besteht, wählt Luhmann den Begriff der *operativen Kopplung*. Mitteilungsereignisse koppeln Bewußtsein und Kommunikation von Moment zu Moment, von Ereignis zu Ereignis erneut miteinander. Dennoch bleiben die Kommunikation und die involvierten Bewußtseine voneinander getrennt, denn in jedem System unterscheiden sich die Anschlüsse an ein Mitteilungsereignis und weisen ihm so einen jeweils anderen Sinn zu.

Voraussetzung für operative Kopplungen sind *strukturelle Kopplungen* zwischen Kommunikation und Bewußtsein, d.h. verbindende Einrichtungen, die die Bewußtseine gegenüber Kommunikation und Kommunikation gegenüber den Bewußtseinen *als Prämisse der eigenen Operationen dauerhaft voraussetzen* können. Die hier zentrale Einrichtung struktureller Kopplung ist *Sprache*. Sie stellt sicher, daß Bewußtseine erwarten können, daß der kommunikativ verstandene Sinn und der psychische Sinn, den das mitteilende Bewußtsein mit seiner Äußerung verbindet, im wesentlichen übereinstimmen.[133] Sprache ermöglicht auch die Mitteilung von Sinnintentionen, aber immer nur in einer (in Relation zum psychischen Hintergrund) drastisch reduzierten Form. Im Normalfall bewegt sich die *kommunikativ angezeigte* Intentionalität in den Grenzen des (mit Weber gesprochen) "aktuell

---

133 Oder genauer: Daß der intendierte und der verstandene Sinn hinreichend nahe beieinander liegen, um *für die jeweiligen praktischen Zwecke* als übereinstimmend behandelt werden zu können.

verstandenen" Sinnes.[134] Die Ausführung eines "Sprechaktes" (Searle) kann vor dem Hintergrund der systemtheoretischen Kommunikationstheorie in folgender Weise gedeutet werden: Wer bestimmte sprachliche Formeln gebraucht (z.B. "Ich *verspreche*, dir bei deinem Umzug zu helfen"), der generiert dadurch die normative Erwartung, daß er bestimmte Intentionen 'hat' (im Beispiel: die Intention, sich durch diese Mitteilung zur Ausführung der versprochenen Handlung *zu verpflichten*) und daß die Unterstellung dieser Intentionen als Prämisse für kommunikative Anschlüsse zugrunde gelegt werden kann.

Die *Schützsche These*, nach der das Verstehen durch einen fremden Beobachter niemals den vollen "subjektiven Sinn" erreichen kann, den ein Akteur mit seiner Handlung verband, sondern immer nur einen *reduzierten und sozial vortypisierten Sinn* erfaßt, wird durch die systemtheoretische Kommunikationstheorie radikalisiert: Nicht nur für fremde Beobachter, *auch für sich selbst* sind psychische Systeme *intransparent*, weil sie keinen unmittelbaren Zugang zu den sinnhaften Determinanten ihres Verhaltens haben.[135] Jeder Versuch, eigene "Motive" zu beobachten, operiert retrospektiv, stützt sich auf Gedächtnis und richtet sich immer nur selektiv sowie unter Benutzung sozial angesonnener Beobachtungskriterien auf die Komplexion sinnhafter Beziehung, die einem vergangenen Verhalten zugrunde lagen. Nicht nur aus der Perspektive anderer Bewußtseine oder der Kommunikation, in der die Frage nach den Beweggründen eines Verhaltens zum Thema wird, sondern auch in der Binnenperspektive eines Bewußtseins haben Motive deshalb den Status nachträglicher und komplexitätsreduzierender *Zuschreibungen*.

Der systemtheoretische Kommunikationsbegriff eröffnete schließlich die Möglichkeit (trotz aller Abneigung, die Luhmann gegenüber diesem "Unbegriff" erkennen ließ), das Konzept der *Intersubjektivität* zu reformulieren. Dabei kann die Systemtheorie unmittelbar an *Ergebnisse der Konversationsanalyse* anknüpfen, die - wie oben (Kap. 5.2) gezeigt - mit der Systemtheorie die *strikte Fokussierung auf Kommunikation* teilt. Intersubjektiver Sinn darf hier aber nicht als ein Sinn verstanden werden, der von mehreren psychischen Systemen "gemeinsam geteilt" wird.

---

134 Um z.B. die Mitteilung "Ein Päckchen Zigaretten, bitte" zu verstehen, genügt es, wenn der so angesprochene Verkäufer in einem Geschäft sie als Kundgabe einer Kaufabsicht und als Aufforderung deutet, dem Sprecher die gewünschte Ware zu verkaufen, d.h. mit einem dazu passenden Anschlußverhalten zu reagieren. Welche "Motive" der Mitteilende mit dieser Äußerung darüber hinaus verbindet, bleibt für die Kommunikation verborgen und ist für ihren Verlauf ohne Bedeutung.

135 Die Schützsche These, daß der volle subjektive Sinn eines Handelns für einen fremden Beobachter unzugänglich sei, daran ist hier zu erinnern, ist innerhalb der Handlungstheorie kontrovers. Weber und Parsons nehmen eine solche, *prinzipiell* unübersteigbare Grenze des Fremdverstehens nicht an und bestreiten, daß der Akteur einen privilegierten Zugang zu seinen Motiven habe. Sie gehen im Gegenteil davon aus, daß es auch "verdrängte" Motive gibt, die dem Handelnden selbst verborgen sind und die ein Fremdbeobachter (etwa ein Psychoanalytiker) u.U. eher erkennen könne, als der Handelnde selbst. Die Lokalisierung der Einschränkungen, denen sich das Bemühen um Motivverstehen ausgesetzt sieht, reicht demnach von der Betonung (1) *potentiell eingeschränkter Selbsttransparenz* des Akteurs und demgegenüber u.U. weiter reichender Fremdtransparenz (Weber, Parsons), über die These der (2) *grundsätzlichen Fremdintransparenz* bei weitgehender Selbsttransparenz des Akteurs (Schütz), bis hin zur These (3) der *grundsätzlichen Selbst- und Fremdintransparenz* psychischer Systeme (Luhmann).

Dies würde der Prämisse der operativen Schließung psychischer und sozialer Systeme widersprechen. Intersubjektivität haben wir stattdessen gedeutet als Kategorie der *Selbstbeobachtung von Kommunikation*. Die Form der Selbstbeobachtung, die wir mit diesem Titel belegt haben, wird an jeder dritten Sequenzstelle einer Kommunikation aktiviert.

Das Anschlußereignis, das eine vorausgegangene Mitteilung in bestimmter Weise versteht, d.h. ihm einen bestimmten Sinn sequentiell zuweist, kann noch nicht zwischen *richtigem und falschem Verstehen* unterscheiden. Erst an *dritter Sequenzposition,* wenn der Autor des ersten Mitteilungsereignisses die Möglichkeit hat, das zuvor erreichte Verstehen als Mißverstehen zu thematisieren und zu korrigieren, tritt diese Unterscheidung in Funktion. Sie ist aufgerufen, und eine ihrer beiden Seiten wird in der Kommunikation bezeichnet, auch wenn die involvierten Psychen sich darüber keine Gedanken machen, nicht richtig zugehört haben, was der andere gerade gesagt hat etc. Läuft die Kommunikation über die dritte Sequenzstelle ohne Korrektur hinweg, dann beschreibt die Kommunikation damit das erreichte Verstehen als richtiges Verstehen, völlig unabhängig davon, ob der Autor des ursprünglichen Mitteilungsereignisses sich *psychisch* richtig verstanden fühlt oder nicht.

Intersubjektivitätsproduktion als *routinemäßige Begleiterscheinung* des Prozessierens von Kommunikation finden wir jedoch nur unter den Bedingungen der Interaktion unter Anwesenden. Denn nur hier wird die verstehende Mitteilung, die auf eine Äußerung folgt, sogleich zum Bezugspunkt einer möglichen Korrektur durch den Autor der verstandenen Mitteilung. Diese *strukturelle Verankerung* der Unterscheidung richtig/falsch Verstehen entfällt unter den Bedingungen massenmedialer Kommunikation. Hier ist eine große Zahl verschiedener Anschlüsse an eine Mitteilung möglich, die diese Mitteilung jeweils auf unterschiedliche Weise verstehen, ohne daß der Autor die Möglichkeit hätte, auf alle diese Sinnzuweisungen korrigierend oder bestätigend zu reagieren. *Massenmediale* Kommunikation kann so über weite Strecken *ohne begleitende Intersubjektivitätsproduktion* prozessieren. Zugleich (und wesentlich: deshalb) eröffnet diese Form der Kommunikation die Möglichkeit der *explosiven Vermehrung divergierender Sinnzuweisungen.*

Sofern Intersubjektivität in Kontexten massenmedialer Kommunikation erzeugt wird, nimmt sie typisch eine veränderte Form an: Die Funktion der Bestätigung eines erreichten Verstehens wird dabei *abgelöst vom Autor* der verstandenen Mitteilung und durch Äußerungen *anderer* Kommunikationsteilnehmer erfüllt. Durch die so ermöglichte Erzeugung unterschiedlicher und gleichwohl intersubjektiv bestätigter Deutungen derselben Mitteilung in verschiedenen Foren und Interpretationsgemeinschaften *wird Intersubjektivität sozial pluralisiert.*

Damit erreichte unsere Darstellung einen Punkt, an dem die evolutionäre Dimension von Kommunikation ins Zentrum der Aufmerksamkeit geriet. Gesellschaft als das umfassendste soziale System reicht soweit, wie Kommunikationen reichen und füreinander erreichbar sind. In den frühesten Gesellschaften bleibt Kommunikation noch an die *Interaktion unter Anwesenden* gebunden. *Sprache* erlaubt die Differenzierung der Kommunikation von bloßer wechselseitiger Wahrnehmung, ermöglicht hinreichendes Verstehen und sorgt durch die binäre Ja/Nein-

Codierung, durch die auch Ablehnungen *mitgeteilt* werden können, für die autopoietische Schließung von Kommunikation. Hinreichende Annahmewahrscheinlichkeit als Voraussetzung dafür, daß die Beteiligung an Kommunikation für psychische Systeme überhaupt attraktiv ist, wird durch die spezifischen Pressionen der Interaktion unter Anwesenden sichergestellt.

Mit der Entstehung von *Verbreitungsmedien* wird Kommunikation von der Bindung an Interaktion befreit. Gestützt auf den Gebrauch von Schrift, Buchdruck und schließlich elektronischer Medien, können Gesellschaften weit über die Grenzen der Interaktion unter Anwesenden hinaus expandieren. Dabei entsteht das Folgeproblem, daß mit dem Entfallen des gemeinsamen Wahrnehmungs- und Erfahrungsraumes, der unter den Bedingungen interaktiver Kommunikation gegeben ist, es unwahrscheinlich wird, Aufmerksamkeit und Annahmebereitschaft zu finden. Wenn beides nicht erwartet werden kann, entfallen die ausschlaggebenden Voraussetzungen für die Nutzung der Möglichkeiten zur Fernkommunikation.

Gelöst wird dieses Problem durch die Entstehung der *symbolisch generalisierten Kommunikationsmedien* wie Glaube, Macht, Recht, Eigentum, Wahrheit etc., die Luhmann auch als *Erfolgsmedien* bezeichnet. Luhmann kann hier an die *Parsonssche Konzeption der Interaktionsmedien* anknüpfen, die er jedoch wesentlich modifiziert. Er deutet die Medien nicht als Tauschmedien mit der Funktion, gleichgewichtige Leistungsbeziehungen zwischen den Funktionssystemen zu ermöglichen. Und er löst die Medien aus ihrer Bindung an das Schema der vier Funktionen (AGIL-Schema). Als alternatives theoretisches Grundgerüst, auf das sich die Medien beziehen lassen, führt er die verschiedenen Konstellationen der *Zurechnung von Selektionen* ein, die aus den verschiedenen Kombinationsmöglichkeiten der beiden Unterscheidungen Ego/Alter und Erleben/Handeln abgeleitet werden können. Die symbolisch generalisierten Kommunikationsmedien ermöglichen es, Selektionen so mit bestimmten Bedingungen und Folgen zu verknüpfen (=zu konditionieren), daß ihre Annahme attraktiv (bzw. ihre Ablehnung hinreichend unattraktiv) wird: Auf göttliche Offenbarung gestützter und diesseitiges und/oder jenseitiges Heil versprechender *Glaube*, auf die Androhung von Gewalt gestützte *Machtansprüche*, das Angebot, für die Überlassung von Eigentum zu *zahlen* - in jedem Fall *werden Selektionen hier so konditioniert, daß sie zur Annahme motivieren*.

Die symbolisch generalisierten Kommunikationsmedien gründen auf bestimmten *Zurechnungskonstellationen* (vgl. Tafel 9.9), die für die Erfüllung bestimmter *gesellschaftlicher Funktionen* in Anspruch genommen werden können. Jedes Medium verwendet darüber hinaus einen spezifischen *binären Code*. Durch diese Eigenschaften werden die Kommunikationsmedien zur Grundlage für die Ausdifferenzierung *operativ geschlossener Funktionssysteme* in der Gesellschaft.

Operative Schließung verlangt auch auf der Ebene der Funktionssysteme, daß die Unterscheidung von System und Umwelt als Differenz von *Selbstreferenz und Fremdreferenz in jede einzelne Operation* hineinkopiert wird. Als systemzugehörig weisen sich Operationen durch ihren Bezug auf den systemspezifischen Mediencode aus. So z.B. Publikationen als Operationen des Wissenschaftssystems durch ihren Bezug auf die Differenz wahr/unwahr oder Rechtsbehauptungen durch ihren Bezug

auf die Unterscheidung Recht/Unrecht. Für die fremdreferentielle, d.h. umweltoffe-
ne Seite systemspezifischer Operationen steht deren Bezug auf bestimmte Programme (z.B. Theorien und Methoden im Wissenschaftssystem bzw. Gesetze, Präjudizien und Verträge im Rechtssystem).

Luhmann beschreibt die *moderne* Gesellschaft als *Population koevoluierender
Funktionssysteme*. Wie schon für Kommunikation und Bewußtsein, so gilt auch für
die Beziehungen zwischen den gesellschaftlichen Funktionssystemen die These, daß
diese Systeme zwar autopoietisch geschlossen, aber zugleich strukturell und operativ
miteinander gekoppelt sind. Das Begriffspaar *Differenzierung und Integration*, das
bei Parsons und Habermas von zentraler Bedeutung für die Analyse gesellschaftlicher Entwicklung war, aber noch das ältere Konzept umweltoffener Systeme voraussetzt, wird bei Luhmann ersetzt durch die Unterscheidung von *Autopoiesis und
struktureller Kopplung*. Das mit diesen Begriffen verbundene und für Parsons wie
für Habermas *gleichermaßen zentrale Bezugsproblem* taucht so in modifizierter Gestalt an durchaus prominenter Stelle auch in Luhmanns Systemtheorie wieder auf.

Leistungen, d.h. Outputs eines Systems, die als Inputs in anderen Systemen verwendet werden können (z.B. Steuerzahlungen; wissenschaftliche Beratung und
Technologie; Forderungen der Verfassung an die Politik), werden als "dynamischer
Aspekt" struktureller Kopplungen verbucht. An die Stelle der Parsonsschen Vorstellung eines jeweils reziproken Austauschs von Leistungen tritt die - unter dem
Gesichtspunkt der Integration - weit schwächere These, daß jedes Funktionssystem
von Beiträgen anderer abhängig ist, für eine Abstimmung der verschiedenen Outputs der Funktionssysteme auf den Inputbedarf der anderen jedoch zuverlässige
Mechanismen fehlen. Die Abhängigkeit der Funktionssysteme voneinander erscheint so vor allem *negativ bestimmt*. Jedes Funktionssystem wird durch die
übrigen Funktionssysteme in der Realisierung der ihm intern zugänglichen Möglichkeiten seiner Entwicklung durch seine Abhängigkeit von extern erzeugten
Leistungen eingeschränkt. Auch das kann man als *Integration* bezeichnen. Dort, wo
er diesen Begriff noch verwendet, deutet Luhmann "Integration" in genau diesem
Sinne, d.h. nicht als Herstellung von Gleichgewicht oder Harmonie, sondern
schlicht als *Einschränkung von Freiheitsgraden* eines Systems als Folge seiner Abhängigkeit von anderen Systemen in seiner Umwelt. Irgendeine Art von Gleichge-
wichtigkeit oder Proportionalität in der Entwicklung der verschiedenen Funktionssysteme ist durch ihre Abhängigkeit von den Leistungen anderer in keiner Weise
gewährleistet. Hypertrophie eines oder einiger Systeme auf Kosten anderer ist
jederzeit möglich.

Der Begriff der *Leistung* bezeichnet nur eine von drei Relationierungsmöglich-
keiten eines Funktionssystems, nämlich seine Beziehung auf *andere Systeme* unterhalb oder außerhalb der Gesellschaft.[136] Davon unterscheidet Luhmann die Beziehung eines Funktionssystems *zur Gesellschaft*. Für diese Relation steht der Begriff
der *Funktion*. Drittens schließlich kann sich ein Funktionssystem im Modus der

---

136 Als "außergesellschaftliche" Systeme sind hier insbesondere *psychische* Systeme zu nennen.

Reflexion auf *sich selbst* beziehen. Reflexion bedeutet dabei die Anfertigung einer Selbstbeschreibung des Systems im System. Eine solche *Selbstbeschreibung* impliziert immer eine drastische *Selbstvereinfachung*. Selbstbeschreibungen können die *Funktions- und Leistungsbezüge eines Systems in ihrem Verhältnis zueinander* bestimmen und so im System als Orientierungshilfe für die Lenkung der eigenen Operationen verwendet werden. Die Reflexion des Systems dient dann als Grundlage für *Selbststeuerungsversuche*.

Daran schloß sich die Diskussion des Verhältnisses von Planung, Steuerung und Evolution an. Die systemtheoretische These hierzu lautete: Unter den Bedingungen der operativen Schließung von Systemen und einer überkomplexen Umwelt ist Selbststeuerung der einzig mögliche Modus der Steuerung. Ein System reagiert dabei auf die *Rückwirkungen seiner Einwirkungen auf die Umwelt auf es selbst*, so wie diese auf dem Monitor des Systems erscheinen. *Wirkungssichere* Steuerung ist auf diese Weise, zumindest auf der Ebene der Funktionssysteme, nicht zu erreichen. Planung und Steuerung erzeugen immer einen *unkontrollierten Wirkungsüberschuß*, der - soweit das Beobachtungsinstrumentarium des Systems derartige Wirkungen registriert - zum Angriffspunkt weiterer Planungen und Steuerungsbemühungen werden kann, für die wiederum das gleiche gilt. Ungeplante Evolution kann deshalb nicht durch Planung ersetzt werden. Stattdessen *werden Planung und Steuerung selbst zu Elementen gesellschaftlicher Evolution*.

Nur kurz erinnert sei an die Entfaltung des *Evolutionsbegriffs*. Luhmann argumentiert hier, daß die evolutionären Funktionen der Variation (von *kommunikativen Ereignissen*), der Selektion (von *Erwartungsstrukturen*) und der Restabilisierung (des evoluierenden *Gesellschaftssystems*) im Prozeß sozialer Evolution allmählich voneinander entkoppelt werden mit dem Ergebnis, daß sich die Evolution der Gesellschaft und damit der Aufbau struktureller Komplexität immer mehr beschleunigt. Am vorläufigen Endpunkt dieser Entwicklung steht die *funktionale Differenzierung* des Gesellschaftssystems. Dabei kommt es zur Einrichtung *instabiler Kriterien der Selektion* in den Funktionssystemen wie z.B. Profit als Selektionskriterium in der Ökonomie oder Positivität im Recht. Variationen, die besser zur Erfüllung der systemspezifischen Funktion geeignet erscheinen, werden durch diese Kriterien rasch seligiert. Die primären Subsysteme der Gesellschaft werden deshalb endogen unruhig. Innovation wird zur Normalität und von den Funktionssystemen durch schnelle Anpassung ihrer internen Erwartungsstrukturen kontinuierlich verarbeitet. Jede erfolgreiche Variation zieht so viele Änderungen im System nach sich. Durch diese interne Dynamik der Funktionssysteme wird *funktionale Differenzierung* als Einrichtung, deren evolutionäre Funktion in der *Restabilisierung* der Gesellschaft besteht, zugleich zu einer wesentlichen *Anregungsquelle für Variationen*. Es kommt zum *Kurzschluß* zwischen den sozialen Mechanismen der Restabilisierung und der Variation mit der Folge einer scharfen (und umso weniger durch Planung kontrollierbaren) (Selbst)Beschleunigung gesellschaftlicher Evolution.

Die voll entfaltete *funktionale Differenzierung der Gesellschaft* ist ein evolutionäres Spätprodukt. Ihr voraus gehen die Formen der *segmentären* Differenzierung, der *stratifikatorischen* Differenzierung und der Differenzierung zwischen *Zentrum und Peripherie.* Erstere ist charakteristisch für die sogenannten *primitiven* Gesellschaften; die beiden letzteren Formen sind bestimmend in den *hochkulturellen* Gesellschaften. Wir haben diese Stufen der Evolution von Gesellschaft nachgezeichnet, haben gezeigt, wie sich die Kommunikation von ihrer ausschließlichen Bindung an Interaktionssysteme löst, sich *Interaktion und Gesellschaft als Ebenen der Systembildung* gegeneinander differenzieren und wie *Organisationen als dritter Systemtyp,* der von zentraler Bedeutung für die Ausdifferenzierung der Funktionssysteme ist, sich zwischen diese beiden Ebenen schieben. Wir haben skizziert, wie sich die *Transformation der Differenzierungstypik* der Gesellschaft auf die Ebene der *Differenzierung sozialer Rollen* auswirkt und wie die verschiedenen *Stufen der Abstraktion von Erwartungen* dabei immer weiter auseinandergezogen werden. Daran kann hier nur summarisch erinnert werden. Einen detaillierteren Überblick geben die entsprechenden Tafeln.

Unter den neueren theoretischen Ansätzen, die wir in diesem Band vorgestellt haben, stehen Rational Choice und die Habermassche Theorie des kommunikativen Handelns der Systemtheorie kritisch gegenüber. Zu beiden Ansätzen bezieht die Systemtheorie eine dezidierte Position. Auf die dabei zentralen Differenzen wird im nun folgenden Schlußkapitel einzugehen sein.

10. Zusammenfassung und Vergleich der vorgestellten Ansätze

Im ersten Band dieser Einführung hatten wir *sechs Problemkomplexe* identifiziert, die in den verschiedenen Ansätzen behandelt wurden. Dabei war nicht jedes dieser Probleme in jeder Theorie gleichermaßen präsent. Jede der untersuchten Theorien traf eine für sie charakteristische Auswahl aus diesen Bezugsproblemen und deutete sie auf eine spezifische Weise. Dasselbe gilt, wie wir gesehen haben, im wesentlichen auch für die in diesem Band behandelten neueren Ansätze. Die Luhmannsche Systemtheorie fügt diesen Bezugsproblemen ein weiteres hinzu: das *Zwillingsproblem der Komplexität und der (doppelten) Kontingenz* bzw. (nach der "autopoietischen Wende") das Problem der *Sicherung der Anschlußfähigkeit* kommunikativer Operationen. Die Liste unserer Bezugsprobleme enthält demnach die folgenden Eintragungen:

- das Problem der *Genese von Reflexionsfähigkeit, Selbstbewußtsein und Sinninterpretationskapazität;*[1]
- das Problem der *sinnhaften Konstitution von Handlungen bzw. Kommunikationen;*
- das Problem der *Intersubjektivität;*
- das Problem der (Zweck- bzw. Geltungs)*Rationalität;*
- das Problem der *sozialen Ordnung;*
- das Problem der *Ausdifferenzierung und Integration rationalisierter Handlungsfelder bzw. sozialer Systeme;*
- das Zwillingsproblem von *Komplexität und (doppelter) Kontingenz* bzw. das Problem der *Sicherung operativer Anschlußfähigkeit*

Tafel 10.1 zeigt, welche dieser Bezugsprobleme jeweils *im Mittelpunkt* der einzelnen Ansätze stehen. Bezugsprobleme, die darin zwar ebenfalls mehr oder weniger ausführlich behandelt werden, aber im Kontext der jeweiligen Theorie von nachrangiger Bedeutung sind, sind darin nicht vermerkt.

---

1 Dieses Problem wird nur in Meads Theorie der Evolution signifikanter Symbolkommunikation ausführlich behandelt. In den übrigen der hier vorgestellten Theorien, sowohl den klassischen wie in den neueren, wird seine Lösung einfach vorausgesetzt. Entsprechende Ansätze bei Habermas haben nur einen marginalen Stellenwert innerhalb seines Gesamtwerkes und sind über das Stadium von Entwürfen kaum hinausgekommen. Vgl. dazu exemplarisch die beiden Aufsätze "Notizen zur Entwicklung der Interaktionskompetenz" und "Überlegungen zu Kommunikationspathologien", veröffentlicht in Habermas 1984, 187-225 und 226-270. Weitere Arbeiten zur Entwicklung der Sprach- und Handlungsfähigkeit konzentrieren sich auf die Entwicklung des *Moralbewußtseins* (vgl. dazu besonders Habermas 1976, 63ff. und 1983, 127ff.). Ähnlich wie die sozialisationstheoretischen Arbeiten von Talcott Parsons, stellen demnach auch die Habermasschen Arbeiten zur Ontogenese die Entwicklung *normativer* Strukturen in den Vordergrund.

Tafel 10.1: DIE ZENTRALEN BEZUGSPROBLEME DER BEHANDELTEN ANSÄTZE*

	Genese von Reflexionsfähigkeit, Selbstbewußtsein und Sinninterpretationskapazität	sinnhafte Konstitution von Handlungen bzw. Kommunikationen	Intersubjektivität	(Zweck- bzw. Geltungs-)Rationalität	Soziale Ordnung	Ausdifferenzierung und Integration rationalisierter Handlungsfelder bzw. sozialer Systeme	Zwillingsproblem von Komplexität und (doppelter) Kontingenz bzw. Problem der Sicherung operativer Anschlußfähigkeit
WEBER				+	+	+	
PARSONS		+			+	+	
MEAD	+	+	+	+	+		
SCHÜTZ		+	+		+		
GARFINKEL/KONVERSATIONSANALYSE		+	+		+		
RATIONAL CHOICE				+	+		
HABERMAS		+	+	+	+	+	
LUHMANN		+			+	+	+

*Im Gegensatz zur Darstellung des Textes kann diese Tafel *nur einen groben* Überblick geben! Sie enthält allein diejenigen Bezugsprobleme, die *im Mittelpunkt* des jeweiligen Ansatzes stehen. Daß bestimmte Bezugsprobleme bei einem Autor nicht markiert sind, schließt also keineswegs aus, daß er dazu wichtige Aussagen gemacht hat, sondern heißt nur, daß sie gegenüber den als "zentral" bezeichneten Problemen im Kontext seines Ansatzes von nachgeordneter Bedeutung sind (vgl. ergänzend Bd.1, Tafel 5.1).

Wie schon das Schlußkapitel des ersten Bandes, so soll auch das folgende Resümee zunächst einen systematischen Überblick darüber geben, wie diese verschiedenen Probleme in den einzelnen Theorien entfaltet werden und welche Differenzen, Überschneidungen und Komplementärbeziehungen sich daraus zwischen den einzelnen Ansätzen ergeben. Danach werden die *unterschiedlichen Strategien der Erklärung* sozialer Prozesse, die dabei deutlich werden, abschließend miteinander verglichen, um zu prüfen, inwiefern sie sich verstehen lassen als Folge der besonderen Erklärungsziele, die sich die einzelnen Ansätze gesteckt haben.

10.1 Garfinkels Ethnomethodologie und die ethnomethodologische Konversationsanalyse

Schütz hatte zunächst das Problem der Konstitution von Handlungssinn aufgeworfen, das aus der Weberschen Konzeption der Soziologie als einer Wissenschaft vom sozialen Handeln folgte, von Weber aber kaum behandelt worden war. Konstituiert als *subjektiver Sinn*, der verankert ist in der Einbettung einer Handlung in das Geflecht der Um-zu- und Weil-Motive des Akteurs, ergab sich dann für Schütz die Folgefrage, wie es möglich sei, daß subjektiver Sinn zu *intersubjektivem Sinn* werden könne. Das konsequente Festhalten an der subjektiven Perspektive des Akteurs und deren strenge Unterscheidung von der Fremdperspektive, die jeder andere Akteur und damit auch der wissenschaftliche Beobachter von Handlungen einnimmt, führte Schütz zu seiner Kritik an der Parsonsschen Handlungstheorie. Schütz warf Parsons vor, diese Differenz zu verwischen, indem er Handeln auf ein allgemeines Kategoriensystem bezog, das aus der Perspektive des *wissenschaftlichen Beobachters* und der *von ihm* aufgeworfenen Probleme der Konstitution voluntaristischen Handelns und der Ermöglichung sozialer Ordnung her entworfen war, ohne nach der Realität dieser beiden Probleme und des darauf zugeschnittenen Kategoriensystems in der Binnenperspektive der handelnden Akteure zu fragen.

Parsons erschien diese Differenz vernachlässigbar. Ihn interessierte die Entwicklung einer Handlungstheorie, die tauglich war, diese beiden Probleme zu lösen und die zur Analyse empirischer Phänomene eingesetzt werden konnte. Darüber hinaus nahm er an, daß sich die Perspektive des Akteurs nicht grundlegend von der eines wissenschaflichen oder alltäglichen Beobachters unterscheide. Auch der Akteur selbst habe keinen unmittelbaren Zugang zur Realität seines Handelns, sondern müsse es mit Hilfe allgemeiner Kategorien thematisieren und deuten, die übereinstimmen mit den Kategorien, die er zur Beobachtung des Handelns anderer verwende.[2] Damit wird zugleich das Problem der Intersubjektivität entschärft und hat für die weitere Analyse nur eine marginale Bedeutung. Dagegen stellt Parsons von vornherein eine enge Verknüpfung zwischen der konstitutionstheoretischen Analy-

---

2 Zu dieser Kontroverse vgl. den Briefwechsel zwischen Parsons und Schütz; siehe insbesondere Parsons/Schütz 1977, 52ff. und 98ff.

se des Handelns und der *Lösung des Ordnungsproblems* her. Die Gültigkeit und empirische Relevanz seiner rein begriffsanalytisch entwickelten Explikation der notwendigen Kategorien voluntaristischen Handelns sah er dadurch, daß ihm diese kategoriale Struktur zugleich als notwendige Voraussetzung für die Lösung des Hobbesschen Ordnungsproblems erschien, auf eindrucksvolle Weise bestätigt.

Bei Schütz fehlt nicht nur diese Verklammerung des Problems der Sinnkonstitution mit dem Ordnungsproblem. Vielmehr spielt das Ordnungsproblem in seiner Handlungstheorie praktisch keine Rolle. In den Vordergrund tritt statt dessen die scharfe Akzentuierung der Trennlinie zwischen der *subjektiven* Konstitution des Sinnes von Handlungen und ihrer Deutung aus der Perspektive jedes Fremdbeobachters mit der Folge, daß dadurch das *Problem der Intersubjektivität* zugespitzt und zum zentralen Problem der weiteren Analyse wird.

Durch die enge Koppelung mit dem Ordnungsproblem bei Parsons bzw. mit dem Intersubjektivitätsproblem ist die Behandlung des Problems der Sinnkonstitution bei beiden Autoren auf sehr unterschiedliche Weise kontextuiert. Dennoch ist die Kontroverse zwischen Schütz und Parsons nicht nur ein Beispiel für wechselseitiges aneinander Vorbeireden. Dies wäre nur dann der Fall, wenn die Probleme, um deren Lösung es beiden Autoren ging, in keinem sachlichen Zusammenhang miteinander gestanden hätten. Garfinkels Ethnomethodologie macht nun gerade deutlich, daß hier ein äußerst enger Zusammenhang festgestellt werden kann.

Garfinkel verbindet die zentralen Fragestellungen von Schütz und Parsons miteinander. Der frühe Parsons untersuchte die Reproduktionsbedingungen von Gesellschaft als moralischer Ordnung. Schütz rückte die dem vorausliegende Frage in den Vordergrund, wie gemeinsam geteilter Sinn, gemeinsames Wissen und eine übereinstimmende Interpretation der Welt möglich wird. Ein Handeln, das auf *kognitiven Prämissen* beruht, die von anderen nicht geteilt werden, erscheint leicht als unverständlich, unangemessen und abweichend. Die übereinstimmende Deutung von Handlungen auf der Basis gemeinsamen Wissens ist so mit ihrer Bewertung unter normativen Gesichtspunkten eng verknüpft. Umgekehrt ist die übereinstimmende Anwendung einer Norm zur Beurteilung von Handlungen an die *übereinstimmende Interpretation* dieser Norm im Hinblick auf die jeweilige Anwendungssituation gebunden. Die Übereinstimmung der Interpretation setzt wiederum voraus, daß die Akteure von *übereinstimmenden Annahmen über die Welt* ausgehen und die Norm ebenso wie die aktuelle Handlungssituation vor dem Hintergrund dieser gemeinsamen Annahmen auslegen. Die Etablierung einer gemeinsam geteilten *kognitiven Ordnungsstruktur* und damit die Lösung des Problems der *Intersubjektivität* erscheint deshalb als Bedingung der Möglichkeit jeder Lösung des *normativen Ordnungsproblems.*

Garfinkel entfaltet diesen Gedanken konsequent und mit den Mitteln des Experiments, durchgeführt in alltäglichen Handlungssituationen. Mit seinen Krisenexperimenten zeigt er, daß sinnlos erscheinende Äußerungen und Handlungen eines Akteurs von Interaktionspartnern nicht nur als unverständlich, sondern zugleich als normverletzend erlebt werden können. Die Erwartung, daß das Verhalten anderer für uns und ebenso unser Verhalten für andere *verständlich* ist, hat den Status einer *konstitutiven Idealisierung*, die wir als Bedingung der Möglichkeit gelingender Kommunikation voraussetzen müssen. Weil wir uns in der alltäglichen Interaktion auf diese Unterstellung *stützen müssen*, nimmt sie die Form einer *normativen Erwartung* an, deren Verletzung Äußerungen der Verunsicherung, der Verärgerung und Aggression auslösen und zum Zusammenbruch der Interaktion führen kann. Störungen auf der Ebene der gemeinsam geteilten *kognitiven* Voraussetzungen können so unmittelbar zu Störungen der sozialen Ordnung führen. Garfinkel analysiert demnach das *Problem der Intersubjektivität* unter dem Gesichtspunkt seiner Bedeutung für die Lösung des *Problems sozialer Ordnung*.

Zugleich macht Garfinkel deutlich, daß die erfolgreiche Koordination der Interpretationsleistungen von Akteuren durch die Befolgung sprachlicher Regeln nicht hinreichend erklärt werden kann. Intersubjektive Regelbefolgung setzt immer eine mitlaufende Verständigung darüber voraus, wie Regeln im jeweils gegebenen situativen Kontext zu deuten und anzuwenden sind. Darüber hinaus sind Normalitätserwartungen oft nicht auf allgemeine Regeln zurückzuführen, sondern allein in vergangenen Erfahrungen fundiert, die als implizit bleibender Hintergrund für die Wahrnehmung und Bewertung neuer Situationen fungieren. Kommunikation kann deshalb nicht einfach als regelgesteuerte Übertragung von Bedeutungen aufgefaßt werden. Sie ist vielmehr angewiesen auf die *kontinuierliche Koordination der Interpretationsleistungen*, die dabei von den Beteiligten erbracht werden müssen. In pointierter Abgrenzung gegenüber Parsons wird damit der Schwerpunkt der Lösung des Ordnungsproblems von der Ebene allgemeiner kultureller Regeln und Normen auf die Ebene der *je situativ* zu leistenden Abstimmung der Interpretationen verschoben.

Wie diese Abstimmung sich in der alltäglichen Interaktion kontinuierlich und völlig unspektakulär vollzieht, wie Sinn *innerhalb der Kommunikation konstituiert* und wie die Sinnzuweisungen der verschiedenen Kommunikationsteilnehmer *kommunikativ koordiniert* werden, wird dann zur zentralen Fragestellung des *konversationsanalytischen Forschungsprogramms*. Die Konversationsanalyse macht deutlich, wie Regeln, die die sequentielle Abfolge bestimmter Äußerungstypen festlegen, von den Teilnehmern als *Sinnfindungseinrichtungen* genutzt werden. Als Paradigma dafür steht die Beziehung zwischen den Paargliedern eines sogenannten *Nachbarschaftspaares*: Nach Ausführung des ersten Paargliedes (z.B. einer Frage) wird an der nächstmöglichen Sequenzposition die Ausführung des dazu passenden zweiten Paargliedes (z.B. der Antwort) erwartet, mit der Folge, daß jede Äußerung, die an dieser Sequenzstelle auftaucht, möglichst so gedeutet wird, daß sie entweder als Ausführung des erwarteten Paargliedes oder wenigstens als Begründung dafür gelesen werden kann, warum das zweite Paarglied an dieser Stelle nicht produziert worden ist. Auf diese Weise ist es auch möglich, unter dosierter Beanspruchung von Kontextwissen *indirekte Bedeutungen* aus einer Äußerung *zu erschließen*. Damit wächst aber zugleich das Risiko, daß Äußerungen anders verstanden werden, als sie der Sprecher verstanden wissen möchte.

Unter den Bedingungen der Interaktion unter Anwesenden wird dieses Risiko durch eine Kontrolleinrichtung minimiert, die in die Struktur der Kommunikation eingebaut ist. Die konversationsanalytische Explikation dieser Kontrolleinrichtung knüpft an das *Meadsche Modell der Gestenkommunikation* an: Die kommunikative Reaktion eines zweiten Sprechers auf die vorausgegangene Äußerung eines ersten Sprechers wird zugleich als Fortsetzung der Interaktionssequenz und *als Interpretation* der vorangegangenen Äußerung analysiert, an der der erste Sprecher ablesen kann, wie er verstanden worden ist. Durch die genaue Untersuchung dieser interpretativen Beziehung wird der Prozeß der Sinnkonstitution einer strikt empirisch verfahrenden Analyse zugänglich. Im Gegensatz zu Schütz, dem es um die Konstitution des subjektiven Sinnes und der dadurch definierten Handlungen im *psychischen Erleben des Akteurs* geht, verlagert die ethnomethodologische Konversationsanalyse das *Problem der sinnhaften Konstitution* von Handlungen bzw. Äußerungen damit auf die *Ebene der Kommunikation* und ihrer *sequentiellen Organisation*.

Ebenso wie das Problem der Handlungskonstitution wird auch das *Problem der Intersubjektivität* auf der Ebene des sequentiellen Aufbaus von Kommunikation untersucht: Fungiert die Äußerung eines zweiten Sprechers an *zweiter* Sequenzposition als Interpretation der Äußerung des ersten Sprechers an *erster* Sequenzposition, dann kann die Anschlußäußerung des ersten Sprechers an *dritter* Sequenzposition die Korrektheit dieses Verstehens bestätigen oder es als Mißverstehen deklarieren und korrigieren. Mit der Bestätigung des erreichten Verstehens schließt sie zugleich eine elementare kooperative Handlung ab. Die Antwort auf eine Äußerung definiert diese z.B. als Frage; die reibungslose Fortsetzung der Kommunikation an dritter Sequenzposition bestätigt diese Interpretation per Implikation und beendet damit die Frage-Antwort-Sequenz. An jeder dritten Sequenzposition wird so *in der face-to-face-Interaktion* die Unterscheidung zwischen richtigem und falschem Verstehen aktiviert und kann einer der beiden Pole dieser Unterscheidung bezeichnet werden. Dadurch ist eine kontinuierlich mitlaufende Vorrichtung in die Kommunikation eingebaut, die in äußerst kurzer Taktung die Intersubjektivität des Verstehens in der Interaktion unter Anwesenden prüft, Störungen anzeigt und deren Reparatur ermöglicht.

Diese Vorrichtung ermöglicht es auch dem *wissenschaftlichen Beobachter*, den Prozeß der kommunikativen Konstruktion von Intersubjektivität zu beobachten und zu rekonstruieren. Entfällt die strukturelle Verankerung der dritten Sequenzposition, wie dies im Rahmen massenmedialer Kommunikation der Fall ist, dann entfällt über weite Strecken auch die beobachtbare Synchronisation der Bedeutungszuweisungen. Eine wesentliche Voraussetzung für die strikt empirische Untersuchung des Prozesses kommunikativer Intersubjektivitätsproduktion verschwindet damit. Es erscheint deshalb folgerichtig, daß die Konversationsanalyse den Bereich der direkten Interaktion kaum überschreitet. In der Begrenzung ihres Forschungsfeldes orientiert sie sich an den Grenzen, die der empirischen Untersuchung des Problems der Intersubjektivitätsproduktion durch die Struktur von Kommunikationsprozessen gezogen sind. Nur dort, wo massenmediale Kommunikation die Struktur der face-to-face-Interaktion reproduziert (wie etwa in den Gesprächen zwischen Rundfunkmoderatoren und anrufenden Hörern oder in Talkshows), wird sie zum Gegenstand der Konversationsanalyse.

Die Konzentration auf das Problem der Produktion von Intersubjektivität hat auch zur Folge, daß *objektive Sinnkomponenten* von Äußerungen, wie sie aus der *Perspektive des analysierenden Beobachters* identifiziert werden können, aus der Betrachtung ausgeklammert bleiben.[3] Als relevant erscheinen nur diejenigen Bedeutungen, die in der Kommunikation durch die Anschlußbeiträge anderer Teilnehmer sowie durch Folgebeiträge desselben Sprechers zugeschrieben und bestätigt werden. Im Zentrum steht so der *kommunikativ prozessierte subjektive Sinn* von Äußerungen, den die Kommunikationsteilnehmer einer Äußerung sichtbar zuweisen. Untersucht wird dabei, wie eine Äußerung durch Anschlußäußerungen als Sprechhandlung eines bestimmten Typs definiert wird.

Die *Motive,* die die Teilnehmer dazu veranlassen, diese Sprechhandlungen zu erzeugen, werden in der Kommunikation nur selten expliziert und bleiben deshalb meist außer Betracht.[4] Mit Weber formuliert, operiert die Analyse primär auf der Ebene des "aktuellen Verstehens". Die Ebene des "motivationsmäßigen oder erklärenden Verstehens" wird tendenziell ausgeblendet. Und auch dann, wenn Motive in der Kommunikation explizit erwähnt werden, interessieren sie nicht als Auskunft über Ziele (=Um-zu-Motive) oder biographisch geprägte Weil-Motive, die ihren Ursprung jenseits der aktuellen Situation haben und über diese Situation hinausreichen, sondern hauptsächlich unter dem Gesichtspunkt ihrer *kommunikativen Funktion in der aktuell gegebenen Situation* (z.B. als Versuch, auf eine vorausgegangene Kritik zu antworten und dazu ein *entschuldigungs-* oder *rechtfertigungstaugliches* Motiv zu nennen).

Der Gewinn, den die Konversationsanalyse aus dieser Selbstbeschränkung ziehen kann, ist beachtlich. Konzentriert auf die detaillierte Nachzeichnung des Aufbaus von Kommunikationssequenzen, hat sie ein reichhaltiges Repertoire von *Praktiken und Regeln* aufgedeckt, mit deren Hilfe die Teilnehmer ihr kommunikatives Verhalten koordinieren und auf diese Weise übereinstimmend interpretierte Sprechhandlungen generieren. Sie kann dadurch zeigen, wie das Problem der Erzeugung von

---

3   Wie wir bei der Diskussion der Weberschen Handlungstheorie sahen, überschreitet Weber in seinen materialen Analysen selbst das Konzept des subjektiven Sinnes in Richtung auf einen objektiven Sinnbegriff. So, wenn er den Sinnzusammenhang der Prädestinationslehre als sinnhaft erklärenden Hintergrund einer asketischen Ethik der Lebensführung auch dort noch beanspruchen will, wo dieser Sinnzusammenhang dem einzelnen protestantischen Gläubigen subjektiv nicht bzw. nicht mehr zugänglich ist. Die Rechtfertigung dafür besteht sowohl in der historisch-genetischen Rückführbarkeit bestimmter Handlungsorientierungen auf diesen Sinnzusammenhang, wie auch in dem aktuell fortbestehenden sinnhaften Entsprechungsverhältnis zwischen diesen Handlungsorientierungen und der Prädestinationslehre. - Unter den neueren methodologischen Ansätzen rücken vor allem die objektive Hermeneutik Oevermanns (vgl. bes. Oevermann u.a. 1979 sowie Oevermann 1986) und die sozialwissenschaftliche Hermeneutik Soeffners (1989 und 1992) die Aufdeckung objektiver Sinnstrukturen in den Mittelpunkt der Analyse von Äußerungen und Handlungen. Der objektive Sinn eines Äußerungs- oder Handlungsereignisses ergibt sich dabei jeweils aus den *sozial geltenden Regeln und Normalitätserwartungen,* die dieses Ereignis in einer gegebenen Situation faktisch erfüllt oder verletzt und zwar unabhängig davon, ob der Autor eines solchen Ereignisses sich an diesen Regeln und Erwartungen orientiert hat oder sie auch nur kennt.

4   Wegen dieser methodologisch begründeten Askese gegenüber der Untersuchung von Handlungsmotiven ist die Konversationsanalyse von einigen Autoren als "empiristisch" bzw. "positivistisch" etikettiert und kritisiert worden.

Intersubjektivität in der Kommunikation von Situation zu Situation auf dem Wege kontinuierlicher Abstimmung immer wieder neu gelöst wird.

Die Tatsache, daß die Konversationsanalyse die Dimension des objektiven Sinnes weitestgehend aus ihrer Untersuchung ausklammert, impliziert nicht, daß sie Kommunikation auf intentionales Handeln reduziert. Die Untersuchung der Regeln kommunikativer Verhaltenskoordination unterschreitet die Ebene intentionalen Handelns in Richtung auf dessen nicht mehr intentional kontrollierte *Infrastruktur*. Die Aufdeckung dieser Regeln steht zur Untersuchung von Mitteilungsintentionen in einem ähnlichen Verhältnis, wie die Untersuchung grammatischer Strukturen zu den Ausdrucksintentionen von Sprechern. Als *Grammatik der Intersubjektivität* regulieren diese Regeln die Möglichkeiten der Verständigung und der Beteiligung an Kommunikation. Sie definieren Chancen und Restriktionen für die Akteure und erzeugen *strukturelle Effekte*, die kein einzelner so beabsichtigt haben mag und die nicht auf die Inhalte der Einzelbeiträge zurückzuführen sind, sondern aus dem formalen Modus der Koordination der Einzelbeiträge folgen.

Gut zu beobachten ist dies etwa an den variablen *Regeln des turn-taking*: Vollzieht sich der Sprecherwechsel hier nach dem Verfahren der freien Konkurrenz um die Rolle des nächsten Sprechers, dann maximiert dies in kleinen Gruppen die Beteiligungsmöglichkeiten des einzelnen und ermöglicht damit auch die rasche Reparatur eventueller Mißverständnisse. Wird das Rederecht hingegen von einer zentralen Instanz verwaltet und zugeteilt, wie z.B. im Schulunterricht, dann werden auch die Chancen zur Reparatur von Mißverständnissen beschränkt. Der Lehrer stellt eine Frage, ruft einen Schüler auf, der sich gemeldet hat, kommentiert dessen Antwort, die ihm unzutreffend erscheint und erteilt danach das Rederecht einem anderen Schüler. Der erste Schüler mag am Kommentar des Lehrers ablesen, daß der ihn mißverstanden hat. Zum Ausdruck bringen kann er das unter den gegebenen Umständen aber nur, wenn er sich meldet und erneut aufgerufen wird oder wenn er sich das Rederecht kurzentschlossen aneignet, ohne aufgerufen zu sein. Im letzteren Falle ist die Wahrscheinlichkeit hoch, daß die Lehrperson, sofern sie darauf antwortet, nicht auf den Inhalt seiner Äußerung, sondern eher auf die normwidrige Aneignung des Rederechts reagiert. Die Chance, daß Mißverständnisse in der Kommunikation 'überleben', erhöht sich unter diesen Voraussetzungen beträchtlich.

Ähnliches ist der Fall, wenn für die Diskussion von Vorträgen bei wissenschaftlichen Tagungen ein Verfahren gewählt wird, das jedem Hörer nur eine Frage gestattet und Anschlußfragen durch denselben Fragesteller ausschließt. Die dadurch erreichte Maximierung der Anzahl möglicher Fragesteller innerhalb eines gegebenen Zeitraums wird bezahlt durch die Einschränkung der Möglichkeiten zur Bereinigung von Mißverständnissen und zur detaillierten Diskussion einzelner Gesichtspunkte. Umgekehrt erleichtert dies dem Vortragenden, kritischen Fragen auszuweichen, muß er doch nicht befürchten, daß deren Urheber die Möglichkeit erhalten, in einem erneuten Beitrag die ausweichende Reaktion als solche zu bezeichnen und eine adäquate Antwort auf die gestellte Frage einzuklagen. Wenn insistierende Nachfragen ausgeschlossen sind, dann minimiert dies auch die Möglichkeit von kontroverser Diskussion und Streit. Das wahrscheinlichste Ergebnis ist dann, daß die Kommunikation thematisch wenig zentriert, schematisch und konfliktfrei abläuft und die Intensität, mit der Behauptungen und Argumente geprüft werden, dementsprechend abnimmt.

Die Beispiele machen deutlich, wie die Regeln, die die Beteiligung an Kommunikation regulieren, *unbeabsichtigte Effekte* auslösen können. Diese Effekte können als *Makroeffekte* verstanden werden, die sich aus der *Aggregation* der Effekte vieler kommunikativer Episoden ergeben, in denen jeweils dieselben Regeln zur Koordination der Einzelbeiträge gelten. Hinreichende Erfahrung vorausgesetzt, können diese Effekte freilich auch antizipiert und strategisch-intentional genutzt werden.[5]

Entsprechendes gilt auch für das intuitive Wissen um die *kommunikative Funktion* bestimmter Koordinationsregeln:[6] Die Konversationsanalyse kommt häufig zu Aussagen, die zwar primär als Feststellung über die kommunikative Funktion von Regeln zu verstehen sind, die zugleich aber auch *Möglichkeiten strategischer Kalkulation* anzeigen, welche unter geeigneten Bedingungen intentional genutzt werden *können*. Obwohl die Untersuchung von Handlungsmotiven weitestgehend ausgeblendet wird, ergibt sich daraus eine gewisse Nähe zum Konzept des *interessegeleiteten Handelns*, wie es für den Rational Choice-Ansatz konstitutiv ist.

10.2 Rational Choice

Rational Choice startet mit der Annahme, daß menschliches Handeln erklärt werden kann durch das Ziel der rationalen Maximierung individuellen Nutzens. *Rationale Nutzenmaximierung* hat den Status eines Generalmotivs. Die Erklärung von Handlungen auf dieser Grundlage entspricht dem Weberschen Konzept des *motivationsmäßigen oder erklärenden* Verstehens. Die *sinnhafte Konstitution* von Handlungen wird mit Weber vorausgesetzt, aber kaum als eigenständiges Bezugsproblem

---

5 So z.B., wenn der Leiter einer wissenschaftlichen Diskussion einen Referenten schonen möchte und das Diskussionsverfahren entsprechend wählt, d.h. keine Folgefrage desselben Diskussionsredners zuläßt und die Fragen bzw. Anmerkungen mehrerer Teilnehmer sammelt, um dann den Vortragenden zu bitten, in einem Zuge darauf zu antworten. Weil dann zu viel zusammengekommen ist, um auf alles gleichermaßen ausführlich einzugehen, muß der Antwortende, genötigt durch die vorgegebenen Bedingungen der Situation, auswählen. Dies kann er, ohne daß es allzusehr auffallen würde, nach seinen eigenen Präferenzen tun, indem er genehme Fragen ausführlich beantwortet, problematische Fragen dagegen nur knapp behandelt oder ganz übergeht.

6 So kann man etwa die strukturell in die Kommunikation eingebaute "Präferenz für Übereinstimmung", deren Funktion in der Schonung explizit mitgeteilter Annaheerwartungen und in der Vermeidung von Konflikten besteht, dazu nutzen, die Äußerung einer Meinung, die vermutlich von den Überzeugungen des Gesprächspartners abweicht, als Mitteilung zu 'tarnen', deren Zustimmungsfähigkeit man unterstellt, um zu erreichen, daß der andere die Differenz der Meinungen beiläufig registriert und sein weiteres Verhalten darauf einrichtet, ohne daß diese Differenz thematisch werden muß und die Konfliktwahrscheinlichkeit sich dadurch erhöht. (Eine derartige strategisch geschickte Nutzung der Möglichkeiten der Gesprächsorganisation zur konfliktvermeidenden Austragung von Meinungs- und Interessendivergenzen gilt als typisches Merkmal eines "diplomatischen" Kommunikationsstils.)

thematisiert. Das "aktuelle Verstehen" von Handlungen gilt nicht als eigenständige Aufgabe. Das *Problem der Intersubjektivität* wird als gelöst unterstellt. Welche Handlungen von den Akteuren jeweils ausgeführt werden erscheint klar, und zwar sowohl für die Interaktionspartner wie auch für den wissenschaftlichen Beobachter.

Mit der Rückführung des Handelns auf das Motiv individueller Nutzenmaximierung wird das Hobbes-Parsonssche *Problem der sozialen Ordnung* virulent. Für Parsons setzt die Lösung dieses Problems die Begrenzung egoistischer Nutzenrationalität durch die Orientierung an internalisierten Normen voraus. Wird diese Annahme aufgegeben, dann muß gezeigt werden, *wie soziale Ordnung in der Interaktion zwischen rationalen Egoisten möglich ist*. Viele Arbeiten von Rational Choice-Theoretikern widmen sich der Aufgabe, einen Beitrag zur Beantwortung dieser Frage zu leisten. Dabei wird das Ordnungsproblem in unterschiedliche Teilprobleme dekomponiert, für die unterschiedliche Lösungen möglich sind.

Die Schwierigkeiten, die der Lösung des Ordnungsproblems zwischen rationalen Egoisten entgegenstehen, haben wir an Situationen von der Struktur eines *Gefangenendilemmas* vorgestellt.[7] Neben vielen alltäglichen Situationen kann auch die Hobbessche Konstellation des "Krieges aller gegen alle" als Gefangenendilemma gedeutet werden. Das Gefangenendilemma kann insofern als rational choice-theoretische Reformulierung des Hobbes-Parsonsschen Problems sozialer Ordnung mit den Mitteln der Spieltheorie gelten, mit der die unterschiedlichen Erscheinungsformen analysiert werden können, die dieses Problem annehmen kann. Charakteristisch für gefangenendilemmatische Situationen ist, daß es für jeden Akteur rational ist, sich *unkooperativ* zu verhalten. Unkooperatives Verhalten aller Beteiligter hat dabei jedoch zur Folge, daß die Auszahlungen für jeden einzelnen ungünstiger sind, als es der Fall wäre, wenn alle Akteure sich für die Strategie der Kooperation entscheiden würden. Aus der Perspektive nutzenrationaler Akteure entsteht damit ein Bedarf für sanktionsbewehrte Normen, um Kooperation sicherzustellen.

Alle Akteure haben ein gemeinsames Interesse an der Existenz solcher Normen. Insofern handelt es sich bei diesen Normen um ein *Kollektivgut*. Die Produktion dieses Gutes verlangt von den Akteuren häufig bestimmte Aufwendungen, die insbesondere als *Sanktionskosten* anfallen. Für jeden Akteur ist es rational zu versuchen, diese Kosten, die für ihn entstehen, wenn er die Verletzung der Kooperationsnorm durch einen anderen sanktioniert, einzusparen und d.h., das abweichende Verhalten nicht zu sanktionieren, gleichwohl aber von der Kooperationsnorm zu profitieren, soweit sie durch die Sanktionen der anderen gesichert wird. Weil alle rationalen Akteure sich so verhalten werden, werden Abweichungen dann nicht sanktioniert, so daß die von allen gewünschte Norm, durch die kooperatives Verhalten erreicht werden soll, nicht erreicht werden kann. Und sie kann nicht erreicht werden, weil es für alle Akteure nutzenrational ist, sich als *Trittbrettfahrer*

---

7 Es sei daran erinnert, daß der Begriff "Struktur" in diesem Zusammenhang die Verteilung der Auszahlungen meint, die auf jeden einzelnen Akteur in Abhängigkeit von den unterschiedlichen Strategiekombinationen entfallen, die durch die Handlungsentscheidungen aller beteiligter Akteure realisiert werden können.

zu verhalten, d.h. bei der kostenträchtigen Sanktionierung von Normbrechern nicht zu kooperieren. Die Struktur des Gefangenendilemmas wiederholt sich in diesem Fall als *Gefangenendilemma zweiter Ordnung*. Der Versuch, durch eine Norm Kooperation zu erreichen, reproduziert das ursprüngliche Problem auf einer weiteren Stufe.

Dabei bleibt es freilich nicht unverändert, sondern kehrt in einer abgeschwächten und deshalb leichter zu bewältigenden Form wieder: Die Kosten, die für Sanktionen aufzuwenden sind, müssen nicht sehr hoch sein. Durch "inkrementelle" Sanktionen, bei denen sich geringfügige Sanktionsbeiträge vieler zu einer gravierenden Schädigung für den Normverletzer summieren, können sie auf ein Minimum reduziert werden. Die Normierung von Sanktionspflichten, deren Erfüllung wenig kostet und die zugleich einfach zu kontrollieren sind (wie z.B. die Pflicht zur Meidung öffentlichen Kontaktes mit dem Normverletzer, deren allgemeine Beachtung einem *sozialen Boykott* gleichkommt), kehrt das Verhältnis von Kosten und Nutzen um. Wenn die Beteiligung an Sanktionen wenig Aufwand verlangt und das Risiko, bei Nicht-Beteiligung selbst in gravierender Weise sanktioniert zu werden, hoch ist (weil z.B. die Einbeziehung des Verweigerers in den sozialen Boykott droht), wird es für den einzelnen Akteur rational, sich an Sanktionen zu beteiligen.[8] An Beispielen dieser Art untersucht Rational Choice, wie das Problem sozialer Ordnung 'kleingearbeitet' und in eine lösbare Form gebracht wird.

Das Problem der Stabilisierung von sozialen Normen durch Sanktionen ist nur eine von vielen Erscheinungsformen des Problems der *Produktion von Kollektivgütern*, deren Erzeugung durch die Rationalität von Trittbrettfahrerverhalten beeinträchtigt oder verhindert werden kann. Dieses und andere Kollektivgutprobleme lassen sich begreifen als *Varianten des Problems sozialer Ordnung*. Die konsequente Analyse von Handlungszusammenhängen unter der Prämisse, daß alle Akteure nach der Maximierung ihres individuellen Nutzens trachten, führt Rational Choice so zu einer wesentlich detailgenaueren und empirienäheren Entfaltung des Ordnungsproblems, als sie bei Parsons zu finden ist. Dadurch verliert das Ordnungsproblem die Kompaktheit, in der es Parsons diskutiert. Eine einheitliche Komplettlösung, wie er sie mit den ineinandergreifenden Mechanismen der Institutionalisierung und Internalisierung vorschlägt, erscheint nicht mehr notwendig. Unterschiedliche Varianten des Ordnungsproblems werden identifiziert, für die sich auch unterschiedliche Lösungen feststellen lassen. Das Problem wechselt damit die Form: Es wird von einem *quasi-apriorischen Problem*, dessen Lösung in die *Grundbegriffe* der Theorie eingebaut und das damit tendenziell *stillgestellt* ist, in ein *forschungsleitendes Problem* transformiert, das der empirischen Analyse und der gegenstandsbezo-

---

8 Darüber hinaus muß die Beteiligung an Sanktionen nicht immer Kosten verursachen, sondern sie kann auch - zumindest für bestimmte Personengruppen, die sich dann für die Delegation dieser Aufgabe anbieten - einen positiven Nutzenüberschuß abwerfen, oder unterminologisch formuliert, sie kann 'Spaß machen'. In dörflichen Gemeinschaften lassen sich etwa Sanktionsformen beobachten (sogenannte "Rügebräuche"), welche die Form äußerst derber Streiche annehmen, mit denen Normverletzer rechnen müssen, ausgeführt durch die Gruppe der unverheirateten jungen Männer, deren Treiben allgemein gebilligt wird.

genen Theoriebildung den Weg weist. Gerade weil der Rational Choice-Ansatz die Prämisse der Parsonsschen Handlungstheorie ablehnt, daß jedes Handeln *notwendig* die Orientierung an verinnerlichten sozialen Normen einschließe, erhält so das Ordnungsproblem in der Entfaltung dieses Ansatzes einen zentralen Stellenwert.

Methodologisch kann sich Rational Choice auf das Webersche Programm des verstehenden Erklärens von Handlungen aus Motiven berufen. Dabei scheint es zunächst so, als ob Rational Choice die Weberschen "Bestimmungsgründe des Handelns" auf einen einzigen Bestimmungsgrund reduzieren, d.h. jedes Handeln als *zweckrational* motiviertes Handeln betrachten würde. Wie wir bei der Diskussion von Essers Position feststellen konnten, trifft dies so allerdings nicht zu. Esser behauptet zwar die Universalität zweckrationalen (alias nutzenmaximierenden) Handelns, bezieht diesen Anspruch jedoch auf eine Metaebene, die es ermöglichen soll, nicht-rationale Formen des Handelns auf der Gegenstandsebene zuzulassen und in die Analyse einzubeziehen. Oder weniger abstrakt und paradox formuliert: Esser geht davon aus, daß es unter geeigneten situativen Bedingungen rational sein kann, nicht rational zu handeln und sich dabei etwa durch Werte und Normen, durch Affekte oder Gewohnheit motivieren zu lassen.

Esser beruft sich mit dieser These auch auf George Herbert Mead: Nach Mead kommt es zu rational reflektiertem Handeln in Situationen, in denen gewohnheitsgeleitetes Handeln auf Widerstände trifft, die mit den eingeschliffenen Routinen nicht auf zufriedenstellende Weise überwunden werden können. Rationale Kalkulation erscheint als ein Modus des Handelns, der erst dann aufgerufen wird, wenn weniger aufwendige Formen der Handlungssteuerung versagen. Esser folgert daraus, daß der Modus rationaler Kalkulation so lange nicht beansprucht werde, wie die auf andere Weise seligierten Handlungsalternativen objektiv nutzenrationale Beurteilungskriterien erfüllen. Essers Modellierung der Selektion von Situationsdefinitionen und Handlungsoptionen nach den Kriterien der erweiterten Wert-Erwartungs-Theorie (vgl. Kap.7.8 und 7.9) warf jedoch mindestens zwei Folgeprobleme auf:

1) Wenn eine Handlungssituation nicht absolut störungsfrei gerahmt werden kann (so daß also der Match m für einen aktivierten Frame kleiner als 1 ist), kommt es zum infiniten Regreß, der nur durch Abbruch beendet werden kann. Weil die vollständige Durchführung einer nutzenmaximierenden Kalkulation (gleichgültig, ob bewußt oder - wie von Esser angenommen - bewußtseinsextern prozessiert) aus beobachtungslogischen Gründen scheitern muß, ist Nutzen*maximierung* hier unmöglich.

2) In Situationen der Entscheidung unter Unsicherheit, in denen keine Erwartungswahrscheinlichkeiten für die verschiedenen möglichen Ereignisverläufe angegeben werden können, fehlt ein *eindeutiger* Maßstab für die Bewertung der Rationalität einer Entscheidung. Das Prinzip der Nutzenmaximierung erscheint aus diesem Grund *nicht universell anwendbar*. Seine Behauptung als *streng allgemein* gültige Selektionsgesetzlichkeit läßt sich deshalb nicht halten.

In beiden Fällen lassen sich freilich brauchbare Ersatzlösungen angeben, die - wenn auch nicht im Sinne des Maximierungsprinzips - ebenfalls als (objektiv bzw. subjektiv) rational gelten können.

Die Untersuchungen von Schütz, Garfinkel und der Konversationsanalyse lieferten Beiträge zur Explikation von Prämissen, auf die sich nutzenrationales Handeln stützen muß, ohne daß diese Prämissen selbst als Resultat subjektiver Nutzenrationalität erklärt werden können. Die darin rekonstruierten Regeln und Mechanismen intersubjektiver Verständigung, so unser Fazit, gehören zur *Infrastruktur* rationalen Handelns. Zu deren Analyse kann Rational Choice kaum etwas beitragen. Die Feststellung, daß die routinisierte Beachtung entsprechender Regeln kostensparend und daher rational sei, ist eine zwar plausible, aber nachträgliche Versicherung. Sie zielt auf die Begründung des Universalitätsanspruchs der eigenen Handlungstheorie, indem sie anderen Ansätzen, die sich mit nicht-rationalem Handeln auseinandersetzen, einen Platz darin anzuweisen sucht. Einen Beitrag *zur materialen Analyse* derartiger Handlungsformen leistet Rational Choice damit freilich nicht.

Als eine weitere und besonders bedeutsame Einschränkung für den erklärenden Gebrauch des Prinzips der Nutzenmaximierung erwies sich der Umstand, daß Nutzenrationalität bestimmte Präferenzen beim Akteur voraussetzen muß. Der u.a. von Coleman unternommene Versuch, die *Genese dieser Präferenzen* mit in die Analyse einzubeziehen, verlangt die Ausarbeitung einer *Theorie des Selbst*. Wie wir gesehen haben, greift Coleman hier wesentlich auf Annahmen von Cooley und Mead zurück, die er mit den Mitteln von Rational Choice reformuliert. Die *Identifikation* mit den Wünschen und Zielen besonders wichtiger und sanktionsmächtiger Akteure, zu denen ein Handelnder enge soziale Beziehungen unterhält, erscheint als bedeutsamer Mechanismus für die Entwicklung von Präferenzen. Im Kontext sozialisatorischer Interaktion identifiziert sich das Kind mit den Wünschen seiner primären Bezugspersonen, d.h. es überträgt ihnen Kontrollrechte über sein Handeln. Mit derartigen Überlegungen gelangt Coleman, getrieben durch die immanenten Probleme von Rational Choice, über Cooley und Mead schließlich in die Nähe des *Parsonsschen Internalisierungstheorems*.

Wenn Rational Choice Handeln auf der Basis *routinisierter Regeln* und *sozialer Deutungsmuster* zur Interpretation von Handlungssituationen ebenso zulassen muß, wie Handeln auf der Grundlage *sozial standardisierter Präferenzstrukturen* und *internalisierter Normen*, dann rückt die Bedeutung des Prinzips rationaler Nutzenmaximierung immer mehr in eine Randlage für die Erklärung von Handlungen. Man könnte diese Entwicklung als Anzeichen für das Scheitern von Rational Choice als Theorieprogramm deuten. Eine solche Diagnose erscheint mir berechtigt, wenn man annimmt, daß der Kern dieses Programms in dem Anspruch zu sehen ist, *jedes* Handeln durch das Prinzip egoistischer Nutzenmaximierung zu erklären. Man muß die These der Vorrangigkeit des Prinzips der Nutzenmaximierung für die Erklärung von Handlungen aber nicht notwendig als *ontologische* Behauptung lesen, die besagt, daß *alles* Handeln rationales Handeln *ist*. Man kann diese These m.E. viel besser als Behauptung eines *methodologischen Vorranges* lesen, der dem Prinzip rationaler Nutzenmaximierung für die Erklärung menschlichen Handelns zuzuweisen ist. Eine derartige methodologische Priorität für das Konzept rationalen Handelns hat, wie wir gesehen haben, bereits Weber ausdrücklich formuliert. Es erscheint mir das besondere Verdienst von Rational Choice, diese methodologische Priorität in besonders radikaler Weise ernst genommen und zum Kern eines Forschungsprogrammes gemacht zu haben, dessen Erfolg gerade darin zu sehen ist, daß es die Grenzen ausschließlich rationaler Handlungserklärungen konsequent und mit interessanten Erklärungserfolgen bei scheinbar irrationalem Handeln (wie z.B. bei der Erklärung von Massenpaniken) auslotet. Und in diesem, nur methodologischen Vorrang beanspruchenden Sinne haben undogmatische Vertreter dieses Forschungsprogrammes, wie James S. Coleman, das Konzept rationalen Handelns auch interpretiert.[9]

Kommen wir zu einem letzten Punkt, der für die Einschätzung der Reichweite von Rational Choice-Erklärungen von wesentlicher Bedeutung ist: dem Verhältnis zwischen *rationalen Motiven* und *situativen Bedingungen* des Handelns. Die situativen Bedingungen, unter denen ein Akteur darüber zu entscheiden hat, welche Handlung er ausführen wird, sind für ihn im wesentlichen vorgegeben. Darunter fallen nicht nur die Bedingungen der natürlichen Umgebung, sondern auch soziale Bedingungen, wie die Geltung sanktionsbewehrter Normen, das Handeln anderer Akteure, die Reaktionen, die von ihnen auf das eigene Handeln hin zu erwarten sind sowie die Regeln und Mechanismen der Aggregation, die darüber entscheiden, wie die Handlungen der einzelnen Akteure sich zu einem Gesamtresultat addieren und die Ausgangssituation möglicherweise verändern. Die genannten Bedingungen definieren zusammen den *makrostrukturellen Kontext*, in den das Handeln der Akteure eingelassen ist und der durch die aggregierten Effekte ihres Handelns kontinuierlich reproduziert bzw. verändert wird.

Die *objektiven Bedingungen* der Situation werden von den Akteuren mehr oder weniger vollständig und korrekt wahrgenommen und so in eine *subjektive Situationsdefinition* überführt. Diese Situationsdefinition schließt auch die Handlungsalternativen ein, die den Akteuren aktuell zugänglich erscheinen und die sie nach Maßgabe ihrer Präferenzen und des zu erwartenden Nutzens zu bewerten haben. Sofern die Akteure die Bedingungen der Situation im wesentlichen zutreffend erfassen, ergibt sich die schließlich ausgeführte Handlung als Ergebnis des Zusammenwirkens zwischen den objektiven Situationsbedingungen einerseits und den Kriterien nutzenrationaler Selektion, die den Akteur dazu motivieren, eine bestimmte Alternative aus dem Repertoire der objektiv möglichen Handlungen auszuwählen. Man kann deshalb die Frage aufwerfen, welchem dieser beiden Faktoren das größere Gewicht für die Bestimmung und damit auch für die Erklärung des Handelns zukommt.

---

9 Siehe dazu Coleman 1995, Bd.1, 22, mit der Bemerkung: "Ich vertrete also in diesem Buch die Position, daß der Erfolg einer Sozialtheorie, die sich auf Rationalität gründet, darin liegt, den Bereich sozialer Handlungen, den die Theorie nicht erklären kann, Schritt für Schritt zu verkleinern. Man kann die Theorie auch so betrachten, daß sie für eine Menge abstrakter rational handelnder Akteure konstruiert ist. Dann erhebt sich die empirische Frage, ob eine derartige Theorie das Funktionieren eines tatsächlichen sozialen Systems mit realen Personen widerspiegeln kann." Coleman weist hier seiner Theorie den Status einer *idealtypischen Konstruktion* im Sinne Webers zu. Die *Präferenz für rationale Idealtypen* hat, wie wir bei der Diskussion von Webers Methodologie festgestellt haben, einen einfachen Grund: Rationale Motive als Basis von Handlungserklärungen haben für sich den Vorteil *maximaler Verständlichkeit*.

Die Auskunft, die Rational Choice auf diese Frage bereit hält, ist klar. Im Vordergrund stehen hier die *nutzenrationalen Motive*, die über die Auswahl einer Handlung entscheiden. Die Merkmale der Situation erscheinen als Randbedingungen nutzenrationaler Selektion, die zwar notwendiger Bestandteil jeder Handlungserklärung sind, aber nicht zu ihrem theoretischen Kern gehören. Als theoretischer Kern jeder Handlungserklärung gilt das Prinzip der rationalen Nutzenmaximierung.

Diese Auskunft ist freilich keineswegs selbstverständlich, lassen sich doch leicht Beispiele für Handlungserklärungen finden, in denen das Schwergewicht der Analyse bei der Explikation der *Bedingungen der Handlungssituation* liegt und Motive, seien sie nun nutzenrationaler oder anderer Art, demgegenüber eine geringe Rolle spielen. Nehmen wir etwa an, wir interessieren uns für die Frage, wie sich die Entstehung dauerhafter Machtbeziehungen in menschlichen Gesellschaften erklären läßt. Um diese Frage zu beantworten, kann man nun nach Motiven suchen, die verständlich machen, warum Menschen nach Macht streben und Chancen des Machtgewinnes nutzen. Man kommt dann rasch zu dem Ergebnis, daß Macht unterschiedlichen Zielen dienen und dementsprechend aus verschiedenen Gründen angestrebt werden kann. Macht ermöglicht die Akkumulation von Reichtum, erlaubt den Gebrauch der Arbeitskraft anderer zu eigenen Zwecken, ermöglicht es, Ziele durchzusetzen, deren Erreichung ohne Macht nicht möglich wäre, ist eine bedeutsame Quelle des Gewinns von Prestige, ermöglicht die Selbsterhöhung der eigenen Person etc.

Solange es darum geht zu erklären, warum bestimmte Personen in bestimmten Situationen nach Macht strebten, mag es aussichtsreich erscheinen, nach rationalen Motiven zu forschen, die sie zu entsprechenden Handlungen veranlaßten. Sobald die Frage jedoch abstrakter formuliert wird und es darum geht, wie es zu erklären ist, daß in den meisten Gesellschaften institutionalisierte Machtpositionen existieren, erscheinen Motivanalysen wenig hilfreich. Sie müssen (1) entweder auf eine Pluralität möglicher Motive für das Streben nach Macht treffen, oder versuchen, (2) ein tiefenstrukturelles Generalmotiv zu identifizieren, das unterschiedliche Erscheinungsformen annehmen kann (z.B. 'Machtstreben', 'Streben nach sozialem Ansehen' bzw. 'nach Reichtum', der durch Machtgebrauch erlangt werden kann), oder schließlich (3) in der Einsetzbarkeit von Macht zu unterschiedlichsten Zwecken, d.h. *in ihrer Eigenschaft als hoch generalisierte Ressource* die besondere Attraktivität von Macht erkennen, die *Personen mit verschiedensten Präferenzen* nach Macht streben läßt.

Man kann freilich die Pluralität möglicher Präferenzen und Motive, die zum Streben nach Macht veranlassen können, auch als Indiz dafür ansehen, daß es für die Erklärung der Entstehung von Machtpositionen in einer Gesellschaft weniger darauf ankommt, als auf die Identifikation der *situativen Bedingungen*, die *Chancen der Aneignung* von Macht eröffnen. Der Schwerpunkt der Analyse wird damit auf die Erklärung der *Entstehung von Opportunitätsstrukturen* verlagert. Dies geschieht unter der Prämisse, daß Motive für die Nutzung von Gelegenheiten zur Errichtung von Machtpositionen fast immer vorhanden und nur die Möglichkeiten nicht immer gegeben sind, um solche Motive in erfolgreiches Handeln umzusetzen.

Stellt man dann etwa fest, daß in Jäger- und Sammlergesellschaften dauerhafte Machtpositionen im Regelfall nicht existieren (vgl. Lenski 1976, 134ff.), dann kann man dies z.B. aus den Produktions- und Lebensbedingungen in diesen Gesellschaften erklären, welche die Erzeugung eines nicht unmittelbar zum Leben benötigten, ansammlungsfähigen und abschöpfbaren Mehrprodukts ausschließen. Aus diesem Grund müssen alle Mitglieder einer Gesellschaft für den eigenen Lebensunterhalt arbeiten, können spezialisierte Rollen zur Ausübung von Macht (die ja die Möglichkeit der Freistellung vom Zwang zur Sorge um den eigenen Lebensunterhalt voraussetzen) nicht eingerichtet werden, kann weder die Funktion der Ausübung bewaffneter Gewalt durch bestimmte Gruppen monopolisiert, noch die Arbeitskraft anderer ausgebeutet werden, erzeugt doch niemand einen Überschuß, der ihm genommen werden könnte.

Eine derartige Erklärungshypothese kommt ohne Bezug auf spezifische Motive für die Einrichtung von Machtpositionen aus. Sie geht davon aus, daß Machtpositionen in Gesellschaften eingerichtet werden, sobald es die Produktions- und Lebensbedingungen zulassen und erklärt das Fehlen dauerhaft institutionalisierter Macht in Jäger- und Sammlergesellschaften damit, *daß die notwendigen situativen Voraussetzungen dort noch nicht existieren.* Motive, die unter diesen Bedingungen auf die Herstellung von Machtbeziehungen zielen, können nicht zum Erfolg führen. Sobald aber die notwendigen situativen Voraussetzungen gegeben sind, sind die Motive, die zur Entstehung von Machtpositionen beitragen, sekundär. Eine Gruppe von Kämpfern, die ihren Stamm erfolgreich gegen äußere Angriffe verteidigt hat, kann dann etwa versuchen, ihr Gewaltpotential zur Unterjochung der Stammesgenossen zu gebrauchen, um sich einen Teil des erwirtschafteten Mehrproduktes anzueignen. Oder ein besiegter Stamm wird versklavt, d.h. als unterdrückte und ausgebeutete Untergruppe in die siegreiche Stammesgesellschaft integriert. Ebensogut ist es aber auch möglich, daß der Häuptling eines Stammes, der bisher nicht mehr als ein Erster unter Gleichen war, dessen Einfluß also vollständig von der Zustimmung der Stammesmitglieder abhängig blieb, die Aufgabe erhält, das von einzelnen Familien in unterschiedlicher Höhe erwirtschaftete Mehrprodukt abzuschöpfen, um es dann so aufzuteilen, daß weniger begüterte Stammesmitglieder davon profitieren. Motiviert durch die Zielsetzung, durch Umverteilung die Entstehung gravierender ökonomischer Ungleichheit zu verhindern, kommt es hier zur Ansammlung des abgeschöpften Mehrproduktes in einer Hand, die einen wesentlichen Teil davon für sich abzweigen kann und damit über die notwendigen Ressourcen für die Stabilisierung eines Machtgefälles verfügt (vgl. Lenski 1976, 194).

Wenn gegensätzliche Motive zum gleichen Resultat führen können, dann erscheinen diese Motive *nachrangig gegenüber den situativen Bedingungen,* die zu diesem Resultat führen. Auch die Differenz zwischen egoistischer Nutzenmaximierung und altruistischen Motiven ist dann nicht mehr von entscheidender Bedeutung. Vielmehr wird damit allgemein die *Reichweite motivationaler Handlungserklärungen,* wie sie Weber in seiner Handlungstheorie konzipiert, in Frage gestellt. Daß die Handlungen, die zur Einrichtung dauerhafter Machtpositionen führen, auf die eine oder andere Weise motiviert sind, wird damit nicht bestritten. Die These lautet nur, daß *die spezifische Art* der Motivierung hier keine Rolle spielt, weil unterschiedliche Motivierungen einander ersetzen können und zu weitestgehend übereinstimmenden Resultaten führen. Die Motive erscheinen *kontingent*. Im Gegensatz dazu können u.U. *notwendige* situative Bedingungen angegeben werden, unter denen die Entstehung institutionalisierter Machtpositionen sozial möglich und damit zugleich wahrscheinlich wird. Derartige Formen der Erklärung lassen sich auch im Weberschen Werk nachweisen (vgl. Schmid 1998, 19ff.). Auf die unterschiedlichen Erklärungstypen, die hier möglich sind, und auf die Bedingungen, unter denen der eine oder andere Erklärungstyp in den Vordergrund tritt, wird im letzten Abschnitt noch einmal zurückzukommen sein.[10]

Der Verweis auf die mögliche Dominanz situativer Bedingungen für die Erklärung von Handlungen läuft bei Rational Choice-Theoretikern, wie wir in der vergleichenden Diskussion mit Luhmanns Systemtheorie noch sehen werden, offene Türen ein. Esser (2000, 70f.) verweist ausdrücklich auf diese Möglichkeit und insistiert darauf, daß die Erfüllung entsprechender situativer Handlungsanforderungen auch dann durch das Streben nach individueller Nutzenmaximierung zu erklären sei. Damit wird demonstriert, daß Rational Choice mit solchen Handlungskonstellationen *kompatibel* ist. Bei der Analyse und Erklärung von Handlungen unter derartigen Bedingungen jedoch (und nur dies sollten die zuletzt angestellten Überlegungen verdeutlichen) tritt mit den Motiven der Akteure zugleich die Annahme individueller Nutzenmaximierung in den Hintergrund.

10.3   Die Habermassche Theorie des kommunikativen Handelns

Die Habermassche Theorie des kommunikativen Handelns teilt mit Rational Choice die Fokussierung auf das *Problem der Rationalität* des Handelns, das sie freilich auf ganz andere Weise entfaltet. Für Habermas geht es nicht primär um die rationale Maximierung individuellen Nutzens, sondern um die *argumentative Rationalität von Geltungsansprüchen*, die wir mit der Ausführung von Sprechhandlungen im Rahmen alltäglicher Kommunikation verknüpfen. Diese These wird entfaltet in einer Analyse, in der die Bezugsprobleme der *sinnhaften Konstitution* von Sprechhandlungen, der *Intersubjektivität* und der *Rationalität* auf untrennbare Weise miteinander verwoben sind.

Mit jeder Äußerung, so die Grundannahme, erhebt ein Sprecher vier Geltungsansprüche, für deren Einlösbarkeit er die Gewähr übernimmt. In der Übernahme dieser Garantie sieht Habermas die Antwort auf die Frage, wodurch das Interaktionsangebot, das der Sprecher dem Adressaten mit dem Vollzug einer Sprechhandlung unterbreitet, für letzteren annahmefähig erscheint.

---

10 In der neueren Diskussion von Theorien sozialer Evolution firmieren Ansätze, welche die Bedeutung der situativen Bedingungen des Handelns in den Vordergrund rücken, unter dem Titel von Theorien "struktureller Selektion" (vgl. Giesen/Schmid 1975; Schmid 1998).

Neben dem Geltungsanspruch der *Wahrheit* ist für die Habermassche Theorie vor allem der Anspruch auf die *Richtigkeit bzw. Angemessenheit* einer Sprechhandlung vor dem Hintergrund sozial geltender Normen und Werte von zentraler Bedeutung. Zieht der Adressat einen Geltungsanspruch in Zweifel, dann unterliegt der Sprecher der Verpflichtung, ihn durch *Argumente* im Rahmen eines *Diskurses* einzulösen. Wird die normative Richtigkeit einer Handlung in Frage gestellt, dann verlangt diese Begründungsverpflichtung nicht nur die Angabe rechtfertigender Normen. Sie impliziert darüber hinaus die Verpflichtung, im Falle der Anzweifelung der genannten Normen auch Argumente dafür anzugeben, *warum diese Normen zu Recht bestehen.* Zum Kern der Habermasschen Theorie des kommunikativen Handelns gehört so die Annahme, daß sozial geltende Normen rational begründet werden können und daß ihre *empirische Geltung* wesentlich davon abhängt, daß die Akteure *von der rationalen Begründbarkeit dieser Normen überzeugt sind.*

Zur Explikation dieses Gedankens knüpft Habermas an die *Meadsche Kommunikationstheorie* und an das darin formulierte Konzept der universellen Perspektivenübernahme an: Demnach kann eine Norm dann als gerecht gelten, wenn sie den Bedürfnissen und Interessen *aller von ihren Auswirkungen Betroffenen* Rechnung trägt. Eine solche Verankerung von Normen in *verallgemeinerungsfähigen Interessen* ist aber nur dann zu erreichen, wenn alle Betroffenen die Möglichkeit haben, eine Norm bzw. einen Normvorschlag zu unterstützen oder in Zweifel zu ziehen und sich an einem öffentlichen argumentativen Diskurs zu beteiligen, in dem die damit verknüpften Geltungsansprüche zum Gegenstand der Kritik und Begründung werden. Der Gedanke der rationalen Begründbarkeit von Normen wird auf diese Weise verbunden mit der Idee einer *universalen Kommunikations- und Argumentationsgemeinschaft,* zu der alle betroffenen sowie zurechnungs- und argumentationsfähigen Akteure zugelassen sind.

Mit der These, daß Normen argumentativ begründet werden können, verbindet Habermas zugleich die *Reformulierung der Parsonsschen Lösung des Problems sozialer Ordnung:* Die Internalisierung von Normen und Werten erscheint jetzt nicht mehr als letztes ordnungssicherndes Fundament sozialer Beziehungen. Die Geltung von Normen und Werten erscheint vielmehr ihrerseits fundiert in den *Rationalitätsstrukturen umgangssprachlicher Kommunikation.* Die Geltungsbasis der Rede und der argumentative Diskurs, in dem die erhobenen Geltungsansprüche im Zweifelsfalle einzulösen sind - dies ist für Habermas der tragende Grund der sozialen Ordnung. Wenn diese Grundlage gefährdet ist, dann droht *soziale Desintegration.*

Die *formalen* Rationalitätsstrukturen kommunikativen Handelns sind eingebettet in den Zusammenhang einer gemeinsam geteilten *Lebenswelt.* Habermas knüpft hier an *Husserl und Schütz* an. Nur vor dem *materialen* Hintergrund intersubjektiv geteilter Wissensbestände sowie gemeinsamer Werte und Normen ist es möglich, Zweifel an einzelnen Geltungsansprüchen durch Argumente zu entkräften, die allgemein zustimmungsfähig erscheinen. Denn jedes Argument muß bestimmte Voraussetzungen als gegeben annehmen, und jeder Zweifel, der sich gegen diese Voraussetzungen richtet, macht dieses Argument als Mittel zur Einlösung eines Geltungsanspruches untauglich. Die Möglichkeit des Zweifels, die - immer weiter fortgeführt

- zu einem unabschließbaren Regreß führen würde, bei dem jedes Argument durch die Bezweifelung seiner Prämissen sofort zerstört werden könnte, muß deshalb abgestoppt werden durch ein *Fundament gemeinsamer Deutungsmuster.* Der kulturell überlieferte und intersubjektiv geteilte Vorrat sprachlich organisierter Deutungsmuster bildet die gemeinsame *Lebenswelt* der Akteure. Die Partizipation an einer gemeinsamen Lebenswelt stellt zugleich sicher, daß die Möglichkeit der Begründung durch diskursive Argumentation reserviert bleibt für den Krisenfall. Im Regelfalle können die Akteure auf der Basis der gemeinsamen Deutungsprämissen unmittelbar zu *übereinstimmenden Situationsdefinitionen* kommen und ihre Handlungen in routinisierter Weise koordinieren, ohne daß es dazu diskursiver Argumentation bedarf.

Die *Konstitution* kommunikativer Handlungen erscheint bei Habermas von vornherein auf deren intersubjektive Akzeptabilität hin angelegt. Das *Intersubjektivitätskonzept*, das er dabei in Anspruch nimmt und um dessen Explikation es ihm geht, operiert auf der Ebene intersubjektiver *Geltung*. Auch die Verständlichkeit von Äußerungen erscheint als Geltungsanspruch. Auf welche Weise wechselseitiges Verstehen in der alltäglichen Kommunikation erreicht wird, ist freilich nicht Gegenstand seiner Analyse. Die empirisch zu beobachtenden Verfahren der Koordination von Äußerungen und Sinnzuweisungen, wie sie die Konversationsanalyse untersucht, werden einfach vorausgesetzt. Der Prozeß der *kommunikativen Konstruktion* übereinstimmend identifizierter Sprechhandlungen bleibt aus der Analyse ausgeblendet. Kommunikation erscheint so *als Abfolge intentionaler Handlungen,* die den Adressaten jeweils vor die Alternative der Annahme oder Ablehnung des damit verknüpften Interaktionsangebots stellen. Unter den Bedingungen kommunikativen Handelns wird unterstellt, daß der Adressat zwischen diesen Alternativen auf der Basis *rationaler Motive* entscheidet, d.h. die Annahme von der Akzeptabilität der Geltungsansprüche abhängig macht, die mit einer Sprechhandlung verbunden sind.

Verstehen wird bei Habermas nur als Geltungsproblem zum Thema. Die Intersubjektivität des Verstehens erscheint ihm daran gebunden, daß Sprecher und Hörer darin übereinstimmen, welche Gründe ihnen als notwendig und hinreichend für die Einlösung der Geltungsansprüche erscheinen, die der Sprecher mit einer Äußerung erhebt. Die Grenzen dieses vorgängigen Konsenses über die Einlösungsbedingungen von Geltungsansprüchen markieren die Grenzen der gemeinsamen Lebenswelt. Dabei unterstellt Habermas eine Tendenz zur Angleichung aufeinandertreffender Lebenswelten, der eingebettet ist in einen *historischen Trend der Rationalisierung der Lebenswelt(en),* wie ihn Habermas in Anschluß an Weber konstatiert.

Wie wir gesehen haben, begreift Habermas Gesellschaft jedoch nicht nur als Lebenswelt, sondern als einen dualistischen Zusammenhang von *Lebenswelt und System.* Die Lebenswelt ist der Bereich kommunikativer Rationalität. Hier dominiert die Orientierung an dem Ziel *kommunikativer Verständigung* auf der Basis intersubjektiv einlösbarer Geltungsansprüche. Anders dagegen in den *systemisch integrierten* Bereichen der modernen Gesellschaft. Hier treten *empirische Motive* an die Stelle rationaler Verständigungsorientierung: Chancen der Bedürfnisbefriedigung und Sanktionsrisiken, Anreiz und Abschreckung sind hier die leitenden Gesichtspunkte, an denen sich das Handeln orientiert.

Diese Chancen und Risiken sind vermittelt durch die *generalisierten Steuerungsmedien Geld und Macht*, auf deren Basis die Kommunikation im ökonomischen und im politisch-administrativen System prozessiert. Diese Medien erlauben eine äußerst rasche und effektive, weil von den Anforderungen der Verständigung über Geltungsansprüche entlastete Koordination von Handlungen. Sie bleiben jedoch insofern an die Lebenswelt zurückgebunden, als diese Entlastung *als legitim gilt*. Auf diese Weise sind die Steuerungsmedien in der Lebenswelt institutionell verankert.

Die Differenzierung zwischen System und Lebenswelt führt zur Unterscheidung zweier Modi der gesellschaftlichen Integration: Der *sozialen Integration* der Lebenswelt auf der Basis von Geltungsansprüchen und den daran anschließenden *Kommunikationsmedien Einfluß und Wertbindung* stellt Habermas die *systemische Integration* der Ökonomie und des politisch-administrativen Systems auf der Basis der *Steuerungsmedien Geld und Macht* gegenüber. Krisenphänomene prognostiziert er für den Fall, daß der systemische Modus der Integration in den Bereich der Lebenswelt eindringt und diejenigen sozialen Beziehungen, die auf kommunikative Regulierung angewiesen sind, umstellt auf die Regulierung durch systemische Steuerungsmedien. Einen entsprechenden Entwicklungstrend diagnostiziert er unter dem Titel der *"Kolonialisierung der Lebenswelt"*.

Mit der Unterscheidung von Lebenswelt und System und den zugeordneten Modi der Integration dualisiert Habermas das Problem sozialer Ordnung. Dabei knüpft er an das Werk von Parsons an. Der frühe Parsons formuliert das Ordnungsproblem als Problem der *normativen Integration* und sieht die Lösung in der sozialisatorischen Internalisierung von Normen und Werten. Der spätere 'systemtheoretische' Parsons ersetzt diese Problemfassung durch das Problem der *Integration der Funktionssysteme*, die sich entlang der vier Funktionen des A-G-I-L-Schemas *ausdifferenziert* haben und sieht die Lösung in der Integration durch Austauschprozesse auf der Basis der vier Interaktionsmedien Geld, Macht, Einfluß und Wertbindung. Habermas begreift die beiden Formulierungen des Ordnungsproblems, die in der Entwicklung des Parsonsschen Werkes einander ablösen, als *zwei gleichzeitig nebeneinander bestehende Ausprägungsformen*, die dieses Problem im Kontext der Lebenswelt bzw. der gesellschaftlichen Subsysteme annimmt. Er kommt zu diesem Ergebnis, indem er die Parsonssche Position in der folgenden Weise transformiert:

(1) Die Parsonssche Differenzierung zwischen kognitiven, moralischen (=normativen) und appreciativen (=evaluativen) *Standards der Wertorientierung* wird (ergänzt um den Gesichtspunkt der Aufrichtigkeit) in die *Theorie der Geltungsansprüche* überführt und mit der Unterstellung der *diskursiven Einlösbarkeit* dieser Ansprüche verknüpft.

(2) Vor diesem Hintergrund werden dann die Medien Geld und Macht als systemische *Steuerungs*medien analysiert, die die Annahme von Interaktionsangeboten weitestgehend freisetzen von der Bindung an Geltungsansprüche (alias *Wertstandards*); die Medien Einfluß und Wertbindung werden hingegen als *Kommunikationsmedien* rekonstruiert, für die der Bezug auf Geltungsansprüche und die Unterstellung ihrer argumentativen Einlösbarkeit konstitutiv bleibt. Die Steuerungsmedien ermöglichen eine äußerst effektive Koordination sozialen Handelns im Bereich der

materiellen Reproduktion und der politisch-administrativen Verfolgung kollektiver Ziele. Die Kommunikationsmedien werden der Lebenswelt zugeordnet und tragen deren *interne Rationalisierung.*

Die hier ansetzende Rekonstruktion gesellschaftlicher Entwicklung knüpft ausdrücklich an *Webers Analyse des okzidentalen Rationalisierungsprozesses* an. Rationalisierung der Lebenswelt bedeutet dabei *Ausdifferenzierung unterschiedlicher "Wertsphären" (Weber)* auf der Basis der verschiedenen Geltungsdimensionen (Wissenschaft, Kunst, postkonventionelle Moral und Recht als Institution), die dadurch ermöglichte systematische Kritik der überlieferten Wissensbestände und die Partizipation der alltäglichen Lebenswelt an den Ergebnissen dieser Kritik. In den Wertsphären wird diskursive Verständigung institutionalisiert, jeweils zentriert auf einen bestimmten Geltungsanspruch und im wesentlichen begrenzt auf einen Kreis von Fachspezialisten.

Die Kommunikation zwischen den ausdifferenzierten Wertsphären und der alltäglichen Lebenswelt stützt sich auf die Kommunikationsmedien Einfluß und Wertbindung. Die Schaffung der dazu notwendigen kognitiven Voraussetzungen bei den Akteuren ist Aufgabe des Erziehungs- und Bildungssystems, das als *lebensweltliches Handlungssystem* mit der Funktion der *kulturellen Reproduktion* betraut ist. Als Ort der Vermittlung zwischen den ausdifferenzierten Wertsphären, der alltäglichen Lebenswelt und den sozialen Funktionssystemen fungiert das Forum der *Öffentlichkeit.*

Die Orientierung an dem Ziel egoistischer Nutzenmaximierung, die im Zentrum des Rational Choice-Ansatzes steht, kann als Unterfall von beschränkter Reichweite in den Rahmen der Habermasschen Theorie integriert werden. Von Habermas her betrachtet operiert Rational Choice mit einem drastisch verengten Rationalitätsbegriff. Die rationale Verfolgung individueller Interessen erscheint als eine *extreme Reduktionsform kommunikativen Handelns,* bei der nur die Wahrheit der kognitiven Prämissen nutzenmaximierenden Handelns unterstellt werden muß. Alle übrigen Geltungsansprüche sind demgegenüber suspendiert. Der gesellschaftliche Ort, an dem ein so orientiertes Handeln *als legitim gilt,* ist die systemische Handlungssphäre, und hier insbesondere der Bereich ökonomischen Handelns. Die Annahme, daß Handeln *generell* am Prinzip individueller Nutzenmaximierung orientiert sei, erscheint demgegenüber als unzutreffende Übergeneralisierung eines Handlungsmotivs, das zwar in allen Handlungsfeldern vorkommen kann, aber nur in funktionssystemischen Handlungskontexten *institutionell verankert* und daher *typisch zu erwarten* ist.

Kehren wir nun die Perspektive um und fragen, wie die Habermassche Theorie des kommunikativen Handelns aus der Perspektive von Rational Choice zu beurteilen ist: Rational Choice konzipiert Rationalität nach dem Muster *zweckrationalen Handelns.* Handlungen fungieren dabei als Mittel, die nach ihrer Eignung zur Erreichung angestrebter Ziele ausgewählt werden. Ihr Status ist instrumenteller Art. Sprachliche Kommunikation muß vor diesem Hintergrund ebenfalls als Mittel gedeutet werden. Sie dient der Beeinflussung anderer Akteure, um sie zu einem Handeln zu veranlassen, das den vom jeweiligen Sprecher angestrebten Zwecken dient.

Konzipiert als Unterfall zweckrationalen Handelns erscheint Kommunikation so primär als Instrument der Manipulation. Ob andere, deren Kooperation man für die Erreichung eigener Zwecke benötigt, durch bloße Überredung und Täuschung gewonnen, durch Drohungen gefügig gemacht oder doch durch argumentative Überzeugung zur Annahme eines Interaktionsangebotes motiviert werden, erscheint dabei sekundär und ist selbst eine Frage der Zweckmäßigkeit.

Unter den Prämissen des Rational Choice-Ansatzes kann diese Konsequenz nur dadurch vermieden werden, daß die *freiwillige* und *ohne Täuschung* erreichte *rational motivierte Anerkennung* der eigenen Überzeugungen, Wünsche und Ziele *durch andere*, oder kürzer: daß *kommunikative Verständigung als ein Zweck* eingeführt wird, den der Sprecher verfolgen kann. Dieser Zweck muß aus der Perspektive von Rational Choice freilich als ein *recht spezieller* und *kontingenter* Zweck neben anderen möglichen Zwecken erscheinen. Insbesondere in Situationen der Knappheit, in denen das Interesse jedes Akteurs nur auf Kosten der Interessen anderer befriedigt werden kann, erscheint das Streben nach Verständigung als primärem Zweck *schlicht unrealistisch*. Einen theoriekonformen Platz findet es nur in Situationen, in denen keine Konkurrenz zwischen den Interessen der Akteure besteht. So vor allem dann, wenn es um die Ermöglichung koordinierten Handelns geht und alle Beteiligten gleichermaßen einen Gewinn zu erwarten haben, sofern die Koordination gelingt (vgl. Esser 1993, 574ff.).

Aus der Perspektive von Rational Choice beobachtet könnte die Habermassche Theorie des kommunikativen Handelns deshalb als eine *spezielle Theorie* gedeutet werden, die untersucht, welche Voraussetzungen Akteure erfüllen bzw. als erfüllt unterstellen müssen, wenn sie - *in Situationen ohne Interessenkonkurrenz* - nach kommunikativer Verständigung streben. Eine derartige Assimilation an die Prämissen von Rational Choice müßte die Habermassche Theorie freilich ihres Universalitätsanspruches entkleiden und sie als eine Theorie behandeln, die einen *besonderen Unterfall zweckrationalen Handelns* zum Thema hat.

Einwände aus der Perspektive von Rational Choice richten sich schließlich auch gegen die Habermassche Unterscheidung von *Lebenswelt* und *System*: Für Rational Choice-Theoretiker ist dies nur eine untaugliche Ersatzunterscheidung für die Differenzierung zwischen der *Mikroebene* und der *Makroebene* sozialen Handelns. An die Stelle einer dualistischen Unterscheidung zweier *Handlungssphären*, die jeweils auf unterschiedliche Weise integriert werden, setzt Rational Choice die Differenz zwischen den *intentionalen Handlungen* der einzelnen und den *aggregierten nicht-intendierten Folgen* der intentionalen Handlungen vieler Akteure (vgl. Esser 1993, 613f.).

10.4 Die Luhmannsche Systemtheorie

Die Darstellung der Luhmannschen Systemtheorie liegt wenige Seiten zurück. Eine weitere Zusammenfassung der Gesamttheorie ist deshalb unnötig. Hier soll nur daran erinnert werden, in welcher Weise das Zwillingsproblem von Komplexität und (doppelter) Kontingenz bzw. das Problem der Sicherung der Anschlußfähigkeit von Kommunikationen als Leitfaden der Theoriekonstruktion fungiert und wie die beiden Probleme der Konstitution kommunikativer Ereignisse sowie der Ausdifferenzierung und 'Integration' gesellschaftlicher Teilsysteme aus diesen abstraktesten Problemvorgaben der Theorieanlage folgen. Danach will ich den Schwerpunkt auf den Vergleich mit den anderen Ansätzen legen und dazu auch noch auf einige Gesichtspunkte eingehen, die in unserer bisherigen Darstellung der Systemtheorie keinen Platz finden konnten. Im Vordergrund werden dabei zunächst die Verwandtschaftsbeziehungen zur Ethnomethodologie und Konversationsanalyse, dann die Abgrenzung gegenüber Rational Choice stehen. In einem weiteren Abschnitt (Kap.10.5) will ich schließlich das Verhältnis der Luhmannschen Systemtheorie zur Habermasschen Theorie des kommunikativen Handelns diskutieren.

Mit Luhmanns Systemtheorie haben wir ein neues Leitproblem kennengelernt, das als Bezugspunkt für die Konstruktion einer Theorie des Sozialen angesteuert werden kann: Das *Problem der Komplexität*, das im Kontext sozialer Systeme als *Problem doppelter Kontingenz* sichtbar wird und die Evolution der Gesellschaft in die Richtung wachsender interner Komplexität antreibt. *Komplexität*, so hatten wir gehört, ist die Überfülle des Möglichen, die jedes System in eine handhabbare Form bringen muß. Psychische und soziale Systeme prozessieren Komplexität in der Form von *Sinn*, d.h. mit Hilfe der Differenz von Aktualität und Potentialität, durch die jeder aktuell realisierte Zustand mit Verweisungen auf andere Möglichkeiten überzogen wird.

Aus der Perspektive einzelner Ereignisse *wechselt das Komplexitätsproblem die Erscheinungsform:* Gemessen an der Vielzahl alternativer Möglichkeiten erscheint jede einzelne Möglichkeit *kontingent*, d.h. sie kann eintreten oder auch nicht. Dies hat Konsequenzen für die Art und Weise, wie Systeme das Problem der Komplexität bewältigen. *Erwartungen* als Einrichtung zur Reduktion von Komplexität auf ein bewältigbares Format werden dadurch anfällig für Enttäuschungen. Das Ausgangsproblem der Komplexität wird dadurch transformiert in das Problem der Verarbeitung von Erwartungsenttäuschungen.

Im Kontext *sozialer Systeme* kompliziert sich das Kontingenzproblem zum *Problem doppelter Kontingenz*: Die Erfüllung von Egos Erwartungen ist hier einerseits von Alters Verhalten abhängig, andererseits aber macht Alter sein Verhalten gegenüber Ego davon abhängig, daß Ego Alters Erwartungen erfüllt. Wenn unter diesen Voraussetzungen Ego ein unerwartetes Verhalten bei Alter beobachtet, dann ergibt sich daraus ein *Zurechnungsproblem*, weil das erwartungswidrige Verhalten entweder auf die Selektion Alters oder auf eine vorausgegangene Irritation Alters durch Ego (der seinerseits eine Erwartung Alters verletzte) zurückgeführt werden kann. Einfache Erwartungen reichen deshalb nicht mehr aus. Um dieses Zurechnungsproblem zu lösen und das eigene Verhalten erfolgreich auf das Verhalten anderer abstimmen zu können, muß jedes psychische System jetzt Erwartungen darüber entwickeln, welches Verhalten andere psychische Systeme von ihm erwarten. Es benötigt *Erwartungserwartungen*.

Der elementare Fall einer Situation doppelter Kontingenz ist gegeben, wenn zwei Bewußtseinssysteme sich in ihrem Verhalten wechselseitig aufeinander beziehen. Dies geschieht unter der Voraussetzung der *Intransparenz* der Bewußtseins-systeme füreinander. Die These der Intransparenz kann als systemtheoretisches Äquivalent zu der Feststellung von *Schütz* verstanden werden, nach der der volle subjektive Sinn von Handlungen für jeden fremden Beobachter unzugänglich ist. Die emergente Operation, welche die Koordination des Verhaltens unter den Bedingungen wechselseitiger Intransparenz ermöglicht, ist *Kommunikation*. Durch die *rekursive Verknüpfung von Kommunikationen* konstituiert sich ein neuer Systemtypus, nämlich *soziale* Systeme, zu denen psychische Systeme in einer System-Umwelt-Beziehung stehen.

Mit der Einführung des Konzepts autopoietischer Systeme wird die Antwort auf die Frage, wie Systeme ihre Grenze zur Umwelt herstellen und aufrechterhalten können, von der Ebene der Unterhaltung systemeigener (Erwartungs)Strukturen auf die Ebene der *Konstitution eigener Operationen* verlagert. An die Stelle der Auskunft, daß Systeme sich durch die Stabilisierung eines Komplexitätsgefälles auf der Basis ihrer internen, Umweltkomplexität reduzierenden Strukturen ausdifferenzieren und reproduzieren, tritt die These, daß sich Systeme durch *operative Schließung* gegenüber ihrer Umwelt abgrenzen. Dadurch, daß Kommunikationen nur an Kommunikationen und an nichts sonst anschließen, wird die operative Schließung sozialer Systeme erreicht. Und nur, wenn die Kette kommunikativer Ereignisse nicht abbricht, sondern kontinuierlich fortgesetzt wird durch neue Kommunikationen, die an die Stelle der vorausgegangenen treten und daran anschließen, können sich soziale Systeme erhalten. Statt Komplexitätsreduktion erscheint nun die *Sicherung der Anschlußfähigkeit kommunikativer Operationen als primäres Problem*, dessen Lösung die notwendige Voraussetzung für die Reproduktion sozialer Systeme ist.

Das Komplexitätsproblem wird dadurch freilich nicht obsolet. Es wechselt nur die Position. Seine Lösung durch Bildung von Strukturen wird zur Bedingung für die Lösung des Primärproblems der Sicherung operativer Anschlußfähigkeit. Die Lösung beider Probleme erscheint dabei in der Autopoiesis sozialer Systeme *auf zirkuläre Weise verklammert*: Erwartungsstrukturen stellen sicher, daß rasch absehbar ist, welche Kommunikationen an eine vorausgegangene anschließbar sind und stellen so die notwendige Orientierungsgrundlage für die Fortsetzung der Kommunikation bereit; umgekehrt benutzt jedes kommunikative Ereignis, das an ein vorausgegangenes anschließt, dazu bestimmte Erwartungsstrukturen, die es auf diese Weise zugleich reproduziert. Operationen verketten sich mit Hilfe von Strukturen; Strukturen werden im geschlossenen Netzwerk der systemischen Operationen kontinuierlich regeneriert und transformiert. Strukturen und Operationen sozialer Systeme, die Lösung des Komplexitätsproblems und die Lösung des Problems der Sicherung operativer Anschlußfähigkeit, ermöglichen sich damit wechselseitig.

Mit der Bestimmung von Kommunikation als Operation, durch deren kontinuierliche Erzeugung und Verkettung mit Operationen desselben Typs sich die Autopoiesis sozialer Systeme vollzieht, wird die *Frage nach der Konstitution kommunikativer Ereignisse* relevant. Als Ergebnis der konstitutionstheoretischen Analyse von

Kommunikation haben wir festgehalten: Eine elementare kommunikative Einheit besteht aus zwei sequentiell miteinander verknüpften Mitteilungsereignissen, die von unterschiedlichen Prozessoren erzeugt worden sind. Durch die Verknüpfung dieser beiden Ereignisse werden drei Selektionen prozessiert, die wir unter den Titeln *Mitteilung, Information* und *Verstehen* kennengelernt haben. Dies geschieht so, daß das zweite Ereignis das erste Ereignis als Mitteilung einer bestimmten Information *versteht* und ihm damit den Status eines kommunikativen Ereignisses mit einer bestimmten Bedeutung *sequentiell zuweist*.

Das Problem *doppelter Kontingenz* wird dabei in den Binnenzusammenhang der Kommunikation verlagert und nimmt hier wiederum die Form eines *Zurechnungsproblems* an: Wenn eine Mitteilung beobachtet und als Mitteilung einer bestimmten Information verstanden wird, dann kann der verstandene Sinn entweder als Mitteilungsintention des Sprechers oder als das Ergebnis des Einfallsreichtums des Hörers gedeutet werden. Im letzteren Fall würde das Verstehen freilich als Mißverstehen gedeutet, das einer Korrektur bedarf. Durch *asymmetrisierende Zurechnung*, die das Verstandene auf die *Mitteilungshandlung des Sprechers* zurückführt, wird das Problem doppelter Kontingenz in der Kommunikation von Äußerung zu Äußerung erneut aufgelöst. Auf diese Weise wird Kommunikation zu einer Serie aneinander anschließender Mitteilungshandlungen vereinfacht. *Kommunikative Handlungen* sind demnach nicht, wie es etwa in der Sprechakttheorie Searles und bei Habermas den Anschein hat, als subjektiv-intentional konstituierte Bausteine vorgegeben, die in der Kommunikation nur noch erfolgreich zusammengefügt werden müssen. Sie werden vielmehr im Prozeß der Kommunikation durch asymmetrisierende Zurechnung kontinuierlich erzeugt. Wie schon bei Mead und in der Konversationsanalyse wird das Problem der *Konstitution kommunikativer Handlungen* damit auch in der Systemtheorie von der Ebene psychischer Sinnzuweisung auf die Ebene der kommunikativen Attribution von Sinn verlagert.

Diese Parallele haben wir dazu genutzt, um den Begriff der *Intersubjektivität* auf eine systemtheoriekompatible Weise zu reformulieren:[11] In der face-to-face Interaktion wird die asymmetrisierende Sinnzurechnung, wie sie in der jeweiligen Anschlußäußerung an ein vorausgegangenes kommunikatives Ereignis vorausgesetzt ist, mit jeder dritten Äußerung bestätigt, die das erreichte Verstehen unkorrigiert passieren läßt. Auf diese Weise werden intersubjektiv übereinstimmend identifizierte Sprechhandlungen in der Kommunikation unter Anwesenden kontinuierlich erzeugt. Der so aus konversationsanalytischer Perspektive rekonstruierte Prozeß kommunikativer Intersubjektivitätsproduktion erscheint in systemtheoretischer Perspektive als ständig neu zu erreichende Lösung des Problems doppelter Kontingenz.

Dabei setzt die systemtheoretische Reformulierung des Intersubjektivitätsbegriffs jedoch einen anderen Akzent als die Konversationsanalyse. Während die Konver-

---

11 Und dies, daran sei ausdrücklich erinnert, *abweichend von Luhmann,* der erhebliche Reserven gegenüber diesem Begriff erkennen läßt. Dies ist auch der Grund dafür, warum in der oben vorgestellten Übersicht (vgl. Tafel 10.1) das Problem der Intersubjektivität *nicht* als Bezugsproblem der Systemtheorie genannt wird.

sationsanalyse vor allem zeigt, wie es unter den Bedingungen der Kommunikation unter Anwesenden (bzw. bei technisch vermittelter wechselseitiger Kommunikation, wie z.B. in Telefongesprächen) möglich ist, als übereinstimmend deklarierte Bedeutungszuweisungen zu erreichen, betont die Systemtheorie, *daß übereinstimmendes Verstehen kontingent* und keineswegs konstitutiv für Kommunikation ist. Sobald auf eine Äußerung nicht mehr unmittelbar, d.h. so reagiert werden kann, daß der Autor der Äußerung die Reaktion wahrnimmt und darauf antworten kann, wird übereinstimmendes Verstehen unwahrscheinlich. Dies ist typisch bei *massenmedialer Kommunikation* der Fall. Massenmediale Kommunikation ermöglicht so die Betreibung von Kommunikation ohne kontinuierlich mitlaufende kommunikative Konstruktion von Intersubjektivität.

Die evolutionäre Möglichkeit der Expansion von Kommunikation weit über den Umkreis der Interaktion unter Anwesenden hinaus, wie sie mit Hilfe technischer Verbreitungsmedien zugänglich wird, erzeugt ein weiteres Folgeproblem, in dessen Lösung Luhmann eine notwendige Voraussetzung dafür sieht, daß diese Möglichkeit tatsächlich genutzt werden konnte: Der gemeinsame Orientierungsraum des Urhebers und der Rezipienten einer Mitteilung, die Sicherung von Aufmerksamkeit durch die Anwesenheit des Sprechers, der kontinuierliche Abgleich der Bedeutungszuweisungen sowie die unmittelbar drohende Gefahr eines Konfliktes im Falle der Ablehnung einer Kommunikation, machen die Annahme von Kommunikationen unter den Bedingungen direkter Interaktion wahrscheinlich.[12] Überschreitet die Kommunikation den Umkreis der face-to-face Interaktion, dann fallen diese Randbedingungen weg mit der Folge, daß *Ablehnung wahrscheinlicher wird* als die Annahme einer Kommunikation. Erscheint Ablehnung wahrscheinlicher als Annahme, dann wird dadurch die Nutzung der technischen Verbreitungsmedien für Kommunikation entmutigt. Ohne die Entwicklung von Einrichtungen, die es erlaubten, diese Hürde zu überwinden, so Luhmanns These, hätte die Kommunikation deshalb kaum ihre Bindung an die Interaktion unter Anwesenden abstreifen können.

Die Einrichtungen, die es ermöglichten, das Annahmeproblem unter den Bedingungen transinteraktioneller Kommunikation zu lösen, sind die *symbolisch generalisierten Kommunikationsmedien*. Diese Medien stellen jeweils bestimmte motivwirksame und binär codierte Sinnbezüge bereit (Wahrheit, Recht, Macht, Eigentum etc.), auf die hin Kommunikationsbeiträge entworfen und rezipiert werden können. Sie erreichen so eine Koppelung von kommunikativer Selektion und Motivation und ermöglichen damit die Lösung des Annahmeproblems. Die Verknüpfung binärer Codierung von Kommunikation mit bestimmten sozialen Funktionen stellt zugleich die Grundlage für die *Ausdifferenzierung sozialer Funktionssysteme* bereit. Die Annahme der operativen Geschlossenheit der Funktionssysteme der modernen Gesellschaft wirft dann in zugespitzter Form die Frage auf, wie die Kompatibilität ihrer Reproduktionsbedingungen gesichert werden kann. Parsons behandelte diese

---

12 Wie wir gesehen haben, bestätigt die Konversationsanalyse diese These mit dem Nachweis einer *Präferenz für Zustimmung,* die in die Struktur der face-to-face Interaktion eingebaut ist und die gerade in der Art und Weise des Vollzugs von Ablehnungen sichtbar wird.

Frage als *Problem der Integration* der ausdifferenzierten Teilsysteme und sah die Lösung dafür in ihrer Verknüpfung durch wechselseitige Austauschprozesse auf der Basis der symbolisch generalisierten Interaktionsmedien. Luhmann gibt dem Integrationsproblem eine schwächere, autopoiesiskonforme Fassung. Er fragt nach den Bedingungen, welche die Funktionssysteme in ihrer Umwelt dauerhaft voraussetzen müssen, um operationsfähig zu sein, ohne selbst die Erfüllung dieser Bedingungen sicherstellen zu können und setzt dafür den Begriff der "strukturellen Kopplung" ein. An die Stelle der für Parsons (und Habermas) zentralen Unterscheidung von *Systemdifferenzierung und -integration* tritt so, wie Luhmann ausdrücklich vermerkt, die Unterscheidung von *Autopoiesis und struktureller Kopplung*.

Die Systemtheorie arbeitet mit Annahmen und Problemstellungen, die mit den Problemstellungen der *Konversationsanalyse* ohne größere Schwierigkeiten verknüpft werden können. Wie oben festgestellt, ist beiden Ansätzen insbesondere gemein, daß sie - unter der Prämisse der Intransparenz der Bewußtseinssysteme - die Analyse und Theoriebildung konsequent *von Handlung auf Kommunikation als soziologischen Grundbegriff* umstellen. Diese Umstellung hat weitreichende Folgen. Sie zwingt zu einer konsequent *kommunikationstheoretischen Reformulierung handlungstheoretischer Grundbegriffe*, bei der jeder unmittelbare Bezug auf die innere Wirklichkeit psychischer Systeme umgeleitet werden muß auf die Ebene der Kommunikation. Deutlich wird dies etwa am Begriff des Handlungs*motivs*, der für die Handlungstheorie von zentraler theoretischer Bedeutung ist.

Motive werden im Kontext der systemtheoretischen Kommunikationstheorie nicht, wie in der handlungstheoretischen Tradition üblich, als kausal wirksame Beweggründe gedeutet, sondern als Elemente der Kommunikation, die dann, wenn sie vorkommen, eine bestimmte kommunikative Funktion erfüllen, ohne zuverlässige Rückschlüsse auf die internen Zustände des psychischen Systems zu gestatten, dem sie zugeschrieben werden. Wichtig ist dabei zunächst die Beobachtung, daß Motive in der Kommunikation vor allem in *Krisensituationen* thematisch werden. Jemand versucht sein Verhalten zu rechtfertigen und nennt dazu *akzeptable Motive*. Jemand ist irritiert über das Verhalten eines Interaktionspartners und sucht nach *verständlichen Motiven* dafür. Jemand greift das Verhalten eines anderen an und verwendet dazu *diskreditierende Motivunterstellungen*.

Solche Anlässe eröffnen die Möglichkeit, die *Motivsemantiken* zu untersuchen, die bei derartigen Anlässen eingesetzt werden. Ohne Konflikt, ohne Probleme der sozialen Akzeptabilität, der Verständlichkeit oder andere Schwierigkeiten fehlt meist der Anlaß dafür, Motive in der Kommunikation zu thematisieren. Werden sie jedoch nicht thematisiert, dann sind Motive für die Kommunikation inexistent. Hier trifft sich die Systemtheorie mit einer Untersuchungsstrategie, wie sie von Forschern in der Traditionslinie der Ethnomethodologie und aus dem Bereich des symbolischen Interaktionismus praktiziert worden ist (vgl. Gerth/Mills 1953; Blum/McHugh 1975; Scott/Lyman 1976). Motive werden nicht als psychische Beweggründe analysiert, die als Antriebsquellen der Kommunikation fungieren, sondern als Reaktionen auf die jeweilige Kommunikationssituation. Von der Situation, der dadurch erzeugten Problemlage und den sozialen Motivsemantiken, die zu ihrer Bewältigung zur Verfügung stehen, hängt es ab, welche Motivzuschreibungen in der Kommunikation aufgerufen werden.

Damit verlagert sich der Schwerpunkt in der Relation zwischen Handlungsmotiven und situativen Bedingungen zu den Bedingungen hin. Während *Handlungstheorien* den primären Akzent auf die Motive setzen und zu erklären versuchen, wie bestimmte Motive als *Beweggründe* zur Wahl bestimmter Handlungen führen, welche die Situation verändern, nimmt die *Systemtheorie* an, daß Situationen und darin mögliche Handlungen die zu ihnen passend erscheinenden Motiv*zuschreibungen* aktivieren: Der Wutausbruch des betrogenen Ehemanns generiert typisch die Zuschreibung "Eifersucht" (und nicht etwa "Verärgerung über die schlechte Wahl seiner Frau unter den möglichen Kandidaten für einen Seitensprung"). Der Unternehmer, der ein lukratives Geschäft abgeschlossen hat, erscheint uns durch "legitimes Gewinnstreben" motiviert (und nicht etwa, wie es vor dem Hintergrund der religiösen Motivsemantik des asketischen Protestantismus erscheinen könnte, durch das Bestreben, Gottes Gebot zu gehorchen und sich im geschäftlichen Erfolg des eigenen Gnadenstandes zu versichern).

Motivsemantiken werden über Sozialisation erworben. Kinder erfahren zunächst durch die Fremdzuschreibungen der erwachsenen Bezugspersonen im Kontext sozialisatorischer Interaktion, welche Motive ihnen zugerechnet werden und lernen dann, ihr eigenes Verhalten mit Hilfe derselben Kategorien zu beobachten und zu kontrollieren. Ein Kind erfährt etwa, daß seine Faxen von Erwachsenen als Versuch gedeutet werden "auf sich aufmerksam zu machen", "sich in den Vordergrund zu drängen" oder auch als Ausdruck der puren "Lust am kreativen Rollenspiel". Es weiß dann, mit welchen Zuschreibungen und Reaktionen es zukünftig zu rechnen hat, wenn es sich auf ähnliche Weise verhält und kann sich darauf einrichten. Viele der Zuschreibungen und Bewertungen, die es auf diesem Wege erlernt hat, wendet es schließlich selbst auf sein Verhalten an und entwickelt eine entsprechende Einstellung dazu. In Anschluß an *G.H. Mead* erscheint der Erwerb eines Motivvokabulars so als Ergebnis eines *Prozesses der Perspektivenübernahme,* in dem das Kind lernt, sich aus der Perspektive anderer zu beobachten und sein eigenes Verhalten im Spiegel sozial definierter Motivvokabulare zu beschreiben.

Die Systemtheorie kann daran anknüpfen, wenn sie Motive bzw. Motivsemantiken vor allem als *Erwartungsstrukturen der Kommunikation* begreift und die Motive, die Akteure als Beweggründe ihres Handelns annehmen, als Rückschlageffekt dieser Erwartungsstrukturen auf die *Selbstbeobachtungsaktivität* psychischer Systeme deutet. Was psychische Systeme als ihre Motive wahrnehmen erscheint so nicht als unmittelbarer Einblick in die Antriebsquellen des eigenen Handelns, sondern als Produkt sozial angeleiteter Reflexion. In Anschluß an Freud, Mead und Parsons könnte man auch sagen: Motive sind Erzeugnisse der *Interpretation* von Handlungsimpulsen und ausgeführten Handlungen, die immer schon durch sozial institutionalisierte Deutungsschemata, Werte und Normen geprägt sind und als Elemente der *psychischen Kontrolle* fungieren, die das Handeln zensiert und reguliert.

Das muß nicht heißen, daß ein Bewußtsein Handlungsimpulse, auf die sozial mißbilligte Motivzuschreibungen anwendbar sind, nicht zum Zuge kommen läßt, sondern nur, daß es in diesem Falle weiß, mit welchen Reaktionen es gegebenenfalls rechnen muß und sich darauf einstellt. Die *Parsonssche Internalisierungsthese* wird insofern von Luhmann *nicht* (bzw. nur in einer *kognitiven* Deutung) übernommen: Der Handelnde, der Werte und Normen kennt, kennt die soziale Bedeutung eines bestimmten Verhaltens, ohne daß abweichende Handlungsimpulse dadurch blockiert werden müssen. Indem der Handelnde sich daran orientiert, welche Bedeutung sein Verhalten aus der Perspektive anderer hat und welche Motive sie ihm zuschreiben, "kann er rechtzeitig und möglichst schon vorher merken, wenn er handelt, und die soziale Kontrolle durch Selbstkontrolle entlasten" (Luhmann 1984, 231).

So formuliert, scheint die Differenz zwischen einem handlungstheoretischen Motivbegriff und dem Motivkonzept der Luhmannschen Systemtheorie fast zu verschwinden, ist damit doch zugestanden, daß Motive bzw. Motivzuschreibungen *kausale Wirkungen* auf das Handeln haben. Dann ist es aber auch möglich, *Handlungen aus Motiven zu erklären.* Wo also steckt hier noch eine Differenz?

Wir hatten bereits oben festgehalten, daß es um einen Unterschied in der Akzentuierung des Verhältnisses zwischen Handlungsmotiven und Situation geht. Die psychische Realität und die Wirkungen von Motiven auf das Handeln werden von Luhmann nicht generell bestritten. Behauptet wird nur, daß die primäre Quelle von Motiven nicht in den Bewußtseinssystemen, sondern in der Kommunikation und in den darin verwendeten Motivsemantiken sowie in der Typik der Handlungssituationen zu lokalisieren ist, in denen jeweils bestimmte Motivzuschreibungen aus dem semantischen Repertoire aufgerufen werden.

Diese Prioritätsbehauptung kann *historisch-genetisch* entfaltet werden: Zum einen, wie schon erwähnt, im Blick auf die *Ontogenese von Motiven*; (hier liefern die sozialisationstheoretischen Annahmen der Meadschen Kommunikationstheorie den zentralen Anknüpfungspunkt, die auch, wenn es um die Erklärung der *Genese* von Präferenzstrukturen geht, für Rational Choice von Interesse sind, wie wir bei Coleman sehen konnten). Zum anderen im Blick auf die *historische Genese von Motivsemantiken und ihre Bedeutung im Rahmen einer Theorie sozialer Evolution.* Zu diesem zweiten Bereich kann hier nur eine kurze Erläuterung nachgetragen werden.

Motivsemantiken ermöglichen die *Legitimation* bestimmter Handlungsweisen und schränken die Möglichkeiten des Vollzugs anderer Handlungen ein, die durch diese Semantiken als abweichend deklariert und u.U. mit Sanktionen bedroht werden. Webers Protestantismusthese kann gelesen werden als Rekonstruktion einer *motivsemantischen Innovation,* die das bis dahin als verwerflich geltende Streben nach finanziellem Profit mit dem Streben nach Seelenheil verknüpfte und dadurch sozial legitimierte. Kontrovers ist die gesellschaftliche Bedeutung dieser Entwicklung: Spielte diese motivsemantische Innovation tatsächlich, wie Weber meint, eine wesentliche kausale Rolle für die Entstehung des modernen Betriebskapitalismus?

Luhmann äußert sich dazu skeptisch. Die Änderung von Motivsemantiken ist für ihn nur ein *Indikator,* an dem sich gesellschaftlicher Wandel ablesen läßt und nicht dessen Ursache. Die auslösenden Faktoren, welche zur Änderung von Motivsemantiken führen, lokalisiert er auf der Ebene des *Wandels der Gesellschaftsstruktur.*

Veränderte Vorstellungen über den Weg zum Seelenheil, die schließlich zur Reformation führten, betrachtet er als Folge der fortschreitenden Ausdifferenzierung der Ökonomie, welche die Religion dazu nötigte, ihre Dogmatik auf eine Weise zu reformulieren, die sie mit den veränderten Möglichkeiten und Anforderungen weltlichen Handelns kompatibel machte.[13]

Veränderungen in der *Struktur typischer Handlungssituationen*, so der zugrundeliegende Gedanke, erzeugen *neue Handlungsmöglichkeiten*. Die neuen Möglichkeiten führen zu einer *Veränderung in den Präferenzen* der Akteure. Die *Motivsemantiken* reagieren darauf, indem sie Motivinterpretationen entwickeln, mit denen die veränderten Präferenzen *nachträglich legitimiert* werden können. Es ist nicht die Veränderung der Motive (=Beweggründe des Handelns), die zur Veränderung von Situationen und schließlich zu gesellschaftlichem Wandel führt. Es ist die *Veränderung typischer Situationen* als Folge struktureller Wandlungsprozesse, die neue Möglichkeiten eröffnet und schließlich zum Wandel semantischer Motivstrukturen führt.

Am Beispiel: Erst mit der Entstehung der Geldwirtschaft wird es möglich, nach *Profit* zu streben, der dann, weil leicht transferierbar und nicht in der Form von Gütern anfallend, die nur auf eine spezifische Weise nutzbar sind, unterschiedlichste Verwendungsmöglichkeiten eröffnet. Das Spektrum der Handlungsmöglichkeiten erweitert sich beträchtlich. "Was man im Handel verdient hat, kann man verwenden, um Grundbesitz oder Seelenheil zu kaufen, Adel zu erwerben, Kriege zu führen" (Luhmann 1977, 250). Die *erweiterte Gelegenheitsstruktur* von Situationen zwingt zur Auswahl. Und sie hat eine *Anpassung der Präferenzen* psychischer Systeme zur Folge, die wiederum zum *Wandel der Motivsemantik* führt.

Dementsprechend ist auch *rationales Handeln* im Sinne von Rational Choice unter den Prämissen der Systemtheorie nicht als *universaler* Modus der Handlungsselektion zu deuten, sondern als ein *kontingentes* Auswahlprinzip, dessen Gebrauch in bestimmten *Situationen* möglich und wahrscheinlich wird. So z.B. dann, wenn Personen bzw. Rollenträger *erwarten* können, daß *andere* Begründungsanforderungen an sie richten werden und sie deshalb von vornherein für Rechtfertigungen sorgen müssen, die sie präsentieren können. Dies ist etwa bei Handlungen im Kontext formaler Organisationen oder bei abweichendem Verhalten der Fall (vgl. Luhmann 1984, 403).

Wer sich *konfligierenden Erwartungen* ausgesetzt sieht kann ebenfalls versuchen, sich mit dem Hinweis auf die rationale Begründbarkeit seiner Entscheidung aus der Affäre zu ziehen und muß sich dazu Gedanken darüber machen, welche Gründe von anderen als rationale Gründe akzeptiert werden könnten. Unerwartet auftauchende Alternativen decouvrieren die *Kontingenz* eingeschliffener Handlungsroutinen und lösen die Suche nach Gründen aus, welche es ermöglichen, die verlorene Handlungs- und Erwartungssicherheit wiederherzustellen. In der gesellschaftli-

---

13 Vgl. dazu Luhmann 1989, 344: "Alles in allem kann man an Änderungen der Motivsemantik gesellschaftlichen Wandel ablesen. Das verschiebt aber nur das Erklärungsproblem. Nicht Motive erklären gesellschaftliche Differenzierung, sondern gesellschaftliche Differenzierung erklärt Motive. Auch und gerade für den Fall von religiös qualifizierten Motiven gilt nichts anderes."

chen Etablierung von Problemsituationen mit einer derartigen Charakteristik sieht Luhmann die Entstehung eines besonders prominenten Elementes des motivsemantischen Vokabulars begründet, nämlich des *Interessenbegriffs*:

1) Dem politischen Herrscher, für den beides gilt - die Konfrontation mit konkurrierenden Erwartungen unterschiedlicher Gruppen, die um seine Gunst rivalisieren und ein rollenspezifisches hohes Maß an Handlungskontingenz -, wird schon seit der Antike empfohlen, sich an *politischen Interessen* zu orientieren (Luhmann 1989, 102).

2) In umgekehrter Richtung wird die *Frage nach den Interessen des anderen* für die Orientierung des eigenen Handelns bedeutsam, sobald man wahrnimmt, daß der Interaktionspartner über unterschiedliche Handlungsmöglichkeiten verfügt, zwischen denen er nach eigenen Kriterien zu entscheiden hat. Auf diese Problemlage zugschnitten ist der Begriff des Interesses, wie er im 17. Jh. prominent wird. "Interest will not lie", lautet hier eine zentrale Maxime, die sich als Orientierungsgrundlage politischen und dann auch wirtschaftlichen Handelns empfiehlt (vgl. Luhmann 1984, 228 mit Bezug auf Gunn 1968, 551ff. und 1969, 35ff.).

Luhmann sieht in diesen Entwicklungen eine Reaktion auf der Ebene der *semantischen Evolution*, die auf die zunehmende Ausdifferenzierung von Politik und Wirtschaft als Funktionssystemen antwortet und schließlich zur semantischen Generalisierung von "Interesse" als Handlungsmotiv weit über die Grenzen dieser Funktionssysteme hinaus führt. So "werden im 18. Jh. auch Tendenzen sichtbar, Interesse als Motiv schlechthin aufzufassen und - ähnlich wie der Kraftbegriff der Physik - in eine allgemeine Theorie des Handelns einzubauen" (Luhmann 1989, 240). Zusammenfassend ist also festzuhalten: Aus der Perspektive Luhmanns erscheint die *Struktur der (sozialen) Situation* von entscheidender Bedeutung dafür, ob Handelnde sich um rationale Motive für ihre Handlungen bemühen und entsprechende Motive bei anderen unterstellen oder nicht.

Vergleichen wir diese Feststellung mit der Rational Choice-Position, wie sie Esser vertritt, dann sehen wir, daß Esser dieser Formulierung zumindest teilweise zustimmen kann: Wie wir oben gesehen haben, geht auch Esser davon aus, daß nicht jedes Handeln im Modus *rationaler Selektion* prozessiert und daß es wesentlich von den Merkmalen der Situation abhängt, ob dieser Selektionsmodus aktiviert wird. Im Gegensatz zur Systemtheorie jedoch nimmt Esser an, daß die Entscheidung über die Aktivierung oder Deaktivierung des Modus rationaler Handlungsselektion *sich aus dem Prinzip rationaler Nutzenmaximierung ableiten läßt*.

Luhmann teilt diese Auffassung nicht. Er sieht vielmehr in der *Struktur der Situation* den entscheidenden Faktor dafür, welcher Modus der Selektion jeweils praktiziert wird (vgl. Esser/Luhmann 1996, 132). Ein universal bedeutsames *Motiv*, das im Kontext sozialer Systeme wirksam wird und eine ähnlich fundamentale Stellung einnimmt, wie das Motiv rationaler Nutzenmaximierung, sieht Luhmann in der Orientierung an der Unterscheidung zwischen der Annahme und der Ablehnung einer Kommunikation. Oder in den Worten Luhmanns:

"Die Verfolgung eigenen Nutzens ist eine viel zu anspruchsvolle Einstellung, als daß man sie generell voraussetzen könnte (und die entsprechenden Theorien sind auch sehr spät entwickelte Theorien). Dagegen käme kein soziales System in Gang, wenn derjenige, der mit Kommunikation beginnt, nicht wissen kann oder sich nicht dafür interessieren würde, ob sein Partner darauf positiv oder negativ reagiert" (Luhmann 1984, 160).

Auch die Systemtheorie will und kann also nicht gänzlich ohne die Annahme psychisch wirksamer Motive auskommen. Das erwähnte Generalmotiv dirigiert Versuche der Erklärung von Äußerungen und Handlungen jedoch sofort *auf die Ebene der Kommunikation*. Ob Kommunikationsbeiträge auf Annahme zählen können hängt davon ab, daß sie sozial etablierten und kommunikativ prozessierten Erwartungsstrukturen hinreichend Rechnung tragen. Psychische Systeme finden, so Luhmanns These, ihre Motive daher meist in der *kommunikativen Situation:*

> "Zumeist dominiert - und dies gerade nach dem Selbstverständnis des psychischen Systems! - die Situation die Handlungsauswahl. Beobachter können das Handeln sehr oft besser auf Grund von Situationskenntnis als auf Grund von Personenkenntnis voraussehen, und entsprechend gilt ihre Beobachtung von Handlungen oft, wenn nicht überwiegend, gar nicht dem Mentalzustand des Handelnden, sondern dem Mitvollzug der autopoietischen Reproduktion des Systems" (Luhmann 1984, 229). Und an einem Beispiel: "Die Tür öffnet man, weil es geklingelt hat; obwohl es ein Gespräch unterbricht; obwohl unsicher ist, welche Handlungsanschlüsse nach der Öffnung in Betracht kommen; weil Anwesende ein Nichtreagieren auf Klingeln mit Verwunderung registrieren und eine Erklärung erwarten würden usw." (Luhmann 1981, 60).

Diese Zitate machen deutlich, daß eine *Erklärung von Handlungen aus Motiven im Sinne Webers* auch unter den Prämissen der Systemtheorie möglich bleibt.[14] Weil Luhmann jedoch annimmt, "daß der Handelnde seine Motive vorwiegend der Situation entnimmt - und nicht sich selbst" (Luhmann 1989, 342), verhält er sich äußerst skeptisch gegenüber Handlungserklärungen, die in großem Umfang auf motivationale Sinnzusammenhänge zurückgreifen, welche keinen Anhalt in den Bedingungen und Erwartungsstrukturen haben, die Teil der jeweiligen Handlungssituation sind. Die Systemtheorie favorisiert so die Erklärung von Motiven aus der Struktur von Situationen gegenüber Erklärungen, die umgekehrt versuchen, die evolutionäre Transformation sozial typischer Handlungsanforderungen auf neue Motivlagen zurückzuführen. Eine Theorie der sozialen Evolution soll demnach die Veränderung typischer Handlungssituationen untersuchen und erklären, ohne Motiven dabei eine tragende Bedeutung zuzuweisen.[15]

Auch Rational Choice sieht freilich die Möglichkeit vor, daß unter bestimmten Voraussetzungen die Bedingungen der Situation von ausschlaggebender Bedeutung für die Selektion von Handlungsalternativen sind, so daß verschiedene Akteure weitestgehend unabhängig von ihren je spezifischen Präferenzen und Motiven in tendenziell übereinstimmender Weise handeln werden, weil sie nur so eine maximale Befriedigung ihrer Bedürfnisse erreichen können. Entsprechende Voraussetzungen sind vor allem in den Funktionssystemen der modernen Gesellschaft gegeben, wie Esser in der folgenden Passage notiert:

---

14 Siehe ausführlicher dazu Schneider 1999b.
15 Das heißt also *nicht*, daß Motive in Erklärungen gesellschaftlicher Wandlungsprozesse prinzipiell nicht vorkommen dürfen, sondern nur, *daß sie darin nicht den Ausschlag geben sollten.*

"Die meisten Menschen haben bei ihrem Wechsel zwischen den Sphären des Alltags ohnehin immer nur eines im Sinn: Geld und Ansehen... . Kurz: Gerade weil es in den funktionalen Sphären darum geht, sich die Mittel zu beschaffen, mit denen die ganz privaten primären Zwischengüter erst noch hergestellt werden müssen - aber auch können -, ist es *nicht* erforderlich, daß sich die Menschen mit der jeweiligen funktionalen Sphäre auch unmittelbar und persönlich identifizieren. Sie müssen nur begriffen haben, daß es in ihrem Interesse ist, die funktionalen Imperative zu beachten. Auf diese Weise gewinnen arbeitsteilig organisierte, funktional differenzierte soziale Systeme ein enormes Potential: Sie werden von den ideosynkratischen privaten Motiven der Menschen nahezu vollkommen *unabhängig*. Es muß für das Funktionieren der Systeme *nicht* verlangt werden, daß die Akteure das Ziel des Systems selbst unterstützen, schon gar nicht: emphatisch. Die Erfüllung der funktionalen Aufgaben wird - wie dies Niklas Luhmann einmal ausgesprochen hat - von den Motiven der Menschen 'abgekoppelt'. Aber gleichwohl bleiben es immer nur die Menschen, die das Funktionieren und den sozialen Zusammenhalt des Systems bewirken. Die Integration der funktionalen Sphäre ist ein unintendiertes Ereignis des situationsgerechten Handelns der Menschen..." (Esser 2000, 71).

Esser begreift die Entkoppelung des Handelns von den Motiven der Akteure als Folge des "eigentümlich zwanglosen Zwangs des situationsgerechten Handelns und der Befolgung von sozialen Regeln im ganz eigenen Interesse einer möglichst effizienten Nutzenproduktion" (Esser 2000, 70) und versucht so, die Luhmannsche These der Autonomie der Funktionssysteme gegenüber den Motiven der Handelnden rational choice-theoretisch zu reformulieren. Dadurch wird die Anknüpfung an Aussagen der Systemtheorie möglich, ohne die eigenen theoretischen Prämissen aufgeben zu müssen. Sichtbar wird dabei allerdings auch, daß diese Art der Ausdehnung rational choice-theoretischer Erklärungsansprüche der Tendenz nach auf die Marginalisierung der Nutzentheorie für die *empirische Analyse* des Handelns in funktionssystemischen Kontexten hinausläuft. Denn dann genügt es, die systemspezifischen Erwartungsstrukturen zu rekonstruieren, mit denen sich die Handelnden jeweils konfrontiert sehen, um relativ zuverlässig prognostizieren zu können, wie wohl im Durchschnitt gehandelt werden wird.

Darüber hinaus muß Rational Choice dann die Frage beantworten, wie ein Handeln, das über weite Strecken im Modus routinisierter Erfüllung sozial geltender Erwartungen prozessiert, als rationales Handeln verstanden werden kann, obwohl das Moment der rationalen Kalkulation im Bewußtsein der Akteure unter diesen Voraussetzungen fehlt. Wie wir oben (Kap.7.8 und 7.9) festgestellt haben, sind dabei der Anwendung des Prinzips der Nutzenmaximierung durch das Problem des *beobachtungslogisch* bedingten infiniten Regresses, das bei der Verwendung von Frame-Modellen mit einem Match von m < 1 auftritt, Grenzen gezogen. Eine weitere Einschränkung ergab sich für Situationen des Handelns unter Bedingungen der Unsicherheit, in denen keine Erwartungswahrscheinlichkeiten bestimmt werden können und deshalb *unterschiedliche* Ersatzkriterien für die Selektion von Handlungsalternativen als gleichermaßen rational zu betrachten sind.

Nachdem wir das Verhältnis der Systemtheorie zur Ethnomethodologie und Konversationsanalyse, zu Mead sowie zu Rational Choice und zum Weberschen Programm der Erklärung von Handlungen aus Motiven noch einmal verdeutlicht haben, ist nun ihre Beziehung zur *Habermasschen Theorie des kommunikativen Handelns* zu beleuchten.

10.5 Zum Vergleich von Habermas und Luhmann

Stellt man die Habermassche Theorie des kommunikativen Handelns und die Luhmannsche Systemtheorie nebeneinander, dann fällt eines auf den ersten Blick auf: Das für Habermas zentrale Konzept der *Geltungsansprüche* spielt in der Luhmannschen Theorie keine Rolle. Hat Luhmann hier etwas übersehen, oder muß man ihm die Auffassung zuschreiben, daß er in den Geltungsanprüchen nur eine Ausgeburt von Habermasens Phantasie erkennen kann? - Fragen dieser Art sollte man nicht zu direkt zu beantworten versuchen. Es empfiehlt sich statt dessen, zunächst ein Problem zu identifizieren, dem die zu vergleichenden Theorien eine wesentliche Bedeutung zumessen und das sie auf annähernd übereinstimmende Weise beschreiben, um dann von dort aus zu sehen, wie divergierende Annahmen als Lösungsversuche dieses Problems entwickelt werden.

Das Problem, das hier als Bezugspunkt in Betracht kommt, weil es bei Habermas, Luhmann und Parsons von gleichermaßen zentraler Bedeutung ist, ist das *Problem doppelter Kontingenz*. Auf eine Kurzform gebracht besteht dieses Problem darin, daß Ego mit der Erfüllung seiner Erwartungen durch Alter nur dann rechnen kann, wenn Ego seinerseits bereit ist, die Erwartungen Alters zu erfüllen. Beziehen wir diese Formulierung auf Kommunikation, dann nimmt sie bei Luhmann die folgende Form an: Mitteilungen implizieren auf der Seite des Mitteilenden in der Regel (d.h. außerhalb von Konflikten) die Erwartung, daß der Adressat die Mitteilung annehmen wird. Diese Erwartung wird nur dann erfüllt werden, wenn die Mitteilung so ausfällt, daß sie den Erwartungen des Adressaten hinreichend Rechnung trägt. Welche Erwartungen sind es, die hier zu erfüllen sind? Lassen sich allgemeine Aussagen darüber machen, welche Voraussetzungen erfüllt werden müssen, um ein Kommunikationsangebot für den Adressaten annehmbar zu machen?

Habermas versucht genau dies. Seine These lautet: Unter den Bedingungen kommunikativen (also nicht-strategischen) Handelns erhebt ein Sprecher mit jeder Äußerung Geltungsansprüche und übernimmt gegenüber dem Adressaten die Gewähr dafür, daß diese Geltungsansprüche durch rationale Begründung einlösbar sind. Akteure orientieren sich demnach an der generalisierten Erwartung der Einlösbarkeit von Geltungsansprüchen. Sie lassen sich durch die Vermutung, daß diese Erwartung erfüllt werden kann, zur Annahme von Kommunikationsofferten motivieren, und sie erwarten von anderen, daß diese sich ebenfalls durch diese Erwartung zur Annahme motivieren lassen. Oder kürzer: Die Bereitschaft zur Annahme gründet *auf der Erwartung rationaler Begründbarkeit*. Wie aber kann diese Erwartung erfüllt werden?

Unter den Bedingungen der *Zugehörigkeit zu einer gemeinsamen Lebenswelt*, so die Habermassche Annahme, reicht das gemeinsame Hintergrundwissen meist aus, um zu erkennen, daß ein Geltungsanspruch einlösbar ist. Wenn nicht, kann um Erläuterungen gebeten und, wenn diese nicht befriedigend ausfallen, von kommunikativem Handeln auf diskursive Argumentation umgeschaltet werden. Die Prüfung von Argumenten kostet freilich Zeit. Soll kommunikatives Handeln als *Einrichtung zur Koordination praktischen Handelns* funktionieren, muß sie für seltene Ausnahmefälle reserviert bleiben oder institutionell ausdifferenziert und von dem Zwang zu rascher Entscheidung entlastet werden. Unter diesen Voraussetzungen bieten sich zwei Substitutionsmöglichkeiten für die je eigene Einsicht in die rationale Begründbarkeit von Geltungsansprüchen an:

1) Die eine setzt auf *Vertrauen in Personen bzw. Rolleninhaber*: Geltungsansprüche können trotz eigener Zweifel anerkannt werden, wenn die Person oder der Rollenträger, der sie erhebt, hinreichend vertrauenswürdig erscheint, um *ohne weitere Nachprüfung* annehmen zu können, daß er *prinzipiell dazu in der Lage wäre*, stichhaltige Gründe anzuführen.

2) Die andere setzt auf die weitestgehende *Entkoppelung der Annahmemotive von der Erwartung rationaler Begründbarkeit*. An die Stelle *rationaler* Motive treten *empirische* Motive: Wenn die Annahme die Chancen eigener Bedürfnisbefriedigung erhöht oder eine Ablehnung zu Beeinträchtigungen eigener Bedürfnisse führen könnte, dann können sich Akteure auch durch diese erwarteten Konsequenzen zur Annahme motivieren lassen.

Die erste Form der Entlastung von Begründungsforderungen ist Anknüpfungspunkt für die Entwicklung der *Kommunkations*medien "Einfluß" und "Wertbindung", die zweite dient als Grundlage für die Entstehung der *Steuerungs*medien "Geld" und "Macht". Auf diese Weise kann Habermas die Parsonssche Theorie der Interaktionsmedien als Erweiterung seiner Theorie kommunikativen Handelns nutzen. Die *Kommunikations*medien bleiben grundsätzlich an die Erwartung rationaler Begründbarkeit gebunden. Die *Steuerungs*medien setzen diese zumindest auf einer Metaebene voraus, insofern die mit ihrem Gebrauch verbundene Entlastung von rationalen Begründungsansprüchen ihrerseits *sozial legitimierbar* und auf diese Weise durch die Vermutung rationaler Begründbarkeit abgesichert sein muß. Daß dies so ist, kann mit dem Hinweis auf die normativen Grenzen für den Gebrauch von Steuerungsmedien plausibilisiert werden: Die Arbeit des Architekten oder der Autowerkstatt darf gekauft werden, die Entscheidungen von Politikern oder der Inhalt einer wissenschaftlichen Expertise nicht.

Der Umstand, daß Parsons an der These der normativen Integration von Gesellschaft festhält und diese These auch in die Theorie der Interaktionsmedien hineinreicht, macht es für Habermas leicht, die Parsonssche Medientheorie an seine eigenen Theoriegrundlagen zu assimilieren. Von Parsons her könnte der Habermassche Theorieentwurf umgekehrt als *Fundierung der These der normativen Integration* durch eine passende Sprach- und Kommunikationstheorie gedeutet werden, der es gelingt, die motivierende Kraft der Interaktionsmedien auf die *Grundstrukturen umgangssprachlicher Kommunikation* zurückzuführen.

So skizziert, erscheint der Habermassche Theorieentwurf auf imponierende Weise konsequent und konsistent. Um so dringlicher erhebt sich die Frage, warum Luhmann zu einer anscheinend völlig anderen theoretischen Antwort auf das Problem doppelter Kontingenz kommt als Habermas. Was sind die dafür ausschlaggebenden Gründe?

Zunächst kann man feststellen, daß Luhmann *ohne weitreichende Rationalitäts-annahmen arbeitet*, wie sie Habermas oder, mit der Einschränkung auf *rationale Nutzenmaximierung*, auch Rational Choice-Theorien verwenden. Dies hat m.E. einen einfachen Grund: Daß Mitteilungen angenommen und mitgeteilte Informationen als Grundlage für Anschlußselektionen genutzt werden, kann oft auch auf andere und im einzelnen durchaus unterschiedliche Weise erklärt werden. Jemand kann mit Annahme auf eine Mitteilung reagieren, weil er sie für wahr hält oder weil er glaubt, daß ihm dies nutzt. Vielleicht mag er auch aus Sympathie, aus Furcht vor Konflikten oder einfach aus Bequemlichkeit nicht widersprechen und sieht sich, nachdem er sich einmal festgelegt hat, dazu genötigt, dabei zu bleiben. Die Systemtheorie muß insofern nicht auf ein bestimmtes, sondern sie kann auf eine *Pluralität* von Annahmemotiven setzen, von denen jedes als *funktionales Äquivalent* für das andere einspringen und die Reaktion der Annahme auslösen kann. Bei jedem mögen deshalb andere Faktoren dafür ausschlaggebend sein, daß er eine Kommunikation akzeptiert.

So zu argumentieren heißt nicht, sich durch einen simplen Verweis auf die Buntheit der Wirklichkeit aus der Affäre zu ziehen und auf eine theoretische Erklärung für die Lösung des Problems, was denn die Annahme von Kommunikationen wahrscheinlicher macht, als ihre Ablehnung, zu verzichten. Diejenigen der erwähnten Annahmemotive, die weder im Sinne von Habermas, noch im Sinne von Rational Choice als "rational" qualifiziert werden können, sind nämlich an die Bedingung eines relativ engen Kontaktes zwischen den Kommunikationsbeteiligten gebunden. Vor allem dann, *wenn ich den anderen mit meiner Ablehnung unmittelbar konfrontieren und mich mit seiner Reaktion darauf auseinandersetzen muß*, werden Sympathie und freundschaftliche Verpflichtungen, Angst vor Konflikten oder der Wunsch, langwierigen Debatten aus dem Wege zu gehen, zu maßgeblichen Antriebsfaktoren für Zustimmung. Erfüllt sind diese Bedingungen, sofern Kommunikation *in Situationen der face-to-face-Interaktion* betrieben wird. Unter diesen Bedingungen wird Annahme wahrscheinlicher als Ablehnung, weil sie Anhalt für *unterschiedliche* Motivlagen bietet, die *alle in die gleiche Richtung wirken*.

Im Ergebnis wird der Schwerpunkt der Erklärung damit von der Ebene der Annahme*motive* auf die Ebene der *Situation* verlagert. Die Bedingungen, unter denen Kommunikation prozessiert, treten in den Vordergrund. Die psychischen Antriebsbedingungen von Kommunikation erscheinen demgegenüber beinahe gleichgültig oder zumindest sekundär, weil unterschiedliche psychische Verarbeitungsmuster zum selben Ergebnis führen. In der Interaktion unter Anwesenden ist die Annahme von Kommunikation *durch die Bedingungen der Situation hinreichend wahrscheinlich*. Einer weiteren Erklärung bedarf es hier deshalb nicht. Der Rückgriff auf Geltungsansprüche oder rationale Nutzenkalkulation als *universell* wirksame Motivierungsquelle erscheint so einerseits *überflüssig*, andererseits *unnötig selektiv und zu spezifisch*, weil er von vornherein eine Vielzahl anderer möglicher Annahmemotive als *abweichend* bzw. *abgeleitet* darstellen muß.[16] - Diese Situation ändert sich, wenn es um Kommunikation außerhalb von Interaktion geht, wie sie durch die Nutzung von Verbreitungsmedien möglich wird. Hier entfallen die Pressionen der direkten Interaktion in Richtung Annahme. Der Fernsehzuschauer, der Radiohörer, der Leser eines Buches, eines Zeitungsartikels oder einer Internetseite, - sie alle haben Zeit, Zweifel zu entwickeln, müssen nicht direkt reagieren, brauchen keine Konflikte, keine Sympathieverluste oder Unbequemlichkeiten zu befürchten für den Fall, daß sie die Sinnselektionen des Autors einer Mitteilung nicht als Grundlage eigener kommunikativer Anschlüsse übernehmen. Ablehnung wird damit, so Luhmanns These, wahrscheinlicher als Annahme, sofern nicht bestimmte Einrichtungen entwickelt werden, die diese Verteilung der Wahrscheinlichkeiten umkehrt.

An dieser Stelle nun kommen die *symbolisch generalisierten Kommunikationsmedien* ins Spiel. Ihre Funktion ist es, Selektionen so mit erwartbaren Bedingungen und Folgen zu verknüpfen (=zu konditionieren), daß ihre Annahme attraktiv wird. "Wahrheit" als Kommunikationsmedium verspricht methodisch kontrollierte Auswahl sowie zukünftige Bewährung von Selektionen, "Macht" droht Sanktionen im Falle der Ablehnung an etc. Die für ein Kommunikationsmedium jeweils spezifische Form der *Konditionierung von Selektionen muß hier zugleich zur Annahme motivieren.* Erst unter diesen Voraussetzungen erhält das Annahmeproblem für Luhmann einen Zuschnitt, wie ihn Habermas für Kommunikation überhaupt unterstellt, wenn er annimmt, daß die Konditionierung kommunikativer Selektionen durch begründbare Geltungsansprüche als Bedingung ihrer Akzeptabilität unterstellt werden muß. Aus diesem Grunde ist es nicht zufällig, daß *Wahrheit*, für Habermas ein universaler Geltungsanspruch, bei Luhmann als symbolisch generalisiertes Kommunikationsmedium auftaucht.

Von Luhmann her beobachtet *könnte* man die These, daß kommunikatives Handeln *immer schon* die Erhebung von Wahrheits- und anderen Geltungsansprüchen impliziert, deuten als Folge einer ungerechtfertigten Projektion der Prämissen von Kommunikationsprozessen, die sich bestimmter, historisch entstandener Medien bedienen, auf *Kommunikation überhaupt.* Auf diese unzutreffende Gleichsetzung zurückzuführen wären dann alle daran anschließenden Unterscheidungen der Habermasschen Theorie. Insbesondere also die Differenz von *Systemen* einerseits, der *Lebenswelt* und den daraus ausdifferenzierten *Wertsphären* andererseits sowie zwischen Steuerungs- und Kommunikationsmedien. Von Habermas her beobachtet ließe sich diese These freilich ebenso leicht umkehren. Luhmann könnte dann vor-

---

16 So ist "strategisches Handeln", das sich auf die Verwirklichung eigener Ziele konzentriert, *ohne* sich dabei von der Zustimmung anderer abhängig zu machen, bei *Habermas* eine Weise des Handelns, die von den Anforderungen kommunikativen Handelns *abweicht*, weil ihr Rationalitätsbezug dadurch auf bloße *Zweckrationalität* eingeschränkt ist. Aus der Perspektive von *Rational Choice* gelten Handlungen, die allem Anschein nach ohne Nutzenkalkulation in Übereinstimmung mit eingelebten Routinen ausgeführt werden, in einem *abgeleiteten* Sinne als rational: Der Verzicht auf rationale Nutzenkalkulation ist bei erfahrungsbewährten Handlungsmustern u.U. vertretbar, weil er die Kosten rationaler Kalkulation (d.h. den Aufwand für die Beschaffung und Verarbeitung von Informationen) erspart. Unter geeigneten Voraussetzungen wird so auch der Verzicht auf rationale Kalkulation als rational betrachtet.

gehalten werden, die *universalpragmatische Fundierung* bestimmter Medien zu übersehen und dadurch zu einer *fälschlichen Gleichbehandlung aller Medien* zu kommen.

Die symbolisch generalisierten Kommunikationsmedien bilden für Luhmann die Grundlage für die Ausdifferenzierung autopoietisch geschlossener Funktionssysteme.[17] Das gilt freilich nicht für alle Medien. Werte z.B. haben wir als ein nur eingeschränkt funktionstüchtiges Kommunikationsmedium ohne Systembildungspotential kennengelernt, das aber gerade durch dieses Defizit dazu geeignet ist, als *Verbindungsmedium* zwischen den Funktionssystemen zu fungieren. Diese These darf nicht mißverstanden werden. Es handelt sich hier nicht um die späte Übernahme der Parsonsschen Behauptung einer Integration der Gesellschaft durch gemeinsame Werte und Normen. Werte ermöglichen nur, sich in der Kommunikation auf die Medien der verschiedenen Funktionssysteme und die darin präferierten Code-Werte (wie z.B. Wahrheit, Recht, Gesundheit, Schönheit, Liebe) zu beziehen, ohne die Kommunikation in den Binnenbereich des jeweiligen Mediencodes hineinzuzwingen. Überbrückt werden kann die Differenz der Funktionssysteme und ihrer Mediencodes dadurch freilich nicht. Sobald ein Wert gegen einen anderen ausgespielt wird, weil in einer Situation nicht beiden Werten zugleich Rechnung getragen werden kann, fehlen Kriterien, nach denen ein solcher *Wertkonflikt* mit Aussicht auf allgemeine Zustimmung geschlichtet werden könnte. Es bleibt deshalb bei der These, daß es für Luhmanns Systemtheorie *kein überwölbendes Medium oder System* gibt, welches die funktionale Differenzierung der modernen Gesellschaft in einer alle Differenzen übergreifenden Einheit aufhebt.

Auch die *Moral*, der Habermas (ähnlich, wie vor allem der frühe Parsons) eine hohe Bedeutung für die Integration der Gesellschaft beimißt, kann aus systemtheoretischer Perspektive diese Funktion nicht erfüllen. Sie operiert mit dem binären Code gut/schlecht und entscheidet über die Zubilligung von Achtung bzw. über Achtungsentzug gegenüber Personen, deren Verhalten im Code der Moral beobachtet wird. Die Beobachtung im Schema der Moral einigt nicht, sondern sie entzweit. Sie unterscheidet diejenigen, die Achtung verdienen, von denen, die sie nicht verdienen und die von der Kommunikation auszuschließen deshalb als legitim gilt. Luhmann weist deshalb immer wieder auf den *polemogenen*, d.h. streiterzeugenden Charakter der Moral hin. Der Konsens, der auf dem Wege moralisch codierter Kommunikation erreicht werden kann, zieht scharfe Grenzen und bedroht viele mit dem Ausschluß aus dem Kreis achtbarer Personen.

Die typische Reaktion der so Bedrohten ist Gegenkommunikation, die ebenfalls den *Code der Moral* gebraucht, ihn aber mit *anderen Kriterien* der Achtbarkeit (d.h. mit anderen Erwartungs*programmen*) verknüpft, als die Gegenseite. Auf diese Weise können Konflikte zwischen Personengruppen oder auch Organisationen entstehen,

---

17 Einschränkend ist hier jedoch daran zu erinnern, daß sich nur diejenigen Funktionssysteme auf der Basis von Kommunikationsmedien ausdifferenzieren, deren Funktion durch die Sicherung einer hinreichend hohen Annahmewahrscheinlichkeit für kommunikative Sinnofferten zu erfüllen ist. Dies trifft für Funktionssysteme wie Politik, Ökonomie, Recht, Wissenschaft, Kunst oder Familien, nicht aber für Systeme wie Gesundheit oder Erziehung zu, deren Bezugsproblem in der Veränderung physischer bzw. psychischer Systeme besteht.

in denen beide Seiten im Schema der Moral kommunizieren, sich selbst die Position der Achtbaren zuweisen und die andere Seite mit Achtungsentzug sanktionieren, so daß schließlich der Kommunikationsabbruch als moralisch gebotene Reaktion erscheint, die Verhandlungen und Kompromisse unmöglich macht. Moralische Kommunikation macht insofern allenfalls internen Konsens um den Preis scharfer Konflikte nach außen möglich. Dabei können bestimmte *Werte* gegenüber anderen als absolut vorrangig definiert und *als Programme* mit dem *Code* der Moral verbunden werden.

So etwa, um an ein schon früher gebrauchtes Beispiel zu erinnern, in der Diskussion über die strafrechtliche Behandlung von Abtreibungen: Der Wert der "Unantastbarkeit menschlichen Lebens" kollidiert hier mit dem Wert des "Selbstbestimmungsrechts der Frau". Man kann eine solche Situation als Wertwiderspruch behandeln, der Abwägung verlangt und keine vollständig befriedigende Lösung zuläßt, wie heute weithin üblich. Man kann aber auch den einen auf Kosten des anderen Wertes verabsolutieren und die Anerkennung seiner ausschließlichen Geltung zur Bedingung moralischer Achtbarkeit erklären. Beispiele dafür bieten ebenso die Positionen mancher feministischer Gruppen vor der gesetzlichen Zulassung der Abtreibung wie - mit entgegengesetztem Vorzeichen und wachsender Radikalität - die Bewegung "Pro Life" in den USA.[18] Und auch in Bürgerkriegen bzw. kriegerischen Auseinandersetzungen zwischen Nationen wird der jeweilige Konflikt von allen involvierten Parteien typisch im Schema der Moral behandelt und kommunikativ reproduziert.

Für die konsensuelle Klärung von Fragen, die Normen- und Wertwidersprüche betreffen, setzt Habermas auf die Institutionalisierung moralisch-praktischer und evaluativer *Diskurse*. Normative und evaluative Geltungsansprüche sollen hier *argumentativ* und unter *Erwägung aller konkurrierender Positionen* thematisiert werden, d.h. ohne dabei die streiterzeugende Frage der Achtung oder Nicht-Achtung aufzuwerfen. Von der Möglichkeit dieser Option hängt bei Habermas viel ab: Mit ihr steht und fällt der Anspruch, eine kritische Theorie der Gesellschaft entwickelt zu haben, vor deren Hintergrund die Kolonialisierung der Lebenswelt diagnostiziert und die *gesellschaftliche Entbindung normativ-praktischer Rationalisierungspotentiale* mit Hilfe der institutionellen Verankerung diskursiver Konfliktlösungsverfahren erhofft und eingeklagt werden kann.

Luhmann ist hier mehr als skeptisch. Die Durchsetzung funktionaler Differenzierung, so seine These, war nur möglich durch das Zurückdrängen moralischer Kommunikation. Autonome wissenschaftliche Forschung ist nur möglich, wenn die Publikation bibelwidriger Ergebnisse nicht als verwerfliche Gotteslästerung verfolgt wird. Die Ökonomie kann sich nur entfalten, wenn gewinnbringender Handel und das Nehmen von Zinsen nicht als sündiger "Wucher" definiert und sanktioniert werden. Das Recht wird erst änderbar, wenn Gesetze nicht mehr als unumstößlich gelten, weil sie durch Überlieferung und Religion geheiligt sind. Die Politik kann

---

18 Attentate auf "Abtreibungsärzte", wie sie in den USA verübt wurden, sind die bislang radikalste Konsequenz der Moralisierung der Diskussion um die Schwangerschaftsunterbrechung.

sich erst dann als Funktionssystem konstituieren, das Macht auf der Basis von Wahlen für begrenzte Zeit zuteilt, wenn Opposition legitim möglich ist und nicht als moralisch zu verurteilender Angriff auf den jeweils einzig legitimen Machthaber bekämpft wird. Die binären Codes der Funktionssysteme sind nur funktionsfähig, wenn die Zuordnung eines Codewertes nicht zugleich ein moralisches Urteil impliziert. Wer in der Wissenschaft eine Hypothese vertritt, die andere als unwahr ansehen, wer nicht bereit ist, zu einem bestimmten Preis zu kaufen oder zu verkaufen oder wer einen Rechtsstreit verliert,[19] der darf sich nicht plötzlich auf der Seite der Unmoral wiederfinden. Entsprechendes gilt für eine politische Partei, wenn sie durch Wahlen die Macht verliert und in die Rolle der Opposition schlüpfen muß. Wäre es anders, dann wäre es viel zu riskant, eine Hypothese zu vertreten, vermeintliche Rechtsansprüche einzuklagen, sich als Anbieter oder Kaufinteressent am Markt zu exponieren oder sich zur Wahl zu stellen. Die Funktionssysteme konnten sich historisch nur durch *'Amoralisierung'* weiter Bereiche gesellschaftlicher Kommunikation durchsetzen, und sie können sich nur reproduzieren, so lange sie *ihre Codes weiterhin frei halten können von der Kontaminierung mit Moral* (vgl. Luhmann 1997, 751f.). Luhmann kommt so zu dem Ergebnis, *daß die moderne Gesellschaft strukturell ein hohes Maß an Moralabstinenz voraussetzt.*

Um dieses Argument richtig einschätzen zu können, muß man freilich beachten, daß es auch in den Funktionssystemen nicht ganz ohne Moral zugeht *und zugehen kann.* Wenn Politiker bestochen und politische Wahlen manipuliert, Forschungsergebnisse gefälscht, Gerichtsurteile nach Kriterien politischer Opportunität gefällt oder sportliche Wettkämpfe durch den Gebrauch von Doping gewonnen werden, dann reagiert die Kommunikation sowohl im Bereich der Massenmedien wie in dem jeweiligen Funktionssystem darauf durchaus moralisch. Hier jedoch *tritt die Moral in den Dienst der Sicherung der funktionssystemischen Kommunikation,* indem sie darauf insistiert, daß jede Zuordnung zu den Werten eines Codes (wahr/unwahr, Recht/Unrecht, Macht haben/Macht nicht haben etc.) nur gemäß der *anerkannten Kriterien* erfolgen darf, die durch die *Programme* der Funktionssysteme (z.B. wissenschaftliche Theorien und Methoden; Gesetze, Präjudizien und Verträge; Wahlen und politische Programme) definiert sind. Es kann daher nicht darum gehen, Moral und funktionale Differenzierung gegeneinander auszuspielen. Die Frage ist vielmehr, *welche Form der Moral mit funktionaler Differenzierung kompatibel* ist bzw. von den Funktionssystemen *beansprucht* werden muß.

Kommen wir nun zur entscheidenden Differenz, welche die Positionen von Habermas und Luhmann trennt. Sie betrifft, wie schon in der Einleitung zu unserer Darstellung der Systemtheorie vorausgeschickt, das *Problem der Komplexität.* Habermas wie Luhmann beschäftigt die Frage, nach welchen Prinzipien kommunikative Selektionen in annahmefähige und abzulehnende Selektionen unterschieden werden (und bei Habermas auch: unterschieden werden *sollten*).

---

19 Das gilt zumindest für Verfahren im Bereich des Zivilrechts. Im Bereich des Strafrechts ist die Grenze von Recht und Moral bekanntlich prekär.

Bei Habermas stehen hier die *Prinzipien kommunikativer Rationalität*, wie er sie in seiner Theorie der Geltungsansprüche und der Diskurstheorie expliziert, im Vordergrund. Die Unterstellung der Einlösbarkeit von Geltungsansprüchen erscheint als grundlegendes Motiv für die Annahme kommunikativer Selektionen. *Empirische Motive*, die auf die Befriedigung eigener Interessen oder die Vermeidung von Sanktionen zielen, erscheinen demgegenüber von abgeleiteter Bedeutung. Dieser Befund soll auch und gerade für die moderne Gesellschaft gelten, in der auf der Basis der Geltungsansprüche verschiedene rationale Wertsphären aus der *Lebenswelt* ausdifferenziert werden. Unter dem Rationalisierungsdruck, der von diesen Wertsphären ausgeht, werden die tradierten lebensweltlichen Wissensbestände in steigendem Maße der Kritik und den Anforderungen argumentativer Begründbarkeit ausgesetzt. Erst in der modernen Gesellschaft kann so das Potential kommunikativer Rationalität freigesetzt werden.

Auch hier ist dies freilich nicht ohne gravierende Einschränkungen möglich: Die ausdifferenzierten Sphären der materiellen Reproduktion und der Organisation kollektiven Handelns, das ökonomische und das politisch-administrative System, entziehen sich den Anforderungen kommunikativer Rationalität. Reguliert durch die Steuerungsmedien Geld und Macht, sind sie einer *direkten* Intervention der Lebenswelt nicht mehr zugänglich. Die hohe *Komplexität* der modernen Gesellschaft schließt eine Umstellung der systemischen Handlungssphäre auf den Modus verständigungsorientierten Handelns aus. Die evolutionär erreichte Differenzierung von System und Lebenswelt kann nicht zurückgenommen werden, ohne die materielle Versorgung, die organisatorischen und politisch-administrativen Leistungen, die wir alltäglich in Anspruch nehmen, in massivster Weise zu beeinträchtigen. Das erreichte *Effektivitätsniveau* in der Erfüllung dieser Funktionen ist nur auf der Basis ihrer Verselbständigung zu Funktions*systemen* mit hoher interner Komplexität möglich, in denen die Aufgabe der Handlungskoordination durch die äußerst rasch wirksamen (weil Verständigungsaufwand ersparenden) Steuerungsmedien erfüllt wird.

Die *Komplexität* der modernen Gesellschaft *begrenzt so die Reichweite kommunikativer Rationalität*. Nicht als primäres, wohl aber als *sekundäres Bezugsproblem*, das die *Grenzen* markiert, die der verständigungsorientierten Regulierung sozialen Handelns in der modernen Gesellschaft gezogen sind, kommt das *Problem der Komplexität* in der Habermasschen Theorie des kommunikativen Handelns demnach zur Geltung.

Luhmann hingegen sieht im Problem der Komplexität das *zentrale Bezugsproblem*, das keinen Spielraum läßt für die Koordination von Handlungen auf der Basis kommunikativer Rationalität im Habermasschen Sinne. Eine Begründung dafür gibt Luhmann in der folgenden Äußerung zur " 'Kritischen Theorie' Frankfurter Provenienz", die eindeutig auf die Theorie kommunikativen Handelns gemünzt ist:

"Hier wird trotzig und fast wider besseres Wissen ein Begriff der Vernunft festgehalten, der dem Einzelmenschen und ebenso der Gesellschaft gerecht werden soll - ungeachtet der Tatsache, daß es jetzt 5 Milliarden Menschen gibt, die, soweit sie nicht schlafen, *gleichzeitig, also unkoordiniert* handeln. Statt an der Unterscheidung von Individuum und Gesellschaft müßte der Begriff der Rationalität an der Unterscheidung von System und Umwelt orientiert werden" (Luhmann 1990, 660f., Fußn.65; Hervorhebung von mir, W.L.S.).

Das Zitat, so scheint es, unterschiebt Habermas eine These, die er so niemals formuliert hat. Es tut so, als wollte Habermas behaupten, daß *alle* Handlungen *aller* Akteure durch kommunikatives Handeln miteinander abgestimmt werden könnten und führt dagegen ins Feld, daß allein der Umstand der *gleichzeitigen* Ausführung einer ungeheuer großen Anzahl von Handlungen diese Behauptung ad absurdum führt, weil diese Gleichzeitigkeit die Möglichkeit *jeder* Koordination (sei sie nun rational oder nicht) von vornherein ausschließt.

Man muß diesen Einwand jedoch anders lesen. Er richtet sich nicht gegen das, was Habermas *faktisch* behauptet, sondern gegen eine Voraussetzung, die - *aus der Perspektive Luhmanns* - erfüllt sein *müßte,* um die Habermassche Konzeption des kommunikativen Handelns als adäquate Grundlage einer Gesellschaftstheorie akzeptieren zu können. In dieser Voraussetzung steckt das Adäquatheitskriterium, an dem Luhmann den Entwurf einer Gesellschaftstheorie mißt. Sie muß gesellschaftliche Strukturen identifizieren, die geeignet sind, die *ungeheure Masse* der Handlungen (bzw. Kommunikationen) in der modernen Gesellschaft zu orientieren, die *gleichzeitig* ablaufen. Eine Theorie, die dies nicht kann, schließt für Luhmann zu viel aus ihrem Erklärungsbereich aus.

Argumentative Prüfung von Geltungsansprüchen, deren Ergebnis über die dann anzuschließenden Handlungen entscheidet, - dieses Modell kann selbst bei bescheidensten Ansprüchen an das, was als Argumentation zählt, immer nur bei einem äußerst geringen Bruchteil von Handlungen möglich sein. Bei allen anderen Handlungen muß Habermas dann zu der Annahme Zuflucht nehmen, daß die Akteure die Möglichkeit der argumentativen Einlösung von Geltungsansprüchen grundsätzlich *unterstellen,* oder er muß seine Theorie auf die vergleichsweise seltenen Fälle beschränken, in denen es tatsächlich zu einer argumentativen Auseinandersetzung kommt, die mit einem Konsens endet und zu einvernehmlichem Handeln führt.

Luhmanns Ziel ist demgegenüber die Konstruktion einer Theorie, die weder mit unüberprüfbar bleibenden Rationalitätsunterstellungen operiert, noch auf relativ seltene Sonderfälle beschränkt ist. Ihn interessieren diejenigen Strukturen, die den größten Teil der Kommunikationen orientieren, oder anders formuliert, die mit der *Komplexität* der gesellschaftlichen Kommunikationsverhältnisse kompatibel sind. Er findet diese Strukturen in der jeweiligen Typik gesellschaftlicher Differenzierung. Für die moderne Gesellschaft heißt dies, in der Struktur funktionaler Differenzierung und der funktionsspezifischen Codierung von Kommunikation. Das Konzept der *Rationalität* muß deshalb nicht verabschiedet, sondern nur *komplexitätsadäquat reformuliert* werden. Dazu muß es aus der Bindung an das Handeln des einzelnen Akteurs und seiner Rationalitätsunterstellungen bzw. aus der Bindung an die Vorstellung dialogischer Argumentation gelöst und mit der System/Umwelt-Differenz verknüpft werden.

Rationalität nimmt damit einen anderen Sinn an als bei Habermas. Eingeklinkt in die System/Umwelt-Unterscheidung kann das Prädikat "rational" jeweils nur relativ zu einem bestimmten System gebraucht werden (Luhmann 1990, 693). Für die moderne Gesellschaft heißt dies, daß das Konzept der Rationalität auf das Verhältnis jedes einzelnen *Funktionssystems* zu seiner Umwelt bezogen werden muß. *Systemrationalität* ist ein Modus der *Reflexion* des Systems, der nach Luhmann dann vorliegt, wenn die Differenz des Systems zu seiner Umwelt im System beobachtet wird und das System die eigenen Operationen an den Ergebnissen dieser Beobachtung orientiert.

Dabei handelt es sich offensichtlich um die Beobachtung von Beobachtungen, d.h. um Beobachtung zweiter Ordnung. Die beobachtungsleitenden Unterscheidungen eines Funktionssystems, sein Code und seine Programme, werden hier verwendet, um Systeme in der Umwelt des Funktionssystems daraufhin zu beobachten, wie diese ihre eigenen Unterscheidungen einsetzen, um die Umwelt zu beobachten und Operation an Operation anzuschließen. Auf diese Weise kann ein System beobachten, wie seine eigenen Operationen durch ein anderes System in seiner Umwelt beobachtet werden und versuchen, seine Operationen an den Folgen zu orientieren, die über die zu erwartenden Reaktionen des Umweltsystems auf es selbst zurückwirken.[20] - Die Politik versucht etwa, die Folgen politischer Programme - sagen wir, von Steuersenkungsprogrammen - für die Ökonomie und die daraus zu erwartenden Rückwirkungen auf die Politik zu beobachten. Sie beobachtet dabei, daß Steuersenkungen - bedingt durch die Erhöhung der Kaufkraft - die *Rentabilitätserwartungen* der Organisationen im ökonomischen System positiv verändern und zu Neueinstellungen führen. Und sie rechnet mit einer Verbesserung der *Wahlchancen* und damit der Chancen des *Machterhalts* als Folge einer entsprechenden Erhöhung der privaten Nettoeinkommen und der Entlastung der Arbeitslosenstatistik. Umgekehrt beobachten Organisationen des ökonomischen Systems die Politik und entscheiden über Investitionsprogramme auf der Basis erwarteter wirtschaftspolitischer Maßnahmen, wohl wissend darum, daß nicht *Gewinnerwartungen,* sondern *Chancen der Machtsicherung* maßgeblich dafür sind, ob die Realisierung dieser Programme aus der Perspektive des politischen Systems rational erscheint. Die *unaufhebbare Differenz* der Codes und Programme der involvierten Funktionssysteme sowie der darin verankerten *systeminternen Rationalitätskriterien* wird so vorausgesetzt und fungiert als Prämisse von Beobachtungen, die benutzt werden, um eigene Operationen daran anzuschließen. Dabei erscheinen die Grenzen möglicher Steuerung, wie wir weiter oben gesehen haben, äußerst eng gezogen.

Rationalität wird damit zu einem *systemrelativen* Begriff.[21] An die Stelle einer in der Struktur sprachlicher Kommunikation verankerten Rationalitätskonzeption (die auch schon mehrere Geltungsdimensionen einschließt) tritt bei Luhmann die

---

20 Letztlich geht es hier um einen reflektierten Umgang mit der Situation doppelter Kontingenz in gesellschaftlichen Teilsystemen.

21 Am Beispiel illustriert bedeutet dies: Bestimmte Aussagen können nach den *methodologischen* Rationalitätskriterien der Wissenschaft als "wahr" akzeptiert werden und bestimmte Konsequenzen für die Gesetzgebung oder die Produktion von Gütern nahelegen. Ob entsprechende Gesetze in Übereinstimmung mit dem Rationalitätskriterium *des politischen Machterhalts durchsetzbar* bzw. die Produktion entsprechender Güter *ökonomisch rentabel* ist, ist eine ganz andere Frage.

Vorstellung *unterschiedlicher systemspezifischer Rationalitäten,* für die sich kein gemeinsamer Nenner mehr angeben läßt. Auf diese Situation können sich die Funktionssysteme der modernen Gesellschaft einstellen, indem sie die *Differenz zwischen System und Umwelt,* zwischen ihren internen Rationalitätskriterien und den Kriterien, die in den sozialen Systemen in ihrer Umwelt benutzt werden, *intern reflektieren* und in ihrem Operieren berücksichtigen. Für diesen Modus innersystemischer *Reflexion* verwendet Luhmann den Begriff der *Systemrationalität* (Luhmann 1990, 694).

Reflexion bleibt dabei ein spezifischer Operationsmodus des Systems, der für andere Operationen folgenreich wird, sofern dadurch auf dem Wege organisationeller Entscheidungen Strukturen erzeugt werden, die als Prämissen für eine Vielzahl weiterer Operationen fungieren. Die Masse der systeminternen Operationen vollzieht sich freilich 'reflexionslos'. Der Begriff der Systemrationalität hat deshalb eine *nachgeordnete Position* im Aufbau der Theorie. In deren Zentrum steht das *Problem der Komplexität* und die System/Umwelt-Unterscheidung, welche selbst noch definiert ist als Komplexitätsdifferenz, die durch *operationale Schließung* des Systems gegenüber seiner Umwelt kontinuierlich reproduziert wird.[22] Die Intransparenz und geringe Berechenbarkeit der Umwelt eines Systems erzeugt dabei Skepsis gegenüber der Reichweite von Systemrationalität.[23] Von entscheidender Bedeutung für den *Komplexitätsaufbau des Gesellschaftssystems* sind die *symbolisch generalisierten Kommunikationsmedien.* Sie ermöglichen die weltweite Expansion von Kommunikation und damit eine ungeheure Komplexitätssteigerung des Gesellschaftssystems durch die Bereitstellung *funktionsspezifischer Codes,* an denen sich Millionen, ja Milliarden gleichzeitig ablaufender Kommunikationen orientieren und sich so den einzelnen Funktionssystemen zuordnen können.[24]

Für Habermas ist Luhmanns Beschreibung der modernen Gesellschaft allenfalls zur Hälfte richtig, weil sie die *Lebenswelt* und die darin fundierten Strukturen *kommunikativer Rationalität* ausblendet, welche die tragende Grundlage für die Ausdifferenzierung der gesellschaftlichen Teilsysteme bilden. Die Systemtheorie ignoriert demnach die *Strukturen sprachlicher Intersubjektivität,* deren Kern für Habermas die *Geltungsbasis der Rede* ist und in die auch die verselbständigten Funktionssysteme der modernen Gesellschaft eingebettet bleiben.

Immerhin geht Habermas so weit, daß auch er die *selbstreferentielle Schließung* des ökonomischen Systems und - mit Einschränkungen - auch der öffentlichen

---

22 Wie zu erinnern, nimmt das Problem der Komplexität unter der Prämisse operationaler Schließung dann die Zweitform des Problems der Sicherung operativer Anschlußfähigkeit an.

23 Unübersehbar ist freilich, daß die entsprechende *Form der Orientierung* systemischer Operationen vor allem im *Binnenkontext der Funktionssysteme* an Bedeutung gewinnt. Organisationen orientieren sich hier an den Umwelten innerhalb der Funktionssysteme, in denen sie agieren, und deren Rückwirkungen sie sich ausgesetzt sehen. Firmen orientieren sich so an Märkten, politische Parteien und Administrationen an der öffentlichen Meinung.

24 Um Mißverständnisse zu vermeiden sei hier noch einmal daran erinnert, daß nicht jede Kommunikation codierte Kommunikation ist. Auch in der modernen Gesellschaft gibt es also eine Vielzahl von Kommunikationen, die keinem Funktionssystem zugeordnet sind.

Administration annimmt,[25] und eine *direkte,* von der Lebenswelt ausgehende Intervention in diese Systeme *nicht* für möglich hält. Statt dessen setzt er, durchaus systemtheoriekonform, auf die Möglichkeit indirekter Beeinflussung durch die Erzeugung von Irritationen in der Umwelt der Funktionssysteme, die deren *internes Reflexionsvermögen aktivieren,* und weist "selbstorganisierten Öffentlichkeiten" die Aufgabe zu, durch ihre Aktivität entsprechende Irritationen zu provozieren.[26] Die *System*rationalität der Funktionssysteme und ihrer Organisationen soll auf diese Weise in den Dienst der *Geltungs*rationalität der Lebenswelt gestellt werden, um die Eigendynamik der Funktionssysteme zumindest soweit zu bändigen, daß die Kolonialisierung der Lebenswelt verhindert werden kann. Habermas ignoriert das Problem der Komplexität und die dadurch gezogenen Grenzen für die Möglichkeiten kommunikativ-rationaler Handlungskoordination also nicht einfach. Er versucht vielmehr eine Theorie zu entwickeln, deren zentrales Interesse sich darauf richtet, die *Interventionsmöglichkeiten kommunikativer Rationalität* unter den Bedingungen einer hochkomplexen Gesellschaft zu erkunden. Dieses Interesse muß sich bereits in den Grundbegriffen der Theorie artikulieren. Es verlangt einen Begriff der intersubjektiven Geltung, der nicht durch die Universalisierung des Konzepts des selbstreferentiellen Systems unterlaufen und zerstört wird, sondern selbst als Grundlage für die evolutionäre Ausdifferenzierung gesellschaftlicher Funktionssysteme in Anspruch genommen werden kann.

Durch Sprache ermöglichte *Intersubjektivität* oder *selbstreferentielle Geschlossenheit der Systeme* als Ausgangsprämisse der Theoriebildung, *rationale Einlösbarkeit von Geltungsansprüchen* oder *Komplexität* als primäres Bezugsproblem, auf das hin eine Theorie der Gesellschaft zu konzipieren ist, dies ist die Differenz, um die es in der Auseinandersetzung zwischen Habermas und Luhmann geht. Beide Optionen lassen sich konsistent entfalten und führen zu Theorien von imponierender Geschlossenheit und Reichweite. Beide Theorien sind hinreichend flexibel (oder, wie Opponenten formulieren würden: hinreichend unscharf), um gegenüber Versuchen einer direkten Widerlegung auf der Basis empirischer Daten weitestgehend resistent

---

25 "Die selbstreferentielle Geschlossenheit macht das politische und das wirtschaftliche Funktionssystem gegen Versuche der Intervention, im Sinne *unmittelbarer* Eingriffe, immun" (Habermas 1988, 423). - Diese Aussage wird später jedoch modifiziert: "Die Integration einer hochkomplexen Gesellschaft läßt sich nicht systempaternalistisch, also an der kommunikativen Macht des Staatsbürgerpublikums vorbei, abwickeln. ... Schon aus diesem Grunde können Politik und Recht nicht als autopoietisch geschlossene Systeme begriffen werden. Das rechtsstaatlich verfaßte politische System ist intern in Bereiche administrativer und kommunikativer Macht differenziert und bleibt zur Lebenswelt hin geöffnet. ... Dem Systemparadigma entsprechen die kapitalistische Wirtschaft und - mit Abstand - die auf Planung und Daseinsvorsorge spezialisierte öffentliche Administration noch am ehesten" (Habermas 1992, 427f.).

26 "Selbstorganisierte Öffentlichkeiten müßten die kluge Kombination von Macht und intelligenter Selbstbeschränkung entwickeln, die erforderlich ist, um die Selbststeuerungsmechanismen von Staat und Wirtschaft gegenüber den zweckorientierten Ergebnissen radikaldemokratischer Willensbildung zu sensibilisieren. An die Stelle des Modells der Selbsteinwirkung der Gesellschaft tritt damit das Modell eines von der Lebenswelt unter Kontrolle gehaltenen Grenzkonfliktes zwischen ihr und den beiden an Komplexität überlegenen, nur sehr indirekt beeinflußbaren Subsystemen, auf deren Leistungen sie gleichwohl angewiesen ist" (Habermas 1988, 423).

zu sein. Eine *zwingend begründbare* Entscheidung zugunsten der einen und gegen die andere Theorie ist deshalb m.E. nicht möglich. Beide Entwürfe werden sich auf längere Frist daran zu bewähren haben, inwiefern sie in der Lage sind, empirisch beobachtbare Entwicklungen zu interpretieren.

Mit einer 'Widerlegung' der einen oder der anderen Theorie wird man freilich kaum rechnen können. Eher ist zu erwarten, daß jede Theorie weiterhin in der Lage ist, genügend Phänomene zu finden, die zu ihr passen. Begriffliche Modifikationen werden dennoch nicht ausbleiben. Theorien sind Baustellen, keine fertigen Gebäude. Ihre Architektonik ist ständigen Veränderungen unterworfen.[27] Dabei können sie an Reichweite und Detailgenauigkeit gewinnen, oder Gewinne in der einen Richtung mit Verlusten in der anderen bezahlen. Mit der Möglichkeit einer einfachen Bilanz, welche die Fort- und Rückschritte beider Theorieunternehmen vergleichend bewertet und dabei zu einem eindeutigen Ergebnis kommt, wird deshalb auch in Zukunft nicht unbedingt zu rechnen sein. Denkbar ist, daß beide Theorien nicht als einheitliche Ansätze bestehen bleiben, sondern verschiedene Varianten der Fortsetzung finden, die sich untereinander beträchtlich unterscheiden bzw. die Ausgangstheorie, an die sie anknüpfen nur selektiv aufgreifen und weiterentwickeln. Ich will die Spekulation über diese und andere Möglichkeiten hier abbrechen, ging es mir doch nur darum zu begründen, warum nicht unbedingt erwartet werden kann, daß in der Konkurrenz zwischen Luhmanns Systemtheorie und der Habermasschen Theorie des kommunikativen Handelns zukünftig mit einem eindeutig identifizierbaren 'Gewinner' zu rechnen ist.

Für die Gegenwart kann immerhin festgehalten werden, daß "Luhmanns Theorie ... heute im Hinblick auf Konzeptualisierungskraft, theoretische Phantasie und Verarbeitungskapazität unvergleichlich ist" - so Jürgen Habermas (1988, 411)![28] Dies ist der Grund für die hohe Aufmerksamkeit, die sie - weit über die Grenzen des Fachs - auf sich zieht. Und dies ist auch der Grund dafür, warum die Darstellung der Luhmannschen Systemtheorie in diesem Buch den größten Raum einnimmt.

Im Bereich der großen, weitgespannten gesellschaftstheoretischen Entwürfe gibt es dazu kaum Alternativen. Neben Habermas, der die Ergebnisse der analytischen Sprachphilosophie rezipiert, seine Theorie der Geltungsansprüche darauf aufbaut, sie um das phänomenologische Konzept der Lebenswelt ergänzt und die Parsons-

---

27 Die hier versuchten Darstellungen verschiedener theoretischer Entwürfe konnten dies nicht zureichend wiedergeben. Sie bieten mehr oder weniger statische Momentaufnahmen, die sich - im Interesse der Verständlichkeit - um Konturenschärfe bemühen. Als detaillierte historisch-genetische Rekonstruktion von Luhmanns Systemtheorie, die deren Entwicklung in exemplarischer Weise nachzeichnet, vgl. Göbel 2000.

28 Habermas formulierte dieses Urteil bereits zu einem Zeitpunkt, zu dem die Publikation der umfangreichen Einzelwerke zu den verschiedenen Funktionssystemen (erschienen unter den Titeln "Die Wissenschaft der Gesellschaft"; "Das Recht der Gesellschaft"; "Die Kunst der Gesellschaft"; "Die Religion der Gesellschaft"; "Die Politik der Gesellschaft") sowie die zweibändige Monographie zum System der Gesellschaft ("Die Gesellschaft der Gesellschaft") noch ausstand. Als erster Band dieser Serie erschien "Die Wirtschaft der Gesellschaft" und zwar im gleichen Jahr, wie die Publikation, aus der das obige Zitat von Habermas entnommen ist.

sche Theorie vor diesem Hintergrund auf innovative Weise umdeutet, sind noch die Versuche zur *Fortsetzung der Parsonianischen Linie* zu erwähnen, die unter dem Titel "Neofunktionalismus" zusammengefaßt werden. Zu nennen sind hier vor allem Autoren wie Richard Münch und Jeffrey C. Alexander. Ebenfalls nicht zu vergessen sind die umfangreichen Versuche zur Rekonstruktion und Neuinterpretation des *Weberschen Werkes,* der sich insbesondere Wolfgang Schluchter widmet. Ein weiteres Theorieprojekt größeren Zuschnitts ist mit dem Namen von *Anthony Giddens* verbunden. Im Bereich von *Rational Choice* schließlich hat *James S. Coleman* die bisher umfassendste Synthese dieses Ansatzes vorgelegt. Unter den genannten theoretischen Ansätzen ragen die Versuche von Habermas und Luhmann deutlich hervor. Das begrifflich weniger abstrakt angelegte und wesentlich empirienäher konzipierte Rational Choice-Programm, das bisher freilich keine Theorie der Gesellschaft hervorgebracht hat,[29] erscheint mir gegenwärtig als einer der interessantesten Konkurrenten dieser beiden Entwürfe.

Damit sind wir am Ende unseres vergleichenden Überblicks über die in diesem Buch behandelten Ansätze angelangt. Kehren wir zum Abschluß unserer Untersuchung zurück zu einer *methodologischen* Frage, mit der wir uns zu Beginn des ersten Bandes, bei der Vorstellung des Weberschen Theorieprogrammes, bereits beschäftigt haben. Diese Frage ist zwischen Vertretern der verschiedenen Positionen umstritten und wird vor allem von Rational Choice-Vertretern immer wieder aufgeworfen mit dem Ziel, die methodologischen Vorzüge des eigenen Ansatzes ins Licht zu rücken. Es geht um die Frage, wie eine angemessene soziologische Erklärung sozialer Sachverhalte auszusehen habe.

10.6 Schluß: Erklärung aus Motiven als eine unter mehreren Formen der soziologischen Erklärung

Erinnern wir uns an den Ausgangspunkt unserer Untersuchung. Sie begann mit der Weberschen Definition von Soziologie als einer Wissenschaft, deren Ziel darin bestehe, soziales Handeln deutend zu verstehen und *dadurch* in seinem Ablauf und seinen Wirkungen ursächlich zu erklären. Das erklärende Verstehen trägt bei Weber auch den Titel des "motivationsmäßigen Verstehens". Zentrales Ziel der Soziologie ist demnach die *Erklärung sozialen Handelns und seiner Wirkungen aus den Motiven von Akteuren.*

Wie wir bei der Darstellung der verschiedenen theoretischen Ansätze gesehen haben, lassen sich keineswegs alle unter diese Zielsetzung subsumieren. Meine These dazu lautet: Die Auffassungen darüber, was als eine soziologische Erklärung gelten kann, variiert in Abhängigkeit von den Bezugsproblemen, um deren Lösung es einer Theorie geht. Kontroversen über die adäquate Form soziologischer Erklärungen sind oft zurückzuführen auf divergierende Auffassungen über die For-

---

29 Als Ansätze dazu vgl. jedoch Coleman 1986 und 1995, Bd.2, Teil IV sowie Esser 2000.

schungsfragen, die die Soziologie in erster Linie beantworten soll. Abweichend vom Selbstverständnis mancher Kontrahenten haben derartige Kontroversen also in vielen Fällen nicht eine Frage zum Thema, die mit den Mitteln der Logik, der Erkenntnistheorie und der Wissenschaftstheorie unparteiisch und allgemeinverbindlich zu klären wäre. Häufig geht es statt dessen um die Entscheidung der *erkenntnispolitischen* Frage nach den Forschungszielen, die im Mittelpunkt der soziologischen Disziplin stehen sollen.

Erklären von Handlungen und Handlungsfolgen aus *Motiven*, dieser Weberschen Vorgabe schließt sich in eindeutiger Weise Rational Choice an. Das Prinzip rationaler Nutzenmaximierung erscheint hier als motivational verankertes Prinzip, das es ermöglichen soll, die Auswahl von Handlungen ursächlich zu erklären. Die Handlungsmöglichkeiten, aus denen die Akteure auswählen, sind dabei vorgegeben durch die Handlungs*situation*. Durch die *Aggregation* der Handlungen vieler Akteure auf der Basis bestimmter *Regeln oder Mechanismen* (wie z.B. der Regeln der Errechnung von Mandaten aus Wählerstimmen oder des Marktmechanismus von Angebot und Nachfrage) ergeben sich *makrosoziale Effekte,* die von den Handlungsintentionen der Individuen mehr oder weniger stark abweichen bzw. in direktem Gegensatz zu diesen Absichten stehen können. Erinnert sei nur an das schon von Weber erwähnte Beispiel einer *Börsenpanik,* bei der die Furcht vieler Anleger vor einem Kurseinbruch zu umfangreichen Aktienverkäufen führt, die den befürchteten Einbruch durch ein Überangebot an Aktien am Markt, dem keine entsprechende Nachfrage mehr gegenübersteht, erst auslöst. Die Erklärung *makrosozialer* Strukturen und ihrer Veränderung wird hier zurückgeführt auf die *mikrosoziale* Ebene des *Einzelindividuums und seines Handelns.* Das Konzept der *nicht-intendierten Effekte* intentionalen Handelns ermöglicht es dabei, Handlungsfolgen, für die sich keine Entsprechung auf der Ebene subjektiver Sinnintentionen findet, in die Analyse einzubeziehen.

Erklärungen im Rahmen der *Parsonsschen Handlungstheorie* sind ähnlich gebaut. Der ausschlaggebende Unterschied zu Rational Choice liegt in *der Art* der Motive, die als erklärungsrelevant gelten. An die Stelle des Prinzips egoistischer Nutzenmaximierung rückt die Annahme, daß Akteure sich bei der Auswahl ihrer Handlungen typisch *an internalisierten Werten und Normen* orientieren. Das Streben nach der Maximierung eigenen Nutzens ist dadurch nicht grundsätzlich ausgeschlossen. Es erscheint jedoch im Regelfall auf Situationen beschränkt, in denen ein solches Verhalten durch sozial geltende Normen *legitimiert* ist. Eine andere Akzentuierung in den Erklärungsinteressen gegenüber Rational Choice ergibt sich aus dem *veränderten Status* der Motive. Die Annahme, daß Motive über Sozialisation erworben werden, läßt sie selbst zum Gegenstand der Analyse und Erklärung werden. *Kulturelle Werte, Normen und Deutungsmuster* gelten als die primären Determinanten, auf die sozial typische Motive zurückgeführt und durch die sie so erklärt werden können. Ins Zentrum der Analyse rücken deshalb beim frühen Parsons *institutionalisierte Muster der Wertorientierung.* Die Tendenz zu einer solchen Verschiebung des Erklärungsproblems ist freilich schon bei Weber klar zu erkennen, wie seine Untersuchung zur *Herausbildung des Gewinnmotivs* im Kontext der protestantischen Erlösungslehre und Ethik der Lebensführung zeigt.

Wie wir bei Esser gesehen haben, versucht auch der Rational Choice-Ansatz, kulturelle Werte, Normen und Deutungsmuster als Randbedingungen in sein Erklärungsmodell einzubauen und unter die Oberhoheit des Prinzips rationaler Nutzenmaximierung zu stellen. Die Diskussion der Colemanschen Überlegungen zur Erklärung der *Genese von Präferenzen* machte deutlich, daß eine detaillierte Auseinandersetzung mit dieser Frage Rational Choice in die Nähe der Positionen von Parsons und Mead führen kann.

Die *Habermassche Theorie des kommunikativen Handelns* ersetzt Nutzenrationalität bzw. Normenkonformität als *primäre* Handlungsmotive durch die Orientierung an *kommunikativer Geltungsrationalität*. Die Verfolgung von Handlungszielen erscheint hier gebunden an die Unterstellung ihrer rationalen Begründbarkeit unter kognitiven, normativen und evaluativen Gesichtspunkten im Rahmen eines argumentativen Diskurses. Habermas geht es zunächst um die *Analyse der Präsuppositionen*, die s.E. mit der Unterstellung rationaler Begründbarkeit notwendig verknüpft sind. Die Bedeutung des Konzeptes der rationalen Motivierung wird dabei auf dem Wege der *Sinnexplikation* entfaltet. Eine *kausal erklärende* Bedeutung erhält diese Präsuppositionenanalyse erst im Kontext einer Theorie sozialer Evolution. Der stetige Druck der im Kern rationalen menschlichen Motivationsstruktur, so die theoretische Annahme, treibt die allmähliche *Rationalisierung* der orientierungsleitenden Weltbilder, der Normen und sozialen Institutionen im Laufe der menschlichen Geschichte voran.

Neben *rationalen Motiven* kennt Habermas freilich auch *empirische Motive*, die auf Bedürfnisbefriedigung und die Vermeidung von Sanktionen gerichtet sind. Das Motivationsgefüge menschlichen Handelns erscheint von einem *Dualismus* durchzogen. *Vernunft*orientierung und *Bedürfnis*natur stehen nebeneinander, wobei der Orientierung an kommunikativer Rationalität die *dirigierende Rolle* zugeschrieben wird. Soziale Evolution wird als ein Prozeß beschrieben, in dem der Dualismus der menschlichen Antriebsstruktur sich in zwei allmählich gegeneinander differenzierenden *gesellschaftlichen Handlungssphären* objektiviert: den Sphären der materiellen Reproduktion und der sprachlichen Interaktion, der mediengesteuerten *Systeme* und der über Geltungsansprüche integrierten *Lebenswelt*.

Obwohl Habermas sich damit *grundsätzlich noch innerhalb* des Rahmens einer motivationalen Erklärung menschlichen Handelns zu bewegen scheint, *verliert der Rückgriff auf Motive in den Ansätzen zur Durchführung der Gesellschaftstheorie und der Theorie sozialer Evolution fast jegliche Bedeutung*. In den Vordergrund treten demgegenüber die Untersuchung der Funktionsweise der Steuerungsmedien Geld und Macht und deren Verhältnis zur Koordination sozialer Beziehungen über Geltungsansprüche; Aussagen über das wechselseitige Stützungs- und Bedingungsverhältnis zwischen der Entwicklung moderner sozialer Institutionen (z.B. von Territorialstaaten, formalisiertem Recht und ökonomischen Märkten); der Aufweis von Rationalitätsstrukturen in religiösen Weltbildern, die nach einer "entwicklungslogischen" Skala geordnet werden; Aussagen über die Bedeutung dieser Weltbilder für die Möglichkeit der Legitimation von Herrschaft und sozialer Ungleichheit und damit für den Übergang von den segmentär differenzierten primitiven Gesellschaften zu den stratifizierten Gesellschaften der frühen Hochkulturen etc.

Entsprechende Beobachtungen lassen sich auch an der *Weberschen* Analyse der okzidentalen Gesellschaftsentwicklung nach dem Muster eines Rationalisierungsprozesses interdependenter institutioneller Ordnungen sowie an der *Parsonsschen Systemtheorie* der modernen Gesellschaft und dessen Theorie der sozialen Evolution machen, an die Habermas, wie wir gesehen haben, in starkem Maße anknüpft.

Zunächst zu Parsons: Soziale Institutionen werden bei Parsons daraufhin analysiert, welche *gesellschaftliche Funktionen* sie erfüllen, d.h. welche *Probleme* sie innerhalb einer Gesellschaft lösen. Die Feststellung bestimmter Funktionen oder Bezugsprobleme und die Identifikation von Institutionen, die diese Probleme auf eine bestimmte Weise lösen, erklärt noch nicht die Entstehung dieser Institutionen. Eine *handlungstheoretische Erklärung* ihrer Entstehung müßte Auskunft darüber geben, *welche Akteure mit welchen Motiven* auf eine Weise handelten, die - als intendierte oder nicht-intendierte Folge ihres Handelns - zur Entwicklung dieser Institutionen führte. Parsons verfährt jedoch anders. Er erklärt die Entstehung neuer Institutionen zum einen durch den Aufweis *ansteigenden Problemdrucks* und zum anderen dadurch, daß in dieser Situation zugleich die *notwendigen Mittel* vorhanden sind, die für die Lösung des Problems benötigt werden.

Am Beispiel: Größenwachstum, territoriale Ausdehnung und gesteigerte soziale Ungleichheit in einer Gesellschaft ohne institutionalisierte Herrschaft haben verschärfte Probleme der inneren Ordnung zur Folge, die sich u.a. als wachsende Schwierigkeiten bei der Kontrolle der Gewaltanwendung in Konfliktfällen, bei der Sicherung von Eigentum und (bedingt durch die Ausdehnung der Grenzen) in der häufiger erforderlichen Verteidigung gegen äußere Feinde zeigen (vgl. dazu Parsons 1969, 59f.). Die dauerhafte *Institutionalisierung von Herrschaft* ermöglicht die Lösung dieses Problems. Sie kann erreicht werden, wenn eine Gesellschaft ein abschöpfbares Mehrprodukt erzeugt, das groß genug ist, um die Spezialisten, die dafür benötigt werden (Steuereintreiber, Soldaten, Beamte etc.) zu ernähren und ein religiöses Weltbild existiert, das es ermöglicht, politische Herrschaft zu legitimieren.

Unabhängig davon, ob man die Problemdiagnose, die angenommene institutionelle Lösung und die notwendigen situativen Voraussetzungen für deren Entstehung als zutreffend beurteilt, ist eine solche Erklärung unter *handlungstheoretischen* Gesichtspunkten offensichtlich *unvollständig*. Was darin fehlt, sind *die Akteure,* die das *vom wissenschaftlichen Beobachter behauptete* Problem in irgendeiner Weise wahrnehmen sowie mit bestimmten Handlungen darauf reagieren, und die dadurch (und/oder durch die unbeabsichtigten Nebenfolgen von Handlungen mit anderer Zielrichtung) die behauptete institutionelle Lösung erzeugen.

Ist dieses Defizit auf eine fehlerhafte Vorstellung von den Anforderungen zurückzuführen, die eine Erklärung sozialer Prozesse zu erfüllen hat? - Manche Kritiker sehen dies so. Mir erscheint die Annahme näher zu liegen, daß dieser Mangel (sofern es überhaupt ein solcher ist) sich zurückführen läßt auf die *Aggregationsebene*, auf der sich solche Aussagen bewegen. Wenn es darum geht, Aussagen über ganze Gesellschaften zu machen und dies u.U. im Blick auf weit zurückliegende Phasen ihrer historischen Entwicklung, dann dürfte es in vielen Fällen kaum möglich sein, die entsprechenden Gruppen von Akteuren und ihre Motive zu ermitteln. Den Kritikern würde damit die Beweislast dafür auferlegt, daß Erklärungen, die im Sinne der Handlungstheorie als vollständig gelten können, unter diesen Voraussetzungen überhaupt erreicht werden können.

Dies ist aber nur eine defensive Antwort, welche den Unvollständigkeitsvorwurf akzeptiert und nur noch nach einer Entschuldigung dafür sucht. Im Gegensatz dazu kann man auch nach einer Begründung suchen, die den Unvollständigkeitsvorwurf zurückweist und zeigt, daß die vermißten Erklärungskomponenten unter bestimmten Voraussetzungen schlicht überflüssig sind. Wie könnte eine solche Argumentation aussehen?

Zunächst müßte sie die Frage aufwerfen, unter welchen Voraussetzungen es überhaupt nötig ist, Akteure, Handlungen und ihre Motive in eine Erklärung sozialer Sachverhalte aufzunehmen. Eine erste, wenig informativ scheinende Antwort darauf könnte lauten: immer dann, wenn diese Elemente für eine ausreichende Erklärung unverzichtbar erscheinen. Unter welchen Voraussetzungen ist dies der Fall? Nur dann, wenn die *Bedingungen der Situation* nicht ausreichen, um mit hinreichend hoher Wahrscheinlichkeit Handlungen auszulösen, die zu dem zu erklärenden Resultat führen. Dahinter steht die These, *daß die hinreichend genaue Analyse einer Situation es überflüssig machen kann,* nach Akteuren und ihren Motiven zu fahnden, weil unter den gegebenen Bedingungen mit hoher Wahrscheinlichkeit zu erwarten war, daß sich Akteure mit den passenden Motiven finden.

Dazu ein alltägliches Beispiel: Wenn jemand einen Fünfhunderteuroschein auf einem Tisch in einem gut besuchten Restaurant liegen läßt und ihn, nachdem er mehrere Stunden abwesend war, nicht mehr an seinem Platz findet, dann benötigt man weder einen bestimmten Akteur noch ein besonderes Motiv, um zu erklären, warum der Geldschein 'verschwunden' ist. Irgendjemand wird ihn genommen haben. Warum? Weil er ihn eben haben wollte! Was war sein Motiv dafür, den Geldschein zu nehmen, obwohl er ihm doch nicht gehörte? Dafür lassen sich nun unterschiedliche Motive denken: Der Wunsch, sich zu bereichern; eine außergewöhnliche finanzielle Notsituation; die Überzeugung, daß jemand, der eine solche Summe achtlos im Restaurant liegen läßt, einen Denkzettel verdient und die Normwidrigkeit des eigenen Tuns unter diesen Umständen ohne Belang ist; die Absicht, anderen, die in Not sind, mit diesem Geld zu helfen etc. Jedes Motiv könnte ausreichen, um einen Akteur dazu zu veranlassen, sich den Schein widerrechtlich anzueignen. Andere Motive sind sicher denkbar. Welches Motiv den Akteur, der den Geldschein nahm, tatsächlich motivierte, ist gleichgültig. Hätte nicht dieser Akteur mit diesem Motiv den Fünfhunderter genommen, dann wahrscheinlich ein anderer mit einem anderen Motiv. Fazit: Der *Schwerpunkt der Erklärung* liegt in diesem Fall bei der Darstellung der *Situation,* die bestimmte *Handlungsmöglichkeiten eröffnet,* welche - von wem und mit welchen Motiven auch immer - genutzt werden können. Daß ein Akteur, eine Handlung, ein Motiv dabei im Spiel sein muß, wird damit nicht bestritten. Diese Komponenten sind jedoch *trivial*, im einzelnen kaum zuverlässig zu ermitteln und letztlich *gleichgültig*. Wenn der ursprüngliche Besitzer des Fünfhunderteuroscheins einem anderen erklären will, wie ihm das Geld abhanden gekommen ist, dann genügt dafür die Mitteilung der Umstände: "Ich habe den Geldschein auf einem Tisch im Restaurant liegen lassen." Soziologische *Erklärungen von Makrophänomenen* operieren oft nach diesem Modell. Sie können dies, ohne defizitär zu sein, sofern sie die entsprechenden Anforderungen bei der Explikation der situativen Bedingungen erfüllen, und stellen insofern einen gültigen Typus soziologischer Erklärung dar. Ob diese Anforderungen erfüllt sind, kann jeweils nur im Einzelfall geprüft und beurteilt werden.

Der beste Beleg für diese These ist wohl darin zu finden, daß Weber, der das Programm einer Handlungserklärung aus Motiven in den "Soziologischen Grundbegriffen" formuliert hat und deshalb als klassischer Vertreter dieses Erklärungsprogrammes gelten kann, in seinen materialen Untersuchungen häufig von erklärenden Argumenten Gebrauch macht, die dem eben skizzierten Modell entsprechen. Nicht die Rückführung auf Handlungsmotive, sondern die Analyse der *Situation* und die Explikation der dadurch eröffneten *Handlungsmöglichkeiten* steht darin im Vordergrund, ohne daß es dabei notwendig wäre, Motive auch nur zu erwähnen.

Nehmen wir als Beispiel dafür die Frage, wie es möglich war, daß im Okzident (im Gegensatz zum Orient) der Typus einer städtischen Bürgergemeinde entstehen konnte, die es vermochte, ihre Selbständigkeit gegenüber der Macht des Königtums zu bewahren. Weber sieht die Antwort auf diese Frage in der *Militärverfassung*, oder genauer, in dem *Prinzip der Selbstequipierung der Heere*, das die militärische Eigenständigkeit und damit die Wehrhaftigkeit der heerfolgepflichtigen Bürger gegenüber der königlichen Zentralmacht sicherstellte:

> "In einem Heer mit Selbstequipierung gilt der ... Grundsatz: daß der Herr sehr weitgehend auf den guten Willen der Heeresteilnehmer angewiesen ist, auf deren Obödienz seine politische Macht ganz und gar beruht. Er ist jedem einzelnen von ihnen, auch kleinen Gruppen gegenüber, der Mächtigere. Aber allen oder größeren Verbänden einer Vielzahl von ihnen gegenüber, wenn solche entstehen, ist er machtlos. ... Solche Verbände aber bildeten sich stets, sobald der Herr mit neuen *ökonomischen* Forderungen, Forderungen von *Geld*zahlungen zumal, an die eigenständig wehrhaften Heerfolgepflichtigen herantrat. Die Entstehung der 'Stände' im Okzident, und nur hier, erklärt sich daraus. Ebenso aber die Entstehung der korporativen und der autonomen Stadtgemeinde" (Weber 1980, 756f.).

Weber folgt in diesem Beispiel einer *"strukturellen Erklärungsstrategie"*,[30] die sich auf den Nachweis der Möglichkeitsspielräume und Restriktionen des Handelns unter bestimmten situativen Bedingungen konzentriert. Die *Situation* wirkt hier als *Selektionsfaktor*, der die Reproduktion bestimmter *Handlungsmuster* ermöglicht bzw. blockiert.[31]

---

30 Siehe dazu Schmid 1998, 26f., der dieses Beispiel ebenfalls erwähnt und dessen Argumentation ich hier folge.

31 Zur Begründung und Entfaltung dieses Erklärungsprogramms siehe besonders Giesen/Schmid 1975, Giesen 1980a, Giesen/Lau 1981, Giesen/Junge 1998 und Schmid 1998.

Man muß die Differenz zwischen *motivationalen* Erklärungen einerseits und *situationsstrukturellen* Erklärungen andererseits nicht als Konkurrenzverhältnis zwischen unvereinbaren Erklärungsstrategien begreifen. Eher scheint die klare Unterscheidbarkeit beider Erklärungsformen auf Grenzfälle beschränkt, in denen entweder die kausale Bedeutung von Motiven oder von situationsstrukturellen Faktoren in besonderer Weise dominiert. Eine *dritte Erklärungsvariante* präsentiert das folgende Beispiel, in dem es Weber um die Erklärung des besonderen ökonomischen Erfolges der Mitglieder protestantischer Sekten (und von der Organisationsform her verwandter Gruppen) in Amerika geht:

> "Der typische Sektierer, ebenso der Freimaurer, schlägt, nicht etwa nur bei seinesgleichen, als Handlungsreisender jeden Konkurrenten, weil man an die absolute Reellität seiner Preisstellung glaubt; wer eine Bank aufmachen will, läßt sich als Baptist taufen oder wird Methodist, denn jedermann weiß, daß vor der Taufe bzw. Aufnahme ein Examen rigorosum mit Nachforschungen über Flecken in seinem Wandel in der Vergangenheit: Wirtshausbesuch, Sexualleben, Kartenspiel, Schuldenmachen, andere Leichtfertigkeiten, Unwahrhaftigkeit u. dgl. stattfindet, dessen günstiger Ausfall seine Kreditwürdigkeit garantiert. ... Die asketischen Anforderungen an den wahren Christen sind eben die gleichen, welche der Kapitalismus, wenigstens innerhalb des Geltungsgebietes des Satzes: honesty is the best policy, auch seinerseits an seine Novizen stellt: in Aufsichtsräten, als Direktor, 'Promoter', Vorarbeiter, in allen wichtigen Vertrauensstellungen des kapitalistischen Apparates ist der Sektierer dieses Schlages bevorzugt" (Weber 1980, 723).

In einem Satz zusammengefaßt, besagt die Webersche Erklärung: Durch ihre Mitgliedschaftsbedingungen sichern die Sekten faktisch die Vertrauens- und Kreditwürdigkeit ihrer Mitglieder, *lösen damit ein Problem, das in ökonomischen Transaktionen unter Bedingungen des modernen Kapitalismus von zentraler Bedeutung ist* und verschaffen ihren Mitgliedern dadurch Konkurrenzvorteile, was umgekehrt wiederum zur Folge hat, daß die Mitgliedschaft in diesen Gemeinschaften unter den nach ökonomischem Erfolg Strebenden begehrt ist.

Das *Strukturproblem*, um dessen Lösung es hier geht, ist selbst auf der Ebene *typisch erwartbarer* Handlungsmotive angesiedelt. Wenn die Orientierung an dem Ziel der Erwirtschaftung eigenen Gewinnes die tragende Grundlage einer sozialen Beziehung ist, dann impliziert das notwendig für jeden Beteiligten das Risiko, vom anderen übervorteilt zu werden. Der Prozeß der ökonomischen Konkurrenz prämiert die Mitgliedschaft in religiösen Vereinigungen, die durch scharfe soziale Kontrolle und die Art ihrer Mitgliedschaftsbedingungen eine Minimierung dieses Risikos versprechen. Dadurch werden die Organisationen gestärkt, die diese Funktion faktisch erfüllen. Dies wiederum erhöht die Chancen für die *Reproduktion von Motivlagen,* die zur Lösung des Vertrauensproblems im Bereich der Ökonomie beitragen.

Diese Erklärung ist deshalb von besonderem Interesse, weil sie deutlich macht, wie ein Strukturproblem, das auf der Ebene der wechselseitigen *Erwartung oder Zuschreibung* von Motiven (und damit auf der Ebene *doppelter Kontingenz*) angesiedelt ist, *Selektionsvorteile für bestimmte Handlungsdispositionen und Motive bzw. Motivsemantiken erzeugt,* die mit diesen Dispositionen verknüpft sind. In noch deutlicheren Formulierungen behauptet Weber die Umkehrung der Determinationsbeziehung zwischen den objektiven Bedingungen und den typischen Motiven des Handelns, wenn er vom "heutige(n), zur Herrschaft im Wirtschaftsleben gelangte(n)

Kapitalismus" spricht. Weber vertritt hier die These, daß der etablierte Kapitalismus auf dem Wege der *Auslese* sich die von ihm benötigten Handlungsorientierungen und Motivlagen verschaffe. Handlungsmotive werden damit als abhängige Variable dargestellt, deren Reproduktion durch die typischen Anforderungen ökonomischen Handelns zu erklären ist:

> "Er (der heutige Kapitalisums; W.L.S.) zwingt dem einzelnen, soweit er in den Zusammenhang des Marktes verflochten ist, die Normen seines wirtschaftlichen Handelns auf. Der Fabrikant, welcher diesen Normen dauernd entgegenhandelt, wird ökonomisch ebenso unfehlbar eliminiert, wie der Arbeiter, der sich ihnen nicht anpassen kann oder will, als Arbeitsloser auf die Straße gesetzt wird. Der heutige, zur Herrschaft im Wirtschaftsleben gelangte Kapitalismus also erzieht und schafft sich im Wege der ökonomischen *Auslese* die Wirtschaftssubjekte - Unternehmer und Arbeiter - deren er bedarf" (Weber 1920, 37).

Diese Aussage gilt offensichtlich nicht für die Phase der erstmaligen Entstehung der kapitalistischen Wirtschaftsweise.[32] Wie wir im ersten Kapitel gesehen haben, geht Weber für diese Phase der gesellschaftlichen Entwicklung davon aus, daß die systematische *Kultivierung bestimmter Motive* im Einflußbereich des Protestantismus zu einer Transformation der ökonomischen Handlungsbedingungen führt. Die Art der kausalen Beziehung zwischen situativen Bedingungen und Motiven ist demnach für Weber nicht invariant, sondern abhängig von der jeweils gegebenen und historisch veränderlichen Struktur der Gesamtkonstellation, in die das Handeln eingebettet ist.

Zusammenfassend können wir festhalten: Bei Weber lassen sich mindestens drei Typen von Erklärungen finden, die sich wesentlich darin unterscheiden, wie hoch die *relative kausale Bedeutsamkeit* von Motiven und der sie prägenden Deutungsmuster einerseits bzw. der situativen Bedingungen andererseits zu veranschlagen ist:

1) Erklärungen, in denen *Motive als determinierende Variablen* fungieren (z.B. Protestantismus-Kapitalismus-These);

2) Erklärungen mit umgekehrter Wirkungsbeziehung, bei denen angenommen wird, daß bestimmte *Motivlagen durch situationsstrukturelle Bedingungen bevorzugt seligiert* und ihre *Reproduktionschancen* dadurch begünstigt werden (z.B. Erklärung der Konkurrenzvorteile von Sektenmitgliedern im etablierten Kapitalismus bzw. der typischen Motive von Unternehmern und Arbeitern im entwickelten Kapitalismus durch ökonomische "Auslese");

3) Erklärungen, in denen *ausschließlich situationsstrukturelle Bedingungen* in den Vordergrund treten (z.B. Erklärung der Entstehung der autonomen Stadtgemeinde des Okzidents).

---

32 Vgl. dazu die Fortsetzung des Zitats von Weber 1920, 37, wo es heißt: "Allein gerade hier kann man die Schranken des 'Auslese'-Begriffes als Mittel der Erklärung historischer Erscheinungen mit Händen greifen. Damit jene der Eigenart des Kapitalismus angepaßte Lebensführung und Berufsauffassung 'ausgelesen' werden, d.h.: über andere den Sieg davontragen konnte, mußte sie offenbar zunächst entstanden sein, und zwar nicht in einzelnen isolierten Individuen, sondern als eine Anschauungsweise, die von Menschen*gruppen* getragen wurde. Diese Entstehung ist also das eigentlich zu erklärende."

Luhmann transponiert das Problem der Erklärung sozialer Sachverhalte von der Ebene intentionalen Handelns auf die Ebene der *Kommunikation*. Im Rahmen der Theorie sozialer Evolution finden sich vor allem *funktionalanalytische Aussagen über die Problemlösungskapazität* bestimmter Einrichtungen. So etwa, wenn er feststellt, daß die Entwicklung der symbolisch generalisierten Kommunikationsmedien (die er deshalb auch als "Erfolgsmedien" bezeichnet) das *Problem der Annahme* von Kommunikationen jenseits der Interaktion unter Anwesenden löst. Erst dadurch würden die notwendigen Voraussetzungen für die *Nutzung* der Möglichkeit transinteraktionaler Kommunikation geschaffen, wie sie durch die Entwicklung der technischen Verbreitungsmedien Schrift und Buchdruck eröffnet worden sind. Denn nur, wenn die Annahme von Kommunikation *mit hinreichender Wahrscheinlichkeit* erwartet werden könne, seien psychische (und soziale) Systeme dazu *motiviert*, sich an Kommunikation zu beteiligen. Die Erfolgsmedien dienen dann als Grundlage für die Ausdifferenzierung verschiedener Funktionssysteme.

Das Beispiel macht erneut deutlich, daß auch Luhmann *motivationale Elemente* als wesentliches Element erklärender Aussagen verwendet. Wie oben bereits in hinreichender Ausführlichkeit diskutiert, *minimiert* Luhmann jedoch die Erklärungsrelevanz von Motiven, indem er die Bedingungen der jeweiligen *(sozialen) Situation* und die darin aufgerufenen *kommunikativen Erwartungserwartungen* in den Vordergrund jeder Erklärung stellt. "Erklärung" meint dabei, wie das Beispiel zeigt, nicht mehr als die Identifikation von notwendigen (aber nicht hinreichenden) Bedingungen für die Entstehung bestimmter gesellschaftlicher Strukturen. Erklärende Aussagen dieses Typs kennen wir im wesentlichen bereits aus der Parsonsschen Gesellschafts- und Evolutionstheorie. In der Kritik an dieser schwachen Form der Erklärung, die sich gleichermaßen gegen Parsons und Luhmann richtet, wird deren kausal-genetische Unzulänglichkeit moniert. Zur Kompensierung des kausal-genetischen Erklärungsdefizits wird meist empfohlen, die systemtheoretische Analyseperspektive zu ergänzen durch die stärkere Einbeziehung von Akteuren und ihrer Interessen, d.h. durch Elemente des Rational Choice-Ansatzes (vgl. dazu Schimank 1996, 241ff.)

Der bisherige Überblick über die verschiedenen Varianten von Erklärungen könnte zu der Annahme veranlassen, daß auf die explizite Berücksichtigung von Motiven nur in Ausnahmefällen verzichtet werden kann, ohne dadurch Erklärungsdefizite zu erzeugen. Diese Schlußfolgerung wäre jedoch voreilig. Sehen wir uns etwa die Traditionslinie an, die von Schütz über Garfinkel zur Konversationsanalyse verläuft, dann können wir feststellen, daß Handlungsmotive hier immer weniger als Prämisse für die Erklärung von Handlungen fungieren. Schütz untersucht Um-zu- und Weil-Motive primär unter dem Gesichtspunkt der Sinn*konstitution* und der Konstitution von Handlungen als abgrenzbaren Einheiten. Mit der Hinwendung zum *Problem der Intersubjektivität* verschiebt sich der Schwerpunkt der Analyse auf die Untersuchungen der *konstitutiven Unterstellungen*, von denen die Akteure ausgehen müssen, damit intersubjektiv geteilter Sinn und die erfolgreiche Koordination von Handlungen möglich wird. Erinnert sei hier etwa an die *"Generalthese reziproker Perspektiven"*, deren Erfüllung von den Akteuren vorausgesetzt werden muß, um wechselseitiges Verstehen zu erreichen. Die Rekonstruktion dieser und anderer Prämissen, die als Bedingung der Möglichkeit für die Lösung des Intersubjektivitätsproblems zu betrachten sind, *unterschreiten die Ebene motivationalen Handelns* auf ähnliche Weise, wie die Analyse grammatischer Regeln unterhalb der Ebene sprachlicher Mitteilungsintentionen operiert: In beiden Fällen werden die *infrastrukturellen Voraussetzungen* intentionalen Handelns zum Thema gemacht.

Garfinkels Ethnomethodologie und die Konversationsanalyse treiben diesen Typus der Analyse auf verändertem Terrain weiter voran. Sie konzentrieren sich auf die *Rekonstruktion der 'grammatischen' Regeln,* welche die Beteiligung an *Kommunikation* koordinieren (turn-taking) und die *kommunikative* Produktion von Intersubjektivität regulieren. Durch die Aufdeckung von Regeln, die es ermöglichen, bestimmte *Probleme* kommunikativer Koordination zu lösen, wird *ohne Rückgriff auf spezifische Motive verstanden und erklärt,* wie eine Lösung dieser Probleme durch die Teilnehmer erreicht wird. Insofern haben wir es hier mit einer *mikrosoziologischen Variante der Technik funktionaler Analyse* zu tun, wie wir sie im makrosoziologischen Kontext aus der Parsonsschen und Luhmannschen Theorie sozialer Evolution kennen. Im Unterschied zum makrosoziologischen Funktionalismus verfügt dieser *mikrosoziologische Funktionalismus* mit dem Konzept des *implizit regelgeleiteten Handelns* jedoch über ein Substitut für die kausal-genetische Rückführung von Handlungen auf Motive und ist deshalb den Einwänden, mit denen sich evolutionstheoretische Erklärungen konfrontiert sehen, nicht ausgesetzt.

Die Motive der Akteure sind hier selbst dann ohne eigenständige Bedeutung, wenn *Koordinationspraktiken* analysiert werden, deren Gebrauch sich auf die Entscheidungen von Akteuren zurückführen läßt, wie dies etwa bei der Einführung einer zentralisierten Verwaltung des Rederechts (z.B. im Rahmen politischer oder wissenschaftlicher Diskussionen, in Pressekonferenzen oder im Schulunterricht) zu beobachten ist. Im Zentrum der Aufmerksamkeit stehen die *kommunikationsstrukturellen Effekte,* die durch diese Praktiken bzw. Regeln erzeugt werden. Ebenso wie die Regeln für die Aggregation individueller Handlungen, für die sich Rational Choice interessiert, können aber auch die Regeln kommunikativer Koordination *unbeabsichtigte und unerwünschte Folgen* produzieren. So etwa, wenn - wie oben erwähnt - ein Modus der Rederechtsverteilung gewählt wird, der die Möglichkeit eliminiert, daß ein Sprecher nach der Reaktion eines Teilnehmers auf seinen Beitrag noch einmal das Wort ergreifen kann: Weil dadurch die Möglichkeit einer Reparatur an dritter Sequenzposition ausfällt, die für die kontinuierliche Sicherung der Intersubjektivität der Bedeutungszuweisungen von hoher Bedeutung ist, erhöht sich die Wahrscheinlichkeit ungeklärt bleibender Mißverständnisse.

Ohne *erklärenden* Rückgriff auf spezifische Motive kommt schließlich auch die *Meadsche* Theorie der signifikanten Symbolkommunikation aus. Der Grund dafür ist einfach. Mead untersucht die *Konstitutionsbedingungen* intentionalen Handelns und intentionaler Kommunikation auf der Basis intersubjektiv bedeutungsidentischer Symbole. Weil es ihm um die Erklärung der Fähigkeit zu motivgeleitetem Verhalten geht, kann Mead Handlungsmotive nicht als Prämisse der Erklärung verwenden. Er muß deshalb zwangsläufig zu einer Erklärung kommen, die bestimmte *Strukturen von Situationen,* oder genauer, von Situationen innerartlicher *Interaktion* ins Zentrum rückt. Mead versucht zu zeigen, daß die Fähigkeit, mit dem eigenen Verhalten einen bestimmten subjektiven Sinn zu verbinden, der übereinstimmt mit dem Sinn, den andere diesem Verhalten zuweisen, genetisch auf dem Wege der Verinnerlichung der objektiven Bedeutungsbeziehung erzeugt wird, die zwischen der Geste eines Organismus', der Reaktion eines zweiten und den anschließenden Phasen der gemeinsamen sozialen Handlung besteht. Indem die Individuen auf diese Weise lernen, den Sinn zu antizipieren, der ihrem Verhalten durch die Reaktion anderer zugewiesen wird und ihre Verhaltensimpulse an diesen antizipierten Bedeutungszuweisungen zu kontrollieren, erwerben sie die Fähigkeit intentional zu handeln, *sich selbst Motive zuzuschreiben und sich in ihrem Handeln an diesen Motiven zu orientieren.*

Diese These ist vor allem unter sozialisationstheoretischen Gesichtspunkten und im Hinblick auf die Theorie des Selbst interessant, die daraus resultiert. Motive, so die Implikation dieser These, an die Luhmanns Systemtheorie (und in modifizierter Form auch schon Parsons) anknüpft, werden erworben. Motive werden erworben durch die Beteiligung an Kommunikation (vor allem im Rahmen sozialisatorischer Interaktion mit den primären Bezugspersonen), in der Handlungen und Motive zugeschrieben und diese Zuschreibungen internalisiert werden. Durch die Verinnerlichung von Sinnzuweisungen lernen die Individuen, die Erwartungen anderer zu antizipieren und sich daran zu orientieren, sich mit zugeschriebenen Motiven zu identifizieren und sie als ihre eigenen zu betrachten.

In vielen Situationen *bedarf es freilich keiner besonderen Motive,* um auf eine bestimmte Weise zu handeln. Die routinisierte Orientierung an sozial geltenden Erwartungen genügt: Man sieht jemanden, den man kennt und grüßt, weil man daran gewöhnt ist, so zu handeln. Ein Motiv benötigt man in derartigen Situationen eher, um sich dazu zu veranlassen, *nicht* zu grüßen. Man erinnert sich etwa an den gestrigen Streit mit dem anderen, kommt zu dem Ergebnis, daß der andere nur nicht glauben soll, man wolle einlenken oder habe den Streit vergessen und hält den Gruß, der einem beinahe schon entschlüpft wäre, gerade noch zurück. Luhmanns Systemtheorie kann an diese Überlegungen anknüpfen mit der These, daß die jeweilige *soziale Situation* und die *in der Kommunikation aufgerufenen Erwartungsstrukturen* für die Orientierung des Handelns weit bedeutsamer sind als situationsunabhängige Motive. Und wie wir gesehen haben, stimmt Esser (2000, 70f.) dieser These ausdrücklich zu, wenn es um Situationen geht, in denen sich die Handelnden mit funktionssystemischen Imperativen konfrontiert sehen, deren Beachtung eine notwendige Bedingung erfolgreicher individueller Nutzenmaximierung ist.

Fassen wir zusammen: Meads Untersuchungen, die Konversationsanalyse und die Systemtheorie kommen darin überein, daß sie Formen der Erklärung von Handlungen favorisieren, die nicht auf Motive als zentrale kausale Elemente rekurrieren. In der Konversationsanalyse treten statt dessen *Regeln* in den Vordergrund, welche die Beteiligung an Kommunikation und die kommunikative Konstruktion von Bedeutungen strukturieren. Bei Weber konnten wir sehen, daß Motive nur unter bestimmten Voraussetzungen als determinierende Faktoren innerhalb einer Handlungserklärung gelten, daneben aber Motive auch als situationsabhängige Variable verwendet oder rein situationsstrukturelle Erklärungen formuliert werden. In Webers Analysen zur protestantischen Ethik erscheinen Motive darüber hinaus nicht als letzte Ebene der Erklärung, sondern als Produkt religiöser Deutungsmuster und ihrer Prägekraft. Einerseits verankert in *kulturellen Deutungsmustern*,[33] andererseits in ihren Wirkungsmöglichkeiten von den *Bedingungen der Situation* abhängig, erscheinen *Motive* so weniger als letzte Determinanten sozialer Prozesse, sondern eher als ein Faktor, der auf die anderen Faktoren zurückgeführt werden kann. Ähnliches gilt, wie wir oben gesehen haben, für Parsons. Ableitbar aus Werten, Deutungsmustern, Handlungsregeln und den Bedingungen der Situation, werden die Motive selbst zum Gegenstand der Erklärung (vgl. Schneider 1991, 249ff.; Giesen/Junge 1998, 51ff.) oder sind als eigenständige Größe kaum noch sichtbar (vgl. Giesen/Schmid 1990 und Giesen 1995). Unter den Prämissen von Rational Choice wird die Frage nach der Erklärung von Motiven als Frage nach der *Bildung und Veränderung von Präferenzen* virulent, die als Bezugspunkt individueller Nutzenmaximierung angenommen werden müssen (vgl. Giesen/Junge 60ff.). Eine Erklärung von Handlungen aus Motiven ist hingegen dann möglich, wenn die Präferenzen von Akteuren, die Bedingungen der Situation und unterschiedliche Handlungsalternativen als gegeben vorausgesetzt werden können und es vor allem darum geht, die Auswahl bestimmter Handlungsalternativen vor diesem Hintergrund zu erklären.

Ob und inwiefern Regeln, oder Motive, oder Deutungsmuster, oder situative Bedingungen von primärer Bedeutung für die Erklärung sozialer Prozesse sind, darüber können Aussagen ohne Berücksichtigung des jeweiligen Erklärungsproblems und die Konstellierung dieser Elemente im untersuchten Kontext kaum gemacht werden. Hier geht es nicht um eine (etwa unter Rekurs auf die Wissenschaftstheorie) *allgemeingültig vorzuentscheidende*, sondern um eine empirisch-theoretische Frage, die in der Auseinandersetzung mit dem jeweiligen Forschungsgegenstand zu beantworten ist. Welche Form der Erklärung angemessen ist, dies kann nur in Kontakt mit den jeweils zu lösenden *materialen Forschungsproblemen* entschieden werden. Deren spezifische Gestalt freilich ist nicht theorieunabhängig vorgegeben, sondern variiert mit den theoretischen Prämissen, vor deren Hintergrund sie sich in der einen oder anderen Weise stellen.

---

33 Oder mit Luhmann gesprochen: in *sozialen Semantiken*.

Literatur

Alexander, Jeffrey C. (1984): Theoretical Logic in Sociology. Vol. IV: The Modern Reconstruction of Classical Thought: Talcott Parsons. London, Melbourne and Henley: Routledge & Kegan Paul.

Alexander, Jeffrey C. (1987): Twenty Lectures: Sociological Theory Since World War II. New York: Columbia University Press.

Alexander, Jeffrey C., Giesen, Bernhard, Münch, Richard, Smelser, Neil J. (Hrsg.) (1987): The Micro-Macro Link: Berkeley, Los Angeles, London: University of California Press.

Apel, Karl-Otto (Hrsg.) (1976): Sprachpragmatik und Philosophie. Frankfurt am Main: Suhrkamp.

Atkinson, J. Maxwell, Drew, Paul (1979): Order in Court: The Organization of Verbal Interaction in Judicial Settings. London: Macmillan.

Atkinson, J. Maxwell, Heritage, John (Hrsg.) (1984): Structures of Social Action. Studies in Conversation Analysis. Cambridge: Cambridge University Press.

Axelrod, Robert (1995): Die Evolution der Kooperation (1984). München, Wien: R. Oldenbourg.

Axelrod, Robert (1990): Normen unter evolutionärer Perspektive. In: Ulrich Mueller (Hrsg.): Evolution und Spieltheorie. München: R. Oldenbourg: 105-128.

Austin, John L. (1972): Zur Theorie der Sprechakte (How to do things with words). Stuttgart: Reclam.

Bateson, Gregory (1982): Geist und Natur. Eine notwendige Einheit. Frankfurt am Main: Suhrkamp.

Baurmann, Michael, Kliemt, Hartmut (1995): Zur Ökonomie der Tugend. In: Ökonomie und Gesellschaft. Jahrbuch 11: Markt, Norm und Moral. Frankfurt am Main/New York: Campus: 13-44.

Becker, Howard S. (1973): Außenseiter. Zur Soziologie abweichenden Verhaltens (1963). Frankfurt am Main: S. Fischer.

Berger, Peter L., Luckmann, Thomas (1980): Die gesellschaftliche Konstruktion der Wirklichkeit. Eine Theorie der Wissenssoziologie (1966). Frankfurt am Main: S. Fischer.

Bergmann, Jörg R. (1981): Ethnomethodologische Konversationsanalyse. In: Peter Schröder, Hugo Steger (Hrsg.): Dialogforschung: Jahrbuch 1980 des Instituts für deutsche Sprache. Düsseldorf: Schwann: 9-51.

Bergmann, Jörg R. (1985): Flüchtigkeit und methodische Fixierung sozialer Wirklichkeit: Aufzeichnungen als Daten der interpretativen Soziologie. In: Wolfgang Bonß, Heinz Hartmann (Hrsg.): Entzauberte Wissenschaft. Sonderband 3 der Sozialen Welt. Göttingen: Otto Schwartz: 299-320.

Bergmann, Jörg R. (1987): Klatsch. Zur Sozialform der diskreten Indiskretion. Berlin, New York: de Gruyter.

Bergmann, Jörg R. (1988): Ethnomethodologie und Konversationsanalyse. Studienbrief, hrsg. von der Fernuniversität Hagen.

Bergmann, Jörg R. (2000a): Ethnomethodologie. In: Uwe Flick, Ernst von Kardorff, Ines Steinke (Hrsg.): Qualitative Forschung. Ein Handbuch. Reinbek bei Hamburg: Rowohlt: 118-135.

Bergmann, Jörg R. (2000b): Konversationsanalyse. In: Uwe Flick, Ernst von Kardorff, Ines Steinke (Hrsg.): Qualitative Forschung. Ein Handbuch. Reinbek bei Hamburg: Rowohlt: 524-537.

Bettelheim, Bruno (1953): Individual and mass behavior in extreme situations. In: Journal of Abnormal and Social Psychology 38: 417-452.

Binmore, Ken (1994): Playing Fair. Game Theory and the Social Contract. Cambridge, Mass.: MIT Press.

Blum, Alan F., McHugh, Peter (1975): Die gesellschaftliche Zuschreibung von Motiven. In: Klaus Lüderssen, Fritz Sack (Hrsg.): Seminar: Abweichendes Verhalten II. Frankfurt am Main: Suhrkamp: 171-196.

Bourdieu, Pierre (1979): Entwurf einer Theorie der Praxis. Frankfurt am Main: Suhrkamp.

Button, Graham, Lee, John R.E. (Hrsg.) (1987): Talk and Social Organisation. Clevedon, Philadelphia: Multilingual Matters LTD.

Coleman, James S. (1986): Die asymmetrische Gesellschaft. Weinheim und Basel (1982): Beltz.

Coleman, James S. (1995): Grundlagen der Sozialtheorie (1990). Studienausgabe. 3 Bde. München, Wien: R. Oldenbourg.

Deutschmann, Christoph (1987): Der "Betriebsclan". Der japanische Organisationstypus als Herausforderung an die soziologische Modernisierungstheorie. In: Soziale Welt, Jg.38: 133-147.

Drew, Paul, Heritage, John (Hrsg.) (1992): Talk at Work. Interaction in Institutional Settings. Studies in Interactional Sociolinguistics 8. Cambridge: Cambridge University Press.

Dugdale, G. (1932): Langemarck and Cambrai. Shrewsbury, U.K.: Wilding and Son.

Eccles, Robert (1981): The Quasifirm in the Construction Industry. In: Journal of Economic Behavior and Organization 1: 335-357.

Eccles, Robert (1983): Transfer Pricing, Fairness and Control. Working Paper no. HBS 83-167. Cambridge, Mass.: Harvard Business School.

Eder, Klaus (1976): Die Entstehung staatlich organisierter Gesellschaften. Ein Beitrag zu einer Theorie sozialer Evolution. Frankfurt am Main: Suhrkamp.

Eibl-Eibesfeldt, Irenaeus (1967): Grundriß der vergleichenden Verhaltensforschung. München: Piper.

Elias, Norbert (1977): Über den Prozeß der Zivilisation. Soziogenetische und psychogenetische Untersuchungen. 2 Bde. Frankfurt am Main: Suhrkamp.

Elster, Jon (1987): Subversion der Rationalität. Frankfurt am Main/New York: Campus.

Esser, Harmut (1991): Alltagshandeln und Verstehen. Zum Verhältnis von erklärender und verstehender Soziologie am Beispiel von Alfred Schütz und "Rational Choice". Tübingen: J.C.B. Mohr (Paul Siebeck).

Esser, Hartmut (1993): Soziologie. Allgemeine Grundlagen. Frankfurt am Main/New York: Campus.

Esser, Hartmut (1996): Die Definition der Situation. In: Kölner Zeitschrift für Soziologie und Sozialpsychologie, Jg.48: 1-34.

Esser, Hartmut, Luhmann, Niklas (1996): Individualismus und Systemdenken in der Soziologie. In: Soziale Systeme, Jg.2: 131-135.

Esser, Hartmut (1999): Soziologie. Spezielle Grundlagen. Bd.1: Situationslogik und Handeln. Frankfurt am Main/New York: Campus.

Esser, Hartmut (2000): Soziologie. Spezielle Grundlagen. Bd.2: Die Konstruktion der Gesellschaft. Frankfurt am Main/New York: Campus.

Esser, Hartmut (2001): Soziologie. Spezielle Grundlagen. Bd.6: Sinn und Kultur. Frankfurt am Main/New York: Campus.

Evans-Pritchard, Edward Evan (1978): Hexerei, Orakel und Magie bei den Zande. Frankfurt am Main: Suhrkamp.

Freud, Anna (1973): Das Ich und die Abwehrmechanismen. 8. Aufl. München: Kindler.

Fuchs, Peter (1992): Die Erreichbarkeit der Gesellschaft. Zur Konstruktion und Imagination gesellschaftlicher Einheit. Frankfurt am Main: Suhrkamp.

Fuchs, Peter (1993): Moderne Kommunikation. Zur Theorie des operativen Displacements. Frankfurt am Main: Suhrkamp.

Fuchs, Peter (1999): Intervention und Erfahrung. Frankfurt am Main: Suhrkamp.

Fuchs, Stephan (1995): The stratified order of gossip: Informal communications in organizations and science. In: Soziale Systeme, Jg.1: 49-73.

Gadamer, Hans-Georg (1965): Wahrheit und Methode. Grundzüge einer philosophischen Hermeneutik. 2. erw. Aufl. Tübingen: J.C.B. Mohr (Paul Siebeck).

Garfinkel, Harold (1963): A Conception of, and Experiments with, "Trust" as a Condition of Stable Concerted Actions. In: O.J. Harvey (Hrsg.): Motivation and Social Interaction. New York: Ronald Press: 187-238.

Garfinkel, Harold (1967): Studies in Ethnomethodology. Englewood Cliffs, NJ: Prentice-Hall.

Garfinkel, Harold (1973): Studien über die Routinegrundlagen von Alltagshandeln. Auszug aus Garfinkel (1967): Studies in Ethnomethodology. Englewood Cliffs, NJ: Prentice- Hall. In: Heinz Steinert (Hrsg.) (1973): Symbolische Interaktion. Arbeiten zu einer reflexiven Soziologie. Stuttgart: Ernst Klett: 280-293.

Gehlen, Arnold (1974): Der Mensch. 10. Aufl. Frankfurt am Main: Athenaion.

Gerth, Hans, C. Wright Mills (1953): Character and Social Structure. New York: Harcourt, Brace and World.

Giesen, Bernhard, Schmid, Michael (1975): System und Evolution. Metatheoretische Vorbemerkungen zu einer soziologischen Evolutionstheorie. In: Soziale Welt 26: 385-413.

Giesen, Bernhard (1980a): Makrosoziologie. Eine evolutionstheoretische Einführung. Hamburg: Hoffmann und Campe.

Giesen, Bernhard (1980b): Gesellschaftliche Identität und Evolution. Ein Vergleich soziologischer Theorietraditionen. In: Soziale Welt 31: 311-332.

Giesen, Bernhard, Lau, Christoph (1981): Zur Anwendung darwinistischer Erklärungsstrategien in der Soziologie. In: Kölner Zeitschrift für Soziologie und Sozialpsychologie 33: 229-256.

Giesen, Bernhard (1987): Media and Markets. In: Michael Schmid, Franz M. Wuketits (Hrsg.): Evolutionary Theory in the Social Sciences. Dordrecht/Boston/Lancaster/Tokyo: Reidel: 171-194.

Giesen, Bernhard (1991a): Code, Process, and Situation in Cultural Selection. In: Cultural Dynamics, Vol. IV: 172-185.

Giesen, Bernhard (1991b): Die Entdinglichung des Sozialen. Eine evolutionstheoretische Perspektive auf die Postmoderne. Frankfurt am Main: Suhrkamp.

Giesen, Bernhard (1993): Die Intellektuellen und die Nation. Eine deutsche Achsenzeit. Frankfurt am Main: Suhrkamp.

Giesen, Bernhard (1995): Code und Situation. Das selektionstheoretische Programm einer Analyse sozialen Wandels - illustriert an der Genese des deutschen Nationalbewußtseins. In: Hans-Peter Müller, Michael Schmid (Hrsg.): Sozialer Wandel. Modellbildung und theoretische Ansätze. Frankfurt am Main: Suhrkamp: 228-266.

Giesen, Bernhard, Schmid, Michael (1990): Symbolische, institutionelle und sozialstrukturelle Differenzierung. Eine selektionstheoretische Betrachtung: In: Hans Haferkamp (Hrsg.): Sozialstruktur und Kultur. Frankfurt am Main: Suhrkamp: 95-123.

Giesen, Bernhard, Junge, Kay (1998): Strukturelle Evolution. In: Gerhard Preyer (Hrsg.): Strukturelle Evolution und das Weltsystem. Theorien, Sozialstruktur und evolutionäre Entwicklungen. Frankfurt am Main: Suhrkamp: 47-70.

Göbel, Andreas (2000): Theoriegenese als Problemgenese. Eine problemgeschichtliche Rekonstruktion der soziologischen Systemtheorie Niklas Luhmanns. Konstanz: UVK Universitätsverlag Konstanz.

Goffman, Erving (1973): Interaktion: Spaß am Spiel. Rollendistanz (1961). München: R. Piper & Co.

Goffman, Erving (1986): Techniken der Imagepflege. In: Ders.: Interaktionsrituale. Über Verhalten in direkter Kommunikation. Frankfurt am Main: Suhrkamp: 10-53.

Granovetter, Mark (2000): Ökonomisches Handeln und soziale Struktur: Das Problem der Einbettung (1985). In: Hans-Peter Müller, Steffen Sigmund (Hrsg.): Zeitgenössische amerikanische Soziologie. Opladen: Leske und Budrich: 175-207.

Greenwell, G.H. (1972): An Infant in Arms. London: Allen Lane.

Greshoff, Rainer (1999): Lassen sich die Konzepte von Max Weber und Niklas Luhmann unter dem Aspekt "Struktur und Ereignis" miteinander vermitteln? In: Rainer Greshoff, Georg Kneer (Hrsg.): Struktur und Ereignis in theorievergleichender Perspektive. Ein diskursives Buchprojekt. Opladen/-Wiesbaden: Westdeutscher Verlag: 13-50.

Günthner, Susanne (1993): Diskursstrategien in der interkulturellen Kommunikation. Analysen deutsch-chinesischer Gespräche. Tübingen: Niemeyer.

Gunn, J.A.W. (1968): Interest Will Not Lie: A Seventeenth Century Political Maxim. In: Journal of Ideas 29: 551-564.

Gunn, J.A.W. (1969): Politics and the Public Interest in the Seventeenth Century. London.

Habermas, Jürgen (1962): Strukturwandel der Öffentlichkeit. Neuwied: Luchterhand.

Habermas, Jürgen (1971): Vorbereitende Bemerkungen zu einer Theorie der kommunikativen Kompetenz. In: Jürgen Habermas, Niklas Luhmann: Theorie der Gesellschaft oder Sozialtechnologie - Was leistet die Systemforschung? Frankfurt am Main: Suhrkamp: 101-141.

Habermas, Jürgen, Luhmann, Niklas (1971): Theorie der Gesellschaft oder Sozialtechnologie - Was leistet die Systemforschung? Frankfurt am Main: Suhrkamp.

Habermas, Jürgen (1976): Zur Rekonstruktion des Historischen Materialismus. Frankfurt am Main: Suhrkamp.

Habermas, Jürgen (1981): Theorie des kommunikativen Handelns. 2 Bde. Frankfurt am Main: Suhrkamp.

Habermas, Jürgen (1983): Moralbewußtsein und kommunikatives Handeln. Frankfurt am Main: Suhrkamp.

Habermas, Jürgen (1984): Vorstudien und Ergänzungen zur Theorie des kommunikativen Handelns. Frankfurt am Main: Suhrkamp.

Habermas, Jürgen (1988): Der philosophische Diskurs der Moderne. Zwölf Vorlesungen. Frankfurt am Main: Suhrkamp.

Habermas, Jürgen (1992): Faktizität und Geltung. Beiträge zur Diskurstheorie des Rechts und des demokratischen Rechtsstaats. Frankfurt am Main: Suhrkamp.

Hahn, Alois (1983): Konsensfiktionen in Kleingruppen. Dargestellt am Beispiel junger Ehen. In: Friedhelm Neidhardt (Hrsg.): Gruppensoziologie. Perspektiven und Materialien, Sonderband 25 der Kölner Zeitschrift für Soziologie und Sozialpsychologie. Opladen: Westdeutscher Verlag: 210-232.

Hahn, Alois, Willems, Herbert (1993): Schuld und Bekenntnis in Beichte und Therapie. In: Kölner Zeitschrift für Soziologie und Sozialpsychologie. Sonderheft 33: 309-331.

Hahn, Alois, Willems, Herbert (1996): Modernität und Identität. In: Sociologia Internationalis 34, Heft 2: 151-178.

Hahn, Alois, Bohn, Cornelia (1999): Selbstbeschreibung und Selbstthematisierung: Facetten der Identität in der modernen Gesellschaft. In: Alois Hahn, Herbert Willems (Hrsg.): Identität und Moderne. Frankfurt am Main: Suhrkamp: 33-61.

Hargreaves, David H., Hester, Stephen K., Meller, Frank J. (1981): Abweichendes Verhalten in der Schule. Weinheim/Basel: Beltz.

Hay, Ian (1916): The First Hundred Thousand. London: William Blackwood.

Hechter, Michael, Opp, Karl-Dieter, Wippler, Reinhard (1990): Introduction. In: Dies. (Hrsg.): Social Institutions. Their Emergence, Maintenance and Effects. Berlin/New York: Walter de Gruyter: 1-9.

Hegel, Georg Wilhelm Friedrich (1973): Phänomenologie des Geistes (1807). Frankfurt am Main/Berlin/-Wien: Ullstein.

Heritage, John (1984): Garfinkel and Ethnomethodology. Cambridge: Polity Press.

Heritage, John (1985): Analyzing News Interviews: Aspects of the Production of Talk for an Overhearing Audience. In: Teun A. van Dijk (Hrsg.): Handbook of Discourse Analysis, Vol.3: Discourse and Dialogue. London u.a.: Academic Press: 95-117.

Hobbes, Thomas (1966): Leviathan oder Stoff, Form und Gewalt eines bügerlichen und kirchlichen Staates, hrsg. und eingeleitet von Iring Fetscher. Neuwied und Berlin: Luchterhand.

Hollis, Martin (1995): Soziales Handeln. Eine Einführung in die Philosophie der Sozialwissenschaften. Berlin: Akademie Verlag.

Hondrich, Karl Otto, Matthes, Joachim (Hrsg.) (1978): Theorienvergleich in den Sozialwissenschaften. Neuwied: Luchterhand.

Honneth, Axel, Joas, Hans (Hrsg.) (1986): Kommunikatives Handeln. Beiträge zu Jürgen Habermas' 'Theorie des kommunikativen Handelns'. Frankfurt am Main: Suhrkamp.

Hradil, Stefan (1999): Soziale Ungleichheit in Deutschland. 7. Aufl. Opladen: Leske und Budrich.

Hutter, Michael (1989): Die Produktion von Recht: Eine selbstreferentielle Theorie der Wirtschaft, angewendet auf den Fall des Arzneimittelpatentrechts. Tübingen: J.C.B. Mohr (Paul Siebeck).

Jensen, Stefan (1980): Talcott Parsons. Eine Einführung. Stuttgart: B.G. Teubner.

Joas, Hans (1980): Praktische Intersubjektivität. Die Entwicklung des Werkes von George Herbert Mead. Frankfurt am Main: Suhrkamp.

Joas, Hans (1985): Das Problem der Intersubjektivität. Neuere Beiträge zum Werk George Herbert Meads. Frankfurt am Main: Suhrkamp.

Joas, Hans (1992): Pragmatismus und Gesellschaftstheorie. Frankfurt am Main: Suhrkamp.

Junge, Kay (1998): Vertrauen und die Grundlagen der Sozialtheorie. Ein Kommentar zu James S. Coleman. In: Hans-Peter Müller, Michael Schmid (Hrsg.): Norm, Herrschaft, Vertrauen. Beiträge zu James S. Colemans Grundlagen der Sozialtheorie. Opladen: Westdeutscher Verlag: 26-63.

Junge, Kay (2004): Strategische Interaktion und die Koordination von Verhaltenserwartungen. In: Ders., Integration und Intransparenz. Studien zum Problem sozialer Ordnung. Habilitationsschrift. Konstanz: 30-87.

Kant, Immanuel (1980): Kritik der praktischen Vernunft (1788). Grundlegung zur Metaphysik der Sitten (1785). Werkausgabe Bd. VII, hrsg. von Wilhelm Weischedel. Frankfurt am Main: Suhrkamp.

Kant, Immanuel (1981): Kritik der reinen Vernunft (1781). Werkausgabe Bde. III und IV, hrsg. von Wilhelm Weischedel. Frankfurt am Main: Suhrkamp.

Kieserling, André (1998): Klatsch: Die Moral der Gesellschaft in der Interaktion unter Anwesenden. In: Soziale Systeme 4: 387-411.

Kieserling, André (1999): Kommunikation unter Anwesenden: Studien über Interaktionssysteme. Frankfurt am Main: Suhrkamp.

Kneer, Georg, Nassehi, Armin (1993): Niklas Luhmanns Theorie sozialer Systeme. Eine Einführung. München: Wilhelm Fink.

Kohlberg, Lawrence (1974): Zur kognitiven Entwicklung des Kindes. Frankfurt am Main: Suhrkamp.

Koppen, E. (1931): Higher Command. London: Faber and Faber.

Kotthoff, Helga (1992): Disagreement and Concession in Disputes. On the Context Sensitivity of Preference Structures. Fachgruppe Sprachwissenschaft der Universität Konstanz. Arbeitspapier Nr. 43. Konstanz.

Krappmann, Lothar (1985): Mead und die Sozialisationsforschung. In: Joas, Hans (Hrsg.): Das Problem der Intersubjektivität. Neuere Beiträge zum Werk George Herbert Meads. Frankfurt am Main: Suhrkamp: 156-178.

Kron, Thomas (2004): General Theory of Action? Inkonsistenzen in der Handlungstheorie von Hartmut Esser. In: Zeitschrift für Soziologie, Jg.33: 186-205.

Kuhn, Thomas S. (1981): Die Struktur wissenschaftlicher Revolutionen (1962): Frankfurt am Main: Suhrkamp.

Lenski, Gerhard (1976): Macht und Privileg. Eine Theorie der sozialen Schichtung. Frankfurt am Main: Suhrkamp.

Levinson, Steven C. (1990): Pragmatik (1983). Tübingen: Max Niemeyer.

Lincoln, James (1982): Intra- (and Inter-)Organizational Networks. In: Samuel B. Bacharach (Hrsg.): Research in the Sociology of Organizations, Vol.1. Greenwich, Conn.: JAI.

Lindenberg, Siegwart (1985): An Assessment of the New Political Economy: Its Potential for the Social Sciences and for Sociology in Particular. In Sociological Theory 3, 1985: 99-114.

Lockwood, David (1970): Soziale Integration und Systemintegration (1964). In: Wolfgang Zapf (Hrsg.): Theorien des sozialen Wandels. 2. Aufl. Köln und Berlin: Kiepenheuer & Witsch: 124-137.

Lorenz, Konrad, Leyhausen, Paul (1969): Antriebe tierischen und menschlichen Verhaltens. Gesammelte Abhandlungen. München: Piper.

Luce, R. Duncan, Raiffa, Howard (1957): Games and Decisions: Introduction and Critical Survey. New York: John Wiley.

Luhmann, Niklas (1964): Zweck-Herrschaft-System. Grundbegriffe und Prämissen Max Webers. In: Der Staat 3: 129-158; wieder abgedruckt in: Niklas Luhmann (1971): Politische Planung. Opladen: Westdeutscher Verlag: 90-112.

Luhmann, Niklas (1969): Legitimation durch Verfahren. Darmstadt und Neuwied: Luchterhand.

Luhmann, Niklas (1970): Soziologie als Theorie sozialer Systeme. In: Ders.: Soziologische Aufklärung 1. Opladen: Westdeutscher Verlag: 113-136.

Luhmann, Niklas (1971): Systemtheoretische Argumentationen. Eine Entgegnung auf Jürgen Habermas. In: Jürgen Habermas, Niklas Luhmann: Theorie der Gesellschaft oder Sozialtechnologie - Was leistet die Systemforschung? Frankfurt am Main: Suhrkamp: 291-405.

Luhmann, Niklas (1977): Die Funktion der Religion. Frankfurt am Main: Suhrkamp.

Luhmann, Niklas (1981): Erleben und Handeln. In: Ders.: Soziologische Aufklärung 3. Opladen: Westdeutscher Verlag: 67-80.

Luhmann, Niklas (1983): Anspruchsinflation im Krankheitssystem. Eine Stellungnahme aus gesellschafts-theoretischer Sicht. In: Philipp Herder-Dorneich, A. Schuller (Hrsg.): Die Anspruchsspirale. Stuttgart: Kohlhammer: 28-49.

Luhmann, Niklas (1984): Soziale Systeme. Grundriß einer allgemeinen Theorie. Frankfurt am Main: Suhrkamp.

Luhmann, Niklas (1986a): Systeme verstehen Systeme. In: Niklas Luhmann, Karl Eberhard Schorr (Hrsg.): Zwischen Intransparenz und Verstehen. Fragen an die Pädagogik. Frankfurt am Main: Suhrkamp: 2-117.

Luhmann, Niklas (1986b): Intersubjektivität oder Kommunikation: Unterschiedliche Ausgangspunkte soziologischer Theoriebildung. In: Archivion die Filosofia 54: 41-60.

Luhmann, Niklas (1987a): Rechtssoziologie. 3. Aufl. Opladen: Westdeutscher Verlag.

Luhmann, Niklas (1987b): Codierung und Programmierung. Bildung und Selektion im Erziehungssystem. In: Ders.: Soziologische Aufklärung 4. Opladen: Westdeutscher Verlag: 182-201.

Luhmann, Niklas (1988a): Die Wirtschaft der Gesellschaft. Frankfurt am Main: Suhrkamp.

Luhmann, Niklas (1988b): Wie ist Bewußtsein an Kommunikation beteiligt? In: Hans Ulrich Gumbrecht, K. Ludwig Pfeiffer (Hrsg.): Materialität der Kommunikation. Frankfurt am Main: Suhrkamp: 884-905.

Luhmann, Niklas (1989): Gesellschaftsstruktur und Semantik. Bd.3. Frankfurt am Main: Suhrkamp.

Luhmann, Niklas (1990): Die Wissenschaft der Gesellschaft. Frankfurt am Main: Suhrkamp.

Luhmann, Niklas (1991/92): Einführung in die Systemtheorie. Vorlesungsmitschnitt. 14 Cassetten. Heidelberg: Carl-Auer-Systeme Verlag.

Luhmann, Niklas (1993): Das Recht der Gesellschaft. Frankfurt am Main: Suhrkamp.

Luhmann, Niklas (1995): Gesellschaftsstruktur und Semantik. Bd.4. Frankfurt am Main: Suhrkamp.

Luhmann, Niklas (1997): Die Gesellschaft der Gesellschaft. Frankfurt am Main: Suhrkamp.

Luhmann, Niklas (2000a): Organisation und Entscheidung. Opladen/Wiesbaden: Westdeutscher Verlag.

Luhmann, Niklas (2000b): Die Politik der Gesellschaft. Frankfurt am Main: Suhrkamp.

Luhmann, Niklas (2002): Das Erziehungssystem der Gesellschaft. Frankfurt am Main: Suhrkamp.

Maccaulay, Stewart (1963): Non-Contractual Relations in Business: A Preliminary Study. In: American Sociological Review 28: 55-67.

Maturana, Humberto R., Varela, Francisco J. (1987): Der Baum der Erkenntnis. Die biologischen Wurzeln des menschlichen Erkennens. Bern/München: Scherz Verlag.

Mead, George Herbert (1968): Geist, Identität und Gesellschaft aus der Sicht des Sozialbehaviorismus (1934). Frankfurt am Main: Suhrkamp.

Mead, George Herbert (1974): Mind, Self, and Society from the Standpoint of a Social Behaviorist, hrsg. von Charles W. Morris (1934). Chicago/London: The University of Chicago Press.

Mead, George Herbert (1980): Gesammelte Aufsätze. Bd. 1, hrsg. von Hans Joas. Frankfurt am Main: Suhrkamp.

Mead, George Herbert (1983): Gesammelte Aufsätze. Bd. 2, hrsg. von Hans Joas. Frankfurt am Main: Suhrkamp.

Mehan, Hugh (1985): The Structure of Classroom Discourse. In: Teun van Dijk (Hrsg.): Handbook of Discourse Analysis, Vol.3: Discourse and Dialogue. London u.a.: Academic Press: 119-131.

Merton, Robert King (1995): Die self-fulfilling prophecy. In: Ders.: Soziologische Theorie und soziale Struktur (1949, 1957). Berlin/New York: Walter de Gruyter: 399-413.

Mommsen, Wolfgang J. (1974): Max Weber und die deutsche Politik 1890-1920. Tübingen: J.C.B. Mohr (Paul Siebeck).

Morgan, J.H. (1916): Leaves from a Field Note Book. London: Macmillan.

Mulkay, Michael (1988): Don Quixote's Double: a Self-exemplifying Text. In: Steve Woolgar (Hrsg.): Knowledge and Reflexivity. New Frontiers in the Sociology of Knowledge. London u.a.: Sage.

Müller, Hans-Peter, Schmid, Michael (Hrsg.) (1995): Sozialer Wandel. Modellbildung und theoretische Ansätze. Frankfurt am Main: Suhrkamp.

Münch, Richard (1982): Theorie des Handelns. Zur Rekonstruktion der Beiträge von Talcott Parsons, Emile Durkheim und Max Weber. Frankfurt am Main: Suhrkamp.

Münch, Richard (1992): Autopoiesis per Definition. In: Protosoziologie 4, Heft 3. Lebenswelt und System I: 42-51.

Münch, Richard (1995): Dynamik der Kommunikationsgesellschaft. Frankfurt am Main: Suhrkamp.

Nassehi, Armin (1990): Zum Funktionswandel von Ethnizität im Prozeß gesellschaftlicher Moderni-
sierung. Ein Beitrag zur Theorie funktionaler Differenzierung. In: Soziale Welt 41: 261-282.

Oevermann, Ulrich (1973): Zur Analyse der Struktur von sozialen Deutungsmustern. Frankfurt am
Main: Unveröff. Mskr.

Oevermann, Ulrich, Allert, Tilmann, Konau, Elisabeth, Krambeck, Jürgen (1979): Die Methodologie
einer "objektiven Hermeneutik" und ihre allgemeine forschungslogische Bedeutung in den Sozialwissenschaften. In: Hans-Georg Soeffner (Hrsg.): Interpretative Verfahren in den Sozial- und Textwis-
senschaften. Stuttgart: Metzeler: 352-434.

Oevermann, Ulrich (1985): Versozialwissenschaftlichung der Identitätsformation und Verweigerung von
Lebenspraxis: Eine aktuelle Variante der Dialektik der Aufklärung. In: Burkhardt Lutz (Hrsg.):
Soziologie und gesellschaftliche Entwicklung. Verhandlungen des 22. Deutschen Soziologentages in
Dortmund 1984. Frankfurt am Main/New York: Campus: 463-474.

Oevermann, Ulrich (1986): Kontroversen über sinnverstehende Soziologie. Einige wiederkehrende
Probleme und Mißverständnisse in der Rezeption der "objektiven Hermeneutik". In: Stefan
Aufenanger, Margrit Lenssen (Hrsg.): Handlung und Sinnstruktur. Bedeutung und Anwendung der
objektiven Hermeneutik. München: Peter Kindt.

Oevermann, Ulrich (1996): Theoretische Skizze einer Theorie der Professionalisierung. In: Arno Combe,
Werner Helsper (Hrsg.): Pädagogische Professionalität. Untersuchungen zum Typus pädagogischen
Handelns. Frankfurt am Main: Suhrkamp: 70-182.

Olson, Mancur (1968): Die Logik des kollektiven Handelns. Tübingen: J.C.B. Mohr (Paul Siebeck).

Olson, Mancur (1985): Aufstieg und Niedergang von Nationen. Ökonomisches Wachstum, Stagflation
und soziale Starrheit. Tübingen: J.C.B. Mohr (Paul Siebeck).

Parsons, Talcott (1951): The Social System. Toronto, Ontario: Collier-Macmillan.

Parsons, Talcott, Shils, Edward A. (Hrsg.) (1951): Toward a General Theory of Action. Cambridge,
Mass.: Harvard University Press.

Parsons, Talcott, Bales, Robert F., Shils, Edward A. (1953): Working Papers in the Theory of Action.
New York: The Free Press.

Parsons, Talcott (1954): Essays in Sociological Theory. London: The Free Press.

Parsons, Talcott, Bales, Robert F. (1955): Family, Socialisation and Interaction Process. New York: The
Free Press.

Parsons, Talcott, Smelser, Neil J. (1956): Economy and Society. A Study in the Integration of Economic
and Social Theory. London: Routledge & Kegan Paul.

Parsons, Talcott (1964): Social Structure and Personality. New York: The Free Press of Clencoe.

Parsons, Talcott (1968): The Structure of Social Action (1937). 2 Bde. New York: The Free Press.

Parsons, Talcott (1970): Evolutionäre Universalien der Gesellschaft (1964). In: Wolfgang Zapf (Hrsg):
Theorien des sozialen Wandels. 2. Aufl. Köln und Berlin: Kiepenheuer & Witsch: 55-74.

Parsons, Talcott (1972): Das System moderner Gesellschaften. München: Juventa.

Parsons, Talcott (1973): Die akademischen Berufe und die Sozialstruktur (1939). In. Ders.: Soziologische
Theorie, hrs. von Dietrich Rüschmeyer. Darmstadt und Neuwied: Luchterhand: 160-179.

Parsons, Talcott, Platt Gerald (1973): The American University. Cambrige, Mass.: Harvard University
Press.

Parsons, Talcott (1975): Gesellschaften. Evolutionäre und komparative Perspektiven (1966). Frankfurt
am Main: Suhrkamp.

Parsons, Talcott (1976): Zur Theorie sozialer Systeme, hrsg. und eingeleitet von Stefan Jensen. Opladen:
Westdeutscher Verlag.

Parsons, Talcott (1977): Social Systems and the Evolution of Action Theory. New York: The Free Press.

Parsons, Talcott (1980): Zur Theorie der sozialen Interaktionsmedien, hrsg. und eingeleitet von Stefan
Jensen. Opladen: Westdeutscher Verlag.

Piaget, Jean (1973): Das moralische Urteil beim Kinde (1932). Frankfurt am Main: Suhrkamp.

Piaget, Jean (1975): Das Erwachen der Intelligenz beim Kinde. Gesammelte Werke 1. Studienausgabe
(1959). Stuttgart: Ernst Klett.

Plett, Heinrich F. (1989): Einführung in die rhetorische Textanalyse. 7. Aufl. Hamburg: Helmut Buske.

Pollner, Melvin (1976): Mundanes Denken. In: Elmar Weingarten, Fritz Sack, Jim Schenkein (Hrsg.): Ethnomethodologie. Beiträge zu einer Soziologie des Alltagshandelns. Frankfurt am Main: Suhrkamp: 295-326.

Popitz, Heinrich (1968): Über die Präventivwirkung des Nichtwissens. Dunkelziffer, Norm und Strafe. Tübingen: J.C.B. Mohr (Paul Siebeck).

Popper, Karl Raimund (1984): Zur Theorie des objektiven Geistes. In: Ders.: Objektive Erkenntnis. Ein evolutionärer Entwurf. 4. Aufl. Hamburg: Hoffmann und Campe: 158-197.

Rapoport, Anatol (2004): What is Rationality? In: Andreas Diekmann, Thomas Voss (Hrsg.): Rational-Choice-Theorien in den Sozialwissenschaften. Anwendungen und Probleme. München: R. Oldenbourg: 33-59.

Raub, Werner (1999): Vertrauen in dauerhaften Zweierbeziehungen: Soziale Integration durch aufgeklärtes Eigeninteresse. In: Jürgen Friedrichs, Wolfgang Jagodzinski (Hrsg.): Soziale Integration. Sonderband 40 der Kölner Zeitschrift für Soziologie und Sozialpsychologie. Opladen/Wiesbaden: Westdeutscher Verlag: 239-268.

Reese-Schäfer, Walter (1991): Jürgen Habermas. Frankfurt am Main/New York: Campus.

Rohwer, Götz (2003): Modelle ohne Akteure. Harmut Essers Erklärung von Scheidungen. In: Kölner Zeitschrift für Soziologie und Sozialpsychologie, Jg.55: 340-358.

Russel, Bertrand (1977): William James (Auszug 1946). In: Gunnar Skirbekk (Hrsg.): Wahrheitstheorien. Eine Auswahl aus den Diskussionen über Wahrheit im 20. Jahrhundert. Frankfurt am Main: Suhrkamp: 59-62.

Rutter, Owen (Hrsg.) (1934): The History of the Seventh (Services) Battalion the Royal Sussex Regiment 1914-1919. London: Times Publishing Co.

Sacks, Harvey, Schegloff, Emanuel A., Jefferson, Gail (1974): A simplest systematics for the organization of turn-taking for conversation. Language 50: 696-735.

Sacks, Harvey (1987): On the Preferences for Agreement and Contiguity in Sequences in Conversation. In: Graham Button, John R.E. Lee (Hrsg.): Talk and Social Organisation. Clevedon, Philadelphia: Multilingual Matters LTD: 54-69.

v. Savigny, Eike (1974): Die Philosophie der normalen Sprache. Frankfurt am Main: Suhrkamp.

Schegloff, Emanuel A. (1972): Sequencing in conversational openings. In: John J. Gumpertz, Dell H. Hymes (Hrsg.): Directions in Sociolinguistics. New York: Holt, Rinehart and Winston: 346-380.

Schegloff, Emanuel A., Sacks Harvey (1973): Opening up closings. Semiotica 8: 289-327.

Schegloff, Emanuel A. (1987): Between Macro and Micro: Contexts and Other Connections. In: Jeffrey C. Alexander, Bernhard Giesen, Richard Münch, Neil J. Smelser (Hrsg.): The Micro-Macro Link. Berkeley, Los Angeles, London: University of California Press: 207-234.

Schegloff, Emanuel A. (1988): Presequences and Indirection. Applying speech act theory to ordinary conversation. In: Journal of Pragmatics 12: 55-67.

Schegloff, Emanuel A. (1992): Repair after Next Turn: The Last Structurally Provided Defense of Intersubjectivity in Conversation. In: American Journal of Sociology 97: 1295-1345.

Schelting, Alexander von (1934): Max Webers Wissenschaftslehre. Tübingen: J.C.B. Mohr (Paul Siebeck).

Schimank, Uwe (1996): Theorien gesellschaftlicher Differenzierung. Opladen: Leske und Budrich.

Schimank, Uwe (1999): Handlungen und soziale Strukturen - Ein Vergleich von Rational Choice mit den Theorien von Alfred Schütz und Peter Berger/Thomas Luckmann. In: Rainer Greshoff, Georg Kneer (Hrsg.): Struktur und Ereignis in theorievergleichender Perspektive. Ein diskursives Buchprojekt. Opladen/Wiesbaden: Westdeutscher Verlag: 119-141.

Schluchter, Wolfgang (1979): Die Entwicklung des okzidentalen Rationalismus. Eine Analyse von Max Webers Gesellschaftsgeschichte. Tübingen: J.C.B. Mohr (Paul Siebeck).

Schluchter, Wolfgang (1988): Religion und Lebensführung. 2 Bde. Frankfurt am Main: Suhrkamp.

Schmid, Michael (1995): Soziologische Systemtheorie. In: Protosoziologie 7: 200-210 und 323-333.

Schmid, Michael (1998): Soziales Handeln und strukturelle Selektion. Opladen/Wiesbaden: Westdeutscher Verlag.

Schneider, Wolfgang Ludwig (1991): Objektives Verstehen. Rekonstruktion eines Paradigmas: Gadamer, Popper, Toulmin, Luhmann.

Schneider, Wolfgang Ludwig (1994a): Die Beobachtung von Kommunikation. Zur kommunikativen Konstruktion sozialen Handelns. Opladen: Westdeutscher Verlag.

Schneider, Wolfgang Ludwig (1994b): Intersubjektivität als kommunikative Konstruktion. In: Peter Fuchs, Andreas Göbel (Hrsg.): Der Mensch - das Medium der Gesellschaft? Frankfurt am Main: Suhrkamp: 189-238.

Schneider, Wolfgang Ludwig (1995): Objektive Hermeneutik als Forschungsmethode der Systemtheorie. In: Soziale Systeme, Jg.1: 129-152.

Schneider, Wolfgang Ludwig (1996): Die Komplementarität von Sprechakttheorie und systemtheoretischer Kommunikationstheorie. Ein hermeneutischer Beitrag zur Methodologie von Theorievergleichen. In: Zeitschrift für Soziologie, Jg.25: 263-277.

Schneider, Wolfgang Ludwig (1997a): Ossis, Wessis, Besserwessis: Zur Codierung der Ost/West-Differenz in der öffentlichen Kommunikation. Soziale Welt, Jg.48: 133-150.

Schneider, Wolfgang Ludwig (1997b): Die Analyse von Struktursicherungsoperationen als Kooperationsfeld von Konversationsanalyse, objektiver Hermeneutik und Systemtheorie. In: Tilmann Sutter(Hrsg.): Beobachtung verstehen, Verstehen beobachten. Perspektiven einer konstruktivistischen Hermeneutik. Opladen: Westdeutscher Verlag: 164-227.

Schneider, Wolfgang Ludwig (1998): Handeln, Intentionalität und Intersubjektivität im Kontext des systemtheoretischen Kommunikationsbegriffs. In: Andreas Balog, Manfred Gabriel (Hrsg.): Soziologische Handlungstheorie. Einheit oder Vielfalt. Österreichische Zeitschrift für Soziologie, Sonderband 4. Opladen: Westdeutscher Verlag: 155-198.

Schneider, Wolfgang Ludwig (1999a): Struktur und Ereignis in Systemtheorie und objektiver Hermeneutik. In: Rainer Greshoff, Georg Kneer (Hrsg.): Struktur und Ereignis in theorievergleichender Perspektive. Ein diskursives Buchprojekt. Opladen/Wiesbaden: Westdeutscher Verlag: 143-175.

Schneider, Wolfgang Ludwig (1999b): Verschiedene Möglichkeiten, Theorien miteinander zu vergleichen, oder: Wie vergleicht man Weber und Luhmann. In: Rainer Greshoff, Georg Kneer (Hrsg.): Struktur und Ereignis in theorievergleichender Perspektive. Ein diskursives Buchprojekt. Opladen/Wiesbaden: Westdeutscher Verlag: 287-315.

Schneider, Wolfgang Ludwig (2000): The Sequential Production of Acts in Conversation. Human Studies. Vol.23, No.2: 123-144.

Schneider, Wolfgang Ludwig (2001): Intersubjektivitätsproduktion in Interaktion und Massenkommunikation. In: Michael Charlton, Tilmann Sutter (Hrsg.): Massenkommunikation, Interaktion und soziales Handeln. Opladen/Wiesbaden: Westdeutscher Verlag.

Schneider, Wolfgang Ludwig (2005): Erklärung, Kausalität und Theorieverständnis bei Luhmann und Esser im Vergleich. In: Rainer Greshoff, Uwe Schimank (Hrsg.): Aufhebung der multiplen Paradigmatase? Die integrative Sozialtheorie von Hartmut Esser im Spiegel der Konzeptionen von Max Weber und Niklas Luhmann. Wiesbaden: VS Verlag für Sozialwissenschaften (im Erscheinen).

Schur, Edwin M. (1974): Abweichendes Verhalten und soziale Kontrolle. Etikettierung und gesellschaftliche Reaktion. Frankfurt am Main/New York: Herder & Herder.

Schütz, Alfred (1960): Der sinnhafte Aufbau der sozialen Welt (1932). 2. Aufl. Wien: Springer.

Schütz, Alfred (1971): Das Problem der Relevanz. Frankfurt am Main: Suhrkamp.

Schütz, Alfred (1971): Gesammelte Aufsätze. Bd.1: Das Problem der sozialen Wirklichkeit. Den Haag: Martinus Nijhoff.

Schütz, Alfred (1972): Gesammelte Aufsätze. Bd.2: Studien zur soziologischen Theorie. Den Haag: Martinus Nijhoff.

Schütz, Alfred (1971): Gesammelte Aufsätze. Bd.3: Studien zur phänomenologischen Philosophie. Den Haag: Martinus Nijhoff.

Schütz, Alfred, Parsons, Talcott (1977): Zur Theorie des sozialen Handelns. Ein Briefwechsel, hrsg. und eingeleitet von Walter M. Sprondel. Frankfurt am Main: Suhrkamp.

Schütz, Alfred, Luckmann Thomas (1979): Strukturen der Lebenswelt. Bd.1. Frankfurt am Main: Suhrkamp.

Schütz, Alfred, Luckmann Thomas (1984): Strukturen der Lebenswelt. Bd.2. Frankfurt am Main: Suhrkamp.

Scott, Marvin B., Lyman, Stanford M. (1976): Praktische Erklärungen. In: Martin Auwärter, Edith Kirsch, Klaus Schröter (Hrsg.): Seminar: Kommunikation, Interaktion, Identität. Frankfurt am Main: Suhrkamp: 73-114.

Searle, John R. (1971): Sprechakte. Ein sprachphilosophischer Essay. Frankfurt am Main: Suhrkamp.

Searle, John R. (1979): Intentionalität und der Gebrauch der Sprache. In: Günther Grewendorf (Hrsg.): Sprechakttheorie und Semantik. Frankfurt am Main: Suhrkamp: 149-171.

Selman, Robert L. (1984): Die Entwicklung des sozialen Verstehens. Entwicklungspsychologische und klinische Untersuchungen. Frankfurt am Main: Suhrkamp.

Skirbekk, Gunnar (Hrsg.) (1977): Wahrheitstheorien. Eine Auswahl aus den Diskussionen über Wahrheit im 20. Jahrhundert. Frankfurt am Main: Suhrkamp.

Soeffner, Hans-Georg (1989): Auslegung des Alltags - Der Alltag der Auslegung. Frankfurt am Main: Suhrkamp.

Soeffner, Hans-Georg (1992): Die Ordnung der Rituale. Die Auslegung des Alltags 2. Frankfurt am Main: Suhrkamp.

Sorley, Charles (1919): The Letters of Charles Sorley. Cambridge: Cambridge University Press.

Spengler, Jochen (1993): Zuneigung, Ratlosigkeit, Zorn. Ein Wessi bei den Ossis. In: Rainer Busch (Hrsg.): Gemischte Gefühle. Einheitsalltag in Mecklenburg-Vorpommern. Bonn: Dietz.

Steinert, Heinz (Hrsg.) (1973): Symbolische Interaktion. Arbeiten zu einer reflexiven Soziologie. Stuttgart: Ernst Klett.

Stichweh, Rudolf (1994): Wissenschaft, Universität, Professionen: Soziologische Analysen. Frankfurt am Main: Suhrkamp.

Tenbruck, Friedrich H. (1989): Gesellschaft und Gesellschaften: Gesellschaftstypen. In: Ders.: Die kulturellen Grundlagen der Gesellschaft. Opladen: Westdeutscher Verlag: 59-79.

Tönnies, Ferdinand (1963): Gemeinschaft und Gesellschaft (1887). Grundbegriffe der reinen Soziologie. Darmstadt: Wissenschaftliche Buchgesellschaft.

Tönnies, Ferdinand (1959): Gemeinschaft und Gesellschaft. In: Alfred Vierkandt (Hrsg.): Handwörterbuch der Soziologie. Stuttgart: Enke: 180-191.

Toulmin, Stephen (1983): Kritik der kollektiven Vernunft. Frankfurt am Main: Suhrkamp Verlag.

Tugendhat, Ernst (1979): Selbstbewußtsein und Selbstbestimmung. Sprachanalytische Interpretationen. Frankfurt am Main: Suhrkamp.

Weber, Max (1920): Gesammelte Aufsätze zur Religionssoziologie. Bd. I. Tübingen: J.C.B. Mohr (Paul Siebeck).

Weber, Max (1921): Gesammelte Aufsätze zur Religionssoziologie. Bd. II. Tübingen: J.C.B. Mohr (Paul Siebeck).

Weber, Max (1922): Gesammelte Aufsätze zur Religionssoziologie. Bd. III. Tübingen: J.C.B. Mohr (Paul Siebeck).

Weber, Max (1978): Die protestantische Ethik II. Kritiken und Antikritiken, hrsg. von Johannes Winckelmann. Gütersloh: Mohn.

Weber, Max (1980): Wirtschaft und Gesellschaft. Grundriß der verstehenden Soziologie. 5. Aufl., Studienausgabe. Tübingen: J.C.B. Mohr (Paul Siebeck).

Weber, Max (1985): Gesammelte Aufsätze zur Wissenschaftslehre. 6. Aufl. Tübingen: J.C.B. Mohr (Paul Siebeck).

Weber, Max (1985a):Die "Objektivität" sozialwissenschaftlicher und sozialpolitischer Erkenntnis. In: Ders.: Gesammelte Aufsätze zur Wissenschaftslehre. 6. Aufl. Tübingen: J.C.B. Mohr (Paul Siebeck): 146-214.

Weber, Max (1985b): Über einige Kategorien der verstehenden Soziologie. In: Ders.: Gesammelte Aufsätze zur Wissenschaftslehre. 6. Aufl. Tübingen: J.C.B. Mohr (Paul Siebeck): 427-474.

Weber, Max (1985c): Der Sinn der "Wertfreiheit" der soziologischen und ökonomischen Wissenschaften. In: Ders.: Gesammelte Aufsätze zur Wissenschaftslehre. 6. Aufl. Tübingen: J.C.B. Mohr (Paul Siebeck): 489-540.

Willems, Herbert (1994): Psychotherapie und Gesellschaft. Voraussetzungen, Strukturen und Funktionen von Individual- und Gruppentherapie. Opladen: Westdeutscher Verlag.

Willems, Herbert (1999): Institutionelle Selbstthematisierungen und Identitätsbildung im Modernisierungsprozeß. In: Herbert Willems, Alois Hahn (Hrsg.): Identität und Moderne. Frankfurt am Main: Suhrkamp: 62-101.

Williamson, Oliver (1975): Markets and Hierarchies. New York: John Wiley.

Willke, Helmut (1995): Systemtheorie III: Steuerungstheorie: Grundzüge einer Theorie der Steuerung komplexer Sozialsysteme. Stuttgart/Jena: G. Fischer.

Wimmer, Andreas (1995): Interethnische Konflikte. Ein Beitrag zur Integration aktueller Forschungsansätze. In: Kölner Zeitschrift für Soziologie und Sozialpsychologie, Jg.47: 464-493.

Wunderlich, Dieter (1976a): Über die Konsequenzen von Sprechhandlungen. In: Karl-Otto Apel (Hrsg.): Sprachpragmatik und Philosophie. Frankfurt am Main: Suhrkamp: 441-462.